생성형 AI 시대에 제대로 읽고 생각하고 쓰는 법

AI 증강 독해와 AI 드리블링 바이블

나준호, 성낙환, 이하영 지음

개념·기초편

BM (주)도서출판 성안당

저자 약력 

 **나준호**

LG경영연구원에서 25년간 미래 신기술/신사업 발굴, 글로벌 트렌드 연구를 진행해 왔다. 최근 4년간 리서치허브 팀에서 AI 시대의 새롭게 일하는 방식을 개발하고 전파하는 작업을 하고 있다. 연세대 경영학과를 졸업한 후 서울대 경영대학원에서 경영학 석사, 서울대 기술경영경제정책(TEMEP) 과정에서 경제물리학으로 공학 박사를 취득했다. CFA Charterholder이자 공학한림원 일반 회원으로 금융계와 기술 경영·정책과 관련된 학계·연구계 사람들과도 폭넓게 교류하고 있다. 인문, 사회, 금융, 첨단 기술을 아우르는 미래학자로서 국가 기술 정책의 기획과 평가 작업에도 다양하게 참여하고 있다.

성낙환

LG경영연구원에서 17년간 근무하며 미래 신기술과 신사업을 연구해 왔다. 최근에는 AX 관점에서 다양한 기업 혁신 방안을 고민하고 있다. 서울대학교 기계항공공학부를 졸업하고 동대학 산업공학과에서 기술 경영 석사를 취득했다. 미래 기술의 진화와 산업적 파급력, 그리고 기업과 고객의 가치 창출 전략을 지속적으로 탐구할 계획이다.

 **이하영**

고려대학교에서 중어중문학과 통계학을 복수 전공했고 머서코리아, BCG에서 전략 기획 프로젝트 경험을 쌓았다. LG경영연구원 리서치허브 팀에서 AI 시대의 새로운 일하는 방식을 연구·개발하며 특히 차트 시각화 프로세스와 전략 컨설팅 기법 기반의 AI 증강 분석 워크플로우를 구축하였다. 현재 데이터와 전략을 연결하며 조직 혁신과 산업 연구에 기여하는 AI 네이티브 분석가로 성장하고 있다.

AI 시대, 읽고 생각하고 쓰는 방식이 바뀐다

저는 지난 수년간 기업계, 학계, 금융계의 여러 사람을 만나며 AI에 대한 수많은 거대 담론을 접해 왔습니다. 석학들은 한결같이 "AI 시대에 살아남으려면 일하는 방식의 총체적 변화가 필요하다."라고 말합니다. 저 역시 이 말에 깊이 공감합니다. 'AI를 잘 활용해야 한다.', '창의성이 중요하다.', '비판적 사고력을 키워야 한다.'라는 말도 많이 듣습니다. 맞는 말입니다. 하지만 정작 '어떻게?'를 구체적으로 말하는 사람은 많지 않았습니다.

다른 한편으로 시중에는 'ChatGPT로 10배 빠르게 일하는 법', '생성형 AI 200% 활용하기', '업무 자동화를 위한 AI 도구 100선' 등 생성형 AI 활용법에 대한 책들이 넘쳐 납니다. 그러나 이런 책들을 보면 아쉬움이 느껴질 때가 많습니다. 대부분 기존 업무의 시간 절약에만 초점을 맞추어 개별 프롬프트의 예시나 단순 활용에만 머물고 있기 때문입니다. 현업에서 정말 필요한 AI 기반의 새로운 업무 지평의 창출이나 일하는 방식의 근본적 변화를 세부적으로 이야기하는 책은 많지 않았습니다.

이 책은 현재 AI 활용 논의의 양극단인 거시 담론과 미시 담론 사이에 비어 있는 중요한 공백 영역을 채우려는 시도입니다. 바로 'AI 시대에 AI와 함께 일하며 성장하는 구체적인 방법' 말입니다. 지난 4년간 운 좋게도 저는 LG경영연구원 내에서 최전선의 AI 기술 발전 동향을 연구하고 다양한 AI를 직접 써보며 'AI를 활용한 일하는 방식의 변화'를 직접 만들어 내는 역할을 수행했습니다. 다양한 자료들을 읽고 새로운 통찰을 이끌어 내고 이를 보고서로 만드는 과정을 AI와 함께 수행하면서 무언가 근본적인 변화가 일어나고 있음을 체감했습니다. AI로 인해 읽고 생각하고 쓰는 방식 자체가 완전히 바뀌고 있다는 것 말입니다.

저는 이 책에서 지난 4년 간의 경험과 깨달음을 거치며 만들어 낸 AI 증강 독해와 AI 드리블링이라는 새로운 개념과 구체적인 방법론을 소개하려 합니다.

AI 증강 독해는 AI를 통해 텍스트를 더욱 빠르되, 깊고 넓게 읽어 더 나은 통찰을 이끌어 내는 방법입니다. 전통적으로 독해는 찐독해(여러 번 깊이 읽기)와 비독해(안 읽거나 대충 읽기)로 나뉩니다. 우리는 찐독해를 하고 싶지만 시간이 없어 비독해로 타협해 왔습니다. AI 증강 독해는 이 둘을 역설적으로 결합합니다. 텍스트를 직접 읽지 않으면서도(비독해) 여러 번 깊이 읽은 것처럼(찐독해) 핵심 내용과 논지, 저자의 숨겨진 가정과 편향, 텍스트 간 연결과 맥락, 실무 적용 방안까지 얻을 수 있습니다. 어떻게 가능할까요? AI와의 전략적 대화를 통해서입니다. 이 책의 1부에서 제시할 4가지 심화 기법(구조적, 계보적, 심층적, 실천적 독해)과 2부에서 더욱 상세하게 다룰 5가지 기초 방법(질문하기, 연결/확장하기, 확인/검증하기, 요약/정리하기, 번역하기)이 그 도구입니다.

AI 드리블링은 수십 개의 프롬프트를 전략적으로 엮어 완성도 높은 보고서 초안을 만들어 내는 기법입니다. 축구 선수가 골대를 향해 상대 수비수를 제치며 드리블하듯 우리는 수십 개의 프롬프트를 연달아 사용하며 정보 부족, 논리 빈틈, 시간 압박이라는 장애물을 피하며 고품질 보고서라는 목표에 도달할 수 있습니다. 일반적인 AI 활용이 "이 보고서 요약해 줘."라는 단발성 숏이라면, AI 드리블링은 25개, 68개, 심지어 104개의 프롬프트를 끊임없이 이어가는 연속 과정입니다. 이 책의 3장에서 제시하는 4R 프로세스(Ready-Recall/Research-Report-Refine)가 그 체계적 방법론이며, 이후 출간될 2권의 14장에서는 3가지 실전 사례를 통해 현장에서의 생생한 활용 모습이 제시될 것입니다.

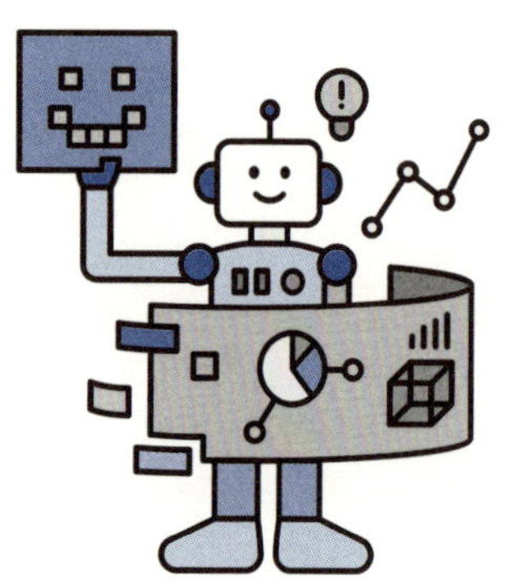

흥미롭게도 해외에서도 이제 막 바이브 코딩(Vibe Coding: 개발자가 AI와 대화하며 코드를 완성), 프롬프트 체이닝(Prompt Chaining: 여러 프롬프트를 연결), 에이전트 워크플로우(Agentic Workflow: AI 에이전트의 연속 작업 처리)처럼 AI 시대에 대응하는 새로운 일하는 방식의 개념들이 논의되기 시작했습니다. 하지만 아직 초기 단계이고 체계화된 방법론은 찾기 힘듭니다. 이 책은 지식 근로자들의 새로운 일하는 방식에 초점을 맞추어 세계 최초로 AI 증강 독해를 5가지 기초 방법, 4가지 심화 기법, 문서 유형별 독해 전략으로 구체화시키고, AI 드리블링을 4R 프로세스와 3가지 실전 사례, 30개의 드리블링 비법으로 통합한 체계적 방법론을 제시합니다.

AI 증강 독해와 AI 드리블링이 중요한 이유는 이것이 AI 시대 지식 노동에서 나타날 새로운 '일하는 방식 변화'의 실체일 수 있기 때문입니다. 전략 기획, 정책 입안, 리서치, 컨설팅 등 지식 노동자들의 업무는 다양합니다. 하지만 근간은 읽기, 생각하기, 쓰기, 말하기입니다. AI 증강 독해와 AI 드리블링은 AI를 활용해 말하기를 제외한 읽고 생각하고 쓰는 과정을 근본적으로 변화시키는 방법입니다.

과거 지식 노동의 핵심은 '정보의 소유'였습니다. 누가 더 많은 자료를 읽었는지, 누가 더 정확한 정보를 갖고 있는지가 경쟁력이었습니다. 하지만 생성형 AI 시대에는 정보 자체의 가치가 급격히 떨어졌습니다. 누구나 AI에게 물어보면 방대한 정보를 즉시 얻을 수 있기 때문입니다. 결국 AI 시대의 새로운 경쟁력은 '정보를 어떻게 다루느냐?'입니다. 같은 보고서를 읽어도 누군가는 표면적 내용만 파악하는 반면, 누군가는 저자의 숨겨진 가정, 논리의 빈틈, 다른 이론과의 연결점까지 꿰뚫어 봅니다. 같은 AI를 써도 누군가는 단발성 질문 하나로 끝나는 반면, 누군가는 수십 개의 프롬프트를 전략적으로 연결해 과거에는 불가능했던 수준의 분석 보고서를 만들어 냅니다.

이 차이가 바로 AI 증강 독해와 AI 드리블링의 유무입니다. 이 두 방법을 잘 익히고 AI

 활용 역량을 키워 가는 사람은 궁극적으로 AI와 함께 사고하고 창조하는 'AI 증강 인간'이 되어 엄청난 성과를 내게 될 것입니다. 갖추지 못한 사람은 AI를 단순 검색 도구, 단순 질문 도구로만 쓰며 당장은 칼퇴근에 행복하겠지만, 시간이 지날수록 점점 뒤처지게 될 것입니다. 또한 지금까지는 단순히 AI 활용 여부 자체가 중요했지만, 앞으로는 제대로 AI를 활용할 수 있는 방법, 나아가 AI와 함께 자료를 소화하고, 생각하며 일하는 방법을 몸에 체화(體化)했는지의 여부가 직업 세계에서의 경쟁력을 좌우할 것입니다. AI 증강 독해와 AI 드리블링은 여러분의 AI 활용 역량을 한 단계 높은 경지로 이끌어 줄 것입니다.

더 나아가 이것은 개인의 역량을 넘어 조직과 국가의 경쟁력 문제로 연결될 수도 있습니다. 한 기업의 직원들이 AI 드리블링으로 업무 시간을 단축하고 성과물의 품질을 높이며 할 수 있는 일의 지평을 확대한다면, 그 기업은 같은 인원으로 훨씬 거대한 성과를 만들어 낼 수 있습니다. 한 나라의 지식 노동자들이 AI 증강 독해로 글로벌 트렌드를 빠르고 정확하게 파악하고 직면한 한계를 돌파할 남다른 방법들을 생각해낸다면, 그 나라는 산업 정책과 기업 전략에서 경쟁국을 앞서갈 수 있습니다.

이제 한국은 AI 3대 강국의 야심 찬 도전을 진행하려 하고 있습니다. 과거 몇 년간 우리나라는 자본, 기술의 열세로 AI 개발 경쟁에서는 미국과 중국에 뒤처졌습니다. 하지만 AI 활용에서는 앞서갈 수 있는 기회의 창이 얼마든지 열려 있습니다. 동일한 AI라 할지라도 쓰는 사람의 기술과 역량에 따라 활용 성과는 수십 배 차이 날 수 있습니다. 여기 소개하는 AI 증강 독해와 AI 드리블링은 한국이 AI 활용에서 다른 나라를 앞서갈 새로운 무기가 될 수 있습니다. 저는 한국 독자들이 이 책으로 먼저 배우고 먼저 적용하고 먼저 성과를 내리라 기대해 봅니다. 그리하여 우리 대한민국이 AI 활용에서 앞서가고, 이를 기반으로 AI 3대 강국이 될 수 있기를 기원해 봅니다.

　이 책을 쓰는 데 도움을 주신 많은 분들께 감사의 말씀을 전하려 합니다. 먼저 LG경영연구원의 김영민 전 원장님과 김재문 원장님, 리서치 허브 팀원들에게 깊이 감사드립니다. 특히 김영민 전 원장님은 4년 전 누구보다 빠르게 변화의 흐름을 감지하고 리서치 허브 팀을 만들어 AI 시대 일하는 방식의 변화를 실체적으로 만들어 낼 수 있도록 다양하게 지원하셨습니다. 김재문 원장님은 연구원의 AX 중추로서 허브팀이 역량을 발휘할 수 있도록 많은 배려를 해 주고 계십니다. 이 책의 공동 저자인 성낙환 님과 이하영 님께도 감사 드립니다. 두 분은 AI 증강 독해, AI 드리블링, 그리고 AI 증강 분석의 삼위일체 방법론을 만드는 데 크게 기여했습니다.

　세브란스 병원의 김태일, 최서윤 교수님께도 감사 드립니다. 대장암 4기 환자인 제가 4년 넘게 회사에 다니며 책까지 쓸 수 있도록 항암 투병을 세심하게 도우며 건강을 지켜 주셨습니다. IGM의 김주영 교수님께도 감사 말씀드립니다. 3년 전 리더 코칭 때 시한부 인생에 낙담하지 말고 후세에 남길 사회적 유산(Legacy)를 남겨 달라는 당부를 하셨습니다. 그 조언이 이 책의 발간으로 이어졌습니다. 아내 연희와 두 딸 윤성, 윤주에게도 감사의 말을 전하고 싶습니다. 회사 생활, 항암 생활, 책 집필 때문에 힘겨운 고3 생활을 제대로 지원해 주지 못한 아빠를 묵묵히 응원해 주었습니다.

　아울러 서울대의 이정동 교수님과 SK 최근섭 부사장님, 그리고 원 팀 멤버들은 AI 증강 독해와 AI 드리블링의 폭발적 잠재력을 누구보다 먼저 감지하고 책의 출간을 독려해 주셨습니다. 성안당 최옥현 전무님, 조혜란 이사님, 지정민 이사님, 정지현 과장님, 안종군 실장님에게도 감사드립니다. 얄팍한 초급 서적만 넘쳐 나는 요즘 세상에서 깊이 있는 차세대 AI 활용 서적의 중요성에 공감하고 두꺼운 원고를 근사한 책으로 만들어 주셨습니다. 그리고 이 책을 함께 만든 Claude, ChatGPT, Perplexity에게도 감사합니다. 이들은 단순한 AI 도구가 아니라 독해, 사고 집필의 파트너였습니다.

이 책은 크게 3부 체제로 구성되어 있습니다. 먼저 1부 '개념과 이론, 제대로 이해하기'에서는 AI 증강 독해의 개념과 도구(1장)과 중·고급 독해 기법인 심화 독해(2장)에 대해 살펴본 후 AI 드리블링의 기본 개념과 철학, 그리고 핵심 프로세스(3장)에 대해 소개합니다. 이를 통해 AI 시대의 새로운 일하는 방식인 AI 증강 독해와 AI 드리블링의 개념을 이해하고, AI 시대에 발맞추어 어떻게 읽고, 생각하고, 쓰는 방법들을 업그레이드할 것인지 익힐 수 있을 것입니다.

다음 2부 '방법과 기법 제대로 익히기'는 1부에서 살펴본 개념을 토대로 읽기, 생각하기, 쓰기의 내공을 획기적으로 올리는 구체적인 방법들을 프롬프트와 함께 알려드립니다. 질문하기(4장), 연결·확장하기(5장), 확인·검증하기(6장), 요약·정리하기(7장), 번역하기(8장)는 기업 실무에서 AI를 활용할 때 가장 많이 사용하는 기능들이며, AI 증강 독해에서도 기본 바탕이 되는 부분입니다. 또한 AI 글쓰기(9장)에서는 활용성 높은 30개의 테크닉들을 통해 AI로 제대로 글을 쓰는 역량을 키울 수 있도록 해드릴 것입니다.

마지막으로 3부 '실전 문서, 제대로 적용하기'에서는 AI 증강 독해와 AI 드리블링 기법을 현업에서 어떻게 실제로 활용할지 케이스를 중심으로 살펴봅니다. 먼저 비즈니스 문서(10장), 기술 문서(11장), 학술 문서(12장), 인문 교양서(13장) 등 문서 특성 별로 어떻게 AI 증강 독해를 진행할 수 있는지 구체적인 방법들을 소개합니다. 14장에서는 AI 드리블링의 실전 사례들을 통해 AI 드리블링의 원리들을 다양한 AI 글쓰기 테크닉들과 연결시켜 보고서를 만들어가는 생생한 과정이 제시됩니다. 다만, 이 책의 분량이 총 800페이지에 육박하는 관계로 3부는 제2권으로 분권 출판하게 되었습니다. 너그러운 양해 부탁 드립니다.

전체적으로 이 책은 1부에서 개념과 이론을 배우고, 2부에서 이를 제대로 구사하기 위한 방법과 기법을 익힌 후 3부에서 실제로 활용해 보는 구조로 구성되었습니다. 각 단계는 개념, 기초·심화, 활용의 레벨로 구분되며, 독립적이면서도 유기적으로 연결되도록 구성했습니다.

1권		2권(출간 예정)
1부. 개념과 이론, 제대로 이해하기 (개념 편)	2부. 방법과 기법, 제대로 익히기 (개념·기초 편)	3부. 실전 문서, 제대로 적용하기 (심화·활용 편)
1. AI 증강 독해의 개념과 도구 2. 심화 독해의 4가지 방법 3. AI 드리블링의 이론과 프로세스	4. 질문하기 5. 연결·확장하기 6. 확인·검증하기 7. 요약·정리하기 8. 번역하기 9. AI 글쓰기의 기본 테크닉	10. 비즈니스 문서 제대로 읽기 11. 기술 문서 제대로 읽기 12. 학술 문서 제대로 읽기 13. 인문 교양서 제대로 읽기 14. AI 드리블링으로 보고서 만들기

이 책은 무엇이 다른가?

수없이 많이 쏟아져 나오고 있는 기존 생성형 AI 활용법 책들과 이 책은 여러 측면에서 다릅니다.

첫째, AI 도구 사용법이 아닌 AI 활용 방법론을 다룹니다. 일반 AI 활용책이 '이 프롬프트를 이렇게 쓰세요.'라는 도구 설명서라면 이 책은 '이렇게 사고하고 이렇게 대화하세요.'라는 방법론 가이드입니다. 이 책을 통해 AI 프롬프트 하나하나를 익히는 것도 중요하지만, 나아가 어떻게 AI와 협업하여 자료를 읽고, 이를 토대로 생각하며 글을 써 나갈 수 있는 지와 관련된 기본 방법론을 배울 수 있기를 기대해 봅니다. 이 책은 여러분들이 현재 '일잘러'를 넘어서 미래의 'AI 증강 인간'으로 나아가는 데 중요한 디딤돌이 될 수 있을 것입니다.

둘째, 프롬프트가 아니라 프로세스를 강조합니다. 상황별 프롬프트도 매우 다양하게 소개되겠지만, 더욱 중요한 것은 이 프롬프트를 여러 개 엮어 새로운 사고와 발상, 그리고 결과물을 만들어 내는 것입니다. 독자 여러분들이 여러 개 프롬프트를 연속적으로 드리블링하여 자료를 비판적, 창의적으로 읽어내고, 본인의 생각을 더욱 확장시켜서 과거에는 쉽게 시도할 수 없었던 복잡한 분석도 능숙하게 해내고, 그 결과를 정리해 고품질의 보고서를 써내는 자신만의 프로세스를 만들어 낼 수 있기를 기원합니다.

셋째, 손쉬운 활용이 아니라 '제대로' 활용하는 법을 다룹니다. 대부분의 AI 활용서는 '빠르고 쉬운' 결과물에 초점을 맞춥니다. 하지만 이 책은 정확하고 완성도 높은 고품질의 성과를 만드는 법에 집중합니다. 예를 들어, 단순히 동영상 URL 하나로 요약본을 뚝딱 만들어 내는 방식은 편리하지만 정보의 누락이나 왜곡을 피하기 어렵습니다. 진정한 고급 사용자의 노하우는 번거롭더라도 스크립트를 추출하고, 전문 녹취록을 생성하며, 목적에 따라 다각도로 재구성하는 정교한 워크플로우에 있습니다. 이 책은 이처럼 단순 기능을 넘어 압도적인 퀄리티를 도출하기 위한 치밀한 실행 공정과 고난도 제어 기술을 가감 없이 담았습니다.

넷째, 시간 절감이 아니라 '업무 고도화'에 초점을 맞춥니다. 앞서 강조한 '정교한 워크플로우'는 단순한 수고로움이 아니라, 남들이 보지 못하는 인사이트를 발굴하여 더 높은 차원의 가치를 만들어 내기 위한 과정입니다. 칼퇴근을 위해서만 AI를 활용한다면 당장의 자유 시간은 확보되지만, 개인의 역량 발전은 보장할 수 없으며 결국 AI에 대체되는 위기에 직면할 것입니다. 하지만 AI를 활용해 업무의 지평을 넓히고 역량의 한계를 돌파하면, AI는 단순한 도구가 아닌 성과의 증폭기가 됩니다. 이 책을 통해 여러분이 시간을 아끼는 단계를 넘어, AI와 함께 새로운 기회를 창출하는 전문성을 확보하기를 바랍니다.

다섯째, 자동화가 아니라 '인간 주도의 반자동화'를 지향합니다. AI가 모든 것을 처리하는 완전 자동화는 당장의 효율은 높일지 모르나, 장기적으로는 인간의 고유한 가치를 파괴합니다. 이 책은 'AI가 다 해 주는 방법'이 아니라, 인간이 질문하고 AI가 답하며 다시 인간이 비판적으로 평가하고 가치를 더하는 프로세스를 제시합니다. 이러한 '인간의 개입'이야말로 최종 품질을 결정짓는 핵심이며, AI와의 협업 속에서 여러분의 존재감을 증명하는 길입니다. 이를 통해 미래의 '노동 없는 경제' 시대에도 대체 불가능한 자신만의 가치를 굳건히 입증해 나갈 수 있을 것입니다.

이 책의 핵심 독자는 저처럼 생산성 향상을 절실히 추구하는 현장 실무자입니다. 구체적으로는 3~10년 차 지식 노동자로서 다량의 문서를 읽어야 하고 새로운 인사이트 창출에 대한 조직 내 요구가 심하며 시간 압박 속에서 다양한 보고서나 분석 자료를 작성해야 하는 분들입니다. 전략·마케팅·R&D 기획자, 리서치 애널리스트, 전략 컨설턴트, 연구기관들의 전문 연구원 등이 대표적이겠지요.

이런 분들의 공통점은 무엇일까요? ChatGPT, Claude와 같은 AI 도구를 이미 사용해 봤지만 한계를 느끼고 있다는 점입니다. '요약은 잘하네, 번역도 괜찮고…. 그런데 단순 요약을 넘어 뭘 더 할 수 있지?'와 같은 고민을 하고 있다면 이 책은 바로 당신을 위한 것입니다. 이 책을 통해 업무 시간을 월등히 단축하면서도 분석의 깊이와 폭을 크게 확장하고 나아가 과거에는 시도조차 하지 못했던 고급 독해, 분석, 작문 기법을 구사할 수 있게 될 것입니다. 더 나아가 AI 협업 역량을 갖추어 5년 뒤에도 조직을 넘어 업종 내에서 대체 불가능한 경쟁력을 확보하게 될 것입니다.

핵심 독자 외에도 이 책이 특별히 도움이 될 2차 타깃 독자들이 있습니다. 신입 컨설턴트나 애널리스트, 언론사의 전문 기자, 대학 및 기업의 교육 담당자, 석사나 박사 과정의 대학원생, 그리고 앞서 말씀드린 전문 지식 노동 직종 진입을 꿈꾸며 진지하게 자신의 AI 활용 역량을 업그레이드하고 싶어하는 취업 준비생이라면 이 책의 체계적인 방법론으로 빠른 성장을 도모할 수 있습니다.

하지만 솔직하게 말씀드립니다. 이 책은 모든 사람을 위한 책이 아닙니다. ChatGPT나 Claude, Gemini, Perplexity를 한 번도 써 보지 않은 AI 완전 초보자라면 먼저 입문서로 기본 사용법을 익힌 후 이 책을 읽기 바랍니다. '5분 만에 마스터'와 같은 속성 학습을 기대한다면 크게 실망할 것입니다. 또한 '100가지 프롬프트 모음'과 같은 단순 예시집을 원한다면 이 책은 적합하지 않습니다. 이 책은 개별 프롬프트가 아니라 프로세스와 전략에 초점을 맞춥니다.

결국 이 책은 AI를 이미 써 봤지만 더 깊이, 더 전략적으로 활용하고 싶은 실무 지식 노동자를 위한 책입니다. 단순한 효율화를 넘어 일하는 방식 자체를 바꾸고 싶은 분, AI와 협업하며 과거에는 불가능했던 수준의 성과를 내고 싶은 분이라면 이 책과 함께 그 여정을 시작하기 바랍니다.

 ## 이 책을 어떻게 읽을 것인가?

앞서 살펴본 것처럼 이 책은 3부 14장의 체계적 구조로 이루어져 있습니다. 1부는 AI 증강 독해와 AI 드리블링의 개념과 이론을 다루고, 2부는 이를 실제로 활용하기 위해 AI 시대의 새로운 읽고, 생각하고, 쓰는 기본 방법들을 소개하며, 2권의 3부는 구체적인 상황별로 AI 증강 독해와 AI 드리블링을 진행해가는 프로세스와 고급 기법들을 제시합니다.

하지만 구조가 체계적이라고 해서, 반드시 처음부터 끝까지 순서대로 읽어야 한다는 뜻은 아닙니다. 이 책은 두꺼운 만큼 현업에서 AI를 활용할 때 직면할 대부분의 상황들이 담겨 있습니다. 사전이나 백과사전 또는 도감처럼 목적에 맞는 부분만 찾아서 읽어도 괜찮습니다. 내일 보고서가 급하다면 9장(AI 글쓰기)과 14장 1절(논의 초안 자료 만들기 사례)만 보셔도 되고 논문 리뷰가 필요하다면 12장(학술 문서 제대로 읽기)으로 직행하면 됩니다. 체계적으로 모든 것을 배우고 싶을 경우에만 처음부터 읽으면 됩니다.

유형별 독서 경로

최적의 독서 경로는 독자가 어떤 유형인지에 따라 달라질 수 있습니다. 3가지 주요 유형과 각각의 추천 경로를 제시합니다.

❶ 입문자: '바로 써먹고 싶어요!' 2부를 먼저 읽은 후 실무 활용

만약 당신이 AI를 이미 사용해 봤지만 기본기를 더욱 탄탄히 다지고 싶거나 내일 당장 보고서를 써야 해서 즉시 활용 가능한 테크닉이 필요하다면 이 경로를 추천합니다. 2부(방법과 기법, 제대로 익히기)를 먼저 읽으세요. 250여 페이지 정도로 6~7시간이면 충분합니다.

이 경로를 통해 AI에게 효과적으로 질문하는 법(4장), 자료의 내용을 다른 자료와 연결시켜 읽는 방법(5장) 내용을 확인·검증하는 방법(6장), 텍스트를 체계적으로 요약·정리하는 법(7장), 외국 자료를 번역해 읽는 심층 기법(8장), 기본적인 AI 글쓰기 테크닉(9장)을 익힐 수 있습니다. 이것만으로도 당장 내일 아침 출근해서 AI를 훨씬 효과적으로 사용할 수 있을 것입니다.

❷ 중급자: '체계적으로 배우고 싶어요.' 1부와 2부를 읽고 업무에 적용

만약 당신이 단순한 활용을 넘어 AI와 협업하는 방법론을 체계적으로 익히고 싶거나 일하는 방식 자체를 근본적으로 바꾸고 싶다면, 1권을 통독하세요. 먼저 1부(개념과 이론, 제대로 이해하기)를 통해 AI 증강 독해와 AI 드리블링의 기본 개념과 이론, 철학 등을 이해한 후 2부의 읽기와 쓰기의 기본 내공 향상법들을 차근차근 살펴보세요. 주말에 시간을 내서 전체적으로 살펴본 후 필요할 때마다 관련 내용을 찾아 업무에 적용해 보면 됩니다.

❸ 고급자: 'AI 증강 인간이 되고 싶어요.' 1부, 2부, 3부를 모두 통독하고 실무에서 활용

만약, 당신이 읽기, 생각하기, 쓰기와 관련된 AI 활용의 모든 것을 마스터하고 싶거나 조직 내에서 인간 AI 협업 전문가로 인정받고 싶다면, 1권을 읽은 후 2권의 3부까지 독파하시기 바랍니다.

이를 통해 비즈니스 문서(10장), 기술 문서(11장), 학술 문서(12장), 인문 교양서(13장) 등 모든 문서 유형들을 직장인 관점에서 맞춤 독해하는 전략을 익히고 수십 개 프롬프트를 엮어 보고서 초안을 작성하는 실전 사례를 보면서 궁극의 AI 드리블링 비법들을 얻게 됩니다.

상황별 독서 경로

한편, 상황별로도 이 책을 선택적으로 독해할 수 있습니다. 실무 상황에 따라 필요한 장을 즉시 찾아보세요. 당신의 책상 위에 이 책을 레퍼런스로 두고 필요할 때마다 해당 장을 펼치

면 됩니다. 내일 보고서가 급한 상황이라면 9장과 14장 1절을 보세요. 2~3시간만 투자하면 30가지 글쓰기 테크닉과 3시간 만에 논의 자료를 만드는 실전 사례를 익힐 수 있습니다.

시장 트렌드 보고서를 분석하는 상황이라면 10장과 14장 2절을 보세요. 3시간이면 비즈니스 문서를 전략적으로 독해하는 법과 68개 프롬프트로 복잡한 예측 자료를 검증하는 실전 사례를 배울 수 있습니다.

경영서를 읽고 실무 가이드를 작성해야 하는 상황이라면 10장 전체를 보세요. 2시간이면 저자 DNA 해독법, 비즈니스 번역법, 문화적 필터링이라는 3대 방법론을 배울 수 있습니다. 논문 20편을 리뷰해야 하는 상황이라면 2장의 심화 독해와 10장 학술 문서 부분을 보세요. 3시간이면 학술 문서를 효율적으로 처리하는 전략을 익힐 수 있습니다. 대학원생들에게 유용할 수 있는 조합입니다.

효과적인 학습 방법

이 책의 내용을 제대로 체득하려면 단순히 읽기만 해서는 안 됩니다. 4가지 핵심 원칙을 지켜 주세요.

첫째, 가급적 읽으면서 즉시 실습하세요. 각 장의 프롬프트 예시를 그냥 눈으로만 읽지 말고 직접 AI에게 입력해 보세요. 그리고 나서 자신이 얻은 답변 결과와 성안당 홈페이지에서 제공되는 프롬프트 및 답변 결과를 비교해 보세요. 생성형 AI의 재현 곤란성이라는 특징 때문에 동일한 프롬프트라도 사람마다 약간은 다른 결과가 나올 것입니다. 그 차이에서도 새롭게 또 얻을 인사이트가 있을 것입니다. 나아가 책의 예시가 아닌 자신의 실제 업무 자료로도 실험해 보세요. 예를 들어, 7장에서 요약 방법을 배운다면 PC 안에 쌓여 있는 보고서 파일 중 하나를 골라 그 방법을 즉시 적용해 보는 것입니다. 손으로 직접 해 봐야 체득됩니다.

둘째, 반복이 핵심입니다. 한 번 읽고 끝이 아닙니다. 처음 읽을 때는 이해가 안 되던 것도 한 달 후 다시 읽으면 이해가 되고, 실제로 써먹다가 막혔을 때 다시 찾아보면 새로운 통찰이 생깁니다. 필요할 때마다 관련된 내용을 계속 다시 찾아보세요. 이 책은 한 번 보고 던져버리는 소모품이 아니라 당신 곁에 계속 두고 참조해야 할 레퍼런스입니다.

셋째, 시행착오를 두려워하지 마세요. 14장의 '좌충우돌' 사례들을 보면 알 수 있듯이 AI 협업은 처음부터 매끄럽게 진행되지는 않습니다. 처음부터 쉽게 되면 얼마나 좋겠습니까? 하지만 AI가 엉뚱한 답을 하기도 하고, 원하는 방향으로 가지 않기도, 하고 중간에 막히기도 합니다. '난 AI 활용에는 소질 없나 봐.', '이 AI는 정말 말 안 듣네.'라고 생각하지 마시고, 실패를 통해 특정 AI에게 잘 통하는 방법, 내게 맞는 방법을 찾아 보세요. 한 방에 완벽한 답변이 나오는 만능 프롬프트를 찾으려 하지 말고 시행착오를 통해 차근차근 원하는 답변을 만들어가는 노하우를 만들고 쌓아가 보세요. 그것이 진짜 AI 활용 역량입니다.

넷째, 점진적으로 확장하세요. 처음부터 104개 프롬프트를 연결하는 복잡한 드리블링을 시도하지 마세요. 먼저 간단한 요약부터 시작하고 익숙해지면 질문을 추가하고 더 익숙해지면 연결과 확장을 시도하고 충분히 숙달되면 복잡한 드리블링으로 나아가세요. 마치 태권도를 배울 때 기본 서기, 지르기, 막기, 발차기부터 시작해서 점차 복잡한 품새로 나아가듯이 말입니다.

이 4가지 원칙을 지키며 이 책을 당신의 업무 레퍼런스로 활용해 보세요. 그러면 몇 달 후 당신은 AI와 함께 사고하고 AI와 함께 창조하는 AI 증강 인간으로 변하고 있음을 체감할 수 있을 것입니다.

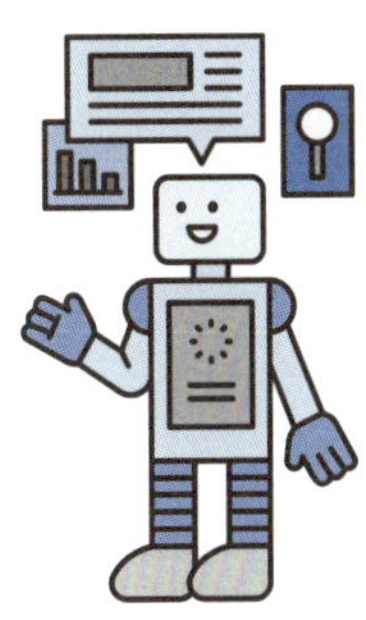

저자 약력   2

서문   3

감사의 글   7

이 책의 특징과 읽는 방법   8

개념·기초편

제1권

1부 : 개념과 이론, 제대로 정리하기 개념편

1장 AI 증강 독해의 개념과 도구   22

1.1 세상의 모든 독해   24

1.2 AI 증강 독해란?   30

1.3 AI 증강 독해의 5가지 방법   37

1.4 AI 증강 독해의 파트너   45

1.5 독자의 죽음, 그리고 부활   49

2장 심화 독해의 4가지 방법   52

2.1 AI 독해의 새로운 지평: 4가지 방법의 등장   54

2.2 구조적 독해: 텍스트의 '설계도' 읽기   64

2.3 계보적 독해: 텍스트의 '가계도' 그려 보기   74

2.4 심층적 독해: 텍스트 속 '보물찾기'   88

2.5 실천적 독해: 배운 내용을 '실제 삶에 적용하기'   127

2.6 심화 독해의 핵심 포인트   139

3장 AI 드리블링의 이론과 프로세스   143

3.1 기초에서 고급으로: AI 드리블링의 세계   145

3.2 Ready(준비): 방향성 구상   161

3.3 Recall & Research(소환, 연구): 관련 말뭉치 키우기   172

3.4 Report(초안 작성): 논리적 구조화로 고품질 보고서의 초안 만들기 192

3.5 Refine(초안 정교화): 초안에서 완성작으로 211

3.6 AI 드리블링의 한계와 주의사항 224

3.7 AI 드리블링으로 얻은 시간을 어떻게 쓸 것인가? 239

2부 : 방법과 기법, 제대로 익히기 `기초 편`

4장 질문하기 244

4.1 어려운 개념 질문하기 246

4.2 어려운 문장, 문단 질문하기 250

4.3 배경 지식 질문하기 255

4.4 차트, 데이터 질문하기 262

4.5 질문하기의 핵심 포인트 273

5장 연결·확장하기 277

5.1 유사 개념, 관점, 사례 탐색, 비교하기 279

5.2 관련 콘텐츠로 확장 연결하기 285

5.3 산업, 학문, 기술을 크로스오버하기 291

5.4 시간축 연결하기 296

5.5 큰 그림 그리기 304

5.6 안전한 연결 확장 독해를 위한 환각 방지법 314

5.7 연결·확장의 핵심 포인트 317

6장 확인·검증하기 322

6.1 AI 도구별 검증 특성과 활용법 324

6.2 내용 확인·검증이 필요한 4가지 의심 상황 327

6.3 확인·검증 과정에서 자주 만나는 실패 패턴과 해결책 · 334

6.4 AI 확인·검증의 한계를 알고 현명하게 활용하기 · 341

6.5 AI 확인·검증의 핵심 포인트 · 345

7장 요약·정리하기 · 347

7.1 독해 단계별 요약 전략 · 349

7.2 사전 스캐닝 단계: 읽을 가치 판단하기 · 352

7.3 본격 독해 단계: 장별 내용과 핵심 사례 파악하기 · 363

7.4 이해 점검 단계: 독해 결과 확인하기 · 373

7.5 요약 품질 관리 · 378

7.6 동영상 요약하기 · 384

7.7 AI 요약·정리의 핵심 포인트 · 394

8장 번역하기 · 396

8.1 어떤 AI 번역 도구가 좋은가? · 398

8.2 상황별 생성형 AI 번역 활용법 · 404

8.3 번역 후 검토와 후편집: 번역 품질 향상 · 419

8.4 번역하기의 핵심 포인트 · 427

9장 AI 글쓰기 · 429

9.1 AI 글쓰기의 세계로 · 431

9.2 AI 글쓰기의 4가지 핵심 영역 · 435

9.3 즉시 활용 가능한 AI 글쓰기 테크닉 · 440

9.4 AI 글쓰기 수정·보완·퇴고 테크닉 · 459

9.5 AI 글쓰기 함정과 해결책 · 472

9.6 실전 적용: 성공 사례 분석 · 479

책 분량이 많은 관계로 부득이하게 책을 분권하였습니다. 2권에서는 '3부. 실전 문서 활용하기' 내용이 전개됩니다. 3부는 1부의 개념과 이론, 2부의 기본 방법과 기법들을 바탕으로 여러 프롬프트를 연결해 현업 업무에서 AI 증강 독해와 AI 드리블링 방식으로 결과물을 만들어 나가는 과정을 담았습니다.

2권에서는 먼저 비즈니스 문서(10장), 기술 문서(11장), 학술 문서(12장), 인문 교양서(13장) 등 현업에서 자주 활용해야 하는 문서들의 기본 특성과 AI 증강 독해를 상황별로 어떻게 진행할 수 있는지 구체적인 방법들을 소개합니다. 14장에서는 AI 드리블링의 실전 사례들을 통해 AI 드리블링의 원리들을 다양한 AI 글쓰기 테크닉들과 연결시켜 보고서를 만들어 나가는 생생한 과정이 제시됩니다.

1권의 내용을 모두 읽으셨다면 2권의 생생한 실전 사례를 통해 개념과 기법들이 다양하게 활용되고 연결되는 방식을 익혀 보시기 바랍니다. 아울러 2권에서는 AI 증강 독해와 AI 드리블링을 해가면서 주의할 상황들과 여러 비법이 추가로 제시됩니다.

3부 ： 실전 문서 제대로 활용하기

10장 비즈니스 문서

11장 기술 문서

12장 학술 문서

13장 인문 교양서

14장 AI 드리블링의 실전 사례

1부

개념과 이론, 제대로 이해하기

개념 편

1장 AI 증강 독해의 개념과 도구

2장 심화 독해의 4가지 방법

3장 드리블링의 이론과 프로세스

정보는 넘쳐나지만 깊이 읽고 생각하며 쓰는 힘은 점차 희미해지는 시대입니다. 하지만 AI는 우리 지성을 대체하는 위협이 아니라, 문해력과 글쓰기 역량을 폭발적으로 확장해 줄 '인지적 외골격' 이 될 수 있습니다. 1부에서는 AI를 단순한 도구가 아닌, 함께 읽고 창조하는 '지적 파트너'로 만드는 방법론인 AI 증강 독해와 AI 드리블링의 개념과 이론을 소개합니다.

1부의 구성은 다음과 같습니다.

1장 AI 증강 독해의 개념과 도구 – 텍스트를 전부 읽지 않고도 깊은 통찰과 비판적 판단을 이끌어내는 AI 승강 녹해의 개념과 도구별 특성을 배웁니다.

2장 심화 독해의 4가지 방법 – 구조적 · 계보적 · 심층적 · 실천적 독해 기법을 통해, 전문가들의 고차원적 사유 방식을 일반인도 AI를 활용해 쉽게 구현하는 법을 소개합니다.

3장 AI 드리블링의 이론과 프로세스 – AI와 질문을 주고받으며 아이디어를 다듬는 4단계(Ready–Recall–Report–Refine) 과정을 통해 창조적 글쓰기의 해법을 제시합니다.

1부를 통해 여러분은 AI를 리드하는 '주도적 활용력', 복잡한 문서를 넘나드는 '융합적 문해력', 그리고 다시 '깊게 생각하고 창조적으로 쓰는 즐거움'을 얻게 될 것입니다. 이제 AI라는 역량 증폭기를 활용해 더 넓고 깊은 사고의 바다로 항해를 시작해 보세요.

1 AI 증강 독해의 개념과 도구

✦ 장 오노레 프라고나르(Jean honoré Fragonard)의 「책 읽는 소녀」(1770)

1장에서는 AI 증강 독해의 기본 개념에 대해 살펴봅니다. 2부 4~8장에서 다룰 5가지 기초 독해법 (질문, 연결, 검증, 요약, 번역)과 2장에서 제시할 심화 독해 방법(구조적, 계보적, 심층적, 실천적)의 전체 그림을 먼저 파악하세요. 개념적 프레임워크를 이해하면 AI 증강 독해 실습이 훨씬 수월해집니다.

1.1 세상의 모든 독해

→ 텍스트 대홍수 시대, 전통적 독서법(찐독해)는 한계가 있고 효율 중심의 비독해도 깊이가 부족합니다.

1.2 AI 증강 독해란?

→ AI 증강 독해란, 생성형 AI를 활용해 찐독해의 깊이와 비독해의 속도를 결합한 AI 시대의 새로운 독해 방법론입니다.

1.3 AI 증강 독해의 5가지 방법

→ AI 증강 독해는 기본적 독해와 4가지 심화 독해(구조적, 계보적, 심층적, 실천적)로 구성됩니다.

1.4 AI 증강 독해의 파트너

→ AI 증강 독해에 주로 활용되는 ChatGPT, Claude, Perplexity 등 AI 도구들의 특성과 장단점을 소개합니다.

1.5 독자의 죽음, 그리고 부활

→ 독자는 AI를 활용해 수동적인 텍스트 소비자에서 능동적인 의미 창조자로 부활하며 새로운 차원의 독해를 할 수 있게 됩니다.

독자별 니즈	독해 가이드
"AI 증강 독해가 뭔지 빠르게 알고 싶어요."	1.2만 읽기(핵심 개념과 정의만 파악하고 2장으로 이동)
"어떤 방법들이 있는지 전체 구조를 보고 싶어요."	1.2와 1.3 읽기(개념 이해 후 5가지 기초 방법의 전체 맵 확인)
"어떤 AI 도구를 써야 할지 모르겠어요."	1.4로 바로 이동(ChatGPT, Claude, Perplexity의 특성과 선택 기준 확인)
"왜 이런 방법이 필요한지 배경이 궁금해요."	1.1→1.2→1.5 읽기(텍스트 대홍수 시대의 문제 인식부터 철학적 의미까지)
"처음부터 끝까지 완전히 이해하고 싶어요."	1.1→1.2→1.3→1.4→1.5 순서대로(전체 흐름을 따라가며 체계적 학습)

● 한 권의 책, 수많은 길

18세기 프랑스 화가 장 오노레 프라고나르의 명작 「책 읽는 소녀」에는 황금빛 드레스를 입은 소녀가 책에 완전히 몰입해 있는 모습이 담겨 있습니다. 그녀의 집중된 표정과 자세에서는 텍스트와의 깊은 교감이 느껴집니다. 이 그림이 그려진 18세기는 책이 귀했던 시대였습니다. 책 한 권도 구하기도 어려웠기 때문에 사람들은 책을 소중히 여기며 반복해서 읽었습니다. 프라고나르가 포착한 것은 바로 이런 '찐독해'의 순간이었습니다.

하지만 21세기를 사는 우리의 독서 환경은 완전히 달라졌습니다. 서점과 도서관에는 수만 권의 책이 넘쳐나고 인터넷에는 매일 수천만 건의 콘텐츠가 새로 올라옵니다. 더욱이 스마트폰 하나면 전 세계의 텍스트에 즉시 접근할 수 있게 되었습니다. 이제 우리에게는 '어떤 책을 읽을 것인지'보다 '어떻게 읽을 것인지'가 더 중요한 문제가 되었습니다. 프라고나르의 「책 읽는 소녀」처럼 한 권의 책에만 몰입할 수도 있지만, 때로는 여러 권을 동시에 읽거나, 빠르게 훑어보거나, 필요한 부분만 골라 읽는 전략적 독해가 필요한 상황도 많아졌습니다.

실제로 서점의 독서법 코너에는 『다산의 독서 전략』(글라이더, 2016), 『독공법』(푸른영토, 2018), 『리딩으로 리드하라』(차이정원, 2016), 『이동진 독서법』(위즈덤하우스, 2022) 같은 전통적인 독서법부터 『부자들의 초격차 독서법』(쌤앤파커스, 2021), 『하버드 비즈니스 독서법』(가나출판사, 2018), 『미라클 독서법』(푸른영토, 2019) 같은 다양한 독해 방식을 다룬 책들이 있습니다.

또한 『아웃풋 독서법』(북포스, 2017), 『시냅스 독서법』(매일경제신문사, 2020)처럼 실용적 결과를 추구하는 방법도 있고, 『나의 삶을 바꾼 필사 독서법』(미다스북스, 2021)과 같이 깊이 있는 성찰을 중시하는 방법도 존재합니다.

이처럼 독해 방법은 너무도 많습니다. 만약 책을 대하는 방식이 단 하나일 것이라고 생각했다면 이제 그 생각을 바꿀 때가 되었습니다. 세상에는 텍스트를 읽고 소화하는 수십, 수백 가지의 방법이 존재합니다.

2000년대 초반, 일본에서 '희대의 독서가'로 유명했던 마쓰오카 세이고(松岡正剛)[1]는 독해의 다양한 방식을 아름다운 한자 표현으로 정리했습니다. 감정을 담아 읽는 '감독(感讀)', 깊이 빠져서 읽는 '탐독(耽讀)', 소중히 아껴 읽는 '석독(惜讀)', 사랑하며 즐겨 읽는 '애독(愛讀)'…. 이 4가지만으로도 우리가 책과 맺는 관계의 다채로움이 느껴지지 않나요?

그러나 이는 시작에 불과합니다. 용기 내어 도전해 읽는 '감독(敢讀)', 널리 두루 읽는 '범독(氾讀)', 양식처럼 섭취하며 읽는 '식독(食讀)', 기록하면서 읽는 '녹독(錄讀)', 맛보듯 음미하며 읽는 '미독(味讀)'…. 우리는 때로는 다양한 분야를 섭렵하는 '잡독(雜讀)'을 하기도 하고 비교하면서 읽는 '협독(挾讀)'을 하기도 합니다.

이렇게 다양한 독해 방식은 우리가 텍스트와 관계 맺는 방법의 무한한 가능성을 보여 줍니다. 자연 속에서 다양한 길을 걸을 수 있듯이 책과 문서의 세계를 여행하는 방법 역시 셀 수 없이 많습니다. 각각의 방식에는 그만의 매력과 가치가 있으며 상황과 목적에 따라 다양한 독해 방식을 오가며 텍스트의 바다를 항해합니다.

✦ 다양한 독서법 관련 서적

---

1   마쓰오카 세이고, 『창조적 책 읽기, 독서술이 답이다』(추수밭, 2010)

감독(感讀) – 감정을 담아 읽기　　잡독(雜讀) – 여러 책을 섞어 읽기　　한독(閑讀) – 여유롭게 읽기
탐독(耽讀) – 깊이 빠져서 읽기　　협독(挾讀) – 비교하면서 읽기　　만독(滿讀) – 충분히 채워가며 읽기
석독(惜讀) – 소중히 아껴 읽기　　난독(亂讀) – 순서 없이 자유롭게 읽기　　산독(散讀) – 흩어진 정보를 넘나들며
애독(愛讀) – 사랑하며 즐겨 읽기　　음독(吟讀) – 소리내어 읊으며 읽기　　　　　　　　　　(산책하듯) 읽기
감독(敢讀) – 용기 내어 도전해 읽기　　공독(功讀) – 파고들어 공부하듯 읽기　　조독(粗讀) – 대충 훑어 읽기
범독(氾讀) – 널리 두루 읽기　　계독(系讀) – 체계적으로 읽기　　근독(筋讀) – 핵심을 짚어가며 읽기
식독(食讀) – 양식처럼 섭취하며 읽기　　인독(引讀) – 끌어들여 몰입해 읽기　　숙독(熟讀) – 완전히 익힐 때까지 읽기
녹독(錄讀) – 기록하면서 읽기　　광독(廣讀) – 폭넓게 읽기　　역독(逆讀) – 거꾸로 되짚어 읽기
미독(味讀) – 맛보듯 음미하며 읽기　　정독(精讀) – 꼼꼼히 세밀하게 읽기　　…

- 마쓰오카 세이고는 『지(知)의 편집공학』이라는 책에서 편집이라는 개념을 통해 인간의 사고와 지식 형성 과정을 깊이 있게 탐구했던 것으로 유명합니다.
- 진정한 인문학 탐구자였던 그가 진행했던 천야천책(千夜千冊) 프로젝트는 매일 한 권씩 1,000권을 목표로 인터넷에 독서 감상문을 올린 프로젝트로, 현재도 접속 가능합니다. 한국어로도 번역되어 총 1,850일의 독서 여정을 확인할 수 있습니다.
(https://1000ya.isis.ne.jp)

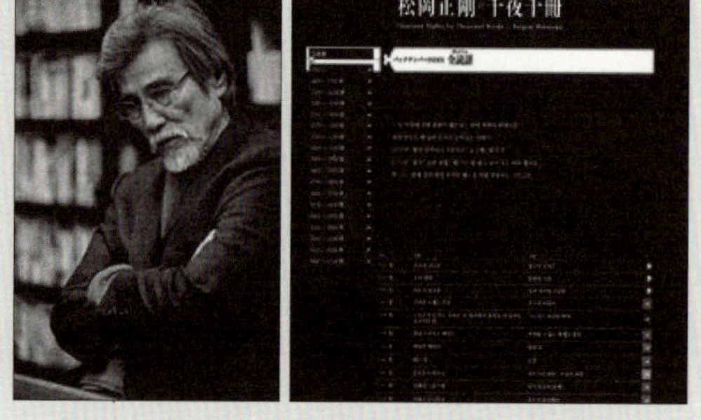

✦ '희대의 독서가' 마쓰오카 세이고의 독해 방법

● 실무적으로 유용했던 5가지 독해법

하지만 모든 독해 방식이 유용한 것은 아닙니다. 실무적인 관점에서 본다면 다음 5가지 독해법[2]이 제한된 시간과 에너지를 효율적으로 활용하면서도 텍스트에서 최대한의 가치를 이끌어 내는 데 특히 유용했습니다. 이 방법들은 다양한 상황과 목적에 맞춰 발전해 온 전략적 독서 접근법으로, 저 역시 연구 실무 과정에서 많이 활용하고 있습니다.[2]

첫 번째는 '통독(通讀)'입니다. 이는 전체를 물 흐르듯 가볍게 훑어보는 독해법으로, 책의 전체 내용과 특징, 간단한 감상을 파악하는 데 적합합니다. 이 방식은 전철 안에서 소설이나 교양서를 읽을 때와 비슷하며 짧은 시간 내에 새로운 지식을 얻고자 할 때 효과적입니다. 이 독해법의 핵심은 빠르게 흐름을 따라가며 큰 그림을 그려 내는 것입니다.

2　5가지 실무 독해법은 고미야 가즈요시, 『업무 스킬을 키우는 독서법』(비전코리아, 2019)을 바탕으로 저자가 재정리한 것입니다.

두 번째는 '정독(精讀)'입니다. 지식의 획득을 넘어 통찰의 창출까지 염두에 둔 이 독해법은 밑줄을 긋고 느낀 점을 메모하고 머릿속으로는 논점을 세워 가며 읽는 논리적, 비판적인 독서 방식입니다. 회사에서 보고서를 읽거나 카페에서 경영, 역사, 인문 사회, 교양 과학 도서를 읽을 때 많이 활용됩니다. 이 독해법은 내용을 깊이 소화하고 자신만의 관점을 형성하는 데 중점을 두고 있습니다.

세 번째는 '심독(深讀)', '망독(網讀)'입니다. 심독은 텍스트의 의미를 깊이 읽어 내는 것, 망독은 다른 텍스트와 연결해 읽는 것을 말합니다. 즉, 심독, 망독이란, 내용을 깊이 생각하고 다양한 관련 자료를 참고하며 이해 수준을 심화, 확장해 나가는 독해법으로, 깊은 고민과 내적 성찰, 지식 간 연결을 통한 심화 독서 방법입니다. 주로 대학원생이나 기업 연구원들이 이러한 방식을 통해 새로운 지식을 만들어 냅니다. 과거에 심독과 망독은 방대한 자료를 갖춘 도서관이나 PC가 있어야만 가능했습니다. 하지만 이제 스마트폰과 생성형 AI의 도움으로 언제, 어디서나 진행할 수 있을 만큼 쉬워졌습니다.

네 번째는 '다독(多讀)'입니다. 흔히 생각하는 것과 다르게 다독은 단순히 많이 읽는 것이 아닙니다. 진정한 다독은 특정 분야의 전문 지식을 몸에 새기고 그 분야에 맞게 사고방식까지 바꾸려는 작업입니다. 세무사라면 「세법」 기준을, 변호사라면 「민법」, 「형법」 조항들을 완전히 숙지하고 그 내용에 맞춰 생각과 말을 전개해야 할 것입니다. 이럴 때 중요한 방식이 바로 '다독'입니다. 저는 전문가의 역량은 3회 이상 읽은 해당 분야 책의 수와 비례한다고 생각합니다. 또한 좋은 책은 연령에 따라 다른 느낌과 재미를 줍니다. 이는 읽는 사람의 경험과 지식 수준이 달라지기 때문입니다. 다독은 고시생, 전문가, 독서 애호가들이 주로 활용하는 방식입니다.

다섯 번째는 '속독(速讀)'입니다. 잘 알려진 것처럼 텍스트를 빠르게 읽으면서 필요한 정보를 찾고 얻는 독해법입니다. 하지만 제대로 된 속독은 분당 600단어(또는 신국판 단행본 책 2~3페이지)의 독해 속도와 관련 분야에 대한 탄탄한 배경 지식, 그리고 목적 의식을 미리 가지고 있어야 가능합니다. 속독으로 효과를 못 보는 이유는 대개 배경 지식과 목적 의식이 없기 때문입니다. 속독은 텍스트를 통독, 정독해야 할지 판단해야 하는 상황이나 참고할 부분만 빠르게 탐색해야 하는 상황, 그리고 회의장에서 100페이지가 넘는 안건 자료를 받고 30분 내에 코멘트해야 하는 상황에서 특히 유용합니다. 이런 측면에서 속독은 현업 전문가들이 주로 수행하는 전투적 독해 방식이라고 할 수 있습니다.

통독(通讀)	• 전체를 물 흐르듯 가볍게 훑어보는 독해법 • 전철 안에서 소설이나 교양서를 읽을 때와 유사 • 일반인들의 독서 방식	▶	새 지식을 획득하고 책의 전체 내용과 특징, 간단한 감상을 말할 수 있게 됨.
정독(精讀)	• 밑줄을 긋고, 느낀 점을 메모하고, 머릿속으로는 논점을 세워 가며 읽는 논리적, 비판적인 독서 • 대학생들에게 익숙한 방식	▶	지식 획득을 넘어 통찰 창출과 해당 분야에 대한 세밀한 정보를 얻게 됨
심독(深讀)/ 망독(網讀)	• 내용을 깊이 생각하고 다양한 관련 자료를 참고하며 이해 수준을 심화, 확장해 나가는 독해법 • 대학원생과 연구직들이 주로 활용	▶	깊은 고민과 내적 성찰의 기회를 갖고, 지식 간 연결로 자신의 역량 범위를 확장
다독(多讀)	• 특정 분야의 전문 지식을 몸에 새기고, 그 분야에 맞게 사고방식까지 바꿔 나가는 독해법 • 독서 애호가, 고시생, 전문가가 수행	▶	대개 전문가 역량은 3회독 이상 한 해당 분야 책의 수와 비례
속독(速讀)	• 빠르게 읽으면서 필요한 정보를 얻는 독해법 • 텍스트를 통독, 정독해야 할지 판단해야 할 때, 참고할 부분만 빠르게 탐색해야 할 때, 회의장에서 코멘트할 때 유용 • 전문가들의 전투적 독해 방식	▶	상당한 독서 경험이 쌓였을 때 자연스럽게 체득되고 실제 효과를 볼 수 있음

✦ 실무적으로 유용했던 5가지 독해법

● 텍스트의 대홍수

앞서 저는 '5가지 방법이 유용했다.'라고 말씀드렸습니다. 그 이유는 과거에는 정말 유용했지만, 이제는 점점 그 유용성을 잃어가고 있기 때문입니다. 세상이 점점 넓어지고 읽어야 할 것 또한 너무 많아져 기존의 독서 방법으로는 도저히 폭주하는 정보량을 따라갈 수 없게 된 것이 근본 원인입니다.

현대인들이 흔히 접하는 텍스트의 종류만 살펴봐도 너무 다양합니다. 소설, 에세이, 자서전부터 경제·경영서 과학 교양서 철학·인문서까지 다양한 일반 도서들이 있습니다. 여기에 초·중·고·대학 교재, 참고서 시험 대비서와 같은 교육 자료들, 일간지, 주간지, 경제지, 산업 전문지, 시사 잡지, 패션·라이프스타일 잡지 등의 정기 간행물들이 더해집니다.

직장인들이라면 업무를 위해 더욱 다양한 전문 자료를 읽어야 합니다. 경제 분석 보고서, 산업·시장 조사 보고서, 컨설팅 사 보고서, 증권사 애널리스트 리포트, 정책 보고서, 사회 단체나 국제 기구의 보고서들까지 쏟아져 나옵니다. 업무에 따라 법률 문서, 정책 문서, 기업 운영 문서, 제품 설명서, 특허 문서와 같은 자료들도 필수적으로 검토해야 합니다.

더욱이 디지털 시대가 되면서 새로운 형태의 텍스트들이 폭증했습니다. 블로그 포스트, 온라인 칼럼, 뉴스레터, 포럼이나 커뮤니티 게시글, SNS 게시물, 유튜브나 팟캐스트 스크립트, 기업 IR 자료, 백과사전 콘텐츠까지 하루에도 수천만 개의 새로운 글들이 인터넷에 올라옵니다. 열거하는 것만으로도 숨이 막힐 것만 같은 다양한 텍스트가 기하급수적으로 늘어나고 있는 것입니다.

저만 하더라도 매일 신문과 잡지를 통해 일상적인 세상사를 접하고 각종 경제지와 산업 전문지, 학술지를 통해 전문 지식을 업데이트합니다. 쏟아져 나오는 각종 보고서를 살펴보고 꼭 읽어야 할 것들을 선별해서 쌓아 두지만 제대로 읽지 못하는 경우도 많습니다. 프로젝트를 위해 다양한 정책 문서 기업 문서, 연감 자료, 이슈 보고서들을 읽어야 하고 필요하다면 관련된 학술 논문들도 찾아봐야 합니다. 연구 주제와 관련해 외국 경영진이나 유명인이 올린 블로그 포스트나 유튜브 강연들도 찾아봐야 하고 기업들의 IR 자료들도 검토해야 합니다. 마음 같아서는 주말에 밀린 교양서들을 읽고 싶지만, 집에서는 가사일을 돕느라 계획을 실천하지 못하는 경우가 많습니다.

● 늘어나는 고민

특히, 2000년대 들어 인터넷을 통한 폭발적인 정보 증가는 우리의 독서 생활에 새로운 고민들을 안겨 주었습니다. '이 많은 자료를 언제 다 읽나?', '내가 꼭 챙겨 봐야 하는 자료가 어떤 것이지?', '열심히 읽었는데 정리도 안 되고 남는 게 없네.'와 같은 고민들이 현대인의 마음을 무겁게 합니다.

더 나아가 '일본에서 좋은 자료가 나왔다고 하는데, 일본어는 까막눈이라….'와 같은 언어적 장벽, '한 달 전 읽은 자료가 기억이 안 나네.'처럼 기억의 한계, '비슷한 자료를 본 적이 있는데 뭐였더라.'와 같은 검색의 어려움은 우리의 독서 경험을 더욱 복잡하게 만듭니다.

또한 텍스트 간의 일관성과 신뢰성에 대한 의문도 종종 느끼게 됩니다. '이 자료랑 뉴스랑 서로 말이 안 맞는데, 뭐가 맞는 거야?'와 같은 고민은 정보의 홍수 속에서 진실을 가려내는 일이 얼마나 어려운지를 보여 줍니다. 그리고 궁극적으로 '이게 내 일, 내 삶이랑 무슨 관련이 있지?'라는 질문은 읽음의 목적과 의미에 대한 근본적인 도전을 던집니다.

◆ 텍스트 홍수 시대에 늘어나는 고민

이러한 상황에서 많은 사람이 책 읽기를 포기하고 유튜브 시청으로 넘어가고 있습니다. 물론 영상 콘텐츠는 즉각적인 정보 전달과 감각적 자극을 제공합니다. 더욱이 전문가가 나와 복잡한 내용을 풀어서 설명해 주니 금세 이해가 되는 것 같습니다. 하지만 영상 콘텐츠는 시간, 범위, 깊이 측면에서 텍스트 기반 독서보다 비효율적인 경우가 많습니다. 한 시간 분량의 유튜브 영상이 담고 있는 정보량은 종종 몇 페이지의 텍스트로 압축될 수 있고 깊이 있는 사고와 성찰을 위한 여백을 제공하지 못하는 경우가 많습니다.

그렇다면 텍스트 대홍수의 시대에 우리는 어떻게 독서의 가치를 지키면서도 정보 과부하의 문제를 해결할 수 있을까요? 이제 새로운 대안을 모색할 때가 왔습니다.

1.2 AI 증강 독해란?

● 찐독해와 비독해, 그리고 AI 증강 독해

텍스트 대홍수의 시대에 AI 증강 독해는 새로운 대안이 될 수 있습니다. AI 증강 독해는

AI를 활용해 기존의 '찐독해'와 '비독해' 개념을 변증법적으로 종합, 확장한 새로운 독해 방법입니다. AI를 활용해 전통적 독서의 가치를 보존하면서도 현대 사회의 정보 폭주에 대응하려는 시도입니다.

먼저 '찐독해'가 무엇인지 살펴보겠습니다. 찐독해란, 텍스트를 철저하고 완벽하게 읽어 내는 접근법으로, 텍스트와의 깊은 교감을 중시합니다. 일본의 철학자 사사키 아타루(佐々木中)는 『잘라라 기도하는 그 손을』(자음과모음, 2012)에서 "종교개혁 시대 루터가 한 일은 결국 성서를 읽고 읽고 또 읽은 것이었다. …(중략)… 수천 번의 읽기는 결국 혁명으로 이어졌다."라고 주장했습니다. 책을 읽는다는 것은 단순한 정보 획득을 넘어 텍스트와의 깊은 대화를 통해 개인의 인식을 변화시키고 나아가 세계관의 전환까지 가져오는 숭고한 변혁적 행위라는 것입니다.

'손자천독달통신(孫子千讀達通神)', 즉 '손자병법을 1,000번 읽으면 신의 경지와 통한다.'는 말도 같은 맥락입니다. 앞서 말했던 다독과 정독을 극단적 경지까지 몰아가야 한다는 관점인 것입니다. 회계사인 제 친구도 몇 년 전부터 노자의 「도덕경」을 300번 넘게 읽으며 의미들을 재해석하고 있습니다. 독해 횟수가 200번을 넘어가니 비로소 새로운 의미들이 보였다고 이야기하던 기억이 납니다.

반면, '비독해'는 프랑스의 문학 평론가이자 교수인 피에르 바야르(Pierre Bayard)가 『읽지 않은 책에 대해 말하는 법』(여름언덕, 2008)에서 제시한 방식입니다. 현대 사회에서는 모든 텍스트를 제대로 깊이 있게 읽을 수 없고 실제로 직접 읽지 않고도 얼마든지 의미 있는 대화와 활용이 가능하다는 실용적 관점입니다. 바야르는 "대학에서 문학을 강의하기에 이런저런 책에 대해 이야기를 하지 않을 수 없는데, 그 책들은 대부분 내가 펼쳐 보지도 않은 책들이다. …(중략)… 책을 다 읽지 않고도 얼마든지 그 책에 대해 의미 있는 이야기가 가능하다."라고 말합니다.

실제로 책 읽기의 달인들인 학자들은 초록 중심 독해(논문 초록을 읽고 전체 내용과 참신성 파악), 결론 우선 독해(보고서의 결론을 읽고 거꾸로 본문에서 필요한 내용을 뽑아서 독해), 참고문헌 분석(참고문헌 목록을 보며 논문이 어떤 이론 흐름을 따르고 있는지 파악) 등 다양한 비독해 테크닉을 사용하고 있습니다.

우리 일반인들도 일상생활에서 이름만 들어본 책과 핵심 경구에 대해서 자유롭게 이야기합니다. 토마스 홉스(Thomas Hobbes)의 『리바이어던』(만인에 대한 만인의 투쟁), 괴테(Johann Wolfgang von Goethe)의 『파우스트』(악마와의 계약), 니체(Friedrich Wilhelm Nietzsche)의 『차라투스투라는 이렇게 말했다』(신은 죽었다)처럼 말입니다. 이는 독서의 본질이 단순한 텍스트의 섭렵이 아니라 더 넓은 맥락에서의 이해와 실생활의 활용에 있다는 점을 잘 보여 줍니다.

개인적으로 책의 모든 내용을 완벽히 이해하겠다는 찐독해 관점은 책이 귀했던 시절에 만들어졌을 가능성이 크다고 생각합니다. 1990년대만 하더라도 주변에서 책을 구하기 힘들었습니다. 관악산 아래에서 석사 논문을 쓸 때 생각이 납니다. 핵심 자료로 쓸 수 있는 외국 서적이 학교 도서관에는 없고 종로구에 있는 한국사회과학도서관에 한 권이 있다는 정보를 입수했습니다. 강남에서 강북까지 버스를 타고 가서 고갯길을 올라 도서관에 도착해 책을 한 장 한 장 복사해 돌아왔던 기억이 납니다. 그때 고갯길에서 바라보던 석양이 참 아름다웠죠. 그렇게 힘들게 구했던 책이었던 만큼 복사본이라도 소중하게 간직하고 한 줄 한 줄 분석해 가며 여러 번 읽었습니다.

하지만 지금은 텍스트의 홍수 시대입니다. 저 같은 연구자들이나 학계의 교수들은 하루에만 수십 권의 책과 보고서를 접합니다. 아침에 출근해서 메일함을 열면 새로운 연구 보고서들이 수십 건 쌓여 있고, 다독할 가치가 있는 중요한 책들만 매년 수백 권씩 만나게 됩니다. 더욱이 국제적인 연구 동향을 파악하려면 영어, 일본어, 중국어로 된 자료들까지 검토해야 하는 상황입니다. 프로젝트 하나를 진행하려면 관련 문헌만 수백 편을 검토해야 하기 때문입니다.

이러한 현실에서는 도저히 모든 책을 찐독해할 수 없습니다. 만약, 모든 자료를 찐독해 방식으로 읽으려면 프로젝트 하나를 진행하는 데만 몇 년이 걸릴 것입니다. 연구의 속도와 범위를 고려할 때 오히려 수많은 책을 연결 짓고 그 관계망과 기존 지식을 조합해 새로운 의미를 만드는 것이 더 중요해졌습니다. 핵심 내용을 빠르게 파악하고, 자료들 간의 공통점과 차이점을 찾고, 연구와 관련된 부분만 집중적으로 분석하는 전략적 독해가 필수적입니다. 즉, 저를 포함한 수많은 연구자가 실제 업무에서 비독해를 생활화하고 있는 것입니다.

이러한 상황에서 2024년 하반기부터 생성형 AI에 파일을 올려 분석할 수 있게 되면서 새로운 길이 열렸습니다. 즉, 생성형 AI라는 도구를 이용해 책이나 보고서를 읽을 수 있게 되었습니다. 저 같은 연구자들에게는 엄청난 축복이 아닐 수 없었습니다. 300페이지짜리 영문 보고서를 받았을 때 예전에는 며칠에 걸쳐 읽어야 했지만, 이제는 AI에 업로드하고 "이 보고서의 핵심 논점 3가지와 우리 연구와 관련된 부분을 정리해 달라."라고 요청하면 30분 만에 핵심을 파악할 수 있게 되었습니다. 일본어나 중국어로 된 자료도 이와 마찬가지입니다. 언어 장벽 때문에 포기했던 중요한 해외 자료들을 AI를 활용해 빠르게 이해할 수 있게 되었죠.

더 놀라운 것은 AI가 단순히 요약만 해 주는 것이 아니라는 점입니다. "이 이론과 우리가 지난주에 논의했던 개념과의 차이점은 무엇인가?", "이 연구 방법론을 우리 프로젝트에 적용하면 어떤 문제가 생길까?"와 같은 질문을 던지면 마치 똑똑한 연구 파트너와 대화하는 것처럼 깊이 있는 분석을 제공해 줍니다. 혼자서는 놓쳤을 연결고리들을 발견하고 새로운 관점에서 자료를 바라볼 수 있게 해 주는 것입니다.

AI 증강 독해는 이러한 업무 방식의 변화를 몸으로 뼈저리게 느끼며 도달하게 된 새로운 독해법입니다. AI 증강 독해는 한마디로 'AI를 통해 책이나 보고서를 읽는 것'을 말합니다. 즉, 생성형 AI를 통해 텍스트를 읽어서 더 많은 정보를 더 적은 시간에, 더 깊게 획득하고 더 나은 통찰을 만들어 내자는 것입니다.

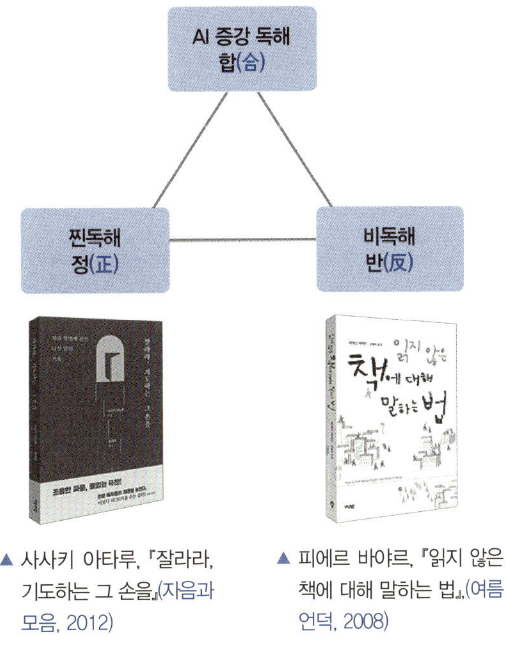

▲ 사사키 아타루, 『잘라라, 기도하는 그 손을』(자음과 모음, 2012)

▲ 피에르 바야르, 『읽지 않은 책에 대해 말하는 법』(여름 언덕, 2008)

◆ 텍스트 홍수 시대에 늘어나는 고민

하지만 '증강'에는 좀 더 깊은 뜻이 숨어 있습니다. 즉, AI 증강 독해는 앞서 살펴본 찐독해와 비독해를 변증법적으로 종합하자는 것입니다. 단순한 절충이 아니라 각 방식의 본질적 가치, 즉 찐독해의 깊은 이해와 비독해의 효율성과 실천성을 새로운 차원에서 구현해 보자는 이야기입니다.

가장 기본적으로, AI 증강 독해는 다음처럼 실행할 수 있습니다. 첫째, 준비 단계에서 독서 목적을 정하고 AI에게 적절한 지시를 설계합니다. 둘째, 초기 탐색에서 AI를 활용해 텍스트의 구조, 개념, 주요 논점을 파악합니다. 셋째, 심층 분석에서 AI와 대화하며 다양한 관점과 해석을 탐색합니다. 넷째, 비판적 평가에서 대화 결과를 자신의 지식, 경험에 비추어 비판적으로 검토합니다. 다섯째, 통합과 적용에서 발견한 통찰을 자신의 맥락에 맞게 재구성하고 적용합니다. 물론 실제 구현 과정은 책, 보고서의 유형이나 독해 목적에 따라 매우 다양하게 변주됩니다. 이러한 변주 과정은 2장과 곧 이어 출간될 2권의 3부 내용에서 좀 더 상세하게 살펴보겠습니다.

AI 증강 독해는 기술적 방법론 이상의 의미를 가집니다. 이는 인간과 기계의 협업을 통한 지식 생태계의 새로운 패러다임이며 정보 과잉 시대에 의미 있는 독서 경험을 재구성하는 시도입니다. 궁극적으로 중요한 것은 '우리가 AI와 텍스트를 활용해 세상과 어떻게 대화하고 새로운 의미를 만들어 나가느냐?'라는 질문일 것입니다.

현대 사회에서 찐독해의 한계는 무엇일까요?

여기서 잠깐 찐독해와 비독해에 대해 좀 더 살펴보고 넘어가려 합니다. 우리가 찐독해와 관련해 대학 시절에 수없이 많이 들었던 이야기 중 하나가 '원전을 봐야 한다.'라는 말입니다. 원문을 보고 참 의미에 대해 깊이 고민해야만 내용을 제대로 이해한 것이라는 교수님의 말을 기억하시나요? 찐독해가 정답이라는 말씀이지요. 그런데 실상 원전을 보면 당혹스러워지는 경우가 많습니다. 우리가 알고 있는 그 개념과 원전의 개념이 종종 매우 다르기 때문입니다. 몇 가지 원전 개념이 변형, 왜곡된 대표적인 사례들을 살펴보겠습니다.

먼저 '너 자신을 알라.'라는 말은 소크라테스(Socrates)의 말로 대부분 알고 있습니다. 하지만 원전을 찾아보면, 이 문구는 플라톤(Plato)의 『대화: 카르미데스』에서 나옵니다. 여기서는 놀랍게도 소크라테스 본인이 아니라 소크라테스와 논쟁하던 크리아티스(Critias)가 델포이 신전의 문구를 인용해 소크라테스를 논박할 때 사용된 것입니다. 그러나 오늘날 우리는 이 말을 소크라테스의 철학적 태도를 대표하는 문구로 이해하고 있습니다.

애덤 스미스(Adam Smith)의 '보이지 않는 손(invisible hand)' 또한 변형된 사례입니다. 이 표현은 『국부론』에서 놀랍게도 단 한 번 등장합니다. 제가 갖고 있는 국부론은 A4 사이즈의 영어본 PDF(534페이지)와 올재출판사에서 2014년에 2권으로 분권 출간한 번역본(도합 1,300페이지)인데, 아무리 찾아봐도 단 한 번만 등장합니다. 또한 사용되는 맥락도 '상인의 국내 투자 활동이 의도치 않게 국가 경제에 기여하더라.'라는 식입니다. 원전에서는 그렇게 중요하게 다루고 있지 않다는 말입니다. 그런데 지금은 '보이지 않는 손'이 자유 시장의 자동 조절 메커니즘을 의미하며 경제학 원론 1장에서 빠짐없이 다루어지는 핵심 개념이 되었습니다. 이러한 변형 과정은 경제학사에서 매우 흥미로운 뒷이야기이지만, 매우 긴 설명이 필요합니다. 여기서는 현대적 의미의 '보이지 않는 손'은 20세기 들어 왈레스(Wallace), 파레토(Pareto), 프리드먼(Friedman) 등을 거치며 덧칠되고, 확장되고, 재해석되었다는 것만 언급하겠습니다.

다윈의 『종의 기원』에서 말하는 '적자생존'도 이와 마찬가지입니다. 원래는 '강한 자가 아니라 잘 적응한 자가 살아남는다.'라는 뜻입니다. 공룡처럼 강한 개체라도 환경에 적응하지 못하면 얼마든지 도태되고 개미나 나비처럼 약한 개체라도 환경에 잘 적응한 개체는 얼마든지 번성합니다. 하지만 정작 사회에서는 '적자생존'이 협력보다 생존 경쟁이 냉엄한 자연 법칙이고 강자생존, 약자도태가 정당하다는 논리로 둔갑되어 이용되는 경우가 많습니다. 다윈이 이런 견강부회적인 해석을 늘으녈 개탄하겠지요.

이러한 사례들에서 알 수 있는 흥미로운 점은 우리가 알고 있는 개념은 원전의 개념과 다르며 수많은 역사적 필터를 거치며 재해석되고 의미가 변형되어 이용된다는 것입니다. 이러한 현상은 지식의 사회적 구성과 전달 과정의 본질을 보여 주는 흥미로운 사례입니다. 우리의 지식 체계는 '원본 개념'이 아닌 '편집된 개념'들의 네트워크에 크게 의존하고 있습니다.

결국 찐독해가 추구하는 '원전의 완벽한 이해'라는 것은 어쩌면 현대 사회에서 이미 불가능한 목표일 수 있습니다. 우리가 읽는 모든 텍스트는 이미 무수한 편집과 재해석의 과정을 거친 결과물이기 때문입니다. 오히려 현대 사회에서는 이렇게 편집되고 재해석된 지식들을 효율적으로 연결하고 새로운 의미를 만들어 내는 능력이 더 중요해졌습니다.

특히, 정보 대홍수의 시대인 현대 사회에서는 정보의 추출과 편집이 더욱 다양하게 이루어집니다. 이런 편집자/해석자 기능을 20세기에는 권위를 부여받은 전문가들이 독점했습니다. 21세기 초반에는 커뮤니티와 SNS의 집단지성이 일부 수행하게 되고 이제 2020년대 들어 생성형 AI가 확산되며 생성형 AI가 그 역할을 물려받고 있습니다. 이러한 측면에서 볼 때, AI 증강 독해는 AI를 활용해 정보 추출, 편집, 재해석을 효과적으로 진행하는 새로운 방법입니다. 1장의 서두에서 언급했던 마쓰오카 세이고의 『지(知)의 편집공학』 관점에서 보면 AI는 인간의 지적 활동을 확장시키는 새롭고 강력한 편집공학 엔진입니다. 결국 AI 증강 독해는 이러한 생성형 AI를 개인의 지적 성장과 창의적 사고를 위한 파트너로 활용하는 방법인 셈입니다.

비독해에 대한 거부감은 왜 생길까요?

사실 전문적으로 자료를 많이 읽는 학자, 연구자뿐만 아니라 일반인들도 책, 논문, 보고서를 읽을 때 비독해 방식을 알게 모르게 사용합니다. [그림]처럼 헤드라인 스캐닝, 첫 문단 읽기, 이미지나 차트 중심 읽기, 하이라이트 스

- 헤드라인 스캐닝 – 뉴스, 블로그의 제목을 보고 내용 추측
- 첫문단 읽기 – 첫 문단만 읽고 전체 내용을 짐작
- 이미지/차트 중심 읽기 – 시각 자료를 통해 핵심 내용 파악
- 하이라이트 스키밍 – 굵은 글씨나 밑줄 친 부분만 읽기
- 관심사 위주 스키밍 – 관심사가 있는 부분만찾아 읽기
- 소셜 미디어 활용 – 다른 사람들의 요약, 인용, 댓글에 의존

◆ 일반인들의 비독해 테크닉

키밍, 관심사 위주 스키밍, 소셜 미디어 활용 이해는 모두 비독해 테크닉입니다. 그렇지만 학자나 일반인, 특히 독서 애호가들은 의외로 비독해 방식에 본능적인 거부감을 표출합니다. 이러한 거부감의 원인은 여러 가지입니다.

먼저 정체성의 문제와 깊이 연결되어 있습니다. 특히, 학자들은 '깊이 읽지 않음'을 인정하는 것이 전문가의 위신에 타격을 준다고 여기는 경향이 있습니다. 모든 텍스트를 철저히 읽고 분석한다는 이미지가 의외로 학문적 권위에 있어 중요한 부분이기 때문입니다.

또한 인지 부조화의 문제도 있습니다. '철저한 독자'라는 이상적 자아상과 선택적 독해, 부분 독해를 수시로 하는 실제 행동 사이의 불일치는 심리적 불편함을 야기합니다. 이러한 불편함을 해소하기 위해 우리는 비독해 개념 자체를 거부하는 방어 기제를 발동시키곤 합니다.

수험 생활의 영향도 간과할 수 없습니다. "정석 몇 번 풀어 봤니?", "블랙 라벨 풀어 봤니?", "해커스 토플 봤어?"와 같은 질문들은 학습의 성공이 텍스트의 철저한 숙독과 직결된다는 믿음을 강화합니다. 고시에서도 핵심 수험서의 4~5회독 신화가 지배적이며 이러한 경험은 비독해 방식에 대한 거부감을 형성하는 데 기여합니다.

메타인지적 인식의 부족도 중요한 요인입니다. 많은 사람은 자신이 실제로 어떤 방식으로 독서하는지 생각해 보지 않습니다. 이는 혁신에 대한 저항으로 이어집니다. 무의식 중에 선택적/전략적 독해를 사용하면서도 이를 인식하지 못하고 전통적 찐독해에 익숙해져 AI 증강 독해라는

새로운 혁신에 자연스럽게 저항하는 것입니다.

그럼에도 불구하고 비독해는 결국 정보의 홍수 속에서 지식을 효율적으로 습득하려는 인간들의 자연스러운 적응 방식이라고 할 수 있습니다. 하루에도 수천 개의 새로운 글이 생산되고 읽어야 할 자료가 기하급수적으로 늘어나는 현실에서 모든 텍스트를 찐독해하는 것은 물리적으로 불가능합니다. 오히려 핵심을 빠르게 파악하고 필요한 정보를 선별적으로 추출하며 지식들 간의 연결고리를 찾는 비독해 능력이야말로 현대 지식인의 필수 역량이 되었습니다. AI 증강 독해는 이러한 비독해 전략을 인정하고 체계화하면서도 AI를 활용해 찐독해의 깊이 있는 이해와 통합하려는 시도입니다.

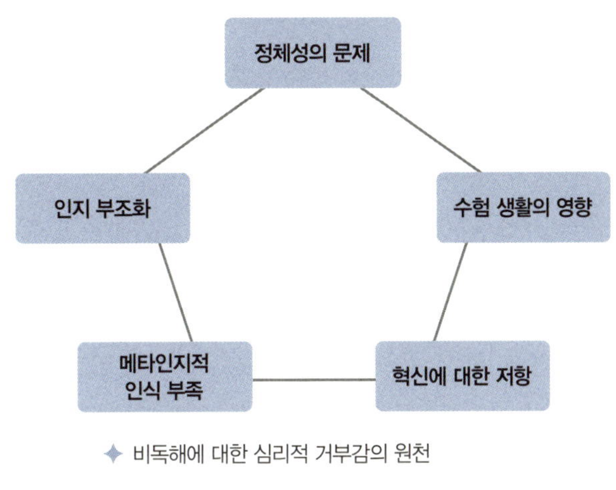

◆ 비독해에 대한 심리적 거부감의 원천

1.3 AI 증강 독해의 5가지 방법

독해 경험은 AI 증강 독해를 통해 놀랄 만큼 확장될 수 있습니다. 그렇다면 AI 증강 독해는 도대체 어떻게 할 수 있는 것일까요? 현실에서 AI 증강 독해는 다양하게 변주되는 예술(art) 형태이고 그 방법은 암묵지에 가까워 말로 설명하기 어렵습니다. 하지만 그래도 초심자들에게는 체계적인 접근법이 제시되어야 그 방법에 접근할 수 있을 것입니다. 그래서 AI 증강 독해를 좀 더 쉽고 체계적으로 익힐 수 있도록 전통적인 '찐독해'와 현대적인 '비독해' 방식을 결합해 방법론을 만들어 보았습니다.

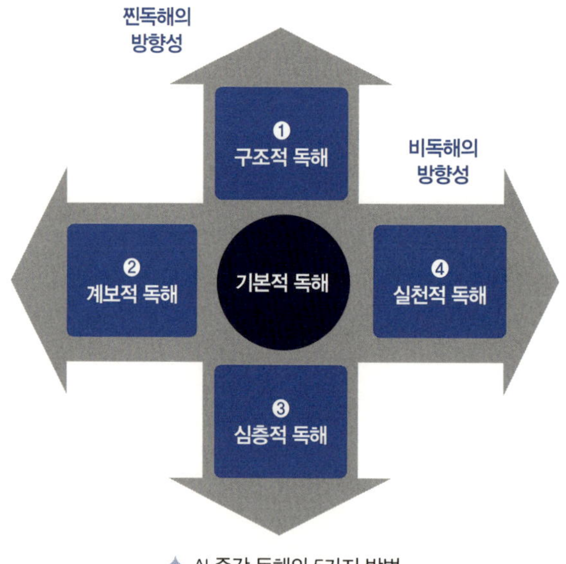

✦ AI 증강 독해의 5가지 방법

먼저 가운데에 위치하고 있는 기본적 독해는 통독이나 정독을 의미합니다. 이 단계에서도 AI를 활용해 질문, 이해, 연결·확장, 확인·검증, 요약·정리, 번역 등의 도움을 받을 수 있습니다. 즉, 기본적 독해는 AI 증강 독해의 출발점이자 기초가 되는 단계로, 텍스트를 읽어 가면서 막히는 부분이나 이해하기 어려운 개념을 AI에게 물어보고, 관련 자료들과 연결해 보며, 내용의 신뢰성을 확인하고, 핵심 내용을 정리하는 과정을 포함합니다. 이 내용에 대해서는 4~8장에서 차근차근 살펴보겠습니다. 이러한 기본적 독해 능력이 탄탄해야 이후의 심화된 독해 방법들을 효과적으로 활용할 수 있습니다. 다만, 기본적 독해는 텍스트 내용에 대한 이해에 한정된다는 한계가 있습니다.

AI 증강 독해의 진정한 강점은 텍스트의 세부 내용이 아닌 텍스트 자체를 다룰 때 나타납니다. 실무에서는 책이나 보고서 자체에 대한 판단, 다른 자료와 연결한 새로운 의미 창출이 중요한데, AI 증강 독해가 이러한 작업에 큰 도움이 됩니다. 이처럼 텍스트 자체에 대해 좀 더 깊이 있고 확장된 독해를 하는 심화 독해 방법들이 바로 구조적 독해, 계보적 독해, 심층적 독해, 실천적 독해입니다.

여기서 '텍스트 자체에 대한 독해'라는 말이 좀 낯설게 느껴질 수도 있을 것입니다. 쉽게 말해 '텍스트 내용의 이해'는 '이 책에서 저자가 무엇을 말하고 있는가?'에 초점을 맞춘다면 '텍스트 자체의 이해'는 '이 책은 어떻게 구성되어 있는가?', '이 책이 다른 책들과 어떤 관계에 있는가?', '저자가 숨기고 있는 전제는 무엇인가?', '이 책의 아이디어를 어떻게 활용할 수 있는가?'와 같은 질문들을 다룹니다. 마치 영화를 볼 때 스토리를 이해하는 것과 영화의 촬영 기법, 편집 방식, 장르적 특성을 분석하는 것이 다른 차원의 활동인 것과 비슷합니다.

전통적인 찐독해 방식은 텍스트 내용의 깊은 이해를 추구합니다. 한 권을 여러 번 읽어 완전히 이해하려는 방식으로, AI 증강 독해에서 구조적 독해와 심층적 독해로 확장됩니다. 구조적 독해는 책이나 보고서의 구성과 논리적 뼈대를 파악하는 접근법이고, 심층적 독해는 숨어 있는 의미나 저자가 말하기 꺼리는 부분까지 찾는 접근법입니다.

한편, 현대적인 비독해는 효율성과 실용성을 중시합니다. 정보 과잉 시대에 필요한 부분을 선택적으로 읽고 실생활에 바로 적용하려는 접근법으로, 계보적 독해와 실천적 독해로 구현됩니다. 계보적 독해는 다른 책들과의 관계와 영향을 파악하는 접근법이고, 실천적 독해는 책, 보고서에서 얻은 아이디어의 실제 적용에 대해 고민하는 접근법입니다.

생성형 AI를 활용한 AI 증강 독해가 혁신적인 이유는 이 모든 과정을 동시에 빠르게 수행할 수 있기 때문입니다. 사람이 책이나 보고서 한 권을 깊이 이해하거나 다른 각도에서 살펴보려면 여러 번 읽어야 합니다. 하지만 AI는 한 번에 전체 구조를 파악하고 다른 자료들과의 연결고리도 쉽게 찾아낼 수 있습니다. 더욱이 다양한 관점에서 비판적으로 검토하고 창의적으로 서로 다른 아이디어들을 연결시키는 것도 가능합니다. 4가지 심화 독해 방법의 아이디어를 간단하게 살펴보겠습니다.

구조적 독해 책, 보고서의 '설계도'를 읽어 내기

구조적 독해는 건축가가 건물의 설계도를 보고 전체 구조를 파악하듯이 텍스트도 어떻게 설계되어 있는지 분석합니다. 이 방법이 중요한 이유는 저자의 의도와 텍스트의 강·약점을 객관적으로 파악할 수 있기 때문입니다. 각 장이 얼마나 긴지, 어떤 순서로 배열되어 있는지, 어떤 키워드가 자주 등장하는지 살펴봅니다. 또한 저자의 주장이 어떤 근거로 뒷받침되는지, 논증의 흐름이 논리적인지 분석하고 저자가 독자를 설득하기 위해 어떤 글쓰기 기법을 사용하는지도 파악합니다. AI에게 '이 책에서 저자가 가장 중요하게 다루는 주제는 무엇이지?' 또는 '이 논증에서 논리적으로 약한 부분은 어디일까?'라고 질문하면 체계적인 분석 답변을 얻을 수 있습니다.

계보적 독해 책, 보고서의 '가계도'를 그려 보기

계보적 독해는 지금 읽는 책이나 보고서가 어떤 사상적 전통에서 나왔는지, 어떤 학자들의 영향을 받았는지, 또 어떤 후속 연구들에게 영향을 주었는지 추적합니다. 이 방법의 핵심 가치는 초심자도 해당 분야의 전체적인 흐름과 맥락을 빠르게 이해할 수 있다는 점입니다. 예를 들어, 토마 피케티(Thomas Piketty)의 『21세기 자본』(글항아리, 2014)을 읽는다면 그 아이디어가 어떤 철학자들의 영향을 받았는지, 이후 경제학자들이 어떻게 발전시켰는지 알아볼 수 있습니다.[3] AI에게 '이 책의 핵심 아이디어와 유사한 관점을 제시한 다른 학자들은 누구지?'라고 물으면 관련 인물들과 저작을 체계적으로 정리해 줍니다.

심층적 독해 텍스트 속 '보물찾기'

심층적 독해는 저자가 직접 말하지 않았지만 글 속에 담긴 진짜 의미를 찾는 것입니다. 또한 내용을 여러 기준으로 분류하고 비교하며 저자가 당연하다고 여기고 넘어간 가정들을 찾아냅니다. 이 방법이 필수적인 이유는 표면적 내용에 속지 않고 비판적 사고력을 기를 수 있기 때문입니다. 예를 들어, 성공을 다룬 자기계발서에서 '성공'이 정확히 무엇을 의미하는지, 왜 특정한 방법만 제시하는지, 다른 문화권에서는 성공을 어떻게 정의하는지 탐구합니다. AI에게 '이 책에서 저자가 애써 숨기고 있는 전제들은 무엇인가?'라고 질문하면 새로운 관점을 발견할 수 있습니다.

---

3   토마 피케티는 『21세기 자본』에서 자본 수익률(r)이 경제 성장률(g)을 지속적으로 상회할 때 부의 불평등이 심화된다고 주장합니다. 그는 수백 년 간의 방대한 역사 데이터를 통해 이 경향을 입증하며 현재 금융 자본주의 체제에서 축적된 자산이 계층 간 격차를 확대하고 있음을 지적했습니다. 이 책은 부의 불평등 문제를 현대 경제학의 중심 이슈로 부각시켰고 2010년대에 기본 소득 논의가 확장되는 계기를 마련했습니다.

실천적 독해의 궁극적인 목적은 독서를 통해 실제 삶의 변화와 성장을 이끌어 내는 것입니다. 창조적 융합에서는 책의 아이디어를 전혀 다른 분야와 연결해 새로운 통찰을 만들어 냅니다. 예를 들어, 군사 전략서를 읽고 이를 스포츠나 비즈니스 전략에 응용하는 식입니다. 개인 적용에서는 추상적인 개념을 구체적인 행동 계획으로 바꿔 봅니다. 미래 예측에서는 책의 아이디어가 앞으로 어떻게 발전할지 상상해 봅니다. 예를 들어, AI에게 '이 보고서에서 소개된 구글의 조직 문화 형성 방법인 OKR 기법을 제조 기업인 우리 조직에 어떻게 적용할 수 있을까?'라고 질문하면 실용적인 조언을 얻을 수 있습니다.

● 독해 파트너로서 생성형 AI의 중요성

'기본적 독해도 어려운데, 구조적, 계보적, 심층적, 실천적 독해라니…'. 말만 들어도 어지럽다는 분도 분명히 계실 것입니다. 이런 독해 방법들이 분명 중요하고 달인들은 이미 비슷한 방식으로 책이나 보고서를 읽어 내고 있음에도 불구하고 잘 알려지지 않은 것은 당연합니다. 한마디로 어렵기 때문입니다. 과거에는 이런 고급 독해 기법들을 익히려면 오랜 시간의 훈련과 풍부한 배경 지식, 그리고 다양한 자료에 대한 접근 권한이 필요했습니다. 대학원에서 몇 년을 공부하거나 업계에서 십수 년의 경험을 쌓아야만 가능했던 일들이었죠.

하지만 생성형 AI 시대가 되면서 이러한 고급 독해로의 진입 장벽이 크게 낮아졌습니다. 독해 파트너로 생성형 AI는 마치 경험 많은 선배나 동료처럼 우리와 함께 텍스트를 읽어 주고 복잡한 구조를 분석해 주며 관련된 배경 지식을 제공해 주고 실제 적용 방안까지 제안해 줍니다. 혼자서는 몇 시간씩 고민해야 할 문제들을 AI와의 대화를 통해 몇 분 만에 해결할 수 있게 된 것입니다. 이제 전문가가 아닌 일반인도 AI의 도움을 받아 한 권의 책에서 훨씬 더 깊고 풍부한 통찰을 얻을 수 있게 된 것입니다.

구체적인 사례를 통해 살펴보겠습니다. 유발 하라리(Yuval Harari)의 『사피엔스』(김영사, 2023)는 인류 역사 전체를 다루는 야심 찬 책으로, 인지 혁명, 농업 혁명, 과학 혁명이라는

3가지 혁명을 통해 호모 사피엔스가 어떻게 지구의 지배종이 되었는지를 설명합니다. 전세계적으로 1,600만 부 이상 판매된 베스트셀러이지만, 650페이지에 달하는 방대한 내용 때문에 많은 독자가 재미있게 읽었지만 전체 체계를 잡지 못하겠다고 불평하는 책이기도 합니다. 이런 책을 구조적 독해로 접근하면 어떻게 될까요?

생성형 AI에게 『사피엔스』 전체를 구조적으로 분석해 달라고 요청하면 놀라운 결과를 얻을 수 있습니다. 예를 들어, 각 장의 길이와 비중을 분석해 보면 하라리가 가장 중요하게 생각하는 주제가 무엇인지 한눈에 파악할 수 있습니다. 또한 '혁명', '허구', '상상', '협력' 같은 핵심 키워드들이 책 전체에서 어떤 패턴으로 등장하는지, 각 혁명이 어떤 논리적 구조로 연결되어 있는지도 체계적으로 정리해 줍니다. 더 나아가 하라리의 논증에서 약한 부분이나 논리적 비약이 있는 지점들까지 객관적으로 지적해 줍니다. 이는 마치 숙련된 문학 평론가나 역사학자가 옆에서 책의 구조를 차근차근 해설해 주는 것과 같습니다.

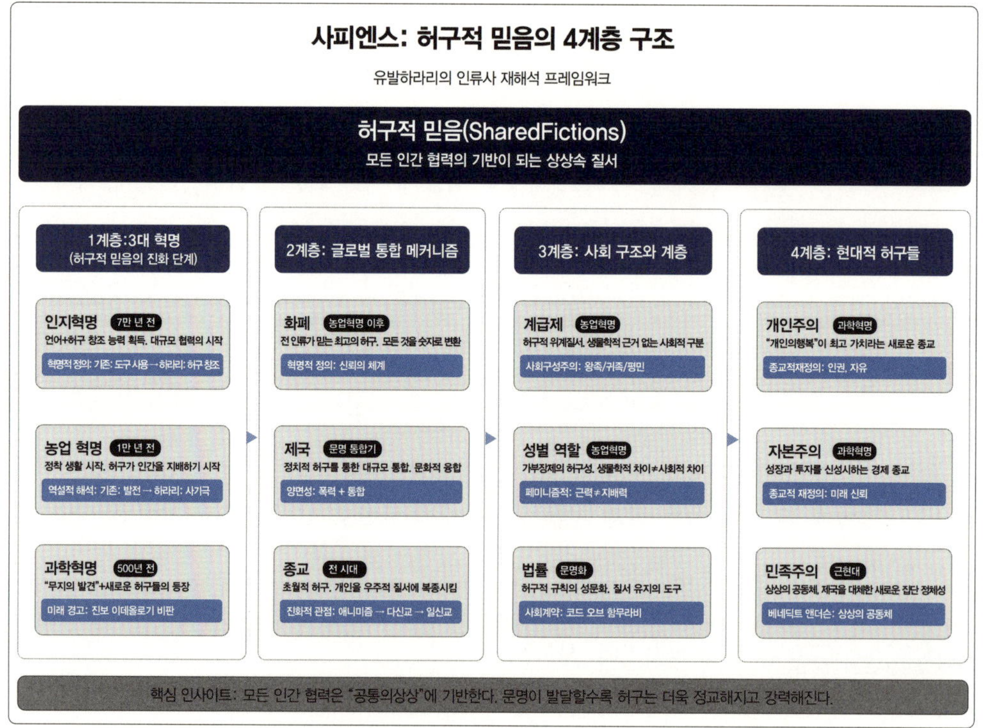

◆ 『사피엔스』의 핵심 키워드 기반 구조적 독해 결과

이처럼 AI를 활용한 구조적 독해는 기존에는 상상할 수 없었던 수준의 분석을 가능하게 합니다. 과거에는 대학원 수준의 훈련을 받은 전문 연구자들이 몇 주에 걸쳐 할 수 있었던 텍스트 구조 분석을 일반 독자도 AI의 도움으로 단 몇 분 만에 수행할 수 있게 된 것입니다. 더욱 놀라운 것은 AI가 단순히 정보를 제공하는 것이 아니라 '이 부분에서 저자의 논리가 약해 보이는 이유는?', '저자가 애써 숨기거나 외면하고 있는 부분이 있다면?'와 같은 비판적 사고까지 도와주는 점입니다. 이제 우리는 텍스트의 표면만 읽는 것이 아니라 그 아래에 숨어 있는 구조와 논리를 꿰뚫어 보는 진정한 독해의 즐거움을 맛볼 수 있게 되었습니다.

계보적 독해의 실제 사례 책의 '가계도' 그려 보기

계보적 독해가 실제로 어떻게 작동하는지도 구체적인 사례를 통해 살펴보겠습니다. 한 권의 책을 읽을 때 '이 아이디어는 어디서 나온 걸까?', '이 이론에 영향을 받은 후속 연구들은 무엇일까?'라는 궁금증을 가져본 적이 있을 것입니다. 계보적 독해는 바로 이런 궁금증을 체계적으로 해결해 주는 방법입니다.

예를 들어, 경영학의 고전인 클레이튼 크리스텐슨(Clayton M. Christensen)의 『혁신 기업의 딜레마』(세종서적, 2020)를 읽는다고 생각해 보겠습니다. 이 책에서 제시하는 '파괴적 혁신(Disruptive Innovation)'이라는 개념이 어떤 학문적 배경에서 나왔는지, 그리고 이후 어떤 연구들에 영향을 주었는지 AI에게 물어보면 놀라운 결과를 얻을 수 있습니다. AI는 크리스텐슨이 조셉 슘페터(Joseph Alois Schumpeter)의 '창조적 파괴' 이론, 에버릿 로저스의 '혁신 확산 이론', 그리고 토머스 쿤의 '패러다임 변화' 개념에서 영감을 받았다는 것을 알려 줍니다. 동시에 이 개념이 후에 어떻게 발전되어 '플랫폼 비즈니스', '디지털 전환', '스타트업 생태계' 이론으로 이어졌는지도 명쾌하게 정리해 줍니다.

더욱 흥미로운 것은 AI가 단순히 영향 관계만 나열하는 것이 아니라 각 이론 간의 차이점과 발전 과정까지 설명해 준다는 점입니다. 예를 들어, 슘페터의 '창조적 파괴'는 주로 거시 경제적 관점에서 산업 전체의 변화를 다루었다면 크리스텐슨의 '파괴적 혁신'은 기업 차원에서 구체적인 전략적 대응을 제시했다는 차이점을 제시해 줍니다. 또한 최근의 '디지털 플랫폼' 이론이 크리스텐슨의 개념을 어떻게 발전시켰는지, 그리고 어떤 부분에서 새로운 관점을 제시했는지도 비교 분석해 줍니다. 이런 내용들은 아무리 책의 텍스트를 뒤져 봐야 나오지 않습니다. 독자가 힘들여 인터넷 조사를 하거나 유명 대학 경영학과의 석학 교수님에게 강의를 들어야만 겨우 얻을 수 있는 알찬 내용들입니다.

이러한 계보적 독해를 하게 되면, 한 권의 책을 읽으면서 동시에 해당 분야의 전체 지식 지형도를 파악할 수 있습니다. 과거에는 관련 분야의 전문가가 되기 위해 수년간 수십 권의 책을 읽어야 했던 일을 이제는 AI의 도움으로 몇 시간 만에 해낼 수 있게 되었습니다. 특히, 새로운 분야를 공부하는 초심자에게는 이보다 더 효율적인 학습 방법이 없을 것입니다. AI는 마치 그 분야의 박식한 교수처럼 '이 책을 이해하려면 먼저 이런 배경 지식이 필요하고 이 책을 읽고 나면 이런 책들도 읽어 보면 좋겠다.'는 맞춤형 학습 로드맵까지 제시해 줍니다.

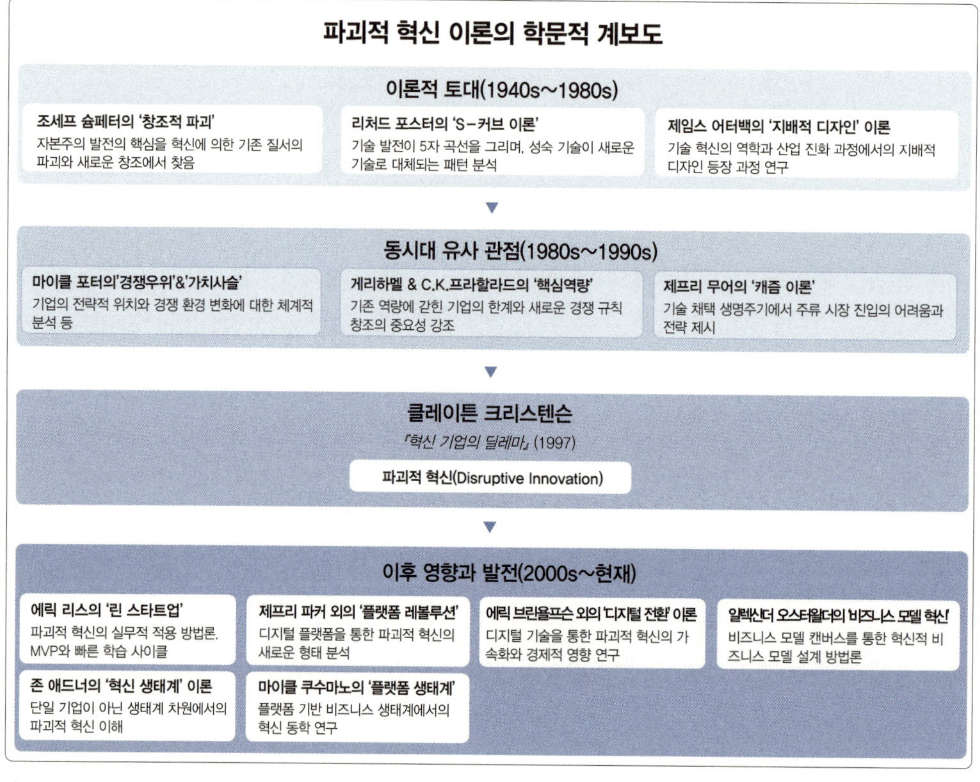

◆ 파괴적 혁신 이론의 학문적 계보도

● **범용 생성형 AI**

생성형 AI는 AI 증강 독해의 중요한 도구이자 파트너입니다. 지난 2년 동안 AI 증강 독해를 일상 업무에서 또는 일상생활 속에서 진행해 온 저는 생성형 AI를 도구보다 파트너에 가깝게 생각합니다. 다만 이런 파트너들도 각자 고유한 특성과 강점을 가지고 있기에 독해 목적과 텍스트 유형에 따라 최적의 AI 파트너를 선택하는 것이 중요합니다. 즉, 어떤 AI가 어떤 특성을 갖는지 잘 파악하고 목적에 맞게 활용해야 합니다. 효과적인 AI 증강 독해는 매 상황마다 적절한 AI를 선택하는 것에서 시작됩니다. 현재 가장 널리 사용되는 범용 생성형 AI들의 특성을 AI 증강 독해 관점에서 살펴보면 다음과 같습니다.

AI 증강 독해 관점의 생성형 AI 서비스 성능 비교

서비스	기본적 독해	구조적 독해	계보적 독해	심층적 독해	실천적 독해
ChatGPT	●	◎		●	●
Claude	●	●	◎	●	●
Gemini	●	●	●	●	○
Perplexity(ExaOne)	●	◎	●	◎	◎

●: 우수, ◎: 보통, ○: 미흡

먼저 ChatGPT는 균형 잡힌 올라운더입니다. 모든 독해 방법에서 우수한 성능을 보이며 최대 100MB까지 파일을 업로드할 수 있어 여러 텍스트를 비교 분석할 때 유용합니다. 또한 외부 인터넷 검색이 가능해 최신 정보와 연결된 맥락 분석에 강점을 보입니다. 이러한 강점 때문에 간단한 기본적 독해에는 최적의 파트너입니다. 다만 대화가 길어지고 어려운 내용을 물어보면 종종 환각 현상을 보이므로 주의해서 사용해야 합니다.

Claude는 구조적 독해와 심층적 독해에 특히 뛰어납니다. 정교한 텍스트 구조 분석과 체계적 분류, 논리적 관계 파악은 정말 매력적입니다. 복잡한 학술 텍스트나 철학적 내용을 다룰 때 그 진가가 발휘되지요. 깊이 있는 분석과 다층적 해석, 비판적 검토 능력이 탁월하며 구체적인 적용 방안과 실행 전략 제시에도 우수합니다. 단일 보고서를 업로드해서 꼼꼼히 분석하고 싶을 때 Claude만한 파트너는 없습니다. 다만 채팅 리소스 제약이 심한 것이 큰 단점입니다.

Gemini는 2025년 4분기에 출시된 3.0 버전에서 그간의 문제점들이 많이 해결되고 성능 개선 또한 많이 이루어져 주목받고 있습니다. Gemini 3.0은 환각도 비교적 적고 최신 자료 검색도 잘 되고 채팅 리소스 제약도 없어 다양한 AI 증강 독해에도 궁합이 잘 맞습니다. 다만, 구글 클라우드 등을 통한 내부 정보 유출 가능성 문제가 있어 회사 내 사용이 통제되는 기업이 많습니다.

Perplexity는 계보적 독해의 전문가입니다. 실시간 정보 검색을 통해 최신 자료와 연결된 맥락 분석, 발전 과정 추적에 탁월합니다. 통합적 해석이나 구체적 실행 방안 도출에는 다소 제한적이지만, 텍스트 내용의 검증이 필요하거나 다양한 출처를 활용한 심층 분석이 필요할 때나 빠르게 변화하는 트렌드나 최신 이슈를 다룬 텍스트를 분석할 때 매우 유용합니다.

Exaone은 일반인에게 아직 잘 알려져 있지는 않지만, 한국형 AI 증강 독해의 새로운 강자입니다. LG AI연구원에서 개발한 이 모델은 Perplexity와 유사한 기능과 성능을 갖고 있으면서도 독특한 장점을 갖추고 있습니다. 특히, 한국어 성능에서 세계 최고 수준을 자랑하며 실시간 웹 검색 기반의 검색 증강 생성(RAG) 기술을 적용해 최신 정보를 반영한 답변을 제공합니다. Exaone 4.0은 실제 사용성, 장문 처리, 코딩, 수학 등 20개 벤치마크에서 글로벌 오픈소스 AI 모델 중 최상위 성능을 보이며 한국어 텍스트를 다룰 때나 국내 맥락이 중요한 독해 작업에서 강력한 성능을 발휘합니다. 아마도 조만간 소버린 AI(Sovereign AI) 형태로 대중들도 접할 수 있지 않을까 생각합니다.

저는 간단한 독해 도우미로는 ChatGPT, 본격적인 심화 독해 도우미로는 Claude, 검증용 독해 도우미로는 Perplexity를 주로 사용합니다. 또한 나중에 소개할 전문 독해 AI도 용도에 따라 활용합니다. 저는 여러 책의 비교나 정확한 원문 참조가 필요할 때는 NotebookLM을 많이 활용하고, 학술 논문을 읽을 때는 SciSpace를 주로 사용합니다.

중요한 점은 하나의 AI에만 의존하지 말고 각각의 장단점을 파악해 상황에 맞게 조합해 사용하는 것입니다. 마치 오케스트라에서 각 악기가 고유한 역할을 하듯이 각 AI도 고유한 강점이 있습니다.

● 특화 생성형 AI

범용 생성형 AI 외에도 학술 연구와 전문적 독해를 위한 특화된 AI들이 있습니다. 이들은 일반 AI가 커버하기 어려운 전문 영역에서 탁월한 성능을 발휘합니다. 특히, 논문 독해, 문서 분석, 연구 계보 추적 등 학술적 작업에서 그 진가를 발휘합니다.

AI 증강 독해 관점의 생성형 AI 서비스 성능 비교

서비스	기본적 독해	구조적 독해	계보적 독해	심층적 독해	실천적 독해
Notebook LM	●	●	○	◎	●
SciSpace	●	○	○	●	◎
Research Rabbit (Connected Papers)	○	◎	●	○	○
Semantic Scholar	◎	◎	●	○	○

● : 우수, ◎ : 보통, ○ : 미흡

먼저 구글의 NotebookLM은 문서 분석의 달인입니다. 여러 권의 책을 한꺼번에 업로드해 함께 분석하거나 특정 내용이 원문 어디에, 어떻게 언급되어 있는지 정확히 찾아낼 때 최고의 성능을 보입니다. 구조적 독해와 실천적 독해에 우수하여 문서 내용의 실제 적용과 관련된 구체적 제안 능력이 탁월합니다. 또한 Notebook LM은 무료인 것도 큰 장점입니다. 이 때문에 국내외 대학생들을 중심으로 Notebook LM 사용자 저변이 빠르게 확대되고 있습니다.

SciSpace는 논문 독해의 최강자입니다. 복잡한 학술 논문을 요약(Abstract), 결론(Conclusion), 분석 결과(Results), 분석 방법(Method) 등으로 나누어 쉽게 설명해 주고 대화형 질의 응답을 통해 어려운 수식이나 표도 친절하게 해석해 줍니다. 요즘 신기술에 능통한 일부 교수님들과 대학원생들은 SciSpace를 사용하며 '연구가 이렇게 쉬운 거였어?' 라고 콧노래를 부르며 행복한 연구 생활을 만끽하고 있다고 들었습니다.

한편 Research Rabbit은 논문의 족보를 그려 주는 전문가입니다. Research Rabbit은 '이 연구는 어떤 논문들의 영향을 받았을까?', '이 논문을 인용한 후속 연구들은 어떤 것들이 있을까?'의 궁금증을 시원하게 해결해 주는 도구입니다. 논문들 간의 인용 관계를 마치 가족 관계도처럼 그려서 보여 주거든요. 특정 논문을 중심으로 그 논문에 영향을 준 논문들(References)과 그 논문을 인용한 논문들(Citations)을 네트워크 맵 형태로 한눈에 보여 줍니다. 특히, 새로운 연구 주제를 찾거나 특정 분야의 핵심 논문(Key Article)을 발굴할 때 정말 유용합니다. 서지 관리 프로그램인 Zotero와 연동해 중요한 논문들을 바로 저장할 수도 있습니다.

Connected Papers도 논문의 DNA를 이용해 논문의 족보를 그려 줍니다. Research Rabbit이 논문들의 인용 관계를 보여 준다면 Connected Papers는 한 걸음 더 나아갑니다. 단순히 '누가 누구를 인용했는지'를 넘어 '어떤 논문들이 비슷한 내용을 다루고 있는지'를 찾는 것입니다 Connected Papers는 논문의 내용 유사성을 바탕으로 관련 연구들을 묶어서 보여 줍니다. 마치 DNA 분석으로 혈연 관계를 찾듯이 논문의 개념적 유사성을 분석해 네트워크 지도를 만들어 줍니다. 이 방식의 장점은 직접적인 인용 관계가 없어도 내용적으로 관련성 높은 논문들을 발견할 수 있다는 것입니다. 새로운 연구 아이디어를 찾거나 자신의 연구가 학술 생태계에서 어떤 위치에 있는지 파악할 때 특히 유용합니다.

Semantic Scholar는 구글 스콜라의 똑똑한 버전이라 할 수 있습니다. 논문의 영향력 지표와 인용 네트워크 분석을 통해 연구 흐름을 파악할 수 있게 해 주며 TLDR(세 줄 요약) 기능으로 논문의 핵심을 빠르게 파악할 수 있습니다.

이러한 특화 AI들의 특성을 이해하고 연구 목적에 맞게 적절히 활용하는 것이 핵심입니다. 요즘 젊은 교수님들은 보통 Research Rabbit으로 논문의 계보를 탐색한 후 Zotero와 연동해 중요한 논문들을 저장하고 SciSpace로 핵심 논문들을 세부적으로 이해하는 형태를 많이 이용한다고 들었습니다. 한편 NotebookLM은 일반 서적이나 보고서 분석에, Semantic Scholar는 논문 검색과 영향력 파악에 주로 사용할 수 있습니다. 특화 AI들을 적절히 조합하면 혼자서도 전문 연구팀 수준의 문헌 조사와 분석이 가능합니다.

지금까지 살펴본 AI 증강 독해의 도구들은 단순한 기술적 발전을 넘어 독서의 패러다임 자체를 바꾸고 있습니다. 범용 생성형 AI인 ChatGPT, Claude, Perplexity, Exaone은 각각의 고유한 강점으로 5가지 독해 방법을 지원하며 특화 AI들인 NotebookLM, SciSpace, Research Rabbit, Connected Papers는 문서 분석, 논문 독해, 연구 네트워크 시각화 등 전문 영역에서 혁신적인 도구를 제공합니다. 이러한 도구들의 등장으로 이제 일반인도 전문가 수준의 고급 독해 기법을 손쉽게 활용할 수 있게 되었습니다.

1.5 독자의 죽음, 그리고 부활

이런 기술적 진보가 가져다 주는 변화는 단순히 독해 효율성의 향상에 그치지 않습니다. 우리는 지금 독서의 역사에서 매우 특별한 순간을 맞이하고 있습니다. 프랑스의 문학 비평가인 롤랑 바르트(Roland Gérard Barthes)가 1960년대에 '저자의 죽음'을 선언했다면 우리는 2010년대 '독자의 죽음' 시대를 거쳐 2020년대에 '독자의 부활'이라는 새로운 전환점을 맞이하고 있습니다.

롤랑 바르트가 문제 삼기 전까지 서구 문학과 비평에서 '저자'는 작품의 절대적 중심으로 여겨졌습니다. 저자는 작품의 창조자이고 텍스트는 그의 의도와 내면 감정, 사상, 심지어 삶의 경험을 표현하는 통로로 이해되었습니다. 따라서 텍스트를 해석하는 주요 방법은 당연히 저자의 전기적 배경이나 심리 상태를 분석하는 것이었고 비평가는 저자의 의도를 찾는 해독자 역할을 했습니다. 이런 관점에서 저자는 텍스트 해석에 질서와 의미를 부여하는 '권위자'였습니다.

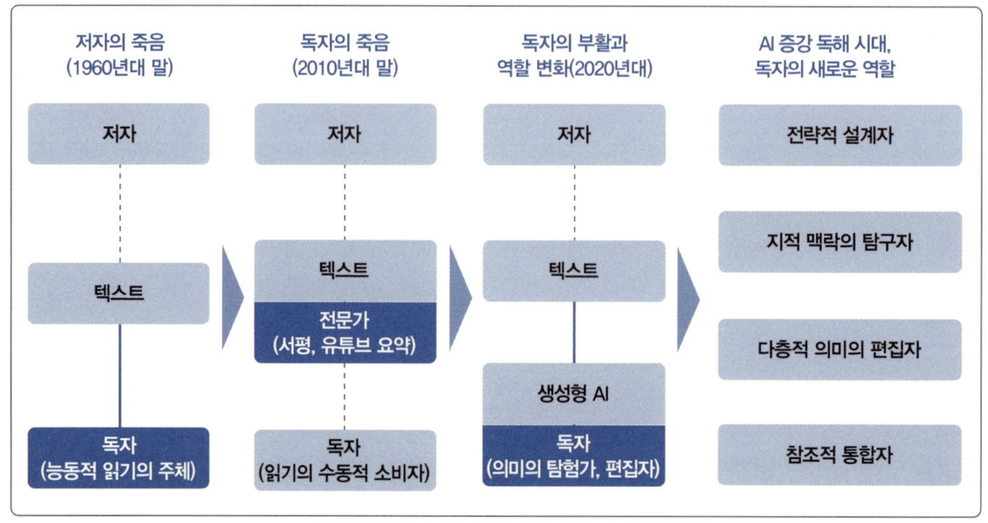

◆ 독자 역할의 시대적 변화

　1960년대 '저자의 죽음' 시대에는 텍스트의 의미를 결정하는 절대적 권위를 가진 저자보다 의미를 해석하는 주체로서 독자의 역할이 강조되었습니다. 즉, 독자가 능동적으로 텍스트를 읽고 해석하며 새로운 의미를 창출하는 존재로 인식되기 시작한 것입니다. 저자와 텍스트 간의 관계는 약화되고(그림의 점선) 독자와 텍스트 간의 관계는 강화되었습니다(그림의 실선).

　하지만 2010년대부터는 역설적으로 '독자의 죽음' 시대가 도래했습니다. 정보 과잉과 주의력 분산의 시대에 저자와 독자 사이에 '전문가'라는 중개자가 등장했습니다. 서평가, 유튜버, 인플루언서들이 책을 대신 읽고 요약해 주면서 독자들은 직접 텍스트를 읽기보다는 이들의 해석과 요약에 의존하게 되었습니다. 독자는 수동적 소비자로 전락했고 텍스트와의 직접적인 만남은 점점 줄어들었습니다. 저자뿐만 아니라 독자도 텍스트와의 관계가 약화되었습니다(그림의 점선).

　그런데 2020년대 들어 생성형 AI의 발전과 함께 새로운 변화의 조짐이 나타나고 있습니다. 생성형 AI를 활용해 능동적이고 확장적인 독해가 가능해졌기 때문입니다. 생성형 AI를 파트너 삼아 우리는 책과 보고서를 더욱 깊게 이해하고 다양한 관점에서 바라볼 수 있게 되었습니다. 텍스트와 독자 간의 관계는 다시 강화되고 있는 것입니다(그림의 굵은 실선). 이런 측면에서 생성형 AI 시대에 독자는 새롭게 부활한다고 볼 수 있습니다.

그뿐만 아닙니다. 생성형 AI를 단순히 텍스트 요약의 도구가 아니라 기본적, 구조적, 계보적, 심층적, 실천적 독해를 함께 진행하는 파트너로 제대로 활용하게 된다면 우리는 단순한 능동적 독자로의 부활이 아니라 완전히 새로운 역할을 수행하는 AI 증강 독자(AI-augmented Reader)로 진화할 수 있을 것입니다.

즉, 독해 방향을 전략적으로 설계하고 더 넓은 지적 맥락 속에서 텍스트를 탐구하고 텍스트의 다층적 의미를 읽어 내고 재구성해 새로운 의미를 찾으며 마지막으로 텍스트에서 얻은 통찰을 성공적으로 자신의 삶과 통합시킬 수 있을 것입니다. 책 한 권을 읽고, '아, 좋은 책이었어.' 하고 덮는 것이 아니라 책 내용을 기반으로 다양한 통찰을 만들어 내고 실생활에 제대로 활용할 수 있게 된다는 뜻입니다. AI 증강 독해는 우리 독자들이 이런 새로운 읽기 방식을 효과적으로 수행할 수 있게 해 주는 강력한 방법론인 것입니다.

2 심화 독해의 4가지 방법

✦ '장 오노레 프라고나르의 「책 읽는 소녀」를 모티브로 해서 ChatGPT를 이용해 K-데몬 헌터스 콘셉트로 만든 그림

2장은 AI 증강 독해의 핵심이자 AI를 사고의 파트너로 활용하는 본격적 방법인 4가지 심화 독해를 다룹니다. 구조적 독해(텍스트 설계도 읽기), 계보적 독해(지식의 가계도 그리기), 심층적 독해(숨어 있는 의미 찾기), 실천적 독해(실제 삶에 적용하기)를 제대로 익힌다면, 전문가 수준의 독해력을 체득할 수 있습니다. 이는 대학에서 배운 인문학·사회과학의 핵심 사고법들을 AI 시대에 실전 활용하는 방법입니다.

2장의 전체 구조

2.1 AI 독해의 새로운 지평: 4가지 방법의 등장

→ 심화 독해의 전체 프레임워크와 4가지 방법의 개념, 기본적 독해와의 차이점을 이해합니다.

2.2 구조적 독해: 텍스트의 '설계도' 읽기

→ 텍스트의 구조를 분석하여 저자의 숨은 의도와 논증의 강·약점을 객관적으로 파악하는 방법을 배웁니다.

2.3 계보적 독해: 텍스트의 '가계도' 그려 보기

→ 텍스트의 역사적·사상적 맥락을 추적하고 지식의 진화 과정과 업계 담론의 변화를 파악하는 방법을 익힙니다.

2.4 심층적 독해: 텍스트 속 '보물찾기'

→ 표면적 의미를 넘어 숨어 있는 가정, 암묵적 전제, 저자의 진짜 의도를 분석적·해석적·비판적 접근으로 탐구하는 방법을 배웁니다.

2.5 실천적 독해: 배운 내용을 '실제 삶에 적용하기'

→ 텍스트의 통찰을 실제 업무와 삶에 적용하는 구체적 방법을 배우고 창조적 융합과 실행 전략을 도출합니다.

내 상황에 맞는 읽기 가이드

독자별 니즈	독해 가이드
"심화 독해가 무엇인지 알고 싶어요."	2.1로 이동(4가지 방법의 개념과 차이 파악)
"보고서 작성자의 숨은 의도나 편향을 파악하고 싶어요."	2.2로 이동(구조적 독해로 설계 분석)
"이 이론이 어떤 학문적 전통에서 나왔는지 궁금해요."	2.3으로 이동(계보적 독해로 지식 계보 추적)
"저자가 말하지 않은 진짜 의미를 찾고 싶어요."	2.4로 이동(심층적 독해로 숨은 의미 발굴)
"읽은 내용을 우리 조직에 어떻게 적용할지 모르겠어요."	2.5로 이동(실천적 독해로 실행 전략 도출)
"문과 출신인데 AI 시대에 뒤처질까 걱정돼요."	2.1로 이동(인문학 사고법의 재발견)

전통적인 독해는 텍스트의 '내용을 잘 이해했는가?'에서 멈췄습니다. 하지만 AI 증강 독해는 '이 텍스트를 어떻게 해부하고 추적하고 재구성하고 확장할 것인가?'라는 질문에서 시작합니다. 이 질문을 제대로 풀려면 체계적인 접근법이 필요합니다. AI 증강 독해는 그림처럼 크게 4가지 방법, 즉 구조적 독해, 계보적 독해, 심층적 독해, 실천적 독해로 나누어집니다. 각각 서로 다른 사고방식과 학문적 배경을 바탕으로 하면서 서로 유기적으로 연결되어 있습니다.

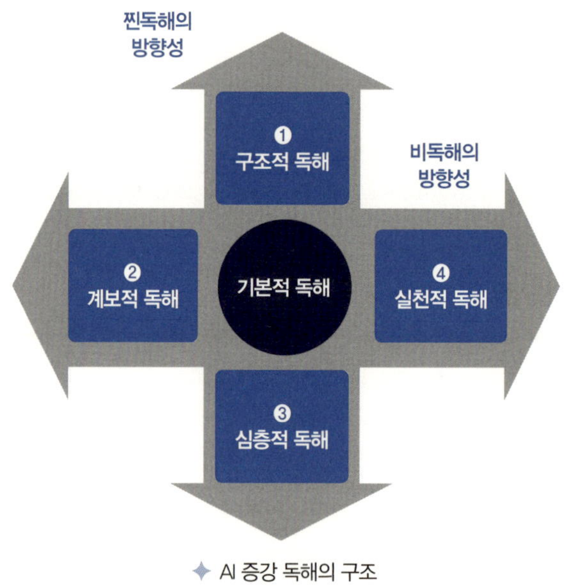

◆ AI 증강 독해의 구조

개념이 거창해서 어렵게 느껴질 수도 있습니다. 하지만 너무 겁먹지 마세요. 사실 이 4가지 방법은 여러분이 일상에서 이미 무의식적으로 사용하는 여러 사고 방식들을 체계화한 것일 뿐이거든요. 예를 들어, 회사 보고서를 읽으면서 '왜 이 부분은 이렇게 자세하고 저 부분은 대충 넘어갔지?'라고 의문을 품어 본 적 있죠? 그게 바로 구조적 독해의 시작입니다. 또는 '이 내용에 영향을 준 책은 어떤 것들이 있지?'라면 계보적 독해, '어, 이거 내용이 뭔가 이상하네?'라면 심층적 독해, '이 내용을 내 업무에 어떻게 접목해 볼까?'라면 실천적 독해를 하고 계신 것입니다.

이런 심화 독해를 할 수 있게 되면, 여러분은 혼자서는 절대 도달할 수 없었던 사고의 깊이와 폭을 경험할 수 있게 됩니다. 10년 경력의 애널리스트가 시장 보고서를 읽는 방식, 문학 교수가 텍스트를 해석하는 관점, 전략 컨설턴트가 비즈니스 문서를 분석하는 프레임워크를 AI와 함께 체험할 수 있거든요. 예를 들어, 복잡한 비즈니스 보고서를 읽을 때 대개 표면적인 내용 파악에 그치는 경우가 많을 겁니다. 하지만 AI 증강 독해를 활용하면 보고서 작성자의 숨어 있는 가정들을 찾고 해당 업계의 역사적 변화 과정을 추적하며 심지어 보고서에 드러나 있지 않은 실천적 함의까지 도출해낼 수 있습니다.

나아가 이런 심화 독해는 여러분의 생각의 깊이와 폭을 크게 확장시켜 줄 것입니다. 단순히 자료를 읽는 것에서 그치는 것이 아니라 구조적으로도 분석해 보고, 계보적으로도 흐름을 따져보고, 심층적 의미를 파헤쳐 보고, 내 삶과 업무에 접목시킬 방법들을 찾아보는 과정에서 여러분의 사고 능력이 크게 향상되게 됩니다.

이런 심화 독해는 사실 과거에는 전문가들이나 가능했습니다. 그러나 이제 생성 AI가 나오면서 일반인들도 쉽게 심화 독해를 할 수 있는 세상이 열렸습니다. 이 체계를 따라오면 책, 보고서 신문 기사, 블로그 내용들을 완전히 새로운 관점에서 이해하게 됩니다. 마치 안경을 새로 맞춘 것처럼 이전에는 보이지 않던 것들이 선명하게 보이기 시작할 거예요. 무엇보다 AI가 여러분의 든든한 사고 파트너가 되어 복잡한 분석도 쉽게 도와줄 것이니까요.

AI 시대 인문학의 재발견

문과 출신 학생들과 직장인들 중에는 요즘 AI를 포함한 기술의 기하급수적 발전 시대에 '문송합니다(문과라서 죄송합니다.).'라고 위축되었던 분들이 많으십니다. 하지만 이 4가지 AI 증강 독해 방법론을 자세히 보면 모두 인문학, 사회과학의 핵심 사고법들입니다.

구조적 독해는 국문학과 문학 이론 수업에서, 계보적 독해는 사학과 사료 분석 수업에서, 심층적 독해는 철학과 텍스트 해석 수업에서, 그리고 실천적 독해는 경영학과 사회학 응용 연구에서 많이 접하는 방법들이거든요. 당시에는 '이런 걸 대체 어디다 써먹지?'라고 생각했던 그 방법론들이 알고 보니 복잡한 비즈니스 환경에서 정보를 제대로 분석하고 통찰을 확장하는 핵심 도구였던 셈입니다.

중요한 것은 AI 시대일수록 이런 인문학적 사고가 더욱 빛을 발한다는 점입니다. AI는 데이터 처리와 패턴 인식에는 뛰어나지만, 맥락을 이해하고 의미를 해석하며 인간의 삶에 적용하는 능력은 여전히 인문학적 훈련을 받은 사람들이 훨씬 우수하거든요. 결국 AI를 제대로 활용할 수 있는 사람은 기술자가 아니라 AI에게 올바른 질문을 던지고 그 답변을 맥락에 맞게 해석할 수 있는 인문학적 소양을 갖춘 사람들인 셈입니다. 문과생 여러분, 힘냅시다!

● 4가지 심화 독해 기법의 개념

사실 심화 독해 방법에 대해서는 1장 2절에서 간단히 언급한 적이 있지만, 여기서 좀 더 자세히 설명하겠습니다.

구조적 독해 텍스트의 '설계도' 읽어 내기

'이 텍스트는 어떻게 만들어졌을까?'

구조적 독해는 건축가가 건물의 전체 구조를 파악하기 위해 설계도를 살펴보듯이 텍스트도 어떻게 설계되어 있는지 분석하는 방법입니다. 구조적 독해는 단순한 목차 구조 분석을 넘어섭니다. 각 장이 얼마나 긴지, 어떤 순서로 배열되어 있는지, 어떤 키워드가 자주 등장하는지 다양한 각도에서 살펴봅니다.

이 접근법이 강력한 이유는 저자의 숨은 의도와 텍스트의 강·약점을 객관적으로 파악할 수 있기 때문입니다. 또한 저자의 주장이 어떤 근거로 뒷받침되는지, 논증의 흐름이 논리적인지 분석하고 저자가 독자를 설득하기 위해 어떤 글쓰기 기법을 사용하는지도 파악합니다.

특히, 구조적 독해를 AI와 함께하면 인간의 눈으로는 놓치기 쉬운 패턴들을 쉽게 발견할 수 있습니다. 예를 들어, '이 ESG 보고서에서 노동, 인권 부분의 정보 밀도가 다른 섹션에 비해 현저히 낮다' 라거나 '이 전략 보고서의 논리 구조에 순환 논리 오류가 있다.'는 식의 분석이 가능해요.

좀 더 깊숙이 들어가면 개념 구조 분석, 서술 구조 분석, 정보 밀도 분석 등 어문 계열의 관점과 방법론들이 활용될 수 있습니다. 원래대로라면 복잡한 텍스트 마이닝 분석 기법들을 이용해 정교하게 분석해야 하지만, 여기서는 다양한 방법론의 핵심 아이디어만을 가져와 생성 AI에게 간단한 질문을 던져 비슷한 효과를 낼 수 있는 방법들을 소개합니다.

계보적 독해 | 텍스트의 '가계도' 그려 보기

'이 텍스트는 어떤 역사적, 사회적 맥락에서 나왔을까?'

계보적 독해는 지금 읽는 책이나 보고서가 어떤 사상적 전통에서 나왔는지, 어떤 학자들의 영향을 받았는지, 그리고 어떤 후속 연구들에게 영향을 주었는지 추적하는 방법입니다. 추가로 현재 시점에서 어떤 학자나 관점과 유사하거나 대비되는지, 어떤 사회적 배경에서 나왔는지를 분석할 수도 있습니다. 이 방법의 핵심 가치는 초심자도 해당 분야의 전체적인 흐름과 맥락을 빠르게 이해할 수 있다는 점입니다. 특히, AI를 활용하면 업력 10년 이상 전문가들의 통찰력을 쉽게 확보할 수 있지요.

예를 들어, 토마 피케티의 『21세기 자본』을 AI로 계보적 독해한다면 그 아이디어가 어떤 철학자나 경제학자들의 영향을 받았는지, 당대 어떤 경제학자들과 대비되는지, 이후 경제학자들이 이렇게 발전시켰는지 알아볼 수 있습니다. 또는 '최근 5년간 기술 트렌드 보고서들의 분석 방법론이 어떻게 변화했는지'를 추적하여 기술 패러다임의 변화를 포착할 수도 있죠.

계보적 독해에는 주로 역사학, 문헌 정보학 계열 관점 및 방법론들의 아이디어들을 차용했습니다. 예를 들어, 시대, 사회의 맥락 계보를 읽어 내거나 산업 백서나 인기 보고서 수년치의 방법론 변화 계보를 분석할 수 있습니다.

심층적 독해 | 텍스트 속 '보물찾기'

'이 텍스트가 정말로 말하고 싶은 것은 무엇일까?'

심층적 독해는 저자가 직접 말하지 않았지만 글 속에 담긴 진짜 의미를 찾으려는 접근법입니다. 텍스트의 표면적 의미를 넘어 숨어 있는 의미와 함의를 탐구하며 저자가 당연하다고 여기고 넘어간 가정들, 애써 말하지 않으려는 내용들을 들추어 냅니다. 이 방법이 필수적인 이유는 표면적 내용에 속지 않고 비판적 사고력을 기를 수 있기 때문입니다. 또한 내용을 여러 기준으로 분류하고 비교하며 전제와 가정 분석, 핵심 주장의 함의와 배경 파악, 다양한 맥락에서의 활용성 검토까지 가능합니다.

예를 들어, 성공을 다룬 자기계발서에서 '성공'이 정확히 무엇을 의미하는지, 왜 특정한 방법만 제시하는지, 다른 문화권에서는 성공을 어떻게 정의하는지 탐구할 수 있습니다.

심층적 독해에는 주로 철학, 사회학 계열 관점 및 방법론이 활용될 수 있습니다. 여기서는 심층적 독해를 분석적 심층 독해(Lv. 1), 해석적 심층 독해(Lv. 2), 비판적 심층 독해(Lv. 3)로 구분할 것입니다. 분석적 심층 독해에서는 논리학의 기본 분석 원리들을 활용할 수 있고, 해석적 심층 독해에서는 철학이나 해석학의 개념들을 활용할 수 있습니다. 나아가 비판적 심층 독해에서는 1970~1980년대 프랑스 구조주의 철학자들의 독해 관점들을 이용해 텍스트를 비판적으로 재해석하는 방법들에 대해 살펴볼 것입니다.

실천적 독해 **배운 내용을 '실제 삶에 적용하기'**

'이 텍스트를 어떻게 내 삶과 업무에 적용할까?'

실천적 독해의 궁극적인 목적은 독서를 통해 실제 삶의 변화와 성장을 이끌어 내는 것입니다. 텍스트의 실제적 적용과 활용 방안을 도출하는 독해로, 실천적 함의 추론, 제안 내용의 타당성 검증, 현실적 장애 요인을 고려한 적용 방안 구체화, 새로운 통찰의 확장 가능성까지 탐구합니다.

먼저 창조적 융합은 책의 아이디어를 전혀 다른 분야와 연결해 새로운 통찰을 만들어 냅니다. 예를 들어, 군사 전략서를 읽고 이를 스포츠나 비즈니스 전략에 응용하는 식입니다. 미래 예측에서는 책의 아이디어가 5년, 10년 뒤에 어떻게 발전할지 상상해 봅니다. 개인 적용에서는 추상적인 개념을 나, 회사, 사회의 상황에 맞게 구체적인 행동 계획으로 바꿔 봅니다. 예를 들어, '구글의 조직 문화 형성 방법인 OKR 기법을 제조 기업인 우리 조직에 어떻게 적용할 수 있을까?'와 같은 질문을 통해 실용적인 조언을 얻을 수 있습니다.

실천적 독해에서는 주로 경영학, 행정학 계열의 관점 및 방법론들이 활용될 수 있습니다. 이들 학문이 현장 활용성을 지향하는 만큼 다양한 관점들을 끌어 올 수 있는 것입니다.

● 4가지 심화 독해의 세부 관점 정리

각 심화 독해 방법들은 다양한 세부 분석 관점으로 구성됩니다. 어떻게 보면 이 내용들은 지금까지 나왔던 다양한 독해 기법을 총망라한 내용이라고 보아도 무방합니다. 이 세부 관점들은 텍스트 독해 뿐만 아니라 우리의 사고 체계를 업그레이드하는 데도 매우 유용하므로 관심 있게 살펴보길 바랍니다. 뒤쪽에서는 이 분석 관점에 입각한 프롬프트를 이용해 AI 증강 독해를 전개하는 내용들이 제시됩니다. 다음 표는 이번 장의 전체적인 지도에 해당합니다.

■■ 심화 독해 방법들과 세부 분석 관점

심화 독해 방법		세부 분석 관점
구조적 독해		(1) 물리 구조 분석: 텍스트의 '골격' 들여다보기 (2) 논리 구조 분석: 주장과 근거의 '연결고리' 추적하기 (3) 서술 구조 분석: 작가의 '스타일'과 '의도' 파악하기 (4) 개념 구조 분석: 핵심 아이디어들의 '관계망' 그리기 (5) 정보 밀도 구조 분석: '진짜 중요한 부분' 찾기
계보적 독해		(1) 시대/사회 맥락 계보 분석: 텍스트의 '시대적 배경' 추적하기 (2) 영향 관계 계보 분석: 학문적 '족보' 그려 보기 (3) 핵심 개념 계보 분석: '용어의 진화' 추적하기 (4) 관련 담론 계보 분석: '논쟁 구조'의 발전 과정 파악하기 (5) 방법론 계보 분석: '분석 방식'의 진화 과정 파악하기
심층적 독해	Lv. 1 분석적 독해	(1) 비교/대조 분석: '차이점'에서 본질 발견하기 (2) MECE 분석: '빠진 것'과 '겹치는 것' 찾기 (3) 인과 관계 분석: '진짜 원인'과 '가짜 상관관계' 구분하기 (4) 분해/결합 분석: '복잡한 것'을 '단순하게', '흩어진 것'을 '하나로 (5) 분류/범주화 분석: '같은 것끼리', '다른 것끼리' 체계적 정리 (6) 연역/귀납 분석: '논리의 방향'과 '추론의 타당성' 검토
	Lv. 2 해석적 독해	(1) 의미론적 심층 분석: '말의 진짜 뜻' 해부하기 (2) 전제/가정 심층 분석: '당연하다고 여기는 것들' 의심하기 (3) 간극/모순 심층 분석: '앞뒤 안 맞는 것들' 찾기 (4) 정서/감정 심층 분석: 저변의 '감정 흐름' 파악하기
	Lv. 3 비판적 독해	(1) 알튀세르의 징후적 독해: '말하지 않는 것'에서 진실 찾기 (2) 롤랑 바르트의 쾌락적 독해: 텍스트의 '유혹 전략' 해체 (3) 푸코의 계보학적 독해: 담론 권력의 은밀한 작동 추적 (4) 보드리야르의 시뮬라크르 독해: 실체와 이미지의 전복 포착 (5) 데리다의 해체적 독해: 이분법의 함정 폭로하기
실천적 독해		(1) 개인·업무 적용: 추상적 개념을 구체적 실행으로 (2) 예측적 확장: 현재 아이디어의 미래적 함의 탐색 (3) 창조적 융합: 분야 간 경계를 넘는 혁신적 아이디어 창출

● 심화 독해의 간단 적용

'어, 이거 엄청 복잡해 보이는데, 실제로 기업 및 연구 현장에서 제대로 활용될 수 있을까?' 하는 의문을 갖는 분들도 있을 것입니다. 충분히 가능하고, 이런 식으로 자료를 독해할 때 굉장히 새로운 통찰들을 뽑아 낼 수 있습니다. 몇 가지 상황을 통해 심화 독해의 적용 가능성과 방법에 대해 간단히 살펴보겠습니다.

상황 1 시장 동향 보고서 분석하기

먼저 여러분이 화장품 대기업의 마케팅 팀장이라고 가정해 보겠습니다. 새로운 시장 동향 보고서가 책상 위에 놓여 있고 다음 주 전략 회의에서 핵심 인사이트를 발표해야 합니다. 기존 방식이라면 보고서를 다 읽고서도 '시장이 성장하고 있다.', '경쟁이 치열하다.' 정도의 뻔한 결론에 도달하기 쉽습니다. 머리를 쥐어뜯어도 새로운 전략적 인사이트가 잘 안 보입니다. 하지만 4가지 방법을 적용하면 완전히 다른 차원의 분석이 가능합니다.

- **구조적 독해**: 보고서의 정보 밀도 분석, 서술 방식과 강조점 패턴 파악, 논리 흐름 분석
- **계보적 독해**: 분석 관점의 시대적 변천, 업계 담론의 진화 과정 파악
- **심층적 독해**: 보고서 작성자의 숨어 있는 전제와 가정 분석, 명시되지 않은 이해관계와 편향 발굴, 표면적 메시지 이면의 진짜 의미 탐구
- **실천적 독해**: 현실적 제약을 고려한 실행 전략 구체화, 우리 조직에 맞게 인사이트 변환

이처럼 다각적으로 분석하면 어떤 전략적 인사이트가 가능할까요? 예를 들어, 생성 AI에게 구조적 독해를 시키면 'K-뷰티 트렌드 보고서에서 인디 브랜드 섹션의 정보 밀도와 데이터 충실도가 급격히 증가한 반면, 대기업 브랜드 관련 내용은 상대적으로 축소되었다.'는 구조적 변화를 포착할 수 있습니다. 시장의 주축이 인디 브랜드 쪽으로 넘어가고 있다는 신호입니다.

계보적 독해로는 2020년 이후 화장품 시장의 마케팅 방식의 변화를 AI를 통해 추적해 볼 수 있을 것입니다. 그러면 ROI가 높고 효과적인 마케팅 방식이 '대기업의 매스미디어, 셀럽 마케팅' 중심에서 '인디 브랜드의 SNS 생태계, 인플루언서 마케팅' 중심으로 전환되

는 패러다임 변화가 드러나게 될 것입니다.

심층적 독해를 통해서는 '보고서가 표면적으로는 인디 브랜드 참여를 통한 시장 확대를 강조하지만, 실제로는 기존 대기업의 시장 지배력 약화를 우회적으로 시사하고 있다.'는 숨어 있는 메시지를 발굴할 수도 있습니다. 마케팅 조사 업체에서 의뢰주의 심기를 불편하게 만들 수 없어 차마 대놓고 말할 수 없었던 그 부분을 읽어 낼 수 있지요.

실천적 독해로는 '코스알엑스, 아누아 등의 SNS 마케팅 전략을 벤치마킹한 별도의 인디 라인 론칭과 기존 브랜드의 디지털 전환 전략' 등의 아이디어를 생성형 AI와 함께 만들어 볼 수도 있을 것입니다. 결과적으로 '화장품 시장이 성장하고 있다.'는 뻔한 결론 대신, '급변하는 시장에서 생존하기 위해 기존 유통망과 브랜드 파워를 활용한 인디 라인 론칭과 글로벌 온라인 플랫폼 진출을 동시에 추진해야 한다.'는 명확하고 실행 가능한 전략적 인사이트를 도출할 수 있겠지요.

상황 2 주식 분석 보고서 읽기

이번에는 여러분이 여의도에서 근무하는 펀드 매니저라고 가정해 보겠습니다. 최근 급등하고 있는 K-방산주 주식을 분석한 증권사 애널리스트 보고서를 살펴보았습니다. 투자 의견은 괜찮아 보이는데 왠지 찜찜합니다. '정말 이 애널리스트가 맞게 분석한 걸까?' 하는 의구심이 들지만, 그렇다고 보고서 전체를 꼼꼼히 살펴볼 시간도, 전문성도 부족한 상황이 많습니다. 하지만 4가지 심화 독해 방법으로 접근하면 보고서 이면의 진짜 이야기를 읽어 낼 수 있습니다.

- **구조적 독해**: 투자 보고서의 논증 구조와 데이터 배치 패턴 분석, 정량적·정성적 근거의 비중과 신뢰도 파악
- **계보적 독해**: 해당 애널리스트의 과거 보고서와 관점 변화 추적, 업계 분석 트렌드의 변천사 파악
- **심층적 독해**: 투자 논리의 숨은 전제와 가정 발굴, 명시되지 않은 리스크와 편향 분석
- **실천적 독해**: 개인 투자 상황에 맞는 구체적 의사결정 가이드 도출

실제로 어떤 인사이트를 얻을 수 있을까요? AI를 활용한 구조적 독해를 통해 '이 보고서에서 재무 데이터는 풍부하지만 경쟁사 비교 분석이 현저히 부족하다.'라거나 '밸류에이션 모델에 과도하게 의존하고 있어 정성적 리스크를 간과하고 있다.'는 패턴을 발견할 수도 있습니다.

계보적 독해로는 '이 애널리스트가 6개월 전만 해도 이 업종에 대해 보수적이었는데 갑자기 낙관론으로 전환했다.'는 관점 변화를 추적하거나 '최근 증권가에서 ESG 평가 비중이 급격히 증가하며 전통적 재무 분석 방식이 흔들리고 있다.'는 업계 패러다임 변화를 포착할 수 있죠.

심층적 독해에서는 정말 흥미로운 것들을 포착할 수 있습니다. '애널리스트가 '안정적 성장'이라고 표현한 부분이 사실은 '성장 둔화를 에둘러 표현한 것'이라든지 '목표가 상향의 이면에는 기관·외국 투자자들의 압박이 있었을 가능성'처럼 숨어 있는 맥락을 읽어 낼 수 있습니다.

실천적 독해로는 '우리 펀드의 운용 목표와 투자 전략, 그리고 포트폴리오 구성을 고려할 때 이 종목을 언제 얼마나 매수하고 어떤 시점에 익절 또는 손절할 것인가?'에 대한 구체적 실행 계획에 대해 AI와 논의해 볼 수도 있습니다. 결과적으로 '목표 주가 상향이니까 한 번 들어가 볼까?'라는 단순한 판단 대신, '애널리스트의 가정과 우리 펀드의 투자 스타일을 함께 고려할 때 이 시점에서 분할 매수 후 3개월 내 실적 발표를 지켜보면서 추가 투자를 결정해야겠다.'는 훨씬 정교한 투자 전략을 세울 수 있는 것입니다.

상황 3 ▎ 문학 에세이 감상하기

주말 오후 서점에서 우연히 집어 든 에세이집을 읽고 있는데 '참 좋은 글이네.'라는 막연한 감상에서 멈춰 버린 경험 있으시죠? 감동은 받았지만 정작 '왜 좋은지', '내 삶에 어떤 의미인지'를 명확히 설명하지 못해 아쉬웠던 순간들 말입니다. 가끔씩 독서 모임에서 다른 사람들이 깊이 있는 이야기를 나눌 때 '나만 얄팍하게 읽은 건 아닐까?' 하는 자괴감이 들기도 하고요. 문학적 텍스트라고 해서 4가지 방법이 무의미한 건 아닙니다. 오히려 더욱 풍부한 해석과 개인적 성찰이 가능해지죠.

실제로 어떻게 깊은 독해가 가능할까요? 예를 들어, 시대를 뛰어넘는 고전인 헨리 데이비드 소로우(Henry David Thoreau)의 『월든』을 읽는 경우를 생각해 보지요. AI에게 구조적 독해를 시키면 '소로우가 계절의 변화에 따라 성찰의 깊이를 점진적으로 심화시키는 서술 구조'에 대해 살펴볼 수 있고 '자연 묘사와 철학적 사유가 교차 배치되는 패턴'을 발견할 수도 있습니다.

계보적 독해에서는 '소로우의 자연관이 에머슨의 초월주의에서 어떤 영향을 받았는지', '현대의 미니멀 라이프 담론과 어떻게 연결되는지'를 추적할 수 있지요. 또한 심층적 독해 관점에서 '단순한 삶 예찬 이면에 숨어 있는 자본주의 문명에 대한 날카로운 비판 의식'이나 '고독 예찬 속에 드러나는 작가의 관계에 대한 갈망'같은 모순과 복합성을 발견할 수 있죠.

실천적 독해가 정말 의미 있는 부분인데, '소로우의 '의도적인 삶' 철학을 현재 내 과도한 SNS 사용 습관과 연결해 보면서 진짜 중요한 것에 집중하는 하루 루틴 만들기'나 '자연과의 교감을 통한 명상적 사고를 일상 산책에 적용해 보기'와 같은 구체적 실천 방안을 도출할 수 있습니다.

결과적으로 '아, 좋은 글이었다. 끝!'이라는 추상적 감상 대신, '소로우의 생활 철학이 내게는 디지털 디톡스와 본질적 가치 추구라는 구체적 실천 과제로 다가온다.'는 개인적이면서도 깊이 있는 독서 경험을 만들어 나갈 수 있는 것입니다. 요즘은 고등학생 수행 평가의 독서 감상문에서도 개인 진로와의 연결을 강조하는 시대입니다. 이러한 실천적 독해가 AI를 활용하면 정말 수월하게 진행되지요.

● 4가지 방법의 효과적인 활용법

그렇다면 이러한 4가지 방법을 모든 텍스트에 대해 동일한 방식으로 적용해야 하는 것일까요? 결코 그렇지는 않습니다. 4가지 방법을 숙지하신 후 텍스트의 특성에 따라, 내가 그 텍스트를 읽는 맥락에 따라 자유롭게 적용하는 것이 더 바람직합니다. 어떻게 활용할지 간단히 팁을 드리면 다음과 같습니다.

- **단계적 접근**: 한 번에 모든 방법을 적용하려 하지 말고 텍스트 특성에 맞는 1~2개 방법부터 시작
- **맥락 고려**: 같은 텍스트라도 독자의 목적과 배경에 따라 강조할 방법이 달라짐
- **AI 협업**: 각 방법마다 AI의 강점이 다르므로 방법별로 최적화된 프롬프트 활용
- **통합적 사고**: 개별 관점의 결과를 종합하여 새로운 통찰 창조

4가지 방법이 복잡해 보일 수 있지만, 너무 부담은 갖지 마세요. 핵심은 '텍스트를 다양한 각도에서 바라보자.'는 것과 'AI를 사용하면 획기적으로 쉽고 풍부해진다.'는 것입니다. 상황에 따라 여러분의 목적에 맞는 관점을 선택적으로 활용하면 됩니다. 특히, 실무에서는 구조적 독해와 실천적 독해를 먼저 익히고 여유가 생기면 계보적 독해와 심층적 독해를 추가하는 것을 추천합니다.

이제 4가지 방법의 전체적인 내용을 살펴보았으므로 다음에는 각 관점별로 세부적인 접근법과 구체적인 프롬프트 기법, 그리고 실전 사례들을 자세히 살펴보겠습니다. 특히, 구조적 독해부터 시작해 여러분이 당장 업무에서 활용할 수 있는 실용적인 방법들을 단계별로 안내해 드리겠습니다.

2.2 구조적 독해: 텍스트의 '설계도' 읽기

'이 보고서는 어떻게 정리해야 하지? 뭔가 중요한 얘기 같긴 한데….'

복잡한 비즈니스 보고서나 연구 자료를 앞에 두고 이런 막막함을 느껴본 경험, 다들 있

으시죠? 분명 텍스트 자체는 읽히는데, 정작 '이 글이 말하려는 핵심이 뭐지?', '어디에 집중해서 읽어야 하지?'라는 의문이 계속 남는 상황 말입니다.

사실 이런 어려움은 당연합니다. 우리는 지금까지 텍스트를 '내용' 중심으로만 읽도록 훈련받아 왔거든요. '무슨 말을 하고 있는가?'에만 집중하다 보니 '어떻게 말하고 있는가?', '어떻게 구조화되고 있는가?'는 놓치기 쉬웠던 것입니다. 하지만 AI 시대에는 다릅니다. AI가 워낙 강력한 텍스트 구조 분석 능력을 가지고 있기 때문에 우리도 마음만 먹는다면 텍스트의 '구조'를 읽어 내는 독해력을 쉽게 얻게 되었습니다.

구조적 독해는 건축가가 건물의 설계도를 보고 전체 구조를 파악하듯이 텍스트도 어떻게 설계되어 있는지 분석하는 방법입니다. 이 접근법의 진정한 가치는 저자의 의도와 텍스트의 강·약점을 객관적으로 파악할 수 있다는 점입니다. 마치 엑스레이(X-ray)로 뼈 구조를 들여다보듯이 텍스트의 숨어 있는 골격을 볼 수 있게 되는 것입니다.

더욱이 AI와 함께하면 인간의 눈으로는 놓치기 쉬운 미묘한 패턴들까지 쉽게 발견할 수 있습니다. 예를 들어, ESG 보고서에서 '환경' 섹션은 데이터가 풍부한데 '노동, 인권' 섹션은 추상적 내용만 가득하다든지, 전략 보고서의 논리 구조에 특정 부분에서 근거가 부족하다든지 하는 패턴들을 AI가 찾아 주거든요.

일반적 독해와 구조적 독해의 비교

일반적 독해	구조적 독해
내용만 순차적으로 읽기	물리적 구조, 논리적 구조, 서술 방식, 개념 관계, 정보 밀도 등 다각적 분석
'무엇을 말하는가?'에만 집중	'어떻게 말하는가?'의 패턴과 의도 파악
개인의 직감에 의존한 해석	AI 기반 객관적 구조 분석으로 숨어 있는 패턴 발견

● 구조적 독해의 활용 사례

그렇다면 구조적 독해는 어떻게 기업 실무에서 활용될 수 있을까요? 다음 3가지 상황을 살펴보면 보고서를 제대로 읽지 않아도 간단한 구조적 독해 프롬프트만으로 중요한 단서를 금세 잡을 수 있다는 것을 느낄 수 있을 것입니다.

여러분이 ESG 담당자라고 가정해 보겠습니다. 경쟁사의 지속 가능성 보고서를 분석해 우리 회사의 보고서 개선 방향을 찾아야 하는 상황입니다. 단순히 '환경 활동을 많이 하네, 사회 공헌도 잘하고 있네.' 정도로 읽고 끝내기엔 너무 아쉽죠. 어떤 부분이 진짜 실력이고 어떤 부분이 포장용인지, 우리가 놓친 포인트는 없는지 제대로 파악하고 싶을 텐데요. 이 때 구조적 독해의 정보 밀도 분석이 빛을 발합니다.

정보 밀도 분석 프롬프트

"첨부한 ○○○ 사의 지속 가능성 보고서를 정보 밀도 관점에서 분석해 줘."
1. 정보 밀도가 특히 높거나 낮은 섹션 식별
2. 핵심 정보와 부가 정보의 배치 패턴
3. 주요 메시지의 반복, 강조 방식
4. 텍스트의 난이도 변화
* 기업 지속 가능성 보고서는 한국증권거래소의 ESG 포털에서 다운로드할 수 있습니다.[4]

자료 파일 참조 🔗

분석 대상 기업의 이름은 따로 밝히지 않겠습니다. 다음은 결과 중 핵심적인 내용만 발췌한 것입니다. 상세한 분석 결과는 성안당 홈페이지의 자료 파일을 참고하세요.

- **정보 밀도 비교 결과**(5점 척도)

섹션	정보 밀도	이유
환경(탄소 중립, RE100, 온실가스 감축 등)	5	정량적 데이터와 KPI가 풍부
거버넌스(윤리 경영, 컴플라이언스 등)	4	정책 위주이지만 체계적 서술
노동·인권(임직원·협력사 관리 등)	3	원칙 설명만 많고 성과 데이터는 부족
사회 공헌(CSR, 기부, 자원봉사 등)	2	선언적 내용과 사례 중심

---

4 https://esg.krx.co.kr/contents/02/02010000/ESG02010000.jsp

- **정량적 데이터 제시 수준**

지표	구체적 수치 제시	비고
여성 임원 비율 증가 목표	○(구체적인 수치 있음)	2030년까지 여성 리더십 확대 목표 제시
노동 환경 개선(산업 재해율)	△(일부 수치 있음)	산업 안전 지표는 있지만, 비교 데이터 부족
협력사 노동 인권 실사 결과	✕(구체적인 수치 없음)	협력사 평가 정책을 설명하지만, 결과 공개 부족
근로 시간 및 근무 만족도 조사	✕(미제공)	근로 환경 만족도나 임직원 의견 반영 데이터 부족

- **텍스트 난이도 평가**(5점 척도)

섹션	난이도	이유
환경(탄소 중립, RE100 등)	5	기술적인 설명이 많고 ESG 프레임워크 적용
거버넌스(컴플라이언스, 윤리 경영 등)	4	법적·정책적 용어 다수 포함
노동·인권(임직원·협력사 정책)	3	일반적인 개념 중심, 쉽게 이해 가능
사회 공헌(CSR, 기부 등)	2	선언적 문구 위주, 쉬운 서술

- **최종 평가**: 노동·인권 섹션의 한계 및 개선 필요점
- **강점**
  - 노동·인권 보호 정책 및 글로벌 기준 준수 의지 명확
  - 여성 리더십 강화 및 다양성 증진에 대한 목표 설정 존재
  - 노동 관련 선언적 원칙이 체계적으로 정리되어 있음
- **한계점**
  - 성과 데이터(특히, 협력사 인권 점검, 근로 환경 만족도 조사) 부족
  - 환경, 거버넌스 대비 정량적 지표가 적고 실행 효과 검증이 어려움
  - 노동 환경 관련 개선 목표는 있지만, 이를 달성하기 위한 구체적 액션 플랜 부족
- **결론**: 노동·인권 활동이 적절히 이루어지는지 검증하기 위해 실질적인 성과 데이터(협력사 점검, 직원 의견 조사 등)를 추가적으로 확보할 필요가 있음

AI를 통해 간단히 정보 밀도 분석을 시켜 보니 '환경' 섹션은 구체적인 수치와 상세한 데이터로 가득하지만, '노동·인권' 섹션은 추상적 표현과 일반론적 내용이 대부분이라는 패턴을 발견할 수 있습니다. 이는 해당 기업이 환경 분야는 자신 있게 공개하지만 노동, 인권 분야는 아직 부족한 부분이 있어 의도적으로 모호하게 처리했을 가능성을 시사합니다. 어떤가요? 이처럼 전체 ESG 보고서를 꼼꼼히 살펴보지 않더라도 쉽게 이 회사 ESG 전략과 실행상 강·약점의 맥을 짚을 수 있습니다.

신기술 투자를 검토하는 상황에서 컨설팅 회사나 리서치 기관의 기술 전망 보고서를 받았는데, '이게 정말 객관적인 분석일까, 아니면 특정 기술을 띄우려는 홍보성 자료일까?'라는 의심이 든다면 논리 구조 분석이 중요한 단서를 줄 수 있습니다.

논리 구조 분석 프롬프트

"첨부한 기술 전망 보고서가 신뢰할 만한 자료인지 판단해 보고 싶어. 논리 구조 관점에서 분석해 줘."

1. 주요 예측과 이를 뒷받침하는 근거들의 계층 구조
2. 핵심 가정과 도출된 결론 간의 관계
3. 논리적 비약이나 갭이 있는 부분
4. 숨어 있는 가정이 있는 부분

자료 파일 참조 🔗

메타버스에 관련된 기술 보고서를 인터넷에서 찾다가 Aranca Consulting의 'Metaverse-Mapping Investment opportunities'(2022. 7.)를 발견했습니다.[5] PPT 스타일로 예쁘게 정리된 보고서인데, 많이 들어 보지 못한 리서치 회사라 왠지 석연치 않은 느낌이 들었습니다. 보고서를 열심히 읽고 나서 '괜히 읽었다. 시간 낭비였다.'는 후회를 하면 안 되므로 이 보고서에 대해 먼저 논리 구조 분석을 시켜 보았습니다.

그 결과, 신뢰성 높은 내용은 아니라는 ChatGPT의 가이드를 듣고 좀 더 자세히 살펴보지는 않았습니다. 소중한 시간을 절약한 셈입니다. 다음은 답변 내용 중 일부로, 전체 답변 결과는 성안당 홈페이지의 자료 파일을 참조하세요.

결론: 신뢰할 만한가, 아니면 기술 펌프업인가?
- 기술 펌프업 가능성이 높음

---

[5] https://www.aranca.com/assets/docs/MetaverseSpecialReport_04AUG2022.pdf

　– 보고서는 메타버스의 미래를 지나치게 낙관적으로 묘사하고 있으며 메타버스 관련 기업 및 투자 기관의 입장을 반영한 자료가 많음

　– 투자 유치를 위한 홍보적 성격이 강하며 위험 요소 및 도전 과제는 거의 언급되지 않음

　– 기술적·경제적·사회적 장애물에 대한 현실적 분석이 부족함

• 단, 메타버스 투자 트렌드 자체는 신뢰할 만함

　– 기업과 기관 투자자들이 실제로 큰 금액을 투자하고 있는 것은 사실임

　– 다만, 투자금이 유입된다고 해서 반드시 성공하는 것은 아님

　– 보고서를 기반으로 투자 결정을 내릴 경우, 추가적인 리스크 분석이 필요함

• 결론적으로, 이 보고서는 신중하게 해석해야 하며 메타버스를 무조건적인 성공 사례로 간주하는 것은 위험할 수 있음

이처럼 AI 분석을 통해 '시장 규모 10배 성장' 같은 화려한 전망 뒤에 어떤 전제 조건들이 숨어 있는지, 그 전제들이 현실적으로 달성 가능한지, 결론을 도출해 나가는 논리적 과정이 탄탄한지를 객관적으로 빠르게 검토할 수 있게 됩니다.

상황 3 　플랫폼 전략 도서들의 공통 패턴 찾기

어떤 연구 분야를 한번 제대로 파 보려고 유명한 책들을 4~5권을 추천받았는데, 어떤 책부터 어떻게 접근해야 할지 난감한 경우가 있습니다. 5~6년 전 플랫폼 비즈니스 전략을 공부할 때 이런 상황을 겪었습니다. 하지만 이제는 생성 AI가 있으므로 물리 구조 분석으로 여러 권에 대해 전체 지식 지도(Knowledge Map)를 그려 볼 수 있습니다.

물리 구조 분석 프롬프트

"다음 플랫폼 전략 관련 도서 4권의 목차를 분석해서 주제 측면에서 공통적인 챕터와 각 책에만 있는 독특한 챕터를 구분해서 표로 만들어 줘."

표의 구성: 공통, 개별 구분 – 책 A 목차 – 책 B 목차 – 책 C 목차 – 책 D 목차 – 공통 주제 설명

"개별적, 유니크한 챕터들은 책 제목–독특한 챕터 및 내용 형태로 표를 따로 제시해 줘."

(목차를 정리한 Txt 파일 업로드)

자료 파일 참조 🔗

결과는 다음과 같습니다. 어떤가요? 간단한 요청만으로도 한 권을 먼저 읽은 후 나머지 책들 중 필요한 부분만 찾아서 볼 수 있는 지도를 얻게 되었지요. 또한 각 내용에 대해 이 책과 저 책이 어떻게 다르게 보고 있다는 비교도 손쉽게 할 수 있게 되었고요. 나아가 이런 분석을 통해 '네트워크 효과', '양면 시장', '생태계 구축'은 모든 책에서 다루는 핵심 개념이지만, '실패한 플랫폼 사례'나 '생태계 디자인'은 특정 책에서만 심도 있게 다루는 차별화 포인트라는 걸 발견할 수 있습니다.

이전에 비슷한 작업을 했을 때는 꼬박 반나절이 걸렸습니다. 그런데 AI를 이용하니 불과 2~3분이면 되더군요. 정확도도 제가 이전에 수작업했던 것과 상당히 유사하고 심지어 제가 잘못 분류한 것도 있음을 알게 되었습니다.

사례 목차를 활용한 구조적 독해 결과

공통된 부분

구분	책 A: 매치메이커스	책 B: 플랫폼 레볼루션	책 C: 플랫폼 비즈니스의 모든 것	책 D: 플랫폼 비즈니스	공통 주제
플랫폼 개념 및 배경	1장. 매치메이커 개념	1장. 시장은 플랫폼이 지배	1장. 플랫폼 사고	1장. 플랫폼 비즈니스란	플랫폼의 정의, 개념, 역사
네트워크 효과	4장. 거래비용 절감	2장. 양면 네트워크 효과	2장. 네트워크 효과의 위력	4장. 네트워크 효과 디자인	플랫폼의 핵심 원리인 네트워크 효과 설명
플랫폼 설계 및 구조	8장. 내부 설계	3장. 플랫폼 아키텍처 디자인	3장. 플랫폼 전략과 생태계 구축	3~5장. 플랫폼 디자인 및 구조화	플랫폼의 기술 및 설계 원칙
수익 모델	6장. 가격 조정	6장. 플랫폼 수익창출 모델	3장. 비즈니스 모델 설계	6장. 수익 모델 구체화	플랫폼 Biz의 수익화 전략
성장 전략	5장. 임계량 확보	5장. 플랫폼 론칭 전략	3장. 닭이 먼저냐 달걀이 먼저냐	10장. 성공적 론칭 전략	초기 성장 및 사용자 확보 전략
거버넌스 및 규제	9장. 사기 및 허위정보 관리	8장. 플랫폼 거버넌스	6장. 플랫폼 거버넌스와 사회적 책임	–	플랫폼에서 발생하는 규제 및 거버넌스 이슈
기존 기업의 플랫폼화	12장. 소매업 변화	10장. 플랫폼의 경쟁 전략	5장. 전통 기업의 플랫폼화	8~10장. 파이프라인 기업 전환 전략	전통 기업 플랫폼 전환 방법
플랫폼 혁신과 미래	13장. 매치메이커의 미래	12장. 플랫폼 혁명의 미래	7장. 플랫폼의 미래 기술	7장. 향후 10년 플랫폼 전망	플랫폼의 향후 전망과 기술 발전

개별적, Unique한 부분

책 제목	독특한 챕터 및 내용	
매치메이커스	'플랫폼 참가자 문제'(9장): 사기 및 허위 정보 관리의 중요성 강조	
플랫폼 레볼루션	'경쟁 전략'(10장): 플랫폼 간 경쟁 및 승자 독식 현상 분석	*성장 및 경쟁 전략으로 이동 가능*
	'규제 정책'(11장): 플랫폼 관련 규제 및 정책 제안	*규제 정책으로 이동 가능*
플랫폼 비즈니스의 모든 것	'실패한 플랫폼 사례'(4장): 실패 사례에서 배울 점 분석	
	'기술 트렌드'(7장): AI, 음성 인식, 자율 주행 등 미래 플랫폼 기술 예측	*플랫폼 혁신과 미래로 이동 가능*
플랫폼 비즈니스	'생태계 디자인'(2부 전체): 플랫폼 내 이해관계자와 가치 창출 방식 구체화	

◆ 목차 기반의 구조적 독해 결과의 예

구조적 독해의 핵심 전략

위의 3가지 상황을 통해 구조적 독해가 실제 기업 실무에서도 매우 효과적일 수 있다는 것을 파악했을 것입니다. 구조적 독해를 진행할 때는 특히 다음 포인트를 염두에 두고 이후 제시하는 주요 프롬프트들을 적절히 변형해 사용하면 됩니다.

- **구체적 관점 명시**: 단순히 "구조를 분석해 줘."가 아니라 '정보 밀도 관점에서', '논리 구조 관점에서' 등 구체적 분석 렌즈 제시
- **비교 기준 설정**: 섹션별, 시간별, 항목별 등 비교 대상을 명확히 지정
- **패턴 탐지 요청**: 단순 분석이 아니라 '특이한 패턴', '일관성 있는 특징' 등 의미 있는 구조를 AI가 발견하도록 유도
- **실용적 활용 연결**: 구조 분석 결과를 어떻게 활용할지(신뢰도 판단, 학습 전략 등) 요청에 포함해 제시

● 구조적 독해의 5가지 핵심 관점

좀 더 구체적으로 구조적 독해의 세부 방법들에 대해 살펴보겠습니다. 구조적 독해는 크게 5가지 관점, 즉 물리 구조, 논리 구조, 서술 구조, 개념 구조, 정보 밀도 구조로 텍스트를 분석합니다. 이 관점들은 이미 어문학 계열 대학에서 텍스트 분석에 많이 활용하는 방식입니다. 물론 다른 관점들도 얼마든지 가능하지만, 저는 이 5가지 관점을 가장 많이 사용합니다. 각각은 서로 다른 '렌즈'로 텍스트를 들여다보는 것과 같습니다.

물리 구조 분석 텍스트의 '골격' 들여다보기

- **무엇을 보는가?**: 장, 절, 항의 구성 체계, 분량과 상대 비중, 목차의 연결 관계, 핵심 키워드 위치 분포
- **언제 활용하는가?**: 여러 자료의 비교 분석, 학습 우선순위 설정, 저자의 강조점 파악이 필요할 때

물리 구조 프롬프트

"첨부한 산업 보고서의 구조를 다음과 같은 관점에서 분석해 줘. 이를 통해 보고서가 특히 강조하는 부분과 경시하는 부분을 파악하고 싶어."
1. 각 섹션의 분량과 상대적 비중
2. 핵심 키워드의 등장 빈도와 위치
3. 목차 구성의 논리적 흐름

* 링크에 제시된 태양광 산업 동향 보고서를 대상으로 제시된 프롬프트를 실행해 보세요. 결과는
  성안당 홈페이지의 자료 파일을 참고하세요.

논리 구조 분석 **주장과 근거의 '연결고리' 추적하기**

- **무엇을 보는가?**: 주요 주장, 근거의 계층 구조, 논증 흐름과 전제/결론의 연결 관계, 개념
  간 위계 관계
- **언제 활용하는가?**: 텍스트의 신뢰성 검증, 논리적 허점 발견, 핵심 가정의 타당성 평가가
  필요할 때
- **주의해야 할 점**: 논리적 갭이나 비약이 발견된다면 즉시 '잘못된 자료'라고 판단하지 말고
  그 이유와 맥락을 함께 고려해야 합니다.

프롬프트와 분석 사례는 2장 2절의 **상황 2** '기술 전망 보고서의 신뢰도 검증하기'를 참고하세요.

서술 구조 분석 **작가의 '스타일'과 '의도' 파악하기**

- **무엇을 보는가?**: 서술 시점과 톤의 변화, 수사적 장치의 사용 패턴, 설명–논증–서사 배치
  및 예시/인용의 활용 방식
- **언제 활용하는가?**: 설득 전략 분석, 독자 타깃 파악, 메시지 전달 방식의 효과성 평가가
  필요할 때(**예** 마케팅 자료에서 '이성적 설득 vs. 감성적 어필'의 비중을 분석하거나 학술 논문
  에서 '객관적 서술 vs. 주관적 해석'의 균형을 평가할 때)

서술 구조 분석 프롬프트

"첨부한 전략 보고서의 서술 방식을 다음과 같은 관점에서 분석해 줘."
1. 서술 톤의 변화 패턴과 그 의도
2. 주장을 뒷받침하는 예시/데이터의 활용 방식
3. 설득력을 높이기 위한 수사적 장치들의 사용 패턴

링크에 제시된 AI 활용 전략 보고서를 대상으로 위 프롬프트를 실행해 보세요.[6]

영어 보고서라고 겁먹지 마세요. 영어 보고서라서 생성 AI를 활용한 분석이 더 빛을 발합니다.

영어 보고서를 분석해 한글로 답해 주니까 너무 편해집니다.

개념 구조 분석 핵심 아이디어들의 '관계망' 그리기

- **무엇을 보는가?**: 핵심 개념의 정의와 발전, 개념들 간의 의미망, 대립/보완 관계의 개념 비교

- **언제 활용하는가?**: 복잡한 이론 체계 이해, 새로운 개념 학습, 기존 지식과의 연결점 파악이 필요할 때

POINT 개념 구조 분석 결과를 마인드맵이나 관계도로 시각화해 달라고 요청하면 복잡한 내용도 한눈에 파악할 수 있습니다. 단, 처음에는 시각화 품질이 좋지 않습니다. 보고서에 써먹을 만한 형태로 만들려면 AI와 티키타카를 몇 번 더 해야 합니다.

"첨부한 트렌드 보고서의 개념 구조를 다음과 같은 관점에서 분석해 줘."

1. 핵심 개념들 간의 관계도 작성

2. 주요 개념의 정의와 그 변화 과정

3. 명시적/잠재적 개념 간의 충돌이나 보완 관계

링크에 제시된 2025 마케팅 트렌드 보고서를 대상으로 위 프롬프트를 실행해 보세요.[7]

---

6   https://media-publications.bcg.com/BCG-Executive-Perspectives-CEOs-Guide-to-Maximizing-Value-from-AI-EP0-3July2024.pdf

7   https://www.kantar.com/campaigns/marketing-trends

- **무엇을 보는가?**: 정보 압축도 분포, 핵심/부가 정보 배치 및 반복/강조 패턴, 텍스트의 난이도 변화

- **언제 활용하는가?**: 저자의 숨어 있는 의도 파악, 읽기 우선순위 설정, 텍스트의 신뢰성과 완성도 평가가 필요할 때

- **실무에서 유용한 이유**: 실제 업무에서 '이 부분은 자신 있게 쓴 것이고 이 부분은 얼버무리고 넘어간 거구나.'를 쉽게 구분할 수 있어서 의사결정에 많은 도움이 됩니다.

프롬프트와 분석 사례는 2장 2절의 상황 1 '기업 지속 가능성 보고서 분석하기'를 참조하세요.

2.3 계보적 독해: 텍스트의 '가계도' 그려 보기

'이 보고서 내용이 맞는 건가? 어떤 맥락에서 이런 이야기를 하는 것이지? ….'

최신 기술 트렌드 보고서나 시장 분석 자료를 읽다가 이런 의문이 든 경험 있으시죠? 똑같은 주제를 다룬 자료들이라도 맥락이나 관점이 전혀 다르면 '대체 누구 말이 맞는 거지?'라는 혼란에 빠지기 쉽습니다.

사실 이런 혼란이 생기는 이유는 단순합니다. 우리가 각 텍스트를 고립된 개체로만 보기 때문입니다. 마치 가족사를 모르는 채로 어떤 사람을 평가하려는 것과 같지요. 하지만 모든 텍스트에는 '뿌리'가 있습니다. 어떤 사상적 전통에서 나왔는지, 어떤 기존 이론에 영향을 받았는지, 어떤 시대적 맥락에서 탄생했는지를 알면 어떤 텍스트가 왜 그런 관점을 가지는지 이해할 수 있거든요.

계보적 독해는 지금 읽는 책이나 보고서가 어떤 사상적 전통에서 나왔는지, 어떤 학자들의 영향을 받았는지, 당대의 어떤 사상과 연구들과 비슷하고 대비되는지, 그리고 어떤 후속 연구들에게 영향을 주었는지 추적하는 독해 방법입니다. 일반적 텍스트 읽기와 계보적

독해의 차이는 다음 표와 같습니다.

일반적 독해 vs. 계보적 독해

일반적 독해	계보적 독해
현재 텍스트만 단독으로 분석	관련된 여러 자료들을 엮어서 역사적, 사회적 연결고리 추적
'지금 무엇을 말하는가?'에만 집중	'언제부터 어떻게 발전해서 지금에 이르렀는가?'의 변화 과정 파악
개별 저자나 기관의 독립적 견해로 이해	사상적 전통과 학문적 계보 속에서 위상과 의미 파악

계보적 독해 방법의 핵심 가치는 초심자도 해당 분야의 전체적인 흐름과 맥락을 빠르게 이해할 수 있다는 점입니다. 좀 더 놀라운 것은 AI와 함께하면 업력 10년 이상 전문가들의 통찰력까지 빠르고 손쉽게 확보할 수 있다는 점입니다. 예를 들어, '디지털 트랜스포메이션' 개념이 언제 어떻게 등장해서 어떻게 발전해 왔는지, 최근 'AI 트랜스포메이션'과는 어떤 차이가 있는지를 AI에게 물어보면 해당 분야 전문가가 10년간 축적하고 고민해서 얻을 만한 지식을 바로 체계적으로 정리해서 알려 줍니다.

그렇다면 계보적 독해는 어떻게 기업 현장에서 활용될 수 있을까요? 다음 3가지 상황을 살펴보면 간단한 계보적 독해 프롬프트만으로도 긴 시간 흐름 속에서 보고서와 관련된 변화의 맥을 금세 짚어 낼 수 있고, 상당히 유용하다는 점을 느낄 수 있을 것입니다.

● 계보적 독해의 적용 사례

상황 1 **럭셔리 산업 보고서로 10년간 변화 추적하기**

패션 브랜드 기업의 사업 전략 담당자를 한번 생각해 보지요. 향후 5년 전략을 수립하기 위해 지난 10년간 럭셔리 시장이 어떻게 변해 왔는지 파악해야 하는 상황입니다. 단순히 최신 보고서 하나만 읽어 보고 '시장이 성장하고 있네.' 정도로 끝낼 수는 없죠. 10년 전부터 지금까지 어떤 변화의 흐름이 있었는지, 그 변화가 앞으로도 지속될 것인지를 제대로 파악해야 할 것입니다. 이때 계보적 독해의 시대·사회 맥락 계보 분석이 많은 도움이 됩니다.

세 회사 중 구찌에 대한 분석 결과는 다음과 같습니다. 자칫 장황해질 수도 있는 내용이라 표로 정리해 달라고 했더니 다음처럼 깔끔하게 뽑아져 나왔습니다.

▦ 지난 10년간 세계 명품 산업의 변화와 구찌의 전략 대응 추이

연도	산업 환경 변화	구찌 전략 기조	제품, 카테고리 변화	디지털/온라인 전략	주요 M&A 및 투자
2014	• 글로벌 경제 회복 • 신흥 시장 중산층 확대 • 온라인 쇼핑 증가 • 브랜드 포트폴리오 확장	수석 디자이너 톰 포드 시기에 만들어진 브랜드 정체성의 재정립 추진	패션 의류, 가죽 제품 중심으로 젊은 고객층 공략	온라인 채널 강화 시작, SNS 마케팅 도입	Pomellato(보석 브랜드) 인수
2017	• 밀레니얼 소비자 부상 • 지속 가능성 요구 증가 • 경험 중심 소비, 개인화 • 이태리, 프랑스 브랜드 강세	알레산드로 미켈레의 지휘 아래 브랜드 대대적 혁신	맥시멀리즘 스타일 도입, GG 로고 제품 인기 급상승	디지털 우선 전략, AR, VR 쇼룸 및 라이브 스트리밍 활용	M&A 없이 브랜드 내부 혁신 집중
2020	• 코로나19 팬데믹 • 온라인 및 디지털 전환 • AI 활용 • 럭셔리 중고 시장 확대 • LVMH의 Tiffany & Co. 인수	코로나19 속 디지털 우선 전략, 온라인 경험 강조	Sustainable Gucci 프로젝트 발표, 중고 명품 시장 진출	AR 기술 도입 가상 피팅 서비스 제공	No M&A, 내부 지속 가능성 및 기술 혁신 투자
2023	• AI 및 지속 가능성 • Z 세대 윤리적 소비 • 메타버스, AI 맞춤형 경험 • 지속 가능성 이슈 확대	Valentino 지분 30% 인수, 고급 패션 포트폴리오 확대	명품 뷰티 시장 진출(Kering Beauté 신설)	AI 기반 개인화 마케팅, AR 쇼룸 확대	Creed(럭셔리 향수 브랜드) 인수

어떤가요? AI 분석을 통해 '구찌가 2014년에는 전통적 오프라인 매장 중심이었지만 2017년 밀레니얼 세대 부상과 함께 디지털 전환을 시작하고 2020년 코로나19로 인해 온라인 중심으로 사업 방향을 빠르게 바꾸었으며 2023년에는 지속 가능성과 개인화에 초점을 맞추고 있다.'는 명확한 변화 흐름을 파악할 수 있습니다. 컨설팅이나 리서치할 때 이런 분석과 도표 작성을 진행하려면 숙련된 인력이라도 꼬박 반나절이나 하루가 걸릴 것입니다. 하지만 AI에게 질문하고 답변 검토하고 파워포인트에 포맷팅해서 옮기면 이런 고급 분석을 단 10~20분이면 마무리할 수 있다는 것이 정말 놀랍지 않나요?

AI를 활용한 계보적 독해 작업에는 여러 개 파일이 이용될 때가 많습니다. 예를 들어, 매년 나오는 산업 백서를 2년 단위로 5개 파일을 올려 10년간 변화를 분석하는 식입니다. 이때 ChatGPT나 NotebookLM은 한 채팅 세션에서 4~5개 파일을 올려도 거뜬합니다. Claude는 채팅 세션당 업로드 제한이 많아서 가급적 개별 채팅 대신 프로젝트를 구성하고 계보적 분석을 진행하는 것이 좋습니다. 이때는 프롬프트도 다음처럼 약간 바꾸어야 할 것입니다.

Claude에서 프로젝트 기능 활용 시 프롬프트

(프로젝트 신규 구성 후 자료 파일 4개를 프로젝트 지식에 업로드)
(프로젝트 내에서 신규 채팅 창을 열고) "프로젝트 지식에 올린 파일들은 딜로이트의 「Global Luxury 산업 연간 보고서」 중 2014, 2017, 2020, 2023년 버전이야. 이를 통해 지난 10년간 글로벌 럭셔리 산업이 어떻게 변해 왔는지 분석해 줘. 이와 아울러 각 시기별로 루이비통, 구찌, 샤넬 등의 제품 및 브랜드 전략이 어떻게 변했는지 각각 표로 정리해 줘."

참고로 이번 분석에 이용된 딜로이트의 「Global Luxury 산업 연간 보고서」는 2013년부터 글로벌 명품 산업을 매년 추적해 온 유명한 시리즈 보고서입니다. 여기서는 10년의 변화를 추적하기 위해 4개 보고서만 이용했습니다. 연 단위 보고서는 겹치는 내용들이 많으므로 이렇게 3년 단위로 4개를 끊어서 올리면 AI의 분석 부담을 훨씬 줄일 수 있겠지요.

해외에는 이처럼 10년, 20년 넘게 연속 간행되는 보석 같은 시리즈 보고서들이 종종 있습니다. 예를 들어, 가트너(Gartner)의 「Emerging Technology Hype Cycle 보고서」(신규 기술의 사회적 과열 인식 평가, 매년 10월경 발간), 롤랜드 베르거(Roland Berger)의 「Trend Compendium」(글로벌 트렌드 분석, 3~4년 주기로 발간), FTI의 「Tech Trends Report」(최신 기술 분석, 매년 3월경 발간), 세계 경제 포럼(WEF)의 「The Global Risk Report」(기후 변화, 지정학 등 글로벌 리스크 평가, 매년 12월 발간) 등은 관심 있는 분들이라면 꼭 챙겨 보아야 하는 좋은 보고서들입니다. 이런 자료들도 계보적 독해를 진행하기 좋습니다.

상황 2 AI 트랜스포메이션 개념의 진화 과정 추적하기

경영 컨설턴트로서 고객사에게 AI 전략을 제안해야 하는 상황을 생각해 보시죠. 'AI 트랜스포메이션(AI Transformation)'이라는 용어가 언제부터 어떻게 사용되기 시작했는지, 기존 '디지털 트랜스포메이션(Digital Transformation)'과는 어떤 차이가 있는지 명확히 정리하고 싶다면 핵심 개념 계보 분석이 효과적입니다.

핵심 개념 계보 분석 예시

"이 보고서는 AI 트랜스포메이션에 대해 다루고 있어. AI 트랜스포메이션이라는 개념에 대해 계보 분석을 해 보고 싶어."
1. 이 개념이 언제 어떤 맥락에서 처음 등장했는지
2. 기존 '디지털 트랜스포메이션' 개념과의 차이점과 연결점
3. 개념의 의미가 어떻게 확장되고 변화해 왔는지
4. 현재 산업별로 어떻게 다르게 해석되고 있는지
(파일 업로드)

자료 파일 참조

* 이용된 자료는 인시그니아 벤처스 파트너스(Insignia Venture Partners)에서 2024년에 발간한 「AI Transformation Playbook」이라는 자료입니다. AI 트랜스포메이션에 관심 있는 분이라면 일독의 가치가 충분히 있는 자료입니다.[8]

    핵심 개념의 변천 과정을 계보적 독해로 추적할 때는 자료 파일 없이 생성형 AI의 기초 지식만으로도 진행할 수 있습니다. 다만, 이 경우 환각이 발생할 우려가 있습니다. 제 경험으로는 근거 대상이 되는 파일을 업로드하고 계보적 독해를 진행한 경우에 더 풍부하고 신뢰할 만한 결과를 얻을 수 있었습니다. 무조건 AI에게 묻기보다 핵심 기반 자료를 먼저 찾으려는 노력이 필요한 셈입니다. 다음은 AI 답변 내용 중 일부입니다.

1. AI 트랜스포메이션 개념의 기원과 등장 맥락
- **기원 시점**: 'AI 트랜스포메이션'이라는 용어 자체는 2022~2023년경 ChatGPT 및 생성형 AI(Gen AI)의 폭발적 확산 이후 실리콘밸리와 스타트업 생태계를 중심으로 본격적으로 사용되기 시작했습니다.
- **등장 배경**: 기존 디지털 트랜스포메이션(DX)의 한계를 느낀 기업들이 보다 인간 지능에 가까운 문제 해결 능력을 자동화하기 위해 AI, 특히 Gen AI를 조직 전반에 접목하기 시작했습니다. Playbook에서는 특히 Gen AI가 기존 자동화 및 ML 수준을 넘어 '창조적 협업과 의사결정까지 대체'하는 패러다임으로 등장했다는 것을 강조합니다.
  (이하 생략)

2. 디지털 트랜스포메이션과의 차이점 및 연결점

구분	디지털 트랜스포메이션(DX)	AI 트랜스포메이션(AX or AIX)
기반 기술	클라우드, 모바일, IoT, 빅데이터	생성형 AI, 자율 에이전트, LLM, AI 코파일럿
핵심 목표	업무 프로세스의 디지털화, 효율화	인간 중심 업무의 인지적 자동화, 창의적 생산성 혁신
주요 대상	레거시 시스템→디지털 시스템 전환	인간 역할(기획, 판단, 창작) 자체의 AI 기반 재구성
연결점	AI 트랜스포메이션은 DX의 고도화·진화 형태	DX로 정비된 데이터 기반 위에 AI 트랜스포메이션이 구축됨

---

8 https://www.wiz.ai/content/uploads/2024/11/The-AI-Transformation-Playbook-2024.pdf

- **결론**: AI 트랜스포메이션은 디지털 트랜스포메이션의 '후속 진화 단계'로 볼 수 있으며 DX가 준비되지 않은 조직은 AI 도입에 어려움을 겪습니다.

3. AI 트랜스포메이션 개념의 의미 확장과 변화

시기	주요 변화 내용
~2021년	AI는 주로 백오피스 자동화와 ML 기반 분석에 활용(例 추천 시스템, 수요 예측 등)
2022년~2023년	생성형 AI(Gen AI) 등장→코드 생성, 문서 작성 등 고차원 지능 영역 진입
2023년 후반~	기업들은 AI를 전사적 역량으로 흡수 시작(AI Copilot, Autonomous Agents 등)
2024년 이후	AI 트랜스포메이션은 데이터 인프라 인력 구성, 운영 모델, UI/UX, 비용 구조, 규제 대응 등 조직 전체의 전환 전략으로 확장

특히, Playbook에서는 'AI가 단순한 기술이 아니라 '조직 설계의 전제'로 작동한다.'라는 점을 강조합니다.

4. 현재 산업별 AI 트랜스포메이션 해석의 차이

산업 분야	주요 해석 및 적용 방식
금융	리스크 관리, 회계 자동화, 신용 평가 모델에 AI 도입
소매·유통	고객 상담 AI 봇, 고객 여정 최적화, 맞춤 추천, 재고 예측
헬스케어	임상 문서 자동화, 환자 기록 분석, 영상 판독 AI 도입
제조업	품질 검사 자동화, 예측 유지 보수, 자율 생산 계획 수립 등
SaaS/플랫폼	AI 기반 기능 내장(코드 자동 생성, 사용자 맞춤 피드백 등)
공공 교육	문서 요약, 교육 콘텐츠 생성, 챗봇 행정 서비스 등

Playbook에서는 특히 Southeast Asia 지역의 AI 트랜스포메이션 과제를 데이터 인프라 부족, 규제 미비, 인재 격차 등으로 설명하며 산업별로 성숙도에 따라 전략이 다르다는 것을 지적합니다.

상황 3 AI 기술 보고서의 방법론 변화 추적하기

테크 기업의 R&D 기획자를 생각해 봅시다. 세계적으로 유명한 뮌헨 재보험사(Munich Re)의 「Tech Trend Radar 보고서」를 여러 해 동안 참고해 왔는데, '왠지 분석 방법론 자체가 과거랑 변한 것 같다.'라는 느낌이 든다면 방법론 계보 분석으로 분석 접근법의 진화를 추적할 수 있습니다.

"첨부한 파일들은 뮌헨 재보험사의 「Tech Trend Radar 보고서」의 2018, 2020, 2022, 2024 버전이야. 이 보고서 작성에 이용된 방법론이 어떻게 변화했는지 추적해 보고 싶어. 보고서 내 개별 트렌드 설명 내용의 구성이 어떻게 바뀌었는지 구성 요소를 추출해서 각 연도별로 비교해 줘."

* 여기 이용된 뮌헨 재보험사의 「Tech Trend Radar 보고서」는 2017년부터 매년 발간되며 첨단 기술이 산업 및 사회 전반, 더 나아가 보험업계에 어떤 영향을 미칠지를 분석한 명망 높은 보고서입니다. 이 보고서는 첨단 기술 분야에 관심이 있는 분이라면 기술의 영향 평가 측면에서 일독할 만한 가치가 있는 자료입니다.[9]

실제 질의 응답은 단계적 질문을 통해 전개되었습니다. 좀 더 자세한 내용은 성안당 홈페이지의 자료 파일을 참조하기 바랍니다. 일단 AI 답변 결과를 바탕으로 필자가 핵심 내용을 표로 정리한 결과는 다음과 같습니다.

Tech Trend Radar의 방법론 변화 분석

항목	2018	2020	2022	2024
선정 기준	4대 골든 룰 적용: 1. 보험 산업을 파괴할 수 있는 기술 2. Biz Model을 변화시킬 수 있는 기술 3. Run(운영) 개선, Grow(성장), Transform(변혁) 지원 기술 4. 보험 가치사슬 전반에 영향 미칠 기술	4대 골든 룰 유지	골든 룰 단순화: 4개 → 3개 1, 2. 동일 3. 보험 가치사슬 및 내/외부 프로세스에 영향을 미칠 기술	3대 골든 룰 유지
선정/평가 방식	1. 외부 보고서 및 내부 인사이트 기반으로 트렌드 선별 2. 데이터 수집 및 트렌드 필드 정의 3. 보험 가치사슬에 미치는 영향 분석 및 기회/위험 평가	기존 선정/평가 방식 유지	3. 보험 가치사슬에 미치는 영향 평가 강화 – 개별 트렌드별 기회 및 위험 평가 추가	1. AI 및 데이터 트렌드 분석 강화(Data-Centric AI, Adaptive AI 도입) 2. AI 거버넌스 및 보험 API 표준화 등 추가
트렌드 필드 및 분류 기준	• 4개 트렌드 필드로 구분: User-Centricity, Connected World, AI, Disruptive Technologies • 4개 트렌드 분류 기준: 도입 HOLD(관찰)/ASSESS(평가 필요)/TRIAL(시험적 도입)/ADOPT(도입 권장)	– 4개 트렌드 필드 유지 – 트렌드 분류 기준 유지 – 코로나19 대응 관련 기술 트렌드 추가	• 트렌드 필드 5개로 확장: Wellbeing, Hyper-connectivity, Data & AI, Cyber & Crypto, Emerging Industries • 트렌드 분류 기준 유지	• 트렌드 필드 5개 유지 • 트렌드 분류 기준 유지

---

9 https://www.munichre.com/en/company/innovation/tech-trend-radar-2025.html

석연치 않은 느낌이 들었습니다.

트렌드 개요	☑ 포함됨	☑ 포함됨	☑ 포함됨	☑ 포함됨
보험 가치사슬 영향 평가	✕ 없음	☑ 추가됨	☑ (세분화됨)	☑ 유지됨
기회 및 위험 분석	☑ 포함됨	☑ 포함됨	☑ 포함됨	☑ 포함됨
사용 사례(Use Cases)	☑ 포함됨	☑ 포함됨	☑ 포함됨	☑ 포함됨
트렌드 성숙도 평가	✕ 없음	☑ 추가됨	☑ 유지됨	☑ 유지됨
트렌드 진화 과정	✕ 없음	✕ 없음	☑ 추가됨	☑ 유지됨
AI 및 데이터 분석 반영	✕ 없음	✕ 없음	✕ 없음	☑ 추가됨

이런 분석을 통해 '초기에는 기술 중심 분석이었다가 점차 비즈니스 임팩트와 리스크 평가의 비중이 높아지고 최근에는 ESG와 지속 가능성 관점까지 포함하는 종합적 분석으로 진화했다.'는 방법론의 변화 패턴을 발견할 수 있습니다.

계보적 독해의 핵심 전략

위의 3가지 상황으로부터 계보적 독해가 나와 무관한 학술 용어가 아니라 '기업 실무에서도 자료들의 긴 흐름 속에서 맥을 짚어내는 정말 유용한 방법이구나.'라고 느꼈을 것입니다. 구조적 독해를 진행하려면 아래 포인트를 염두에 두고 다음에 제시하는 5가지 핵심 관점의 주요 프롬프트들을 적절히 변형해 사용하면 됩니다.

- **시간축 명확화**: '언제부터 언제까지'의 분석 범위를 구체적으로 설정
- **비교 기준 설정**: 연도별, 기관별, 개념별 등 체계적 비교 대상 제시
- **변화 패턴 탐지**: 단순 나열이 아니라 '어떤 변화의 흐름'이 있는지 패턴 분석 요청
- **현재적 의미 연결**: 과거 변화가 현재 상황과 미래 전망에 어떤 시사점을 주는지 연결

● 계보적 독해의 5가지 핵심 관점

계보적 독해는 크게 5가지 분석 관점, 즉 ❶ 시대/사회 맥락, ❷ 영향 관계, ❸ 핵심 개념 변화, ❹ 관련 담론 흐름, ❺ 방법론 변화의 관점에서 텍스트의 역사적 맥락을 추적합니다. 각각은 서로 다른 '시간적 렌즈'로 텍스트를 들여다보는 것과 같아요.

먼저 시대/사회 맥락 계보는 텍스트가 '언제', '왜' 나왔는지 당대의 시대적 배경을 추적하는 것입니다. 영향 관계 계보는 '누구로부터' 영향을 받고 '누구에게' 영향을 주었는지 학문적 족보를 그려 보는 활동입니다. 핵심 개념 계보는 '무엇을' 의미하는지, 즉 텍스트에서 다루는 핵심 용어 자체의 의미 변화를 추적하는 작업입니다. 또한 관련 담론 계보는 같은 주제를 둘러싼 논쟁들이 어떻게 발전해 왔는지, 서로 다른 관점들의 대립과 발전 과정을 분석합니다. 방법론 계보는 수년간 발간된 자료들을 대상으로 분석 방법이 '어떻게' 변했는지 접근법의 진화를 다룹니다. 예를 들어, 'AI 윤리'라는 주제라면 시대/사회 맥락은 왜 2010년대 후반부터 이슈가 되었는지, 영향 관계는 어떤 철학자, 실무 이론가들의 생각이 영향을 주었는지, 핵심 개념 계보는 'AI 윤리' 용어 의미의 확장 과정을, 담론 계보는 '규제파 vs. 자율파'와 같은 논쟁 구조의 발전을 각각 다루게 되는 것입니다.

즉, 계보적 독해란, 텍스트 내용의 세부 이해가 아니라 텍스트 자체를 놓고 ❶ 언제/왜 (시대/사회 맥락) → ❷ 누구로부터/누구에게(영향 관계) → ❸ 무엇이(핵심 개념) → ❹ 어떤 논쟁들을 통해(담론) → ❺ 어떻게(방법론)의 5가지 관점에서 시간적 변화들을 추적해 보는 작업인 셈입니다.

▨ 계보적 독해의 세부 분석 관점

분석 관점	핵심 내용	AI 윤리 주제 적용 사례
시대/사회 맥락 계보 (언제/왜)	텍스트가 '언제, 왜' 나왔는지 당대의 시대적 배경을 추적	AI 윤리가 왜 2010년대 후반부터 이슈가 되었는지 추적(알고리즘 편향 사건, 자율주행차 딜레마 등 사회적 배경)
영향 관계 계보 (누구로부터/누구에게)	'누구로부터' 영향을 받고 '누구에게' 영향을 주었는지 학문적 족보를 그려 내기	어떤 철학자, 실무 이론가들의 생각이 영향을 주었는지 파악(칸트 윤리학 → 아실로마 AI 원칙[10])
핵심 개념 계보 (무엇이)	'무엇을' 의미하는지, 즉 텍스트 핵심 용어 자체의 의미 변화를 추적	'AI 윤리' 용어 의미의 확장 과정(초기 로봇 윤리 → 알고리즘 공정성 → 생성형 AI 책임성으로 개념 진화)
관련 담론 계보 (어떤 논쟁들을 통해)	같은 주제를 둘러싼 '어떤 논쟁들이' 어떻게 발전해 왔는지, 서로 다른 관점들의 대립과 발전 과정 분석	'규제파 vs. 자율파' 같은 논쟁 구조의 발전(EU 규제 중심 → 미국 혁신 중심 → 중국 국가 주도형 접근법 대립)
방법론 계보 (어떻게)	수년간 발간된 자료들을 대상으로 분석하는 방식이 '어떻게' 변했는지 접근법의 진화 추적	AI 윤리 연구 방법론 변화(초기 철학적 사변 → 실증적 사례 분석 → 기술-사회 통합 접근법으로 진화)

10 2017년 캘리포니아 아실로마에서 열린 AI 콘퍼런스에서 채택된 23가지 준칙으로, AI 연구의 목표, 윤리와 가치, 그리고 장기적 이슈에 대한 가이드라인을 제공합니다.

 텍스트의 '시대적 배경' 추적하기

- **무엇을 보는가?**: 시대적/사회적 배경, 저자/기관의 발전 경로, 학문/산업 발전 과정, 제도적 환경 변화

- **언제 활용하는가?**: 장기 트렌드 분석, 산업 변화 예측, 정책 환경 변화 대응, 브랜드/기업 전략 수립이 필요할 때

- **실전 활용**: 10년 간의 보고서나 산업 백서를 시계열로 분석하면 '왜 이 시점에 이런 변화가 일어났는가?'의 사회적·역사적 맥락을 쉽게 이해하고 미래 예측의 정확도를 높일 수 있습니다.

프롬프트와 분석 사례는 2장 3절의 **상황 1** '럭셔리 산업 보고서로 10년간 변화 추적하기'를 참조하세요.'

POINT 단순히 시간순 나열(예 2000년대, 2010년대)이 아니라 '주요 전환점(예 금융 위기 전후, 코로나19 전후)'을 찾아 그 시점 전후의 변화 요인들의 차이를 분석하면 더 깊은 인사이트를 얻을 수 있습니다. 이와 아울러 산업 백서들은 파일 용량이 커서 다 올리면 AI가 매우 버거워합니다. 비교가 필요한 부분만 적절히 추출해서 업로드하는 것이 바람직합니다.

 학문적 '족보' 그려 보기

- **무엇을 보는가?**: 직접 인용/참조 관계, 핵심 개념 관련성 추적, 학문적 영향 관계 파악 등
- **언제 활용하는가?**: 학술 연구, 이론적 기반 확립, 권위 있는 자료 검증, 관련 분야 전문가 네트워크 파악, 후속 연구 추적 등이 필요할 때

영향 관계 계보 분석 프롬프트

"토마 피케티의 『21세기 자본』을 읽고 있어. 이 책의 핵심 아이디어와 유사한 관점을 제시한 다른 학자들은 누구인지 알려 줘. 또한 어떤 학자들의 영향을 받았고 또 동시대 어떤 학자들과 관점이 유사한지 알려 줘."

자료 파일 참조 🔗

 영향 관계 계보 분석은 텍스트 자체를 넘어 생성형 AI의 지식을 활용하는 것이라 환각 위험이 큰 편입니다. 생성형 AI에서는 가급적 세계적인 베스트셀러나 명성 높은 보고서만 활용하세요. 만일 학술적 용도로 특정 논문에 대해 영향 관계 계보 분석을 하신다면 1장에서 소개했던 Research Rabbit이나 Connected Papers를 사용하세요.

핵심 개념 계보 분석 '용어의 진화' 추적하기

- **무엇을 보는가?**: 핵심 개념이 포함된 문헌 탐색, 개념 의미의 확장/변형, 유사 개념과의 경쟁/대체, 학제 간 개념 이동
- **언제 활용하는가?**: 새로운 용어의 정확한 이해, 같은 용어의 다른 해석 파악, 개념의 발전 방향 예측, 분야별 용어 사용법 차이 분석이 필요할 때

프롬프트와 활용 사례는 2장 3절의 상황 2 'AI 트랜스포메이션 개념의 진화 과정 추적하기'를 참조하세요.

POINT 핵심 개념 계보 분석은 파일 업로드 없이 기존 학습 지식만으로도 어느 정도 가능하지만 상당한 환각이 발생할 수 있습니다. 정확한 분석을 위해서는 관련 핵심 파일들을 업로드하는 것이 바람직합니다. 앞의 상황 2 처럼 보고서 하나만 올리고 분석을 시킬 수도 있습니다. 하지만 저는 동일 개념이 쓰였던 과거 자료(예 10년 전, 5년 전)를 함께 올리고 개념 내용이 어떻게 바뀌었는지 추적하는 방식을 더 선호합니다.

관련 담론 계보 분석 '논쟁 구조'의 발전 과정 파악하기

- **무엇을 보는가?**: 주제별 논의 흐름, 패러다임 전환점, 논쟁의 전개 과정, 현재 담론 위치
- **언제 활용하는가?**: 논쟁적 주제의 균형 잡힌 이해, 상반된 전문가 의견의 배경 파악, 향후 논의 방향 예측, 자신만의 견해 형성이 필요할 때

관련 담론 계보 분석을 하면 '전문가들이 왜 같은 데이터를 보고도 정반대의 결론을 내는지?'를 이해할 수 있습니다. 서로 다른 담론적 전통에서 출발하기 때문인 경우가 많거든요. 예를 들어, 같은 경제 지표를 보고도 케인즈 학파와 신자유주의 경제학자들은 다른 정책을 제안

합니다. 담론 계보를 통해 학자들의 성향, 학파를 파악하면 왜 그 학자들이 이런 주장을 했는지 쉽게 이해할 수 있습니다.

POINT 담론 계보 분석은 생성형 AI의 기본 지식만으로도 심각한 환각 문제 없이 진행할 수 있는 계보적 독해 작업입니다. 담론이라는 것 자체가 일반화된 이야기이고 생성형 AI는 방대한 학습량을 통해 웬만한 지식 담론, 기술 발전의 계보도는 꿰고 있거든요. 아주 특수한 분야가 아니라면 책이나 보고서 파일이 없어도 무리 없이 답해 줄 것입니다.

논쟁 구조를 파악할 때는 '누가 옳은가?'보다 '왜 이런 담론의 대립 구도가 생겼는가?'에 집중하면 더 깊은 이해를 얻을 수 있습니다. 또한 각 담론이 어떤 시대적 배경과 이해관계 속에서 형성되었는지 파악하면 현재 논쟁의 본질을 더 명확히 볼 수 있습니다.

방법론 계보 분석 **'분석 방식'의 진화 과정 파악하기**

- **무엇을 보는가?**: 연구·분석 방법 발전, 이론적 프레임워크 변화, 증명·논증 방식 진화, 접근법의 변화

- **언제 활용하는가?**: 전문 분야의 분석 트렌드 파악, 방법론 선택, 연구 설계, 보고서 신뢰성 평가가 필요할 때

프롬프트와 분석 사례는 2장 3절의 상황 3 'AI 기술 보고서의 방법론 변화 추적하기'를 참조하세요.

POINT 여러 해에 걸쳐 나온 보고서나 산업 백서를 대상으로 방법론 계보를 분석하면 분석의 초점이나 방법론이 어떻게 변했는지?를 쉽게 이해할 수 있고 유사 분석을 진행할 때 어떤 식의 방법론을 적용해야 할지 좋은 참고점을 얻을 수 있습니다. 개인적으로는 기술 예측이나 트렌드 분석 등 새로운 작업을 진행할 때 명망 높은 자료들의 방법론을 변형해 사용할 목적으로 많이 활용합니다.

단계형 프롬프트 활용 ## 복잡한 계보 분석을 쉽게

계보적 독해는 시간축 분석이 복잡하게 사용되는 경우가 많아서 한 번에 완벽한 질문을 만들기 어려운 경우가 많습니다. 이때는 단계형 프롬프트가 효과적입니다.

- **단계형 접근 사례**: 마케팅 이론의 진화 추적

일반적인 질문

"마케팅 이론이 어떻게 발전했어?" → 결과: 너무 포괄적이고 표면적인 답변

단계형 질문

프롬프트 1 "마케팅 이론이 1950년대부터 현재까지 어떤 주요 변화를 거쳐왔는지 시대순으로 정리해 줘."

프롬프트 2 "좋아. 마케팅 이론의 발전 과정을 시대별로 나누어 설명해 주었는데, 각 시기별로 ❶ 핵심 철학 ❷ 대표 이론가 ❸ 실무 적용 사례를 비교 분석해 줘."

프롬프트 3 "이런 진화 패턴을 보면 다음 단계 마케팅 이론은 어떤 특징을 가질 것으로 예측되는지 분석해 줘."

자료 파일 참조 🔗

● '이 텍스트가 정말 말하고 싶은 것은 무엇일까?'

여러분이 어떤 중요한 보고서나 책을 읽고 있는데, 왠지 '말로는 A라고 하지만 실제로는 B를 의도하는 것 같다.'는 느낌이 든 경험 있으시죠? 또는 '객관적으로 작성했다고는 하지만 작성자의 편향이 곳곳에 숨어 있다.'는 의심이 들거나 '이 결론이 도출되는 중요한 가정들을 별 설명 없이 넘어갔네.'라는 생각이 드는 순간들 말입니다. 이런 순간들이 바로 심층적 독해가 필요한 때입니다.

심층적 독해는 글 속에 담긴 진짜 의미를 찾으려는 접근법입니다. 마치 보물찾기를 하듯 텍스트의 표면 아래 숨어 있는 의미와 함의를 탐구합니다. 저자가 당연하다고 여기고 넘어간 가정들, 애써 말하지 않으려는 내용들, 심지어 저자 자신도 의식하지 못한 편향들까지 들추어 냅니다.

이 방법이 특히 중요한 이유는 현대 사회의 정보 환경 때문입니다. 같은 데이터를 가지고도 완전히 다른 결론을 내는 보고서들, 객관적인 척하지만 특정 이해관계를 반영하는 분석들, 과학적 근거라고 하지만 숨어 있는 편향적 가정들로 가득한 연구들이 넘쳐나거든요. 표면적 내용에만 의존하다가는 누군가의 의도대로 휘둘릴 수 있습니다.

하지만 AI와 함께 심층적 독해를 하면 상황이 완전히 달라집니다. AI는 인간이 놓치기 쉬운 미묘한 논리적 허점, 은밀한 언어 조작, 숨어 있는 전제들을 체계적으로 찾아낼 수 있거든요. 마치 숙련된 탐정이 증거를 분석하듯이 텍스트 속 단서들을 조합해서 저자의 진짜 의도와 숨어 있는 의미를 드러내 줍니다.

● 심층적 독해의 3단계 체계

심층적 독해는 난이도와 접근법에 따라 3단계로 나누어질 수 있습니다. Lv.1 분석적 심층 독해는 논리학과 크리티컬 씽킹(Critical Thinking)의 기본 도구들을 활용해 본질적 의미를 탐색하는 단계예요.[11] Lv. 2 해석적 심층 독해는 텍스트의 다층적 의미와 숨어 있는 함의를 해석하는 단계이고 Lv. 3 비판적 심층 독해는 구조주의와 해체주의 철학의 렌즈로 텍스트를 비판적으로 재해석하는 가장 고도의 단계입니다.

이런 구분이 어렵게 느껴질 수도 있을 것입니다. 하지만 실제로는 여러분이 일상에서 이미 하고 있는 생각의 과정들을 체계화한 것에 불과합니다. 예를 들어, 뉴스를 보면서 '기자가 특이한 표현을 썼는데 굳이 이렇게 표현한 이유가 무엇일까?'라고 생각해 본 적 있으시죠? 그게 바로 Lv. 1입니다. '이 보도가 나온 시점과 맥락을 보니 뭔가 의도가 있는 것 같은데?'라고 생각하셨다면 Lv. 2이고, '이 뉴스가 우리에게 특정한 판단이나 선호를 심어 주려는 건 아닐까?'라는 의심을 품어 보셨다면 이미 Lv. 3의 문턱에 서 계신 거예요.

또 다른 예로, 증권사 애널리스트 보고서를 읽을 때를 생각해 보세요. '이 종목을 추천하는 논리가 합리적인가?'라고 근거와 전제를 따져보는 것이 Lv. 1이라면 '왜 하필 지금 이 시점에 이런 보고서가 나왔을까?', '애널리스트가 강조하는 부분과 슬쩍 넘어가는 부분의 차이가 의미하는 바는 무엇일까?'라고 생각하는 것은 Lv. 2입니다. 그리고 '이 보고서가 결국 누구의 이익에 부합하는 것일까? 개미 투자자들에게 어떤 생각을 심으려 하나?'라는 의구심까지 든다면 Lv. 3입니다.

이러한 심층적 독해는 미디어 리터러시(Media Literacy) 개념과 긴밀히 연결됩니다. 수많은 정보의 홍수 속에서 길을 잃지 않고 숨겨진 의미들을 찾아서 나만의 생각을 비판적으로 정립해 나가는 과정입니다. 이 때문에 다양한 독해 기법을 정리해서 심층적 독해라는 이름으로 여러분에게 전달하려는 것입니다. 자, 그럼 Lv. 1 분석적 심층 독해부터 차근차근 진행해 보지요.

---

11 크리티컬 씽킹이란, 정보나 주장을 무조건 받아들이지 않고 논리적 근거와 타당성을 체계적으로 검토하고 전제와 가정을 의심하고 편향을 찾으며 대안적 관점을 고려하여 합리적 판단을 내리는 사고 과정을 의미합니다. 해외 대학에서는 일반화된 커리큘럼이지만, 국내에서는 상위권 대학을 중심으로 최근 '비판적 사고와 표현', '논리적 사고와 글쓰기', '융합적 사고와 토론' 등 1~2학년 필수 교양 과정으로 들어오고 있습니다. AI 시대에 더없이 중요한 역량인만큼 국내 대학에서 관련 강좌를 많이 확대하면 좋겠다는것이 개인적인 바람입니다.

단계	접근법	핵심 질문	활용 도구
Lv. 1 분석적 심층 독해	체계적 본질 읽기	'진짜 핵심은 무엇일까?'	비교/대조, MECE, 인과 관계 분석
Lv. 2 해석적 심층 독해	다층적 내면 읽기	'숨어 있는 의미는 무엇일까?'	의미론적 분석, 전제/가정 탐구
Lv. 3 비판적 심층 독해	삐딱하게 이면 읽기	'누구를 위한 논리일까?'	구조주의, 해체주의 렌즈

● Lv. 1 분석적 심층 독해: 체계적 본질 읽기

분석적 심층 독해는 논리학과 비판적 사고의 기본 원리를 활용해 텍스트의 본질적 의미를 탐색하는 방법입니다. '저자가 정말 말하고 싶은 핵심이 무엇일까?', '이 주장의 진짜 근거는 무엇일까?', '여러 관점을 체계적으로 결합하면 어떤 그림이 나올까?'와 같은 질문으로 접근합니다.

논리학이나 비판적 사고라니까 굉장히 어렵겠다는 생각을 할 분도 계실 것입니다. 하지만 여기서 활용하는 도구들은 경영학이나 컨설팅에서 익숙한 것들입니다. 비교/대조, 분해/결합, 분류/범주화, MECE 원칙, 인과/선후 관계 분석, 연역/귀납적 추론, 상충관계 분석 등 많이 들어 본 개념들입니다. 이런 보편적인 생각의 도구들을 텍스트 분석에 체계적으로 적용하는 것이 바로 '분석적 심층 독해'입니다. 이번에는 여러 사고 도구 중에서 활용성이 특히 높은 6가지 핵심 분석 관점에 대해 살펴보겠습니다.

비교/대조 분석   '차이점'에서 본질 발견하기

- **무엇을 보는가?**: 텍스트 내 서로 다른 관점, 사례, 개념들의 체계적인 비교로 차이점, 공통점을 파악

- **언제 활용하는가?**: 여러 대안이나 관점이 제시된 텍스트, 변화 과정을 다룬 내용, 기업들의 전략, 동향 비교 분석이 필요할 때

프롬프트 1 "이 보고서의 개요와 핵심 주장을 정리해 줘."

(파일 업로드)

프롬프트 2

1. "다음 업로드한 보고서 내용에 한정해서 EV(전기차)와 EREV(주행 거리 연장형 전기차)의 특성을 다음 측면에서 체계적으로 비교해 줘.", "아울러 보고서에서 제시한 데이터들이 있다면 함께 제시해 줘."
   - **생산자의 관점**: 제조 복잡성, 생산 비용, 기술 투자, 규제 대응, 생산 유연성, 미래 성장성, 지적 재산권
   - **소비자의 관점**: 구매 비용, 운영 비용, 사용 편의성, 주행 성능, 충전/연료 편의성, 잔존가치, 소유 경험, 유지 보수, 계절/기후 대응, 기술 변화 대응
2. "중국, 유럽, 미국 시장의 전기차 정책과 보급률을 대조하여 핵심 성공 요인과 장애물을 식별해 줘."
3. "앞선 분석 내용을 바탕으로 볼 때 EV vs. EREV 경쟁 구도에 결정적인 요인은 무엇일까?"

자료 파일 참조 🔗

* 여기서 이용된 보고서는 맥킨지(Mckinsey) 컨설팅의 'Can EREVs nudge more car buyers toward full electric?(주행거리 연장형 전기차가 더 많은 자동차 구매자들을 순수 전기차로 유도할 수 있을까?, 2025. 2.)입니다. 이 보고서는 최근 중국 전기차 시장에서 급부상 중인 EREV의 시장 경쟁력에 대해 설명하고 있습니다.

프롬프트의 분석 결과는 너무 길어서 따로 넣지는 않았습니다. 성안당 홈페이지의 자료 파일을 확인하시기 바랍니다. 프롬프트에서 보듯이 다양한 관점에서 비교/분석을 진행하면 일반 전기차(EV)와 주행 거리 연장형 전기차(EREV) 간 경쟁 구도를 결정지을 요인들에 대한 시사점을 빠르게 얻을 수 있습니다. 이 프롬프트에서 중요한 점은 '보고서에 제시한 데이터들이 있다면 함께 제시'라는 문구를 넣어 이 보고서의 보물인 최신 데이터를 최대한 활용해 답변하도록 유도했다는 점입니다. 심층적 독해의 기본 목적이 텍스트 속 '보물찾기' 라고 말했던 점 기억나시지요?

MECE 분석   '빠진 것'과 '겹치는 것' 찾기

- **무엇을 보는가?**: 텍스트의 분류 체계나 논리 구조를 MECE 관점에서 검토

- **언제 활용하는가?**: 분류나 카테고리화가 중요한 텍스트, 전략적 옵션을 다룬 내용, 체계적 분석이 필요할 때

이번 심층적 독해에 활용한 보고서는 영국의 공공 연구 기관인 디지털 캐터펄트(Digital Catapult)에서 발간한 「Road to AI Adoption−Part 1 Digital Transformation Strategy Framework」(2023. 10.)입니다. 유명한 기관도, 유명한 보고서도 아니지만 내용은 괜찮았습니다. 다만, '디지털 전환 단계를 10가지로 너무 복잡하게 제시했는데, 4단계 정도로 줄여서 한국형 디지털 전환 프레임워크를 만들 수는 없을까?' 하는 생각이 들었습니다. 원문에서 제시한 디지털 전환 프로세스는 다음과 같습니다.

1. Assess the organisation's digital environment(조직의 디지털 환경 진단)
2. Define the organisation's vision and why digital transformation is required(디지털 전환의 비전 및 필요성 정의)
3. Identify the gaps that need to be filled in order to be digitally mature(디지털 성숙도를 위한 격차 식별)
4. Secure the commitment of the leadership and other stakeholders(경영진 및 이해관계자의 동의 확보)
5. Plan and prioritise initiatives that need change(전환 과제 계획 및 우선순위 설정)
6. Create a roadmap and plan(실행 로드맵 및 계획 수립)
7. Secure investment and invest in the right technologies(투자 확보 및 적합한 기술 도입)
8. Create a digitally conducive environment(디지털 친화적 환경 조성)
9. Regularly analyse the progress made(전환 진행 현황 정기 분석)
10. Scale and transform as needed(전사적 확산 및 지속적 전환)

그래서 다음처럼 단계적으로 프롬프트를 입력하여 괜찮아 보이는 프레임워크를 뚝딱 만들어 냈습니다.

MECE 분석 프롬프트

프롬프트 1 "이 디지털 전환 가이드에서 제시한 10단계 프레임워크를 적절히 풀어서 설명해 줘."

프롬프트 2 "이 디지털 전환 가이드에서 제시한 단계가 MECE 원칙에서 볼 때 적절한지 분석해 줘."

1. 각 단계가 상호배타적인지(겹치는 부분이 있는지)
2. 전체를 포괄하는지(중요한 단계가 누락되어 있는지)
3. 논리적 순서가 적절한지
4. 실무에서 적용할 때 생길 수 있는 문제점

프롬프트 3 "좋아. 4단계 정도로 압축해서 한국 기업 맞춤형 MECE 재구성 버전을 한번 만들어 보겠니? 최종 결과는 표로 제시해 줘."

프롬프트 4 "KR 한국형 디지털 전환 전략 4단계에 문제가 있다면 어떤 것들일까?"

프롬프트 5 "좋아. 네가 지적한 문제점을 반영해서 4단계 프레임워크를 한층 더 진화시켜 보겠니? 다만, 너무 복잡하게 만들지는 말아 줘."

자료 파일 참조 🔗

먼저, **프롬프트 2** 는 원래의 10단계 디지털 전환 프레임워크가 MECE 관점에서 겹치거나 빠진 부분 없이 잘 짜여 있는지를 점검해 보려는 것입니다. 그 결과, 5와 6, 4와 7, 8과 10에서 약간의 중복이 발견되었습니다. **프롬프트 3** 은 MECE 분석 내용을 바탕으로, 한국 기업에 더 잘 맞도록 단계를 4개로 간단하고 실행하기 쉬운 형태로 바꾸려고 사용했습니다. 그 결과, 실제로 실무 적용에 더 어울리는 구조를 만들 수 있었습니다. **프롬프트 4** 의 목적은 이렇게 줄인 4단계 안에 어떤 문제점이 있을지를 미리 점검하는 것이었습니다. AI가 제시한 답안을 그대로 수용하지 마시고 일단 자기 진단을 시켜 보면 더 좋은 답을 만들어 낼 수 있습니다. **프롬프트 5** 는 이 테크닉을 활용해 4단계를 더 발전시켜 달라고 요청한 것입니다.

다음은 최종 결과물입니다. 어떤가요? 보통 MECE 분석은 눈과 머리를 굉장히 많이 써야 하는 작업입니다. 눈 빠지게 내용을 쳐다보면서 머릿속으로 이렇게, 저렇게 조합하는 시행착오를 계속 거쳐야 합니다. 그런데 AI를 활용하니 눈깜짝할 사이에 손쉽게 분석이 이루어지고 또 이를 통해 새로운 프레임워크까지 만들어 냈습니다. AI 증강 독해가 정말 파워풀하다고 생각되지 않나요? 단순히 읽는 것을 넘어, 읽으면서 동시에 새로운 결과물까지 빠르게 만들어 내니까요. 저처럼 컨설팅이나 리서치 업무에 종사하는 분들이라면 크게 공감할 것입니다.

단계	한국어 명칭	핵심 질문	주요 보완 요소	주요 활동 요약
1	전략·고객·데이터 정렬	우리는 왜 전환하며 누구를 위해 무엇을 바꾸는가?	고객 중심과 데이터 전략 반영	• 비즈니스 전략과 디지털 목표 연계 • 고객 여정 분석 및 VOC 수집 • 데이터 기반 KPI/KLI 설계−디지털 성숙도 자가 진단
2	과제 설계와 실행 기반 정비	무엇을 어떻게 바꿔야 하는가?	실행 설계와 변화 관리 병합	• 전환 과제 정의 및 우선순위화 • Quick Win vs. 전략 과제 분리 • 실행 로드맵 수립 • 리더십·투자 확보, 변화 관리 계획 수립
3	실험 실행과 학습 루프	작게 실행하고 무엇을 학습할 것인가?	실패를 자산화하는 구조화된 실험 설계	• 시범 실행(MVP, PoC) • 사용자 피드백 기반 반복 개선 • 실패 요인 공유 및 조직 내 학습화 • Learning KPI 활용
4	확산, 체질화, 전략 갱신	무엇을 확산하고 어떻게 지속 가능한가?	지속성과 유연성을 위한 전략 순환 포함	• 성공 사례 전사 확산 • 제도 및 인사 체계와 연계 • 전략적 피봇 및 재정렬 가능성 확보 • 내부 챔피언 네트워크와 외부 생태계 연결

`인과 관계 분석` **'진짜 원인'과 '가짜 상관관계' 구분하기**

• **무엇을 보는가?**: 텍스트에서 제시된 원인−결과 관계의 논리적 타당성과 누락된 변수들

• **언제 활용하는가?**: 원인 분석이나 예측을 다룬 텍스트, 문제 해결책을 제시한 내용, 성과 요인을 분석할 때

인과 관계 프롬프트

프롬프트 1 "이 자료의 전반적인 내용을 요약해 줘."

(펠로톤 사례 파일 업로드)

프롬프트 2 "이 기업 성공 사례에서 'A 전략→B 성과'로 제시된 인과관계를 비판적으로 분석해 줘."

1. 제시된 인과 관계가 논리적으로 타당한지
2. 다른 가능한 원인들은 없는지(제3의 변수)
3. 시간적 순서와 인과 관계가 일치하는지
4. 상관관계를 인과 관계로 혼동한 부분은 없는지
5. "더 정확한 인과 관계 모델도 제안해 줘."

* 분석에 이용된 펠로톤 사례 자료는 인터넷에서 쉽게 구할 수 있습니다.[12] 펠로톤은 실내용 홈 트레이닝 서비스 회사로 코로나19 시절 줌(Zoom)이나 룰루레몬(Lulu Lemon)처럼 폭발적인 인기를 끌었다가 코로나19가 끝나고 유독 인기를 크게 잃은 기업입니다. 해외 MBA 스쿨에서는 학생들이 작성한 케이스 스터디 자료를 공개해 놓는 경우가 많습니다. 학생들의 분석 자료라서 품질이 좋지는 않지만 기본 구성은 괜찮습니다.

ChatGPT에 심층적 독해를 시켜 본 답변 결과의 핵심 내용은 다음과 같습니다. 전문 컨설턴트가 다른 팀원들과 한두 시간 브레인스토밍을 해야 나올 수 있는 전략적 인사이트를 순식간에 뽑아 주었습니다.

A 전략 = '코로나19 기간 중 고품질 홈 피트니스 기기+실시간 스트리밍 콘텐츠 제공'
→ B 성과 = '폭발적 수요 증가 및 매출·가입자 수 급증'

1의 답 하지만 이는 상황적 특수성에 기초한 일시적 성공일 수 있고 장기 지속성은 전략 그 자체의 경쟁력 때문인지 의문

2의 답 성공의 다른 가능 원인

제3의 변수	설명
팬데믹 상황	외부 활동 제한→대안 없음→필연적 선택 가능성
정부 재난 지원금	가처분 소득 증가→고가의 기기 구매 가능
헬스장 업계 붕괴	전통적 경쟁자들의 일시적 부재
언론/소셜 미디어 노출	펠로톤 콘텐츠가 화제가 되면서 문화적 트렌드화

… (중략) …

5의 답 개선된 다변수 인과 모델

C(팬데믹 상황)+D(헬스장 폐쇄)+E(소셜 밴드왜건)

→ A(Peloton의 전략 실행 효과 증폭)

→ B(단기적 매출 급증 및 사용자 확보)

↓

F(공급망/제품 이슈 + 수요 정상화 + 리콜/소송)

→ G(성과 급락 및 경영 리스크 현실화)

---

12 https://robins.richmond.edu/files/Robins-Case-Network/Peloton.pdf

- 코로나19 시기에 환경적 충격(C, D)이 전략 효과(A)를 비정상적으로 증폭시킴
- 그러나 단기 수익(B)이 장기 구조적 경쟁력으로 이어지지 않음
- 결국 코로나19가 끝나고 제3의 요인(F)에 의해 반등 없이 급락(G)

분해/결합 분석 <u>'복잡한 것'을 '단순하게', '흩어진 것'을 '하나로'</u>

- **무엇을 보는가?**: 복잡한 개념, 시스템을 구성 요소로 분해하거나 분산된 정보들을 통합해 전체 그림을 파악

- **언제 활용하는가?**: 복잡한 트렌드 분석, 여러 보고서의 종합 검토, 다면적 리스크 평가가 필요할 때

분해/결합 프롬프트

"올해 나온 '2025 글로벌 10대 리스크' 보고서 2개를 분해/결합의 관점에서 분석해 줘."

【분해 단계】

1. 각 보고서의 10대 리스크를 성격별로 분해(정치적/경제적/기술적/환경적/사회적)

2. 동일한 위험 요소가 다른 표현으로 제시된 부분 식별

3. 각 리스크의 발생 원인과 파급 효과를 세부 요소로 분해

【결합 단계】

1. 두 보고서의 공통 리스크와 고유 리스크 통합 정리

2. 개별 리스크들 간의 연쇄 반응이나 상호 증폭 효과 분석

3. 전체적인 리스크 지형도와 대응 우선순위 도출

(파일 업로드)

* 여기서는 2024년 말 나온 KPMG와 블랙록(BlackRock)의 클로벌 리스크(Global Risk) 보고서 2개를 ChatGPT에 업로드하고 분석을 시켜 보았습니다.[13]

자료 파일 참조 🔗

---

13 • KPMG: https://assets.kpmg.com/content/dam/kpmg/bh/pdf24/06/Top-risks-Report-2024-bh.pdf
  • BlackRock: https://www.blackrock.com/corporate/insights/blackrock-investment-institute/interactive-charts/geopolitical-risk-dashboard

다음 표는 두 보고서에서 나온 20개의 글로벌 리스크들을 '분해 단계'에서 성격별로 분해한 결과입니다. 그다음 표는 '결합 단계'에서 두 보고서의 공통 리스크와 고유 리스크를 통합 정리한 결과입니다. 더 많은 분석 내용도 있는데, 이는 자료 파일을 참조하기 바랍니다.

저는 연말, 연초에 트렌드 분석을 하는데, 이 분해/결합 분석을 굉장히 유용하게 활용하고 있습니다. 과거에 관련 보고서 4~5개를 구해서 읽고 분석해서 전체적으로 정리하는 데 2~3명이 팀을 이루어 2주~1달 정도 걸렸다면 지금은 저 혼자 2~3일만에 처리할 수 있게 되었습니다. 투입 일수 기준으로 1/10 정도로 시간도 줄고 작업 진행 시 판정 기준 마련, 추가 분석과 관련해 골치 아픈 일들이 덜합니다. 이런 분해/결합 분석을 통해 보고서까지 발전시켜 가는 과정은 2권의 AI 드리블링 사례 편에서 좀 더 자세히 살펴보겠습니다.

분해/결합 분석 1: 지정학적 리스크의 유형별 분류

리스크(영문/한글)	유형	발생 원인	파급 효과	출처
U.S.–China strategic competition (미중 전략 경쟁)	지정학적	기술, 이념을 둘러싼 강대국 간의 경쟁	군사적 긴장 및 무역 분리 가속	블랙록
Global technology decoupling (글로벌 기술 탈동조화)	기술적	국가 안보를 위한 기술 경쟁	병렬 기술 체계 형성과 공급망 단절	
Russia–NATO conflict(러시아–나토 갈등)	지정학적	우크라이나 전쟁 및 미국/유럽의 개입	유럽 안보 위협 및 글로벌 에너지 시장 불안	
Middle East regional war(중동 지역 전쟁)	지정학적	아사드 정권 붕괴 및 이란–이스라엘 간 긴장	유가 급등 및 중동 지역 불안정성	
Major cyber attack(s)(대규모 사이버 공격)	기술적	국가 주도의 해킹 활동	핵심 인프라 마비	
Major terror attack(s)(대규모 테러 공격)	안보/사회적	개인 범행 및 극단주의 증가	인명 피해 및 경제 신뢰 붕괴	
Global trade protectionism(글로벌 무역 보호주의)	경제적	트럼프 시기의 관세 정책과 글로벌 공급망 재편	인플레이션 및 탈세계화 가속	
Emerging markets political crisis (신흥국 정치 위기)	정치/경제적	부채 부담과 세계 질서의 분열	정치 불안정과 자본 유출	
North Korea conflict(북한 갈등)	지정학적	핵 및 미사일 위협 고조	지역 전쟁 발생 가능성	
European fragmentation(유럽 분열)	정치적	포퓰리즘 확산과 경제 침체	유럽연합 통치 구조의 불안	

리스크(영문/한글)	유형	발생 원인	파급 효과	출처
Trade policy restrictions(무역 정책 제한)	경제적	안보 중심의 공급망 분리 정책	비용 증가 및 공급망 재편 필요	KPMG
Operational vulnerability(운영 취약성)	지정학적	다극 체제에서 갈등 증가	물류 위기 및 기업 운영 중단 위험	
AI governance gaps(AI 거버넌스 격차)	기술적	뒤처진 규제 체계	사이버 보안과 윤리적 AI 실패 가능성	
Axis of rogue states(불량 국가 축)	지정학적	러시아–이란–북한 간 전략적 동맹 강화	국제 규범의 불안정화	
No diplomatic solution in Ukraine (우크라이나 외교 실패)	지정학적	장기화된 무력 분쟁	공급망 혼란 및 원자재 가격 변동	
US election uncertainty(미국 선거 불확실성)	정치적	정치 양극화 및 정당성 위기	글로벌 전략 환경의 혼란	
China's slower growth(중국 성장 둔화)	경제적	인구 및 구조적 문제	세계 경제 성장 둔화	
Fight for critical minerals(핵심 광물 확보 경쟁)	지정학/자원 관련	에너지 전환과 광물 공급 집중도 상승	핵심 자원 확보 병목 현상	
Extreme climate(El Nino)(극한 기후/엘니뇨)	환경적	기후 변화로 인한 불안정성 증가	농업 및 운영상의 재해 위험 증가	
Corporate culture wars(기업 문화 전쟁)	사회/정치적	사회 가치의 양극화	기업 이미지 및 내부 직원 갈등	

■ 분해/결합 분석 결과 2: 공통 리스크와 고유 리스크의 도출

구분	공통	블랙록 고유	KPMG 고유
리스크 항목	• 무역 갈등 • 기술 패권 경쟁 • 러–우 전쟁 • 중동 불안 • 지정학적 분열	• 사이버 공격 • 테러 위협 • 유럽 정치 불안 • 북한 리스크	• AI 규제 공백 • 기업 문화 전쟁 • 기후·광물 자원 전쟁 • 해운로 마비

분류/범주화 분석 **'같은 것끼리', '다른 것끼리' 체계적 정리**

- **무엇을 보는가?**: 텍스트 내 다양한 요소들을 일정한 기준에 따라 분류하고 각 범주의 특성을 파악

- **언제 활용하는가?**: 다양한 옵션이나 사례가 제시된 텍스트, 유형별 특성 파악이 필요할 때

분석에 이용한 사치데바(2024)의 논문은 시니어 소비자층의 효과적 세그멘테이션 이슈를 다루고 있습니다. 이 논문을 기반으로 좀 더 나은 시니어 소비자층 세그멘테이션을 만들어 보려고 위의 6개 프롬프트를 순차적으로 활용, 그 결과를 정리한 내용이 나음 그림입니다. 사람이 작업했으면 꼬박 하루 정도는 걸렸을 작업인데, 불과 30여분 만에 진행 가능했습니다.

분류 기준	주요 세부 그룹
연령	• Young–Old (65–74세) • Old–Old (75–84세) • Oldest–Old (85세 이상)
디지털 기술 적응도	• Tech–Savvy Seniors • Moderate Adopters • Tech–Averse Seniors
사회적 활동 및 라이프 스타일	• Socially Active • Family–Oriented • Independent Living • Dependent Seniors
소득 및 경제적 능력	• Affluent Seniors • Middle–Class Seniors • Lower–Income Seniors

분류 기준	강점	한계	
연령	소비 패턴 변화 반영, 정책 설계 유용	개인 차이 반영 부족, 고정관념 유발 가능	✔
디지털 기술 적응도	기술 수용에 따른 소비 행동 예측 가능	구분이 모호, 기술 변화에 따라 유효성 감소 가능	✔
사회적 활동 및 라이프 스타일	삶의 방식과 소비 연결, 정서적 니즈 반영	복합적 특성 반영 어려움, 문화적 차이 존재	
소득 및 경제적 능력	구매력 예측 용이, 맞춤형 마케팅 가능	자산–소비 성향 불일치 가능성, 소득 외 요인 반영 부족	✔

분류 기준	설명	
건강 상태 기반 분류	신체적 건강 여부에 따라 소비 방식 구분(활동형, 만성질환, 돌봄 의존형)	✔
심리적 가치관 기반 분류	경험 소비형, 실용 소비형, 안정 지향형으로 구분	✔
문화 및 지역적 차이 반영	서구 vs 아시아, 도시 vs 농촌 소비자 비교	

단계 및 기준	주요 카테고리
0단계: 연령	• Young–Old • Old–Old • Oldest–Old
1단계: 건강 상태	• 활동적 • 질환 관리형 • 돌봄 의존형
2단계: 디지털 적응도	• Tech–Savvy • Moderate Adopters • Tech–Averse
3단계: 소비 태도	• 경험 중심 • 실용 중심 • 안정 중심
4단계: 경제력	• 고소득 • 중산층 • 저소득

* 단계는 고령 소비자의 소비 결정 과정을 반영하는 구조로 구성. 즉, "무엇을 소비할 수 있나?" (제약 조건) → "어떤 방식으로 소비하나?" (행동 방식) → "왜 소비하나?" (동기) → "얼마나 소비할 수 있나?" (재정)로 단계 구분

* 0단계는 인간 감수자가 추가(인구통계 요소 기본 반영)

✦ 시니어 소비자층 세그멘테이션 재구조화

여기서 이용한 6개의 프롬프트들은 단순히 "분류해 줘."라고 요청하는 것이 아니라 기존 분류 체계를 비판적으로 검토하고 개선된 대안을 창조하는 고도의 분석 과정을 보여 줍니다. **프롬프트 1~2**로 원래 논문의 분류 체계를 파악한 후 **프롬프트 3~4**에서 그 한계점과 누락 부분을 체계적으로 진단합니다. 특히, **프롬프트 5~6**에서는 단순한 비판에 그치지 않고 MECE 원칙을 적용한 새로운 분류 체계를 제안하게 했습니다.

그 결과가 바로 그림에 나타난 고령 소비자의 4단계 세분화 체계입니다. 고령 소비자를 연령(Young-Old/Old-Old/Oldest-Old), 디지털 기술 적응도(Tech-Savvy/Moderate/Tech-Averse), 사회적 활동성, 소득 수준이라는 다차원적 기준으로 분류하고, 이를 다시 4단계 생애 경로(건강 감퇴→심리적 가치관 변화→문화 및 지역적 차이→소득 및 경제적 능력)와 연결시켜 종합적 이해 틀을 만들어 낸 것입니다. 원래 논문의 단순한 연령 구분을 넘어 실제 마케팅 실무에서 활용 가능한 다면적 세분화 모델로 발전시킨 것입니다.

이런 분석이 복잡해 보일 수 있지만, 사실 우리가 평소에 하는 사고 과정을 단계적으로 프롬프트화한 것에 불과합니다. 예를 들어, 회사에서 경쟁사 분석을 할 때도 '어떤 기준으로 나눌까? → 기존 분류에 문제는 없나? → 더 나은 방식은 없을까?'라고 생각합니다. 다만 혼자서는 시간도 오래 걸리고 놓치는 부분도 많았는데, 이제는 AI와 대화하면서 체계적으로 진행할 수 있게 된 것입니다.

AI 증강 독해의 진정한 목적은 단순한 시간 단축이 아니라 혼자서는 하기 힘든 고도화된 분석을 누구나 할 수 있게 만드는 것입니다. 마치 계산기가 복잡한 수학을 누구나 할 수 있게 해 준 것처럼 AI는 복잡한 사고를 누구나 할 수 있게 도와주는 '생각의 계산기' 역할을 합니다. 이것이 바로 인간과 AI의 진정한 협업이고 우리 일하는 방식의 미래입니다.

연역/귀납 분석 **'논리의 방향'과 '추론의 타당성' 검토**

- **무엇을 보는가?**: 텍스트의 논증이 일반 원리에서 구체 사례로 가는 연역적 추론인지, 구체 사례에서 일반 법칙을 도출하는 귀납적 추론인지 분석하고 그 타당성 검토
- **언제 활용하는가?**: 논증 구조가 중요한 텍스트, 예측이나 일반화가 포함된 내용, 논리적 오류 검증이 필요할 때

정부 정책 제안서 자료는 보통 양으로 승부하는 경우가 많습니다. 기본이 30페이지이고, 100페이지가 넘는 보고서도 많습니다. 몇 년 전 예비 타당성 평가를 할 때 1,000페이지에 육박하는 보고서를 본 적도 있습니다. 재미있는 점은 이들 보고서가 양은 많지만 의외로 급조되는 경우가 많아 다양한 논리적 허점을 보인다는 것입니다. 이런 문제점들을 잡아내는 대표적인 방법이 인과/선후 관계 분석이나 연역/귀납 추론입니다. 저는 정책 보고서를 분석할 때도 이 방법을 많이 씁니다. 다만, 여기서는 보고서를 구체적으로 언급하는 것이 적절하지 않으므로 과거 이용했던 프롬프트만 제시하고 보고서나 결과는 따로 제시하지 않겠습니다.

연역/귀납 분석 프롬프트

"이 정책 제안서의 논리 구조를 다음과 같은 관점에서 분석해 줘."
1. 주요 주장과 보조 근거의 계층 구조
2. 연역적 추론과 귀납적 추론의 활용 방식
3. 논리적 비약이나 근거 부족인 부분
4. 반박 가능한 지점과 논리적 허점
"아울러 논증 구조를 트리 형태로 시각화해서 보여 줘."

자료 파일 참조 🔗

● Lv. 2 해석적 심층 독해: 다층적 내면 읽기

해석적 심층 독해는 텍스트의 '속마음'을 읽어 내는 고급 기법입니다. 즉, 텍스트의 본질적 의미를 넘어 다양한 중층적 의미와 함의를 해석하고 추출하려는 접근법입니다. '이 표현의 진짜 의미는 무엇일까?', '저자가 의식적으로 숨기려는 게 있을까?', '다른 맥락에서 다른 해석도 가능할까?'와 같은 질문으로 접근합니다.

크리스토퍼 놀란 감독의 〈인셉션〉(2010)이라는 영화를 보신 적이 있나요? 이 영화는 꿈 속의 꿈, 그 안의 또 다른 꿈처럼 여러 층위의 의미가 중첩되어 있음을 잘 보여 줍니다. 인셉션에서 주인공들이 꿈의 1단계, 2단계, 3단계로 점점 더 깊은 무의식으로 들어가듯 텍스트도 표면적 의미 아래 숨어 있는 여러 층의 의미들을 가지고 있습니다. 영화 속 킥(kick)이 꿈에서 깨어나게 하듯이 해석적 심층 독해는 텍스트의 겉모습에 속지 않고 진짜 의도와 숨어 있는 메시지를 찾는 '인지적 킥'을 제공합니다.

인셉션 영화는 다층적 해석의 여지가 매우 많은 작품입니다. 표면적으로는 SF 액션 영화지만, 좀 더 들여다보면 영화 제작 과정에 대한 메타포(감독이 관객의 무의식에 아이디어를 심는 과정), 현대인의 현실 도피 욕망, 기억과 망각에 대한 철학적 성찰 등 무수히 많은 해석이 가능합니다.

현대의 비즈니스 텍스트들도 마찬가지입니다. 기업의 지속 가능성 보고서 하나도 1단계(표면): ESG 경영 의지 표명, 2단계(심층): 규제 대응과 리스크 관리, 3단계(무의식): 진짜 수익 모델의 변화와 이해관계자 압력 등 여러 층위의 메시지가 동시에 작동하고 있거든요.

그만큼 남다르게 자료들을 읽어 내려면 해석적 심층 독해가 중요합니다. 이 단계에서는 의미론적 분석, 전제와 가정 탐구, 간극과 모순 발견, 창발적 의미 해석, 정서와 감정 분석 등의 방법을 활용합니다. 단순한 논리 분석을 넘어 텍스트와 맥락, 저자와 독자, 명시적 의미와 암시적 의미 사이의 복잡한 관계를 탐구하는 것이 핵심입니다. 차근차근 살펴보지요. 다만, 여기는 전달할 정보량이 너무 많으니 상세한 사례를 제시하기보다는 간단하게 다양한 접근 방식과 프롬프트들을 제시하겠습니다.

의미론적 심층 분석 '말의 진짜 뜻' 해부하기

- **무엇을 보는가?**: 핵심 개념의 다층적 의미, 명시적/암시적 의미의 구분, 은유와 상징의 해석
- **언제 활용하는가?**: 추상적 개념이 많은 텍스트, 정치적/사회적 메시지가 담긴 내용, 브랜딩이나 마케팅 자료가 필요할 때

의미론적 심층 분석은 텍스트에서 사용된 핵심 개념들의 다층적 의미를 해부하는 분석입니다. '진짜 맞는 말이야? 뭔가 의도하는 뜻은 따로 있는 것 같은데?' 같은 생각이 들 때 진행할 수 있습니다.

(최신 기술 혁신 보고서를 업로드한 후) "이 보고서에서 '혁신'이라는 단어가 어떤 방식으로 정의되고 있는지 분석해 줘."

자료 파일 참조

이런 형태로 질문하면 보고서 내에서 '혁신'이 기술적 발전, 조직 운영 개선, 비즈니스 모델 변화 등 다양한 맥락에서 다르게 사용됨을 파악하고 기업 전략과 연결된 의미를 도출할 수 있습니다. 이 프롬프트는 기업의 CEO 주주 서신이나 사업 보고서를 분석할 때 가끔씩 써 보는데, 제가 생각하는 혁신과 보고서에서 제시하는 혁신이 전혀 다른 내용임을 알고 약간 놀라는 경우도 있습니다. 공부 열심히 하겠다고 약속한 아이가 가만히 보니 유튜브로 미국 드라마 보면서 영어 공부하고 있다고 우길 때 드는 실망감 같다고나 할까요.

(기업 전략 IR 자료를 업로드한 후) "성장(Growth)이라는 개념이 사용된 방식과 그 실제적 의미의 차이를 분석해 줘."

자료 파일 참조

이렇게 하면 성장의 정의(매출 성장, 점유율 증가, 고객 충성도 상승 등)를 구분하고 이를 바탕으로 기업의 실제 전략, 즉 양적 성장을 추구하는지, 질적 성장을 추구하는지를 명확히 분석할 수 있습니다. 이게 왜 중요하냐면, 주식 투자를 한다고 생각해 보세요. 기업은 매출 성장률이 10%나 된다고 자랑해서 주식을 샀는데 주가는 떨어지는 이유는 무엇일까요?

- **명시적 의미**: '우리는 10% 성장했습니다.' → 매출 숫자만 보면 분명히 성장
- **암시적 의미**: 시장 자체가 연 16% 성장하는 상황으로, 실상은 '상대적 후퇴'임을 숨김

더 구체적으로 파헤쳐 보면 다음과 같습니다.

- **표면적 성장**: 매출 100억 → 110억(10% 증가)
- **실질적 의미**: 시장 점유율 15% → 13%(경쟁사들이 더 빠르게 성장)
- **숨어 있는 진실**: 핵심 고객들이 경쟁사로 이탈 중, 신규 고객은 주로 저수익 세그먼트

결국 기업이 강조하는 '성장'은 투자자들이 진짜 알고 싶어하는 '경쟁력 강화'나 '미래 수익성 확보'와는 전혀 다른 이야기일 수 있습니다. 해석적 심층 독해를 통해 이런 의미의 함정을 미리 포착할 수 있다면 더 현명한 투자 판단이 가능하겠죠? 이는 비단 투자뿐만 아니라 새로운 직장을 구할 때 회사의 '성장 가능성'을 평가하거나 사업 파트너를 선택할 때 적용되는 중요한 독해 기술입니다.

학술 논문에서 많이 쓰이는 상투적 표현의 진짜 의미

다음 리스트는 논문 속 포장된 표현들이 실제로는 무엇을 의미하는지를 익살스럽게 해석한 것으로, 전 세계 연구자들 사이에서 널리 회자되는 일종의 '학계 유머 모음'입니다. 말의 명시적 의미와 암시적 의미가 확연히 다르다는 것의 좋은 사례입니다.

한국어 표현(영문 표현)	실제 속뜻
오래전부터 알려져 있다. (It has long been known that….)	나도 누가 처음 말했는지 모른다. 정확한 출처는 못 찾겠다.
일반적으로 받아들여진다. (It is generally accepted that ….)	나와 내 지도 교수는 그렇게 믿는다.
분명하다. (It is clear that.)	잘 설명할 수는 없지만, 그냥 그렇다고 하자.
~라고 생각된다. (It is thought that.)	사실 나 혼자 그렇게 생각한다.
이 주제는 본 논문의 범위를 벗어난다. (This is beyond the scope of this paper.)	나도 모른다. 설명할 수 없다. 그냥 넘어가자.
추가 연구가 필요하다. (More research is needed.)	나는 이 문제를 더이상 다루고 싶지 않다.

한국어 표현(영문 표현)	실제 속뜻
결정적인 결론을 내리기는 어려웠다. (It was not possible to provide a definitive answer.)	결과가 애매하다. 대충 넘어가 달라.
결과는 유망하다. (The results were promising.)	뭔가 조금 나오기는 했다.
흥미로운 가능성이 있다. (There is an interesting possibility.)	이걸로 논문 하나 더 뽑을 수 있을지도?
독자에게 남긴다. (This is left as an exercise for the reader.)	나도 못 풀겠다. 네가 알아서 해라.
다음 연구에서 다룰 것이다. (We will address this in future work)	지금 못 했다. 하고 싶지도 않다.

전제/가정 심층 분석 · **'당연하다고 여기는 것들' 의심하기**

전제/가정 심층 분석은 텍스트에서 숨어 있는 전제와 암묵적 가정들을 찾는 분석으로, '이 보고서의 가정이 맞아? 혹시 숨은 이득이 있어서 이런 소리 하는 것 아냐?'라는 의심이 들 때 활용할 수 있습니다.

- **무엇을 보는가?**: 숨어 있는 전제와 암묵적 가정, 이해관계 요소의 반영, 무의식적 편향
- **언제 활용하는가?**: 정책 제안서, 투자 분석, 전략 계획서 등 중요한 의사결정 자료를 분석할 때

숨어 있는 전제, 암묵적 가정 탐색 프롬프트

(산업 전망 보고서를 업로드한 후) "이 보고서의 시장 성장률 예측이 어떤 전제와 가정을 기반으로 이루어졌는지 분석해 줘. 또한 어떤 거시 상황을 염두에 두고 있는지 분석해 줘."

자료 파일 참조 🔗

시장 보고서나 산업 보고서의 경우, 시장 전망이 깍두기처럼 들어갑니다. 그런데 종종 낙관적 가정들 위에 호기로운 장미빛 시장 전망이 만들어지는 경우가 많습니다. 가정을 조금만 변경해도 전망 수치 자체가 크게 바뀌는 경우가 많지요. 이러한 질문을 통해 시장 보고서가 전제로 삼고 있는 경제 성장률, 금리, 소비 심리 등 거시 환경 요소들을 식별하고 전제가 변경될 때 예측이 과연 유효할지 분석할 수 있습니다.

이 프롬프트는 결과가 제대로 나오지 않을 가능성이 큽니다. 보고서에 기술되지 않은 외부의 조건들을 끌어와서 독해를 진행시켜야 하기 때문입니다. 하지만 이러한 이해관계 요소에 대해서도 분명히 검토해야 한다는 측면에서 프롬프트를 만들어 보았습니다.

한편 해외 증권 보고서의 경우, 맨 뒷부분에 Disclosure Section(컴플라이언스 공시 섹션)이 필수적으로 들어갑니다. 여기에 보고서를 작성한 애널리스트나 소속 증권사의 이해관계 여부들을 기재하게 되어 있지요. 예를 들어, 분석 기업 주식에 대해 애널리스트의 보유 여부나 증권사 직원의 사외 이사 참여 여부, 증권사의 주식 발행 및 시장 조성 업무 담당 여부 등이 상세하게, 하지만 깨알같이 작은 글씨로 쓰여 있습니다. 이 부분을 집중적으로 이해관계 분석을 시키면 의외로 재미있는 내용들이 드러나는 경우가 있습니다.

✦ 증권사 보고서의 컴플라이언스 섹션 사례

간극/모순 심층 분석 <u>'앞뒤 안 맞는 것들' 찾기</u>

간극/모순 심층 분석은 텍스트 내에서 논리적 긴장이나 일관성 부족을 찾는 분석으로, '비약이 있는데? 근거/사례를 아무거나 갖다 붙인 것 아냐?'라는 의구심이 들 때 활용할 수 있습니다.

- **무엇을 보는가?**: 논리적 긴장과 모순, 주장–함의–사례 간 불일치, 설명되지 않은 부분들
- **언제 활용하는가?**: 복잡한 논증이 담긴 텍스트, 여러 입장을 조율해야 하는 문서 정치적 함의가 있는 내용이 필요할 때

대개 성장주를 분석한 주식 분석 보고서는 의외로 구성 논리가 탄탄하지 않은 경우가 많습니다. 이미 주가가 빠르게 오르고 있으므로 주가 상승 논리는 대충 갖다 붙이는 경우가 많지요. 그러나 이러한 주가 상승 원인이나 목표가 분석이 정확하게 이루어지지 않는다면 투자 의사결정을 제대로 할 수 없습니다. 이러한 논리적 긴장 분석을 통해 주가 상승 논리가 근거 자료와 일치하는지 검토하고 과장되거나 누락된 부분은 없는지 파악할 수 있습니다.

많은 기업이 고객 중심 전략을 표방하지만 현실에서는 그렇지 못한 경우들이 많습니다. 저의 경우, 실제로 굉장히 유명한 해외 기업인데도 고객 불만율이 높거나 실제로는 내부 효율성을 우선시하는 모순을 발견한 적이 있었습니다.

정서/감정 심층 분석   저변의 '감정 흐름' 파악하기

정서/감정 심층 분석은 텍스트에 담긴 감정적 요소와 독자에게 미치는 정서적 영향을 분석하는 방법입니다. 텍스트의 논리적 내용뿐만 아니라 감정적 설득 구조를 파악하고 싶을 때 활용할 수 있습니다. 이런 분석이 문학, 에세이에만 사용된다고 생각하면 오산입니다. 의외로 마케팅 자료나 정치적 문서 등에도 활용될 수 있는 부분이 많습니다. 텍스트 마이닝 기법 중 감성(Sentiment) 분석, 즉 긍정/부정, 선호/비선호 등의 분석을 가볍게 한번 해 보는 것으로 생각하면 됩니다.

- **무엇을 보는가?**: 감정적 언어 사용 패턴, 정서적 설득 구조, 독자 감정 조작 기법
- **언제 활용하는가?**: 마케팅 자료, 정치적 문서, 자기계발서, 브랜드 광고 메시지 등 감정적 호소가 중요한 텍스트를 분석할 때

(미국의 대중국 제재 법안 조사 자료 수년치를 업로드한 후) "주요 감성적 표현(위기, 도전, 기회 등)이 어떤 방식으로 사용되었고 시기별로 부정적 표현들의 증가/감소 추이를 분석해 줘."

이 내용은 우리 회사의 창의적인 연구원 한 분이 실제로 시도해서 좋은 결과를 얻었던 분석 방법입니다. 이를 통해 법안들의 단어 사용에서 감성적 요소를 추출하여 미국의 대중국 스탠스 변화를 실증적으로 확인할 수 있습니다.

(특정 기업의 2018, 2021, 2024년 사업 보고서 3개를 업로드한 후) "AI 기술과 기후 변화에 대한 서술이 각 연도별로 어떻게 변화했는지 정서적 관점에서 분석해 줘. 특히, 기회/위기 인식, 긍정/부정 표현, 확신/불안 정도의 변화를 추적해 줘."

이렇게 하면 초기에는 AI를 '먼 미래 기술'로 조심스럽게 언급하다가 점차 '핵심 전략 과제'로 격상시키는 과정, 기후 변화도 '규제 리스크'에서 '사업 기회'로 인식이 전환되는 양상을 감정적 표현의 변화를 통해 추적할 수 있습니다. 예를 들어, '검토 중', '관심 있게 지켜보고 있다.'에서 '적극 추진', '전략적 투자 확대'로 바뀌는 언어적 변화를 통해 기업의 진짜 속마음과 전략적 우선순위 변화를 읽어 낼 수 있죠.

● Lv. 3 비판적 심층 독해: 삐딱하게 이면 읽기

비판적 심층 독해는 가장 고도의 단계로, 텍스트를 단순한 정보 전달 수단이 아니라 이해관계와 권력 투쟁이 작동하는 장으로 바라봅니다. '이 텍스트는 누구의 관점을 대변하는가?', '어떤 세계관을 당연한 것으로 만들려 하는가?', '배제되거나 침묵당한 목소리는 무엇인가?'와 같은 질문으로 접근합니다.

비판적 심층 독해에는 다양한 철학적 관점이 이용될 수 있습니다. 여기서는 특히 20세기 후반 프랑스 구조주의와 해체주의 철학자들의 독해 개념들을 현대적으로 응용해 볼까 합니다. 오래된 이론들을 21세기에 소환하는 이유는 이들 철학자들이 유독 텍스트의 비판적 독해를 중시하며 다양한 독해 개념들을 제시했기 때문입니다. 루이 알튀세르의 징후적 독해, 롤랑 바르트의 쾌락적 독해, 쟈크 데리다의 해체적 독해, 미셸 푸코의 계보학적 독해, 장 보드리야르의 시뮬라크르 분석, 질 들뢰즈와 펠릭스 가타리의 유목적 독해 등이 대표적입니다.[15]

● 왜 20세기 철학 개념들을 AI 증강 독해에 결합시키나?

왜 20세기 철학자들은 '텍스트 읽기'에 목숨을 걸었을까?

1960~1980년대 프랑스에서 활동했던 구조주의/해체주의 철학자들은 단순히 '책을 잘

---

15   • 루이 알튀세르(Louis Althusser, 1918~1990년)는 프랑스 마르크스주의 철학자로, 텍스트에서 명시적으로 드러나지 않은 부분, 즉 '침묵'과 '공백'을 읽어 내어 숨어 있는 이데올로기적 전제와 모순을 발견하는 징후적 독해(Symptomatic Reading) 방법을 제시했습니다.
  • 롤랑 바르트(Roland Barthes, 1915~1980년)는 프랑스 기호학자이자 문학 비평가로, 텍스트를 독자가 능동적으로 즐기며 의미를 생산하는 대상으로 보았으며 저자의 의도보다 독자의 해석과 쾌락을 중시하는 독해론을 전개했습니다.
  • 쟈크 데리다(Jacques Derrida, 1930~2004년)는 프랑스 철학자이자 해체주의 창시자로, 텍스트 내부의 이항 대립 구조를 해체하고 전복시키며 고정된 의미의 불가능성과 '차연(Différance)'을 통한 의미의 무한한 지연을 드러내는 독해 방법을 제시했습니다.
  • 미셸 푸코(Michel Foucault, 1926~1984년)는 프랑스 철학자이자 사회 이론가로, 지식과 개념이 역사적으로 어떻게 형성되고 변화해 왔는지 추적하며 계보학을 통해 권력 관계와 담론이 '진리'를 구성하는 과정을 분석하는 독해 방법을 발전시켰습니다.
  • 장 보드리야르(Jean Baudrillard, 1929~2007년)는 프랑스 사회학자이자 철학자로, 현대 사회에서 실재와 이미지의 경계가 무너지고, 시뮬라크르가 실재를 대체함으로써 하이퍼리얼리티(초실재)가 형성되는 현상을 분석했습니다.
  • 질 들뢰즈(Gilles Deleuze, 1925~1995년)와 펠릭스 가타리(Félix Guattari, 1930~1992)는 프랑스의 탈구조주의 철학자들로 고정된 중심 없이 텍스트 내부를 자유롭게 이동하며 예상치 못한 연결과 접속을 통해 새로운 의미를 생성하는 리좀적(뿌리줄기적) 독해 방법을 제안했습니다. 대표작인 '1,000개의 고원'도 이러한 유목적 글쓰기 방식으로 쓰여졌기에 매우 난해합니다.

읽는 방법'을 연구한 게 아니었습니다. 그들은 텍스트가 곧 권력일 수 있음에 주목했습니다. 알튀세르는 마르크스의 『자본론』을 읽으면서 '왜 주류 경제학자들은 노동자의 관점이 보이지 않게 만들었을까?'를 추적했고, 푸코는 의학 교과서를 분석하며 '정신병이라는 개념이 어떻게 사회적 통제 도구로 작동하는가?'를 폭로했습니다. 데리다는 서구 철학사의 핵심 텍스트들에서 '이성/감정', '문명/야만' 같은 이분법이 어떻게 특정 집단의 우월성을 정당화해 왔는지 드러냈습니다.

이들이 발견한 것은 충격적이었습니다. 텍스트는 단순한 정보 전달 수단이 아니라 특정한 세계관을 '당연한 것'으로 만드는 이데올로기 장치였던 겁니다. 우리가 '객관적'이라고 믿는 뉴스, 과학적이라고 여기는 보고서, 중립적이라고 생각하는 교육 자료들 모두가 사실은 누군가의 관점에서 쓰여졌고 그 관점을 독자에게 자연스럽게 주입, 각인시키고 있었던 것입니다.

왜 지금 이 방법론이 더욱 중요해졌는가?

역설적으로 21세기 디지털 정보 홍수 시대에 이런 비판적 독해는 더욱 절실해졌습니다. '언론이 ○○ 편만 들더라.'는 말들을 많이 들어 보셨지요? 또한 알고리즘은 우리에게 '맞춤형' 정보라면서 실제로는 특정 관점으로 편향된 정보만 반복 노출시키곤 합니다. 좋아하는 유튜브 채널만 보다가 생각이 이상하게 바뀌어 버린 사람들이 요즘 점점 많아지고 있지요?

그뿐만 아닙니다. ESG 보고서는 기업의 사회적 책임을 강조하지만 정작 누구의 기준으로 '책임'을 정의하는지는 말하지 않습니다. AI 윤리 가이드라인은 '인간 중심'을 표방하지만, 어떤 인간의 어떤 가치를 중심으로 하는지는 모호하게 처리합니다.

더 교묘한 것은 현대의 텍스트들이 '객관성'과 '과학성'의 외피를 쓰고 있다는 점입니다. 데이터와 그래프로 포장된 보고서일수록 오히려 더 깊숙한 편향과 이해관계를 숨기고 있을 가능성이 큽니다. 이런 상황에서 구조주의/해체주의 철학자들의 독해법은 정보 홍수 사회의 새로운 생존 기술인 미디어 리터러시에 중요한 시사점을 제공합니다.

실제로 이 방법들이 작동하는가?

사실 AI 증강 독해(AI-augmented Reading)라는 개념도 바로 이런 구조주의/해체주의 독해 개념들을 AI를 통해 실제 텍스트에 적용해 보는 실험을 진행하다가 만들어 낸 것입니다. 기존 텍스트 분석으로는 도저히 포착할 수 없는 미묘하지만 결정적인 차이들을 발견하고 싶어서 생성형 AI에게 다양한 철학자들의 독해 방법론을 적용하도록 시켜 보았거든요. 그런데 그 어려운 작업이 미친 듯이 쉽게 되는 것에서 그만 감동을 받아버렸습니다. 이런 식의 AI를 활용한 독해가 인간의 역량을 크게 증진시킬 수 있다는 측면에서 AI 증강 독해라는 이름을 붙였습니다.

예를 들어, 같은 전기차 산업을 분석한 두 보고서가 완전히 다른 결론을 내리는 경우가 있었습니다. 표면적으로는 둘 다 '객관적 데이터'에 기반한다고 주장하는데, 왜 하나는 낙관적이고 다른 하나는 비관적일까요? 알튀세르의 징후적 독해로 접근해 보니 낙관적 보고서는 의도적으로 리스크 섹션을 축소하고 있었고, 비관적 보고서는 성공 사례들을 '예외적 상황'으로 처리하고 있었습니다.

또 다른 사례로, 기업의 CEO 주주 서한에 나온 '혁신' 담론을 데리다의 해체적 독해로 분석해 봤더니 흥미로운 결과가 나왔습니다. 겉으로는 '혁신 vs. 전통'의 대립 구조를 내세우지만, 변화는 새로운 사업에서만 강조가 되고 있더군요. 기존 사업에서는 고루한 옛날 방식을 고수하면서 말입니다. 이런 통찰은 기존의 콘텐츠 분석으로는 절대 얻을 수 없었습니다.

제가 특히 매력적으로 느꼈던 부분은 생성형 AI와 결합했을 때 이 방법론들의 위력이 기하급수적으로 증폭된다는 점이었습니다. 인간 혼자서는 방대한 텍스트에서 미묘한 패턴을 찾기 어렵지만, AI는 수십 개 문서에서 일관된 편향 패턴이나 숨어 있는 전제들을 체계적으로 추출해낼 수 있기 때문입니다. 마치 현미경이 미세한 균열을 확장해 보여 주듯이 AI는 텍스트 속 숨어 있는 이데올로기의 균열들을 드러내 가시화해 줍니다.

이제 구체적으로 5가지 철학적 렌즈를 어떻게 실전에서 활용할 수 있는지 살펴보겠습니다. 각각의 방법론은 단순한 학술적 호기심이 아니라 현실에서 당장 써먹을 수 있는 강력한 분석 도구임을 확인할 거예요. 그리고 이러한 철학적 렌즈에 익숙해진다면 피에르 마슈레이나 슬라보예 지젝, 에드워드 사이드, 나아가 고등학교 윤리 교과서에 나오는 수많은 철학자의 관점들도 얼마든지 텍스트의 비판적 심층 독해에 활용할 수 있을 것입니다.

● 알튀세르의 징후적 독해: '말하지 않는 것'에서 진실 찾기

- **핵심 개념** 텍스트의 '징후적'인 공백, 모순, 침묵에서 숨어 있는 구조와 의미를 발견

알튀세르는 특히 텍스트에서 '무엇이 말해지지 않고 있는가?'에 주목했습니다. 저자가 의식적으로 회피하거나 무의식적으로 억압한 부분들이 그들의 진짜 속내를 드러낸다고 본 것입니다. 마치 정신과 상담의가 환자의 말실수나 침묵, 회피 반응을 통해 무의식 속의 억압된 욕망을 읽어 내듯이 텍스트의 침묵 '징후'를 통해 숨어 있는 이데올로기나 이해관계를 진단하는 방법입니다. 인터뷰할 때 대상자가 술술 잘 답변해 주다가 갑자기 어떤 질문은 답변을 회피하는 경우들 있잖아요. 그런 부분이 의외로 중요한 정보인 상황과 비슷합니다.

기업 ESG 보고서 분석 사례

"이 지속 가능성 보고서에서 리스크 요소가 어떻게 서술되어있고 무엇이 말해지지 않거나 약하게 서술되었는지 분석해 줘. 특히, 노동권, 환경 영향, 공급망 이슈 중 어떤 부분이 회피되고 있는지 찾아 줘."

이렇게 분석하면 기업이 자신 있게 홍보하는 ESG 활동과 대조적으로, 리스크가 큰 영역일수록 추상적 표현이나 미래 계획으로 얼버무리는 패턴을 발견할 수 있습니다. 침묵하는 징후가 의외로 가장 중요한 정보인 셈입니다.

정부 정책 발표문 분석

"이 경제 정책 발표에서 과도하게 반복되거나 강조되는 표현들과 언급을 피하거나 모호하게 처리하는 부분들을 대비해서 분석해 줘."

자료 파일 참조 🔗

최근 트럼프 정부의 정책 발표문들은 이러한 의도적 과장과 침묵의 대표적인 사례라고 볼 수 있습니다. 트럼프 정부는 '역사상 최고', '엄청난 성과', '완벽한' 같은 극적 수식어와 함께 일자리 창출이나 주가 상승 같은 숫자 위주의 성과를 과도하게 반복 강조합니다. 하지만 국가 부채 증가율이나 소득 불평등 심화, 기후 변화 대응 같은 구조적 문제들은 의도적으로 언급을 회피하거나 프레임 전환을 시도하거나 확정적 답변을 피하는 패턴을 발견할 수 있습니다.

알튀세르가 강조했듯이 '침묵하는 부분이 가장 중요한 증상'입니다. 정부가 자신 있게 홍보하는 단기 성과와 대조적으로, 장기적 구조 문제나 민주주의 제도에 대한 구체적 입장을 회피한다면 바로 그 부분이 그들의 진짜 약점이나 한계를 드러내는 징후적 공백인 셈입니다. 이런 방식으로 정치적 텍스트를 읽으면 표면적 메시지 너머의 권력 전략과 숨어 있는 의도를 생생하게 포착할 수 있습니다. 당연히 이쯤에서는 나와야 하는 이야기를 하지 않고 대충 넘어간다면 의심해 보세요!

● 롤랑 바르트의 쾌락적 독해: 텍스트의 '유혹 전략' 해체

- **핵심 개념** 텍스트가 독자에게 쾌락과 감정 몰입을 제공하는 방식을 분석해 숨어 있는 설득 구조 발견

바르트는 텍스트가 단순히 정보를 전달하는 것뿐만 아니라 독자에게 특별한 '쾌락'을 제공한다고 봤습니다. 이 쾌락이야말로 독자를 사로잡고 특정한 세계관에 동조하게 만드는 은밀한 장치라는 것입니다. 현대의 마케팅이나 브랜딩에서는 이런 기법들이 극도로 발전되고 정교화되었습니다.

> **자기계발서 감정 조작 분석 프롬프트**
> "이 성공 스토리에서 독자의 감정적 몰입을 유도하는 서술 기법들을 분석해 줘. 특히, '시련→도전→극복' 구조가 어떻게 독자의 동일시와 소망 투사를 자극하는지 살펴봐 줘."
>
> **자료 파일 참조** 🔗

대개 많은 자기계발서, 특히 투자 관련 자기계발서에서 자주 나타나는 스토리 구조가 있습니다. 작가가 젊은 시절 많은 고생과 투자 실패로 고생하다가(시련) 새로운 환경에서 수십번의 시행착오를 통해(도전) 찾아낸 비법을 통해 엄청난 부나 성공을 일구었고(극복), 독자들도 이 방법만 잘 따라 하면 누구라도 본인처럼 성공할 수 있다는 식입니다.

이는 사실 영웅 신화의 구조를 차용한 것입니다. 그리스 신화의 헤라클레스나 오디세우스 이야기를 생각해 보세요. 본인의 성공 서사를 포장해서 독자들에게 '나도 할 수 있다.'는 착각을 불러일으킵니다. 그리고 실패 가능성은 의도적으로 배제하여 비현실적 낙관주의를 부추기지요. 한번『부의 추월차선』,『미라클 모닝』,『부자 아빠, 가난한 아빠』등 유명한 자기계발서 제목을 키워드 삼아 위 프롬프트를 실행해 보세요. 시중의 여러 자기계발서들도 약간의 변주는 있겠지만 비슷한 결과가 나올 것입니다.

애플의 'Think Different'나 파타고니아의 '지구가 우리의 유일한 주주' 등 성공한 브랜드들은 자신들의 물건을 구매, 사용하면 소비자가 특별한 존재가 될 수 있다며 고객을 유혹합니다.

예를 들어, 요가/운동복 브랜드인 룰루레몬을 위 프롬프트로 분석해 볼까요? 결과를 보면 룰루레몬이 단순한 운동복이 아니라 'mindful movement', 'sweat life' 같은 독점적 용어를 통해 고객들에게 특별한 정체성을 제공하는 방식을 발견할 수 있습니다. 요가와 명상 문화를 상업적으로 전유하면서 '진정한 웰빙을 추구하는 사람들만의 브랜드'라는 배타적 소속감을 조성하는 것입니다. 고가의 레깅스를 구매하는 행위가 단순한 소비가 아니라 '영적 성장'과 '자기계발'에 투자하는 의미 있는 행동으로 포장되는 것입니다.

특히, 흥미로운 것은 룰루레몬이 고객들을 'lululemon community'의 일원으로 호명하면서 브랜드 로고가 새겨진 옷을 입는 것 자체가 일종의 '정체성 선언'이 되도록 만든 점입니다. 바르트가 지적한 대로, 브랜드는 제품의 기능적 가치를 넘어 고객에게 '나는 건강하고 의식 있는 라이프스타일을 추구하는 특별한 사람'이라는 자기 서사를 제공합니다. 이런 서사적 쾌락이야말로 고객들을 브랜드 신도로 만드는 은밀한 설득 장치인 셈입니다.

결과적으로 이러한 쾌락적 독해의 렌즈를 통해 우리는 특정 브랜드가 어떻게 단순한 제품 판매를 넘어 특정한 라이프스타일이나 가치관을 '팔고', 소비자를 브랜드 신도로 만드는지, 그 은밀한 전략을 포착할 수 있습니다.

● 푸코의 계보학적 독해: 담론 권력의 은밀한 작동 추적

- **핵심 개념** 지식과 권력의 관계 속에서 개념과 담론이 형성되는 과정을 추적

푸코는 '객관적 지식'이라는 것도 사실은 특정한 권력 관계 속에서 구성된다고 봤습니다. 그래서 현재 당연하다고 여겨지는 개념들이 어떤 역사적 맥락에서 누구의 이익을 위해 만들어졌는지 추적해야 한다고 강조했지요. 사실 이런 계보적 독해는 2장 3절에서 이미 살펴본 것이긴 하지만, 푸코는 이를 극단적으로 밀어붙여 역사적 맥락 속에서 권력 관계와 이해 관계를 중심에 두고 진행했습니다.

> **AI 윤리 담론의 권력 분석 프롬프트**
>
> "AI 윤리에 대한 이 가이드라인에서 '윤리적 AI'라는 개념이 누구의 관점에서 정의되고 있는지 분석해 줘. 기술 기업, 정부, 시민 사회, 학계 중 어떤 집단의 이해관계가 주로 반영되었는지, 그리고 배제된 목소리는 누구인지 탐구해 줘."
>
> **자료 파일 참조** 🔗

이를 통해 겉으로는 '인류를 위한 AI'를 표방하지만, 실제로는 기술 기업의 자율 규제 욕구나 정부의 통제 의지가 더 강하게 반영되어 있다는 것을 알 수 있습니다. 대개 정부의 강력한 법적 규제를 피하기 위해 기업은 '알아서 잘 관리하겠다.'는 자율 규제를 내세웁니다. 물론 이 과정에서 정작 AI 기술의 직접적 영향을 받는 일반 시민이나 소외 계층의 관점은

주변화되어 묻혀 버리는 경우가 많지요.

"ESG 개념에서 '사회적 가치'나 '지속 가능성'의 기준이 누구에 의해, 어떤 맥락에서 설정되었는지 분석해 줘. 서구 선진국의 기준이 보편적 기준인 것처럼 제시되고 있지는 않은지, 개발도상국이나 다른 문화권의 가치는 어떻게 다뤄지고 있는지 살펴봐 줘."

자료 파일 참조 🔗

실제로 ESG가 '글로벌 스탠더드'가 된 과정을 살펴보면 UN이 2004년 처음 통합 프레임을 제시하고 서구 선진국의 금융 기관, 국제 기구, 글로벌 대형 자산 운용사들이 2010년대에 접어들어 금융 리스크 관리 차원에서 적극 수용하면서 확산되었지요. 금융 자본이 산업 자본을 통제하고 감시하고 투자 수익을 창출하는 무기로 활용된 것입니다. 이 과정에서 개발도상국에서는 과도한 ESG 강조가 산업 발전을 가로막는다는 'ESG 식민주의' 비판이 나오기도 했습니다.

이러한 푸코식 비판적 독해를 통해 인류애적 보편 개념으로 보이는 ESG가 사실은 특정 지역과 자본 세력의 가치관을 보편화한 것이며 이를 통해 새로운 형태의 문화적 헤게모니가 작동하고 있다는 것을 살펴볼 수 있습니다.

● 보드리야르의 시뮬라크르 독해: 실체와 이미지의 전복 포착

· **핵심 개념** 실재와 이미지의 관계, 기호의 자기 참조성을 분석하여 '가짜 현실'의 작동 방식 해부

보드리야르는 1981년 '시뮬라시옹과 시뮬라크르' 개념을 통해 이미지가 실체를 대체하고 심지어 실체보다 더 '현실적'이 되는 현상을 분석했습니다. 특히, 21세기 들어 인터넷, 소셜 미디어, 메타버스의 확산으로 현실과 가상의 경계가 붕괴된 상황에서 보드리야르의 이론은 재평가되고 있습니다. 보드리야르는 '현대 사회에서는 진짜가 더 이상 중요하지 않고 기표나 상징이 자율적으로 부유한다.'고 주장했습니다. 진짜 정보보다 이미지나 밈(meme), 팩트보다 가짜 뉴스, 실제 성능보다 브랜드 이미지가 더 큰 영향력을 갖는 21세

기 상황을 40년 전에 정확히 예언했던 것입니다.

이를 통해 환경 파괴나 노동 착취를 지속하면서도 CSR 이미지로 이를 덮으려 하는 '그린 워싱'의 가능성을 포착할 수 있습니다. 더 나아가 ESG 인증 장사나 '착한 소비 마케팅'처럼 CSR 자체가 상품이 되어 실제 사회적 가치와 분리되어 유통되는 현상까지 분석할 수 있어요.

'혁신'이라는 말은 이제 누구라도 일상적으로 사용하는 범용어가 되어서 실제 기술 발전과 무관하게 독립적으로 순환하며 때로는 진짜 혁신을 방해하는 노이즈 역할을 하는 경우도 많습니다. 예컨대, 피 한 방울로 질병을 진단하겠다는 '테라노스'는 '의료 혁신'이라는 슬로건으로 수십억 달러의 투자를 유치했지만, 실제 기술은 검증되지 않았고 결국 사기 혐의로 몰락했습니다. '위워크' 역시 '공간 혁신'이라는 이름 아래 투자 광풍을 일으켰지만, 본질은 부동산 임대업이었고 경영 리스크를 감당하지 못해 기업 가치가 폭락했습니다. 국내에서도 '정육각'은 유통망 기반의 식품 혁신을 시도했지만, 수익성과 지속 가능성의 장벽을 넘지 못하고 파산했지요.

만약, 혁신이라는 말의 허상을 비판적으로 읽는 훈련을 통해 이들 사례를 미리 들여다볼 수 있었다면 혁신이라는 말이 때로는 어떻게 시장의 판단을 흐릴 수 있는지, 어떤 리스크를 내포하는지를 더 일찍 인식할 수 있었을지도 모릅니다.

● 데리다의 해체적 독해: 이분법의 함정 폭로하기

- 핵심 개념 텍스트 내 이항 대립을 해체하고 숨어 있는 위계와 전제를 비판

데리다는 서구 사상이 '이성/감정', '문명/야만', '중심/주변' 같은 이분법에 의존해 특정 가치를 우월한 것으로 만들어왔다고 봤습니다. 현대 비즈니스 텍스트에서도 이런 이분법들이 교묘하게 작동하여 특정한 사고방식을 당연한 것으로 만들고 있습니다.

> **AI 윤리 담론의 이분법 해체**
>
> "이 AI 윤리 가이드라인에서 '인간 vs. AI', '통제 vs. 자율', '안전 vs. 위험', '규제 vs. 자유' 등의 이항 대립 구조를 찾아서 분석해 줘. 각 대립에서 어느 쪽이 우월한 가치로 설정되었는지, 그리고 이런 이분법이 은폐하거나 배제하는 중간 지대나 제3의 가능성은 무엇인지 탐구해 줘."

이를 통해 'AI 윤리'라는 담론 자체가 거대 기술 기업들이 자율 규제의 주도권을 확보하기 위한 전략적 장치이며 '인간 중심 vs. 기술 중심'이라는 가짜 대립을 만들어 내면서 정작 중요한 '누구의 이익을 위한 인간 중심인가?'라는 질문은 회피하고 있다는 것을 알 수 있습니다. 더 나아가 '안전한 AI vs. 위험한 AI'라는 이분법이 실제로는 기존 거대 기술 기업의 시장 지배력을 공고화하며 신규 진입자들을 '위험한 혁신'으로 낙인찍는 배제 전략이라는 점도 알 수 있지요.

> **주주 서한의 이분법 분석 프롬프트**
>
> **프롬프트 1** "아래에 올리는 파일은 워런 버핏의 2025 버크셔 해서웨이(Berkshire Hathaway, Inc.) 주주 서한이야. '실수'와 '성공' 관련 개념들이 어떻게 이항 대립적으로 서술되었는지 분석하고 이 개념들이 실제로 분리되고 있는지 검토해 줘."(파일 업로드)

프롬프트 2 (숨어 있는 이항 연계의 원인 탐색) "왜 이번 주주 서한에서는 '실수' 또는 '실수를 통한 성공'을 강조했을까? 최근 버크셔 해서웨이의 실적 또는 투자 포지션 변화와 관련 있는지 한 번 검색해 보고 추정 의견을 말해 줘. 검색 범위는 한글 사이트 말고 영문 사이트로 해 줘."

프롬프트 3 (숨어 있는 이항 연계의 심층 원인 탐색) "최근 1~2년간 버크셔 해서웨이의 행보와 관련해 전략적 실수에 대한 투자자들의 비판이 많았는지 영문 사이트에서 검색해 보고 의견을 줘."

프롬프트 4 (알튀세의 징후적 독해) "리스크 요소가 어떻게 서술되었고 무엇이 말해지지 않거나 약하게 서술되었는지 분석하고 내용을 표로 정리해 줘."

자료 파일 참조 🔗

* 이 주주 서한은 다음 링크를 참조하세요.
  https://www.berkshirehathaway.com/letters/letters.html

투자 지주 회사 '버크셔 헤서웨이'를 이끄는 세계적인 투자자인 워런 버핏은 매년 초 주주 서한을 보내며 본인의 투자 철학과 투자 성과를 대중에게 공개합니다. 본인의 장기 가치 철학을 간명한 글쓰기로 전달하며 이 과정에서 투자 원칙과 기업 경영에 대한 심층적 인사이트까지 전달해서 금융계에서는 매년 꼭 챙겨 봐야 하는 가치 있는 문서로 인식되고 있습니다. 국내에도 이 주주 서한을 묶어 번역한 책이 나왔을 정도니까요(워런 버핏, 『워런 버핏의 주주 서한』, 에프앤미디어, 2022).

2025년 주주 서한에서는 유독 '실수(mistake)'를 강조해서 큰 화제가 되었습니다. '2019~2023년 주주 서한에서 '실수(mistake)'와 '잘못(error)'을 총 16회나 사용했다.'라고 밝히면서 정작 이번 서한에서는 두 단어를 20회나 사용했습니다. 그래서 저는 투자의 대가인 그가 왜 이렇게 실수를 강조했는지 숨어 있는 배경을 파악하고 싶었습니다.

해당 파일을 생성형 AI에 업로드하고 **프롬프트 1** 을 실행해 본 결과, 실제로 '실수'와 '성공'이 명확히 분리되지 않고 '실수를 인정하고 학습하는 과정에서 성공이 나온다.'라는 콘셉트로 서술되고 있다는 것을 확인했습니다. 이러한 숨어 있는 이항 연계의 원인을 찾고자 **프롬프트 2** 를 통해 인터넷 조사를 시켜 보았습니다. 그 결과는 투명성 강화, 학습과 적응, 전략적 방향성 변화 등 표면적/공식적 설명에 해당되는 내용만 답변되더군요.

그래서 추가적인 심층 원인이 없는지 프롬프트 3 을 통해 조사해 본 결과, 2023년 애플 주식 매도 결정에 대한 비판, 2024년 4분기 금융주 비중 축소에 대한 우려, 현금 보유액 증가(2023년 말 3,342억 달러)와 투자 기회 상실에 대한 지적, 후계자(2023년 말 찰리 멍거 사망 후 그렉 아벨이 차기 CEO) 능력에 대한 우려, 투자 전략 변화에 대한 논란 등 다양한 이슈가 주주들로부터 나오고 있다는 것을 확인했습니다. 그리고 여기에 알튀세르의 징후 적 독해를 활용한 프롬프트 4 를 실행해 보았더니 다음과 같은 결과가 나왔습니다.

버크셔 해서웨이의 2025 주주 서한에 대한 징후적 독해 진행 결과

강조된 리스크	언급은 있지만 약한 서술	거의 언급되지 않음
보험 사업 리스크(재해, 기후 변화)	미국 경제 불확실성	AI 및 기술 혁신 리스크
투자 리스크(시장 변동성)	주식 시장 거품 가능성	정부 규제 및 세금 변화
후계자 리스크	버크셔 포트폴리오 집중 리스크	ESG 리스크
환율 및 글로벌 투자 리스크	애플 및 주요 보유 기업 리스크	경쟁자(테크·금융업계)의 위협

결국 이러한 비판적 심층 독해를 통해 2025년 주주 서한의 '실수' 언급은 포트폴리오 운영에 대한 현재 비판에 대한 에두른 반발이며 주주 서한에서 실질적 리스크들은 애써 숨겨지고 있다는 것을 발견할 수 있었지요.

● 비판적 독해 렌즈 정리

이렇게 5가지 철학적 렌즈를 구체적으로 활용하면 표면적으로는 보이지 않던 텍스트의 권력 구조와 이데올로기적 작동 방식을 생생하게 해부할 수 있습니다. 하지만 복잡하고 어렵지요? 그래서 간단하게 위에서 제시된 5명의 철학자들의 독해 개념과 핵심 특징을 간단히 표로 정리해 보았습니다.

철학자	독해 개념	핵심 특징	실전 적용 예시
알튀세르	징후적 독해	텍스트의 공백과 침묵에서 숨어 있는 구조 발견	기업 보고서의 리스크 요소 서술 패턴 분석
롤랑 바르트	쾌락적 독해	텍스트를 천천히 음미하며 다층적 즐거움 발견	자기계발서의 감정적 설득 구조 분석
푸코	계보학적 독해	지식과 권력의 관계 속에서 담론 형성 과정 추적	기술 패권 담론의 정치적 구성 과정 분석
보드리야르	시뮬라크르 독해	실재와 이미지의 관계, 기호의 자기 참조성 분석	기업 CSR이 실체인지 이미지인지 구분
데리다	해체적 독해	이항 대립을 해체하고 숨어 있는 위계 비판	CEO 메시지의 '혁신 vs. 전통' 개념 해체

비판적 심층 독해는 가장 고도의 기법으로 어렵게 느껴지는 것이 당연합니다. 일단 철학자 이름들을 처음 들어본 분들도 많을 것이고 징후, 시뮬라크르, 해체 등 철학적 개념들도 골치 아프다고 생각하는 분들도 많을 것입니다. 하지만 우리는 철학자가 아니라 실무 직장인들이기 때문에 정확하게 세부 내용까지 이해할 필요는 없습니다. 그들의 핵심 개념과 특징을 이해하고 이를 올바르게 적절히 활용하면 됩니다. 그렇게 된다면 텍스트를 단순하게 이해하는 것을 벗어나 삐딱하게 보면서(『Looking Awry』), 텍스트 이면의 새로운 의미들을 찾아낼 수 있을 것입니다. 그리고 이것이 실제로 현장에서 수많은 보고서를 다루고 비평할 때 쓰는 방식입니다.

예를 들어, 어떤 유명 글로벌 컨설팅 사의 '디지털 전환 성공 사례' 보고서가 올라왔을 때 일반적으로 '세계적인 컨설팅 사가 선진 사례들을 잘 정리해 주었네. 우리도 이렇게 해야겠다.'고 받아들이기 쉽습니다. 하지만 비판적 심층 독해의 렌즈들을 활용하면 '왜 실패 사례는 거의 언급되지 않았을까?(알튀세르)', '디지털 전환에 적극적이지 않은 기업들을 왜 '낙후된' 것으로 묘사하고 있을까?(데리다)', '이 보고서가 결국 누구의 매출 증대에 기여하는가?(푸코)'라는 질문들을 던지게 됩니다. 그 결과 겉으로는 객관적 성공 분석처럼 보이지만, 실제로는 특정 기술 솔루션을 판매하기 위한 마케팅 도구일 수 있다는 것을 이해하게 되는 것입니다.

또 다른 예로, 베스트셀러 자기계발서 『성공하는 사람들의 7가지 습관』(김영사, 2023) 같은 책을 읽을 때를 생각해 보세요. 보통은 '나도 이 습관들을 따라해야겠다.'고 받아들이기 쉽습니다. 그리고 일주일 정도쯤 지나면 잘 안 되어서 포기하지요. 하지만 비판적 심층 독해로 접근하면 '왜 실패한 CEO들의 사례는 거의 다루지 않을까?', '성공한 CEO들도 똑같은 습관을 가지고 있었는데 실패한 경우는 없었을까?'(알튀세르), '성공과 실패를 왜 개인의 습관 문제로만 단순화시키고 있을까?', '운이나 사회적 배경, 시대적 맥락은 왜 배제되었을까?'(데리다), '이런 성공 공식이 결국 자기계발 산업의 지속적 소비를 위한 환상을 만들어 내고 있지는 않을까?'(보드리야르)라는 질문들이 생깁니다. 결국 객관적 성공 요인의 분석이라기보다는 독자들에게 '노력하면 성공할 수 있다.'는 희망적 착각을 판매하는 상품임을 발견하게 됩니다.

● 심층적 독해 통합 활용법: 분석적, 해석적, 비판적 독해를 조합한 실전 전략

저는 이런 식의 심층적 독해가 바로 인문학을 제대로 활용하는 법이라고 생각합니다. 과거 인문학 열풍이 실패했던 이유도 여기에 있었습니다. 인문학이 중요하다고 강조만 했지, 정작 인문학을 실제 업무에 어떻게 써먹을 수 있을지에 대해서는 대부분의 논객들이 말하지 않았습니다. 사실 그들은 실무 경험이 없었기에 이런 각론을 구체적으로 말하기는 힘들었을 수도 있습니다. 다만, 실제 업무에서는 분석적, 해석적, 비판적 독해를 모두 활용하지 않아도 됩니다. 오히려 텍스트의 성격과 분석 목적에 따라 적절한 단계를 선택하거나 조합해서 사용하는 것이 효과적입니다. 다음은 상황별 추천 조합입니다.

⊞ 심층적 독해의 상황별 조합 활용법

상황	접근방법	적합한 상황
빠른 신뢰성 검토	분석적 독해 중심 (논리 구조 분석＋인과관계 분석)	업무용 보고서나 제안서의 타당성 검증
깊이 있는 이해	분석적, 해석적 독해 조합 (체계적 분석＋의미론적 해석)	중요한 전략 문서나 연구 자료 분석
비판적 통찰	해석적, 비판적 독해 조합 (해석적 분석＋비판적 재해석)	정책 문서나 이데올로기적 함의가 있는 텍스트
완전 심층 분석	분석적, 해석적, 비판적 독해 통합	학술 연구나 중대한 의사결정 관련 문서, 시간적 여유가 있을 때만 권장

예를 들어, 다음 상황들을 살펴볼까요?

 경쟁사 분석 보고서 심층 독해

마케팅 팀에서 외부 컨설팅 사가 작성한 경쟁사 분석 보고서를 받았다고 가정해 보세요. 표면적으로는 객관적 분석처럼 보이지만, 뭔가 편향이 있을 것 같은 느낌이 듭니다. 이때 심층적 독해를 어떻게 적용할 수 있을까요? 이때 3가지 심층적 독해 접근법은 각각 독립적으로 적용할 수도 있고 단계적으로 연결해 활용할 수도 있습니다. 이와 아울러 다른 렌즈들을 가져와 적용해도 되고요. 중요한 점은 텍스트 내용 자체에 연연하지 말고 다양한 각도에서 텍스트 자체의 의미, 나아가 이면의 의미를 읽어 내야 한다는 것입니다.

Lv. 1 분석적 접근

"이 경쟁사 분석 보고서의 논리 구조를 MECE 관점에서 분석해 줘."
1. 경쟁사 분류 기준이 상호배타적이고 포괄적인지
2. 평가 항목들 간의 중요도 설정이 합리적인지
3. 우리 회사에 대한 평가 기준과 경쟁사 평가 기준이 일관적인지
4. 빠진 중요한 분석 요소나 중복된 평가 항목은 없는지
"추가로 분석의 사각지대와 개선 방안을 제시해 줘."

Lv. 2 해석적 접근

"이 보고서에서 우리 회사와 경쟁사를 표현하는 언어의 뉘앙스를 분석해 줘."
1. 긍정적/부정적 표현의 빈도와 강도 비교
2. 객관적 서술 vs. 주관적 해석의 비중 차이
3. 불확실성을 나타내는 표현들의 사용 패턴
4. 암묵적으로 전제하고 있는 '성공' 기준
"언어 사용에서 드러나는 편향성이나 의도를 해석해 줘."

Lv. 3 비판적 접근

"이 보고서를 푸코의 권력/지식 관점에서 분석해 줘."
1. 누구의 시각에서 '경쟁력'이 정의되고 있는지
2. 어떤 종류의 기업 가치가 '당연한 것'으로 설정되었는지

3. 시장에서 배제되거나 주변화된 플레이어들의 관점은 반영되었는지

4. 이 분석 프레임워크가 만들어 내는 '진실'의 정치적 효과

"대안적 분석 관점도 제시해 줘."

자기계발서의 성공 논리 해부

베스트셀러 자기계발서를 읽고 있는데, 성공 사례들이 너무 완벽해서 뭔가 의심스럽다는 생각이 듭니다. 심층적 독해로 어떤 숨어 있는 이야기들을 발견할 수 있을까요? Lv. 1+Lv. 2를 조합해서 접근하거나, Lv. 3의 비판적 접근을 단독으로 수행하거나, 책의 특성이나 본인의 선호에 맞춰 진행해 보세요.

"이 자기계발서의 성공 공식을 분석적/해석적으로 검토해 줘."

【Lv. 1 분석적】

1. 제시된 성공 요인들 간의 인과 관계가 논리적인지

2. 성공 사례들에서 공통으로 누락된 변수들은 없는지

3. 실패 사례나 부작용에 대한 언급이 충분한지

【Lv. 2 해석적】

1. '성공'이라는 개념이 어떤 가치관을 전제하고 있는지

2. 독자에게 특정한 자아상을 심어 주려는 의도는 없는지

3. 감정적 몰입을 유도하는 서술 전략들

"성공 논리의 허점과 숨어 있는 전제들을 종합적으로 분석해 줘."

"이 자기계발서를 보드리야르의 시뮬라크르 개념으로 분석해 줘."

1. 제시된 '성공'이 실제 성공인지, 성공의 이미지인지 구분

2. 성공 스토리가 현실을 반영하는지 이상화된 환상인지 분석

3. 독자들이 추구하게 되는 것이 실체인지 기호인지 탐구

4. 이런 성공 담론이 만들어 내는 사회적 효과
"성공 신화의 허상과 실재를 해체해서 분석해 줘."

자료 파일 참조 🔗

● 심층적 독해 시 주의사항

심층적 독해는 텍스트 분석의 강력한 도구이지만, 자칫 과도한 해석이나 음모론적 사고에 빠질 위험이 있습니다. 특히, AI와 함께 작업할 때는 그럴 듯한 분석 결과가 나오더라도 원문 근거가 부족하거나 논리적 비약이 있을 수 있습니다. '모든 텍스트에 숨어 있는 의도가 있을 것'이라는 확신 편향에 빠져서 없는 의미를 만들어 내거나 지나친 의심으로 건전한 비판적 사고를 넘어 편집증적 해석에 이르는 경우도 있습니다. 다음 4가지 함정을 미리 알고 대비하면 심층적 독해의 진정한 가치를 제대로 활용할 수 있을 것입니다.

- **함정 1** **과도한 해석으로 원문과 동떨어진 분석을 하는 경우**
  - **해결책**: 모든 해석은 원문에 근거해야 한다는 원칙을 지키고 추론 과정을 단계별로 검증하세요.
- **함정 2** **비판적 의심이 지나쳐 음모론적 사고에 빠지는 경우**
  - **해결책**: '의심할 만한 근거가 있는가?'를 먼저 확인하고 대안적 해석의 가능성도 열어 두세요.
- **함정 3** **저자의 의도와 무관한 억지 추론**
  - **해결책**: '이런 해석이 가능하다.'와 '저자가 이렇게 의도했다.'를 구분하고 맥락과 배경을 충분히 고려하세요.
- **함정 4** **AI 분석 결과를 무비판적으로 수용하는 경우**
  - **해결책**: AI는 분석 도구일 뿐, 최종 판단은 인간이 해야 합니다. AI 분석 결과는 가설 수준으로 받아들이고 여러 관점에서 교차 검증하세요.

'이 텍스트를 어떻게 내 삶과 업무에 적용할까?'

앞서 3가지 심화 독해 방법을 통해 텍스트를 해부하고 맥락을 파악하고 숨어 있는 의미를 찾아냈다면 이제 마지막 단계인 실천적 독해를 통해 이 모든 분석을 실제 삶과 업무에 적용할 차례입니다. 실천적 독해의 궁극적인 목적은 독서를 통해 실제 삶과 일의 변화와 성장을 이끌어 내는 것입니다.

사실 많은 분이 '좋은 책 읽었는데 그래서 뭐?' 하는 허탈감을 경험한 적 있으실 겁니다. 분명 훌륭한 내용인데, 실제로 내 생활이나 업무에 어떻게 적용해야 할지는 좀 막막합니다. 또는 회사에서 '이 보고서 읽고 우리 팀 차원에서 시사점을 정리해서 보고해.'라는 업무를 받고도 '분석은 했는데 그래서 우리는 뭘 해야 하지?'라며 고민했던 경험도 있으실 것이고요.

실천적 독해는 바로 이런 문제를 해결합니다. 텍스트의 아이디어를 현실적이고 구체적인 행동 계획으로 변환하는 것입니다. 마치 요리 레시피를 보고 실제로 요리를 완성하는 것처럼 책이나 보고서의 이론을 실제 상황에 맞게 조리해서 써먹을 수 있는 형태로 만드는 과정입니다.

특히, AI를 활용한 실천적 독해는 더욱 강력합니다. AI는 방대한 사례와 방법론을 알고 있기 때문에 구체적 상황에 맞는 실행 방안을 다양하게 제시할 수 있거든요. 더욱이 혼자서는 생각하지 못했던 창의적 적용법이나 다른 업계의 성공 사례를 응용한 새로운 접근법을 발견할 수 있습니다. 전문가 여러 명이 몇 시간 동안 브레인스토밍해도 도출하기 힘들어 하는 실천 전략의 리스트를 생성형 AI는 매우 쉽게 만들어 주거든요. 예를 들어, 다음의 상황에서 실천적 독해를 어떻게 활용할 수 있을지 한번 살펴볼까요?

● 실천적 독해의 적용 상황

상황 1　신사업 아이디어 발굴하기

스타트업 대표나 신사업 담당자라면 이런 경험이 있으실 겁니다. 시장 트렌드 보고서나 혁신 사례집을 읽고 나서 '참 흥미로운 내용이네.'라고 생각하지만 정작 '우리는 뭘 해야 하지?'라는 질문에는 막막했던 순간들 말입니다.

물론 이렇게 해서 나온 AI의 답변은 100% 정답이 아닙니다. 내 상황을 정확하게 모르니 완전한 해결책이 나오지는 않습니다. 하지만 적어도 경영 컨설턴트와의 30분 논의와 맞먹는 수준의 방향성은 제시해 줍니다. 내가 좀 더 구체적인 고민을 할 출발점이 되는 것입니다.

참고로 AI 증강 독해에서 환각 상황은 의외로 쉽게 파악할 수 있습니다. 복잡한 질문을 던졌는데, 추론 없이 즉각적으로 대답하는 것 같으면 환각이 일어났을 가능성이 큽니다. 파일을 올린 상태라면 적어도 질문에 따라 파일 내용을 다시 검색해서 관련 내용을 조합하고 이를 기반으로 답변을 만드는 데 지연이 당연히 발생합니다. 그런데 바로 대답한다면 아마도 거짓말일 가능성이 큽니다. 두 AI에게 동일한 파일, 동일한 질문을 던졌는데, 한 AI에서는 방금 말한 상황이 나타났고 실제 파일 내용과 비교해 보니 매우 동떨어진 일반적인 답이었습니다.

자기계발서나 성공 사례를 읽고 나서 '나도 저렇게 되고 싶다.'는 동기는 생기지만, 정작 '어디서부터 시작해야 하지?'라는 질문에는 답을 찾기 어려웠던 경험 있으시죠?

일반적 접근 '성공한 사람들은 새벽 5시에 일어나니까 나도 일찍 일어나야겠다.'는 식의 표면적 모방

실천적 독해 접근 성공 사례의 핵심 원리를 파악하고 내 현재 상황과 목표에 맞게 맞춤형 실행 계획 수립

실전 프롬프트

"이 리더십 서적의 내용을 30대 중간 관리자인 내 상황에 맞게 적용하는 방안을 제시해 줘."

- 내 현재 상황:
  - IT 기업 팀장(팀원 8명)
  - 업무 경력 7년, 관리 경험 2년
  - 상급 관리자로 승진을 목표로 함
  - 업무량이 많아 시간 관리에 어려움을 느낌
  - 팀원들과의 소통에서 가끔 어려움을 느낌

"다음과 같은 관점에서 분석해 줘."

1. 책에서 제시한 리더십 원칙 중 중간 관리자에게 가장 중요한 3가지
2. 각 원칙을 일상 업무에 적용할 수 있는 구체적인 방법
3. 바쁜 일정 속에서도 실천 가능한 최소 실행 단위
4. 3개월 후 평가할 수 있는 측정 가능한 성과 지표

이런 질문을 던져도 책 내용 또는 인터넷 기사 내용을 바탕으로 매우 구체적인 실천 가이드를 제시해 줍니다. 다만, 이때 고민되는 부분이 바로 '개인 정보인 내 상황을 이렇게 알려 줘도 되나?' 하는 문제일 것입니다.

저는 과감히 제 개인 정보를 넘겨 주고 좀 더 맞춤화된 답변을 받는 혜택을 취하는 편입니다. 또는 그때그때 상황에 맞는 페르소나를 채팅 창마다 다르게 써서 원하는 방향의 답변을 이끌어 내기도 합니다. 예를 들어, 의료 관련 정보 탐색 시 병원 레지던트의 페르소나를 이용하면 '전문의와 상담해 보세요.'라는 답변 없이 좀 더 심층적인 내용에 접근할 수 있습니다. 기업

전략이나 정부 정책의 시사점을 고민할 때는 클라이언트의 관점에서 생각해야 하니 종종 대기업 CEO, 과학기술부나 산업자원부의 해당 정책 국장 등의 페르소나를 이용합니다.

일단 Claude는 개인 정보를 따로 저장하지 않습니다. 오히려 프로필 기본 설정, 스타일, 프로젝트 지침 등을 통해 자신이 적절히 원하는 정보를 입력하거나 수정할 수 있습니다. 다만, 개인적인 추측으로는 대화 패턴에서 원하는 답변 스타일들을 학습하고 가급적 이에 맞추어 답변하는 듯합니다. 답변에서 남성적/여성적 어조를 선호하느냐, 핵심만 제시하거나 상세히 풀어서 답변하느냐 등의 선호 말입니다.

다만, ChatGPT는 채팅 내용 중 답변 시 고려할 만한 개인적 사항들에 대해 메모리를 지속적으로 업데이트합니다. 개인적인 정보(예 나는 IT 기업 팀장인데, 내 아들이 이번에 대학에 가는데….)를 입력할 때 '메모리 업데이트 중'이라는 표시가 나타나면 나의 개인 정보가 계정에 저장되고 있다고 생각하면 됩니다. 어떤 내용이 저장되어 있는지는 다음 프롬프트로 쉽게 확인할 수 있습니다.

> "지금까지 메모리에 업데이트된 나에 대한 정보를 보여 줘."

저장된 주요 정보를 보시고 다음 프롬프트처럼 불필요하다고 생각되는 내용은 지우시고 추가해도 괜찮겠다고 생각되는 내용은 남겨 놓으면 됩니다.

> "메모리에서 ○○○, ○○○ 등의 내용은 지워 주고 관심사에서 ○○○, ○○○는 추가해 줘. 대화 스타일에서 나는 ○○○, ○○○한 답변을 선호해."

상황 3 조직 혁신 전략 도출하기

조직 문화나 혁신 관련 책을 읽고 '우리 회사도 이렇게 바뀌면 좋겠다.'라고 생각하지만 현실의 벽 앞에서 좌절했던 경험들이 많이 있을 것입니다. 특히, '이상은 좋은데 우리 조직 문화에서는 불가능해.'라는 체념에 빠지기 쉽습니다. 이때도 생성형 AI에게 도움을 요청할 수 있습니다.

일반적 접근 '구글처럼 자유로운 분위기를 만들어야겠다.'는 식의 맥락 없는 벤치마킹

실천적 독해 접근 혁신 사례의 본질적 원리를 파악하고 우리 조직의 현실적 제약을 고려한 점진적 변화 전략 수립

실전 프롬프트

"이 조직 혁신 서적의 내용을 보수적인 금융권 중견 기업에서 실제 적용하는 방안을 제시해 줘."

- 우리 조직 상황:
  - 위계 질서가 강한 은행
  - 평균 연령 40대, 변화에 대한 저항 있음
  - 규제가 많아 제약사항이 많음
  - 최근 디지털 전환 압박을 받고 있음
  - 최고 경영진은 혁신 의지 있지만 중간 관리층은 소극적

"다음과 같은 관점에서 분석해 줘."

1. 책에서 제시한 혁신 방법 중 보수적 조직에서도 적용 가능한 것들
2. 한국적 조직 문화와 충돌하지 않으면서도 변화를 이끌 수 있는 방법
3. 저항을 최소화하면서 점진적으로 변화를 유도하는 단계별 전략
4. 각 단계에서 예상되는 장애물과 극복 방안

자료 파일 참조 🔗

● 실천적 독해의 3가지 핵심 관점

앞서 살펴본 것처럼 실천적 독해는 다양한 상황에서 내 삶과 업무에 도움되는 중요한 시사점을 고민해 볼 수 있는 출발점으로 유용합니다. 좀 더 구체적으로 살펴보면, 실천적 독해는 개인·업무 적용, 미래 예측과 시나리오, 창조적 융합이라는 3가지 관점에서 접근 가능합니다.

개인·업무 적용에서는 추상적인 개념을 구체적인 행동 계획으로 바꿔 봅니다. 미래 예측과 시나리오에서는 책의 아이디어가 앞으로 어떻게 발전할지, 우리 상황에 어떤 변화를 가져올지 상상해 봅니다. 창조적 융합에서는 책의 아이디어를 전혀 다른 분야와 연결해 새로운 통찰을 만들어 냅니다. 군사 전략서를 읽고 사업이나 마케팅 전략에 응용하는 식입니다.

 추상적 개념을 구체적 실행으로

먼저 개인·업무 적용은 추상적 개념을 현실 맥락에 맞게 가치 실현과 실질적 변화 대안으로 풀어 내는 것입니다. 이 접근법에서 중요한 것은 맥락 정보를 적절히 잘 입력하는 것입니다. 시사점 도출과 관련된 대상, 목적, 상황을 구체적으로 제시해야 실천 방안 리스트의 정합성이 높아집니다. 다만, 주의할 점은 도출된 결과는 단지 출발점일 뿐이라는 것입니다. 맹신하면 안 되고 내 상황에 맞게 좀 더 고민해 가치를 더할 때 비로소 의미 있는 실천 방안에 도달할 수 있습니다.

> **조합 공식:** 시사점·아이디어+삶·업무=실질적 변화와 개선

상황 1 데이터 분석 기법+마케팅 팀 적용

고급 데이터 분석 서적을 읽었는데, 내용이 너무 기술적이어서 비전문가로 구성된 마케팅 팀에서는 어떻게 활용할지 막막하다면?

> **책 내용의 실천적 활용 프롬프트**
>
> "첨부한 고급 데이터 분석 서적의 요약 내용을 비전문가로 구성된 마케팅 팀이 활용할 수 있게 제안해 줘."
>
> 〈우리 팀 상황〉
> - 마케터 4명, 통계 전문가 없음
> - Excel과 Google Analytics는 사용 가능
> - 고객 데이터는 있지만 분석 역량 부족
> - 실행 가능한 인사이트 도출이 목표
>
> "다음과 같은 관점에서 분석해 줘."
> 1. 서적에 나온 복잡한 분석 기법 중 마케팅 업무에 가장 유용한 3~4가지 선별
> 2. 각 기법을 기술적 배경 없이도 이해하고 적용할 수 있는 단계별 가이드
> 3. 실제 마케팅 시나리오에 적용하는 실습 예제
> 4. 결과를 해석하고 액션 아이템으로 전환하는 프레임워크 구성

위 프롬프트처럼 실천적 독해를 할 때는 내 상황과 분석 관점을 적절히 AI에게 제시해 주어야 합니다. 또한 충분히 책이나 보고서에 대한 분석 작업이 진행되어 있어야 하겠지요. 여기서는 책 내용을 요약한 내용이 있다고 가정하고 프롬프트를 구성해 보았습니다.

상황 2 생산성 향상 방법＋워킹맘의 일상

생산성 향상 서적을 읽었는데, 대부분 시간 여유가 있는 직장인을 대상으로 한 내용이라 일과 가정의 균형을 중시하는 워킹맘에게는 적용하기 어렵다면?

생산성 향상 서적의 개인 적용 프롬프트

"이 생산성 향상 방법론을 일－가정 균형을 중시하는 워킹맘의 일상에 맞게 조정해 줘. 다음과 같은 관점에서 분석해 줘."

1. 책에서 제시하는 핵심 생산성 기법 중 시간 제약이 큰 환경에 적합한 것들
2. 각 기법을 바쁜 아침 루틴, 출퇴근 시간, 업무 시간, 가족 시간에 통합하는 구체적인 방법
3. 성공적 습관화를 위한 최소 실행 가능 단계들
4. 실패했을 때 다시 시작할 수 있는 회복 전략

〈내 상황〉

- 초등학생 자녀 2명과 직장 생활 병행
- 아침 7시 출근, 저녁 6시 퇴근
- 주말에는 가족 시간을 중시
- 완벽보다는 효율성을 추구

자료 파일 참조 🔗

실천적 독해 중 업무·개인 적용을 위해 질문할 경우, 프롬프트를 구성할 때 다음과 같은 부분들을 특히 신경 쓰세요.

- **상황 정보 구체화**: 조직 규모, 업무 특성, 개인 상황을 최대한 구체적으로 제시하세요.
- **제약 조건 명시**: 예산, 시간, 인력 등의 현실적 제약사항을 명확히 알려주세요.
- **단계별 실행 계획**: 한 번에 큰 변화보다는 점진적 개선 방안을 요청하세요.
- **측정 가능한 결과**: 필요하다면 성과의 객관적 평가 지표를 함께 요청하세요.

예측적 확장 **현재 아이디어의 미래적 함의 탐색**

예측적 확장은 현재 아이디어가 미래에 어떤 의미를 갖는지를 탐색하여 장기적인 영향과 가능성을 모색하고 새로운 시나리오와 비전을 형성하는 방법입니다. 미래는 매우 넓은 시공간이기 때문에 고민하는 이슈 사항과 함께 타깃으로 하는 시기와 공간의 범위, 그리고 관심사를 가급적 구체적으로 지정하고 묘사하는 것이 중요합니다. 이러한 내용 확정 없이 대충 물어보면 AI도 대충 답합니다.

> **조합 공식:** 시사점/아이디어＋미래 관심사＋시공간 범위 한정＝새로운 시나리오와 비전

상황1 소매업 트렌드＋2035년 시나리오

소매업 트렌드 보고서를 읽고 현재 변화의 동인들이 향후 10년간 어떻게 발전할 수 있는지, 그리고 이것이 소비자 경험에 어떤 변화를 가져올지 예측해 보고 싶다면?

> **일반적 접근** '소비자 경험이 앞으로도 중요할까?'
>
> **예측적 확장 접근** 구체적 변화 동인 분석을 통한 다차원적 미래 시나리오 구성
>
> **실전 프롬프트**
>
> "첨부한 소매업 트렌드 보고서를 바탕으로 2035년 소비자 경험의 미래 시나리오를 개발해 줘."
> "다음과 같은 관점에서 분석해 줘."
> 1. 보고서에서 식별된 주요 변화 동인과 초기 신호들
> 2. 이러한 동인들이 향후 10년 동안 어떻게 발전할 수 있는지에 대한 3가지 가능한 시나리오(낙관적/현실적/비관적)
> 3. 각 시나리오에서 소매업체, 소비자, 규제 기관에게 예상되는 기회와 위험
> 4. 현재 시점에서 이러한 미래에 대비하기 위한 전략적 고려 사항

상황2 AI 기술+일자리 환경 변화

AI 기술 백서를 읽고 향후 5~7년간 일자리 환경이 어떻게 변할지, 그리고 개인과 조직이 어떻게 대비해야 할지 구체적으로 예측해 보고 싶다면?

"이 인공지능 기술 백서의 내용을 바탕으로 향후 5~7년간 일자리 환경 변화를 예측해 줘. 다음과 같은 관점에서 분석해 줘."

1. 백서에 기술된 핵심 기술 발전의 요약
2. 이러한 기술이 가장 크게 영향을 미칠 것으로 예상되는 5개 직업 분야
3. 각 분야에서 예상되는 구체적인 변화(대체, 보완, 직무 재구성 등)
4. 개인과 조직이 이러한 변화에 대비하기 위한 단계별 준비 전략
5. 새롭게 등장할 직업과 필요 역량 예측

자료 파일 참조 🔗

상황 3 헬스케어 트렌드＋의료 서비스 미래

헬스케어 트렌드 보고서를 바탕으로 2030년 환자 경험이 어떻게 변할지, 그리고 의료 서비스 제공자와 환자가 어떻게 대비해야 할지 예측해 보고 싶다면?

"이 헬스케어 트렌드 보고서를 바탕으로 2030년 환자 경험의 변화를 예측해 줘. 다음과 같은 관점에서 분석해 줘."

1. 보고서에서 식별된 주요 기술적, 사회적 변화 동인
2. 이들 동인이 환자–의료진 관계, 진단 과정, 치료 방식에 미칠 영향
3. 다양한 연령대(20~30대, 40~50대, 60대 이상)에 따른 차별화된 미래 의료 서비스 시나리오
4. 의료 서비스 제공자와 환자가 변화에 대비하기 위한 전략적 고려사항
5. 예상되는 새로운 의료 서비스 유형과 비즈니스 모델

실천적 독해 중 예측적 확장을 위해 질문할 경우, 프롬프트 구성에 다음과 같은 부분들을 특히 신경 쓰세요.

- **구체적 시간 설정**: 막연한 '미래'가 아니라 3년, 5년, 10년 등 구체적 시점을 설정하세요.
- **변화 동인 파악**: 현재 관찰되는 변화의 원인과 동력을 먼저 분석하세요.
- **다면적 시나리오**: 하나의 예측이 아니라 여러 가능성을 고려한 시나리오를 요청하세요.
- **실천적 대응**: 현재 시점에서 취할 수 있는 행동 방안을 요청하세요.

창조적 융합은 분야 간 경계를 넘는 연결을 통해 새로운 통찰과 혁신적 아이디어를 창출하는 방법입니다. 지식의 재구성과 확장을 통해 기존에 없던 관점을 만들어 내는 것이 핵심입니다. 예를 들어, 디지털 마케팅 책을 읽고 이를 행동 경제학과 융합하거나 현대 리더십 이론을 동양 철학과 연결하는 식입니다. 즉, 개념상의 연계를 넘어서 내 삶, 조직의 활동에 직접적으로 도움되는 아이디어나 시사점까지 유도하는 것입니다.

실천적 독해의 창조적 융합을 잘 하려면 다양한 아이디어와 사상들을 두루 이해하고 있어야 합니다. 다만, 깊게 알 필요는 없습니다. 상식 수준이면 충분합니다. 중요한 건 텍스트의 시사점/아이디어와 연계 가능성이 높은 다른 분야의 아이디어를 잘 떠올리는 것입니다.

> **조합 공식:** 시사점·아이디어＋다른 아이디어·사상·관점＝새로운 통찰

한 패션 브랜드의 마케팅 팀장의 경우를 생각해 보지요. 최근 글로벌 디지털 마케팅 트렌드 보고서를 읽었는데, 'Z 세대는 인플루언서보다 동료 추천을 신뢰한다.', '개인화 콘텐츠 참여율이 일반 콘텐츠보다 3배 높다.', '라이브 커머스 구매 전환율이 급상승하고 있다.'와 같은 내용들이 가득했습니다.

하지만 이런 트렌드들을 보니 '그래서 우리는 뭘 해야 하지?'라는 막막함이 들었습니다. 단순히 '모바일 중심으로 전략을 바꿔야겠다.', '인플루언서 마케팅 예산을 줄이고 UGC 캠페인을 늘려야겠다.'라는 결론은 너무 뻔하고, 경쟁사들도 이미 다 알고 있는 내용이니까요.

그때 문득 대학 시절에 들었던 행동 경제학 수업이 생각났습니다. '사람들은 합리적으로 행동하지 않는다.', '손실 회피 성향이 있다.'와 같은 개념들 말입니다. 혹시 이 디지털 마케팅 트렌드들을 행동 경제학의 렌즈로 다시 해석하면 남들이 놓친 새로운 인사이트를 발견할 수 있지 않을까요? 예를 들어, Z 세대가 왜 인플루언서보다 동료 추천을 신뢰하는 심리적 메커니즘을 파악한다면 더 효과적인 마케팅 전략을 만들 수 있을 것 같은데요.

다음은 이 상황에서 창조적 융합 관점의 실천적 독해를 처음 접하는 분들이 시도할 만한 기본 접근법입니다.

 '디지털 마케팅이 중요하니까 SNS 광고를 늘려야겠다.'

 디지털 마케팅 전략을 행동 경제학 이론 관점에서 재구성

"디지털 마케팅 보고서에서 추출한 다음의 Z 세대 겨냥 디지털 마케팅 전략들을 행동 경제학 이론과 융합해 줘." .... **(가)**

"다음과 같은 관점에서 분석해 줘." .... **(나)**

1. 보고서에서 도출된 3~5개의 핵심 통찰 정리

2. 이 통찰들이 행동 경제학의 주요 개념(넛지, 손실회피, 프레이밍 효과 등)과 연결될 수 있는 지점

3. 이러한 융합을 통해 도출할 수 있는 새로운 마케팅 접근법

4. 실제 캠페인에 적용 가능한 구체적 전략 3가지

〈Z 세대 겨냥 디지털 마케팅 전략 추출 내용〉 .... **(다)**

A. 마이크로 인플루언서 협업: 팔로워 1~10만 수준의 크리에이터와 협업하세요. 메가 인플루언서보다 신뢰도 3배, 참여율 7배 높은 효과를 보입니다.

B. UGC 캠페인 기획 '#너의일상챌린지'처럼 사용자가 직접 콘텐츠를 생산하도록 유도하면 자연스러운 바이럴과 함께 브랜드 인지도가 급상승해요.

C. 숏폼 콘텐츠 집중 투자 15초 내외의 임팩트 있는 영상이 핵심입니다. '사용 전후 비교', '3초 꿀팁', '리액션 영상' 포맷이 특히 효과적입니다.

D. 브랜드 페르소나 구축 브랜드를 하나의 캐릭터처럼 만드세요. '친근한 언니', '유쾌한 친구'와 같은 페르소나로 일관된 톤 앤 매너 유지가 중요합니다.

E. 가치 중심 메시지 환경 보호, 다양성 존중 등 사회적 가치를 실천하는 모습을 자연스럽게 보여 주세요. 단순한 선언이 아닌 실제 행동이 담긴 콘텐츠여야 해요.

위 프롬프트는 매우 길지요. 책을 업로드하는 대신 핵심 추출 내용을 올려서 그렇습니다. 이 프롬프트는 3개의 구성 요소(**가, 나, 다**)로 이루어졌습니다. (**가**)는 문제에 대한 창조적 융합 접근을 요청하는 내용입니다. (**나**)는 (**다**)의 내용을 행동 경제학 관점에서 좀 더 분석하고 업그레이드해 새로운 전략을 만들어 내려는 방향성 지시 프롬프트입니다. (**다**)는 보고서에서 추출한 일반적인 Z 세대 겨냥 디지털 마케팅 전략입니다.

이러한 기본 활용법만으로도 다음처럼 현업 실무에서 의미있게 논의해 볼 만한 차별적인 마케팅 전략을 도출할 수 있습니다.

전략 1 '동네 친구 효과' 활용 캠페인
- **행동 경제학 원리**: 근접성 편향+사회적 증거
- **실행 방법**: 지역 기반 마이크로 인플루언서와 '우리 동네 일상' 콘텐츠 제작
- **예상 효과**: 신뢰도 향상 및 구매 전환율 증가

전략 2 '내가 만든 브랜드' 소유감 마케팅
- **행동 경제학 원리**: 소유 효과+자기 귀속 편향
- **실행 방법**: 고객 UGC를 브랜드 공식 채널에서 크레딧과 함께 활용
- **예상 효과**: 브랜드 애착도 증가 및 자발적 홍보 확산

전략 3 '3초 임팩트' 가치 실천 시리즈
- **행동 경제학 원리**: 인지적 효율성+정체성 일치
- **실행 방법**: 환경 실천 전후를 3초 내 극적으로 대비하는 숏폼 제작
- **예상 효과**: 브랜드 가치 인식 향상 및 Z 세대 공감대 형성

여러 AI를 결합하는 좀 더 복잡하고 상세한 분석도 가능합니다. 이는 자료 파일을 참고하세요.

자료 파일 참조 🔗

실천적 독해 중 창조적 융합 관점을 성공적으로 활용하려면 다음 4가지 포인트를 기억하세요.

- **연결점 발견**: 표면적인 차이보다는 본질적 공통점이나 상호 보완점을 찾아보기 바랍니다. '왜 이 두 분야가 연결될 수 있을까?'를 먼저 생각해 보면 더 깊이 있는 융합이 가능합니다.
- **구체적 적용**: 이론적 융합에만 그치지 말고 실제 적용 가능한 방안까지 도출하세요. '이론적으로는 맞는데 현실에서는 어떻게 하지?'라는 질문을 항상 던져 보세요.
- **단계적 검증**: 기본 활용법으로 방향성을 확인한 후 필요에 따라 고급 활용법으로 정교화 하세요. 처음부터 복잡하게 접근하면 오히려 핵심을 놓칠 수 있습니다.
- **실용적 균형**: 완벽한 융합보다는 실제 써먹을 수 있는 융합을 추구하세요. 80% 정도의 완성도로도 충분히 가치 있는 결과를 만들 수 있습니다.

결국 창조적 융합의 핵심은 서로 다른 분야의 지혜를 모으고 결합해서 현실 문제 해결에 적용하는 것입니다. AI는 이 과정을 훨씬 쉽고 빠르게 만들어 주는 강력한 도구입니다. 하지만 어떤 분야를 어떻게 연결할지는 결국 여러분의 창의적 사고가 결정합니다. 작은 시도부터 시작해서 점차 여러분 나름의 창조적 융합 스타일을 만들어 나가시기 바랍니다.

2.6 심화 독해의 핵심 포인트

지금까지 구조적 독해, 계보적 독해, 심층적 독해, 실천적 독해라는 4가지 심화 독해 방법을 배웠습니다. 각 방법의 핵심을 정리하고 실전에서 어떻게 활용할지 다시 한번 점검해 보겠습니다.

구조적 독해 텍스트의 설계도 읽기

구조적 독해는 물리적 구조, 논리 구조, 서술 방식, 개념 배치, 정보 밀도의 5가지 관점으로 텍스트의 설계 원리를 분석하는 방법입니다. 구조적 독해를 활용하는 핵심 전략과 실전 체크 포인트는 다음과 같습니다.

- **핵심 전략**
  - **선택적 적용**: 목적에 따라 1~2개 관점부터 시작
  - **객관적 패턴 발견**: AI를 활용해 인간이 놓치기 쉬운 구조적 특징 파악
  - **비교 분석**: 여러 문서의 구조를 비교해 각각의 차별점과 공통점 발견
  - **신뢰성 검증**: 논리 구조 분석으로 논증의 타당성 평가
- ✅ **실전 체크포인트**
  - 이 텍스트에서 가장 중요한 부분은 어디에 배치되어 있는가?
  - 논리 전개가 타당한가, 비약이나 모순은 없는가?
  - 정보 밀도가 높은 장과 낮은 장을 구분했는가?
  - 구조 분석 결과를 읽기 우선순위 설정에 활용했는가?

 텍스트의 가계도 그리기

계보적 독해는 시대·사회 맥락, 영향 관계, 핵심 개념 변화, 관련 담론, 방법론의 5가지 관점으로 텍스트의 역사적 뿌리와 발전 과정을 추적하는 방법입니다. 계보적 독해를 활용하는 핵심 전략과 실전 체크 포인트는 다음과 같습니다.

- **핵심 전략**
  - **전문가 통찰력 확보**: AI로 초심자도 전문가의 시계열적 맥락 이해 능력을 빠르게 습득
  - **변화 패턴 분석**: 변화의 동력과 전환점을 파악해 미래 예측 정확도 향상
  - **단계형 접근**: 한 번의 완벽한 질문보다 단계별 심화 질문으로 AI와 협업
  - **환각 방지**: 가급적 관련 파일을 업로드하고 교차 검증으로 신뢰성 확보
- ☑ **실전 체크포인트**
  - 이 개념이나 사건이 시간에 따라 어떻게 변화했는가?
  - 주요 전환점은 언제이며, 왜 변화가 일어났는가?
  - 영향을 받은 선행 이론과 영향을 준 후속 연구는 무엇인가?
  - 필요시 관련 파일을 적절히 업로드해 환각을 방지했는가?

 텍스트 속 보물찾기

심층적 독해는 분석적(Lv. 1)→해석적(Lv. 2)→비판적(Lv. 3)의 3단계로 텍스트 표면 너머 숨어 있는 의미나 전제, 이해관계를 탐구하는 방법입니다. 심층적 독해를 활용하는 핵심 전략과 실전 체크 포인트는 다음과 같습니다.

- **핵심 전략**
  - **단계별 선택**: 분석적 독해는 기본 수행, 중요 문서는 해석적 독해로 진행, 편향이 의심되면 비판적 독해를 적용
  - **체계적 의심**: 논리적 도구 활용, 감정이나 선입견 배제
  - **맥락적 해석**: 텍스트를 사회적·역사적 맥락 속 산물로 이해
  - **비판적 거리**: 저자 의도나 표면 메시지에 매몰되지 않고 건전한 의심 유지
  - **창조적 재해석**: 기존 이분법 해체, 새로운 관점 제시

- **단계별 핵심**

Lv. 1 분석적 심층 독해	Lv. 2 해석적 심층 독해	Lv. 3 비판적 심층 독해
논리 구조, 전제와 가정, 논증의 타당성 등을 체계적 분석 • **핵심**: 분석 도구들을 다각적으로 조합, 실용적 의사결정으로 연결	명시적 의미 너머 암시적·상징적 의미나 저자의 진짜 의도 탐색 • **핵심**: 텍스트 내의 간극과 모순을 포착, 다층적 의미 탐색	알튀세르(징후적), 데리다(해체적), 푸코(계보학적), 보드리야르(시뮬라크르) 렌즈 활용 • **핵심**: 권력과 이해관계 질문, 배제된 목소리 탐색

☑ **실전 체크포인트**

- 이 글에 숨어 있는 전제와 가정은 무엇인가?

- 논리적 비약이나 근거 부족은 없는가?

- 이 텍스트는 누구에게 유리한 내용을 담고 있는가?

- 침묵당하거나 배제된 관점은 무엇인가?

실천적 독해　**배운 내용을 실제 삶에 적용하기**

　실천적 독해는 개인·업무 적용, 예측적 확장, 창조적 융합의 3가지 관점으로 텍스트를 현실에 적용하는 최종 단계입니다.

- **핵심 전략**
  - **맥락 중심 접근**: 개인·조직의 구체적 상황, 제약 조건, 목표를 명확히 고려
  - **실천 가능성 확보**: 이론 분석에 그치지 않고 실행 가능한 구체적 행동 계획 수립
  - **예측적 사고**: 현재 아이디어의 미래 영향과 시사점을 탐색, 장기 전략 수립
  - **창조적 융합**: 서로 다른 분야의 아이디어를 결합해 혁신적 해결책 창출
- ☑ **실전 체크포인트**
  - 이 아이디어를 내 업무와 삶에 어떻게 적용할 것인가?
  - 구체적이고 실행 가능한 행동 계획이 있는가?
  - 이 개념이 3~5년 후 어떤 의미를 가질 것인가?
  - 다른 분야와 융합해 새로운 관점을 만들 수 있는가?

4가지 방법의 통합 활용

심화 독해 4가지 방법은 독립적으로도 쓰일 수 있지만, 조합해서 사용할 때 진정한 힘을 발휘합니다. 예를 들어, 비즈니스 보고서를 분석할 때 구조적 독해의 정보 밀도 분석을 통해 핵심 장을 식별하고 계보적 독해를 통해 이 전략이 과거 어떤 이론에서 왔는지 추적할 수 있습니다. 이와 아울러 심층적 독해를 통해 보고서 작성자의 숨어 있는 의도와 편향을 파악하고 실천적 독해를 통해 우리 조직에 맞게 변형해 실행 계획을 수립할 수 있습니다. 가능한 상황별 조합 전략은 다음과 같습니다.

검토 자료별 심화 독해 방법의 조합 활용법

상황	추천 조합	활용 목적
학술 논문 리뷰	구조적+계보적	연구 맥락 이해, 핵심 기여 파악
전략 보고서 검토	구조적+심층적	논리 검증, 편향 발견
경영서 실무 적용	계보적+실천적	이론 배경 이해, 맞춤형 적용
정책 문서 분석	심층적+실천적	이해관계 파악, 대응 전략 수립

심화 독해는 단순히 '더 깊이 읽는 것'이 아닙니다. 텍스트를 전략적으로 해부하고, 역사적 맥락에서 이해하고, 숨어 있는 의미를 발견하고, 실제 삶에 적용하는 통합적 사고 과정입니다. 생성형 AI와 함께라면 이 모든 것이 가능합니다.

3 AI 드리블링의 이론과 프로세스

✦ 장 오노레 프라고나르의 「책 읽는 소녀」를 모티브로 해서 ChatGPT를 이용해 3D 피규어 이미지로 만든 그림

3장은 AI 드리블링의 이론과 실전 프로세스를 다룹니다. AI 드리블링은 '최종 목표를 정하고 다양한 장애물을 우회하며 AI와 연속적으로 대화해 복잡한 작업을 완성하는 창작 프로세스'입니다. AI 드리블링을 활용하면 20~50개의 프롬프트를 자연스럽게 연결하여 10~30페이지 분량의 고품질 보고서를 완성할 수 있게 됩니다. 여기서는 AI 드리블링의 기본 개념과 철학, 나아가 4R 프로세스(Ready→Recall & Research→Report→Refine)를 따라 보고서를 체계적으로 완성하는 방법을 익힙니다.

1장의 전체 구조

3.1 기초에서 고급으로: AI 드리블링의 세계

→ AI 드리블링의 정의와 핵심 철학을 이해합니다.

3.2 Ready(준비): 방향성 구상

→ AI 드리블링의 첫 단계로, 작업의 방향성을 구체화하는 방법을 배웁니다.

3.3 Recall & Research(소환, 연구): 관련 말뭉치 키우기

→ AI와 연속 대화로 다양한 관점의 자료를 수집하고 말뭉치를 확장하는 방법을 익힙니다.

3.4 Report(초안 작성): 논리적 구조화로 고품질 보고서의 초안 만들기

→ 수집한 말뭉치 자료를 체계적인 보고서로 구조화하는 방법을 배웁니다.

3.5 Refine(초안 정교화): 초안에서 완성작으로

→ 완성된 초안의 논리·문체·구조를 다듬어 최종 완성본으로 만드는 퇴고 방법을 익힙니다.

3.6 AI 드리블링의 한계와 주의사항

→ 프로세스 진행상 함정과 인간–AI 관계 측면의 함정 등 주의사항과 극복 방법을 배웁니다.

3.7 AI 드리블링으로 얻은 시간을 어떻게 쓸 것인가?

→ AI 드리블링으로 절약한 시간을 전략적, 창의적으로 활용하는 방법을 모색합니다.

내 상황에 맞는 읽기 가이드

독자별 니즈	독해 가이드
"AI 드리블링의 개념부터 알고 싶어요."	3.1로 이동(정의, 철학, 다른 방법과의 비교)
"복잡한 보고서를 어디서부터 시작해야 할지 막막해요."	3.2로 이동(Ready 단계에서 방향성 잡기)
"자료 수집을 효율적으로 하고 싶어요."	3.3으로 이동(Recall & Research 단계의 말뭉치 확장법)
"자료를 정리해 보고서로 만들기 어려워요."	3.4로 이동(Report 단계 6단계 프로세스)
"초안을 어떻게 다듬어야 할지 모르겠어요."	3.5로 이동(Refine 단계 퇴고 방법)
"AI 드리블링의 위험요소를 알고 싶어요."	3.6으로 이동(8가지 함정과 극복법)
"4R 프로세스를 빠르게 파악하고 싶어요."	3.2 → 3.3 → 3.4 → 3.5 순서로(핵심 프로세스만)

● AI 드리블링의 정의와 핵심 철학

3장에서 배울 AI 드리블링은 작은 질문이나 아이디어로부터 출발하여 수십 개의 프롬프트를 엮어서 고품질 보고서까지 만들어 내는 궁극의 AI 활용법입니다. 아직 대부분의 사람들은 AI에게 프롬프트 한두 개 정도만 입력해 짧은 답변을 얻어 내는 AI 프롬프팅 단계에 머물러 있습니다. 그렇기 때문에 AI 드리블링이라는 말은 무척 생소할 것입니다.

더욱이 인터넷 검색이나 AI 질문을 통해서도 제대로 된 답변을 듣지 못할 것입니다. 이 기법은 제가 지난 2년간의 실무 AI 활용 과정을 통해 경험한 노하우를 세계에서 가장 먼저 체계화해서 이 책을 통해 제시하는 것이니까요. 3장에서는 AI 드리블링의 개념과 철학에 대해 먼저 살펴본 후 제가 만든 4R 프로세스(Ready→Recall & Research→Report→Refine)에 따라 차근차근 AI 드리블링을 전개해 나가는 방법과 노하우를 알려드리겠습니다.

AI 드리블링이란 무엇인가?

AI 드리블링이란, 수십 개의 프롬프트를 투입해 '최종 목표를 정하고 다양한 장애물을 우회하며 AI와 연속적으로 대화해 복잡한 작업을 완성하는 창작 프로세스'로 정의할 수 있습니다. 이 정의에서 핵심 키워드들을 하나씩 살펴보겠습니다.

- **'최종 목표를 정하고'**: 단순히 "보고서를 써 줘."가 아니라 "글로벌 AI 가전 시장 진출을 위한 실행 가능한 전략 보고서를 임원진이 즉시 의사결정을 할 수 있는 수준으로 완성해 줘."처럼 구체적이고 명확한 목표를 설정합니다.
- **'다양한 장애물들을 우회하며'**: 복잡한 프로젝트에는 자료 부족, 논리적 모순, 정보의 신뢰성 문제처럼 예상치 못한 문제들이 흔히 나타납니다. AI 드리블링은 이런 장애물들을 정면 돌파하는 대신, 창의적으로 우회하거나 다른 방식으로 유연하게 해결하려 합니다.
- **'AI와 연속적으로 대화해'**: 한 번의 질문으로 끝나는 게 아니라 20~50개의 프롬프트를 자연스럽게 연결해서 대화를 이어갑니다. 마치 숙련된 동료와 브레인스토밍하듯이 말입니다.

- **'복잡한 작업을 완성하는'**: 단순한 요약이나 번역이 아니라 10~30페이지 분량의 완성도 높은 보고서나 전략 문서 같은 고도의 지적 작업을 완성합니다.

이러한 AI 드리블링은 축구의 드리블링과 비슷하게 전개되고, 요즘 유행하는 바이브 코딩과 비슷한 철학을 갖고 있습니다. 좀 더 자세히 살펴볼까요?

축구 드리블링 vs. AI 드리블링

왜 '드리블링'이라는 표현을 쓸까요? 축구에서 메시나 손흥민 같은 톱 플레이어들이 상대 수비수들을 하나씩 제치며 골대로 드리블링하는 모습을 상상해 보세요. 다음 표를 보면 의외로 축구 드리블링과 AI 드리블링이 공통점이 많다는 것을 느낄 수 있을 것입니다.

축구 드리블링과 AI 드리블링의 공통점들

공통점	축구 드리블링	AI 드리블링
최종 목표가 명확	골을 넣는 것	완성도 높은 보고서 완성
장애물이 많음	여러 명의 수비수	정보 부족, 논리적 허점, 신뢰성 문제 등
즉석 판단	상황에 따라 왼쪽으로 갈지, 오른쪽으로 갈지, 아니면 뒤로 빼서 패스할지 결정	AI 답변을 보고 어떤 프롬프트(계속 진행, 질문 수정, 새로운 분기 생성)를 던질지 결정
연속적인 움직임	한 기술이 끝나면 바로 다음 기술로 연결	이전 답변을 바탕으로 다음 질문 설계
창의적 해결	예상치 못한 상황에서 새로운 방법 찾기	막힐 때면 새로운 접근법 시도

AI 드리블링과 바이브 코딩 | ### 같은 철학, 다른 영역

요즘 개발자들 사이에서 인기인 바이브 코딩(Vibe Coding)[16]을 아시나요? '느낌(Vibe)을 따라가며 코드를 만드는' 방식입니다. AI 드리블링은 바이브 코딩과 놀랍도록 유사한 철학을 가지고 있습니다. 인문계 감성이 필요한 글쓰기와 이공계 지식이 필요한 코드 작성은 매우 다른 영역입니다. 하지만 생성 AI라는 공통의 신기술에 대응해 서로 다른 분야에서 비슷한 형태의 '일하는 방식'이 자연 발생적으로 새롭게 탄생한 것입니다. 저도 2년 전 AI

---

[16] 바이브 코딩(Vibe Coding)은 AI 코딩 도구(GitHub Copilot, ChatGPT 등)를 활용해 전체적인 '느낌'이나 '의도'를 자연어로 전달하면 AI가 실제 코드를 생성해 주는 새로운 프로그래밍 방식입니다. 전통적인 문법 중심 코딩과 달리, "이런 기능이 필요해."라는 추상적 요구사항을 AI와 대화하듯 주고받으며 개발하는 것이 특징입니다.

드리블링 기법에 눈을 떠서 보고서 작업에 다양하게 활용하며 세부 방법들을 발전시켜 왔는데, 최근 알게 된 바이브 코딩과 여러 가지 공통점들이 있음을 깨닫고 신선한 충격을 받았습니다.

AI 드리블링과 바이브 코딩의 공통점

공통점	내용
탐색적 접근	'일단 해 보면서 감 찾기'
점진적 개선	작은 것부터 시작→ 확장→ 정교화
흐름 중시	자연스러운 발전 과정을 따라가기
과정 즐기기	결과보다는 탐구 과정에서 얻는 통찰 중시
도구와의 대화	AI와 상호작용 또는 IDE[17]를 활용하여 아이디어 발전

이처럼 AI 드리블링과 바이브 코딩이 비슷한 이유는 어쩌면 포유류인 박쥐와 조류인 새가 서로 다른 진화 경로를 거쳤지만 하늘을 나는 환경에서 유사한 날개 구조를 갖게 된 '수렴 진화(convergent evolution) 현상'과 비슷하다고 볼 수 있습니다. 서로 다른 창작 영역이지만 생성 AI라는 새로운 기술 환경 속에서 비슷한 작업 방식이 자연스럽게 만들어진 것이겠지요.

AI 드리블링이 언제 필요한가?

AI 드리블링은 기본적으로는 복잡도 높은 장문 보고서 작업을 위해 제가 개발한 방식이지만, 다양한 분야에 응용이 가능합니다. 예를 들어, 보고서 쓰기, 여러 보고서의 비교 정리, 신사업 아이템 발굴, 교육 콘텐츠 개발 등 '비슷해 보이지만 의외로 매번 다른 접근이 필요한' 프로젝트들 말입니다.

특히, AI 드리블링에 익숙해지면 비반복적, 창의적인 작업이 너무도 쉬워집니다. 사실 이 책의 초안(A4 600페이지 분량)도 AI 드리블링의 다양한 기법을 활용해 불과 두 달 만에 빠르게 완성되었습니다. AI 드리블링은 시간 압박이 있는 고품질 작업의 초안 작성에도 매우

---

17 IDE(Integrated Development Environment, 통합 개발 환경): Cursor나 Lovable처럼 프로그래머가 소프트웨어 코드를 효율적으로 개발하도록 돕는 소프트웨어 애플리케이션

효과적입니다. 예를 들어, 오늘 오후까지 제안서 초안을 만들어야 하는 상황에 AI 드리블링을 사용하면 작업을 금세 완수할 수 있습니다. 일반 서술식 보고서뿐만 아니라 PPT 작업에도 고품질 발표 자료를 빠르게 만들 수 있습니다.

▦ AI 드리블링이 필요한 때

AI 드리블링이 효과적인 작업	사례
복잡도가 높은 장문 보고서 작업(10~30 페이지)	여러 관점과 데이터를 종합해야 하는 시장 분석 보고서, 전략 기획서, 정책 제안서 등
비반복적, 창의적 작업	정형화된 템플릿으로는 해결되지 않고, 매번 다른 주제, 다른 접근이 필요한 프로젝트
시간 압박이 있는 보고서 초안 작업	• 오늘 오후까지 보고서 초안을 만들어야 하는 상황 • 빠른 시간 내에 전문가 수준의 결과물이 필요할 때

● AI 드리블링과 유사 개념과의 비교

AI 활용법의 구분 AI Prompting→AI Apps→AI Dribbling→AI Agent

언제 AI 드리블링이 필요한지를 알았다면 AI 드리블링이 다른 AI 활용법과 어떻게 다른지도 쉽게 이해할 수 있을 것입니다. 생성 AI를 활용하는 방법은 크게 4가지로 구분할 수 있습니다. 각각의 특성과 적용 상황을 명확히 이해하는 것이 중요하겠지요.

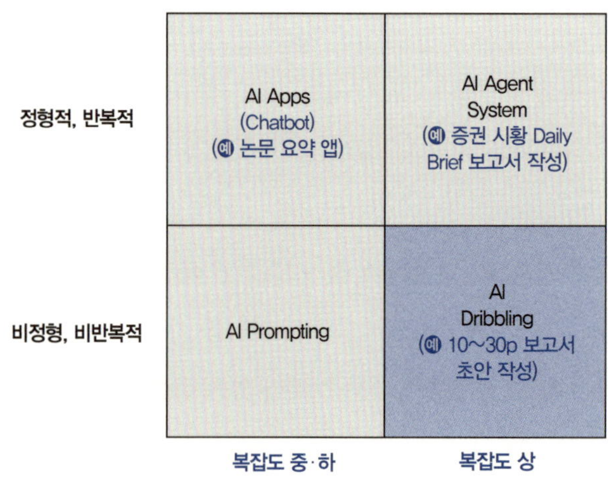

◆ 생성 AI의 4가지 활용법

먼저 AI 프롬프팅(AI Prompting)을 축구로 비유하면 패스, 슛, 드리블 같은 개별 기술에 해당합니다. 하나의 명확한 작업을 위해 하나의 프롬프트를 사용하는 방식입니다. 예를 들어, "이 계약서를 한국어로 번역해 줘.", "이 보고서의 핵심 3가지를 정리해 줘." 식입니다. 복잡도가 그리 높지 않고 비정형적이고 비반복적인 업무에 이용되는 방식입니다. 많은 사람이 생성 AI를 사용하는 것처럼 말입니다.

AI 앱(AI Apps) 또는 AI 챗봇(AI Chatbot)을 축구로 비유하면, 프리킥, 코너킥 등 특정 상황에 전문화된 플레이에 해당합니다. 논문 요약 앱, 영어 회화 챗봇, 일일 브리핑 봇처럼 특정 목적에 특화된 AI 도구들을 말합니다. 복잡도는 그리 높지 않지만, 정형적이거나 반복적인 업무에 활용되는 방식입니다. 한 번 설정해 두면 비슷한 작업을 반복 수행할 수 있어서 효율적입니다. 특정 문제를 해결하는 AI 프롬프트의 모음 또는 작업 지침이라고 할 수 있습니다. 회사에서 젊은 주니어들이 많이 관심을 갖는 분야입니다.

AI 드리블링(AI Dribbling)은 축구에서 여러 기술을 조합해서 수비를 뚫고 골을 넣는 전체적인 플레이에 해당합니다. 복잡도가 높고 비정형적, 비반복적인 창작 작업에 특화된 방식으로, 20~50개의 프롬프트를 연속적으로 사용해 여러 가지 실무상 난관을 뚫고 하나의 완성도 높은 결과물을 만들어 냅니다. 매번 다른 주제, 다른 접근이 필요한 고도의 지적 작업을 수행할 때 사용하는 방법론입니다.

마지막으로 AI 에이전트(AI Agent) 또는 AI 시스템(AI System)을 축구로 비유하면 감독의 전술 시스템과 이에 기초한 자동화된 연계 플레이에 해당합니다. AI가 다양한 외부 데이터, 앱, 도구들과 연결되어 복잡하고 반복적인 업무를 자동화하는 방식입니다. 예를 들어, CRM 데이터를 분석해서 마케팅 이메일을 자동으로 생성하고 발송하는 시스템이나 뉴스와 시장 데이터를 실시간으로 모니터링해서 투자 리포트를 자동 작성하는 시스템 같은 것들입니다. 한 번 구축하면 고품질의 결과물을 안정적으로 생산할 수 있습니다. 다만, 제대로 구축하려면 MCP[18]나 A2A[19] 등 외부 연결 기술과 상당한 도메인 지식을 갖추고 있어야 합니다. 더욱이 만약 시스템 구축까지 간다면 수천만 원에서 수억 원의 투자가 필요합니다.

---

18 MCP(Model Context Protocol): 여러 인공지능과 도구를 연결해서 함께 쓰게 해 주는 규칙
19 A2A(App to App): 서로 다른 앱이 직접 연결돼 자료를 주고받는 방식

구분	AI 프롬프팅	AI 앱, 챗봇	AI 드리블링	AI 에이전트, 시스템
복잡도	Low	Low—Mid	High	High
반복성	비반복적	반복적	비반복적	반복적
프롬프트 수	1~3개	설정형	30~50개	자동화
작업 시간	즉시	즉시	1~3일	지속적
활용 예시	• 번역, 요약 • 간단 분석	• 논문 요약 앱 • 영어 회화 봇 • 일일 브리핑	• 전략 보고서 • 시장 분석서 • 기획서 작성	• 자동 리포트 생성 • 고객 응대 시스템 • 실시간 모니터링
결과물 특성	단발성 답변	정형화된 결과	창의적 장문	안정적 반복 생산
사용자 역할	질문자	사용자	창작 감독	시스템 관리자
외부 연동	불필요	제한적	수동 연계	자동 연계
학습 비용	매우 낮음	낮음	중간	높음
확장성	제한적	중간	매우 높음	높음

AI 드리블링 vs. 프롬프트 체이닝, 무엇이 다른가?

생성 AI에 대해 좀 아시는 분들은 종종 "AI 드리블링이 프롬프트 체이닝(Prompt Chaining)과 뭐가 다르냐?"라고 묻습니다. 프롬프트 체이닝은 원래 복잡한 문제를 여러 단계로 쪼개고 각 단계의 출력물을 다음 단계 입력으로 이어 붙여 최종 결과를 도출하는 방법입니다. 예를 들어, "한국 AI 산업의 최근 트렌드를 개조식으로 정리해 줘."(정보 수집)→"위 내용을 바탕으로 보고서 목차를 짜 줘."(구조 설계)→"1장의 세부 내용을 500자 이내로 작성해 줘."(세부 작성)→"모든 장을 연결해서 하나의 보고서 초안으로 합쳐 줘."(통합) 형태로 연결해 나가는 식입니다. 여기서는 사전에 프롬프트를 논리적으로 설계하는 것이 중요합니다. A→B→C→D처럼 5~10개 정도의 프롬프트가 선형적으로 연결되어 한 번에 진행될 수 있도록 말입니다.

반면, AI 드리블링의 목적은 복잡한 장애물을 우회하며 고품질 결과물을 완성하는 것입니다. 프롬프트 체이닝은 경험치가 쌓인 정형적인 작업에서는 쉽게 활용할 수 있습니다. 그러나 처음 보는 주제의, 처음 해 보는 포맷의 결과물을 만들어 내야 하는 상황이라면 어떨까요? 당연히 생각지도 못한 장애물들을 만나며 프롬프트 체이닝은 예상처럼 잘 작동하지 않게 됩니다. 이 때문에 AI 드리블링은 '계획된 선형 진행'이 아니라 상황에 따라 경로를 수정하고 반복·우회하면서 최적의 결과를 찾아 나가는 '적응적 플레이' 방식을 취하게 됩니다. 다만, 단계별 작업 특성에 따라 4R이라는 체계적 프로세스(Ready → Recall → Report → Refine)를 따르며 각 단계마다 다른 목적과 시간 배분을 가지게 됩니다.

● 사람들은 왜 AI 드리블링을 어렵게 생각할까?

AI와의 작업에 관한 흔한 오해들

AI 드리블링이라는 말을 처음 듣게 되면, 많은 사람이 깜짝 놀라곤 해요. '프롬프트 하나 제대로 만드는 것도 어려운데, 프롬프트를 수십 개 이어서 쓴다고?', '수십 개의 프롬프트를 쓰는 대신, 한 번에 제대로 된 프롬프트 만들면 되지 않아?' 등…. AI와의 작업에 대한 오해들이 심리적 장벽을 만들어 실제로는 쉬운 것을 어렵게 느끼게 만듭니다.

(가) 오해 1 '한 번에 완벽한 결과가 나와야 해.'

바이브 코딩을 해 보신 분들은 아시겠지만, 처음부터 완벽한 코드가 나오지 않습니다. 일단 작동하는 버전을 만들고 점진적으로 개선해 나가는 것이 자연스러운 과정입니다. AI 드리블링도 마찬가지예요. AI 드리블링은 완벽한 '원샷 프롬프트'를 추구하지 않아요. 오히려 불완전하더라도 방향성을 가진 여러 프롬프트의 연결을 중요하게 생각합니다. AI 드리블링은 프롬프트가 아니라 프로세스라는 것을 기억하기 바랍니다.

(나) 오해 2 '복잡할수록 좋은 프롬프트야.'

긴 프롬프트가 항상 좋은 건 아닙니다. 물론 어떤 때는 예시나 출력 형태 지정 때문에 10줄 넘어가는 긴 프롬프트를 쓰는 경우도 있지만, 일반적으로는 오히려 간단하고 명확한 질문에서 시작해 대화를 통해 발전시켜 나가는 것이 더 효과적입니다. AI 드리블링은 간단한 질문들을 목적에 맞추어 계속적으로 이어 나가는 과정이라는 것을 기억하기 바랍니다.

(다) `오해 3` **'AI가 알아서 다 해 줄 거야.'**

AI는 훌륭한 협업 파트너지만, 방향 설정과 품질 관리는 여전히 인간의 몫입니다. 바이브 코딩에서 개발자가 주도권을 갖는 것처럼 말입니다. AI 드리블링에서 여러분은 감독, PD이고, AI는 조연출, 작가 역할이라는 것을 기억하기 바랍니다.

심리적 장벽과 해결책

이러한 AI와의 협업 과정에 대한 오해들이 자칫 AI 드리블링에 대해 심리적 장벽을 만들 수도 있습니다.

(가) `장벽 1` **완벽주의 vs. 점진적 개선 마인드셋**

전통적인 보고서 작성에서는 처음부터 완벽한 계획을 세우고 가급적 한 번에 실수 없이 완성하려고 했습니다. 진행 중 시행착오를 수정하려면 너무 힘들고 괴로웠으니까요. 하지만 AI 드리블링은 '빠르게 80% 완성도에 도달하고 이를 점진적으로 개선'하는 방식입니다. 생성 AI와 함께라면 다양한 사고 실험을 빠르게 진행하고 최적의 대안을 쉽게 찾을 수 있으니까요.

- **해결책**: 첫 번째 결과물을 '완성품'이 아니라 '워킹 프로토타입(working prototype)'이라고 생각하세요. 바이브 코딩에서 '일단 돌아가는 코드'를 만들고 리팩토링(refactoring)하는 것처럼 말입니다.
- **실천 방법**: '이건 초안이니까 일단 방향만 맞으면 돼.' 하는 마음가짐, 결과보다는 '다음 단계를 위한 재료 수집'의 관점으로 차근차근 접근합니다.

(나) `장벽 2` **단발성 질문 vs. 연속적 대화의 차이**

많은 사람이 AI를 '똑똑한 검색 엔진' 또는 '만능 집사'라고 생각해서 한 번의 질문으로 모든 것을 얻어내려고 합니다. 물론 간단한 개념 질문이나 업무 보조 요청이라면 질문 한 번으로 끝날 수 있습니다. 하지만 자료를 수집하고 아이디어를 확장하고, 다시 생각을 정리해서 우리 상황과 연결시키는 과정은 결코 질문 한 번으로 끝날 수 없습니다. 아무리 프롬프트를 길고 복잡하고 완벽하게 만들려고 해도 말입니다. AI 드리블링은 이런 복잡한 문제들을 연속적인 대화를 이용해 차근차근 풀어 나가는 방식입니다.

- **해결책**: AI를 '대화하는 동료'로 생각하고 연속적인 질문을 통해 아이디어를 발전시키세요.
- **실천 방법**: AI 답변을 받으면 '그런데 여기서 ○○ 부분이 궁금한데.'라고 연결 질문하기, '좋은데, 이것을 좀 더 구체적으로 만들어 보자.'는 식의 발전적 요청, '다른 관점에서는 어떻게 볼 수 있을까?'라는 다각도 접근을 합니다.

(다) 장벽 3 즉각적 결과 기대 vs. 프로세스 중심 접근

현대인들은 즉각적 만족에 익숙해져 있습니다. 버튼 하나만 누르면 바로 결과가 나오는 것을 기대합니다. 하지만 의미 있는 창작물을 만드려면 일정한 시간과 과정이 필요합니다.

- **해결책**: 결과보다는 과정에서 얻는 통찰과 학습에 집중하세요. AI 드리블링 과정에서 여러분 자신의 사고력도 함께 발전합니다.
- **실천 방법**: '오늘 목표는 완벽한 보고서가 아니라 좋은 뼈대 잡기', '프로세스 자체가 나의 역량을 키우는 훈련'이라는 인식을 합니다.

(라) 즐기면서 시작하자

가장 중요한 것은 AI 드리블링을 부담스러워하지 말고 즐기면서 시작하는 것입니다. 바이브 코딩은 '코딩은 재미있어야 한다.'라는 메시지로 많은 개발자의 마음을 사로잡았습니다. AI 드리블링도 '보고서 작성이 이렇게 재미있을 줄 몰랐다.'라는 경험을 여러분에게 선사할 수 있습니다. 완벽한 계획이 없어도 괜찮습니다. 지하철에서 문득 떠오른 궁금증 하나로도 충분히 시작할 수 있습니다. 실제로 저도 그렇게 작업합니다. 진행 과정에서 예상치 못한 발견(Serendipity)을 하게 되고 그것이 최종 결과물을 더욱 풍성하게 만들어 줄 겁니다.

● 4R 프로세스: AI 드리블링의 핵심 프레임워크

서론이 너무 길었나요? 이제 진짜 AI 드리블링의 세계로 들어가 봅시다. AI 드리블링의 전체 과정은 4R이라는 프레임워크로 설명될 수 있습니다. Ready(준비)→Recall & Research(기초 자료 소환, 수집)→Report(보고서 작성)→Refine(정교화, 검증)의 4단계를 거치며 아이디어가 완성된 보고서로 진화해 갑니다.

Ready 단계는 본격 작업 전에 진행 프로세스의 윤곽을 잡아 나가고 기초 준비를 하는 시기입니다. Recall & Research 단계는 AI 드리블링의 핵심 단계로 AI가 갖고 있는 지식들을 최대한 끌어 내고, 내가 가진 자료를 업로드하고, 필요하면 인터넷 검색을 시켜 주제와 관련된 말뭉치(Corpus)들을 최대한 풍부하게 만들어 내는 과정입니다. Report 단계는 이렇게 만들어진 말뭉치를 체계적으로 정리하고 보완해 AI와 함께 보고서 초안를 만들어 내는 과정이고, Refine 단계는 이렇게 만들어진 초안을 작성자와 팀원들이 내·외부 전문가, 고객들과 함께 검증, 보완하며 최종 보고서를 만들어 나가는 과정입니다.

각 단계는 서로 다른 목적과 특성을 가지며 시간 배분과 접근 방식도 달라집니다. 마치 축구에서 공격 전개 과정이 빌드업→연결→마무리→피니시로 구분되는 것과 비슷합니다. 다음 그림을 참고하세요.

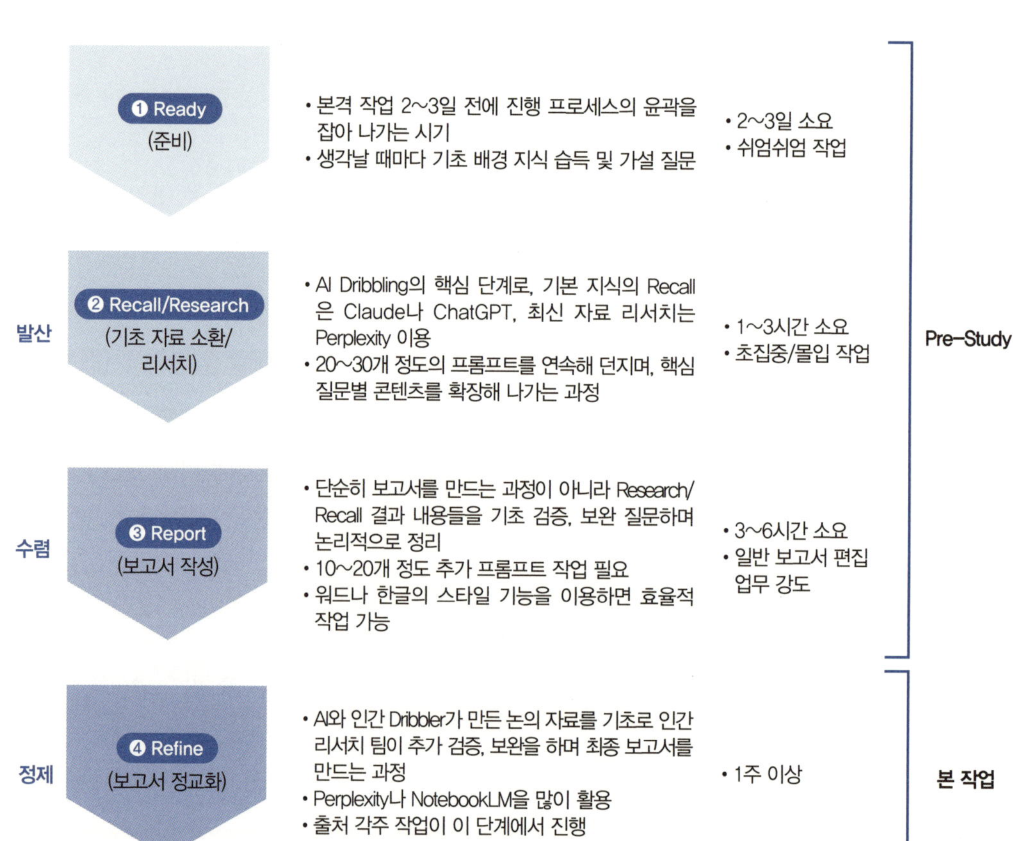

◆ AI 드리블링의 4R 프로세스

● AI 드리블링에 사용되는 생성 AI

생성 AI도 여러 가지인데, AI 드리블링에는 어떤 생성 AI를 이용하면 좋을까요? 저도 이 문제로 고민을 많이 했는데, 1년 가까이 경험치를 쌓다 보니 요령이 생기더군요. 즉, 요즘 저는 Ready에서 Refine까지 전 단계에서 Claude를 주력 AI 드리블링 파트너로 쓰고, 나머지는 보조 역할로 구분해서 씁니다. Ready 단계에서는 ChatGPT를 좀 더 많이 활용하고 Refine 단계에서 집중적으로 Perplexity와 NotebookLM을 활용하는 식입니다.

물론 이는 제 개인적인 활용 패턴입니다. 어떤 사람은 ChatGPT를 메인으로 쓸 수도 있고, Perplexity로 시작해서 Claude로 마무리하는 사람도 있을 것입니다. 중요한 것은 자신만의 안정적인 AI 결합 패턴을 찾는 것입니다.

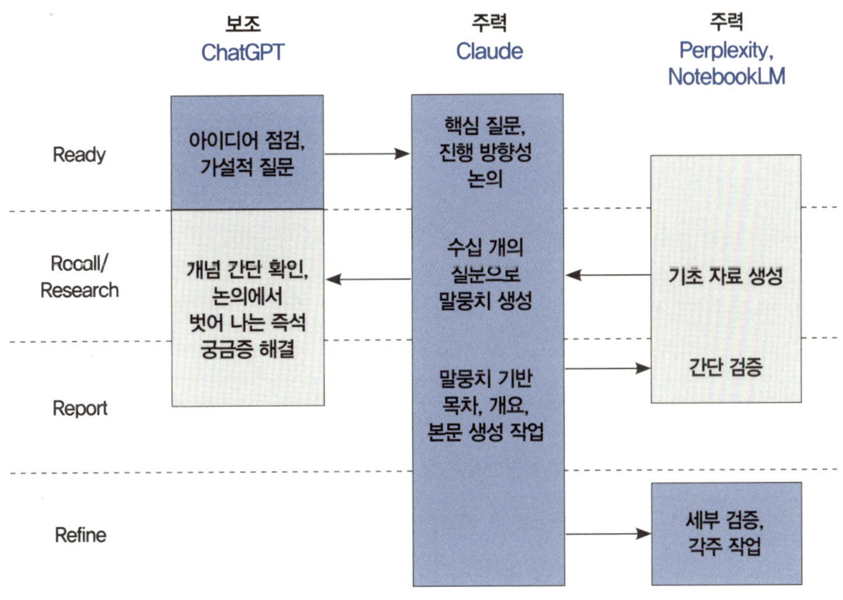

◆ AI 드리블링에서 생성형 AI를 활용하는 방법

주력 글쓰기 파트너 **Claude**

제가 Claude를 AI 드리블링에 주로 이용하는 이유는 긴 맥락을 잘 기억하고 연속적인 프롬프트에 일관성 있게 반응하기 때문입니다. 또한 ChatGPT에 비해 환각 문제가 적고 Gemini처럼 잘못된 고집을 부리는 경우가 적기 때문입니다. 특히, 30~50개 프롬프트를 이어 나가면서 보고서를 완성할 때 Claude의 안정성이 빛을 발합니다. 한국어 AI 드리블링에서 Claude만의 강점들은 다음과 같습니다.

먼저 뛰어난 한국어 실력과 맥락 이해가 Claude의 가장 큰 차별점입니다. 존댓말 보고서, 캐주얼 톤, 학술적 문체까지 문체 전환이 무척 매끄럽습니다. 또한 '대기업 내 시니어–주니어 직원 간 관계'처럼 한국 특유의 조직 문화 뉘앙스까지 정확히 파악합니다. 'AI 드리블링' 같은 새로운 개념도 한국어로 자연스럽게 설명할 수 있는 언어 감각을 갖추고 있습니다.

안정적인 조향감은 제가 생각하기에 Claude의 가장 큰 장점입니다. 제 느낌입니다만, ChatGPT는 프롬프트를 살짝만 바꿔도 답변이 완전히 다른 방향으로 틀어져 당황스러운 경우가 많습니다. 하지만 Claude는 방향 조정이 부드럽고, 예측 가능하며, 이전 논의의 중심축을 유지하면서 점진적으로 발전시켜 나갑니다. 이러한 안정감 덕분에 복잡한 장문 보고서에서도 안심하고 드리블링할 수 있습니다.

환각이 적고 논리적 분석력이 뛰어난 점도 Claude를 주력 머신으로 삼게 되는 요인입니다. 잘못된 주장이 제시되면 적절하게 균형점을 잡아 올바른 판단으로 이끌어 주고 수치 분석에서도 오류가 적은 편입니다. 시각화 기능도 우수해서 복잡한 데이터도 이해하기 쉽게 시각화해 줍니다.

또한 AI 드리블링 특화 역량들도 적절히 갖추고 있습니다. 점진적 세련화 능력, 메타인지적 대화, 창의적 연결고리 생성, 톤 앤 매너의 일관성 등은 이 책을 쓰면서 감탄하고 있는 부분들입니다. 특히, 이 책처럼 수백 페이지가 넘는 내용을 만들어 나가는 '장기간 호흡 맞추기'에서 Claude의 강점이 두드러집니다. 마치 믿을 만한 운전사와 함께 수다를 떨며 장거리 여행하는 느낌처럼 급작스런 차선 변경 없이 예측 가능한 범위 내에서 부드럽게 목적지까지 함께 갈 수 있습니다. 이런 안정감은 복잡한 AI 드리블링 작업에서 정말 중요한 요소입니다.

 ChatGPT, Perplexity, NotebookLM

(가) ChatGPT: Ready 단계의 방향성 타진과 Recall 단계 이후 곁가지 궁금증 해소용

ChatGPT는 창의성이 뛰어납니다. MBTI 중 발랄하고 재치 있는 ENFP 타입 같다고나 할까요? 그래서 소설, 대본, 마케팅 블로그 작업 등 창의적 글쓰기(Creative Writing)를 하는 분들에게는 ChatGPT가 주력 머신이 될 수도 있을 듯합니다. 저 또한 과감한 상상이나 틀을 깨는 사고가 필요할 때는 종종 ChatGPT를 사용합니다. 특히, ChatGPT 5 버전에서는 지식 수준이 상당히 올라가고 티키타카가 재미있게 진행되어 초기 Ready 단계에서 많이 활용하고 있습니다.

하지만 환각 현상이나 재현 곤란성 문제가 심하고 프롬프트를 살짝만 바꿔도 답변이 완전히 다른 방향으로 틀어져 핸들링이 쉽지 않습니다. 이 때문에 4R 전 과정의 주력 파트너로 사용하기는 좀 꺼려지더군요. 그래서 Recall이나 Report 단계에서는 보조적으로 활용합니다. 즉, AI 드리블링 중간에 갑자기 '어? 조직 학습 이론이 뭐가 있더라?' 하는 궁금증이 생길 때가 있습니다. 하지만 메인 Claude 창에서 이런 질문을 넣으면 전체 흐름이 산만해지고 나중에 내용을 정리할 때 방해가 됩니다. 그래서 ChatGPT를 별도 창으로 열어서 긴단한 개념 확인이나 즉석 궁금증을 해결합니다.

(나) Perplexity: 외부 자료 수집 및 검증 도구

4R 프로세스에서 Ready와 Refine 단계에서 외부 자료 검색 작업을 할 때 많이 이용합니다. Ready 단계에서는 주제와 관련된 최신 동향, 통계 데이터, 실제 사례들을 폭넓게 수집하고 다양한 관점의 자료를 찾아서 최신 배경 지식을 만들어 이를 Claude에게 제공합니다. 한편, Refine 단계에서는 만들어진 초안 보고서의 세부 검증이나 주요 주장에 대한 출처나 사례를 확보하는 데 많이 이용합니다.

(다) NotebookLM: 이미 수집된 자료 기반의 정리 및 검증 도구

Perplexity를 새로운 외부 자료를 찾아 끌어오거나 본문 내용의 외부 검증에 주로 활용한다면 NotebookLM은 이미 확보된 자료를 목적에 맞게 요약하고 또 구체적으로 본문의 어디에서 언급되었는지를 점검하는 데 많이 활용합니다. 즉, 저는 Ready나 Refine 단계에서 다운로드한 PDF 파일을 NotebookLM에게 분석시키고 필요한 부분을 1차적으로 뽑아냅니다. 그리고 이 자료를 Claude에게 먹인 후 추론이나 분석, 2차 정리를 시킵니다. 또한 Refine 단계에서 Claude로 만든 보고서를 다른 자료들과 함께 NotebookLM에 올리고 관련 내용의 정확한 출처를 다시 한번 점검합니다.

 **Claude 이용 시 실전 세션 관리와 연결 테크닉**

Claude가 코딩이나 글쓰기 작업에는 정말 좋은데, 다만 몸이 약하다는 치명적인 단점이 있습니다. 조금만 대화를 길게 하면 채팅 용량 한도 초과로 채팅 세션을 더 이상 못쓰게 됩니다. 프로젝트 기능이 도입된 이유가 여기에 있습니다. 프로젝트를 만들어서 핵심 자료들을 업로드해 두면 여러 채팅 세션에 걸쳐 일관된 작업을 진행할 수 있습니다. Claude를 주력 머신으로 AI 드리블링하려면 프로젝트 기능 활용과 세션 간 연결하기 테크닉을 꼭 익혀 두셔야 합니다.

● Claude의 프로젝트 기능 활용

Claude 사용자 중 의외로 프로젝트 기능을 사용해 보지 않으신 부분이 많아요. 하지만 제대로 된 보고서나 코딩 작업을 하려면 프로젝트 기능 활용이 필수입니다. 일단 관련 자료들을 100MB까지 올릴 수 있고 해당 파일 용량은 개별 채팅 한도에 포함되지 않아 채팅을 더 오래 쓸 수 있습니다. 또한 채팅 간 연계도 자연스럽게 이어지면서 이전 채팅 세션에서의 맥락 연결이 쉽습니다.

프로젝트 기능 활용은 쉽습니다. 채팅 대신 프로젝트 창을 열고(다음 그림의 ❶), 오른쪽에 위치한 프로젝트 지식에 파일을 올린 후(다음 그림의 ❷), 프로젝트 내에서 채팅 창을 열어(다음 그림의 ❸) 개별 프롬프트를 입력하면 됩니다. 이후 관련 채팅은 가급적 이 프로젝트 내에서 새로 채팅 창을 만들어 이어가면 됩니다.

이때 주의할 점은 Claude는 ChatGPT와 달리, 아직 채팅의 프로젝트간 이동 기능이 지원되지 않는다는 것입니다. 즉, 한 번 만들어진 채팅을 사후적으로 특정 프로젝트에 모아 정리할 수 없습니다. 그래서 항상 채팅 창을 만들기 전 진행하려는 채팅이 독립적인 것인지, 특정 프로젝트와 관련 있는 것인지 판단하고, 특정 프로젝트와 관련된다면 가급적 그 프로젝트를 열고 그곳에서 채팅 창을 만드는 것이 좋습니다.

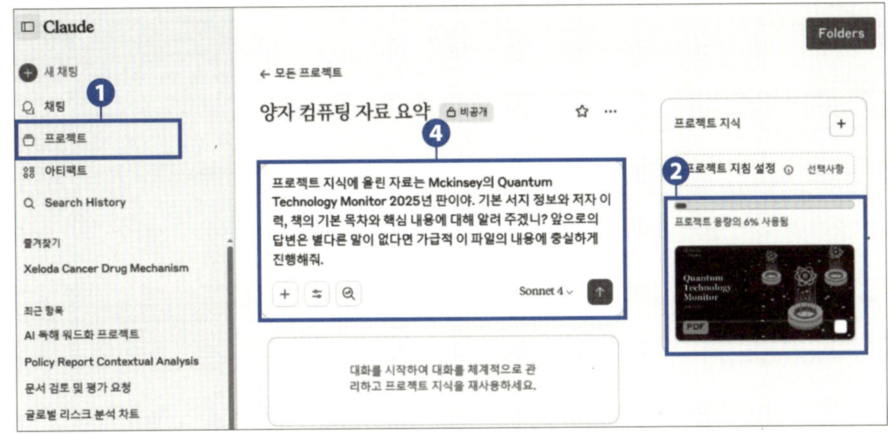

● 채팅 세션 연결하기

AI 드리블링은 한 채팅 세션 만으로 끝나지 않는 경우가 많아요. 적어도 세션 3~10개 정도는 태운다고 생각해야 합니다. 논의가 길어지면 채팅 용량의 한계 때문에 새로운 세션에서 대화를 이어 나가야 하는데, 이때 연결이 중요합니다. 저는 여러 번의 시행착오 끝에 지금은 '논의 내용 정리 → 수정 지침 문서화 → 다음 세션 연결' 방식을 사용하고 있습니다. 현재 채팅 내용 모두를 카피해서 다음 창에 가져가는 것은 용량 낭비이므로 핵심만 정리해서 수정 지침을 만들어 가지고 갑니다. 회사에서 회의가 끝난 후 핵심 내용을 정리한 회의록을 작성해서 다음 회의 때 이용하는 것과 비슷합니다.

예를 들어, 어떤 채팅 세션에서 '조직 내 AI 협업 문화 분석'과 관련된 논의를 진행했다고 생각해 보지요. 채팅 세션의 마지막에 다음처럼 입력해 보세요.

> **다음 세션 연계 위한 지침 작성 프롬프트:**
> "지금까지 논의한 내용 중 '조직 내 AI 협업 문화 분석'과 관련된 부분을 한번 정리해 줘. 그래서 그 결과를 다음 채팅 세션에서 이어서 쓸 수 있도록 지침 문서를 아티팩트로 만들어 줘."

아티팩트로 만들어진 내용은 카피해서 새로운 채팅 창에 붙이거나 마크다운 파일(.md 확장자)이나 PDF 파일로 저장한 후 해당 파일을 다음 채팅 창이나 프로젝트 지식에 넣으면 됩니다. 다음 그림에서 ❶은 채팅 창 내에서 아티팩트를 표시하는 아이콘이고 ❷는 해당 아티팩트의 세부 내용입니다. 우측 상단의 [복사] 버튼을 클릭하면 아티팩트 내용을 파일로 바꿀 수 있습니다.

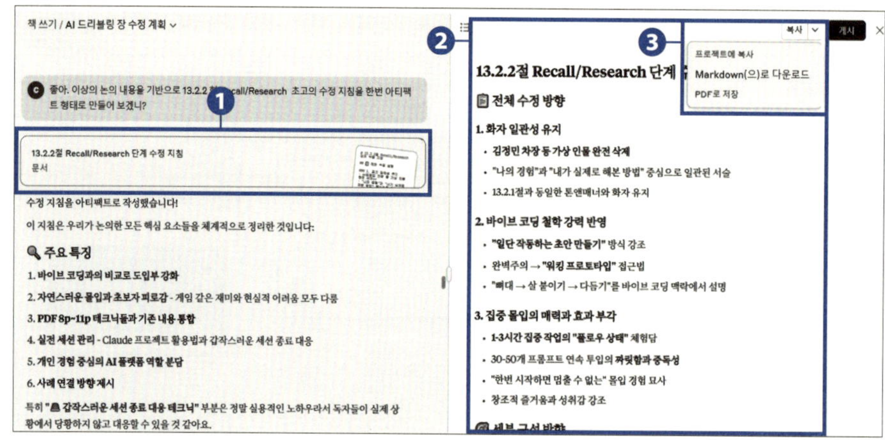

✦ 아티팩트 내용 저장하기

● 새로운 채팅 창에서 이전 대화 연결하기

그다음 새로운 세션을 열고 다음처럼 구체적으로 지시를 해 주면 됩니다. 이전 세션에서 만든 지침은 'AI 협업 분석_0.5.pdf'라는 제목으로 만들어 프로젝트 지식에 올린 상태입니다.

> **이전 세션 연계 위한 프롬프트:**
> "지난번 세션에서 조직 내 AI 협업 문화 분석을 하고 있었어. 현재까지 시니어, 주니어별 특징과 2x2 매트릭스 분석까지 완료했어. 논의된 내용은 프로젝트 지식의 'AI 협업 분석_0.5.pdf' 파일을 참조해 줘. 지난번 세션에서 가장 중요한 발견은 AI 역량보다 학습 태도가 더 중요하다는 것이었어."

이때 파일 이름을 가급적 정확히 입력하는 것이 좋습니다. 아울러 가끔씩 한글 파일 이름이 깨질 때가 있습니다. 이때는 영어로 파일명을 바꾼 후 올리면 됩니다. 제대로 된다면 Claude는 파일들을 찾아 열심히 분석한 후 자기가 파악한 내용들을 제시할 것입니다. 이 내용을 보고 제대로 파악했는지 확인하면 됩니다.

● 갑작스러운 세션 종료 대응법

하지만 문제는 세션이 언제 채팅 용량 초과로 중단될지를 사전에 알 수 없다는 점입니다. 그래서 종종 예고 없이 채팅 세션이 중단되고 나서야 발을 동동 구르는 경우가 많습니다. 그러나 너무 걱정은 마세요. 이 경우, 개인적으로는 다음과 같은 방법을 사용합니다.

- **1단계 마지막 1~2개 질문과 답변을 보관:** 마지막 1~2개 프롬프트와 답변을 따로 카피해서 보관해 둡니다. 예를 들어, 미리 복사해 둔 마지막 1~2개 질문이 다음과 같다고 생각해 봅시다.

- '4가지 팀 조합 중에서 가장 효과적인 관리 전략은 무엇일까?'
- '이런 협업 패턴을 우리 조직에 실제로 적용할 때 예상되는 장애물은?'

- **2단계** **수정 지침 생성 질문으로 덮어쓰기:** 끝에서 2번째 질문(위 예시에서는 4가지 팀 조합 질문)으로 올라가 질문 하단 오른쪽의 [편집] 버튼을 누릅니다. 그러면 질문을 수정할 수 있게 됩니다. 여기서 '논의사항 정리 및 수정 지침 작성'과 관련된 새 요청을 입력하고 [저장] 버튼을 누릅니다. 그러면 새로운 분기가 형성되면서 위 2개의 질문에 대한 답변은 사라지지만, 대신 수정 지침을 얻습니다. 1단계에서 질문과 답변을 복사해 두라고 한 이유는 바로 이 때문입니다. 이 사례에서는 다음과 같은 지침 작성 프롬프트를 쓸 수 있겠지요.

> **대화 내용 정리 및 지침 작성 프롬프트:**
> "지금까지 논의한 AI 시대 조직 협업 패턴 분석 내용을 정리해서 보고서 작성 지침을 만들어 줘. 특히, 시니어, 주니어 협업 개선 방안과 실무 적용 전략을 중심으로 정리해 줘."

- **3단계** **새 세션에서 연결:** 수정 지침 파일을 프로젝트에 업로드하고 이전 세션 연계 위한 프롬프트를 적절히 입력한 후 보관해 둔 질문들을 새 세션에서 재실행합니다.

3.2 Ready(준비): 방향성 구상

● Ready 단계의 역할

이제 본격적으로 4R 프로세스에 대해 살펴보겠습니다. 4R 단계의 첫 단추인 Ready 단계는 본격적인 Recall & Research 작업에 들어가기 전에 진행 프로세스의 윤곽을 잡고 기초 준비를 하는 시기입니다. Ready 단계는 본격 작업의 2~3일 전부터 시작하는 것이 좋습니다. 하지만 이것이 '엄격한 계획을 세워야 한다.'라는 뜻은 아닙니다. 오히려 자연스럽고 편안한 탐구 과정, 사전 준비 작업에 가깝습니다.

물론 AI를 이용하지 않는 일반 프로젝트에서도 Ready 단계는 필요했습니다. 정말 중요한 핵심 질문들을 찾으려면 시작하기 전에 다양한 가설을 생각해 보아야 했으니까요. 하지만 과거에는 Ready 단계를 중요하게 강조하지 않았습니다. 그 이유는 프로젝트 시작 전 인원도 자료도 없는 상태에서 가설 검증이나 자료 수집을 빠르게 전개하기가 쉽지 않았기 때문입니다.

한편, AI 드리블링에서는 궁금한 점을 AI에게 물어볼 수 있고 가설도 바로바로 테스트할 수 있으며 관련 자료도 즉시 찾아볼 수 있어서 작업의 본격 시작 전에 Ready 단계를 갖는 것이 매우 효과적입니다. 특히, Ready 단계를 제대로 거치면서 핵심 질문들을 세우고 전체적인 전개 과정을 가볍게 시뮬레이션해 보았다면, Recall, Research 단계에서 헤매지 않고 AI를 효율적으로 드리블링할 수 있습니다. 마치 바이브 코딩에서도 '대충이라도 전체 구조는 머릿속에 있어야' 자연스럽게 코딩할 수 있는 것과 같습니다.

● 2가지 접근법: 체계적 vs. 탐색적

Ready 단계를 진행하는 방법으로는 크게 2가지 접근법이 있습니다. 여러분의 성격이나 상황에 따라 편한 방식을 선택하면 됩니다.

▦ Ready 단계의 접근법 비교

구분	체계적 접근법 (T 타입, 컨설턴트 스타일)	탐색적 접근법 (실제 많이 사용되는 방식)
특징	• 미리 전체 프로세스를 설계하고 시작 • 5~10개 핵심 질문을 체계적으로 도출 • 논리적 순서와 구조를 중시 • 완벽한 준비 후 본격 작업 시작	• 자연스럽고 편안하게 시작 • 호기심과 궁금증에서 출발 • 대화하면서 방향을 찾아가기 • 핵심 질문은 과정에서 자연스럽게 도출
진행 방식	• 최종 목표와 제약 조건 명확히 정의 • 전체 보고서 구조 스케치 • 각 장별 핵심 질문 도출 • 예상 정보 수집 범위 설정 • 전체 프롬프트 흐름 가설 설계	• 지하철 출퇴근 중 '어? 이거 궁금한데?' 　→ 스마트폰으로 AI에게 질문 　→ '아, 그렇구나. 그럼 이것도 궁금하고⋯.' 　→ 자연스럽게 탐구 확장 　→ 어느새 핵심 질문들이 정리됨
장점	효율적이고 체계적, 일정 관리 용이	쉽고 재미있음

체계적 접근에서 탐색적 접근으로의 전환

저도 25년 가까이 리서치와 컨설팅 업무를 해 왔기 때문에 위 표에서 제시한 체계적인 접근법에 더 익숙합니다. 그래서 처음에는 체계적인 접근법으로 사전 구상을 해 보려고 했습니다. 하지만 1년 전쯤 출장길에서 우연히 경험한 일이 제 생각을 완전히 바꿔 놓았습니다.

서울에서 대전으로 가는 KTX 기차 안이었습니다. 스마트폰에 있는 생성 AI 앱으로 진행할 프로젝트에 대해 이것저것 물어봤습니다. 생성형 AI의 답변을 보고 창밖 풍경을 바라보며 생각을 정리하고 문득 떠오른 의문을 바로 질문하는 과정을 반복했습니다. 어느새 1시간이 훌쩍 지나갔는데, 마치 충실한 10년차 컨설턴트 후배나 실력 있는 대학 포닥(Post-Doctor, 박사 후 연구원)과 깊이 있는 대화를 나눈 것 같은 느낌이 들었습니다. 그리고 프로젝트의 기본 얼개와 핵심 질문들이 자연스럽게 정리되면서 전체적인 방향성이 잡히는 걸 느꼈습니다. 그 순간, '어? 보고서나 프로젝트 구상이 이렇게 쉽고 재미있는 것이었나?' 하는 생각을 하게 되었습니다.

탐색적 접근법의 일상적 실천

이후 저는 보고서를 쓸 때 가급적 탐색적 접근법으로 Ready 단계를 준비하게 되었습니다. 구체적인 패턴은 이렇습니다. 출퇴근 시간에 지하철이나 버스에서 질문 두세 개 던져 보기, 점심 후 산책하면서 또 두세 개 질문 추가해 보기, 오후에 외부 회의장으로 이동하는 택시에서 채팅 내용을 살펴보고 추가 질문해 보기, 저녁 드라마 시청 시간처럼 일상의 틈새 시간에 갑자기 떠오른 궁금증을 바로 스마트폰으로 질문해 확인하기 등….

이때 스마트폰의 생성 AI 앱은 진행할 보고서에 대한 관심을 유지하며 자연스럽게 떠오르는 생각을 물어보고 정리하는 창으로 이용됩니다. 굳이 힘들게 아이디어를 따로 메모할 필요도 없습니다. AI를 아이디어 메모 및 확장 도구로 활용하는 것이니까요. 이렇게 2~3일 진행하고 본격 작업 전에 1~2시간 정도 채팅 창의 내용을 살펴보면서 전체적인 방향성과 핵심 질문을 정리하니 훨씬 편하고 방향성이 풍부해지더군요. 제가 생각하는 탐색적 접근법의 핵심 장점은 다음과 같습니다.

장점	내용
1. 심리적 부담 해소	• 완벽한 계획을 세워야 한다는 압박감 없음 • 언제든지 시작하고 중단할 수 있는 자유로움 • '틀려도 괜찮다.'는 안전감
2. 일상 리듬에 자연스럽게 융합	• 특별한 시간을 따로 내지 않아도 됨 • 출퇴근, 산책, 여유 시간에 자연스럽게 진행 • 강제성 없이 호기심에 따라 탐구
3. 창발적 아이디어 발견	• 예상치 못한 연결고리 발견 • 일상의 다양한 맥락에서 새로운 관점 등장 • 계획된 기획 회의 때보다 훨씬 풍부한 결과
4. AI와의 자연스러운 대화	• 딱딱한 업무 모드가 아닌 편안한 대화 • AI의 답변에 즉흥적으로 반응하며 발전 • 대화의 흐름을 따라가는 즐거움

제가 특히 중요하게 생각하는 장점은 심리적인 부담 없이도 계획된 기획 회의 때보다 훨씬 풍부한 결과를 얻을 수 있다는 것입니다. 다만, '행복한 부작용'이라면 공원, 카페, 기차, 침대, 소파 등 어디서나 일하고 생각하는 장소로 변한다는 점입니다. 스마트폰 안의 생성형 AI 앱에 언제든지 아이디어를 질문하고 대화를 나누는 방식이니까요.

혹시 '이런 식으로 하면 일과 일상의 경계가 없어져서 피곤할 것 같은데?'라고 걱정하시나요? 사실 이것은 일벌레 방식이 아니라 오히려 '게으른 사람의 지혜'에 가까워요. 무거운 기획 회의 3시간 대신 가벼운 질문 3분으로, 또한 머리 움켜쥐고 아이디어 짜내기 대신 오가며 자연스레 생각들을 떠올리기로 업무 부담을 분산시키는 것입니다. 다가올 프로젝트에 조금씩 심리적 준비를 해 가면서요.

● 실제 사례: AI 시대 시니어 - 주니어 협업 탐구 과정

실제로 이런 식으로 진행된 탐구 과정을 보여드리겠습니다. 다음은 'AI 시대에 조직 내에서 시니어와 주니어가 어떻게 협업해야 할까?'라는 주제로 자연스럽게 시작된 Ready 단계의 실제 질문들입니다.

- **1단계** 호기심에서 시작: "AI를 잘 쓰는 시니어와 못 쓰는 시니어는 어떤 차이가 있을까?"
- **2단계** 자연스러운 확장: "그럼 주니어는 어떨까? 주니어 계층에도 잘 쓰는 주니어와 못 쓰는 주니어가 있을 텐데, 어떤 차이가 있을까?"
- **3단계** 비교 관점 도입: "잘 쓰는 시니어와 잘 쓰는 주니어가 팀을 이루면 어떤 시너지가 날까?"
- **4단계** 현실적 문제 인식: "실제로는 잘 쓰는 사람과 못 쓰는 사람이 섞여 있을 텐데, 그때는 어떤 문제가 생기고 어떻게 해결해야 할까?", "예를 들어, 잘 못 쓰는 시니어와 잘 쓰는 주니어가 팀을 이루면 어떤 문제점이 발생할까?", "만약, 잘 쓰는 시니어와 잘 못 쓰는 주니어가 팀을 이루면 또 어떤 문제점이 나타날까?"
- **5단계** 조직 차원으로 확장: "이런 개인 차이가 조직 전체의 AI 활용 문화에는 어떤 영향을 미칠까?"

이렇게 자연스럽게 질문이 이어지다 보니 어느새 다음과 같은 핵심 질문들이 도출되었습니다.

- "시니어, 주니어별 AI 활용 역량 차이의 원인은?"
- "팀 구성에 따른 협업 패턴과 문제점은?"
- "효과적인 AI 협업 문화 구축 방안은?"
- "조직 차원의 AI 역량 발전 전략은?"

핵심 질문 vs. 프롬프트의 차이

여기서 짚고 넘어갈 것은 핵심 질문과 프롬프트는 다르다는 점입니다. 핵심 질문은 보고서 전체를 관통하며 꼭 해결되어야 하는 의문사항들입니다. 보고서의 각 장이나 절의 주제가 되는 큰 틀의 질문입니다. 기본적으로 보고서는 핵심 질문의 답을 충분히 제공하는 형태로 만들어져야 합니다. 한편, 프롬프트는 핵심 질문들에 대한 답을 찾거나 만들어 나가는 구체적인 수단입니다. 하나의 핵심 질문을 해결하기 위해 여러 개의 프롬프트가 필요할 때도 있습니다.

예를 들어, '시니어, 주니어별 AI 활용 역량 차이의 원인은?'이라는 핵심 질문 하나를 위해서도 다음과 같은 여러 프롬프트가 필요합니다.

- **프롬프트 1** "잘 쓰는 시니어의 특징 5가지를 구체적으로 설명해 줘."
- **프롬프트 2** "못 쓰는 시니어가 흔히 보이는 패턴들은?"
- **프롬프트 3** "이런 차이가 생기는 근본 원인을 심리적, 인지적 관점에서 분석해 줘."
- **프롬프트 4** "주니어 그룹도 같은 관점에서 분석해 줘."
- **프롬프트 5** "시니어와 주니어의 차이 패턴을 비교표로 만들어 줘."

제가 핵심 질문과 프롬프트의 구분을 강조한 이유는 Ready 단계에서 굳이 세부 프롬프트까지 고민할 필요가 없음을 말하기 위해서입니다. Ready 단계에서는 보고서 전체의 구성에 영향을 줄 수 있는 좋은 핵심 질문을 뽑아내는 데만 집중하세요. 세부 프롬프트는 Recall & Research 단계에서 핵심 질문을 염두에 두되, AI 답변에 따라 느낌 가는 대로, 필(feel) 받는 대로 변화를 주면 되니까요.

기초 자료 수집 경험에 따른 접근법

Ready 단계에서 2가지 더 중요한 요소가 있습니다. 바로 기초 자료 수집과 나중에 AI에게 피딩(feeding)할 자료들의 준비입니다. 하지만 이 부분은 개인의 경험과 지식 축적 정도에 따라 접근법이 완전히 달라집니다.

시니어의 경우, 해당 분야에 대한 기본 지식을 갖고 있습니다. 또한 업계 트렌드와 주요 이슈도 어느 정도 파악하고 있죠. 비슷한 작업이 어떤 프로세스로 흘러가야 하고 대략적인 결과물이 어떤 형태인지에 대한 감도 있고요. 그래서 앞서 소개한 탐색적 접근법처럼 자료 없이도 지하철에서 스마트폰으로 질문을 던지며 Ready 단계를 진행할 수 있습니다. AI 답변을 통해 기존 지식을 확인하고 보완하면서 새로운 관점이나 놓친 부분을 발견하고 핵심 질문을 자연스럽게 도출해 나갈 수 있는 것입니다.

하지만 주니어의 경우는 다릅니다. 해당 주제에 대한 기초 지식이 부족해서 어떤 질문을 해야 할지 막막한 상태죠. 자료 없이는 AI와의 대화가 피상적으로 흐를 위험이 있습니다. 비슷한 작업에 대한 경험치도 적고요. 결국 맥락 없는 질문을 던져 AI로부터 일반적이고 뻔한 답변을 받게 내고, 핵심을 놓친 탐구는 나중에 Recall 단계나 Report 단계에서 대대적으로 방향을 수정해야 하는 비효율을 낳을 수 있습니다. 무엇보다 기초 지식이 부족하면 AI 답변의 품질을 제대로 판단하기도 어렵습니다.

주니어를 위한 스마트한 사전 준비

(가) 사전 리서치 진행

이 문제를 강조하는 이유는 의외로 우리 회사에서도 주니어들이 Ready 단계를 부담스럽게 생각하는 경우를 많이 보았기 때문입니다. 시니어는 의식의 흐름에 따라 자연스럽게 질문을 던지는데, 주니어들은 그 의식의 흐름이 잘 안 만들어져 어떤 질문을 던져야 할지 모르는 것입니다. 그래서 주니어라면 Ready 단계에서 가벼운 사전 리서치를 진행하는 것을 추천합니다. 목표는 완벽한 이해가 아니라 'AI와 대화할 수 있는 최소한의 배경 지식 확보'입니다. 그렇다면 어떤 자료를 봐야 할까요?

- 해당 주제의 개론서 1~2장 정도(전체가 아닌 핵심 부분만)
- 위키백과나 네이버 지식백과의 관련 항목들
- 업계 리포트의 요약 부분(Executive Summary만으로도 충분)
- 최근 6개월 내 관련 뉴스 기사 3~10개

이때 정확히 이해하려 애쓰지 마세요. 대신 '어떤 용어들이 나오는지, 어떤 이슈들이 있는지' 감만 잡으면 됩니다. 모르는 용어나 개념이 나오면 메모해 두고 '이게 왜 중요한지, 어떤 논란이 있는지' 대략적으로만 파악하세요. 마치 새로운 동네에 이사 갔을 때 '여기가 쇼핑몰이고 저기가 병원이고 그 근처에 맛집이 있대.'라는 식으로 지형을 대강 훑어보는 것과 같습니다.

(나) AI와의 기초 대화로 지식 점검하기

사전 리서치가 끝나면 AI에게 다음과 같은 질문들로 여러분의 이해도를 점검하고 보완해 보세요. 이런 질문들을 통해 여러분의 기초 지식을 다지고, 본격적인 탐색을 위한 디딤돌을 마련할 수 있습니다.

- "내가 이해한 ○○에 대한 설명이 맞는지 확인해 줘."
- "○○ 분야에서 가장 중요한 3가지 이슈는 뭐야?"
- "○○를 처음 공부하는 사람이 꼭 알아야 할 핵심 개념들은?"
- "○○과 관련해서 최근에 어떤 변화나 논란이 있었어?"

Feeding용 자료 선별 | **연구 품질을 좌우하는 핵심**

Ready 단계에서 수집한 자료들 중에서 나중에 AI에게 피딩할 자료들을 미리 선별하는 것은 의외로 AI 드리블링의 품질에 결정적인 영향을 미칩니다. 그렇다면 어떤 자료를 선별해야 할까요?

- **핵심 데이터가 포함된 자료**: 시장 규모, 통계, 트렌드 데이터
- **최신 정보가 담긴 자료**: AI 학습 데이터에 없는 최근 동향
- **구체적 사례나 실제 경험담**: AI가 생성하기 어려운 실무적 내용
- **우리 조직, 프로젝트 특수성**: 회사 내부 상황이나 특수 맥락 관련 내용

이렇게 찾은 자료들을 디지털 파일(PDF, 워드, 텍스트 등)로 정리하고, 핵심 부분에 하이라이트나 메모를 추가하세요. 파일이 크다면 필요한 부분만 적절히 잘라 내세요. 요즘 우리 회사 주니어들은 딥 리서치나 Perplexity를 통해 기초 자료를 많이 확보하더군요. 다만, AI 검색 방식은 대개 웹 페이지나 블로그들을 제시하는 경향이 강하므로 가급적 PDF 파일 위주로 찾아 달라고 명시하세요. 보통 명망 있는 연구 기관들의 공신력 있는 문서들은 PDF로 인터넷에 올라와 있습니다. 다만, AI는 이를 파싱(parsing)해 이해하는 데 컴퓨팅 부담이 크기 때문에 AI 검색 시 잘 제시하지 않는 경향이 있습니다. 결국 'PDF 자료 위주로'라는 제한 요청을 해야만 하는 것입니다.

2권의 10장(비즈니스 문서), 11장(기술 문서)에서는 공신력 높은 PDF 자료들을 인터넷에서 찾을 수 있는 방법들에 대해 소개해 놓았습니다. 이를 활용하면 양질의 PDF 보고서들을 쉽게 찾을 수 있습니다. 아니면 생성 AI에게 원하는 분야의 구글 검색식을 만들어 달라고 해서 사용해도 됩니다.

>
> "초고속 열차인 하이퍼루프의 기술 및 시장 전망과 관련된 자료를 찾고 있어. 영어권의 공신력 있는 기관에서 나온 PDF 자료 위주로 검색해서 하이퍼루프의 기술, 시장의 현황과 전망을 정리하고 출처와 링크를 명기해 줘."
>
>
> "초고속 열차인 하이퍼루프의 기술 및 시장 전망과 관련된 자료를 찾고 있어. 영어권의 공신력 있는 기관에서 나온 PDF 자료 위주로 검색할 수 있는 구글 검색식을 만들어 줘."

실제로 적절한 자료를 AI에 적절히 제공하는지 여부에 따라 AI의 답변 품질이 극명하게 갈립니다. 이때 자료를 많이 올리지 않아도 됩니다. 제 경험상 20~30페이지 이상의 똘똘한 최신 자료 4~5개만 올려도 충분하더군요.

AI에게 관련성 높은 최신 자료를 피딩한 경우, AI는 구체적이고 맥락적인 답변을 제공합니다. 실제 데이터를 바탕으로 한 분석이 가능하고 우리 상황에 특화된 인사이트를 도출해 줍니다. 무엇보다 신뢰할 수 있는 근거와 출처를 확보할 수 있습니다. 한편, 자료 피딩이 없다면 AI가 일반적이고 추상적인 답변을 내놓을 가능성이 커집니다. 가상의 예시나 추정치 위주의 분석만 가능하고 일반적인 해결책만 제시하게 되죠. 특수성을 반영하지 못하고 출처가 불분명한 정보로 인해 신뢰성 문제도 생깁니다.

예를 들어, '국내 전기차 시장 동향'을 분석할 때 AI에게 자료를 업로드하지 않은 경우, '일반적으로 전기차 시장은….' 하는 뻔한 이야기만 나오지만, 적절한 자료를 먹였다면 '최근 한국자동차산업협회 데이터에 따르면, 2024년 3분기 전기차 등록 대수가….' 하는 구체적 분석을 해 주지요. 분석할 이슈가 구체적이고 전문적인 내용일수록 그 차이는 생각보다 큽니다.

시니어 – 주니어 협업의 시너지

이 과정에서 시니어와 주니어가 협업하면 서로의 약점을 보완하는 멋진 시너지를 만들 수 있습니다. 하지만 요즘 주니어들은 시니어들에게 이런 노하우를 잘 안 물어보려고 하더군요. 시니어들은 언제든지 도와줄 준비가 되어 있는데 말입니다.

왜 그럴까요? 디지털 네이티브인 주니어들은 '구글링하면 다 나오는데 굳이 사람한테 물어봐야 하나?' 하는 생각을 갖고 있습니다. 특히, 유튜브 튜토리얼에 익숙한 세대라서 '내 속도로, 내 방식으로' 학습하는 것을 선호하거든요. 더욱이 '이런 기초적인 것도 모르냐고 생각할까봐.' 하는 자존심이나 '바쁜 시니어를 괜히 귀찮게 하는 건 아닐까?' 하는 부담감도 있고요. 재택근무가 늘어나면서 자연스러운 멘토링 기회도 줄어든 것도 영향을 미쳤죠.

하지만 AI 드리블링에서는 이런 협업이 오히려 더욱 중요해집니다. AI에게 물어볼 수 있는 것과 시니어에게 물어봐야 하는 것이 명확히 구분되거든요. 업종마다, 회사마다 자주 이용하는 레퍼런스 자료들이 있는데, 이것은 시니어들이 잘 알죠. 또한 '우리 회사 상황에서는 이런 접근이 현실적일까?', '이 전략의 정치적 리스크는 어느 정도일까?' 같은 맥락적 판단은 여전히 AI보다 시니어가 잘합니다. AI가 아무리 똑똑해도 우리 조직의 미묘한 역학 관계나 업계의 불문율까지는 모르니까요. 그래서 Ready 단계에서 시니어와 주니어가 함께 핵심 질문을 다듬고, 핵심 자료를 선별하는 작업이 더욱 가치 있는 것입니다.

■ AI 드리블링에서 시니어와 주니어의 협력 포인트

시니어가 조언할 수 있는 부분	주니어가 기여할 수 있는 부분
• "이 주제라면 ○○ 자료는 꼭 봐야 해." 하는 핵심 자료 추천 • "우리 회사 상황에서는 ○○ 관점이 중요해." 하는 맥락 제공 • "이런 함정이나 편향을 조심해." 하는 주의사항 공유	• 최신 자료나 트렌드를 적극적으로 발굴 • 디지털 도구를 활용한 효율적 정리 • 시니어가 놓칠 수 있는 새로운 관점 제시

● Ready 단계의 성과물

Ready 단계를 성공적으로 마치면 다음 같은 성과물들이 준비될 것입니다. 추가로 설명 드릴 것은 Ready 단계가 AI 답변 품질 기준을 확보하는 데 의외로 도움된다는 것입니다. 나중에 Recall & Research 단계에서 정신 없이 질문하고 답변을 받다 보면 이 답변이 올바른 것인지, 내가 원하는 수준인지 종종 판단이 안 될 때가 많아요.

Ready 단계의 사전 탐색이 중요한 이유가 여기 있습니다. Ready 단계에서 비슷한 질문을 던져 봤다면 '어, 이건 내가 이전에 본 답변과 영 다른데?', '어, 이건 이전 답변보다 훨씬 더 나간 좋은 내용인데?'라는 신호음이 머릿속에서 울릴 것입니다. 한 번 비슷한 답변을 던져 봤기에 답변 방향성이나 답변 품질을 빠르게 가늠할 수 있는 것입니다. 이게 의외로 실전에서는 도움됩니다.

Ready 단계의 주요 성과물

성과물	세부 내용
5~10개의 핵심 질문 리스트	• 보고서의 핵심 구조가 되는 질문들 • 각 질문별로 왜 중요한지, 어떤 답을 기대하는지 정리
기초 배경 지식	• 주제에 대한 기본적인 이해도 확보 • AI와의 대화 과정에서 자연스럽게 학습된 지식
전체 프로세스 가설	• Recall 단계에서 어떤 방향으로 탐구할지 대략적 계획 • 예상되는 어려움과 대안 접근법
AI 답변 품질 기준	• AI가 줄 수 있는 답변들의 대략적 방향성과 품질 수준 • Recall 단계에서 어떤 질문이 효과적일지 감 잡기

자, 이제 AI 드리블링의 Ready 단계의 특징과 해야 할 일들, 얻을 수 있는 성과물들에 대해 충분히 이해하셨을 것입니다. Ready 단계를 마무리하기 전에 다음을 확인해 보세요.

Ready 단계 마무리 전 체크사항

체크사항	세부 내용
탐구 준비도	• 핵심 질문을 5~10개 정도 도출했는가? • 각 질문의 중요성과 기대 방향을 이해하고 있는가? • AI와 자연스럽게 대화할 수 있는 기초 지식을 마련했는가?
자료 준비도	• AI Feeding용 핵심 자료 3~5개를 선별했는가? • 자료들을 AI 업로드 가능한 형태로 준비했는가? • 준비한 자료들은 충분히 신뢰할 만하고 최신 자료인가?
방향성 확인	• 최종 목표와 Ready 단계 결과가 일치하는가? • 다음 Recall 단계의 대략적 진행 방향이 보이는가? • 예상되는 어려움과 대안책을 생각해 봤는가?

이렇게 Ready 단계를 충실히 준비하면 Recall & Research 단계에서 훨씬 더 풍부하고 정확한 결과를 얻을 수 있습니다. 마치 요리하기 전에 좋은 재료들을 미리 잘 다듬어 놓으면 맛있는 요리를 실수 없이, 빠르게 할 수 있는 것처럼 말입니다. 다시 한번 강조하지만

Ready 단계는 '완벽한 계획을 세우는 것'이 아니라 '좋은 출발점을 만드는 것'입니다. 바이브 코딩에서 '대략적인 아키텍처는 머릿속에 있지만, 세부 구현은 코딩하면서 결정하는 것'과 비슷한 방식입니다.

다음 절에서는 이렇게 준비된 핵심 질문들을 바탕으로 본격적으로 관련 말뭉치를 만들어 나가는 Recall & Research 단계를 살펴보겠습니다. 여기서는 1~3시간의 초집중 작업을 통해 30~50개의 프롬프트를 연속으로 투입하며 풍부한 콘텐츠를 만들어 내게 됩니다.

3.3 Recall & Research(소환, 연구): 관련 말뭉치 키우기

● Recall & Research 단계란 무엇인가?

Recall & Research 단계의 역할

Recall & Research 단계는 AI 드리블링의 핵심 단계입니다. Ready 단계에서 준비한 핵심 질문들을 활용해 특정 주제에 대해 AI가 아는 내용을 최대한 소환해 끌어 내며(Recall), 필요하면 추가 지식과 외부 리서치를 결합해 향후 보고서에 활용할 기반 말뭉치(Corpus)를 키우고 확장해 나가지요.

물론 전통적인 리서치에서도 이와 비슷한 과정이 있었습니다. 학술 연구의 문헌 연구(Literature Review)나 컨설팅이나 현업 기획에서의 자료 조사(Desk Research) 같은 사전 조사 과정들 말입니다. 하지만 전통적 방식과 AI 드리블링의 Recall & Research는 정보를 다루는 방식에서 근본적인 차이가 있습니다.

예전에는 도서관, 데이터베이스, 인터넷에서 이미 존재하는 자료 중에서 우리 목적에 맞는 내용들을 찾아 수집하는 방식이었습니다. 하지만 AI 드리블링에서는 AI의 머릿속에 잠들어 있는 지식을 끌어 내고 우리 목적에 맞게 조합하는 것이 핵심입니다. 예를 들어, '조직 내 AI 협업 문화'에 대한 보고서를 쓴다고 가정해 봅시다. 예전 방식이라면 경영학 논문 5편, 컨설팅 보고서 10편, 관련 기사 20편을 며칠에 걸쳐 찾아 읽고 정리해야 했지요. 하지만 지금은 AI와 2~3시간 대화하면서 훨씬 풍부한 맞춤형 인사이트를 얻을 수 있습니다.

이는 마치 도서관의 책 무더기를 들춰가며 목적 적합한 자료를 찾는 과정과 박학다식한 전문가와 대화하며 인사이트를 얻어내는 과정의 차이와도 비슷합니다. 보통 사전 조사만 일주일은 걸리던 일을 이제는 반나절 만에 끝낼 수 있게 되었습니다. 전자에 비하면 정말 혁신적으로 쉬워진 것입니다.

Ready & Recall 단계의 진행 흐름

그렇다면 Recall & Research 단계는 어떻게 진행될까요? 크게 3단계를 거친다고 보면 됩니다.

- **1단계 핵심 질문에 대한 답변 요청**: Ready 단계에서 미리 마련한 핵심 질문들을 프롬프트 형태로 바꾸어 AI에게 체계적으로 질문합니다. 앞서 말씀드린 것처럼 세부 프롬프트는 핵심 질문과 약간 달라질 수 있습니다. '보고서 전체의 핵심 질문을 해결하기 위해 어떤 자료와 어떤 답변을 요청해야 하는가?'의 관점에서 세부 프롬프트를 짜면 좋습니다. 이때 이론적 프레임워크를 적절히 결합하고 답변 형태와 내용을 예상하며 질문을 구체화하는 것이 중요해요.

- **2단계 필요시 추가 질문과 추가 리서치를 결합**: AI의 첫 번째 답변을 보고 질문을 계속할지, 수정할지, 확장할지를 판단합니다. 반대 가능성과 논리에 내해서도 질문하고, 반복되는 질문은 최적 프롬프트로 수정해 사용합니다. 환각 현상은 가급적 회피해야 겠지만, 어떤 경우는 의도적으로 활용하기도 해요.

- **3단계 기반 말뭉치를 확장**: 보고서에서 다룰 내용들이 충분히 확보될 때까지 말뭉치를 확장합니다. 이후 Report 단계에서도 추가 질문으로 말뭉치를 확장할 수 있습니다.

핵심은 질문과 답변 품질 평가의 연속 반복

제가 생각하기에 Recall & Research 단계의 핵심은 질문(Ask)과 답변 품질 평가(Evaluate)를 빠르게 연속해 가는 것입니다. 이 과정에서 인간 드리블러(Dribbler)의 역량이 매우 중요해요. AI의 답변을 받자마자 반사적으로 답변 품질을 판단하고 다음 질문의 방향을 결정하는 능력이 전체 진행 과정의 속도와 결과물의 품질을 좌우하거든요.

좀 더 구체적으로 설명하면 AI가 답변을 내놓는 순간, 우리는 동시에 여러 가지를 판단해야 해요. '이 답변이 내가 원하던 방향인가?', '논리적 허점은 없는가?', '너무 뻔한 이야기만 하는 건 아닌가?', '예상보다 흥미로운 포인트가 나왔네, 이걸 더 파 볼까?', '이 부분은 좀 의심스러운데 다른 각도로 확인해 봐야겠다.' 등과 같은 판단을 1~2분 내에 처리해야 합니다.

이는 마치 숙련된 인터뷰 진행자나 기자가 상대방의 답변을 들으면서 즉석에서 다음 질문을 준비하는 것과 비슷해요. 인터뷰 대상에 미리 보낸 리스트대로만 질문하면 약속 대련식의 표면적인 답변만 얻게 됩니다. 하지만 답변 속에서 예상치 못한 실마리를 포착하고 그 순간 바로 파고들어가는 능력이 있다면 새롭고 깊이 있는 인사이트를 얻어낼 수 있거든요.

또 다른 중요한 포인트는 '답변의 완성도'를 판단하는 눈입니다. AI가 80% 좋은 답변을 줬을 때 '이 정도면 충분해.'라고 넘어갈 것인지, '좀 더 구체화하면 완벽해질 것 같은데…'라고 추가 질문을 할 것인지를 결정하는 감각입니다. 이런 미세한 판단들이 쌓여서 최종적으로는 '그냥 괜찮은 보고서'와 '정말 탁월한 보고서'의 차이를 만들어 냅니다.

말뭉치를 목적에 맞게 최대한 확장해야 하므로 단순히 질문만 던지는 것이 아니라 각 답변의 가치를 평가하고 전략적으로 다음 단계를 설계하는 과정이 필요합니다. 이것이 바로 AI 드리블링을 단순한 'AI 질문하기'와 구별 짓는 핵심인 것입니다.

Recall & Research 단계가 AI 드리블링에서 중요한 이유

앞에서 바이브 코딩과 AI 드리블링이 상당히 비슷하다고 말했습니다. 하지만 차이도 분명 있긴 해요. 저는 정보 환경의 구조가 바이브 코딩과 AI 드리블링의 가장 큰 차이라고 생각합니다. 바이브 코딩에서는 깃허브(GitHub), 스택 오버플로(Stack Overflow), 회사 라이브러리에서 이미 잘 정리된 코드 자산을 찾아 활용해요.[20] 이미 검증된 솔루션들이 태그별, 언어별, 기능별로 잘 분류되어 있기에 필요한 코드를 찾아서 복붙하면 바로 작동하지요. 필요한 라이브러리나 API를 그때그때 검색해서 활용할 수 있는 것도 이런 개발 생태계가

---

20 ・ **깃허브**: 전 세계 개발자가 코드를 모아 협업하는 저장소
　　・ **스택 오버플로**: 프로그래밍 질문과 답을 나누는 지식 공유 사이트

있기에 가능합니다.

반면, AI 드리블링의 정보 환경은 완전히 다릅니다. AI 속에는 방대한 지식이 들어 있지만, 우리가 원하는 주제에 대한 정보는 여기저기 흩어져 있습니다. 따라서 분석할 주제에 대해 다각도로 정보들을 검토하고, 여러 정보를 조합해서 새로운 관점을 도출하고, AI가 가진 일반적 지식을 우리 상황에 맞게 재구성하는 작업이 필수입니다. '이상한 변호사 우영우'라는 드라마에서 변호사들이 쌓여 있는 문서 더미를 뒤져 꼭 필요하거나 관련성 있는 자료들을 뽑아내고 문서 박스에 모으는 장면을 생각해 보세요.

이런 정보 환경 차이 때문에 AI 드리블링에서는 Recall & Research 단계가 결정적으로 중요해집니다. 바이브 코딩처럼 '필요할 때 찾아서 쓰면 되는' 방식이 아니라 1~3시간을 집중해서 '관련 있을 만한 모든 정보들'을 일단 모아 두는 작업이 필요해요. AI의 머릿속에서 우리 프로젝트와 관련된 지식들을 끄집어내고, 정보들 간의 숨어 있는 연결고리를 발견하며 기존에 없던 새로운 관점이나 아이디어를 생성하는 과정입니다. 이 단계를 충실히 거쳐야 다음 Report 단계에서 풍부하고 창의적인 보고서를 만들어 낼 수 있습니다.

● Recall & Research 단계의 핵심 테크닉들

프레임워크와 이론적 관점을 질문에 결합

질문 초반부에 적절한 프레임워크(Framework)를 잘 결합시키면 MECE(Mutually Exclusive, Collectively Exhaustive)하고 짜임새 있는 답변을 도출할 수 있습니다. 유명 사상가나 이론적 관점을 질문에 결합하면 매우 흥미로운 답변도 나오고요. 예를 들어, 'AI 시대의 조직 내 시니어와 주니어의 협업 방향'이라는 주제에 대해 다시 생각해 봅시다. 일반적인 질문들을 다음처럼 이론적 관점과 결합시키면 어떻게 될까요?

- **일반적 질문**: "AI 시대에 조직 내 세대 갈등을 심화시킬 수 있는 요인들에는 어떤 것들이 있을까?"
- **일반 환경 분석 프레임워크 활용**: "STEEP 관점에서 AI 시대에 조직 내 세대 갈등을 심화시

환경 분석이나 영향 요인 도출에 STEEP 관점을 접목하면 답변이 체계적이고 누락 없는 형태로 깔끔하게 정리가 될 것입니다. 그러면서 미처 생각지도 못했던 영향 요인들을 추가로 발견할 수도 있고요. 한편, 여기서는 조직 내 AI 사용자들을 구분할 때 에버릿 로저스(Everett Rogers)의 혁신 확산 이론 관점을 접목해 보았습니다. 그러면 학술적 근거가 있는 5단계 그룹[21]의 프레임하에서 조직 내 AI 채택자들의 심리적 특성, 행동 패턴, 영향력 범위를 과학적으로 분석할 수 있게 되지요.

특히, 각 그룹이 AI를 받아들이는 동기와 저항 요인이 어떻게 다른지, 어떤 그룹이 조직 전체의 AI 확산에 가장 큰 영향을 미치는지, 그리고 각 단계별로 어떤 맞춤형 접근 전략이 필요한지까지 체계적으로 도출할 수 있습니다. 이런 분석이 가능한 이유는 AI와 유사한 기술 혁신들에 대해 이미 많은 연구가 축적되어 있기 때문입니다.

굳이 AI에게 이론적 관점에서 분석해 달라고 요청하는 이유는 그냥 '많이 배운 척 하고 싶어서'가 아닙니다. AI가 학습한 수많은 관련 연구 결과와 이론적 지식들을 끌어다가 내 질문 맥락에 맞게 종합적으로 답변해 달라는 의미인 것입니다. 단순히 이론적 개념이 아니라 그 개념을 단서로 관련된 논의와 맥락을 포괄적으로 가져다가 쓰는 것입니다.

🤖 이공계, 일반인을 위한 실용적인 프레임워크 가이드

프레임워크적 사고는 복잡한 프로젝트일수록 꼭 필요합니다. '생각의 GPS' 역할을 해 주거든요. 다만, 경영학과 출신이나 기획자, 컨설턴트 등 프레임워크 사고에 익숙한 사람들은 이런 접

---

[21] 혁신자(Innovators)–초기 수용자(Early Adopters)–전기 다수자(Early Majority), 후기 다수자(Late Majority)–지각 수용자・지각자(Laggards)

근을 자연스럽게 잘하는데, 그렇지 못한 일반인들이나 주니어들은 무척 힘들어합니다. 사실 많은 분이 '프레임워크를 써야 한다는 건 알겠는데, 정작 어떤 것이 있는지도 모르겠고 언제 어떻게 써야 할지도 감이 안 온다.'라고 하더군요.

또한 이공계 출신 분들은 '물리학 수식이나 AI 알고리즘은 익숙한데 이런 인문계 프레임워크는 어색하다.'라고 토로하기도 해요. 하지만 걱정하지 마세요. 프레임워크 활용에도 패턴과 단계가 있으니까요. 마치 프로그래밍에서 함수를 배울 때 처음에는 기본 함수부터 익히고 점차 복잡한 함수로 확장하는 것과 같은 원리입니다.

● **1단계** **가장 쉬운 프레임워크부터 시작하기**

프레임워크 초보자들에게 추천하는 '입문용 4종 세트'가 있습니다. STEEP, SWOT, 3C, As-Is & To-Be 분석이 바로 그것입니다. 이 4가지 프레임워크만 적절히 잘 사용해도 AI 드리블링 품질이 확연히 달라집니다. STEEP 분석은 이미 위에서 말한 것처럼 주로 환경 요인을 체계적으로 정리할 때 많이 쓰여요.

그다음으로 알아 둘 것은 SWOT 분석입니다. 강점(Strength), 약점(Weakness), 기회(Opportunity), 위협(Threat) 4가지로 현재 상황을 분석하는 것입니다. "우리 회사의 AI 도입 상황을 분석해 줘."라고 막연하게 질문하는 대신, "한국 제조 기업들의 AI 도입 상황을 SWOT 관점에서 분석해 줘."라고 질문해 보세요. AI가 4가지 측면을 빠짐없이 체계적으로 분석해 줄 거예요.

3C 분석도 많이 활용됩니다. Customer(고객), Company(회사), Competitor(경쟁사)의 3가지 관점에서 살펴보는 기예요. 미케팅이나 사업 전략을 다룰 때 특히 유용합니다. "시 시장 상황을 3C 관점에서 분석해 줘. 고객들이 AI에 대해 어떻게 생각하는지, 우리 회사의 역량은 어떤지, 경쟁사들은 어떤 전략을 쓰는지 각각 분석해 줘." 식으로 말입니다.

마지막으로 As-Is, To-Be 비교입니다. 이건 정말 간단하지만 의외로 강력해요. 주로 후반부에 실행 전략이나 방안을 도입했을 때 전후 효과 비교를 위해 많이 활용합니다. 예를 들어, "AI 도입 전후의 업무 방식을 As-Is, To-be 관점에서 비교해 줘. 특히, 효율성, 품질, 직원 만족도 고객 반응 측면에서 어떤 변화가 있을지 예상해 줘." 식으로요.

이 4개만 익숙해져도 상당한 수준의 체계적 분석이 가능해집니다.

● **2단계** **상황별 프레임워크 선택 가이드**

분석 프레임워크는 상황에 맞게 선택해야 해요. 마치 요리할 때 음식에 따라 조리 도구를 바꿔 쓰는 것과 비슷합니다. 문제의 원인을 파악하고 싶을 때는 3Whys 분석이 좋습니다. '왜?'를 세 번 연속으로 묻는 방식입니다. 도요타에서 개발한 방법인데, 근본 원인까지 파고들 수 있어서 문제 해결에 매우 효과적입니다. "한국 대기업에서 요즘 시니어－주니어 협업이 잘 안 되는 이유를 3Whys 방식으로 분석해 줘. 첫 번째 이유부터 시작해서 그 이유의 이유, 또 그 이유의 이유까지 계속 파고들어서 근본 원인을 찾아 줘."처럼 말입니다.

시장 전략을 세울 때는 4P 마케팅 믹스가 유용합니다. Product(제품), Price(가격), Place(유통), Promotion(홍보)의 4가지 요소로 마케팅 전략을 체계화하는 거예요. "한 팀에서 검증된 ○○○ AI 협업 방식을 다른 팀에 확산시키는 전략을 4P 관점에서 만들어 줘. Product(협업 모델), Price(도입 비용), Place(확산 경로), Promotion(홍보 방법)을 각각 어떻게 설정해야 할지 분석해 줘."

시간순으로 정리하고 싶을 때는 고객 여정 매핑(Customer Journey Mapping)을 활용해 보세요. 고객이나 사용자가 처음 접촉부터 최종 결과까지 거치는 모든 단계를 시간순으로 나열하는 방식입니다. '시니어와 주니어가 AI 협업에 익숙해지는 과정을 단계별로 분석해 줘. 각 단계에서 어떤 어려움이 있고 어떤 지원이 필요하며 어떤 성과 지표로 측정할 수 있는지도 함께 제시해 줘."

아이디어를 체계화하고 싶을 때는 MECE 원칙을 사용합니다. MECE는 Mutually Exclusive, Collectively Exhaustive의 줄임말로, '서로 겹치지 않으면서(상호 배타적) 전체를 빠짐없이 포괄하는(전체 포괄적)' 분류를 만드는 거예요. "시니어–주니어 AI 협업 개선 방법들을 MECE 원칙에 따라 분류해 줘. 각 카테고리가 겹치지 않으면서도 모든 개선 방법을 빠짐없이 포함하도록 정리해 줘."라고 한번 물어보세요.

● 　3단계　 **프레임워크 조합으로 입체 분석하기**

프레임워크의 진짜 위력은 여러 개를 조합해서 쓸 때 나타납니다. 한 주제를 다양한 관점에서 바라보면 훨씬 풍부하고 균형 잡힌 분석이 가능해요. 예를 들어, 'AI 시대 시니어–주니어 협업 방향'이라는 주제를 다룬다고 생각해 봅시다.

- 1차 질문: "조직 내 AI 도입 현황을 STEEP 관점에서 분석해 줘. 사회적(세대 갈등), 기술적(AI 도구 확산), 경제적(생산성 압박), 환경적(재택근무 증가), 정치적(경영진 AI 정책) 요인들을 각각 살펴봐."
- 2차 질문: "같은 주제를 이제 Everett Rogers의 혁신 확산 이론 관점에서 분석해 줘. 조직 내 AI 채택자들을 혁신자–초기 수용자–전기 다수자–후기 다수자–지각 수용자로 분류하고 시니어와 주니어가 각각 어떤 그룹에 많이 분포하는지 분석해 줘."
- 3차 질문: "두 분석 결과를 종합해서 시니어–주니어 협업에서 우리가 주목해야 할 핵심 이슈 3가지를 우선순위와 함께 뽑아 줘."

이렇게 하면 동일한 주제라도 훨씬 체계적이고 풍부한 답변이 나올 것입니다.

● 　고급 활용　 **학술 이론도 이렇게 하면 쉬워집니다.**

'어려운 이론은 엄두도 안 난다.'라고 하는 분들이 많은데, 사실 패턴만 알면 생각보다 간단해요.

첫 번째 패턴은 '~이론 관점에서'라는 접두사 붙이기입니다. '시니어-주니어 협업에 어려움이 생기는 이유는?'이라고 평범하게 질문하는 대신, "조직군 생태학 이론 관점에서 시니어-주니어 협업에 어려움이 생기는 이유를 분석해 줘."라고 질문해 보세요. AI가 해당 이론의 핵심 개념들을 활용해서 훨씬 학술적이고 깊이 있는 분석을 해 줄 겁니다.

두 번째 패턴은 유명 학자의 이름을 활용하는 것입니다. "클레이튼 크리스텐센의 파괴적 혁신 이론으로 ChatGPT의 시장 진입을 설명해 줘."라든지, "대니얼 카네만의 행동 경제학 관점에서 사람들이 AI를 거부하는 심리를 분석해 줘."처럼 말입니다. 학자 이름이나 이론 이름을 정확히 몰라도 괜찮습니다. '혁신 확산 이론', '행동 경제학', '게임 이론' 같은 키워드만 알아도 충분합니다. AI가 알아서 해당 분야의 주요 이론들을 적용해서 분석해 줍니다.

● 프레임워크를 모를 때의 꿀팁

'그래도 어떤 프레임워크가 있는지 모르겠다.'고 하는 분들을 위한 비밀 무기가 있습니다. 바로 AI에게 직접 물어보는 것입니다. 먼저 메타 질문을 활용해 보세요. "시니어-주니어 AI 협업 전략을 수립할 때 유용한 분석 프레임워크 5개를 추천해 주고 각각을 어떻게 활용할 수 있는지 간단한 질문 예시와 함께 제시해 줘."라고 질문하면 AI가 상황에 맞는 프레임워크들을 추천해 주고 심지어 어떻게 활용할지도 알려 줍니다. 일종의 '맞춤형 프레임워크 활용 컨설팅'을 받는 셈입니다.

상황별 프레임워크 추천도 요청할 수 있습니다. "조직 내 세대 갈등을 분석하는 데 적합한 경영학이나 심리학 이론들을 3개 추천해 주고 각각의 핵심 질문을 만들어 줘."나 '시니어-주니어 협업 개선 전략을 세울 때 활용할 수 있는 조직 관리 프레임워크들을 소개해 주고 우리 상황에 가장 적합한 것을 추천해 줘."처럼 말입니다.

● 프레임워크는 상황에 맞게 적절히 사용

이렇게 단계적으로 접근하면 프레임워크 사고에 익숙하지 않았던 분들도 충분히 AI 드리블링에서 프레임워크의 위력을 체험할 수 있을 것입니다. 다만, 마지막으로 중요한 주의사항이 하나 있습니다. 프레임워크는 도구일 뿐이라는 점입니다. 모든 질문에 억지로 프레임워크를 끼워 맞출 필요는 없습니다. 프레임워크는 사고를 돕는 도구이지, 사고를 대체하는 것이 아닙니다. 상황에 맞게 적절히 활용하세요. 때로는 프레임워크 없이 자유롭게 질문하는 것도 필요하고요.

프레임워크를 사용하면 좋은 경우	프레임워크를 사용하지 않아도 되는 경우
• 복잡한 문제를 체계적으로 정리하려 할 때	• 간단한 팩트 확인 질문('오늘 날씨는?')
• 누락되는 관점이 없도록 하고 싶을 때	• 창의적 아이디어가 필요한 브레인스토밍
• 전문적이고 설득력 있는 분석이 필요할 때	• 적합한 프레임워크가 없는 경우
• 팀원들과 공통된 분석 틀을 공유하고 싶을 때	• 직관적이고 자유로운 발상이 더 중요한 경우

답변 내용과 형태를 예상하며 질문 구체화

카카오톡 방식의 짧은 질문은 금물입니다. 내가 생각한 의도를 잘 전달하기 위해 질문은 얼마든지 길어질 수 있습니다. 중요한 것은 질문하기 전 어떻게 요청해야 내가 원하는 형태와 내용의 답변이 나올지 먼저 고민해 보라는 것입니다. 이때 프레임을 구성하며 질문하는 것이 유용해요. 다음을 한번 살펴보세요.

- **프롬프트 A** 핵심 요청 : "AI 활용 역량별로 조직 구성원을 분류해 보고 싶어."
- **프롬프트 B** 분석 조건 추가 : "대략 (1) AI를 거부하거나 회피하는 그룹, (2) 기본적인 활용만 하는 그룹, (3) 적극적으로 활용하는 그룹으로 구분할 수 있을 것 같아. 각 그룹의 특징과 행동 패턴, 그리고 조직에 미치는 영향을 분석해 줘."
- **프롬프트 C** 출력 형태 추가 : "답변은 표로 만들어 줘. 표의 가로축으로는 그룹 3개, 표의 세로 축으로는 그룹의 특징, 행동 패턴, 조직에 미치는 영향의 형태로 부탁해."

프롬프트 A는 카카오톡 방식의 짧은 질문입니다. 당연히 답변은 그럭저럭 무난한 형태로 나오겠지만, 내가 원하는 답이 아닐 수도 있습니다. 프롬프트 B처럼 분석 조건을 추가하면 어떨까요? 내가 원하는 답에 더 구체적으로 근접하겠지요. 다만, 이때 그룹도 많고 분석 관점도 많으니 자칫 내용이 길어져서 한눈에 비교가 안 될 수도 있습니다. 이 경우는 프롬프트 C처럼 출력 형태도 추가로 지정해 주는 것이 낫겠지요.

이것이 답변 내용과 형태를 예상하며 질문을 구체화하라는 말의 의미입니다. 프롬프트 A의 질문을 무작정 입력하는 대신, '질문에 뭐가 부족하지? AI가 제대로 답변하려면 뭔가 조건이 필요하지 않나?'라고 생각해 보면 B의 내용이 생각날 것입니다. 그 이후 마찬가지로 'AI 답변을 내가 쉽게 활용하려면 어떤 식으로 답변을 받아야 하지?'라고 생각하면 C의 내용이 떠오를 것입니다. 이렇게 프롬프트를 개선하고 Enter를 눌러 AI에게 질문을 보내는 것입니다.

이와 관련해 프롬프트의 기본 구성 요소들을 이해하고 적절히 질문을 구체화하거나 확장해 나가면 좋을 것입니다. 프롬프트는 기본적으로 '질문 또는 요구사항'을 중심으로 필요할 경우, 맥락 정보나 출력 형식, 예시, 참고 자료 등을 덧붙이는 형태로 구성하면 됩니다.

상황에 따라 필요한 구성 요소들을 압축적이지만 AI가 이해하기 쉽게 프롬프트 내에 포함시키는 것이 바로 프롬프트 구성의 핵심입니다.

원래 프롬프트의 기본 구성 요소는 대부분의 생성 AI 활용법 초반에 나오지만, 이 책에서는 프롬프트 자체보다 프로세스, 프로세스보다 AI와 함께 생각하는 법을 중시하다 보니 이제서야 등장하게 되었네요. 다음을 참고하세요.

프롬프트의 기본 구성 요소와 사례

맥락 정보	질문 또는 요구사항	출력 형식	예시/참고 자료
• 원하는 작업과 관련된 맥락 정보를 충분히 제공	• 도출될 답변 내용을 예상하며 구체적으로 작성	• 답변 사용 용도를 생각하며 출력 형식을 세심히 지정	• 필요시 출력 형식에 대한 예시 답변이나 분석 필요한 참고 자료도 업로드
• Who: 질문자의 역할/신분 • What: 원하는 결과물 • Why: 목적/용도 • For Whom: 독자/청중	• 주제: ○○○ 분야 ○○○를 • 관점: ○○○ 관점에서 • 방법: 설명/비교/생성/분석/요약/추출/분해/그룹화 • (옵션) 포함/제외 요소	• 길이: ○개, ○자, ○단어로 • 스타일: 신문 기사, 보고서, 공문서, 에세이, 블로그 • 포맷: 일반 텍스트, 리스트, 표, 코드 • 문체: 개조식(~음, 함), 평서체(다), 경어체입니다) • 톤 앤 매너: 전문적으로, 건조하게, 간결하게, 쉽게	• 표 출력을 원할 경우 가로, 세로축에 들어갈 내용 지정 • 원하는 대로 답이 안 나올 경우, 좋은 예와 나쁜 예도 제시 • 참조할 외부 URL • 수정 필요한 내용(2~3개인 경우, 해당 부분 이름 지정)
• "전문가 회의용 보고서를 작성 중이야." • "대중용 개론서 집필을 위한 기초 조사 중이야."	• "최근 노화학 연구 흐름 중 저속 노화, 항노화, 역노화에 대해 개념, 특징, 학자, 기업을 설명해 줘." • "AI 반도체 산업의 경쟁 상황을 5-force 관점에서 분석해 줘"	• "위에서 설명한 내용을 표로 제시해 줘." • "분석한 내용을 일반인 대상의 보고서용으로 평서체를 써서 500자 정도로 정리해 줘."	• "표의 가로축은 저속 노화, 항노화, 역노화로 하고, 세로축은 개념, 특징, 주요 학자, 주요 기업으로 만들어 줘."

 원안 계속, 수정 또는 확장

핵심 질문을 좋은 프롬프트로 변환해 던지면 AI는 기대를 뛰어넘는 흥미로운 답변을 할 가능성이 높아요. 그러나 종종 기대와 다른 내용도 답변합니다. Recall & Research 단계에서 가장 중요한 부분은 답변의 적절성과 품질을 즉시 판단하여 다음 스텝을 유연하게 정하는 것입니다. 다음 스텝은 대개 3개 중 하나입니다.

예를 들어, "한국 대기업 내에서 AI 활용과 관련해 가능한 시니어−주니어 협업 패턴을 분석해 줘."라는 질문을 던졌다고 가정해 봅시다. 답변에 원하는 내용이 들어 있다면 원래 생각했던 다음 질문을 던져도 됩니다. 하지만 뭔가 부족하거나 핀트가 맞지 않는 답변이 나왔다면 즉시 질문을 수정해 내가 원하는 내용의 답변을 유도해야 하겠지요. 이와 아울러 의외로 괜찮은 내용의 단서가 나왔을 때는 원래 하려고 했던 질문이 아니었더라도 관련 내용을 키워 나가는 질문을 추가로 하는 것이 좋습니다.

질문 수정 예시

"시니어−주니어 협업 패턴을 분석해 달라고 했는데, 시니어 관점에서만 설명된 것 같아. 주니어 입장에서의 어려움과 기대, 그리고 양방향 소통의 장벽까지 포함해서 다시 분석해 줘."

질문 확장 예시

"좋아. 지금까지 일반적인 협업 패턴을 살펴봤는데, 혹시 이런 패턴들 외에 예외적이거나 특이한 경우는 없을까? 예를 들어, 시니어보다 AI를 더 잘 쓰는 주니어가 팀장이 되는 경우나 AI를 완강히 거부하는 시니어와 AI 전문가 주니어가 만나는 극단적 상황에서는 어떤 일이 벌어질까?"

이러한 방식은 마치 숙련된 인터뷰어가 상대방의 답변을 들으면서 즉석에서 다음 질문을 준비하는 것과 비슷합니다. 미리 짜 놓은 질문 리스트대로만 하면 표면적인 답변만 얻게 되지만, 답변 속에서 예상치 못한 실마리를 포착하고 그 순간 바로 파고들어가는 능력이 있어야 깊이 있고 새로운 인사이트를 얻어낼 수 있거든요.

실제로 숙련된 AI 사용자라면 질문에 대한 AI 답변을 보고 '이 답변이 내가 원하던 방향인가?', '논리적 허점은 없는가?', '너무 뻔한 이야기만 하는 건 아닌가?', '예상보다 흥미로운 포인트가 나왔네, 이걸 더 파 볼까?', '이 부분은 좀 의심스러운데 다른 각도로 확인해 봐야겠다.' 등을 순간적으로 판단해냅니다.

또한 답변의 완성도도 동시에 평가해 들어갑니다. AI가 80% 좋은 답변을 줬을 때 '이 정도면 충분해.'라고 넘어갈 것인지, '좀 더 구체화하면 완벽해질 것 같은데….'라고 추가 질문을 할 것인지를 결정하는 것입니다.

'매의 눈'은 타고나는 게 아니라 기르는 것입니다

이런 부분을 강의 때 이야기하다 보면 '어떻게 저렇게 즉각적으로 판단할 수 있어요? 저희 같은 주니어들은 어떻게 하라고요?'라고 묻는 분들도 많습니다. 사실 이건 타고난 능력이 아니라 훈련 가능한 스킬입니다. 숙련된 컨설턴트들도, 매의 눈 상무님들도 처음엔 다 초보였습니다. 다만, 수백, 수천 번의 인터뷰와 회의를 거치며 '좋은 답변 vs. 나쁜 답변'을 구분하는 훈련이 자연스럽게 된 것입니다.

AI 드리블링에서의 답변 품질 판단 스킬도 마찬가지로 의식적으로 연습하면 충분히 늘 수 있는 스킬입니다. 또한 AI 드리블링 때의 연습이 현실의 '매의 눈' 역량을 키워 주는 효과도 있습니다.

(가) 기본 체크리스트부터 시작하기

AI 답변 품질을 판단하는 데 어려움을 겪는다면 처음에는 간단한 체크리스트부터 시작해 보세요. 복잡하게 생각할 필요 없이 다음의 초보자용 3가지 질문 세트만 기억하면 됩니다.

답변 품질의 즉각 판단용 체크 사항

체크사항	관련 질문	주의사항
완성도 체크	'내가 원했던 답변의 80% 이상이 들어 있는가?'	AI가 내 질문의 핵심을 제대로 파악했는지, 빠진 중요한 부분은 없는지 확인
구체성 체크	'추상적인 말만 늘어놓지 않고 구체적인 내용이 있는가?'	'중요하다.', '필요하다.', '고려해야 한다.' 같은 뻔한 표현만 반복하지는 않는지 체크
실용성 체크	'실제로 써 볼 수 있는 내용인가, 아니면 뻔한 말뿐인가?'	• 우리 맥락에 맞는 말인지 평가 • 너무 일반적인 내용이 아닌지 체크

예를 들어, '한국 대기업 시니어-주니어 AI 협업 패턴'에 대해 질문했는데, AI가 '소통이 중요하고 상호 이해가 필요하며 교육이 뒷받침되어야 한다.'라고 답했다면 이는 원래 질문 의도에서 벗어난 답변이고 구체성도 부족합니다. 그럼 '협업 패턴에는 어떤 유형이 있고,

어떤 유형이 성공적이고, 어떤 유형은 실패하기 쉽지?'라고 원래 질문을 다시 보강해 구체적으로 물어보아야 하겠지요. 혹시 이런 소통, 교육 프로그램이 더 중요하게 생각되었다면, '어떤 방식의 소통? 구체적인 교육 프로그램은? 실제 사례는?' 처럼 질문 확장이 필요할 수도 있고요.

(나) 부실한 답변 유형별 대응

교정이 필요한 부실한 AI 답변들은 크게 3가지 유형입니다. 즉, 답변이 너무 추상적이거나, 한쪽으로 치우치거나, 너무 일반적인 경우지요. 이런 전형적인 부실 답변 유형에는 다음처럼 대응하는 것이 좋습니다.

첫 번째 유형은 '너무 추상적인 답변'입니다. 판별 신호는 '중요하다.', '필요하다.', '고려해야 한다.' 같은 뻔한 표현이 반복되는 것입니다. 이럴 때는 '구체적인 사례나 방법을 들어서 설명해 줘.'라고 후속 질문하면 됩니다.

두 번째 유형은 '한쪽으로 치우친 답변'입니다. 장점만 나열하거나 1가지 관점만 제시하는 경우죠. 이때는 '반대 상황이나 다른 관점은 어떨까?'라고 요청하세요.

세 번째 유형은 '너무 일반적인 답변'입니다. 어느 회사, 어느 상황에나 적용 가능한 뻔한 이야기만 하는 경우입니다. '한국 대기업 특성을 고려하면 어떻게 달라질까?'처럼 맥락을 구체화해 달라고 요청하면 훨씬 유용한 답변을 얻을 수 있습니다.

(다) '아하 모멘트' 포착 훈련

예상치 못했지만 의외로 좋은 답변이 나올 때를 놓치지 않는 것도 중요합니다. 예상치 못한 좋은 답변의 대표적인 신호들을 미리 알아 두세요.

- 내가 생각하지 못한 새로운 분류나 관점을 제시할 때
- 업계 특성을 반영한 현실적 제약 조건을 언급할 때
- 단계별 실행 방안이나 체크포인트를 제시할 때

이런 순간을 포착했다면 즉시 확장 질문을 던져 보세요. "오, 이 분류가 흥미롭네. 각 유형별로 실제 사례나 구체적인 특징을 더 설명해 줄 수 있어?"처럼 말입니다. 이렇게 해야

AI의 숨어 있는 지식을 최대한 이끌어 낼 수 있습니다.

다만, 이때 호기심을 제어하지 못하면 전체 논의가 자칫 잘못하면 삼천포나 나폴리로 빠질 수 있습니다. 적절히 판단해서 내용을 끊거나, 다른 창에서 따로 질문을 하거나, 메모해 놓았다가 나중에 Report 단계의 적절한 부분에서 다시 질문하세요.

(라) 20-80 법칙 적용하기

완벽주의는 AI 드리블링의 적입니다. 모든 답변이 100% 완벽할 필요는 없습니다. 20-80 법칙을 적용해서 효율적으로 진행하세요. 내가 질문한 의도에 80% 부합하는 답변이 나왔다면 바로 다음 질문으로 넘어가세요. 50% 정도 답변이라면 수정이나 보완 질문을 하고, 20% 이하 답변이라면 질문 자체를 다시 던지는 것이 좋습니다. AI가 80% 좋은 답변을 줬을 때 '이 정도면 충분해.'라고 넘어갈 것인지, '좀 더 구체화하면 좋겠는데….'라고 추가 질문을 할 것인지를 빠르게 결정하는 능력이 바로 AI 드리블링의 핵심입니다.

(마) '매의 눈' 실전 연습법

이론만으로는 한계가 있습니다. 실제로 연습해 볼 수 있는 방법들을 소개할게요. '답변 비교하기' 방식을 활용해 보세요. 같은 질문을 조금씩 다르게 3번 던져 보고 어느 답변이 더 유용한지 비교해 보는 거예요. 이걸 10번 정도 하면 '좋은 답변의 패턴'이 보이기 시작합니다.

'동료와 함께 판단하기'도 효과적입니다. AI 답변을 동료와 함께 보면서 "이 답변 어떻게 생각해?" 하고 의견을 교환해 보세요. 처음엔 판단이 엇갈려도 몇 번 하다 보면 기준이 명확해집니다.

'체크포인트 만들기'도 좋은 방법입니다. 10개 정도 질문을 던진 후에 잠깐 멈춰서 "지금까지 나온 답변 중에서 가장 유용했던 것과 가장 아쉬웠던 것은 뭐지?"라고 스스로 평가해 보는 시간을 가져 보세요.

지금 AI 드리블링을 잘하는 사람들도 처음엔 다 어려워했습니다. 중요한 건 의식적으로 연습하는 것입니다. 매번 AI 답변을 받을 때마다 "이 답변의 품질은 어떤가? 다음에는 어떻게 질문을 개선할 수 있을까?"라는 메타인지적 사고를 습관화하면 생각보다 빠르게 '매의 눈'을 얻을 것입니다.

반대 가능성과 논리에 대해서도 질문

AI는 내가 생각한 가설에 대해 종종 매력적인 근거 논리를 제공해요. 특히, ChatGPT가 이런 측면이 탁월해요. 좋게 생각하면 사용자 니즈에 최적화된 답변을 주는 것인데, 안 좋게 생각하면 사용자를 '우쭈쭈'해 주는 것입니다. 문제는 이를 그대로 받아들이면 자기 주장에 빠져 버릴 수 있다는 것입니다. 이게 여러 번 누적되면 치명적인 괴물 논리가 만들어져요. 글 안에서는 논리가 매우 체계적, 합리적으로 잘 전개되는데, 한 발 떨어져서 생각해 보면 말도 안 되는 이야기가 만들어져 버린 것입니다.

이런 위험을 막으려면 항상 반대 가능성과 논리에 대해 질문해야 균형적 시각을 확보할 수 있습니다. 그래서 이런 문제가 Recall & Research 단계에서 일어나는 것을 막으려면 일반 질문 → 반대 질문 → 종합 질문의 3단계를 생활화할 필요가 있습니다.

일반 질문 "AI가 조직 내 세대 간 협업을 개선하는 데 도움이 될까?"

반대 질문 "반대로 AI 도입이 오히려 세대 갈등을 심화시키거나 새로운 갈등을 만들어 낼 수 있는 요인들은 무엇일까?"

종합 질문 "그렇다면 AI의 긍정적 영향과 부정적 영향 중 어느 쪽이 더 클까? 그리고 부정적 영향을 최소화하면서 긍정적 영향을 극대화할 수 있는 전략은?"

반복되는 질문은 최적 프롬프트로 수정해 사용

동일한 질문을 여러 번 반복해야 하는 경우도 있습니다. 어쩌면 이때가 AI 활용의 효율성이 가장 높고 쾌감으로 충만해지는 상황입니다. 예를 들어, 유명 트렌드 보고서에서 15개 트렌드가 제시되었는데, 각 트렌드별로 주요 내용과 수치, 사례들을 동일한 형식으로 뽑아서 정리해야 하는 상황을 생각해 보세요. 사람이 한다면 정말 지겨운 작업의 연속일 수 있습니다. 하지만 AI에게 시킨다면 속칭 '꿀 빠는' 상황이 연출될 수도 있습니다. 처음에 프롬프트 완성도를 높이는 데 집중 투자하면 나머지 열댓번의 과정은 정말 '복사＋붙여넣기' 수준이 되거든요.

자, 먼저 초기 설계 단계에서 첫 번째 트렌드를 대상으로 프롬프트 템플릿을 한번 만들어보세요.

품질 테스트 단계에서는 트렌드 1, 2, 3번에도 위의 프롬프트를 시험해 보면서 결과물을 점검합니다. "음, 수치가 너무 많네.", "사례가 아쉽네.", "적용 가능성이 추상적이네." 하면서 프롬프트를 추가적으로 세밀하게 조정해 나가는 거예요. "핵심 정의는 3줄로 늘리고 수치는 2개로 줄이고 사례는 국내외 1개씩으로 하자."는 식으로 조정하며 프롬프트를 고도화시킵니다.

프롬프트가 완성되고 양산 단계에 들어가면 그때부터는 간식 타임입니다. 정말 과자를 먹으며 질문을 던질 수 있습니다. "트렌드 4번도 동일하게 부탁해.", "5번도!", "6번도!" 하면서 AI가 일정한 품질의 결과물을 기계적으로 뽑아 내는 걸 보는 재미는 상당합니다.

이런 패턴이 AI 드리블링에서 효율성의 핵심입니다. 반복 작업이 많은 Recall & Research 단계에서는 이런 최적화 프롬프트의 반복을 활용하면 시간을 대폭 절약하면서도 일관성 있는 고품질 결과물을 얻을 수 있습니다.

AI에게도 적극 의지하기

AI는 우리가 생각하는 것보다 훨씬 많이 알고 있습니다. AI가 아직 말하지 않은 부분을 최대한 끌어 내는 것이 중요합니다. 특히, 아마추어와 프로를 구분하는 가장 중요한 테크닉 중 하나가 '막힐 때 AI에게 방법을 물어보기'입니다. 아까 프레임워크 관점의 질문 편에서도 말했지요? 어떤 프레임워크가 적절할지 잘 모르겠다면 AI에게 물어보라고….

'조직 내 AI 협업 문화를 분석하는 데 좋은 프레임워크나 관점이 있을까?', '지금까지 분석에서 내가 놓치고 있는 중요한 측면이 있다면 무엇일까?' 등 내가 부족한 부분들은 AI에게 계속 물어보세요. 사람과 달리 친절함을 잃지 않고 계속 잘 답변해 줄 것입니다.

또한 AI가 '보완이 필요할까요?'라고 묻는 순간을 놓치지 마세요. 드리블링을 하다 보면, AI가 요청 결과를 제시하고 '보완이 필요할까요?'라고 묻는 경우가 종종 있습니다. 대개 그냥 흘려 넘기는데, 이는 AI가 생각하기에 보완 필요한 부분이 있다는 뜻입니다. 일종의 교토식 완곡 화법이라고 생각하면 편합니다. "맞아, 네가 생각하는 보완 포인트를 제시해 줘."라고 바로 역질문을 해 보세요. 그럼 생각지도 못한 좋은 보완 포인트들이 제시됩니다.

다만, 무조건 받지 마시고 괜찮다고 생각되는 것들만 취사선택하세요. 특히, Report 단계에서 무턱대고 보완 수정 요청을 하면 그 내용을 적극적으로 많이 반영해 내용 자체가 크게 바뀌는 경우가 종종 발생해요. 따라서 "기존 내용들은 최대한 살리고 분량을 조금 늘려서 보완 포인트를 추가로 반영해 줘." 형태로 접근하는 것이 좋습니다.

환각 활용법 · 핵폭탄을 원자력으로

AI 지식을 최대한 끌어 내는 Recall을 진행하다 보면 가끔씩 Hallucination(환각) 현상을 만나는 경우가 있습니다. 예를 들어, 다음과 같은 상황을 생각해 보지요.

- **인간 질문**: "구글이 세대 간 AI 협업 문제를 해결하기 위해 도입한 'Generation Bridge' 프로그램에 대해 설명해 줘."
- **AI 답변**: "구글의 Generation Bridge 프로그램은…. (상세한 설명)"
- **실제**: 다른 AI에게 물어보고 구글에서도 검색해 보니 이런 프로그램은 없음(환각 발생)

대부분의 사람들은 환각 현상을 감지한 순간, 짜증을 내며 채팅 세션을 닫아버리죠. 하지만 환각은 잘만 활용하면 '창의적 발상의 도구'로도 활용할 수 있습니다. Generation Bridge란, AI가 만들어 낸 가상의 프로그램이었지만, 그 구성 요소들은 충분히 현실적이고 창의적이었거든요. 그렇다면 다음처럼 추가 질문을 할 수도 있죠.

- **후속 질문**: "방금 설명한 Generation Bridge 프로그램의 핵심 요소들을 실제 우리 회사에서 구현 가능한 형태로 각색해서 구체적인 실행 계획을 만들어 줘."

구글에서 도입했다는 근거 없는 소리는 빼고 AI의 아이디어를 창조적으로 변용해서 진짜 우리에게 맞는 새로운 Generation Bridge 프로그램을 만들어 내면 됩니다. 이처럼 환각을 창의적 영감의 원천으로 활용하는 것도 고급 테크닉 중 하나입니다. 다만, 다음과 같은 주의사항을 꼭 염두에 두세요.

> **Hallucination 활용 시 주의사항**
> - 팩트 체크는 반드시 별도로 진행
> - '이런 접근법이 있다면 어떨까?'라는 가정적 사고 도구로만 활용
> - 최종 보고서에는 검증된 정보만 포함

● Recall & Research 단계는 게임처럼 즐기되, 초보자는 천천히

Recall & Research 단계는 1~3시간의 초집중 작업으로 진행하는 것이 가장 효과적입니다. 이때 질문과 답변 품질 평가를 빠르게 연속 반복해야 하므로 중간에 집중이 끊어지면 전체 흐름을 다시 잡기가 어려워요. 이는 바이브 코딩에서 '존(Zone)'에 들어가 집중 코딩하는 것과 정확히 같은 원리예요. 바이브 코딩에서 컨텍스트를 잃으면 다시 코드 전개 내용을 파악하는 데 시간이 상당히 걸리죠.

> **'Zone에 들어갔다(in the Zone)'란?**
>
> 바이브 코딩에서 'Zone에 들어갔다.'라는 표현은 프로그래밍할 때 완전히 몰입된 상태를 의미합니다. Zone에 들어가면 시간 감각이 상실되며 몇 시간이 금세 지나고 머릿속 아이디어가 바로 코드로 변환되는 등 생산성이 극대화됩니다. 이는 심리학자 칙센트미하이 교수가 강조한 플로(flow, 절대 몰입) 상태와 비슷합니다. 이때의 정신적 상태는 '게임하다가 밤새는 경험'과도 비슷하고 일하는 모습을 보면 나, 키보드, AI, 코드가 하나가 되어 움직이는 '물아일체' 상태가 나타납니다.

구분	특징
정신적 상태	• 시간 감각이 사라짐(몇 시간이 지나도 모름) • 주변 소음이나 방해 요소를 전혀 인식하지 못함 • 코드와 문제 해결에만 완전히 집중된 상태
작업 효율	• 평소보다 훨씬 빠르고 정확하게 코딩 • 복잡한 로직도 자연스럽게 떠오름 • 버그를 찾고 해결하는 속도가 급격히 향상
몰입의 깊이	• 키보드 타이핑이 자동화된 것처럼 느껴짐 • 머릿속 아이디어가 바로 코드로 변환됨 • 외부 세계와 단절된 느낌

자연스럽게 형성되는 몰입 상태

재미있는 것은 Recall & Research 단계에서 초몰입은 의식적으로 노력하지 않아도 어느 순간 찾아온다는 것입니다. AI 드리블링에는 대화형 퍼즐 게임을 하는 듯한 재미가 있기 때문입니다. 질문을 던지면 즉시 답변이 나오고 그 답변을 빠르게 훑어보며 다음 행동을 결정해야 하는 실시간 피드백 루프가 반복되면 종종 자연스럽게 몰입 상태에 빠집니다. 저도 처음에는 의식적으로 '집중해야지.'라고 생각했지만, 여러 번 AI 드리블링을 해 보니까 어느 순간 자연스럽게 초몰입을 하게 되더라고요.

즉, Recall & Research 단계에서는 AI의 답변을 기다리는 몇 초 동안도 '다음에 뭘 물어볼까?' 생각하고 있는 자신을 발견하게 됩니다. 또한 차근차근 출력되는 AI의 답변을 보면서 "다음으로 넘어갈까?", "좀 더 보강할까?", "다른 각도에서 다시 답변하라고 할까?", "오, 이건 흥미로운데, 다른 창에서 좀 더 파 볼까?" 등 다양한 판단을 순식간에 진행해야 합니다. 이런 과정이 10번 이상 연속적으로 이어지면 자연스럽게 '플로 상태'에 들어가게 됩니다.

몰입을 만드는 4가지 판단 과정:
- **방향성 체크**: '내가 생각한 방향과 맞나?', '다음으로 넘어갈까?', '좀 더 보강할까?'
- **발견의 기쁨**: '어? 미처 생각 못한 내용이 있네!', '어? 이게 되네?', '오, 이건 한 꼭지 추가해

초보자가 겪는 극심한 피로감

하지만 처음 AI 드리블링을 시도하는 분들은 Zone을 경험한 후 엄청난 피곤함을 느낄 수도 있습니다. 왜 그럴까요? 무엇보다 인지적 과부하가 주된 원인입니다. 동시에 여러 정보를 처리하고 판단하며 평소보다 5~10배 빠른 속도로 생각을 가동해야 하거든요. AI 답변의 신뢰도를 실시간으로 평가하는 것도 상당한 에너지를 소모합니다. 결정 피로(Decision Fatigue)도 만만치 않아요. 30~50개 프롬프트는 곧 30~50번의 즉석 의사결정을 의미합니다. '계속 갈지, 수정할지, 확장할지'를 계속 판단해야 하니까요.

도파민 분비의 후유증일 수도 있습니다. 사실 AI 드리블링이나 바이브 코딩이 재미있는 이유는 게임처럼 우리 뇌 속에서 도파민이 나오기 때문일 것입니다. 그래서 AI 드리블링의 Zone 경험을 하고 나면 또 AI 드리블링하고 싶어집니다. 몰입의 쾌감을 다시 느끼고 싶어 몸이 근질거리게 됩니다. 마치 게임 중독처럼 말입니다. 하지만 이 중독은 굉장히 긍정적인 중독일 수 있습니다. 칙센트마이어가 '몰입(The Flow)'에서 말했던 것처럼 여러분을 성공하게 만들고 인생을 긍정적인 성취감으로 가득 채워 줄 중독이니까요. 그러면서 생성 AI 시대에 필요한 AI 증강 인간으로 진화해 나가는 것이겠지요.

다만, 그 결과로 Zone에서 빠져나오면 도파민 분비가 줄어들면서 잊고 있었던 신체적, 정신적 피로감을 극심하게 느끼게 될 수 있습니다. 그래서 처음 AI 드리블링을 하는 분들에는 휴식 신호를 놓치지 말라고 당부드리고 싶습니다. 질문 만드는 속도가 현저히 느려지거나, AI 답변을 대충 훑어보게 되거나, '어떻게 질문해야 하지?' 하는 생각이 들면 잠깐 쉬어가는 것도 좋습니다. 시계를 보면 이미 2~3시간이 훌쩍 지나 있고 몸과 머리가 생각 이상으로 과잉 가동하고 있었을 가능성이 크니까요.

정리하면 Recall & Research 단계의 목표는 보고서에서 다룰 내용들이 충분히 확보될 때까지 말뭉치를 확장하는 것입니다. 개인적으로 최종 보고서의 목표 페이지 수의 2.0~2.5배 정도 말뭉치를 확보하면 충분하다고 생각합니다. 10페이지 보고서를 만든다면 20~25페이지 분량, 30페이지 보고서를 만든다면 60~75페이지 분량식입니다. 또한 질적으로도 Ready 단계에서 도출한 핵심 질문들에 대한 답변이 어느 정도 갖춰지고 예상치 못한 흥미로운 발견들이 몇 개 추가되면 Recall & Research 단계를 마무리할 수 있습니다. 다음은 제가 생각하는 질적 완료 기준입니다.

완료 기준:
- 핵심 질문별로 기본 답변과 추가 인사이트 확보
- 반대 관점과 대안적 시각 포함
- 구체적 사례나 데이터로 뒷받침할 수 있는 내용
- 다음 Report 단계에서 활용할 충분한 말뭉치 생성

다음에는 이렇게 수집한 풍부한 말뭉치를 실제 보고서로 정제하고 구조화하는 Report 단계를 살펴보겠습니다. 여기서는 '뼈대를 만들고 살을 붙인 후 다듬어가는' 과정을 통해 목차-개요-본문으로 확장하게 됩니다.

3.4 Report (초안 작성): 논리적 구조화로 고품질 보고서의 초안 만들기

● Report 단계의 역할

Recall & Research 단계를 마치고 나면 여러분 앞에는 엄청난 양의 말뭉치 데이터가 쌓여 있을 거예요. 1~3시간 동안 AI와 함께 수십 개의 질문을 주고받으며 모은 귀중한 자료들입니다. 하지만 동시에 '이 방대한 자료를 어떻게 논리적인 보고서로 만들어야 하지?' 하

는 막막한 기분이 드는 것은 당연합니다. 바로 이때 필요한 것이 AI 드리블링의 세 번째 단계, 즉 Report 단계입니다.

Report 단계는 단순히 글을 쓰는 과정이 아닙니다. Recall 단계에서 이것저것 모아 둔 '말뭉치'를 논리적이고 설득력 있는 '구조물'로 변환하는 과정입니다. 마치 건축가가 쌓아 둔 벽돌과 시멘트를 가지고 멋진 건물을 세우는 것처럼 말입니다. 이 단계의 핵심은 '뼈대 → 살 → 다듬기'의 3단계 확장 과정입니다. 처음부터 완벽한 보고서를 만들려고 하지 않고 차근차근 키워간다는 느낌으로 진행하는 거예요. 목차라는 뼈대를 만들고 내용이라는 살을 붙인 후 마지막에 세밀하게 다듬어 나가는 방식입니다.

Report 단계를 Recall & Research 단계와 구분해야 하는 이유는 또 있습니다. 동일한 말뭉치로 완전히 다른 형태의 글을 만들어 낼 수 있기 때문입니다. 앞서 Recall 단계에서 'AI 시대 시니어-주니어 협업'에 대해 말뭉치를 만들어 냈다면, Report 단계에서 동일한 자료를 가지고도 목적과 독자에 따라 전혀 다른 결과물을 만들 수 있습니다. 임원진 대상 비즈니스 보고서로도, 학술지 투고용 연구 논문으로도 구성할 수 있고, 심지어 신문 주말판 기고문이나 《동아 비즈니스 리뷰》(DBR) 같은 전문지에 실을 케이스 스터디 형태로도 만들 수 있습니다.

이런 유연성은 기존 방식으로는 상상하기 어려운 효율성을 제공합니다. 전통적인 글쓰기에서는 형태가 바뀌면 처음부터 다시 자료를 수집해야 했지만, AI 드리블링에서는 Recall 단계의 풍부한 말뭉치를 재활용해서 목차 구성과 글쓰기 방향, 문체 스타일 등만 조정하면 됩니다. 마치 같은 재료로 한식, 중식, 양식을 모두 만들어 낼 수 있는 요리사처럼 여러분도 하나의 리서치로 다양한 포맷의 글을 자유자재로 생산할 수 있게 되는 것입니다. 다만, 이렇게 하려면 여러분이 목표한 문서의 특성에 대해 잘 이해해야 해요. 이 내용에 대해서는 2권에서 비즈니스 문서, 기술, 문서 학술 논문 등의 특성 이해를 통해 살펴보겠습니다.

● **Report 단계의 세부 프로세스**

일반적으로 Report 단계는 다음 6단계로 진행됩니다. 각 단계마다 명확한 목적과 구체적인 방법이 있습니다. '시니어-주니어의 AI 시대 협업 방법' 보고서를 예시로 들어 살펴보겠습니다.

1단계 **목차 구성**

목차 단계에서 해야 하는 일은 다음과 같습니다.

- Recall 단계 마감 선언 및 내용 정리
- 보고서 작업 시작 선언과 기초 목차 구성
- 보고서의 방향성 및 독자 재확인

Report 단계를 시작할 때 Recall 단계 마감 선언을 하는 이유는 AI의 컨텍스트를 명확히 전환하기 위해서입니다. 지금까지 '자료 수집 모드'였지만, 이제 '보고서 작성 모드'로 들어간다는 것을 파트너인 AI에게 알려 주는 것입니다. 이는 마치 회의에서 '자, 이제 브레인스토밍은 끝내고 지금까지 논의 내용을 정리한 후 보고서 작업으로 들어갑시다.'라고 선언하는 것과 같은 효과입니다.

Recall 마감 및 목차 요청 프롬프트

"좋아. 그렇다면 지금까지 논의를 토대로 해서 간단한 브리프 보고서를 만들려고 해."
- **주제**: AI 시대 시니어와 주니어의 효과적 협업 방법
- **독자**: 우리 회사 임원진(AI 활용 경험 제한적)
- **목적**: 팀 내 AI 도입 전략 수립용
"지금까지 논의된 내용 중 관련사항들을 정리해 줘. 그리고 이를 기반으로 적절한 목차를 제안해 줘."

이때 단순히 "목차 만들어 줘."가 아니라 주제, 독자, 목적을 명확히 제시하는 것이 핵심입니다. 이렇게 해야 AI가 맥락에 맞는 목차를 제안할 수 있습니다. 이와 아울러 AI가 제

안한 목차는 그냥 받아들이지 말고 비판적으로 검토해 보세요. 목차는 한 번에 완벽하게 나오지 않아요. 2~3번 정도 조정하는 것이 일반적입니다. 처음에 내가 생각한 핵심 질문들이 어디에서 해결될 수 있는지, 일반적인 사내 보고서 목차에서 크게 벗어나지 않는지를 중점적으로 살펴보면 됩니다. 그리고 조정이 필요하다고 판단된다면 부담을 느끼지 말고 수정을 요청해 보세요.

> **POINT** 의외로 주니어 분들이 목차 잡기를 어려워하는 경우가 많습니다. 논리적 흐름 만들기나 구조적 사고의 경험 부족 때문입니다. 이러한 보고서 구조 구성의 경험치를 빨리 올리려면, 좋은 보고서의 목차만 따로 뽑아서 왜 이렇게 배열했는지 분석해 보기, 같은 주제를 다룬 여러 보고서의 목차를 비교 분석해 보기, 보고서를 5줄 요약한 후 5개 소제목으로 압축하고 다시 확장해 목차로 만들어 보기와 같은 방법을 평소에 연습해 보세요.

목차 수정 및 조정 프롬프트

"목차를 잘 잡아 준 것 같아. 다만 임원진이 가장 궁금해할 '구체적 실행 방안'을 더 강조하고 이론적 배경은 간단히 하면 좋겠어. 목차를 다시 조정해 줘."

이 단계의 프롬프트 내용은 상황에 따라 달라질 수 있습니다. 이 프롬프트들을 그대로 사용해야 하는 것이 아니라 이쯤에서 이런 정도의 조정이 필요하다 정도의 느낌으로 받아들이세요.

2단계 <u>개요 만들기</u>

개요 만들기 단계에서 해야 하는 일은 다음과 같습니다.

- 수정한 기초 목차를 중심으로 키워드 중심 세부 개요 요청
- 각 섹션별 핵심 내용과 논리 구조 설정

목차가 확정되었다면 이제 각 장의 세부 구조와 개요를 만들어야 합니다. 이때도 처음부터 완벽한 글을 쓰려 하지 말고 키워드와 방향성만 잡는다는 느낌으로 접근하세요.

"좋아. 수정 목차가 마음에 들어. 그럼 세부 개요를 만들어 볼까? 각 장, 절별로 다음 내용도 함께 제시해 줘."
- 핵심 키워드 3~4개(또는 핵심 메시지)
- 주요 논리 구조(필요시 사례, 수치, 표 내용도 소개)
- 예상 분량

세부 개요 구성에서는 분량을 미리 지정하는 것이 중요해요. 나중에 실제 작성할 때 균형 잡힌 보고서를 만들 수 있거든요. 다만, 이때 분량은 잘 맞지 않아요. 한글 코드 처리 문제 때문인지도 모르겠지만, 나중에 실제 보고서가 뽑힌 분량은 예상 분량의 50~70%인 경우가 많습니다. 이점을 감안해서 예상 분량을 요청하세요. 즉, 내가 뽑고 싶어하는 분량이 1,000자 정도라면 1,500~2,000자 정도를 요청하는 것이 안전합니다.

때때로 AI에게 목차나 개요에서 '빠진 부분이 있는지' 점검을 요청하는 것도 좋은 전략입니다. 사람이 놓치기 쉬운 관점을 AI가 잡아내는 경우가 많거든요. 특히, Recall, Report 단계에서 Zone을 경험하셨다면 피로감 때문에 판단력이 좀 흐려질 수도 있습니다. 이럴 때 AI의 도움을 적극적으로 받는 것입니다.

"세부 개요가 좋은데, 혹시 전체적으로 봤을 때 빠진 중요한 관점이 있을까? 특히, '실제 현장에서 부딪히는 문제들'과 '단계별 실행 방법' 측면에서 점검해 줘."

3단계 나눠서 초고 작성

목차와 개요가 어느정도 만족스럽게 잡혔다면, 이제 본격적으로 보고서 내용을 만드는 단계입니다. 초고 작성 단계에서는 다음의 작업을 하게 됩니다.
- 적절히 수정한 개요를 기반으로 장별로 보고서 내용 출력 요청
- 보고서 형태, 어미, 분량, 보고서 독자 등을 반드시 지정

여기서의 핵심은 '욕심내지 않기'예요. 한번에 전체 내용을 뽑으려다 보면 오히려 내

용이 빈약해집니다. 목차를 보며 적절히 장별로 나눠서 출력하세요. 대략 한 번에 2,000~3,000자, A4 용지로 1.5~2장 정도씩을 출력한다고 생각하면 됩니다. 이때 프롬 프트에는 문체, 분량 등 출력 조건을 상세히 지정하는 것이 중요합니다. 특히, 문체와 관 련해 어미를 반드시 지정하세요. 평서체('~다.') 형태인지 경어체('~습니다.') 형태인지에 따라 보고서의 서술 방식이 크게 달라집니다.

첫 번째 장 작성 프롬프트

"좋아. 아주 훌륭해. 그렇다면 위 세부 목차를 토대로 1장을 보고서 형태로 만들어 줘."
- **조건**:
  - **어미**: 평서체(~다.), 경어체(~입니다.)
  - **분량**: [적절히 지정]
  - **독자**: 우리 회사 임원진
  - "전문 용어는 가급적 쉽게 풀어서 설명해 줘."

필요하다면 개조식으로 요청할 수도 있습니다. 관공서, 공기업, 더 나아가 사기업에서도 개조식 보고서를 많이 사용합니다. 처음부터 개조식을 작성하려면 어떻게 해야 할까요? 단순히 어미만 개조식(~음, 임)으로 해 달라고 해서는 안 됩니다. 평서문과 개조식 문단의 논리 구조는 매우 다르기 때문입니다. 개조식은 철저하게 '두괄식'입니다. 핵심 주장이나 설명이 맨 먼저 나오고, 그다음 근거나 사례, 수치가 덧붙여지는 방식입니다. 그래서 가급 적 다음처럼 개조식 특화 프롬프트를 사용해야 합니다. 이때 개조식은 '어미 통일'보다는 '항목별 일관성'이 더 중요하고, 명사형 종결, 체언 중심 구성이 핵심입니다.

개조식 특화 프롬프트 개조식 보고서 작성

"위 세부 목차를 토대로 ○장을 찍땡별화살(−, ·, *, →)의 논리 위계를 갖는 개조식으로 작성해 줘."
〈논리 위계 구조〉
- **찍(−)**: 핵심 주장(결론 포함, 80자 이내)
- **땡(·)**: 근거들을 연결어로 통합 서술(80자 이내)

- **별(∗)**: 구체적인 수치, 사례만 간결하게
- **화살(→)**: 시사점, 솔루션(필요 시)

〈분량 및 형식〉

- 가급적 한 문단을 하나의 찍땡별화살의 논리 위계 구조로 구성, 내용이 많으면 2개의 구조로 분리 가능
- **어미**: ~음, 임, 함 통일, 명사형 종결도 가능
- **독자**: [임원진, 공무원 등]
- **논리 흐름**: 문제 제기 또는 핵심 주장→ 근거, 사례, 수치 제시 → 시사점 또는 솔루션 제시
- 각 단계별로 위계와 서식을 다르게 적용

다음으로 문제되는 것은 워드나 한글에서 편집입니다. 저는 워드, 한글로 옮긴 후 내용을 읽으면서 찍땡별(-, •, ∗)과 화살표 내용에 각각 다른 개요 수준과 스타일을 적용해서 바꾸는 방식을 많이 씁니다. 스타일 기능에 익숙하지 않은 분들 중에는 바꾸기 기능(Ctrl+H)을 이용해 땡(•)은 공백 2개, 더하기 땡(•), 별(∗)은 공백 4개, 더하기 별(∗) 형태로 일괄 수정한 후 편집하는 경우도 있더군요. 워드, 한글 편집 테크닉에 대해서는 뒤에서 좀 더 자세히 살펴보겠습니다.

첫 장을 뽑았다면, 일단 내용을 대강 살펴보세요. 원하는 방향으로 잘 서술되었는지, 서술상 특별한 문제는 없는지 확인해 봐야 합니다. 문제가 있다면 즉시 수정 요청하고, 문제가 없다면 다음 장으로 넘어가세요. 대개 첫 장과 두번째 장은 꼼꼼히 검토해야 합니다.

두 번째 장 작성 프롬프트

"훌륭해. 그럼 계속해서 2장도 한번 작성해 줘. 1장과 자연스럽게 연결되도록 하고 앞에서 언급한 '○○○'을 구체적 사례로 활용해 줘."

POINT 각 장을 요청할 때마다 이전 장과의 연결성을 언급해 주세요. 그래야 전체적으로 일관된 보고서가 나옵니다. 이와 아울러 필요에 따라 각 장마다 추가로 강조하거나 유념할 서술 포인트들을 입력해 주세요.

전체 내용을 원하는 보고서 형식에 맞춰 단계적으로 뽑았다면, AI가 만든 초고를 워드나 한글로 옮겨서 실제 보고서 형태로 다듬어 나가는 작업을 합니다. 논리 흐름에 따라 보고서를 작성하다 보면 당연히 보완하거나 수정할 부분이 발생합니다. 또한 글만 있으면 심심하니 표, 도해, 그래프 등 다양한 시각화 요소도 추가해야 합니다. 즉, 이 단계에서는 다음 작업들을 진행한다고 생각하면 됩니다.

- 워드, 한글에서 포맷팅
- 추가 질문 통해 내용 보완, 수정
- 표, 도해, 그래프 등 시각화 요소 추가
- 계속 읽으면서 문장, 문단 등 세부 내용 수정

먼저 워드나 한글로 옮겨서 내용을 검토하다 보면 추가로 요청할 사항들이 당연히 떠오릅니다. 보고서를 읽다가 '이 부분에 뭔가 더 필요한데?'라는 생각이 들면 주저하지 말고 AI에게 추가 요청하세요.

내용 보완 요청 프롬프트

"5장과 6장에서 시니어와 주니어의 AI 역량 차이를 제시했어. 혹시 이에 대해 구체적인 해결책이나 실행 가이드라인을 추가할 수 있을까?"

문장 및 연결성의 수정은 맨 마지막에 몰아서 하지 말고 각 장이나 섹션을 완성할 때마다 중간중간 진행하는 것이 효과적입니다. 방금 수정 보완한 내용이 기억에 생생할 때 수정하면 품질이 높아지고 AI도 이전 맥락을 기억하고 있어서 더 정확한 수정이 가능해요. 3~4문단, 즉 1페이지 정도를 묶어서 연결성을 체크하는 식으로 작은 단위로 자주 점검하세요. 너무 많은 분량을 한꺼번에 요청하면 AI도 중반부 이후는 좀 느슨하게 보더군요.

"전체 내용이 좋긴 한데, 문장 간 연결이 어색한 부분이 좀 있는 것 같아. 다음 내용에서 문장 간 연결이 어색한 부분을 찾아서 자연스럽게 개선해 줘. 수정된 부분은 굵은 글씨로 표시해 줘. 특히, 다음을 중점적으로 점검해 줘."
1) 문단 간 논리적 연결
2) 전문 용어 설명의 적절성
3) 임원진이 이해하기 쉬운 표현
〈수정할 내용〉(복붙해 업로드)

POINT "수정된 부분은 굵은 글씨로 표시해 줘."라는 요청을 꼭 포함하세요. 어떤 부분이 어떻게 수정되었는지 한눈에 볼 수 있어서 수정하기 좋습니다. 또한 이 부분들을 눈여겨보면 본인의 글쓰기 실력 향상에도 도움이 됩니다.

5단계 핵심 요약 만들기

보고서 맨 앞에 붙는 핵심 요약(Executive Summary)은 단순한 요약이 아닙니다. 바쁜 임원진이 2~3분 내에 핵심을 파악하고 의사결정을 할 수 있도록 도와주는 전략적 도구입니다. 보고서가 10페이지가 넘어간다 싶으면 앞페이지에 핵심 요약을 1~2페이지 붙여 주는 것이 정석입니다. 또한 핵심 요약은 작성자에게도 원래 목표했던 핵심 질문이 잘 해결되었는지를 판단하는 데 중요한 자료로 활용됩니다. 만일, 이 내용을 통해 핵심 질문이 해결되지 않고 누락된 부분이 있거나 잘못 해결된 부분이 있다면 보고서 본문을 다시 수정하고 핵심 요약을 다시 작성해야 합니다. 이 단계에서 해야 할 일들은 다음과 같습니다.

- 완성된 보고서를 기초로 핵심 요약 작성 요청
- 핵심 질문이 제대로 해결되고 있는지 다시 점검

충분한 시간을 들여 AI가 쓴 초고를 매력적인 보고서 초안으로 바꾸었다면 보고서 요약문을 한번 작성해 볼 때입니다. 이때 중요한 점은 AI는 내가 워드나 한글에서 수정한 내용들을 알지 못한다는 것입니다. 따라서 AI 채팅 창에서 기존 내용에 이어서 요약문을 만들면 약간 핀트가 안 맞는 요약문이 나옵니다. 반드시 내가 수정, 정리한 보고서의 워드 파일을 AI에게 새로 업로드하고 다음과 같은 요약문 작성 요청을 해야 합니다.

핵심 프롬프트 요약문 작성

"좋아. 덕분에 좋은 보고서를 빠르게 작성할 수 있었어. 이제 핵심 요약을 작성해 보려고 해. 다음 업로드한 보고서 초안 내용을 분석하고 1,500자 정도로 핵심 요약을 만들어 줘."
[보고서 초안 업로드]

POINT
- 임원진이 2분 내에 핵심 파악할 수 있게
- 주요 문제점, 해결 방안, 기대 효과 중심
- 구체적 실행 아이템 포함

보고서 초안을 업로드할 때 꼭 체크할 사항이 있습니다. 회사 기밀이나 보안 저촉사항들이 들어가 있는지 확인하는 것입니다. 이런 민감 내용, 보안 이슈사항 부분이 있다면 비식별화(익명 처리), 민감 내용 삭제 또는 마스킹 등의 처리를 한 후 올리는 것이 바람직합니다. 특히, 회사 이름의 경우 ○○ 사의 형태로 마스킹 처리한 후 올리세요. 이는 여러분 본인을 보호하기 위한 최소한의 보안 사전 조치입니다. 다음은 사내용 보고서 업로드 시 조심해야 할 보안 위험 요소들입니다.

대항목	소항목	위험 이유
고객·거래처 정보	고객사 명단, 연락처	외부 유출 시 경쟁사 영업 활용, 신뢰도 하락
	계약 조건, 단가·할인율	가격 전략 노출, 협상력 약화
	납품 일정, 클레임 내역	거래처 분쟁, 평판 손상
재무·사업 전략	매출·이익, 원가 구조	경쟁사에 경영 상태 노출, 주가 영향 가능
	신사업·투자 계획, M&A 검토	전략 선점 위험, 투자 차질
	비용 절감, 구조 조정 계획	내부 반발, 언론 노출 시 이미지 타격
기술·R&D 자료	설계도 소스 코드	기술 모방, 지적 재산권 분쟁
	R&D 로드맵	연구 방향 선점, 경쟁사 전략 수립에 악용
	품질·성능 데이터	제품 약점 노출, 고객 신뢰 저하
인사·조직 정보	인사 평가, 승진 계획	직원 사기 저하, 노무 갈등 발생
	인력 충원·감축 계획	불필요한 내부 혼란, 유출 시 사회적 이슈
	급여 테이블, 복리 후생	노조 협상 불리, 내부 불평등 논란
법적·규제 자료	정부 대응 문서	규제 기관 대응 전략 노출, 불이익 초래
	내부 감사·조사 결과	부정 이슈 확산, 평판 리스크
	소송 진행 자료	법적 불리함, 상대방 전략에 이용 가능
개인정보	임직원 개인정보	「개인정보 보호법」, GDPR 위반, 과징금 위험
	고객 개인정보	신뢰 상실, 소송 및 벌금 발생

핵심 요약이 완성되었다면 처음에 설정한 핵심 질문들이 제대로 해결되었는지 꼭 확인하세요. 이것이 보고서의 완성도를 좌우합니다. 그리고 누락된 부분이 있다면 그 부분을 채워 넣으세요.

핵심 질문 재점검 프롬프트

"핵심 요약이 잘 나왔네. 그런데 처음에 우리가 설정한 핵심 질문들이 제대로 해결되었는지 점검해 볼까? 다음 질문들이 핵심 요약과 보고서 본문에서 명확히 답변되었는지 평가해 줘."

원래 핵심 질문:

1. 시니어, 주니어별 AI 활용 역량 차이의 원인은?
2. 팀 구성에 따른 협업 패턴과 문제점은?
3. 효과적인 AI 협업 문화 구축 방안은?
4. 조직 차원의 AI 역량 발전 전략은?

여기서는 보고서의 '얼굴'이라 할 수 있는 제목과 목차를 최종 점검합니다. 좋은 제목은 독자의 관심을 끌고 체계적인 목차는 내용의 신뢰성을 높여 줍니다.

마지막 6단계를 귀찮게 여기는 분들이 많긴 합니다. 사실 이 단계야말로 '아마추어와 프로를 구분하는 결정적 차이'입니다. 하지만 신문사 편집자들이 완성된 기사 초안을 받아 맨 마지막에 반드시 하는 작업이 바로 이것입니다. 대제목을 더 임팩트 있게 다듬고 소제목들을 조정해서 바쁜 독자들이 소제목만 읽어 봐도 '아, 이 글이 뭘 말하고 싶구나.'를 파악할 수 있게 만들어야 하거든요.

회사에서도 임원진이나 의사결정권자들은 본문을 다 읽기 전에 목차와 제목만으로도 핵심을 판단하는 경우가 많습니다. 내용이 아무리 좋아도 제목이 밋밋하거나 목차 구조가 엉성하면 첫인상에서 '별로네.'라는 인상을 줄 수 있습니다. 마지막 마무리 작업이지만, 실제로는 독자의 첫인상을 좌우하는 가장 중요한 단계인 셈입니다. 목차 재구성 단계에서 해야 할 일들은 다음과 같습니다.

- 소제목과 제목 뽑기
- 목차 구조 및 문단 간 연결성 체크

먼저 글 내용과 방향성을 정확히 담을 보고서의 제목을 다시 정해야 하겠지요?

제목 최적화 프롬프트

"위 내용을 바탕으로 글 내용과 방향성을 잘 담고 무게감 있으며 독자의 흥미를 충분히 끌 만한 보고서 제목을 5개 추천해 줘."
- **고려 사항:**
  - 임원진이 '이거 중요하겠다.' 싶은 제목
  - ○○ 시대라는 시의성 반영
  - 구체적 실행 방안이 있다는 느낌

제시된 제목을 그냥 쓰는 것보다 여러 제목 후보들을 조합해서 새로운 제목을 만들어 낸 후 AI에게 평가를 부탁하는 것이 더 효과적입니다. 제목을 뽑을 때 꼭 고려할 점은 글의 성격입니다. 즉, 비즈니스 보고서이냐, 학술 논문이냐, 블로그이냐에 따라 제목 수정 프롬 프트의 내용은 완전히 달라질 수 있습니다.

매체별 제목 추출 프롬프트 비교

✏️ **신문 특집 기고문:**

"위 내용을 바탕으로 논쟁적이며 독자의 관심을 즉시 끄는 기고문 제목을 5개 추천해 줘."

- **고려사항:**
  - 독자가 '어? 이게 무슨 소리야?' 싶은 제목
  - 사회적 이슈와의 연결점
  - 클릭하고 싶게 만드는 호기심 유발

✏️ **학술 논문:**

"위 내용을 바탕으로 학술적 엄밀성과 명확성을 갖춘 논문 제목을 5개 추천해 줘."

- **고려사항:**
  - 연구 범위와 방법론이 명확히 드러남
  - 학술적 기여도를 알 수 있는 제목
  - 검색 키워드 최적화

⌨️ **블로그 글:**

"위 내용을 바탕으로 친근하고 실용적인 블로그 제목을 5개 추천해 줘."

- **고려사항:**
  - '나도 써 봐야겠다.' 싶은 실용성
  - 검색에서 쉽게 찾을 수 있는 키워드
  - 개인적인 경험담 느낌

적절한 제목을 마련했다면 이 제목과 문제 의식에 맞게 전체 소제목들이 잘 연결되는지 를 살펴볼 차례입니다.

목차 구조 최종 점검 프롬프트

"추천해 준 제목들을 참조해서 'AI 시대, 세대를 넘나드는 조직 내 협업 혁신 전략'이라고 보고서 제목을 지었어. 이 제목에 맞게 현재 목차 구조가 적절한지 점검하고 필요하면 소제목들을 조정해 줘. 전체적으로 조화롭고 균형 잡힌 목차가 되도록 분석 결과를 '현재 목차 구조 – 조정 후 소제목(수정된 소제목은 굵은 글씨) – 조정 이유' 형태의 표로 제시해 줘."

POINT 마지막에 목차를 수정할 때는 워드나 한글의 목차 기능을 활용하세요. 스타일 편집이 되어 있다면 목차를 간편하게 구성할 수 있습니다.

● 종합 점검

6단계까지 진행된 워드 보고서를 다시 생성 AI에게 업로드하고 마무리의 의미로 종합 점검을 요청해 보세요. 이 부분까지 진행되면 초안은 거의 완성된 것입니다. 이때 완벽한 보고서를 한 번에 만들려고 하지 마세요. Report 단계에서는 80% 완성도면 충분합니다. 나머지 20%는 다음 Refine 단계에서 정교하게 다듬어 나가면 돼요.

> **종합 점검 프롬프트**
>
> "완성된 보고서를 다음 체크리스트로 종합 점검해 줘."
> (문서 업로드)
> 종합 점검 체크리스트
> - 각 문단의 주제가 명확한가?
> - 문단 간 논리적 연결이 자연스러운가?
> - 독자(임원진) 수준에 맞는 용어와 설명인가?
> - 주장에 대한 근거와 예시가 충분한가?
> - 전체 구조가 일관되고 균형이 잡혀 있는가?

● 문서 편집 효율화 팁

Report 단계를 효율적으로 진행하려면 문서 편집 테크닉들을 잘 익혀 놓는 것이 좋습니다. 글쓰기 실력이 좋은 많은 전문가도 의외로 문서 편집에 시간을 낭비하는 경우를 많이 봅니다. 문서 편집 테크닉을 잘 익히면 서식 맞추기, 목차 만들기, 표 정리하기와 같은 기계적인 작업에 시간과 노력을 덜 들일 수 있습니다. 절약된 시간을 활용해 내용의 논리성 검토나 독자 관점의 완성도 점검처럼 좀 더 가치 있는 핵심 작업에 더 많은 공을 들일 수 있게 되지요. 결국 문서 편집 테크닉들을 잘 익혀 두면 시간 절약뿐만 아니라 보고서 품질 향상까지 도모할 수 있습니다. AI 드리블링에서는 일단 다음 3가지 테크닉들만 잘 익혀 놓아도 Report 단계의 진행 속도가 훨씬 빨라집니다.

워드, 한글 스타일 기능 활용법

Report 단계를 위해 꼭 익혀 놓아야 할 스킬은 워드나 한글의 스타일 기능입니다. 이 기능을 제대로 활용하면 보고서 작성 시간을 대폭 줄일 수 있습니다. 먼저 제목 1, 제목 2, 제목 3 스타일을 미리 설정해 두세요. 이때 각 스타일별로 단축키도 적용시켜 놓으세요. AI가 만든 텍스트를 워드로 옮긴 후 각 제목 부분을 선택하고 단축키로 해당 스타일 적용하면 됩니다. 이렇게 하면 나중에 목차 자동 생성이 가능합니다. 본문용 스타일도 하나 만들어 두고 일관되게 적용하면 글꼴, 크기, 줄 간격 등이 자동으로 통일됩니다. 여러 번 작성된 AI 결과물도 한 번에 서식 통일이 가능합니다. 특히, 스타일을 설정해 둔 템플릿 문서를 미리 만들어 두면 매번 새 보고서를 작성할 때마다 시간을 절약할 수 있습니다.

표 연동 최적화

AI가 만든 표나 데이터를 보고서에 삽입할 때는 다음 순서로 진행하는 것이 가장 효율적입니다.

> AI에게 표 데이터 요청
> - **엑셀에서 1차 정리**: 데이터 검증, 서식 정리, 차트 생성
> - **워드, 한글, 파워포인트로 재삽입**: 엑셀 표를 복사해서 워드에 붙여넣기

여기서 굳이 엑셀에서 1차 정리하라고 한 이유는 2가지 이슈 때문입니다. 먼저 워드, 한글, 파워포인트로 복붙했을 때 표가 깨지는 경우가 빈번합니다. 또한 표 내용이 많은 경우 워드나 한글에서 페이지 공간을 넘어가서 수정하기가 어려운 경우가 많습니다. 그래서 먼저

엑셀에서 적절히 내용이나 셀 크기를 조정하라는 것입니다. 이 2가지 문제가 없다면 워드 프로세서로 복붙해도 괜찮습니다.

추가로 팁을 하나 더 말씀드리면 표 자체만 복사하지 말고 표를 포함해서 그 위와 아래 한 줄 내용까지 복사해 붙이세요. 이러면 표가 덜 깨질 것입니다.

표 편집 팁

표의 경우, 한 줄, 한 줄 예쁘게 꾸미지 말고 표 스타일 기능을 이용해 한 번에 변회시키세요. 간혹 이미 존재하는 표 스타일 말고 회사에서 쓰는 표 스타일을 입력해 놓고 쓸 수 없느냐고 묻는 분도 계십니다. 가능하긴 합니다. 엑셀에서는 메뉴에서 [홈]-[표 서식]-[표 스타일 새로 만들기]를 선택하면 됩니다.

워드의 경우, 이 기능이 기본 메뉴에서는 안 보이고 빠른 실행 도구 모음에 수동으로 활성화해야 쓸 수 있습니다. 일단 [파일]-[옵션]-[빠른 실행 도구 모음]으로 가세요. 명령 선택을 '많이 사용하는 명령' 대신 '모든 명령'으로 바꾼 후 계속 내려서 [표 스타일 새로 만들기]를 찾으세요. [추가] 버튼을 눌러 이 아이콘을 빠른 실행 도구 모음에 포함시킨 후 [확인] 버튼을 누르면 이후 빠른 실행 도구 모음에서 이를 활용할 수 있습니다.

간혹 표를 복사해 워드나 한글에 붙이면 표 내용 중 〈br〉 표시가 있는 경우가 있습니다. 이는 HTML에서 줄바꿈 태그입니다. 표 안에 수십 개가 있는데, 이걸 일일이 Enter를 눌러 바꾸는 분들이 있습니다. 그러지 말고 [찾아 바꾸기] 기능을 이용해 일괄 변환하세요. 워드에서 Ctrl+H(한글도 동일)로 바꾸기 창을 활성화하고 찾을 내용에 '〈br〉'을, 바꿀 내용에 '^p'(한글은 '^n')를 입력하세요. 이후 아래쪽의 [모두 바꾸기] 버튼을 누르면 수십개의 〈br〉이 한꺼번에 바뀝니다.

● Report 단계의 흔한 실수와 점검 리스트

Report 단계에서는 생각보다 많은 실수가 발생합니다. 이런 실수들을 미리 알고 방지하면 훨씬 완성도 높은 보고서를 만들 수 있습니다. 사실 이런 실수들은 대부분 예측 가능하고 패턴화되어 있습니다. 아마추어와 프로의 진짜 차이는 이런 실수 패턴들을 '사전 검증 메커니즘'으로 체화했는지 여부에서 나타납니다. 경험 많은 전문가들은 글을 쓰면서 동시에 머릿속으로 '혹시 이 문단에 주제가 여러 개 섞여 있지 않은가?', '앞 문단과 자연스럽게 연결되는가?' 같은 점검을 자동으로 진행해요.

반면, 아직 경험이 부족한 주니어들은 완성 후에야 '어? 뭔가 어색한데?'라며 문제를 발견하게 되죠. 결국 같은 시간을 투입해도 사전 검증 습관이 있으면 훨씬 효율적이고 완성도 높은 결과물을 만들어 낼 수 있습니다. 아마추어들은 이런 사전 검증을 제대로 안 하기 때문에 힘들게 보고서를 쓰고 나서 품질 문제로 질책을 받게 되고요. 다음 체크리스트들을 반복 학습해서 여러분 만의 내재화된 품질 관리 시스템으로 만들어 보세요. 먼저 개요 구성상 흔한 실수와 해결책은 다음과 같습니다.

▥ 개요 구성상 주요 실수와 해결책

주요 실수	문제	결과	해결책
주제가 모호하거나 지나치게 넓음	'한국 사회의 문제점'처럼 너무 포괄적인 주제 설정	글이 산만해지고 핵심이 흐려짐	'한국 청년층 취업 준비 과정에서의 AI 활용 격차'처럼 구체적으로 좁히기
독자 대상 미고려	독자의 수준(전문가 vs. 일반인)을 고려하지 않은 개요 구성	내용이 너무 어렵거나 너무 쉬워서 엉뚱한 깊이나 톤으로 전개됨	프롬프트에서 반드시 독자 정보를 명확히 제시
항목 간 위계 불명확	큰 주제와 작은 주제가 같은 수준으로 병렬 나열됨	논리적 구조가 무너지고 독자가 혼란스러워함	대주제-중주제-소주제의 3단계 위계 구조로 정리

문단 구성에서도 자주 나타나는 실수들이 있습니다. 다음 표를 살펴보기 바랍니다.

▥ 문단 구성상 주요 실수와 해결책

주요 실수	문제	결과	해결책
중심 문장 부재	한 문단 안에 여러 주제가 뒤섞여 핵심이 불분명	'시장 성장률, 경쟁 현황, 신제품 동향, 고객 요구사항'이 한 문단에 모두 포함	각 문단마다 하나의 핵심 메시지만 다루는 형태로 수정
문단 간 논리 연결 부족	전후 문단이 단절되어 맥락이 끊김	A 문단 '시장 점유율이 하락했다.'→B 문단 '직원 만족도는 높다.'(연결고리 없음)	문단 시작 부분에 이전 내용과의 연결 문장을 추가
예시·근거 부재	주장만 있고 구체적 사례나 데이터가 없음	'온라인 전환이 중요하다.'(근거 없는 주장)	모든 주장에 대해 최소 1개 이상의 근거나 사례 포함

문장 구성상 오류에도 주의해야 합니다. 이 부분에 대해서는 '9장. AI 글쓰기 편'을 참고하세요. 이외에도 상당히 많은 오류가 있지만, 가장 중요한 3가지만 제시하면 다음과 같습니다.

▣ 문장 구성상 주요 오류와 해결책

주요 오류	문제	예시	해결책
문장이 지나치게 길어짐	한 문장에 여러 아이디어를 넣어 주어와 술어가 멀어져 가독성 저하	'본 연구는 조직 문화가 성과에 미치는 영향을 포괄적으로 분석하기 위해 설문 조사와 인터뷰 및 2차 자료를 동시 수집하여 검증했다.'	한 문장에는 하나의 완성된 아이디어만 포함
주어·술어 불일치	주어와 술어가 문법적으로 맞지 않음	'본 조사의 목적은 문제를 규명하고 해결책을 제시하였다.'(목적은 ≠ 제시하였다.)	문장 완성 후 주어–술어 호응 관계 재점검(예 목적은 ~ 제시하는 것이다.)
외래어·전문 용어 남발	독자 수준을 고려하지 않은 불필요한 전문 용어 사용	'커스터머 저니상의 페인 포인트를 솔루션하였다.'	독자가 임원진이라면 '고객 경험 과정에서의 문제점을 해결하였다.'로 순화

종합해서 정리해 보겠습니다. Report 단계를 진행하면서 다음 체크리스트를 단계별로 점검해 보세요.

▣ Report 세부 단계별 점검 포인트

1~2단계 완료 후 점검 사항 (목차 구성, 개요 만들기)	3~4단계 완료 후 점검 사항 (초고 작성 및 포맷팅, 수정)	5~6단계 완료 후 점검 사항 (요약 만들기, 목차 재구성)
• 주제가 구체적이고 명확한가? • 독자와 목적이 명확히 설정되었는가? • 목차의 논리적 흐름이 자연스러운가? • 각 장의 분량이 균형 잡혀 있는가?	• 각 문단의 주제가 명확한가? • 문단 간 논리적 연결이 자연스러운가? • 주장에 대한 근거와 예시가 충분한가? • 독자 수준에 맞는 용어와 설명인가?	• Executive Summary가 핵심을 잘 담고 있는가? • 처음 설정한 핵심 질문들이 해결되었는가? • 제목이 내용과 잘 부합하는가? • 전체 구조가 일관되고 균형 잡혀 있는가?

Zone 경험의 차이: Recall & Research 단계 vs. Report 단계

Report 단계에서도 종종 초몰입 또는 존(Zone) 상태에 진입할 수 있습니다. 흥미롭게도 AI

드리블링의 4R 단계마다 몰입의 질감은 각각 다릅니다. 특히, Recall & Research 단계와 Report 단계에서 경험하는 Zone 상태는 상당히 다른 성격을 가지고 있습니다.

● Recall & Research 단계의 Zone: 탐험가의 몰입

Recall & Research 단계에서의 몰입은 마치 미지의 동굴을 탐험하는 것과 같습니다. 대략적인 방향성은 있지만, AI와 주고받는 대화 속에서 어떤 보물이 튀어나올지, 어떤 함정이 전개될지 전혀 예측할 수 없죠. '이런 질문을 던지면 뭐가 나올까?' 하는 호기심과 긴장감이 계속 이어집니다.

이 단계의 몰입은 간헐적이지만 강렬합니다. AI가 예상치 못한 관점을 제시하거나 내가 놓쳤던 연결고리를 보여 줄 때마다 '아!' 하는 유레카 모멘트가 터집니다. 그 순간의 짜릿함이 다음 질문에 대한 동력이 되어, 2~3시간을 정신 없이 질문을 던지고 답변을 확인하는 루프가 계속됩니다. 다만, 이런 몰입은 오래 지속하기 어렵습니다. 뇌가 계속 새로운 자극을 처리해야 하고 창발적 사고를 요구하기 때문에 피로감이 빠르게 쌓이거든요.

● Report 단계의 Zone: 장인의 몰입

반면, Report 단계에서의 몰입은 숙련된 장인이 작품을 만들어 나가는 것과 비슷합니다. 이미 재료인 말뭉치는 준비되어 있고 만들어야 할 작품(보고서)의 윤곽도 보입니다. 이제는 그것들을 정교하게 조립하고 다듬어 나가는 과정입니다.

이 단계의 몰입은 지속적이고 안정적입니다. Recall & Research 단계처럼 폭발적인 유레카 모멘트는 적지만, 대신 '아, 이 부분이 이렇게 연결되는구나.', '여기서 이 사례를 넣으면 딱 맞겠네.' 하는 작은 만족감들이 꾸준히 이어집니다. 몰입의 강도는 상대적으로 낮아도 지속력은 훨씬 높습니다. 한 번 리듬을 타면 3~4시간도 거뜬히 집중할 수 있습니다. 마치 퍼즐 맞추기나 레고 조립에 빠질 때처럼 하나씩 완성되어 나가는 과정 자체에서 즐거움을 느끼게 됩니다.

● 두 Zone의 상호 보완적 가치

이 2가지 Zone 경험은 서로 다른 가치를 제공합니다. Recall, Research의 탐험적 몰입 없이는 참신하고 깊이 있는 소재를 확보하기 어렵고, Report의 장인적 몰입 없이는 그 소재들을 완성도 높은 결과물로 만들어 내기 어렵습니다.

AI 드리블링에 익숙해지면 이 2가지 Zone을 자유자재로 전환할 수 있는 능력을 확보할 수 있게 되는 듯합니다. 상황에 따라 '지금은 탐험가 모드로 갈까, 아니면 장인 모드로 갈까.'를 의식적으로 선택하는 것입니다. 그러면서 4R 과정이 섞이면서 적절히 변주되며 더 높은 생산성을 달성할 수 있게 됩니다. AI 드리블링 초기에 느꼈던 피로감들도 상당 부분 조절할 수 있게 되고요.

3.5 Refine(초안 정교화): 초안에서 완성작으로

● Refine 단계의 의미

지금까지 Ready, Recall, Research, Report 3단계를 통해 보고서 초안의 기본 골격과 내용을 완성했습니다. 하지만 여기가 끝은 아니에요. 진짜 중요한 작업은 이제 시작됩니다. 바로 Refine 단계입니다. Refine 단계란, 단순히 보고서를 '다듬는' 수준을 넘어 질적 도약을 만들어 내는 과정입니다.

Report 단계에서 나온 초안은 분명 70~80%의 완성도를 가지고 있지만, 여전히 'AI가 만든 결과물'의 한계를 벗어나지 못합니다. 데이터의 정확성, 논리의 치밀함, 실무 적용 가능성 등에서 아직 수많은 빈틈이 남아 있죠. Refine 단계에서는 이런 한계를 2가지 방식으로 극복합니다.

먼저 AI를 통한 전문가급 추가 검증으로 구조적 완결성과 내용적 정확성을 높입니다. 논리적 허점은 없는지, 데이터는 정확한지, 출처는 믿을 만한지를 체계적으로 점검하는 것입니다. 하지만 더 중요한 것은 외부 전문가와 내부 이해관계자, 프로젝트 고객 등 인간과의 협업입니다. 아무리 AI가 뛰어나도 조직의 정치적 맥락, 업계의 미묘한 뉘앙스, 독자의 감정적 반응까지는 완벽히 파악하기 어렵거든요. 이런 부분들을 인간이 보완하면서 단순한 '정보 전달용 문서'를 넘어 '실제 의사결정에 영향을 미치는 전략 문서'로 가치를 고도화시키는 것입니다.

결국 Refine 단계는 AI의 효율성과 인간의 통찰력을 결합해 최종 완성작을 만들어 내는, AI 드리블링의 하이라이트라고 할 수 있습니다.

● AI와 협업해 전문가급으로 1차 검증하기

내용 심층 검증 **데이터부터 논리까지**

Report 단계에서 만든 초안을 가지고 본격적인 검증 작업을 진행할 때 가장 먼저 할 일은 핵심 데이터와 수치들의 정확성을 점검하는 거예요. 저는 Perplexity와 NotebookLM을 주로 활용합니다.

"이 보고서의 [검토 대상 부분 지정]을 대상으로 주요 데이터와 수치들을 검증해 줘."
1) 출처가 명확한지 확인
2) 최신성 여부 점검(2026년 기준)
3) 논리적 모순이나 오류 탐지
4) 추가 검증이 필요한 부분 식별
"특히, 다음 항목들을 중점적으로 봐 줘."
- 시장 규모나 성장률 관련 수치
- 경쟁사 비교 데이터
- 설문조사나 연구 결과 인용
- 업계 평균이나 벤치마킹 자료

이런 식으로 AI에게 요청하면 놀랍도록 꼼꼼하게 점검해 줍니다. 인간이 놓치기 쉬운 숫자의 단위 실수나 연도별 데이터 혼동, 출처 불명확 등의 문제들을 척척 찾아내죠. 하지만 여기서 중요한 것은 '검토 분량 단위'입니다. 처음에 저는 30페이지짜리 보고서를 통째로 올리고 '전체적으로 검토해 달라.'라고 요청했는데, 결과가 실망스러웠습니다. AI도 한번에 너무 많은 정보를 처리하면 집중력이 떨어지는 것 같더군요.

경험상 1~3페이지 단위로 나눠서 검토하는 것이 훨씬 효과적입니다. "2장의 3~5페이지만 집중적으로 검토해 달라."라고 하면 문장 하나하나까지 꼼꼼히 살펴봅니다. 특히, 데이터가 많이 들어간 표나 그래프가 있는 부분은 아예 별도로 떼어서 검토를 요청하는 것이 좋아요. 이렇게 세분화된 검증을 통해 전체 보고서의 정확도를 단계별로 끌어올리는 것이 Refine 단계 AI 협업의 핵심 노하우입니다.

1차 검증이 필요한 대상들
- 구체적인 수치나 통계(특히, 최근 2년 이내)

- '최근 조사에 따르면', '○○연구소 발표' 등의 표현
- 너무 정확하고 구체적인 데이터(소수점까지 제시하는 경우)
- 국가별, 업계별 비교 수치
- 유명 컨설팅 사나 리서치 기관 이름이 구체적 보고서명 없이 인용될 때

Research Mill 자료의 함정

AI가 제시한 데이터들의 출처를 가만히 살펴보면 Grand View Research, Research and Markets, Markets and Markets 같은 기관들이 많이 나옵니다. 그런데 'AI가 찾아 주었으니, 당연히 이들이 해외 유명 리서치 기관이겠지.'라고 생각하면 큰 오산입니다.

● Research Mill이란?

Grand View Research, Research and Markets, Markets and Markets 같은 글로벌 리포트 마켓을 보면 '어떻게 이런 틈새 시장까지 조사가 가능할까?' 싶을 정도로 세부적인 부품, 소재, 서비스 시장 자료들을 쏟아 냅니다. 하지만 이런 리포트 판매사들은 흔히 '리포트 방앗간(Report Mill)'이라고 불리기도 합니다. 전문성이 없는 분야까지 무차별적으로 보고서를 찍어 내는 경향이 있어서 그렇죠. 'Factory'도 아닌 'Mill'로 불리는 이유는 인도 · 필리핀 · 동유럽 등 저비용 지역의 쭈니이 리시치들을 대량 아웃소싱해 인력을 갈아넣는 방식으로 보고서를 양산하기 때문입니다.

● AI가 Report Mill을 선호하는 이유

그런데 Perplexity와 같은 생성 AI에서 시장 자료를 찾으라고 요청하면 의외로 리포트 방앗간 페이지 자료들을 많이 소개해 줍니다. 왜 그럴까요? 접근성, 표준화, 범용성의 3가지 이유 때문입니다. 무엇보다 이들 보고서 방앗간 자료들은 요약본이 웹 상에 널리 공개되어 있어 AI 학습 데이터에 대량 포함되었습니다. 또한 'CAGR ○○% 성장 예상', '시장 규모 ○조 원' 등 일정한 포맷으로 구조화되어 있어 AI 이용자들의 선호에 잘 부합합니다. 더 나아가 거의 모든 산업 분야를 커버하므로 AI가 '그럴 듯한' 답변을 만들어 내는 기초 자료로 쓰기 좋습니다.

● 품질의 함정과 대응 전략

하지만 예측 자료의 품질은 장담할 수 없습니다. 동일한 시장에 대해서도 리포트마다 시장 규모가 10억 불(1.4조 원), 100억 불(14조 원) 단위로 예측 편차가 크게 나타납니다. 그래서 이들 자료는 시장 규모나 성장률의 '대략적 참조값' 정도로만 쓰는 게 안전합니다. 따라서 Refine 단계에

서는 가급적 McKinsey BCG 같은 1차 컨설팅 사 또는 시니어가 추천하는 산업별 주요 시장 기관, 정부 기관, 국제 기구, 학회 자료를 반드시 찾아서 교차 검증해야 합니다.

● 평판 리스크에 주의해야

특히, 주의할 점은 '평판 리스크'입니다. 리포트 방앗간의 자료를 레퍼런스로 제시하는 것은 학위 논문에 위키피디아를 인용하거나 대학 보고서에 레포트월드, 해피 캠퍼스 자료를 참조 문헌으로 제시하는 수준의 위험을 안고 있습니다. 리서치 방앗간의 존재를 아는 사람들은 굉장히 비판적으로 반응합니다. 컨설팅 회사에서 이런 자료원이 들어간 보고서를 만들어 제공했다가 매의 눈을 가진 고객사 상무에게 걸리면 큰일납니다. 신뢰성 있는 최종 결과물을 위해서는 반드시 공신력 있는 1차 자료로 대체하거나 보완해야 합니다.

논리적 일관성까지 한 번에

데이터 검증이 끝나면 이번에는 전체적인 논리 구조를 점검해야 합니다. 문단 간 연결이 자연스러운지, 결론이 근거와 일치하는지 같은 것들 말입니다.

"이 보고서의 논리적 구조와 일관성을 점검해 줘. 문제가 발견되면 구체적 수정 방안도 함께 제시 부탁해."
- 각 장별 핵심 주장이 명확한가?
- 주장과 근거가 논리적으로 연결되는가?
- 전체 스토리의 흐름이 자연스러운가?
- 상충하거나 모순되는 내용은 없는가?
- 결론이 앞선 분석과 일치하는가?

전체 보고서에 대한 논리적 일관성 검토가 완료되면 이제 진짜 정밀 검증이 시작됩니다. 전체 검토에서 AI가 지적한 문제 부분들을 개별적으로 깊이 파고들어야 하거든요. 예를 들어 전체 검토에서 "3장의 시장 분석 부분에서 논리적 비약이 있다."라는 피드백을 받았다면 이제 3장만 따로 떼어내 집중 분석을 요청합니다.

"3장 7~9페이지의 시장 분석 부분만 집중적으로 검토해 줘."

- 데이터 간 인과 관계가 논리적으로 타당한가?
- 결론 도출 과정에서 빠진 단계는 없는가?
- 반박 가능한 취약점이 어디에 있는가?
- 추가 근거가 필요한 부분은 어디인가?

이런 2단계 검증 프로세스, 즉 전체적 흐름 파악 후 문제 구간의 집중 분석을 진행해야 비로소 전문가급 완성도에 도달할 수 있습니다. 마치 의사가 전신 검진 후 이상 부위에 대해 정밀 검사를 하는 것과 같은 원리죠. 특히, 데이터가 많이 제시된 절이나 복잡한 논리 전개가 필요한 절에서는 이런 세부 검증이 필수적입니다.

Reference 확보와 각주 작업의 전략적 접근

AI 드리블링의 독특한 점 중 하나는 레퍼런스 문헌 검토와 각주 작업이 후반부에 이뤄진다는 것입니다. 기존 방식과는 정반대죠. 예전에는 자료 조사부터 시작해서 인용과 각주를 달아가며 글을 써갔다면 이제는 일단 내용을 완성하고 나서 출처를 찾고 검증하는 거예요. 이러한 특성을 저는 '역순 연구(Flipped Research)'라고 부릅니다. 일부 학자들은 '내용을 먼저 쓰고 나중에 레퍼런스를 찾는 것이 학술적 엄밀성에 어긋난다.'라고 비판할 수 있습니다. 하지만 이는 AI 드리블링의 실제 프로세스를 오해한 것입니다.

- **전통적 연구**: 문헌 조사 → 가설 설정 → 논리 전개 → 결론 도출
- **AI 드리블링**: AI 초안 → 문헌 대조 검증 → 내용 수정, 보완 → 최적 레퍼런스 선택

즉, 핵심은 '갖다 붙이기'가 아닌 '검증과 보완'입니다. AI가 제시한 레퍼런스를 무작정 사용하는 것이 아니라 실제로 해당 문헌을 찾아 읽어 보고 본문 내용과 비교 검토해야 합니다. 만약, AI 초안의 주장이 문헌 내용과 어긋나면 본문을 수정하고 여러 레퍼런스 중에서 가장 적절하고 신뢰할 만한 것을 선별해 대체해야 합니다.

이 방식은 전통적 연구 방법과 비교해 오히려 다양한 장점을 지닙니다. 무엇보다 목적

지향적 문헌 탐색이라 무작정 읽는 것보다 검증 포인트가 명확해서 매우 효율적입니다. 또한 다각도 검증이 가능합니다. AI가 제시한 다양한 관점의 문헌들을 종합적으로 비교하는 과정에서 특정 분야 논리에 매몰되는 일이 방지됩니다. 결과적으로 핵심 쟁점에 집중된 깊은 검토가 가능해져서 연구 효율성을 극대화합니다. 결론적으로 AI 드리블링에서 레퍼런스를 나중에 찾는 역순 연구 방식은 '편법'이 아닌, 'AI 시대에 맞는 새로운 연구 방법론'입니다. 결과물의 학술적 엄밀성은 동일하게 확보하되, 프로세스의 효율성을 혁신한 것입니다.

저는 레퍼런스 검토 작업에서 세 AI를 적절히 역할 분담시켜 사용합니다. ChatGPT는 간단한 검증에 활용하고 Perplexity는 좀 더 넓게 체계적으로 관련 외부 참조 자료들을 탐색하는 데 활용하고, A급 자료들을 NotebookLM에 올려서 심층 분석해 들어가는 식입니다.

- **ChatGPT**: 간단한 팩트 체크, 개념 추가 설명, 1차 검증
- **Perplexity**: 외부 소스의 체계적 탐색과 최신 자료 발굴
- **NotebookLM**: 확보된 디지털 문헌의 심층 분석과 정밀 검증

예를 들어, 다음처럼 Perplexity로부터 외부 레퍼런스를 확보하고 다양한 레퍼런스 중 정말 도움되는 A급 레퍼런스를 찾습니다.

Reference 확보 프롬프트 (Perplexity용)

"다음 주장들에 대한 신뢰할 만한 출처를 찾아 줘."
[보고서의 핵심 주장들 나열]
조건:
- 최근 2년 이내 자료 우선, PDF 자료 우선
- 공신력 있는 기관, 연구소 출처
- 각주 형식으로 정리해서 제시
- 반대 의견이나 비판적 시각도 함께 제시
- [옵션: 영어권, 일어권, 중국어권, 독일어권 자료 우선(이 부분은 필요시 선택하세요.)]

이후 A급 레퍼런스들을 다운로드해서 NotebookLM에 올리고 세부 분석을 하지요. 특히,

NotebookLM은 설명 중 각주 기능을 통해 본문의 해당 부분을 바로 볼 수 있어서 정말 편리합니다.

"업로드한 3개 논문에서 다음 사항들을 검토해 줘."
- 'OOOOO'에 대한 각 저자의 정의 비교
- 우리 보고서 2장 주장과 일치, 불일치하는 부분 분석
- 인용 가능한 핵심 문장과 페이지 번호 정확히 추출
- 각 논문의 한계점이나 반박 가능한 지점 식별

결과적으로 ChatGPT(속도) → Perplexity(폭) → NotebookLM(깊이)의 3단계 검증을 통해 단순한 레퍼런스 나열을 넘어 학술적 가치까지 가진 근거 체계를 구축할 수 있습니다.

반박 논리 시뮬레이션 치밀한 방어막 구축

고급 레벨의 Refine 작업 중 하나는 가상의 반박 상황을 시뮬레이션하는 겁니다. '만약 누군가가 이 보고서를 비판적으로 본다면 어디를 공격할까?'를 미리 상상해 보는 것입니다.

반박 논리 시뮬레이션은 특히 보고서 최종 발표 직전에 효과적입니다. 실무에서 이때는 '혹시 예상치 못한 반박이 나오면 어떡하지?'라는 불안감 때문에 가장 긴장되는 순간입니다. 전통적으로는 팀원들과 브레인스토밍을 통해 '상대방이 뭘 물어볼까?'를 예상해 보곤 했지만, 솔직히 한계가 많았습니다. 팀원들이 오랜 시간 생각을 공유하며 자료를 만들어 오다보니 집단 사고(Group Thinking)에 빠져 자신들이 만든 결과물을 다른 각도에서 비판하기 힘들었죠. 고만고만한 관점에서만 반박을 상상하게 되고 정작 진짜 날카로운 지적은 놓치는 경우가 대부분이었거든요.

하지만 AI를 활용한 반박 논리 시뮬레이션은 이런 한계를 완전히 뛰어넘습니다. AI는 우리와 전혀 다른 관점에서 그것도 여러 입장(보수적 관점, 진보적 관점, 실무자 관점, 경영진 관점 등)을 동시에 시뮬레이션해 줄 수 있습니다. 덕분에 발표장에서 '아, 이건 예상 못했는데….'라는 당황스러운 순간이 현저히 줄어들 수 있습니다. 오히려 이미 준비된 답변이

있으니 자신 있게 대응할 수 있게 되었죠. 이것만으로도 보고서의 신뢰도와 발표자의 전문
성이 크게 향상됩니다.

"이 보고서를 가장 비판적으로 검토할 사람의 입장에서 살펴보고 각각에 대한 대응 논리도 함께
제시해 줘."

- 어떤 부분을 공격할까?
- 논리적 허점은 어디에 있을까?
- 데이터나 근거가 부족한 부분은?

"특히, 다음과 같은 관점에서 엄격하게 봐 줘."

- 경쟁사 관점에서의 반박
- 보수적 경영진의 우려 사항
- 실무진의 실행 가능성 의문
- 예산 및 리소스 제약 관련 비판

● 인간과의 협업으로 통찰력과 실행력을 극대화

앞에서 제가 AI 드리블링은 '역순 연구'라는 말씀을 드렸습니다. 제가 AI 드리블링을 수
십 번 진행하면서 확인한 가장 놀라운 변화는 시간 배분의 완전한 역전입니다. 다음 내용
을 한번 살펴보시죠.

- **Kick-off(10~20%)**: 보고서 방향성 정립 및 프로세스 설계, 핵심 질문 도출
- **기초 조사(20~30%)**: 해당 분야 기초 자료 수집, 인터뷰, 심층 조사, 스토리라인 작성
- **초안 작업(10~20%)**: 기초 조사를 토대로 초안 작업, 고객과 1차 논의
- **본 보고서(40~50%)**: 고객 요청 추가 반영해 보고서 방향성 수정, 내용 검증 및 정교화

- **Ready, Recall & Research, Report(10~20%)**: 초안 완성
- **Refine(80~90%)**: 검증과 정교화, 고객, 내·외부 전문가와 협업

보통 컨설팅, 리서치 회사에서 최종 결과물로 30~40페이지 보고서를 만드는 프로젝트를 진행할 때 기본 투입 기간은 2개월 정도로 산정합니다. 그리고 Kick-off, 기초 조사, 초안 작업, 본 보고서 작업 등으로 차근차근 진행되지요. 이때 PM이 생소한 분야의 일을 맡은 경우, 초반부에 개념을 잡는 데 상당한 시간을 소비하다가 정작 본 보고서 작업은 납기에 쫓기며 허둥지둥 진행하게 됩니다. 특히, 고객과 소통을 제대로 못해 결론 부분에서 제대로 된 실행 방안을 제시하지 못해 맥이 빠지는 경우가 많죠.

하지만 AI 드리블링 방식에서는 잘 모르는 분야라도 초반에 1~3주 정도면 AI를 활용해 큰 그림과 보고서 초안을 빠르게 만들 수 있습니다. 나머지 5~7주 정도는 AI로 입체적 검증을 진행하며 내부 및 외부 전문가들과 소통하며 새로운 인사이트들을 보강할 수 있고, 고객과 여러 번 중간 결과물로 논의하며 더욱 고객 맞춤화된 시사점과 실행 방안 제언 부분을 만들어 나갈 수 있습니다.

● Flipped Research의 놀라운 효과

이런 변화가 역순 연구의 핵심입니다. 전통적인 연구가 '수집 → 분석 → 작성 → 검증'의 순서였다면 AI 드리블링은 'AI 초안 → AI로 집중 검증 → 인간 협업 완성'의 순서로 완전히 뒤바뀌는 것입니다. 이 과정에서 시간 경과에 따른 보고서의 품질 고도화 패턴은 전통 방식과 AI 드리블링이 큰 차이를 보입니다.

품질 고도화 패턴의 변화

- **초반부** **빠르게 폭발적 완성**: AI를 활용하면 첫 1~2주일 만에도 전체 보고서의 70~80% 수준을 달성할 수 있습니다. 물론 이 70%에는 오류도 있고 허점도 많지만, 전체 그림을 볼 수 있어 '무엇을 검증해야 하는지'가 명확해집니다. 막막한 백지 상태에서 '뭘 해야 할지 모르겠다.'라는 단계를 빠르게 넘어설 수 있지요.

- **중반부** **빠르게 핵심 보완점을 식별**: 대개 진짜 문제점은 초안을 보아야 알 수 있습니다. '아, 여기 데이터가 부족하네.', '이 부분 논리가 약하네.', '이 주장은 반박되기 쉽네.'가

구체적으로 드러나는 것입니다. 처음부터 완벽하게 준비하려고 하면 정작 중요하지 않은 부분에 시간을 낭비하는 경우가 많은데, 초안이 있으면 정말 중요한 약점만 골라서 집중 보완할 수 있습니다.

- 후반부 **인간 협업 확대를 통한 품질의 획기적 개선**: 제가 생각하기에 가장 중요한 변화는 바로 이 부분입니다. 전통적 방식에서는 자료 수집과 보고서 구성에 대부분의 시간을 쓰느라 정작 사람들과 소통할 시간이 부족했습니다. 하지만 AI 드리블링으로 시간을 확보하고 나니 내부와 외부 전문가들의 인터뷰를 대폭 늘려 보고서에 새로운 통찰력들을 불어넣을 수 있게 됩니다. 또한 고객사 현업 실무진들을 더 많이 만나며 다양한 내부 사정 청취, 현실적 어려움 등을 들을 수 있게 됩니다.

더 나아가 여러 버전의 중간 완성본을 가지고 고객 미팅을 다양하게 진행할 수 있게 됩니다. 과거에는 '거의 완성된 보고서'를 들고 가서 '이렇게 나왔습니다.'라고 발표하는 정도였다면 이제는 70% 완성본으로 1차 미팅, 85% 완성본으로 2차 미팅을 하면서 고객사의 현실적인 고민사항과 해결책들을 계속 반영할 수 있게 된 것입니다.

특히, 결론 부분의 제언과 실행 전략은 이런 반복적 피드백 과정을 통해 '탁상공론'에서 '현실적 실행안'으로 완전히 달라질 수 있습니다. 고객사 실무진들이 '이건 현실적으로 어려워요.', '이 방향이 더 좋을 것 같아요.'라고 말해 주는 생생한 현장 감각이 보고서에 스며들게 되는 거예요.

완성도 곡선의 혁명적 역전

이런 측면에서 품질 측면에서도 전통적 리서치, 컨설팅 방식과 AI 드리블링은 큰 패턴 차이를 보입니다. 기존 리서치 방식이 '완성도의 점진적 개선 곡선'을 그린다면 AI 드리블링 방식은 '초기 폭발 후 지속 상승 또는 2차 점프업(jump-up) 곡선'을 보여 줍니다.

전통적 방식에서는 착수에서 시작해 기초 조사, 초안 작성, 보완 작업 단계를 거치면서 품질이 서서히, 그리고 선형적으로 향상됩니다. 마치 계단을 하나씩 올라가는 것처럼 완만한 상승 곡선을 그리다가 막바지가 되면 스퍼트를 내면서 완성도가 크게 높아지죠. 하지만 최종 단계에서도 당초 기대했던 수준을 크게 뛰어넘는 경우는 많지 않습니다.

반면, AI 드리블링에서는 Recall & Research 단계에서 이미 70~80% 품질을 폭발적으로 달성합니다. 그리고 확보된 시간을 활용해 인간 협업을 확대시키면 나중에는 완성도가 당초 기대 수준을 훨씬 뛰어넘는 경우가 많아요. 외부 전문가 인터뷰, 고객과의 반복 미팅, 심층 검증 작업이 더해지면서 '이 정도까지 품질이 높아질 줄 몰랐다.'라는 놀라운 결과를 경험하게 됩니다. 특히, 과거에는 보고서를 완성하고 나서 '수정해 달라.'라는 요청을 받으면 거의 패닉 상태였는데, 이제는 가볍고 즐겁게 '더 좋게 만들 기회'로 받아들일 수 있게 되었습니다.

이것이 바로 AI 드리블링 기반 역순 연구의 품질 혁명입니다. 단순히 시간을 절약하는 것을 넘어 품질의 상한선 자체를 끌어올리는 완전히 새로운 접근법인 것입니다.

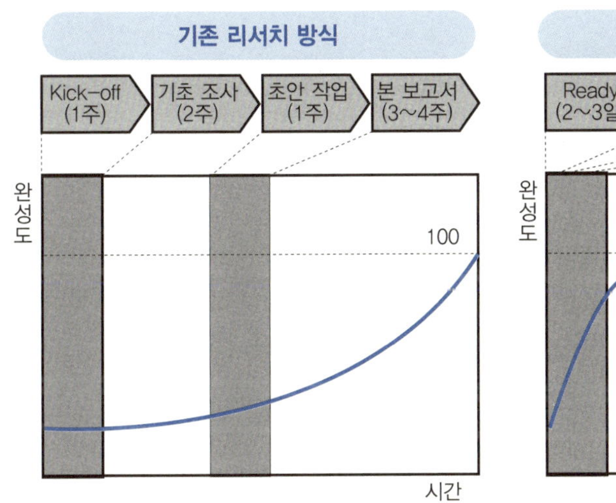

착수부터 스토리라인 등 초반부에 개념 잡는데 상당 시간을 허비하는 구조…. 본 보고서 작업은 허둥지둥 진행

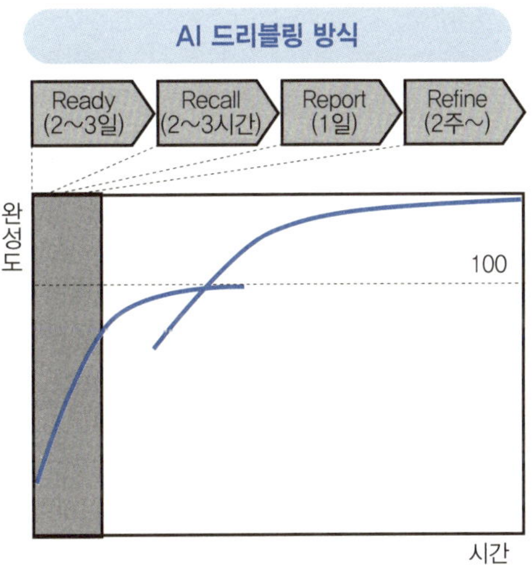

초반에 AI 활용해 큰 그림과 보고서 초안을 빠르게 완성한 후 남는 시간을 활용해 입체적 검증, 고찰 통해 완성도를 크게 향상

◆ 기존 리서치 방식과 AI 드리블링 방식의 완성도 변화 곡선 비교

외부 인터뷰를 통한 현실성 강화

이러한 측면에서 Refine 단계는 큰 의미를 갖습니다. AI와의 검증이 어느 정도 완료되었다면 이제 진짜 사람들과의 검증 단계로 넘어갑니다. 이게 바로 AI 드리블링이 기존 방식

과 완전히 다른 지점입니다. 시간적 여유가 있으니까 이런 고급 작업이 가능한 것입니다.

예를 들어, 'AI 기반 시니어-주니어 협업'의 아이디어를 좀 더 현실적으로 만들려면 다양한 내·외부 전문가들이나 현업 실무자들의 의견을 청취해 봐야겠지요. 이를 통해 찬성, 반대, 중립적 입장 등 여러 목소리를 들을 수 있고 실제로 유사한 프로젝트를 진행해 본 사람들의 의견도 들으며 내용을 보강할 수 있습니다. 이 과정에서 인터뷰 질문도 AI 초안을 기반으로 구체적으로 설계할 수 있습니다.

인터뷰 질문 설계 프롬프트

"이 시니어-주니어 협업 매뉴얼에 대해 실무진 인터뷰를 진행하려고 해. 다음과 같은 관점에서 효과적인 질문을 만들어 줘."
- 현실성 검증 질문(5개)
    - '실제 현장에서 이런 방식이 작동할까?'
    - '예상되는 실행 장애물은?'
- 보완점 발굴 질문(5개)
    - '빠뜨린 상황이나 케이스는?'
    - '추가로 다뤄야 할 요소는?'
- 구체적 개선안 도출 질문(5개)
    - '어떻게 하면 더 실용적일까?'
    - '실제 적용 시 어떤 도구나 지원이 필요할까?'

"각 질문마다 예상 답변과 후속 질문도 함께 준비해 줘."

고객과의 소통 완벽함보다 실행 가능성과 고객 가치를 추구

인터뷰 결과를 바탕으로 이제 핵심 이해관계자들과 정기적 체크인을 진행합니다. 여기서 핵심은 '완벽한 보고서'보다 '실행 가능한 보고서'가 더 가치가 있음을 항상 염두에 두는 거예요. 전통적 방식에서도 고객 피드백은 받지만, 대부분 '거의 완성된 보고서'에 대한 최종 검토 수준에 그쳤습니다. 시간에 쫓겨 초안 나왔을 때 한 번 논의하고 최종 보고서 가지고 '이렇게 나왔는데 어떠세요?' 정도의 형식적 확인이 전부였죠.

하지만 AI 드리블링으로 확보된 시간은 완전히 다른 차원의 협업을 가능하게 합니다. 이런 다층적 협업 구조는 시간적 여유가 있고 고객 요청에 대해 빠른 수정, 보완 피드백이 가능할 때만 가능합니다. 결과적으로 고객이 '이 보고서는 정말 우리를 위해 만들어졌구나.'라고 느낄 수 있는 맞춤형 완성도를 달성할 수 있게 되죠.

- 70% 완성본으로 1차 심화 미팅
    - '방향성이 맞나요?' 수준이 아닌 '실제 우리 조직에서 실행 가능한가?' 깊이 있는 논의
    - 고객의 내부 사정, 정치적 고려사항, 실무진의 우려까지 파악
- 85% 완성본으로 2차 실행 중심 미팅
    - 단순 내용 검토가 아닌 '누가, 언제, 어떻게 실행할 것인가?' 구체적 실행 계획 수립
    - 예상 장애물과 대응 방안까지 사전 설계
- 최종본 완성 전 3차 리스크 점검 미팅
    - '이렇게 발표하면 어떤 반응이 나올까?' 시뮬레이션
    - 발표 전략, 설득 포인트, 예상 질문 대응까지 준비

이 과정에서 자주 일어나는 일은 결론이나 제언이 현실적으로 조정되는 거예요. '이론적으로는 완벽하지만 우리 상황에서는 좀 어려울 것 같다.'라는 피드백을 받으면 예산이나 인력, 일정 제약을 고려해서 더 현실적인 대안을 만들어야죠. 예를 들어, 예산이나 인력 제한이 심하게 걸리고 조직 문화 등 다양한 이슈 사항이 우려된다면 이런 부분들을 감안해서 내용을 다시 조정하면 되겠지요.

"이 제언들을 다음 제약 조건하에서 현실적으로 조정해 줘."
제약 조건:
- **추가 예산**: 월 5,000만 원 이내
- **투입 인력**: 기존 팀원＋외부 컨설턴트 1명
- **실행 기간**: 3개월 이내 1차 성과 확인
- **조직 문화**: 변화에 보수적, 단계적 접근 선호

- 이상적 방안 → 실행 가능한 방안
- 전면적 변화 → 점진적 개선
- 복잡한 시스템 → 단순한 도구
- 추상적 가이드라인 → 구체적 체크리스트

진짜 전략적 사고자가 되는 길

이렇게 Refine 단계를 거치고 나면 여러분은 놀라운 변화를 경험하게 될 거예요. 단순히 '자료 만드는 사람'에서 '진짜 전략적 사고를 하는 사람'으로 레벨 업되는 걸 느낄 수 있습니다. 왜냐하면 이제 여러분의 시간 대부분을 정말 중요한 일들에 쓸 수 있기 때문입니다. 검증하고 사람들과 소통하고 실행 방안을 고민하고 더 나은 대안을 찾는 일들이 바로 인간만이 할 수 있는 고유한 가치 영역입니다. AI 드리블링의 Refine 단계를 통해 여러분은 동일한 시간으로 적어도 1.5배 더 좋은 품질의 결과물을 만들어 낼 수 있습니다. 더 중요한 건 그 과정에서 여러분 자신이 한 단계 더 성장하게 된다는 점입니다.

3.6 AI 드리블링의 한계와 주의사항

지금까지 AI 드리블링의 4R 프로세스와 핵심 테크닉들을 배웠습니다. 하지만 실제 업무에 적용하기 전에 반드시 알아야 할 것들이 있습니다. AI 드리블링과 비슷한 다른 방법들도 있다는 점, 그리고 AI 드리블링을 진행할 때 주의할 사항들이 바로 그것입니다. 이런 점들을 미리 파악해 놓고 상황에 맞게 대응하면 더욱 효과적인 AI 드리블링이 가능해질 것입니다.

● AI 드리블링 vs. AI 딥 리서치: 언제 무엇을 선택할까?

AI 딥 리서치의 등장과 게임 체인저

2025년 상반기, AI 업계에 큰 변화가 일어났습니다. ChatGPT, Claude, Gemini가 일제히 AI 딥 리서치(Deep Research) 기능을 도입한 것입니다. 이는 AI가 자율적으로 웹을 탐색하며 복합적인 리서치를 수행하고 종합 보고서를 생성하는 기능입니다. 많은 사용자가 '이제 복잡한 프롬프트 체이닝을 할 필요가 없겠네?'라고 생각했습니다. 실제로 딥 리서치는 한 번의 질문으로 30분 안에 상당한 수준의 보고서를 만들어 내니까요.

▨ 주요 생성 AI 서비스별 딥 리서치 기능 비교

플랫폼	기능명	소요 시간
ChatGPT	Deep Research	5~30분
Claude	Research	5~15분
Gemini	Deep Research	수분~수십분

근본적 차이점 자율 vs. 협업

하지만 실제로 사용해 보면 AI 딥 리서치와 AI 드리블링은 상당히 다른 접근법이라는 것을 알 수 있습니다. AI 딥 리서치는 AI 단독의 자율 방식으로 표준화된 보고서를 매우 빠르게 만드는 데 특화된 반면, AI 드리블링은 인간과 AI의 협업을 통해 맞춤형 보고서를 비교적 빠르게 만드는 기법입니다.

▨ AI 딥 리서치 vs. AI 드리블링

AI 딥 리서치의 접근법	AI 드리블링의 접근법
• 자율적(Autonomous) 방식: AI가 독립적으로 다단계 검색 계획을 수립하고 실행 • 블랙박스 프로세스: 사용자는 결과만 받아 보는 수동적 역할 • 표준화된 출력: 일정한 형식의 보고서를 자동 생성	• 협업적(Collaborative) 방식: 인간과 AI가 30~50개 프롬프트를 통해 지속적으로 상호작용 • 투명한 프로세스: 각 단계에서 사용자가 방향을 조정하고 품질을 관리 • 맞춤형 출력: 조직 내부 맥락과 특수 요구사항을 실시간 반영

이 때문에 품질과 완성도 측면에서 두 방식은 차이가 많이 납니다. 결론부터 말하면, AI 드리블링이 여전히 우위에 있습니다. 동일한 주제로 두 방식을 통해 작업해 보면 AI 드리블링으로 만든 보고서가 조직의 맥락을 더 잘 반영하고 논리적 일관성이 높으며 실행 가능한 제안을 담는다는 것을 확인할 수 있습니다. AI 딥 리서치의 결과물 보고서가 프랜차이즈 식당에서 흔히 볼 수 있는 표준화된 식사라면, AI 드리블링의 결과물은 고객 하나하나의 입맛과 취향을 감안해 정성스럽게 만들어진 파인 다이닝 레스토랑의 코스 요리라고 볼 수 있지요.

■ AI 딥 리서치와 AI 드리블링과 품질, 완성도 측면 비교

항목	AI 딥 리서치	AI 드리블링
맞춤화 정도	★★★☆☆	★★★★★
내용 완성도	★★★☆☆	★★★★★
일관성	★★★☆☆	★★★★★
작업 속도	★★★★★	★★★☆☆
사용 편의성	★★★★☆	★★★☆☆
최신성	★★★★☆	★★★★☆

특히, AI 딥 리서치의 경우, 초반에 세팅을 신경 써서 하지 않으면 10~20분 걸려 나온 결과물이 원래 생각한 것과 매우 동떨어진 내용이라 실망할 경우가 많습니다. 우리 회사에서는 AI 딥 리서치의 품질은 아직 인턴이나 RA의 작성 보고서 수준으로 생각하고, 기초 조사 정도에만 활용하고 있습니다. 반면, AI 드리블링은 중간중간 미세 조정을 계속 해 주니 시간은 좀 더 걸리더라도 원래 의도했던 방향에 상당 부분 근접할 수 있지요.

이러한 두 접근법의 차이점을 그림으로 비유하면 다음과 같습니다. AI 딥 리서치는 축구에서 골키퍼가 던지는 롱패스와 같습니다. 성공하면 한 번에 상대편 골대 근처까지 보낼 수 있어 매우 효율적이지만, 실제로는 중간에 상대 수비수에게 커트당하거나 아예 사이드라인 밖으로 나가버리는 경우가 많죠. 특히, 바람의 방향이나 필드 상황을 제대로 읽지 못하면 전혀 엉뚱한 곳으로 공이 날아가 버립니다.

반면, AI 드리블링은 선수가 공을 몰고 직접 달려 나가는 방식입니다. 한 걸음 한 걸음 나아가면서 앞에 나타나는 수비수를 피하고 필드 상황에 따라 좌우로 방향을 조정하며 때로는 잠시 뒤로 물러나기도 하면서 최종적으로는 골대에 가까운 지점까지 확실하게 도달할 수 있습니다. 시간은 더 걸리지만, 목표 지점에 도달할 확률은 훨씬 높죠.

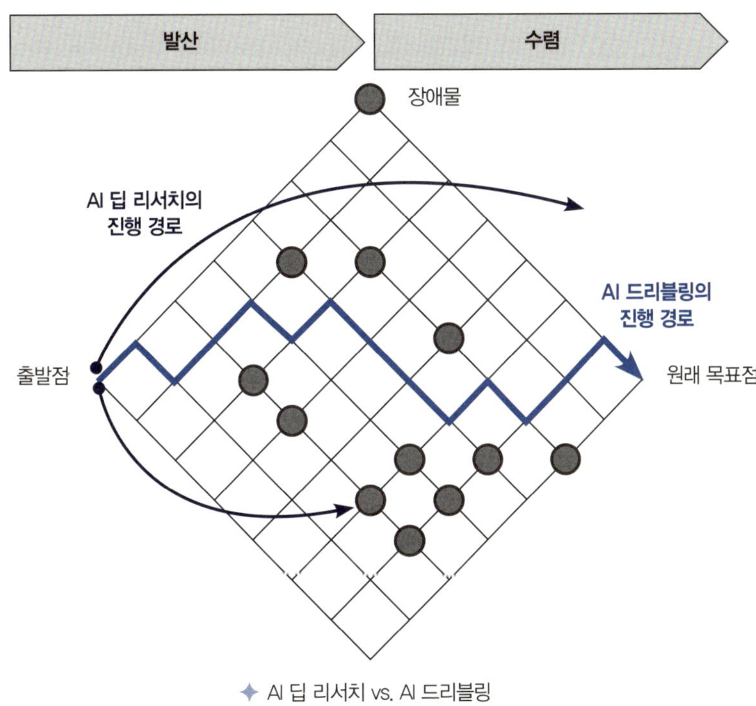

✦ AI 딥 리서치 vs. AI 드리블링

상황별 선택 기준

하지만 AI 딥 리서치 기술도 점점 발전할 것입니다. 이러한 향후 발전 방향을 생각하면, AI 딥 리서치와 AI 드리블링의 상대적 우위를 따지는 것보다 언제 AI 딥 리서치를 쓰고, 언제 AI 드리블링을 써야 하는지를 파악하는 것이 더 중요할 수 있습니다.

AI 딥 리서치를 선택해야 할 때	AI 드리블링을 선택해야 할 때
• 빠른 시장 개괄 필요(1시간 내 결과)	• 조직 내부 맥락 반영 필요
• 최신 동향 파악이 우선(실시간 웹 데이터)	• 고품질 맞춤형 보고서 요구
• 표준적인 리서치 포맷으로 충분	• 복잡한 논리 구조와 일관성이 중요
• Ready 단계에서 빠르게 기초 조사할 때	• 본 보고서 초안을 만들 때

이런 특성을 알고 있기 때문에 저 또한 요즘은 하이브리드 형태로 두 방식을 활용합니다. 즉, 본 보고서 작업을 할 때는 AI 드리블링을 쓰지만, Ready 단계에서 익숙하지 않은 분야에 대해 빠르게 기초 조사를 할 때 AI 딥 리서치를 가끔 이용합니다. 마치 특정 주제에 대해 각주 정보가 풍부하게 담긴 맞춤형 위키피디아를 만들어 본다는 느낌으로 AI에게 딥 리서치를 시켜 보는 것입니다. 각주에 표시된 레퍼런스 자료들을 찾아가다 보면 미처 몰랐는데 꽤 괜찮은 해당 분야의 독특한 정보 원천들을 쉽게 만날 수 있더군요.

이처럼 초기 Ready 단계에 AI 딥 리서치를 이용하고, 결과 자료를 적절히 정리해 Research 단계의 기초 자료로 업로드한 후 AI 드리블링을 하면 속도의 장점을 살리면서도 품질과 맞춤화를 모두 확보할 수 있습니다.

● AI 드리블링 시 주의사항과 함정

이번에는 AI 드리블링을 할 때 주의해야 할 사항들을 간단히 정리해 보겠습니다. 주의사항은 크게 두 그룹으로 나눌 수 있습니다. A 그룹, 즉 프로세스 진행 관련 함정은 기술적 절차적 문제들입니다. 이는 명확한 가이드라인으로 예방 가능하지요. 하지만 B 그룹, 즉 인간, AI와의 관계 측면의 함정은 인간의 사고 방식, 행동 변화와 관련된 근본 문제로 서서히 나타나고 있는 문제입니다. 특히, 생성 AI의 업무 활용이 본격화되는 올해 들어 여기저기서 조금씩 우려의 목소리가 나타나고 있습니다. 이는 단순히 가이드라인만으로 해결될 수 있는 사항은 아니고 지속적인 주의와 의식적인 교정 노력이 필요합니다.

이 부분에 주목해야 할 이유는 단순히 AI 드리블링에서만 나타나는 문제가 아니라 향후 AI 기반의 새로운 일하는 방식에서도 비슷하게 나타날 가능성이 크기 때문입니다.

■ AI 드리블링 시 주의사항과 함정 8가지

구분	함정 유형	주요 의미
A. 프로세스 진행 관련 함정	목표 표류(Goal Drift) 현상	AI와의 대화 중 흥미로운 부가 정보에 빠져 원래 목표에서 점점 멀어지는 현상
	채팅 창 간 연계성 관리	세션 전환 시 맥락과 품질이 단절되어 결과물에 일관성이 확보되지 않는 문제
	레드 슈즈(Red Shoes) 현상	• 멈출 때를 모르고 계속 수정, 보완하려는 강박 • 완벽주의로 인한 시간 낭비와 효율성 저하
	AI 간 검증의 한계	같은 데이터를 학습한 AI 도구들이 상호 검증 시 오류를 잡아 내지 못하고 오히려 증폭되는 현상
B. 인간–AI 관계 함정	AI 만능주의 vs. AI 불신주의	AI에 대한 맹신 또는 과도한 불신의 양극단으로 빠지는 현상
	주화입마(走火入魔) 리스크	AI가 제공하는 논리적 백업에 취해 독선적 아집에 빠지는 현상
	지식 휘발성 문제	AI 제공 정보를 일시적 활용하는 데 그치고 제대로 체화하지 못해 깊이 있는 전문성 축적이 안 되는 문제
	조직 내 AI 역량 격차 문제	AI 활용 격차가 단순 작업 속도나 결과물 품질 차이뿐만 아니라 사고 과정 자체나 사고 속도의 격차로 확대되어 조직 내 협업 곤란

프로세스 진행 관련 함정

(가) 목표 표류 현상

요즘 생성 AI는 답변 끝에 '~도 해 드릴까요?', '~방향은 어떠세요?'라는 식으로 제안을 많이 합니다. 내용을 보면 꽤나 흥미롭고 미처 생각하지 못했던 내용들도 많지요. 그래서 AI가 제시한 방향으로 계속 따라가다 보면 어느새 원래 의도와는 상당히 동떨어진 곳에 와 버렸다는 느낌을 받을 때가 많습니다. 예를 들어, 'AI 협업 가이드'를 만들려다가 'AI 기술 소개서'에 대한 자료만 왕창 모으는 경우가 발생합니다. 현상과 해결책을 정리해 보면 다음과 같습니다.

> **해결책:**
> • Ready 단계에서 정한 핵심 질문을 프로젝트 지침으로 고정
> • 새 채팅 창 시작 시 '이 프로젝트의 목표는 ○○이고 지금 단계는 △△이다.' 명시
> • 10~15개 프롬프트마다 '우리가 처음에 정한 목표에 맞게 가고 있는가?' 점검

(나) 채팅 창 간 연계성 관리

현실적으로 한 채팅 창에서 30~50개 프롬프트를 연속 진행하는 것은 쉽지 않습니다. Claude은 채팅 용량 한도 초과로 갑자기 채팅이 중단되는 경우가 많고 ChatGPT는 성능이 저하되거나 환각을 일으키는 경우가 많기 때문입니다. 3장 4절의 Report 단계에서도 언급했지만, AI 드리블링에서는 채팅 창 간 연계성 관리가 매우 중요합니다. 이 책의 초안 내용도 Claude에서 프로젝트를 만들고 채팅 창을 계속 바꿔가며 만들어졌습니다. 한 번 세어 보니 현재까지 사용 중인 채팅 창이 76번째이네요. 채팅 창 간 연계성 관리에 효과적인 방법은 다음과 같습니다.

> **효과적인 채팅 창 간 연계성 관리 방법**
> - 프로젝트 단위로 관리, 채팅 창 마무리 시 핵심 내용을 지침 형태로 정리
> - 다음 채팅 창 시작 시 '이전 단계에서 도출된 핵심 포인트: 1) ○○, 2) △△□□지.' 형태로 맥락 전달
> - 중요한 중간 산출물은 워드(docx 파일)나 타이포라(Typora, md 파일)를 활용해 문서로 저장해서 프로젝트 지식에 업로드

(다) 레드 슈즈 현상

AI 드리블링에 익숙해지면 종종 '레드 슈즈 현상'을 접하게 될 것입니다. 저도 한때 이 현상 때문에 고생했습니다. 안데르센의 동화에 나오는 빨간 구두처럼 한 번 시작하면 도저히 멈출 수 없게 되는 마법에 걸리는 것입니다. 즉, '이 부분을 조금 더 다듬어 볼까?', '혹시 다른 관점도 추가할 수 있을까?', 'AI가 또 뭔가 흥미로운 아이디어를 제시해 줄 텐데….' 이런 생각이 꼬리를 물면서 계속 수정과 보완의 춤을 추게 됩니다. AI는 마치 악마적 파트너처럼 '더 좋게 만들 수 있어요!'라고 끊임없이 속삭이고 우리는 그 유혹에 빠져 시간 감각을 잃어버리죠.

특히, AI 드리블링이 주는 '즉각적 만족감'이 이 현상을 더욱 심화시킵니다. 질문을 던지면 바로 그럴 듯한 답변이 나오고 그 답변이 또 다른 호기심을 자극하면서 끝없는 탐구의 늪으로 빠져들게 되는 거예요. 마치 소셜 미디어의 무한 스크롤처럼 다음 콘텐츠에 대한 기대감 때문에 질문을 멈추기 힘들어집니다. 하지만 빨간 구두의 저주를 푸는 방법은 있습니다.

레드 슈즈를 벗는 방법

- **시간 알람 설정**: AI 드리블링 시작 전 타이머를 설정해 보세요. 2시간이면 2시간, 알람이 울리면 무조건 멈추는 철칙을 세우는 겁니다.
- **'80% 만족' 원칙**: 완벽함을 추구하지 마세요. 80% 수준에서 만족하고 넘어가는 훈련이 필요합니다. 나머지 20%는 사람과 협업하며 보완한다고 생각하세요.
- **목표 점검 의식화**: 30분마다 '지금 내가 원래 목표에서 벗어나고 있지는 않은가?'를 자문하세요. 목표 표류와 레드 슈즈 현상은 종종 함께 나타납니다.
- **강제 중단 포인트**: '오늘은 여기까지'라고 정한 지점에서는 AI가 아무리 매력적인 제안을 해도 세션을 과감히 종료하세요. 내일 더 맑은 정신으로 판단하는 것이 훨씬 낫습니다.

(라) AI 교차 검증의 한계

Claude로 초안을 만들고, ChatGPT로 1차 검증하고, Perplexity나 Gemini로 재확인하는 'AI 삼각 검증'은 꽤 괜찮은 검증 방식입니다. 직관적으로 볼 때 세 AI 중 두 AI의 답변은 일치하고 나머지 한 AI의 답변은 다르다면 뭔가 문제가 발생한 것이니까요.

다만, 이 방식도 100% 완벽하지는 않습니다. 가끔씩 공통된 오류를 서로 '맞다.'고 확신시켜 주는 집단 착각 현상이 일어날 수 있습니다. 예를 들어, '6장. 확인·검증하기'에서는 '러닝 인구 1,000만 명' 사례로 이 문제를 다시 살펴볼 것입니다. 국내 리닝 인구 1,000만 명은 분명 과도한 추정인데, 인터넷 신문 수십 개에 '러닝 인구 1,000만 명'이라는 말이 반복해서 나오니 AI도 당연히 맞다고 이야기하는 것입니다.

이런 문제는 주로 잘못된 통계가 여러 웹사이트에 반복 인용된 경우, 1~2주 전의 최신 정보라 공백인 상황, 의료·법률·재무 같은 고도 전문 영역, 그리고 한국 특화 정보에서 자주 발생합니다. 해결책은 결국 원문 확인과 인간 전문가 개입입니다.

AI 집단 착각 가능성의 검증 방법
- **핵심 데이터의 별도 검증**: 보고서의 기반이 되는 주요 통계, 수치, 날짜는 반드시 링크를 따라가 1차 출처(정부 통계청, 기업 IR 자료, 학술 논문)에서 직접 확인하세요. 원문을 다운로드한 후 NotebookLM에 업로드 하고 출처 내용을 찾아 확인하는 방식이 빠릅니다.
- **전문가 체크**: 의료, 법률, 재무 등 전문 영역은 해당 분야 전문가 1명에게라도 핵심 내용을 점검받아야 합니다. 10분 통화로도 치명적인 오류를 막을 수 있습니다.

인간–AI 관계 함정

(가) AI 만능주의 vs. AI 불신주의

AI 드리블링을 맛본 사람들이 빠지기 쉬운 함정이 2가지 있습니다. 하나는 'AI 만능주의'이고, 다른 하나는 'AI 불신주의'입니다.

AI 만능주의자들은 '이제 AI가 다 해 주니까 내가 생각할 필요 없어.'라는 위험한 착각에 빠집니다. AI가 제시한 모든 정보를 맹신하고 자신의 판단력은 점점 사용하지 않게 되죠. 마치 내비게이션에만 의존하다가 길을 읽는 능력을 잃어버리는 것처럼 비판적 사고 능력이 서서히 퇴화합니다. AI가 모든 것을 다 해 주는 만능 천국에 빠지는 것입니다.

반대로, AI 불신주의자들은 'AI는 틀릴 수도 있으니까 믿을 수 없어.'라며 AI의 모든 제안을 의심하고 거부합니다. 결국 AI의 장점은 전혀 활용하지 못한 채 여전히 비효율적인 전통 방식을 고집하게 됩니다. 그러면서 시대 흐름에 뒤처지는 듯한 자괴감의 불신 지옥에 빠지는 것입니다.

하지만 진짜 AI 드리블링 고수들은 '비판적 협업자' 관점을 가지고 있습니다. AI를 똑똑한 조수나 브레인스토밍 파트너로 보되, 최종 판단은 항상 자신이 내리는 것입니다. 왜냐하면 AI도 못하는 것들이 분명 있고, 인간은 물리 세계에 있기에 고유하게 잘할 수 있는 부분이 충분히 있거든요.

AI 드리블링 관련 AI의 한계와 인간 주도 필요 영역

AI가 할 수 없는 것들	인간의 고유 영역
• 최신 데이터의 정확성 보장	• 전략적 사고와 장기적인 비전
• 경험적 판단과 직관	• 실행 가능성에 대한 현실적 판단
• 창의적 돌파구와 혁신적 통찰	• 이해관계자들의 반응 예측
• 윤리적 판단과 가치 선택	• 외부 맥락 정보의 수집과 입력
• 조직 내부 정치와 이해관계 고려	

즉, 중요한 것은 AI 역할과 인간 역할의 적절한 황금 비율을 찾고 유지해 나가는 것입니다. 저는 7:3이 황금 비율이라고 생각합니다. 즉, 아이디어 발산, 자료 정리, 초안 작성, 다양한 관점 제시 등의 70% 실행 작업을 AI가 진행한다면 방향 설정, 품질 판단, 맥락 이해, 최종 의사결정 등 나머지 30%를 인간이 수행하는 것입니다.

여기서 인간 역할 30%는 의외로 중요합니다. 그 30%가 최종 품질을 좌우합니다. AI가 아무리 좋은 내용을 만들어도 그것이 우리 조직의 맥락에 맞는지, 독자의 니즈를 충족하는지, 실행 가능한 수준인지는 인간이 반드시 판단해야 하거든요. 이것을 게을리한 순간, 결과의 품질은 보장할 수 없게 되고, 반대로 이것을 충실히 진행하면 결과는 기대 이상으로 좋아집니다.

하지만 AI 드리블링을 많이 사용하다 보면 점점 '비판적 협업자'에서 'AI 만능주의자'로 이동하는 자신을 발견하게 됩니다. 인간의 뇌는 기본적으로 에너지 최소화를 추구하기 때문에 AI에게 일을 맡기고 편하게 가려는 경향이 있거든요. 그래서 이를 막기 위해 다음 사항들을 체질화할 필요가 있습니다.

AI 답변에 대한 균형적 사고 전략
- **'왜?'라는 질문 습관화**: AI가 어떤 제안을 해도 '왜 이렇게 생각하는지' 이유를 물어보세요. AI의 논리를 이해하고 나서 동의 여부를 결정하는 겁니다.
- **대안 탐색 의무화**: AI가 하나의 방향을 제시하면 반드시 '다른 접근법은 없을까?'를 추가로 질문하세요. 선택지가 많아야 진짜 판단이 가능합니다.
- **핵심 결정은 AI 없이**: 보고서의 핵심 메시지나 결론은 AI 도움 없이 먼저 스스로 생각해 보세요. 그다음에 AI의 의견을 들어보고 비교 검토하는 겁니다.
- **정기적 'AI 디톡스'**: 일주일에 하루는 AI 없이 글을 써 보거나 분석해 보세요. 자신의 사고력이 얼마나 유지되고 있는지 점검하는 시간입니다.
- **실패 경험 축적**: AI가 틀렸거나 부적절했던 사례들을 기록해 두세요. 이런 '실패 데이터베이스'가 있어야 AI를 언제 믿고 언제 의심해야 할지 감각이 생깁니다.

궁극적인 목표는 'AI와 함께 성장하기'입니다. AI 드리블링의 목표는 'AI가 나를 대신하게 하는 것'이 아니라 'AI와 함께 더 높은 수준에 도달하는 것'입니다. AI는 우리를 더 게으르게 만드는 도구가 아니라 더 똑똑하고 창조적으로 만들어 주는 파트너가 되어야 합니다. 적절한 긴장감을 유지하면서 AI와 협업할 때 비로소 혼자서는 절대 도달할 수 없었던 경지에 오를 수 있습니다. 이것이 진정한 AI 드리블링의 철학입니다.

(나) 주화입마 리스크

AI 드리블링의 가장 교묘한 함정 중 하나가 바로 '주화입마(走火入魔) 리스크'입니다. 무협지를 보면 무공비급이나 절세신기로 강력한 내공을 얻은 무사가 그 힘에 도취되어 결국 스스로를 망치는 모습이 나옵니다. 김용의 무협 소설 『소오강호』에 나오는 동방불패처럼 말입니다.[22] 마찬가지로 AI를 많이 사용하다 보면 AI가 제공하는 논리적 백업에 취해 독선적 아집에 빠지는 현상을 겪을 수 있습니다.

과정은 다음과 같습니다. AI 드리블링으로 보고서를 만들어 보니 분석이 정말 참신하고 논리적으로 탄탄합니다. 주변 사람들도 '우와, 이런 관점도 있구나!'라며 감탄합니다. 그런데 여기서 문제가 시작됩니다. 'AI도 내 생각이 맞다고 하는데?'라는 확신이 점점 강해지면서 자신의 주장을 무리하게 밀어붙이기 시작하는 것입니다.

물론 AI가 없던 시절에도 한 분야를 깊게 판 분들 중 주화입마에 빠지는 경우가 종종 있었습니다. 무한 에너지나 죽음 광선 개발을 추진했던 말년의 니콜라 테슬라처럼 말입니다. 또한 SNS, 유튜브 시대에 개인화 알고리즘 때문에 자기 확증 편향에 빠져 이상한 극단주의적 사고로 흐르는 사람들이 꽤 많아졌지요. 예를 들어, 지구 평평론자들이나 백신 거부론자들처럼 말입니다.

AI 시대에도 비슷한 현상이 나타날 수 있습니다. 전통적인 독단과의 차이점은 백업의 강도입니다. 과거에는 혼자 생각해낸 아이디어라 외부 반박에 상대적으로 취약했지만, 이제는 AI가 '당신 생각이 옳습니다. 이런 근거도 있어요!'라며 계속 보강해 주니까 확신이 철옹성처럼 단단해집니다. 실제로 요즘 인터넷 커뮤니티에 조금씩 이런 분들이 나타나고 있습니다. 기업 내에서 리더 분들이 이런 AI 주화입마에 빠지면 문제가 특히 심각해집니다.

---

22 무림비급인 『규화보전』은 절대적인 힘을 약속하지만 '欲練神功, 引刀自宮(신공을 얻으려면 먼저 거세하라.)'의 조건 때문에 본래의 인간성을 파괴해야만 합니다. 동방불패는 무공을 통해 천하를 제패했지만, 동시에 성별·인간성·정상적 삶을 잃고 고립된 존재가 되었습니다.

> **주화입마의 위험 신호들**
> - **'AI가 증명해 줬다.' 신드롬**: 반대 의견이 나오면 'AI 분석 결과가 이런데?'라며 AI를 방패막이로 사용
> - **검증 생략 습관화**: AI가 논리를 탄탄하게 만들어 주니까 다른 관점이나 반박 가능성을 고려하지 않음
> - **독선적 소통 패턴**: '내가 AI로 깊이 분석해 봤는데…'라며 상대방 의견을 무시하거나 격하
> - **확증 편향 가속화**: AI에게 자신의 주장을 뒷받침할 근거만 계속 요청하면서 편향된 정보만 축적
>
> **주화입마에서 벗어나는 법**
> - **의도적 반박 찾기**: AI에게 '내 주장의 약점을 찾아 달라.', '반대 입장에서 비판해 달라.'를 습관적으로 요청하세요.
> - **'AI 프리' 토론 시간**: 중요한 회의나 토론에서는 의도적으로 AI 근거를 언급하지 않고 순수하게 자신의 논리로만 설득해 보세요.
> - **다양성 확보 장치**: AI 분석 결과를 다른 사람(특히, 회의론자)에게 먼저 보여 주고 피드백을 받는 습관을 만드세요.
> - **주기적으로 '틀렸던 경험' 복기**: AI와 함께 만든 분석이나 예측이 빗나간 사례들을 정기적으로 점검하며 겸손함을 유지하세요.

기억하세요. AI는 우리를 더 똑똑하게 만들어 주는 도구일 뿐, 더 옳게 만들어 주는 도구가 아닙니다. 아무리 AI가 뒷받침해도 틀릴 수 있다는 겸손함을 잃는 순간, AI 협업의 진짜 가치를 놓치게 됩니다. 진정한 고수는 강력한 신기를 손에 넣었을 때 더욱 진중해지는 법입니다.

(다) 지식 휘발성 문제

AI 드리블링을 통해 놀라운 속도로 지식을 습득하게 되었지만, 동시에 새로운 문제, 즉 '지식의 휘발성 증가 문제'가 나타났습니다. 스테로이드 약물로 만든 근육이 오래가지 못하는 것처럼 AI를 통해 빠르게 얻은 지식도 쉽게 사라지는 경향이 있습니다.

우리 회사의 시니어들도 주니어들이 이 문제를 겪게 되지 않을까 걱정을 많이 하고 있습니다. 현실적으로 고객사 보고에서 제일 중요한 부분은 발표가 아니라 발표 후 질의 응답 과정인데, 시행착오와 내부 토론을 통해 몸에 각인된 지식이 없다면 고객의 계속되는 질문 공세에 제

대로 대처할 수 없기 때문입니다. 특히, 해로운 케이스가 잘 모르는 것을 어물쩡 말로 때우며 넘어가려 했다가 고객의 마음속에 '쟤네는 실력이 없네. 말만 번지르르하고 내용이 없어.' 라고 찍히는 경우입니다.

전통적인 학습에서는 책을 읽고 정리하고 토론하고 적용해 보는 과정에서 지식이 자연스럽게 장기 기억으로 전환되었습니다. 시간이 오래 걸리지만 어렵게 익힌 것은 오랫동안 남아 있었죠. 하지만 AI 드리블링에서는 필요한 순간에 AI가 지식을 제공해 주니 굳이 머릿속에 저장할 필요성을 느끼지 못하게 됩니다. 휘발성이 높아지는 메커니즘은 너무도 분명합니다. 간단히 정리해 볼까요?

- **소화 과정의 생략**: 너무 빠른 속도로 다양한 정보를 습득하다 보니 개별 지식을 충분히 소화하고 자신의 것으로 만들 시간이 부족합니다. 마치 빨리 먹은 음식이 제대로 소화되지 않는 것과 같습니다.
- **'언제든 다시 찾을 수 있다.'라는 착각**: AI가 항상 곁에 있다는 안도감으로 인해 지식을 기억하려는 노력 자체를 포기하게 됩니다. 하지만 정작 필요한 순간에는 정확한 질문을 만들어 내지 못하거나 맥락을 잃어버려서 같은 품질의 답변을 얻기 어려운 경우가 많습니다.
- **표면적 이해의 함정**: AI가 복잡한 개념을 쉽게 설명해 주니 '이해했다.'라고 착각하기 쉽습니다. 하지만 실제로는 표면만 훑고 지나간 경우가 많아서 시간이 지나면 세부 내용이 잘 기억나지 않게 됩니다.

이러한 지식 휘발성 문제 때문에 우리는 다양한 후유증을 경험할 수 있습니다. 장기적으로는 '텅빈 뇌 증후군'에 봉착할 수도 있습니다. 이를 해결하려면 AI로 얻은 지식을 내 것으로 만들기 위한 지속적인 노력이 필요합니다. 특히, 주니어들이 조심해야 합니다.

> **지식 휘발성 문제의 증상들**
> - **'어디서 본 건데….' 증후군**: 분명히 AI로 학습한 내용인데 정확히 기억나지 않아 설명을 제대로 못하는 상황
> - **심화 답변 곤란**: 상대방이 세부 질문을 거듭하면 금세 바닥이 드러나버리는 상황

- **재생산 능력 부족**: AI 없이는 비슷한 수준의 분석이나 아이디어를 만들어 내지 못함
- **지식 간 연결고리 부재**: 개별 정보는 많이 알지만, 그것들을 유기적으로 연결해서 새로운 통찰을 만들어 내지 못함

지식을 내 것으로 만드는 전략

- **24시간 법칙**: AI로 새로운 지식을 습득한 후 24시간 이내에 반드시 다른 사람에게 설명해 보거나 글로 정리해 보세요. 이 과정에서 진짜 이해했는지 확인할 수 있습니다.
- **연결고리 만들기**: 새로 배운 지식을 기존에 알고 있던 것들과 의도적으로 연결해 보세요. '이것과 저것의 공통점은 무엇인가?', '어떤 차이점이 있는가?'를 생각해 보는 겁니다.
- **실제 적용 경험의 축적**: 가능한 한 빨리 새로 배운 지식을 실제 업무나 프로젝트에 적용해 보세요. 실전 경험이야말로 가장 확실한 기억 정착 방법입니다.
- **정기적인 복기**: 일주일에 한 번은 그 주에 AI로 학습한 내용들을 스스로 정리해 보는 시간을 가지세요.

AI 드리블링의 장점인 빠른 학습 속도를 포기할 필요는 없습니다. 다만, '빠르게 습득하되, 천천히 소화하기'의 리듬을 만들어야 합니다. 마치 음식을 빨리 먹더라도 충분히 씹어서 삼키는 것처럼 AI로 빠르게 정보를 얻은 후에는 충분한 시간을 들여 핵심 정보들을 골라 자신의 지식으로 만드는 과정이 필요한 것입니다. 결국 진정한 AI 드리블링 마스터는 AI의 속도와 인간의 깊이를 조화롭게 결합할 줄 아는 사람입니다.

(라) 조직 내 AI 역량 격차 문제

조직 내에서 AI를 적극 활용하는 사람과 그렇지 않은 사람 간의 차이가 점점 벌어지고 있습니다. 처음에는 단순히 업무 처리 속도나 보고서 품질에서 미묘한 차이 정도였는데, 이제는 회의 준비도나 문제 해결 접근 방식에서도 눈에 띄는 격차가 나타나기 시작했습니다. 예를 들어, 같은 주제로 회의를 준비할 때 비활용자는 기존 방식대로 경험 기반의 단순한 자료만 가져오는데, AI 활용자는 다각도 분석 자료와 여러 대안을 준비해 옵니다. 회의가 끝나고 일을 분배해 가면 누구는 옛날처럼 함흥차사인데, 어떤 사람은 AI를 활용해 새롭고 현실적인 기획안을 다음 날 가지고 옵니다.

이런 차이가 더 벌어지면 나중에는 실질적인 협업 문제가 생길 수 있습니다. AI를 활용하는 사람은 실시간으로 여러 관점을 고려하며 빠르게 논점을 전개하는데, 그렇지 않은 사람은 그 속도를 따라가기 어려워할 수 있거든요. 회의에서 한쪽은 'A 관점에서 보면 이렇고 B 데이터로는 저렇고…'라며 동시다발적으로 사고를 전개하는데, 다른 쪽에서는 '잠깐, 너무 빨라서 A부터 다시 설명해 달라.'고 하거나 딴 생각에 빠지는 상황이 벌어질 수 있습니다.

같은 직급이지만 실질적 업무 역량에 차이가 생기면서 업무 분담이나 프로젝트 진행에서도 어려움이 생길 수도 있습니다. 일부는 AI 속도에 맞춰 빠르게 진행하고 싶어 하는데, 일부는 전통적 방식으로 천천히 가려고 하면 팀 내 갈등이 커질 수 있죠. 시니어가 전자이고 주니어가 후자라면 자칫 주니어들은 시니어들이 '독단적이다, 혼자만 앞서 나간다.'라고 생각할 것이고, 시니어들은 주니어들이 '따라오지 못한다, 의욕이 부족하다.'라고 생각할 것입니다. 반대로 시니어가 후자이고 주니어가 전자라면 시니어는 '고리타분하다, 변화를 거부한다.'라는 말을 들을 것이고 주니어들은 '성급하다, 검증되지 않은 방법만 추구한다.'라는 말을 듣겠지요.

이 문제가 과거의 컴퓨터 활용이나 인터넷 사용법과 다른 점은 AI가 단순한 도구가 아니라 사고 과정 자체나 사고 속도의 격차를 확장시킨다는 것입니다. 타이핑을 못 하는 것과 AI 협업을 못 하는 것은 본질적으로 다른 차원의 격차인 셈입니다. 특히, 창의적 기획이나 복합적 분석이 필요한 업무에서 이런 차이가 더 극명하게 드러날 가능성이 높습니다.

의사소통 방식 자체가 달라지면서 심한 경우 서로 대화가 제대로 통하지 않는 상황까지도 올 수 있습니다. 더 근본적으로는 팀 구성을 할 때 갈등을 막기 위해 사전에 AI 역량까지 고려해야 하는 상황이 올지도 모릅니다. 비슷한 AI 활용 수준의 사람들끼리 팀을 짜는 것이 효율적일 수도 있거든요.

이런 변화들이 조직 문화와 인간관계에 어떤 영향을 미칠지, 그리고 개인의 커리어 발전에는 어떤 의미가 될지 미리 생각해 볼 필요가 있습니다. 정답은 없겠지만, 적어도 이런 큰 변화가 이미 일어나고 있다는 인식은 가져야 하지 않을까 싶습니다.

● 'AI 드리블링' 장을 마감하며

3장에서 우리는 Ready에서 시작해 Recall & Research, Report, 그리고 Refine까지의 여정을 함께 걸어왔습니다. AI 드리블링은 단순한 보고서 작성 기법이 아니라 AI 시대 지식 노동의 새로운 일하는 방식임을 확인할 수 있었습니다. 전통적인 방식에서 자료 수집에 70%, 정리와 작성에 30%의 시간을 썼다면 AI 드리블링에서는 초안 완성에 20%, 검증과 협업에 80%의 시간을 투입합니다. 이런 역순 연구 방식을 통해 우리는 정말 중요한 일, 즉 인간과의 협업, 깊이 있는 검증, 맥락적 완성도 제고에 집중할 수 있게 되었습니다.

하지만 여정 중에 만날 수 있는 함정들도 무시할 수 없습니다. 목표 표류, 레드 슈즈 현상, 주화입마 리스크, 지식 휘발성 문제, 그리고 팀 내 AI 역량 격차와 같은 문제들은 AI 드리블링이 단순한 도구 활용이 아닌, 개인의 사고 습관과 조직 문화의 변화를 요구하는 'AI 시대의 새로운 일하는 방식' 임을 잘 보여 줍니다.

> 출간 예정인 2권에서는 이런 개념들이 실제 현장에서 어떻게 적용되는지 구체적 사례들을 살펴볼 것입니다. 25개의 프롬프트로 3시간 만에 논의용 초안을 만들거나, 68개의 프롬프트로 내부 보고서를 만들거나, 104개의 프롬프트로 파워포인트용 보고서를 만드는 등의 사례를 통해 AI 드리블링 과정에서 만날 수 있는 다양한 상황들과 기법의 변주들, 그리고 AI 드리블링을 효과적으로 해 나갈 수 있는 실전 비법들을 소개하겠습니다.

● 절약된 시간, 어떻게 쓸 것인가?

마지막으로 드리고 싶은 말씀은 'AI 드리블링으로 확보된 부수 효과, 즉 절약된 시간을 어떻게 사용할 것인가?'입니다. Refine 단계에서 AI를 통한 확인·검증, 인간 전문가들과의 협업을 통한 품질 제고를 진행하더라도 분명 과거에 비해 남는 시간이 생깁니다. 남는 시간의 활용과 관련해 저는 다음과 같은 비율을 제안합니다.

- **40%는 프로젝트 품질 향상에 투자하세요.** 절약된 시간의 가장 큰 몫은 현재 작업의 완성도를 높이는 데 써야 합니다. 더 많은 전문가 인터뷰, 고객과의 추가 미팅, 경쟁 분석, 대안 시나리오 검토 등과 같은 작업들이야말로 AI가 대신해 줄 수 없는 인간 고유의 가치를 창출하는 영역입니다.

- **30%는 개인 역량 개발에 투자하세요.** AI 시대는 빠르게 변화하고 있습니다. 새로운 AI 도구들이 계속 등장하고 업무 방식도 지속적으로 진화합니다. 이 변화에 뒤처지지 않으려면 지속적인 학습이 필수입니다. 하지만 이제는 효율적으로 학습할 수 있는 시간적 여유가 생겼습니다.

- **20%는 가족과의 시간에 투자하세요.** 일과 가정의 균형은 언제나 중요했지만, AI 시대에는 더욱 그렇습니다. 기술이 발전할수록 인간관계의 가치가 더 소중해집니다. 절약된 시간으로 가족과 더 많은 대화를 나누고 더 깊은 관계를 만들어 나가세요.

- **10%는 순수한 개인 시간에 투자하세요.** 마지막 10%는 완전히 자신만을 위한 시간입니다. 취미든, 휴식이든, 명상이든, 운동이든 이 시간이 진정한 창의성과 영감의 원천이 됩니다. AI 드리블링으로 더 효율적으로 일하게 된 만큼 인간적으로 살 수 있는 여유를 조금이나마 더 가져야 하겠지요.

AI 드리블링의 최종 목표는 AI를 완벽하게 부리는 것이 아니라 AI와 함께 더 높은 차원에 도달하는 것입니다. AI는 우리의 인지 능력을 확장시켜 주지만, 최종적인 판단과 가치 부여는 여전히 인간의 몫입니다. 앞서 살펴본 함정들을 피하면서 균형 잡힌 AI 협업자가 되길 바랍니다. 그리고 절약된 시간을 현명하게 사용해서 업무적 성과뿐만 아니라 개인적 성장과 관계적 풍요로움까지 함께 얻길 바랍니다.

Memo
Date:

2부

방법과 기법, 제대로 익히기

기초 편

4장 질문하기

5장 연결·확장하기

6장 확인·검증하기

7장 요약·정리하기

8장 번역하기

9장 AI 글쓰기

1부에서 우리는 AI 증강 독해와 AI 드리블링의 기본 개념과 방법론에 대해 살펴보았습니다. 하지만 개념을 이해하는 것과 실제로 실행하는 것은 완전히 다른 문제입니다. 이 책의 독자는 여전히 전통적인 독해 방식이나 글쓰기에 익숙하고, 생성 AI 활용 경험도 제한적일 것입니다. 갑자기 고도의 AI 증강 독해나 AI 드리블링 기법을 시도하기에는 부담스러울 수 있습니다.

2부에서는 AI를 활용해 자료를 읽고, 글을 쓸 때 기본적으로 익히고 있어야 하는 기본 기법들에 대해 체계적으로 다룹니다. 이는 본격적인 AI 증강 독해와 AI 드리블링 프로세스로 들어가기 전에 기초 내공을 탄탄히 키우는 과정입니다. 여기서 다루는 기법들은 크게 6가지입니다.

4장 질문하기–AI와의 효과적인 소통법을 익힙니다.
5장 연결·확장하기–텍스트를 다각도로 바라봅니다.
6장 확인·검증하기–정보의 신뢰성을 점검하는 법을 배웁니다.
7장 요약·정리하기–실용적인 결과물을 만들어 봅니다.
8장 번역하기–언어 장벽을 넘나드는 독해를 실습합니다.
9장 AI 글쓰기–AI로 글을 쓰는 기본 기법들을 익힙니다.

여기서는 각 기법마다 단순히 상황별 프롬프트를 제시하는 데 그치는 것이 아니라 주의사항이나 환각 현상 방지법까지 다른 생성 AI 활용 서적에서 잘 다루지 않은 내용들도 가급적 상세히 안내하려고 합니다. 기초를 탄탄히 다지고 나면, 2권의 3부. 활용 편에서 여러 프롬프트를 엮어 자료를 깊이 있게 읽어 내고, 이를 기반으로 새로운 보고서까지 만들어 내는 AI 증강 독해와 AI 드리블링 프로세스를 쉽게 익힐 수 있을 것입니다.

'천리길도 한 걸음부터'라는 말처럼 지금부터 AI와 함께 하는 읽기와 쓰기 여정의 첫걸음을 떼어 보세요.

4 질문하기

◆ 장 오노레 프라고나르의 「책 읽는 소녀」를 모티브로 해서 ChatGPT를 이용해
지브리 스타일로 만든 그림

4장에서는 AI 증강 독해의 기초가 되는 '질문하기' 기술을 다룹니다. '그냥 물어보면 되는 거 아니야?' 라고 생각할 수 있지만, 같은 내용이라도 어떻게 질문하는지에 따라 AI 답변의 질이 크게 달라집니다. 질문하기는 마치 태권도의 발차기, 골프의 스윙처럼 가장 기초적이지만 제대로 익혀 두지 않으면 나중에 실력 향상의 발목을 잡는 부분입니다.

4장의 전체 구조

4.1 어려운 개념 질문하기(개념 이해)

→ 모르는 용어나 개념 때문에 독해가 막혔을 때 맥락과 수준을 명시하여 맞춤형 설명을 받는 방법을 익힙니다.

4.2 어려운 문장, 문단 질문하기(문장 해석)

→ 복잡한 문장이나 문단이 이해되지 않을 때 구조 분석부터 쉬운 표현 변환까지의 방법을 배웁니다.

4.3 배경 지식 질문하기(맥락 확보)

→ 텍스트의 이해에 필요한 배경 지식(역사적 맥락, 전문 분야 지식 등)을 쉽게 얻는 방법을 익힙니다.

4.4 차트, 데이터 질문하기(시각 자료 해석)

→ 그래프, 표, 통계 데이터를 AI와 함께 분석하고 해석하는 방법을 배웁니다.

내 상황에 맞는 읽기 가이드

독자별 니즈	독해 가이드
"논문이나 전문 자료를 읽다가 모르는 개념이 나왔어요."	4.1로 이동(맥락과 수준을 명시한 질문법으로 맞춤형 설명받기)
"보고서의 문장이 너무 복잡해서 무슨 말인지 모르겠어요."	4.2로 이동(문장 구조 분석과 쉬운 표현 변환 요청하기)
"전체 맥락을 이해할 배경 지식이 부족해요."	4.3으로 이동(필요한 배경 지식을 단계적으로 쌓아가기)
"차트나 그래프 해석이 어려워요."	4.4로 이동(시각 자료 분석 방법 배우기, 수치 검증 필수)
"AI 질문의 기본기를 제대로 익히고 싶어요."	4.1→4.2→4.3→4.4 순서대로(4가지 질문 유형을 체계적으로 학습)
"핵심 질문 패턴만 빠르게 파악하고 싶어요."	각 절의 '상황별 질문법' 부분만(바로 써먹을 수 있는 프롬프트 예시 위주로 확인)

'보고서에 나온 ESG 경영 개념이 난해해서 진도가 안 나가네.'라고 생각해 본 경험 있으시죠? 모르는 개념 하나 때문에 독해가 멈춰버리는 상황…. 이제는 AI에게 물어보면 되지만, 어떻게 질문하는지에 따라 답변의 질이 크게 달라집니다.

예를 들어, 단순히 'ESG가 뭐야?'라고 묻는 것과 '마케팅 보고서를 읽는데 ESG 경영이 나왔어. 중소기업의 관점에서 초보자도 이해할 수 있게 설명해 줘.'라고 묻는 것은 완전히 다른 답변을 가져옵니다. 전자는 위키피디아식 일반론을, 후자는 여러분에게 실제로 필요한 맞춤형 설명을 제공합니다. 내 궁금증에 어울리는 적절한 맞춤형 질문은 독해 속도를 2~3배 높이고 이해의 깊이를 완전히 바꿔 놓습니다.

● 상황별 질문법

먼저 현실에서 자료를 읽을 때 자주 만나는 상황별로 바로 활용할 수 있는 맞춤형 질문법을 제시해 보겠습니다. 최근 ChatGPT는 간단하게 질문해도 최대한 상세히 답변하여 다양한 사용자들을 만족시키는 전략을 택하고 있습니다. 그럼에도 불구하고 가급적 구체적으로 맞춤형 질문을 던져야 내가 원하는 내용을 얻을 수 있습니다. 그리고 이러한 질문법이 프롬프트를 잘 쓰는 가장 기초적인 방법이라는 측면에서 의식적으로 맞춤형 질문을 연습해 보기 바랍니다.

상황 1　완전히 모르는 용어가 나왔을 때

맥락과 수준을 명시해 보세요.

> 💬 **일반적인 질문**: '블록체인이 뭐야?'
> 💡 **맞춤형 질문**: "IT 보고서를 읽고 있는데 블록체인이 나왔어. 비전공자도 이해할 수 있게 설명해 줘."
> 🎯 **프롬프트 포인트**: 맥락(어떤 자료)＋수준(비전공자) 명시

 개념 자체보다 작동 원리가 궁금할 때

단계별로 나누거나 시각화해서 답해 달라고 요청해 보세요.

- **일반적인 질문**: "양자 컴퓨팅은 어떻게 작동해?"
- **맞춤형 질문**: "양자 컴퓨팅의 작동 과정을 3단계로 나눠서 설명해 줘. 가능하면 도식으로도 부탁해."
- **프롬프트 포인트**: 단계 수 지정+시각화 요청

 비슷한 개념과 구분해야 할 때

비교 기준을 제시하고 결과를 표로 요청해 보세요.

- **일반적인 질문**: "AI와 머신러닝이 뭐가 달라?"
- **맞춤형 질문**: "AI와 머신러닝의 차이를 정의, 활용 사례, 기술 수준 관점에서 표로 정리해 줘."
- **프롬프트 포인트**: 비교 기준 3가지 명시+표 요청

 실제 적용 사례가 궁금할 때

궁금한 분야, 필요한 사례 개수를 함께 요청하세요.

- **일반적인 질문**: "디지털 트윈의 예시 좀 들어 줘."
- **맞춤형 질문**: "디지털 트윈이 제조업에서 어떻게 쓰이는지 성공 사례 3가지를 구체적으로 설명해 줘."
- **프롬프트 포인트**: 특정 분야+사례의 개수+구체적인 요구

 미래 전망이 궁금할 때

미래는 무한합니다. 원하는 분야, 시간 범위를 지정해 주세요.

- **일반적인 질문**: "메타버스, 앞으로 어떻게 될까?"
- **맞춤형 질문**: "메타버스가 교육 분야에서 3년 내에 어떻게 발전할지 시나리오를 3가지로 제시해 줘."

상황 6 **내가 잘 이해하고 있는지 확인하고 싶을 때**

내가 이해한 내용을 제시한 후 보완도 함께 요청하는 것이 좋습니다.

● 복합 질문과 단계적 질문, 그리고 짧은 답변 요청

상황별 맞춤 질문에 익숙한 사람들은 종종 여러 질문을 결합해 복합 질문을 던집니다.
한꺼번에 여러 내용을 요청하는 복합 질문은 시간이 부족한 실무에 효과적입니다. 이러한
복합 질문은 대개 빨리 파악해야 하는 상황이거나 이미 기본 지식이 있는 분야에 특히 유
용합니다.

하지만 종종 질문을 나눠 단계적으로 차근차근 질문하는 것이 더 효과적일 때도 있습니다.
완전히 생소한 분야의 전문 용어나 양자 컴퓨팅, 생명 공학, 블록체인처럼 어려운 개념에
대한 깊이 있는 이해가 필요할 때, 그리고 AI 답변이 산만하게 나올 때입니다.

생성형 AI에게 개념 설명을 해 달라고 하면 보통 1~2페이지가 넘게 상세히 설명해 줍니다. 하지만 너무 긴 설명이 오히려 부담스러울 때도 있습니다. 예를 들어, 보고서의 각주 작성이나 상사 브리핑용으로 간단하고 직관적인 설명이 필요하다면, '기사 한 줄로 설명하면?', '20자로 설명하면?'의 형태로 요청해 보세요.

● 환각 방지 및 고급 활용법

책이나 보고서를 읽다 보면 종종 최신 기술이나 기업 기밀, 구체적인 수치, 미공개 정보 등에 대해 물어보고 싶은 경우도 생깁니다. 그렇지만 이런 내용들은 대부분 환각이 발생하므로 주의해야 합니다. 남의 회사 기업 기밀이나 미공개 정보를 생성형 AI가 어떻게 알겠습니까? 하지만 인간이 시키니 뭐라도 답해야 하고, 결국 이것저것 조합해서 그럴 듯한 답변을 만들어 내게 되죠. 결국 환각 현상이 발생하게 됩니다. 하지만 그 답변 중에는 의외로 사실도 섞여 있습니다. 따라서 이런 사실 부분들만 최대한 골라 내려면 몇 가지 환각 제어 문구를 추가하는 것이 좋습니다.

실패 사례 "테슬라 FSD 베타의 최신 내부 개발 동향을 알려 줘."
→ AI가 추측으로 답변. 그럴 듯하고 사실도 일부 섞여 있지만, 상당 부분은 환각. 환각과 사실을 쉽게 분간할 수 없음

성공 사례 "테슬라가 공식 발표한 FSD 기술 특징을 다른 자율주행 기술과 비교해 줘. 단, 추측은 제외하고."
→ 비교적 믿을 만한 정확한 정보 제공

환각 사전 대처법 '공식 발표 내용만으로', '추측 제외하고', '확실한 자료 기준으로', '출처도 함께' 문구를 프롬프트에 추가

자료 파일 참조 🔗

4.2 어려운 문장, 문단 질문하기

'이 계약서의 조항이 너무 복잡해서 무슨 말인지 모르겠어…', '이 기술 논문은 문장이 번역투라서 이해하기 어렵네…' 등 우리는 복잡한 문장 하나 때문에 책이나 보고서 논문을 읽다가 막히는 상황을 자주 만납니다. 예를 들어, 다음 문단이 잘 이해되나요?

> 포스트모던 사회에서 나타나는 개인화(individualization)의 역설적 현상은 율리히 벡(Ulich Beck)이 제시한 위험 사회론의 맥락에서 볼 때 전통적 사회 구조의 해체가 개인의 자율성을 증대시키는 동시에 사회적 결속의 약화로 인한 새로운 형태의 집합적 불안을 야기하며 이는 결국 개인이 스스로 감당해야 할 '선택의 부담'이라는 형태로 현현(顯現)되어 근대성의 성찰적 특성과 맞물려 정체성 구성의 복잡화를 초래한다는 점에서 하버마스가 논의한 의사소통 행위 이론의 관점에서 재해석될 필요가 있다.

사회과학 서적에서 흔히 볼 수 있는 '한눈에 이해 불가' 문단입니다. 이 문단을 이해하기

어려운 이유는 다음 4가지 상황이 결합되어 있기 때문입니다.

구분	사례
문장이 너무 길고 구조가 복잡	6줄이나 되는 긴 문장 내에 여러 개념이 중첩되어 있고 관계절이 복잡하게 얽혀 있음
개념이 추상적이거나 상당한 배경 지식 필요	포스트모던, 개인화, 위험 사회론, 울리히 벡, 하버마스 등 전문 지식 필요
번역체처럼 어색한 표현 사용	'현현(顯現)되어', '성찰적 특성과 맞물려' 등 번역투 표현
중간 논리 생략, 논리 전개 비약	개인화 → 위험 사회 → 선택의 부담 → 정체성 → 의사소통 이론으로 논리 비약

과거에는 이처럼 난해한 문장이나 문단을 만나면 그냥 넘기거나 다시 읽는 수밖에 없었습니다. 아니면 인터넷에서 관련 정보를 찾아 이렇게, 저렇게 조합하여 뜻을 유추해 보기도 했습니다. 하지만 이제는 AI 덕분에 이런 '독해의 장애물들'을 빠르게 해소할 수 있습니다. 특히, 전문 보고서나 학술 자료에서는 단순히 "이 문장을 설명해 줘."라고 묻는 것보다 '어떻게 설명해 달라.'고 할지를 구체적으로 설계하는 게 핵심입니다.

● 상황별 질문법

난해한 문장, 문단을 만났을 때 우리가 느끼는 고민들은 크게 6가지로 정리됩니다. 다음 표에는 이런 고민 상황을 해소해 줄 프롬프트들입니다.

고민 상황	예시 프롬프트	언제 쓸까?
너무 어려워요 → 쉬운 설명 요청	"다음 문단을 중학생이나 비전공자도 이해할 수 있게 풀어 설명해 줘." [문단 붙여 넣기]	전문 용어, 학술 논문, 정책 문서
핵심만 알고 싶어요 → 압축 요약 요청	"다음 문단의 핵심 내용을 한 문장으로 요약해 줘." [문단 붙여 넣기]	긴 설명문, 장황한 논증
문장이 너무 길어요 → 문장 분해 요청	"이 문장이 너무 길고 복잡해. 짧은 문장으로 나눠서 풀어 줘." [문단 붙여 넣기]	법률 문서 계약서 학술 논문

고민 상황	예시 프롬프트	언제 쓸까?
논리가 헷갈려요 → 논리 흐름 설명 요청	"이 문장의 논리 전개를 단계별로 정리해 줘. ❶ → ❷ → ❸ 식으로" [문단 붙여 넣기]	논증문, 분석 보고서
구조가 복잡해요 → 논증 분해 요청	"이 문단에서 중심 주장과 보조 근거의 흐름을 구분해 줘." [문단 붙여 넣기]	정책 제안서, 연구 논문
내 이해한 것이 맞나요? → 이해 점검 요청	"다음 문단에 대해 내가 이해한 바로는 ○○○인데, 맞는지 확인해 줘." [문단 붙여 넣기]	중요한 개념, 핵심 조항

● 분야별 실전 적용 사례

어려운 문장, 문단은 사실 철학이나 사회 과학 서적에서만 나타나는 현상이 아닙니다. 우리는 법률, 경제, 기술 등 다양한 실무 분야에서 이해하기 힘든 문장들을 자주 만납니다. 각 분야별 특성을 고려한 구체적인 질문 방법을 제시해 보겠습니다.

정책 문서, 법률 문서의 복잡한 조건문

정책 문서나 법률 문서에서는 이중 부정, 예외의 예외, 단서 조건이 복잡하게 얽힌 경우가 많이 나옵니다. 예를 들어, 「개인정보 보호법」 제18조를 한번 살펴볼까요? 특히, 18조 2항의 경우, '~불구하고, ~에 해당하는 경우, ~을 제외하고는, ~할 수 있다, 다만~'처럼 복잡한 조건문 구조로 되어 있습니다. 당연히 머리가 혼란스러워지죠. 도대체 이 내용을 어떻게 이해하고 적용하라는 것일까요?

제18조(개인정보의 목적 외 이용 · 제공 제한) ❶ 개인정보 처리자는 개인정보를 제15조 제1항에 따른 범위를 초과하여 이용하거나 제17조 제1항 및 제28조의 8 제1항에 따른 범위를 초과하여 제3자에게 제공하여서는 아니 된다. 〈개정 2020. 2. 4., 2023. 3. 14.〉
❷ 제1항에도 불구하고 개인정보 처리자는 다음 각 호의 어느 하나에 해당하는 경우에는 정보 주체 또는 제3자의 이익을 부당하게 침해할 우려가 있을 때를 제외하고는 개인정보를 목적 외의 용도로 이용하거나 이를 제3자에게 제공할 수 있다. 다만, 제5호부터 제9호까지에 따른 경우는 공공 기관의 경우로 한정한다. 〈개정 2020. 2. 4., 2023. 3. 14.〉
1. 정보 주체로부터 별도의 동의를 받은 경우

2. 다른 법률에 특별한 규정이 있는 경우

3. 명백히 정보 주체 또는 제3자의 급박한 생명, 신체, 재산의 이익을 위하여 필요하다고 인정되
   는 경우

… (중략) …

10. 공중 위생 등 공공의 안전과 안녕을 위하여 긴급히 필요한 경우

이때 효과적인 질문은 다음처럼 단계별로 나누어 설명해 달라고 요청하는 것입니다. 그러면 다음 질문 순서에 맞춰 일반인들도 쉽게 이해할 수 있도록 내용을 잘 분해해서 설명해 줍니다. 답변 결과는 성안당 홈페이지의 자료 파일을 참고하세요.

> **효과적인 질문** "다음은 「개인정보 보호법」 제18조의 내용이야. 이 복잡한 조건문을 단계별로 분해해서 설명해 줘."
>
>   1. 기본 원칙은 무엇인지(1항의 내용)
>   2. 예외가 허용되는 조건들은 무엇인지
>   3. 예외에도 제한이 있는 경우는 언제인지
>   4. 공공 기관만 해당하는 조건은 무엇인지
> "개인정보 담당자가 실무에서 판단할 수 있게 정리해 줘."
> [「개인정보 보호법」 18조 내용 추가]
>
> 🎯 **프롬프트 포인트**: ❶ 구조 분해 요청을 하고 ❷ 번호로 세분화 ❸ 실무 맥락(개인정보 담당자)을 제시하고 ❹ 판단 기준을 요구함. 복잡한 법률 조건문은 계층별로 나누고 실무 적용 관점을 명시하는 것이 핵심임
>
> **자료 파일 참조** 🔗

경영, 증권 보고서의 애매한 표현들

기업의 사업 보고서나 증권사 보고서에서도 애매한 표현들이 많이 등장합니다. 특히, 경제 분석 리포트들은 금리가 오른다는 말인지 내린다는 말인지, 환율이 어떻게 변동한다는 것인지 등 정말 해석하기 어려운 경우가 많지요. 경제 연구 기관에 근무하는 저도 해석하기 힘든 경우를 종종 만납니다. 다음은 2025년 6월에 발간된 한 증권사의 매크로 분석 리

포트에서 발췌한 문장입니다. 이런 경우에도 애매하고 어려운 원문 내용을 AI에 복붙한 후 내용의 해석과 주장의 근거에 대해 질문을 던져 보세요.

사람 잡는 기술 번역 문서

많은 공대생이 번역서보다 원서가 더 쉽다고 말합니다. 개념 자체도 어려운데, 번역도 엉망이라 도저히 이해가 안 되는 책들이 많거든요. 예를 들어, 어느 클라우드 서비스의 매뉴얼 문서에 있는 다음 문장을 한번 살펴보지요. 잘 이해되나요? 이 경우, AI에게 내용을 쉽게 풀어서 설명하고 전체 맥락도 함께 알려 달라고 하면 됩니다.

체 흐름 파악(전체적으로 ~ 단계별로) ❹ 목적, 이유 설명 요구(왜 ~ 이유도 포함해서)

→ 기술 문서는 용어 풀이와 전체 맥락, 설계 의도를 함께 질문하는 것이 이해도를 높임

자료 파일 참조 🔗

미립자 팁 : 텍스트 복사가 어려운 경우

가끔 어려운 문장이나 문단의 텍스트 복사가 힘든 경우가 종종 있죠. 본문 카피 제한이 걸린 PDF 파일이나 이북(e-book)을 읽을 때 특히 그렇습니다. 텍스트 복사가 안 된다면 스크린 캡처한 사진을 채팅 창에 붙여 넣어도 됩니다. 종이 책이나 보고서는 사진을 찍은 후 생성형 AI의 모바일 앱에 업로드해서 물어보면 됩니다. 요즘은 Claude나 ChatGPT, Gemini 모두 이미지 인식 성능이 상당히 좋아졌기 때문입니다.

4.3 배경 지식 질문하기

'최근 패권 경쟁을 벌이는 미국, 중국의 관계는 투키디데스의 함정에 빠진 것으로 보인다.', '금본위제 붕괴 이후 국제 통화 체제는…'처럼 단어는 다 아는데 전체적으로 무슨 말인지 감이 안 올 때 있으시죠? 저자는 전문가라서 자신이 아는 배경 지식을 다른 사람들도 당연히 알 것이라 가정하고 글을 썼지만, 일반인들은 대부분 모르는 상황입니다. 교양서, 인문서, 사회과학 서적에서 이런 상황을 자주 만나게 됩니다. 다음 예시들을 보면 쉽게 이해할 수 있습니다.

- '브레튼우즈 체제 붕괴 이후 변동 환율제 도입으로…' → 브레튼우즈 체제 자체를 모르면 맥락 파악 불가
- '칸트적 관점에서 보면 인간의 존엄성은…' → 칸트 철학의 기본 개념 없이는 단순 격언으로만 읽힘.
- '포스트 구조주의 관점에서 텍스트는…' → 구조주의 개념을 모르면 포스트 구조주의 이해 불가능

전문가들은 특정 분야에서만 기본 상식인 전공 지식, 고전 인용, 학술 논쟁, 시대적 맥락 같은 요소를 암묵적으로 깔고 글을 씁니다. '독자도 이 정도는 알겠지.'라는 생각과 '이런 기본 내용까지 풀어서 쓰면 양이 무한정 늘어나.'라는 생각 때문입니다. 그런데 이 맥락이 빠지면 일반인 독자 입장에서는 논리 전개가 '뜬금 없게' 느껴지거나 문장의 의미가 와 닿지 않을 수 있습니다. 결국 해당 분야와 관련성이 먼 사람일수록 정확한 이해를 위해 배경 지식을 계속 찾아보다가 결국 포기하게 되는 경우가 많지요. 그렇지만 생성형 AI를 활용하면 이런 배경 지식 탐색이 정말 손쉬워집니다.

● 상황별 질문법

배경 지식이 부족할 때는 AI에게 단순히 "설명해 줘."가 아니라 "무엇을 알아야 이걸 이해할 수 있는지 알려 줘."라고 묻는 것이 핵심입니다. 이렇게 요청하면 AI가 텍스트 '밖'의 정보까지 찾아서 연결해 주려고 노력합니다. 다음은 배경 지식과 관련해 흔히 요청하게 되는 질문 유형입니다.

▥ 배경 지식 관련 질문 유형

질문 유형	예시 프롬프트	언제 활용할까?
시대적, 역사적 맥락	"이 문단에서 말하는 '브레튼우즈 체제'는 언제, 왜 만들어졌는지 간단히 설명해 줘." [해당 문단 추가]	역사적 사건이나 제도 변화가 언급되었을 때
저자의 배경	"이 저자가 기술 낙관론자인데, 그게 이 주장에 어떤 영향을 준 걸까?" [해당 주장 추가]	저자의 관점이나 편향 파악이 필요할 때
인용, 비유 해설	"'우로보로스'라는 말이 나오는데 이게 무슨 뜻인지, 여기서 왜 썼는지도 알려 줘." [해당 내용 추가]	은유, 상징, 고전 인용 내용의 의미를 알고 싶을 때
개념의 기원	"구조주의가 무엇인지는 알겠는데, 이 사조가 왜 등장했는지 역사적으로 알려 줘."	이론이나 사상의 배경 이해 필요할 때
배경 자료 요청	"카를로 로베니의 『시간은 흐르지 않는다』(쌤앤파커스, 2019)를 읽고 있어. 그런데 무척 어렵네. 이 책을 이해하려면 어떤 이론이나 배경 지식이 선행되어야 할까?"	읽기 전 필수 지식 파악

아울러 복잡한 배경 지식의 경우 한 번에 모든 것을 이해하려 하지 말고 다음처럼 단계적으로 접근하는 것이 효과적입니다. 단, 생성형 AI에게 단계적으로 질문하다 보면 꼬리에 꼬리를 물면서 금세 10분, 20분이 지나가 버릴 수도 있고 원래 알고 싶었던 것에서 멀리와 버리는 경우도 많아요. 궁금증을 적절히 조절하며 질문을 연결해 가세요.

- **1단계** 핵심 개념의 기본 정의
- **2단계** 역사적 맥락과 등장 배경
- **3단계** 관련 개념들과의 관계
- **4단계** 현재의 의미나 영향

● 분야별 실전 적용 사례: 맥락을 채우는 질문들

실제로 독서나 업무에서 만나는 다양한 상황별로 구체적인 질문 방법을 한번 살펴보겠습니다.

상황 1 인문학 텍스트의 철학적 배경이 궁금할 때

철학이나 사상사 관련 자료들을 읽을 때는 개념의 역사적 맥락을 파악하는 것이 중요합니다.

- **막히는 문장**: "데카르트의 코기토 이후 근대 주체 철학의 한계가 드러나면서 하이데거는 존재론적 차이에 주목했다."
- **효과적인 질문**: "이 철학사 텍스트에서 '코기토'와 '근대 주체 철학', '존재론적 차이'가 나오는데, 각각이 무엇이고 어떤 역사적 순서로 발전했는지 시간순으로 설명해 줘. 그리고 왜 하이데거가 기존 철학에 문제를 제기했는지 배경도 포함해서."

[막히는 문장 추가]

- ◎ **프롬프트 포인트**: ❶ 개념 정의 요청(코기토, 근대 주체 철학, 무엇이고) ❷ 역사적 순서 정리 ❸ 문제 의식의 배경 파악 ❹ 연결 관계 설명 → 철학 텍스트는 개념의 역사적 발전 과정과 논쟁 맥락을 함께 이해해야 효과적임

자료 파일 참조 🔗

이 질문의 결과는 성안당 홈페이지의 자료 파일을 통해 확인할 수 있습니다. 아니면 스스로 이 질문을 AI에게 던져 봐도 괜찮고요. AI의 답변을 통해 철학사의 큰 흐름이 보이면서 고민이 해소될 것입니다. 단순히 개별 철학자의 주장을 암기하는 게 아니라 '왜 데카르트 이후에 하이데거가 나올 수밖에 없었는가?'라는 역사적 필연성을 이해할 수 있게 되지요. 철학 개념들이 서로 어떻게 연결되고 발전해 왔는지에 대한 맥락이 잡히면 책의 뒷부분 내용들도 훨씬 쉽게 읽힐 것입니다.

상황 2 **경제, 정치 제도의 배경을 알아야할 때**

경제나 정치 관련 자료에서 관련 제도의 형성 배경과 변화 과정을 모르면 전체 내용이나 저자의 주장을 제대로 이해하기 힘든 상황을 만납니다.

- **막히는 문장**: '플라자 합의 이후 일본의 버블 경제는 결국 1990년대 장기 침체의 원인이 되었다.'
- **효과적인 질문**: "매크로 보고서를 읽고 있는데, 갑자기 튀어나온 플라자 합의가 무엇인지 모르겠어. 언제, 왜 체결되었는지, 일본 경제에 어떤 영향을 미쳤는지, 그리고 버블 경제와 어떤 관계가 있는지 인과 관계를 중심으로 설명해 줘."
- 🎯 **프롬프트 포인트**: ❶ 시점과 목적 파악 ❷ 영향 과정 추적 ❸ 인과 관계 중심 설명 요청 → 경제 제도나 정책은 시간 흐름과 인과 관계를 중심으로 이해하는 것이 효과적

자료 파일 참조 🔗

생성형 AI의 답변을 보면 경제 정책의 연쇄 효과가 한눈에 들어오면서 고민이 해소될 거예요. 단순히 '플라자 합의=일본 경제 악화'라는 단편적 지식이 아니라 '미국의 무역 적자 해결 시도→엔화 강세 유도→일본의 금리 인하 대응→부동산 버블→장기 침체'라는 전체 흐름을 이해하게 됩니다. 이런 인과 관계 패턴을 익히면 다른 경제 정책 분석도 훨씬 체계적으로 접근할 수 있습니다.

　국제 관계, 역사적 배경의 맥락 이해가 필요할 때

　국제 정치나 역사 텍스트에서는 과거 국제 정세와 각국의 이해관계를 파악하는 것이 중요합니다.

- **막히는 문장**: '냉전 종료 후 신자유주의적 세계화가 가속화되면서 워싱턴 컨센서스가 개발 도상국 정책의 표준이 되었다.'[23]
- **효과적인 질문**: "이 보고서에 나오는 워싱턴 컨센서스가 무엇인지, 왜 냉전 종료 후에 등장했는지, 어떤 기관들이 이를 추진했는지, 개발 도상국에는 구체적으로 어떤 정책들을 요구했는지 알려 줘. 신자유주의와는 어떤 관계인지도 설명해 줘."
- 🎯 **프롬프트 포인트**: ❶ 정의와 등장 배경 ❷ 주요 행위자 파악 ❸ 구체적인 내용 ❹ 관련 개념과 연결 → 국제 정치 개념은 등장 배경, 주요 행위자, 구체적 내용을 체계적으로 파악할 필요가 있음

　이런 질문을 던지면 국제 정치의 권력 구조가 선명하게 보이면서 내용이 눈에 들어올 것입니다. 단순히 '워싱턴 컨센서스=경제 정책'이라는 추상적인 이해가 아니라 '누가(IMF, 세계은행), 언제(냉전 종료 후), 왜(미국식 자본주의 확산), 어떻게(구조 조정 프로그램 활용)' 개발도상국을 압박했는지 구체적인 메커니즘을 파악하게 됩니다. 이런 행위자(누가)-맥락(언제, 왜)-수단(어떻게) 분석 틀을 익히면 다른 국제 정치 이슈들도 훨씬 체계적으로 이해할 수 있습니다.

　과학 기술의 발전사적 맥락을 파악해야 할 때

　과학이나 기술 관련 텍스트에서는 기술 발전의 역사적 맥락과 패러다임 변화를 함께 이해하는 것이 도움됩니다.

---

23 워싱턴 컨센서스(Washington Consensus): 1989년 경제학자 존 윌리엄슨(John Williamson)이 제시한 신자유주의 경제 정책 패키지로, 재정 긴축, 민영화, 규제 완화, 무역 자유화 등 10가지 정책 처방이 담겨 있습니다. IMF와 세계 은행이 개발도상국에 구조 조정 조건으로 요구하면서 1990년대 세계 경제 정책의 표준이 되었습니다.

단순히 '과학은 점진적으로 발전한다.'라는 상식적 이해를 넘어 '안정기 → 위기 → 혁명 → 새로운 안정기'라는 과학 발전의 실제 패턴을 이해하게 됩니다. 뉴턴 역학에서 아인슈타인 상대성 이론으로의 전환 같은 구체적 사례와 함께 학습하면 현재 진행 중인 과학 기술 변화들도 훨씬 깊이 있게 분석할 수 있습니다.

과거에 이런 배경 지식을 찾아보려면 전문 서적이나 인터넷을 뒤져야만 했지요. 위키피디아나 블로그에서 내용이 제시되었더라도 종종 내가 원하는 맥락과 달라 다시 정리하면서 체계를 다시 잡아야 했고요. 그런데 이제는 생성형 AI에게 궁금한 내용, 원하는 방향만 잘 지정해 주면 바로 깔끔하게 정리되어 나옵니다. 어쩌면 이리 편리한 세상이 되었을까요? 분명 생성형 AI는 지식을 사랑하는 사람들에게는 축복입니다. 누구라도 조금만 노력하면 금세 석·박사급으로 상식을 넓힐 수 있습니다.

---

[24] 과학은 점진적으로 발전하는 것이 아니라 기존의 세계관(패러다임)이 위기를 맞으면 혁명적으로 새로운 패러다임으로 전환된다는 이론입니다. 『과학 혁명의 구조』(1962)에서 제시한 이 개념은 과학사를 '정상 과학→위기→과학 혁명→새로운 정상 과학'의 순환 과정으로 설명합니다.

● 환각 방지 및 고급 활용법

배경 지식을 질문할 때 환각 방지 방법

배경 지식 질문을 할 때 너무 구체적인 역사적 사실이나 연도, 인명 등을 물어보면 환각이 발생하기 쉽습니다. '세종대왕 맥북 프로 던짐 사건'에 대한 설명처럼 엉뚱한 답변을 그럴 듯하게 제시하는 것입니다.[25] 생성형 AI는 일반적인 통념과 달리, 세부적인 팩트를 잘 체크하지 못합니다. 대략적인 내용이나 큰 맥락은 생성형 AI, 세부 팩트 체크는 인간의 몫이라고 생각하는 것이 좋습니다. AI에게 너무 무리한 요구를 하지 말고 중요한 내용은 다른 소스를 이용해 한 번 더 확인 및 검증하세요.

> - **환각 위험이 높은 질문**: "1985년 9월 22일 플라자 호텔에서 열린 플라자 합의에서 베이커 재무장관이 일본 대표에게 정확히 어떤 말을 했는지, 그리고 엔, 달러 환율을 몇 퍼센트까지 올리기로 합의했는지 구체적인 수치와 함께 알려 줘."
>   - → **위험 요소**: 정확한 날짜, 구체적인 발언 내용, 정확한 수치, 개별 인물의 발언
> - **안전한 질문**: "플라자 합의가 대략 언제 체결되었고 이 합의의 주요 목적이 무엇이었는지, 미국과 일본의 입장 차이는 어떠했는지, 그리고 엔화 강세 유도라는 결과가 어떻게 나왔는지 전체적인 배경과 과정을 설명해 줘."
>   - → **안전 요소**: 대략적 시기, 전체적 맥락, 주요 쟁점, 결과의 방향성
> - **실무 팁**:
>   - – '정확히', '구체적으로', '몇 퍼센트', '어떤 말을'과 같은 표현 피하기
>   - – '대략', '주요.', '전체적으로', '어떤 배경에서'와 같은 표현 사용하기
>   - – 중요한 연도나 수치가 나오면 다른 소스로 한 번 더 확인하기
>
> 자료 파일 참조 🔗

---

[25] 세종대왕 맥북 프로 던짐 사건은 3년 전 ChatGPT 공개 초기에 환각 현상의 대표적 사례로 알려진 인터넷 밈입니다. 즉, ChatGPT가 이렇게 대답했다고 하지요. "세종대왕의 맥북프로 던짐 사건은 조선왕조실록에 기록된 일화로, 15세기 세종대왕이 새로 개발한 훈민정음(한글)의 초고를 작성하던 중 문서 작성 중단에 대해 담당자에게 분노해 맥북 프로와 함께 그를 방으로 던진 사건입니다."

<u>**설명 방식 커스터마이징**</u>

종종 생성형 AI의 설명이 과도하게 길거나 너무 학술적일 때가 있습니다. 이때 설명 방식까지 구체적으로 지정하면 더 효과적입니다.

- "친절하게 예시 중심으로 설명해 줘."
- "표로 정리해 줘."
- "중학생도 이해할 수 있게 말해 줘."
- "컨설턴트가 바로 적용할 수 있게 정리해 줘."

4.4 차트, 데이터 질문하기

'이 그래프가 강조하는 바가 무엇이지?', '차트는 있는데 해석을 어떻게 해야 하지?' 등은 업무에서 데이터 자료를 마주할 때 종종 드는 궁금증입니다. 현대는 데이터, 시각화의 시대이므로 보고서에는 빠짐없이 데이터와 차트들이 들어갑니다. 투자 보고서의 복잡한 그래프, 정책 자료의 통계표, 기술 논문의 성능 차트처럼 수많은 시각 자료는 중요한 정보를 담고 있습니다. 다만, 해석하기가 쉽지 않지요. 해당 분야의 전문 지식이나 종종 상당한 통계학적 지식이 요구될 때도 많습니다.

하지만 AI에게 적절히 질문하면 차트와 데이터의 간편한 해석은 물론 숨은 인사이트까지 찾아낼 수 있습니다. AI는 패턴 인식과 추세 분석에 능해서 우리가 놓칠 수 있는 데이터의 의미를 잘 포착해 줍니다. 특히, AI는 데이터의 '값' 자체보다 패턴, 변화 방향, 상대적인 추세 해석에 강합니다. 또한 차트나 데이터에서 포착할 수 있는 큰 그림들을 잡아 내서 알기 쉽게 설명해 줍니다.

● 상황별 질문법

데이터나 차트를 마주했을 때 우리가 AI에게 요청할 수 있는 질문들은 다음과 같습니다.

⊞ 어려운 데이터, 차트 관련 질문 유형

질문 유형	예시 프롬프트	언제 활용할까?
축, 단위 설명	"이 그래프의 X축, Y축은 각각 무엇을 의미하지?"	차트 구조 파악, 기본 해석 시작
추세 요약	"이 표에서 지난 5년간 수익률의 변화 추이를 요약해 줘."	시간에 따른 변화 패턴 파악
비교 분석	"이 차트에서 AAA와 BBB의 매출 증감률 차이를 비교해서 알려 줘."	여러 대상 간 상대적 성과 분석
시각적 패턴 해석	"곡선이 갑자기 꺾인 구간은 어떤 사건과 관련 있을까?"	이상치나 변곡점의 원인 추정
의미 도출	"이 수치를 보면 어떤 인사이트를 도출할 수 있을까?"	데이터에서 경영 판단 근거 찾기
포괄적 분석	"차트 설명이 좀 부족하네. 이 차트로부터 알 수 있는 내용들은 무엇이지?"	차트의 전반적인 해석이 필요할 때

● 분야별 실전 적용 사례

기본적인 차트, 데이터 관련 질문들을 익혔다면 이제 실무에서 자주 만나는 차트와 데이터 유형별루 구체적인 질문 방법을 살펴보겠습니다.

정책, 연구 보고서의 통계 데이터

정부 보고서나 연구 자료에는 다양한 통계표와 지표가 등장합니다. 데이터 질문 방법은 간단합니다. 다음처럼 파악하고 싶은 데이터를 엑셀이나 CSV 파일로 올리거나 스크린 캡처 후 채팅 창에 붙여 넣고 설명을 요청하면 됩니다.

> **프롬프트** 다음은 한국인의 스마트 기기 사용 시간에 대한 2016~2024년까지의 데이터야. 이 자료를 통해 알 수 있는 것은 무엇일까?

스마트기기 사용 시간[1,2]

(단위: %, 시간)

			2016	2018	2019	2020	2021	2022	2023	2024
평일 사용시간	사용시간별 구성 (%)	1시간 미만	17.2	21.2	31.5	5.1	5	25.4	21.5	23.3
		1–2시간 미만	49	43.9	35.8	39.7	41.1	41	39	36.8
		2–3시간 미만	26.7	24.8	22.3	30.5	28.1	22.1	24.2	22.9
		3–4시간 미만	5.5	7.3	7.4	14	16.2	8.2	10.5	11.6
		4시간 이상	1.6	2.7	3	10.7	9.6	3.3	4.8	5.3
	평균 사용시간 (시간)		1.3	1.3	1.3	2	1.9	1.4	1.6	1.6
휴일 사용시간	사용시간별 구성 (%)	1시간 미만	18.3	19.1	30	4.2	4.1	21.6	17.3	15.9
		1–2시간 미만	41.3	31.9	29.6	33.2	33.4	33.3	31.7	30.3
		2–3시간 미만	21.5	23.6	19.6	29.3	25.9	22.9	23.2	25.7
		3–4시간 미만	11.5	14	11.7	16.3	17.4	12.1	15.1	14.6
		4시간 이상	7.4	11.4	9	17	19.1	10.1	12.8	13.5
	평균 사용시간 (시간)		1.6	1.8	1.6	2.3	2.3	1.8	2	2

* 출처: 문화체육관광부, 「국민여가활동조사」

1 2019년 조사주기 2년에서 1년으로 변경
2 스마트기기: 스마트폰 및 스마트패드 등

자료 파일 참조

여기서 사용한 데이터는 문화체육관광부에서 매년 발간하는 「국민여가활동조사」 중 일부입니다. 자료는 공공 데이터 포털인 지표누리(www.index.go.kr)에서 살펴볼 수 있습니다.
https://www.index.go.kr/unity/potal/indicator/IndexInfo.do?cdNo=2&clasCd=10&idxCd=F0172

이처럼 포괄적인 프롬프트를 사용해도 간단한 데이터나 차트라면 괜찮은 답변이 나옵니다. 생성형 AI에는 데이터의 특징과 패턴을 빠르게 파악하는 탐색적 데이터 분석(EDA: Exploratory Data Analysis) 기능이 내장되어 있기 때문입니다. ChatGPT와 Claude의 답변 결과에서는 양쪽 모두 2020년 이후 스마트 기기 사용 시간의 큰 증가와 평일 대비 휴일의 사용 시간 증가 경향을 잘 짚어 냈습니다. ChatGPT는 좀 더 상세하게 표의 구성부터 내용 해석까지 상세하게 설명해 주고 Claude는 핵심만 잘 뽑아서 논리적으로 잘 설명해 주었습니다.

투자, 경제 보고서의 복합 차트

증권사의 투자 보고서나 연구소들의 경제 분석 자료에는 다음 그림처럼 다양한 차트가 등장합니다.

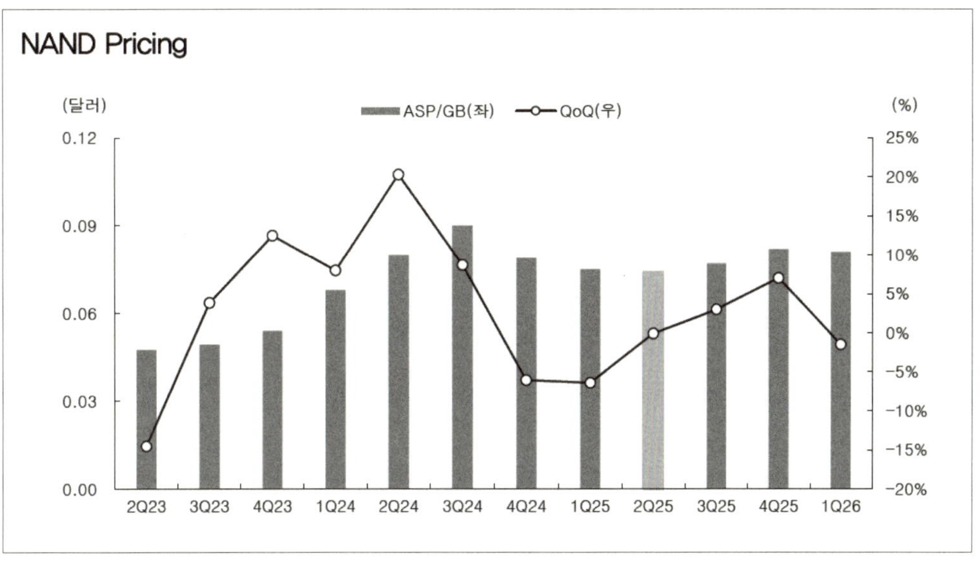

◆ NAND 메모리 평균 판가 추이

차트를 좀 더 잘 이해하려면 분석하고 싶은 복잡한 차트를 스크린 캡처 후 채팅 창에 붙여 넣고 다음처럼 설명을 요청하면 됩니다. 여기서도 생성형 AI에 기본 내장된 탐색적 데이터 분석 기능을 활용해 보았습니다. 간단한 차트는 이 정도로만 물어봐도 좋은 답변이 나옵니다.

> **프롬프트** "다음은 증권 보고서에 나와 있는 차트인데 설명이 부족하네. 이 차트에서 알 수 있는 내용들은 무엇이지?"

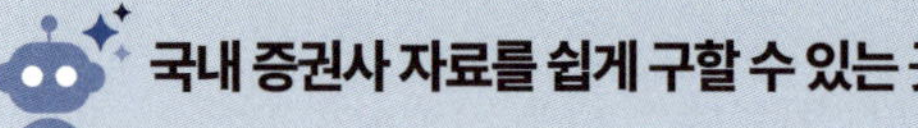

국내 증권사의 자료들은 각 증권사 홈페이지나 다음 웹 사이트에서 구할 수 있습니다.

- **네이버 증권의 리서치 코너**: https://finance.naver.com, research
- **한경 컨센서스**: https://markets.hankyung.com, consensus
- **연합인포맥스 글로벌 마켓 모니터**: https://globalmonitor.einfomax.co.kr/

기술, 성능 데이터의 비교 분석

기술 논문이나 제품 비교 자료에서는 성능 지표의 비교 차트를 자주 볼 수 있습니다. 이런 차트들은 단순해 보여도 의외로 해석하기 어렵습니다. 어떤 내용을 왜 분석하는지를 알기 어렵기 때문입니다. 예를 들어, 다음 차트를 살펴볼까요? 이 차트는 'ZL-6201'이라는 항암용 항체의 효능 실험 결과로, 그림은 간단한데, 정작 내용은 해독 불가능한 암호처럼 느껴집니다.[26] 하지만 해당 차트를 스크린 캡처해 생성형 AI의 채팅 창에 붙이고 설명을 요청하면 다음처럼 자세하게 설명해 줍니다.

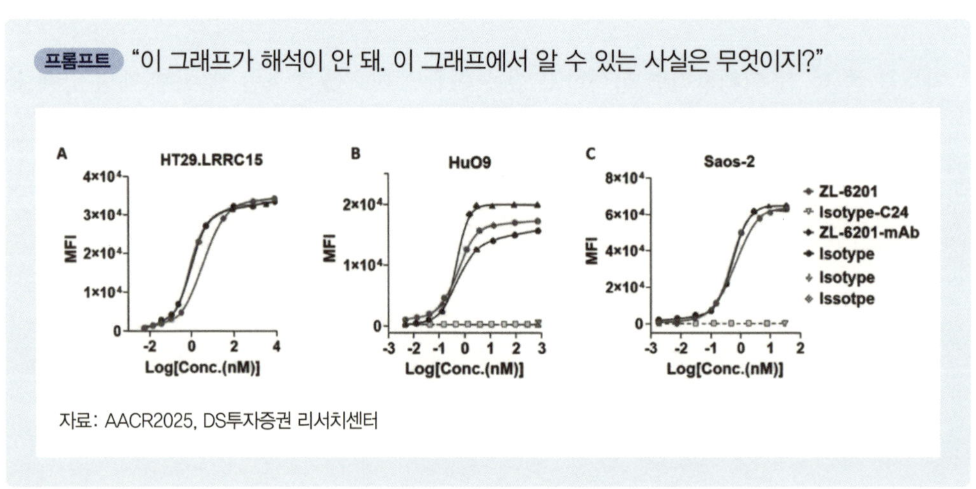

자료: AACR2025, DS투자증권 리서치센터

---

26 DS 증권, 「AACR 2025 참관기」(2025. 5.), 15쪽

- **Claude의 답변**

  이 그래프는 ZL-6201이라는 화합물의 세포 결합(Cell binding) 효능을 보여주는 실험 결과입니다. 해석할 수 있는 주요 내용들은 다음과 같습니다.

- **실험 설계**

  - 3가지 다른 세포주(HT29.LRRC15, Huo9, Saos-2)에서 ZL-6201의 결합 능력을 테스트했습니다
  - 농도별로(nM 단위) 결합 정도를 측정한 용량-반응 곡선입니다.
  - MFI(Mean Fluorescence Intensity)로 결합 강도를 측정했습니다.

- **결합 특성**

  ZL-6201(빨간색 점선)과 ZL-6201-mAb(파란색 점선)는 모든 세포주에서 비슷한 결합 패턴을 보입니다. 두 화합물 모두 전형적인 S자 곡선을 그리며 특정 농도에서 포화 상태에 도달합니다. Isotype 대조군(회색 점선)은 거의 결합하지 않아 특이적 결합임을 확인해 줍니다

- **세포주별 차이**

  - HT29.LRRC15: 가장 높은 결합 능력을 보입니다(MFI 최대 약 3×10^4).
  - Huo9: 중간 정도의 결합 능력(MFI 최대 약 2×10^4)
  - Saos-2: 가장 높은 포화 수준을 보입니다(MFI 최대 약 6×10^4).

- **약물 개발 관점**

  - ZL-6201이 특정 세포 표면 수용체에 선택적으로 결합하는 능력이 있다는 것을 시사합니다.
  - 세포주별로 다른 결합 친화도를 보이므로 표적 세포의 특성에 따라 효과가 달라질 수 있습니다.
  - mAb(단일 클론 항체) 형태와 비슷한 결합 패턴을 보여 약물로서의 잠재력을 시사합니다.
  - 이는 ZL-6201이 표적 치료제로서 개발 가능성을 평가하는 초기 단계의 실험 결과로 보입니다.

> **자료 파일 참조** 🔗

정말 친절한 설명이긴 한데 잘 이해되나요? 잘 이해가 안 된다며, 좀 더 쉽게 설명해 달라고 한 번 더 요청해 보세요. 마치 실험실 선배가 막 들어온 후배를 앉혀 놓고 차근차근 설명해 주는 것처럼 좀 더 쉽고 이해하기 쉬운 답변을 해 줄 것입니다.

프롬프트 "비전공자라 설명이 잘 이해되지 않아. 고등학생도 알 수 있게 좀 더 쉬운 말로 설명해 줄 수 있어?"

- **Claude의 답변**: 네, 훨씬 쉽게 설명해 드릴게요! 새로운 약물 후보인 'ZL-6201'이 암세포에 얼마나 잘 달라붙는지 테스트하는 실험입니다. 마치 자석이 철에 달라붙는 것처럼 약물이 특정 암세포에만 선택적으로 달라붙는지 확인하는 거예요.
- **그래프를 읽는 법**
  - **가로축**: 약물의 농도(진한 것 ←→ 연한 것)
  - **세로축**: 얼마나 많이 달라붙었는지(적게 ←→ 많이)
  - **S자 곡선**: 처음엔 조금 달라붙다가 어느 순간 급격히 많이 달라붙고 나중엔 포화되어 더 이상 늘어나지 않는 모양
- **실험 결과**
  - **빨간색 선, 파란색 선**: ZL-6201 약물이 암세포에 잘 달라붙음
  - **회색 선**: 아무것도 넣지 않은 대조군 −거의 달라붙지 않음(이게 중요해요! 약물이 진짜로 특별히 달라붙는다는 증거)
- **3가지 다른 암세포로 실험한 이유**
  사람마다 암의 종류가 다르듯이 이 약이 어떤 종류의 암에 더 잘 효과가 있는지 알아보기 위해서예요. 결과를 보면 세포 종류마다 달라붙는 정도가 달라서 어떤 암에 더 효과적일지 예측할 수 있습니다.

자료 파일 참조 🔗

여기서 살펴본 것처럼 과학, 기술 관련 표나 차트의 해석에는 생성형 AI가 정말 큰 도움이 됩니다. 배경 지식이 어려울 뿐, 구조나 해석 방법은 간단한 표나 차트들이 많거든요. 생성형 AI는 대다수 기술들을 두루 알고 있을 뿐만 아니라 사용자 수준에 맞춰 어렵게도, 쉽게도 답해 줄 수 있어 무척 유용합니다.

● 환각 방지 및 고급 활용법

다만, 차트 분석, 설명에서도 환각이 발생할 수 있습니다. 특히, 이 문제는 여러 지표가 섞여 있는 복잡한 차트에서 자주 발생합니다. 즉, 설명은 언뜻 그럴 듯한데 뜯어 보면 차트의 원래 내용을 잘못 해석하고 있는 경우가 가끔씩 나타납니다. 다음 사례를 살펴볼까요?

 "다음은 증권 보고서에 나와 있는 차트인데 설명이 부족하네. 이 차트로부터 알 수 있는 내용은 무엇이지?"

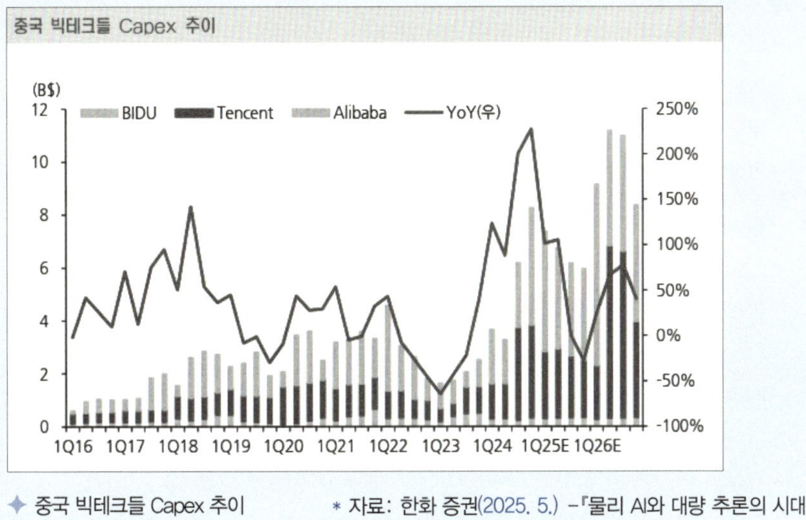

✦ 중국 빅테크들 Capex 추이   * 자료: 한화 증권(2025. 5.) –『물리 AI와 대량 추론의 시대』

생성형 AI(여기서는 Chat GPT)의 답변 결과는 다음과 같습니다.

- **차트 구조 이해**

요소	설명
X축	2016년 1분기(1Q16)부터 2026년 예상치(1Q26E)까지의 분기 시계열
왼쪽 Y축	Capex 절댓값(단위: 십억 달러, B$)
오른쪽 Y축	YoY(Year on Year, 전년 동기 대비 변화율, %)
막대그래프	기업별 Capex: BIDU(회색), Tencent(진회색), Alibaba(연회색)
선그래프	Capex의 YoY 변화 추이(붉은 선 그래프)

- **해석 포인트 ❶**: Capex 규모 추이
  - 2016~2019년: BIDU 중심의 초기 투자 증가, Alibaba와 Tencent는 상대적으로 적음
  - 2020~2022년: 전제적으로 정체 및 하락세, 특히 2022년 초~2022년 중반에 Capex가 저점
  - 2023~2025년: 대규모 반등, Alibaba의 Capex가 2024~2025년 사이 급증

   – 2026년 전망치: 세 기업 모두 증가 추세, 특히 Alibaba의 Capex는 10억 달러 이상으로 급등 예상
- **해석 포인트 ❷**: YoY 성장률 변화
  – 2018~2019년: YoY가 상당히 불안정, 등락 반복. 일부 분기에는 100% 이상 상승
  – 2021~2022년: Capex 감소로 YoY가 마이너스 영역에 진입
  – 2023~2024년: Capex 급등과 더불어 YoY는 200%에 육박하며 가파르게 급등
  – 2025 후반~2026년: 다시 안정화되는 국면. YoY는 50% 내외 수준
- **종합 해석**: 전략적 시사점
  – 중국 빅테크의 Capex 회복
  – 2022년 저점 이후 2023~2025년 Capex가 가파르게 회복되는 모습
  – 이는 AI, 데이터센터, 반도체 등 신성장 기술 투자가 확대된 신호일 가능성
  – Alibaba의 공격적 투자
  – 2024~2026년에는 Alibaba의 Capex 비중이 가장 큼, 공격적 투자 전략을 취함
  – YoY의 민감한 반응
  – Capex가 소폭 변동해도 YoY는 큰 폭으로 출렁이는 구조, 즉 변동성·리스크 관리 필요

깔끔하지요? 수십 년간 데이터 분석을 해 온 저도 차트를 보면서 2~3분 정도 생각해야 하는 내용을 생성형 AI는 바로 뽑아 줍니다. 그런데 답변 내용을 실제 차트와 비교해 보세요. 무엇인가 이상한 부분이 느껴지지 않나요?

생성형 AI의 복잡한 차트 설명은 주의 필요

설명을 세부적으로 살펴보면 문제가 많습니다. 예를 들어, 2016~2019년의 초기 투자 증가는 바이두가 아닌 알리바바가 주도했습니다. 2025년 전망치에서도 알리바바뿐만 아니라 텐센트의 투자도 크게 증가했습니다. 종합 해석에서도 알리바바의 독주가 아니라 알리바바, 텐센트의 양강의 투자 확대 견인으로 봐야 합니다.

이러한 해석 오류가 발생하는 이유는 무엇일까요? 일단 이 차트에서는 전체적인 추세 분석은 잘 설명하지만, 범례의 색상 구별을 잘 못해 세 회사의 투자 추이를 혼동한 측면이 큽니다. 좀 더 근본적인 이유는 생성형 AI는 문자 등 비정형 데이터에는 강하지만, 아직 숫자에는 약하기 때문입니다. 점점 개선되고 있긴 하지만, 여전히 간단한 숫자 세기나 계산도 틀리는 경우가 많습니다.

생성형 AI의 특성상 이는 다음 표처럼 다양한 원인 때문에 발생하는 고질적인 문제입니다. ChatGPT에서 Data Analyst 전용 GPTs 앱을 활용하면 어느 정도 해결되기는 합니다. 여기서는 일단 생성형 AI는 이과 머신이 아니라 문과 머신이라 숫자만큼은 꼭 사람이 다시 검증해야 한다는 점을 꼭 기억하세요.

생성형 AI가 숫자에 약한 이유

원인의 유형	설명
통계 기반 패턴 인식	숫자를 논리적으로 계산하지 않고 패턴으로 예측함
토큰화 구조의 한계	숫자가 문자처럼 분해되어 처리됨
수리 알고리즘 부재	수학적 계산 로직이 내재되어 있지 않음
정확도보다 자연스러움이 우선	정답보다 그럴 듯한 답을 추구
기억력 제한	복잡한 숫자 연산으로 일관성을 유지하기 어려움

다만, 수치 해석이 틀렸다고 내용 전체를 버릴 필요는 없습니다. 생성형 AI가 제시한 설명 과정이나 해석 포인트는 복잡한 차트에서 어떤 것을 보아야 하는지 맥을 잘 짚어 줍니다. 예를 들어, 위 설명에서도 먼저 Capex 규모 추이를 보고, 그다음 전년 대비 성장률 추이를 보고, 종합적으로 해석해야 한다는 틀을 보여 주었습니다. 이를 가이드로 삼아 차트를 해석하면서 내용을 적절히 수정해 나가면 됩니다.

수치 해석과 관련된 생성형 AI의 강점과 약점

AI의 강점	AI의 약점(주의가 필요한 사항)
• 트렌드와 패턴 파악('최근 3년간 상승 추세') • 상대적 비교 분석('A 사가 B 사보다 2배 높음') • 이상치나 특이점 발견('2020년에 큰 변화 발생') • 시각적 구조 해석('3개 구간으로 나뉘어 보임')	• 정확한 수치 읽기(OCR 오류 가능성) • 작은 글씨(특히, 소수점(.)과 자릿점 콤마(,)의 구분)나 색상 차이 적은 복잡한 범례의 인식 • 맥락 없는 절대적 해석

복잡한 차트는 분석 범위를 좁혀 질문

그렇다면 복잡한 차트에 대해서는 어떻게 질문을 던져야 할까요? 다음처럼 인간이 파악한 차트 구조나 특성을 세세하게 설명해 주고 분석 범위를 좁혀 질문을 던지면 됩니다. 답변 결과는 성안당 홈페이지의 자료 파일을 확인해 보세요.

- **복잡한 차트 상황**: 중국 3대 빅테크 기업의 10년간 분기별 자본적 지출(Capex) 누적액과 전년 동기 대비 변화율(YoY)을 보여 주는 막대–꺾은선 복합 차트(2016~2026년)
- **효과적인 질문**: "이 차트에서 알리바바, 텐센트, 바이두의 2019년부터 2024년까지 매출 규모와 수익률 변화를 비교 분석해 줘. 특히 2020년과 2022년에 급격한 변화가 있는 것 같은데, 어떤 패턴이 보이는지 설명해 줘."
- 🎯 **프롬프트 포인트**: ❶ 기업명과 지표 명시, ❷ 시간 범위 지정, ❸ 변화가 큰 구간 지적, ❹ 패턴 분석 요청. 복잡한 차트는 주요 요소와 관심 구간을 구체적으로 지정하는 것이 효과적임

자료 파일 참조 🔗

지금까지의 내용을 살펴보셨다면 데이터, 표, 차트를 다룰 때 어떤 AI가 유용한지 궁금할 것입니다. ChatGPT는 간단한 차트 내용 분석, Claude는 복잡한 차트 분석에 활용하면 된다고 보면 편합니다.

- ChatGPT:
  - **강점**: 탐색적 데이터 분석(EDA) 역량 우수. 간단한 차트 내용 분석에 적합
  - **활용법**: 포괄적 질문으로 시작해서 AI가 발견한 패턴을 바탕으로 심화 질문. 가급적 일반 채팅 창보다는 Data Analyst 전용 앱을 활용해야 분석 정확도가 향상됨
- Claude:
  - **강점**: 색상 위치 인식 및 OCR 성능이 비교적 우수, 복잡한 차트 분석에 적합
  - **활용법**: 차트의 시각적 요소나 레이아웃이 복잡할 때 우선 고려
- **공통 주의사항**:
  - 수치는 항상 사람이 검증 필요(특히, OCR 기반 수치)
  - 답변을 본인이 검증하는 방식이 더 효과적임
  - 차트 해석에 능한 사용자라면 세부 질문보다 포괄적인 질문도 무방함

● 어려운 개념 질문의 핵심 포인트

어려운 개념 질문하기는 AI 활용의 기본 중 기본입니다. 하지만 개념을 제대로 질문하는 사람은 많지 않습니다. 개념 질문하기에서 꼭 기억해야 할 부분은 다음과 같습니다.

- '맥락+수준+형식 요청'은 맞춤형 개념 질문의 황금 공식
  - "○○ 보고서를 읽는데(맥락)+초보자 수준으로(수준)+표로 정리해 줘(형식)."가 기본 패턴
- 상황에 따라 복합 질문이나 단계적 질문 활용
  - 쉬운 개념이거나 시간이 부족할 때는 여러 질문 유형을 하나로 결합
  - 단, 어려운 개념이거나 깊이 있는 이해가 필요할 때는 단계적으로 질문
- 짧은 설명이 필요할 때는 용도와 분량을 제시
  - '기사용 20자로', '상사 보고용 3줄로' 등과 같이 구체적 지시
- 최신, 기밀 정보는 반드시 환각 방지 문구 추가
  - '공식 발표만', '추측 제외' 등으로 정확성 확보

우리는 사람에게 질문을 던질 때마다 생각을 합니다. 어떤 답변이 나올지 예측하고 내 질문 방식이 적절한지 생각해 보는 과정을 순간적이나마 미리 해 보죠. 답변이 기대와 다르다면 다시 수정된 질문을 던지고요. AI와의 질의 응답 과정도 이와 마찬가지입니다. 간단한 사전 점검과 사후 점검을 일상적으로 하다 보면 당연히 훨씬 더 고품질의 맞춤형 답변을 얻을 수 있습니다.

⊞ 어려운 개념 관련 질문 전후의 체크사항

AI 질문 전 30초 점검	AI 답변 후 30초 점검
• 맥락을 제시했는가?(어떤 자료를 읽는 중인지)	• 내가 원하던 수준의 답변인가?
• 수준을 지정했는가?(초보자, 전문가, 중급 등)	• 너무 길거나 짧지는 않은가?
• 구체적으로 요청했는가?(표로, 3가지로, 단계별로 등)	• 추가 질문이 필요한 부분이 있는가?
• 환각 방지가 필요한 내용인가?	• 다른 관점에서도 확인해 볼까?

● 문장, 문단 질문의 핵심 포인트

자료를 읽을 때 문장과 문단이 이해되지 않는 경우는 정말 자주 일어납니다. 이 문제는 AI의 도움을 가장 효과적으로 받을 수 있는 영역입니다. 핵심 내용은 다음과 같습니다.

- **상황에 맞게 해결법을 선택**
  - 쉬운 설명, 압축 요약, 문장 분해, 논리 흐름, 논증 분해, 이해 점검
- **"어떻게 설명해 달라."라는 구체적인 요청이 핵심**
  - 무작정 "설명해 줘."보다 "중학생 수준으로", "단계별로" 등 방식 지정
- **분야별 특성을 고려한 맞춤형 접근**
  - 법률은 조건 분해, 기술은 용어 풀이, 경제는 맥락 해석이 키 포인트
- **질문 전후 체크리스트로 효과 극대화**
  - 30초 점검으로 질문 품질과 학습 효과 동시 향상

'AI에게 문장 질문하기'도 질문 전후로 간단한 점검을 하면 훨씬 더 좋은 결과를 얻을 수 있습니다. 사람과 대화할 때도 마찬가지지만, 질문의 방향과 결과를 미리 생각해 보고 점검하는 과정이 중요하거든요.

▦ **어려운 문장, 문단 관련 질문 전후의 체크사항**

AI 질문 전 30초 점검	AI 답변 후 30초 점검
• 어떤 부분이 구체적으로 어려운가?	• 내가 원하던 수준의 해설인가?
• 전체 맥락을 함께 제시했는가?	• 추가로 궁금한 부분이 생겼는가?
• 어떤 방식의 설명을 원하는가?	• 다른 문장에도 적용해 볼까?
• 독자 수준을 명시했는가?	• 실제로 이해도가 높아졌는가?

● 배경 지식 질문의 핵심 포인트

배경 지식 질문은 고전 자료, 인문학 텍스트, 정책 보고서처럼 압축적인 글에서 특히 유용합니다. 저자에게는 일반 지식이지만, 나에게는 생소한 지식들을 빠르게 채워 나갈 수 있거든요. 또한 한 번 배운 배경 지식은 다른 텍스트를 읽을 때도 계속 도움이 됩니다. 예

를 들어 '브레튼우즈 체제'를 한 번 이해하면 국제 경제 관련 다른 텍스트들이 훨씬 쉬워집니다. 이렇게 배경 지식을 축적해 나가면 금세 전문가가 될 수 있겠지요?

이러한 측면에서 배경 지식 질문은 단순한 정보 요청이 아니라 독자의 지적 역량의 기초를 탄탄히 하는 작업입니다. 이 과정에서 생성형 AI는 연결의 깊이를 더하고 방향을 넓혀주는 지적 파트너 역할을 할 수 있습니다. 배경 지식 질문과 관련해 꼭 알아야 할 내용을 간단히 요약해 보겠습니다.

- **"무엇을 알아야 이해할 수 있는지"라는 질문이 핵심**
  - 단순 설명 요청이 아닌 선행 지식 파악 요청
- **5가지 질문 유형을 맥락에 맞게 선택**
  - 시대적 맥락, 저자 배경, 인용 해설, 개념 기원, 이해 타당성 판단 요청
- **분야별 특성을 고려한 체계적인 접근**
  - 철학은 개념사, 경제는 인과 관계, 국제 정치는 행위자와 배경이 중요
- **단계적 깊이 조절로 체계적 학습 진행**
  - 기본 정의 → 맥락 → 관계 → 현재적 의미 순서로 접근
- **환각에 주의하고 설명 방식 맞춤화**
  - 역사적 사실은 검증 필요, 설명 수준과 방식을 구체적으로 지정

배경 지식 질문은 개념 질문이나 문장 질문과는 다른 특성이 있습니다. 즉, 텍스트 '밖'의 정보를 가져오는 과정이므로 환각 현상에 더욱 주의해야 합니다. 또한 핵심 맥락을 놓치지 않도록 체계적으로 접근해야 합니다. 질문을 던지기 전후에 다음 사항들을 점검해 보세요.

⊞ 어려운 배경 지식 관련 질문 전후의 체크사항

질문 전 30초 점검	답변 후 30초 점검
• 어떤 배경 지식이 구체적으로 부족한가?	• 원래 텍스트가 이제 이해되는가?
• 시대적 맥락인가, 개념적 배경인가?	• 추가로 알아야 할 연관 개념이 있는가?
• 설명 수준과 방식을 명시했는가?	• 다른 텍스트에도 응용할 수 있는가?
• 환각 방지 문구가 필요한가?	• 전체적인 이해도가 향상되었는가?

● 차트, 데이터 질문의 핵심 포인트

차트와 데이터 질문은 투자 보고서 경제 보고서 기술 문서처럼 시각적인 정보가 핵심인 자료에서 위력을 발휘합니다. 숫자 뒤에 숨은 인사이트들을 빠르게 찾아낼 수 있거든요. 또한 한 번 익힌 데이터 해석 패턴은 다른 분야의 차트를 볼 때도 계속 도움이 됩니다.

이러한 측면에서 차트와 데이터 질문은 단순한 그래프 읽기가 아니라 독자의 분석적 사고력을 기르는 작업입니다. 생성형 AI는 패턴 인식의 깊이를 더하고 해석의 방향을 넓혀 주는 분석 파트너 역할을 할 수 있습니다. 다만, 아직 생성형 AI는 숫자에 약합니다. 따라서 차트와 데이터 해석에는 AI의 패턴 인식 능력을 최대한 활용하면서 인간이 수치의 정확성을 추가로 검증하는 협업 방식이 효과적입니다. 배운 내용을 간단히 요약해 보겠습니다.

- **AI의 차트 해석 강점 영역을 활용**
  - 패턴 분석, 추세 해석, 상대 비교에 특화된 질문으로 접근
- **6가지 질문 유형을 상황에 맞게 활용**
  - 축, 단위, 추세, 비교, 패턴, 의미 도출, 포괄적 분석
- **단계적 접근은 선택, 수치 검증은 필수**
  - EDA 활용해 포괄적 접근하거나 전체 → 세부 → 인사이트 순으로 단계적 진행
  - 두 경우 모두 설명의 타당성과 중요 수치는 인간이 반드시 확인

차트나 데이터 분석은 다른 질문 유형과 달리, 시각적 정보의 전체적 패턴과 수치 정확성을 동시에 고려해야 합니다. 또한 아직까지는 자주 환각 현상이 발생하는 분야이므로 답변 후 점검이 매우 중요합니다. AI가 제시한 트렌드나 패턴 설명이 타당한지 확인해 보고 중요한 수치는 원본 자료와 꼭 대조해 보세요.

차트, 데이터 분석 관련 질문 전후의 체크 사항

질문 전 30초 점검	답변 후 30초 점검
• 차트의 기본 구조를 파악했는가?	• 제시된 수치들이 합리적인가?
• 관심 있는 구간이나 지표를 명시했는가?	• 해석이 차트와 일치하는가?
• 비교 기준이나 분석 관점을 제시했는가?	• 추가 검증이 필요한 부분이 있는가?
• AI의 강점 영역(패턴 분석)에 집중했는가?	• 실무에 적용할 수 있는 인사이트인가?

5 연결 · 확장하기

✦ 장 오노레 프라고나르의 「책 읽는 소녀」를 모티브로 해서 ChatGPT를 이용해 아르누보 시대의 알폰소 무하 스타일로 만든 그림

5장에서는 텍스트를 단독으로 읽지 않고 다양한 방향으로 연결하고 확장하는 방법을 다룹니다. 하나의 텍스트를 읽을 때 그것만으로 끝내지 않고 비슷한 개념, 다른 관점, 관련 콘텐츠, 다른 분야, 시간의 흐름, 큰 그림 등 여러 방향으로 사고를 확장하면 이해의 깊이와 폭이 완전히 달라집니다. AI는 방대한 지식 데이터베이스를 바탕으로 여러분이 상상하지 못한 연결을 손쉽게 만들어 줍니다.

5장의 전체 구조

5.1 유사 개념, 관점, 사례를 탐색, 비교하기(다각도 조망)
> → 텍스트의 개념, 주장을 다른 관점이나 유사 사례와 비교해 입체적으로 이해하는 방법을 배운다.

5.2 관련 콘텐츠로 확장 연결하기(깊이 확장)
> → 읽은 내용과 관련된 책, 논문, 기사 등을 AI와 함께 찾아 지식을 확장하는 방법을 익힌다.

5.3 산업, 학문, 기술을 크로스오버하기(창의적 연결)
> → 다른 산업, 학문, 기술 분야의 원리를 현재 텍스트와 연결해 새 아이디어를 도출한다.

5.4 시간축 연결하기(역사적 맥락)
> → 텍스트 내용을 과거, 현재, 미래로 연결해 트렌드와 변화를 파악하는 방법을 익힌다.

5.5 큰 그림 그리기(전체 조망)
> → 개별 내용들을 산업 생태계, 사회 흐름 등 더 큰 맥락에서 이해하고 전체 구조를 파악한다.

5.6 안전한 연결·확장 독해를 위한 환각 방지법
> → 연결·확장 과정에서 AI가 만들어 낼 수 있는 환각(잘못된 정보)을 방지, 검증하는 방법을 익힌다.

내 상황에 맞는 읽기 가이드

독자별 니즈	독해 가이드
"비슷한 개념이나 다른 관점을 찾고 싶어요."	5.1로 이동(유사 사례 탐색과 비교 방법 익히기)
"이 주제를 더 깊이 파고들고 싶어요."	5.2로 이동(관련 콘텐츠 확장 연결하기)
"다른 산업, 분야의 아이디어를 우리 일에 적용하고 싶어요."	5.3으로 이동(크로스오버로 혁신 아이디어 도출)
"이 개념의 역사적 발전 과정이나 미래 전망이 궁금해요."	5.4로 이동(시간축 연결로 트렌드 파악하기)
"전체 맥락 속에서 이 내용의 위치를 파악하고 싶어요."	5.5로 이동(빅픽처 그리기로 전체 구조 이해)
"AI가 잘못된 연결을 만들어 낼까 걱정돼요."	5.6으로 이동(환각 방지 방법 먼저 숙지하기, 필독)

'이 개념은 예전에 어디서 본 것 같은데….', '이것과 비슷한 게 있었던 것 같은데….'

책이나 보고서를 읽다가 이런 생각을 해 본 적 있으시죠? 기억력 감퇴를 한탄하지 마세요. 오히려 그 순간이 바로 단순한 독해를 넘어 깊이 있는 이해로 도약할 수 있는 황금 같은 기회입니다.

● 왜 비교하면 더 잘 이해할 수 있을까?

우리의 뇌는 새로운 정보를 기존 지식과 연결할 때 가장 효과적으로 학습합니다. 독립된 개념보다 'A는 B와 이런 점에서 비슷하지만, 저런 점에서는 다르다.'라는 식으로 비교해 연결한 개념을 훨씬 또렷이 이해하고 오래 기억합니다. 이는 인간의 인지 체계가 본래 '대조와 비교'를 통해 세상을 이해하도록 설계되어 있기 때문입니다. '안전한 것 vs. 위험한 것', '먹을 것 vs. 못 먹는 것'처럼 말입니다.

특히, 복잡하고 추상적인 개념일수록 비교의 효과는 극대화됩니다. 예를 들어, '심리적 안전감'이라는 개념을 혼자 이해하려면 막막하지만 '기존의 위계적 조직 문화와 어떻게 다른지', '단순한 친화적 분위기와는 뭐가 다른지'를 비교해 보면 개념의 윤곽이 선명해집니다. 비교는 모호함을 제거하고 정확한 이해를 가능하게 하는 강력한 도구인 셈입니다.

또한 비교 과정에서 예상치 못한 통찰이 생겨납니다. 겉으로는 완전히 다르게 보이는 두 개념이 본질적으로는 같은 원리를 공유한다거나 비슷해 보이는 개념들이 실제로는 전혀 다른 맥락에서 작동한다는 걸 발견하게 되죠. 이런 발견들이 단순한 정보들을 진짜 '지혜'로 승화시켜 줍니다. AI는 이런 비교 작업에서 인간이 놓치기 쉬운 연결점들을 찾아 주는 훌륭한 파트너 역할을 합니다. 예를 들어, 다음 상황을 한번 살펴볼까요?

- **문제 상황**: 마케팅 보고서에서 '고객 여정(Customer Journey)'이라는 개념을 읽었는데, 이해는 되지만 어딘가 애매모호하다.
- **일반적 반응**: '아, 그렇구나.' 하고 넘어감.

- **연결·확장 독해**: "이게 UX 디자인에서 말하는 '사용자 여정(User Journey)'과 어떻게 다르지? 둘 다 고객, 사용자의 경험을 단계별로 분석한다는 점에서는 비슷한데…."
- **결과**: 두 개념의 공통점과 차이점을 명확히 파악하며 각 개념도 더 정확하게 이해하게 됨

● 상황별 비교 질문법

그렇다면 실무에서 자주 만나게 되는 상황별로 바로 써먹을 수 있는 비교 질문의 패턴들을 소개하겠습니다.

상황 1 **완전히 새로운 개념을 만났을 때 – 기존 지식과 연결점 찾기**

- **일반적인 질문**: "ESG 경영이 뭐야?"
- **맞춤형 질문**: "이 책에서 말하는 'ESG 경영'의 개념은 예전에 들어 본 'CSR(기업의 사회적 책임)'과 어떻게 다르지? 두 개념을 정의, 범위, 실행 방법 측면에서 비교해 줘."
- **프롬프트 포인트**: ❶ 기존 지식 활용 ❷ 비교 기준 명시 ❸ 구체적 관점 제시
  - → 새로운 개념을 기존 지식과 연결하면 이해 속도나 폭이 확연히 증가

  자료 파일 참조 🔗

상황 2 **비슷해 보이는 기업 사례들의 차이점이 궁금할 때 – 성공 요인 분석**

- **일반적인 질문**: "넷플릭스랑 구글 조직 문화를 비교해 줘."
- **맞춤형 질문**: "이 책에서 소개된 넷플릭스의 '자유와 책임' 문화와 구글의 '심리적 안전감' 문화의 유사점과 차이점을 ❶ 핵심 가치 ❷ 실행 방식 ❸ 성과 측정 관점에서 표로 정리해 줘."
- **프롬프트 포인트**: ❶ 구체적 사례 지정 ❷ 비교 틀 제공 ❸ 결과물 형식 요청
  - → 성공 사례들의 공통점과 차이점을 파악하면 우리 상황에 적용할 핵심 요소를 찾기가 용이함

* 넷플릭스의 '자유와 책임' 문화는 리드 헤이스팅스, 『규칙 없음(No Rules Rules)』(RHK, 2020), 구글의 '심리적 안전감' 문화는 에이미 에드먼슨, 『두려움 없는 조직』(다산북스, 2019)에 잘 소개되어 있습니다.

- **일반적인 질문**: "두 보고서 내용이 다른데 뭐가 맞아?"
- **맞춤형 질문**: "방금 올린 맥킨지와 BCG의 AI 보고서 2개의 주장을 공통점과 차이점 측면에서 정리해 줘. 특히 ❶ 데이터 해석 ❷ 미래 전망 ❸ 실행 방안에서 어떤 관점 차이가 있는지 분석해 줘."
- **프롬프트 포인트**: ❶ 구체적 자료 제시 ❷ 분석 영역 한정 ❸ 관점 차이 중심 요청
  - → 상충하는 주장들의 배경을 이해하면 더 균형 잡힌 판단이 가능

자료 파일 참조 🔗

cf. BCG, 「CEOs Guide to Maximizing Value from AI」
cf. Mckinsey, 「How COOs maximize Operational Impact from Gen AI and Agentic AI」

* 이 프롬프트는 실제로 보고서 2개를 올리고 진행해야 효과가 있습니다. 또한 제대로 답변을 도출하려면 사전에 준비 프롬프트들을 몇 개 입력해야 합니다. 자세한 내용은 성안당 홈페이지의 자료 파일을 참조하세요.

상황 4   이론적 개념들의 실제 차이가 궁금할 때 – 철학적 배경 비교

- **일반적인 질문**: "행동 경제학이랑 전통 경제학이 뭐가 달라?"
- **맞춤형 질문**: "행동 경제학 입장에서 쓰여진 이 책의 주상과 전통 경세학 입장에서 본 '합리성' 개념은 어떻게 충돌하지? ❶ 인간 본성에 대한 가정 ❷ 의사결정 과정 ❸ 실제 적용 사례 관점에서 두 이론의 차이를 설명해 줘."
- **프롬프트 포인트**: ❶ 충돌 지점 명시 ❷ 근본 가정 비교 ❸ 실무 연결
  - → 이론 간의 차이를 이해하면 각 이론의 적용 범위와 한계를 명확히 파악 가능함

자료 파일 참조 🔗

* 이 프롬프트는 책이 없어도 결과를 볼 수 있습니다. 기본적인 내용이기 때문입니다. 좀 더 정확하게 책 내용을 분석하고 싶을 때는 갖고 있는 책의 디지털 버전을 업로드한 후 비교를 요청해 보세요. 저는 존 노프싱어의 『투자의 심리학』(스마트비즈, 2005)를 이용했습니다.

상황 5   전문가들의 견해 차이가 궁금할 때 – 사상적 배경 이해

- **일반적인 질문**: "사이먼 사이넥이랑 피터 드러커 생각이 어떻게 달라?"
- **맞춤형 질문**: "이 책의 저자인 사이먼 사이넥과 피터 드러커의 리더십 개념 차이를 ❶ 리더

* 사이먼 사이넥(Simon Sinek)은 영국 출신의 리더십 전문가로, 'What → How → Why' 순서로 설명하는 대신, 'Why → How → What' 순으로 말할 때 사람의 감정과 신념을 움직일 수 있다는 '골든 서클(Golden Circle) 이론'으로 유명합니다. 국내에서는 『나는 왜 이 일을 하는가(Start with Why)』 (세계사, 2021), 『리더는 마지막에 먹는다(Leaders Eat Last)』(36.5출판사, 2014), 『리더 디퍼런트 (Leader Different)』(세계사, 2023)의 책이 출간되었습니다.

실전 사례: '저속 노화 vs. 항노화' 개념 비교

이처럼 유사 개념, 관점, 사례를 탐색하는 질문은 다양하게 활용될 수 있습니다. 다음은 정희원 교수의 『느리게 나이 드는 습관』(한빛라이프, 2023)을 읽다가 알게 된 '저속 노화'의 개념을 데이비드 싱클레어의 『노화의 종말』(부키, 2020)의 '항노화' 개념과 비교해 본 결과 중 일부입니다. 저에게는 저속 노화나 항노화가 생소한 개념이기 때문에 한 번에 비교해 달라고 하지 않고 3번으로 나누어 차근차근 프롬프트를 전개했습니다.

- **프롬프트 1** "정희원 교수의 저속 노화 개념에 대해 알고 싶어."
- **프롬프트 2** "데이비드 싱클레어(『노화의 종말』 책 저자)의 항노화 개념에 대해서도 알려 줘."
- **프롬프트 3** "저속 노화 개념과 항노화 개념을 비교해서 표로 제시해 줘."

다음은 답변 중 핵심 내용만을 추린 것입니다. 좀 더 자세한 답변은 자료 파일을 참고하세요.

구분	저속 노화(Slow Aging)	항노화(Anti-Aging)
철학적 기반	자연 흐름을 인정하되, 속도를 늦추는 것	노화를 질병으로 간주하고 역전 시도
접근 방식	생활 습관 중심(식사, 운동, 수면)	의학·기술 중심(약물, 시술, 유전자 편집)
비용 부담	상대적으로 저렴	고비용 수반
실현 가능성	즉시 적용 가능	기술적 한계 존재

자료 파일 참조 🔗

● 비교 질문의 테크닉

비교 질문의 황금 공식 **'비교 대상＋비교 기준＋결과 형식'**

요즘 ChatGPT는 이런 비교 질문을 많이 받아서인지 상세한 설명과 함께 표까지 바로 만들어 줍니다. 그럼에도 불구하고 비교 질문의 황금 공식을 알아 두면 유용합니다. 3부에서 배우지만, AI 드리블링 과정에서 개념 비교 표를 만들 때 정말 많이 쓰는 패턴이거든요.

> **비교 질문의 황금 공식**
>
> "[A 개념]과 [B 개념]을 [기준 1, 기준 2, 기준 3]의 관점에서 [표, 리스트, 단계별로] 비교해 줘.'
> - **예시**: '블록체인과 기존 데이터베이스를 ❶ 보안성 ❷ 처리 속도 ❸ 운영 비용의 관점에서 표로 비교해 줘."
>
> **자료 파일 참조** 🔗

위 질문의 답변을 보면 마지막에는 다음과 같은 결과가 제시됩니다. 이 경우 해당 내용을 별다른 편집 없이 복사해서 보고서에 바로 넣을 수 있겠지요.

⊞ **결과: 블록체인의 장단점**

관점	장점	단점
보안성	조작 불가, 신뢰성	구조가 무거움
처리 속도	투명하지만 느림	실시간 서비스엔 부적합
운영 비용	탈중앙성 유지 가능	비용 부담 증가(특히, 공공 체인)

비교 질문이 어려운 이유와 AI 활용 해법

유사 개념, 사례, 관점의 탐색과 비교 질문이 정말 좋은 질문 기법인데, 의외로 많은 분들이 어려워합니다. 아마도 적절한 비교 대상과 비교 기준을 금방 떠올리기 힘들고 비교 결과의 해석도 어렵기 때문이라고 생각됩니다. 그러나 매우 간단한 해법이 있습니다. 무엇을, 어떻게 비교할지, 비교 결과가 무엇을 의미하는지 자체도 생성형 AI에게 물어보면 됩니다. 이처럼 질문 자체를 질문하는 것도 생성형 AI를 잘 쓰는 비법 중 하나입니다.

- • 문제 1 '비교할 대상을 어떻게 찾지?'
  - 해법: AI에게 먼저 "이 개념과 비슷한 이론이나 사례가 있을까?" 물어보기
  - 예시: "ESG 경영과 비슷한 기업 경영 개념들을 3가지 정도 제안해 줘."
- • 문제 2 '어떤 기준으로 비교해야 할지 모르겠어.'
  - 해법: "가장 의미 있는 비교 기준 3가지를 제안해 줘." 먼저 요청
  - 예시: "디지털 트랜스포메이션과 디지털화를 비교할 때 중요한 기준들을 제안해 줘."
- • 문제 3 '비교는 했는데 그래서 뭐?'
  - 해법: '이 차이가 실무, 학습에 어떤 의미인지' 해석 요청
  - 예시: "이런 차이점들이 우리 회사 전략 수립에 어떤 시사점을 주는지 설명해 줘."

개념들 간의 관계 활용하기

개념들 간의 관계는 다음처럼 다양할 수 있습니다. 알고 보면 고등학교나 대학의 교양 논리학 시간 때 배웠던 내용들인데, 기억이 잘 나지 않는 경우가 많지요. 그래서 한번 정리해 보았습니다. 이는 프롬프트로 개념들을 관계 지을 때 유용하게 활용할 수 있습니다.

예를 들어, 전략 분석 에는 계층 관계+인과 관계, 프로세스 분석 에서는 선후 관계+조건 관계, 조직 분석 에서는 역할 관계+협력 관계, 시장 분석 에서는 경쟁 관계+대소 관계, 기술 분석에서는 진화 관계+보완 관계의 관점에서 큰 그림을 그려 보면 됩니다. 이렇게 관계 유형을 구체적으로 지정하면 AI가 훨씬 더 정확하고 의미 있게 구조화해 줄 것입니다.

▦ 개념 간 관계의 유형과 세부 구분

개념 간 관계의 유형	세부 구분
논리적 관계	• 인과 관계(Causal): A가 B를 야기(예 코로나19 → 원격근무 확산) • 조건 관계(Conditional): A가 있어야 B가 가능(예 신뢰 → 팀워크) • 대립 관계(opposition): A와 B가 상반(예 집권화 ↔ 분권화) • 보완 관계(Complementary): A와 B가 상호 보완(예 하드웨어+소프트웨어)
구조적 관계	• 계층 관계(Hierarchical): 상위–하위 구조(예 전략 → 전술 → 실행) • 포함 관계(Inclusion): 전체–부분 구조(예 마케팅⊃디지털 마케팅) • 병렬 관계(Parallel): 동등한 수준의 나열(예 인사, 재무, 영업 부서) • 네트워크 관계(Network): 다대다 상호 연결(예 생태계, 플랫폼)

개념 간 관계의 유형	세부 구분
시간적 관계	• 선후 관계(Sequential): 시간적 순서(**예** 기획 → 개발 → 출시) • 동시 관계(Simultaneous): 같은 시점 발생(**예** 마케팅+영업 활동) • 순환 관계(Cyclical): 반복적 순환(**예** PDCA 사이클) • 진화 관계(Evolutionary): 단계적 발전(**예** 1.0 → 2.0 → 3.0)
비교 관계	• 대소 관계(Comparative): 크기, 정도 비교(**예** 대기업 > 중소기업) • 유사 관계(Similarity): 공통점 중심(**예** 페이스북 ≈ 인스타그램) • 차별 관계(Differentiation): 차이점 중심(**예** B2B ≠ B2C) • 대칭 관계(Symmetrical): 상호 균형(**예** 수요 ↔ 공급)
기능적 관계	• 역할 관계(Functional): 각자의 기능(**예** 의사-간호사-환자) • 의존 관계(Dependency): 일방적 의존(**예** 하청 업체 → 대기업) • 협력 관계(Collaborative): 상호 협력(**예** 파트너십) • 경쟁 관계(Competitive): 상호 경쟁(**예** 삼성 vs. 애플)
공간적, 영역적 관계	• 영역 관계(Territorial): 공간적 구분(**예** 국내 시장 vs. 해외 시장) • 범위 관계(Scope): 적용 범위(**예** 글로벌 전략 vs. 지역 전략) • 경계 관계(Boundary): 경계선 기준(**예** 온라인 vs. 오프라인)

5.2 관련 콘텐츠로 확장 연결하기

'이 책 내용, 정말 좋네. 비슷한 책이 더 있을까?', '이 개념을 좀 더 쉽게 설명한 영상이 있을까?', '반대 입장을 다룬 자료도 찾아보고 싶은데….'

책이나 보고서를 읽으면서 이런 생각을 해 본 적 있죠? 바로 이런 순간이 단순한 정보 습득을 넘어 학습의 깊이와 폭을 크게 확장할 결정적 찬스입니다. '이것과 비슷한, 반대의 자료가 더 있을까?'라는 지적 호기심의 순간을 놓치지 마세요.

● 왜 하나만 읽는 것보다 연결해서 읽는 것이 좋을까?

텍스트는 단독으로 존재하지 않습니다. 다른 텍스트와의 관계 속에서 비로소 의미가 더 깊어지고 의미가 입체화되죠. 한 권의 책만 읽으면 저자의 관점에 갇힐 수 있지만, 관련 자료들을 함께 읽으면 여러 관점을 비교하면서 균형 잡힌 이해를 할 수 있습니다.

인터넷 시대에는 이런 연결이 훨씬 쉬워졌습니다. 책과 보고서 내용을 TED 강연, 뉴스 기사, 학술 논문, 심지어 영화와 음악까지 연결해서 살펴볼 수 있거든요. 예를 들어, 경제학 이론을 읽고 난 후 관련 다큐멘터리를 보거나 경영 전략서를 읽고 실제 기업 사례를 찾아보는 식으로 말입니다. 이런 다층적 접근은 단순한 정보 습득을 넘어 진짜 '살아 있는 지식'을 만들어 줍니다.

좀 더 중요한 점은 이런 연결 과정에서 예상치 못한 발견들이 생긴다는 것입니다. AI는 여러분이 미처 생각하지 못한 연결점들을 제시해 주면서 때로는 완전히 다른 분야의 자료를 통해 새로운 관점을 열어 주기도 합니다. 마치 지적 탐험에서 뜻밖의 보물을 발견하는 것처럼 말입니다.

● 상황별 콘텐츠 확장법

AI는 방대한 지식 베이스를 바탕으로 다양한 관련 콘텐츠들을 찾아 주는 탁월한 탐색 파트너입니다. 이번에는 실무에서 자주 만나는 상황별로 바로 활용할 수 있는 확장 전략들을 살펴보겠습니다.

상황 1 **사례 중심 확장 – 이론을 실무에 적용하고 싶을 때**

🗨 **일반적인 질문**: "디지털 트랜스포메이션 관련 자료 더 찾아 줘."

💡 **맞춤형 질문**: "디지털 트랜스포메이션과 관련된 책을 읽었어. 이 책과 비슷한 주제를 다룬 책을 더 추천해 줘. 특히, 제조업 중소기업의 관점에서 DX 도입 과정의 어려움과 해결책을 실제 사례로 다룬 자료이면 좋겠어."

🎯 **프롬프트 포인트**: ❶ 구체적 업종 명시(제조업, 중소기업) ❷ 실무 관점 강조(도입 과정) ❸ 사례 중심 요청 ❹ 문제–해결 구조(어려움과 해결책)

→ 막연한 요청보다 구체적 맥락과 목적을 제시하면 정확한 자료를 찾을 수 있습니다. 단, 한글 책의 경우, 환각 현상이 매우 많이 일어납니다. 외부 검색이나 추론 없이 곧바로 대답하는 경우, 환각을 의심하세요. 관련 콘텐츠로의 확장 요청은 ChatGPT보다 Perplexity나 Gemini를 이용하는 것이 좋습니다.

자료 파일 참조 🔗

- 💬 **일반적인 질문**: "블록체인 관련 영상 추천해 줘."
- 💡 **맞춤형 질문**: "이 보고서에 언급된 '분산 원장 기술' 개념을 쉽게 설명한 TED 강연이나 유튜브 영상이 있을까? 비전공자도 이해할 수 있는 수준으로, 2022년 이후 자료로 부탁해."
- 🎯 **프롬프트 포인트**: ❶ 구체적인 개념 명시 ❷ 수준 지정 ❸ 시간 범위 한정 ❹ 플랫폼 구체화 → 유튜브 콘텐츠 등 영상 자료는 Gemini가 가장 잘 찾아 줍니다. 유튜브와 Gemini는 둘 다 구글이 개발한 것이니까요.

자료 파일 참조 🔗

- 💬 **일반적인 질문**: "AI 관련 최근 뉴스 알려 줘."
- 💡 **맞춤형 질문**: "이 논문에서 다룬 'GPT 모델의 환각 현상' 문제와 관련된 최근 3개월 이내 뉴스나 업계 동향을 알려 줘. 특히, 기업들이 실제로 어떤 해결책을 시도하고 있는지 궁금해."
- 🎯 **프롬프트 포인트**: ❶ 구체적 문제 연결(환각 현상) ❷ 시간 범위 명시(최근 3개월) ❸ 실무 해결책 중심 요청 → 단순 뉴스 검색을 요청하지 말고, 읽은 내용과의 연결고리를 명확히 제시하세요. 요즘은 AI 브라우저에서 이런 뉴스 검색 및 통합 요약 기능이 제공됩니다. 자동화노 할 수 있고요. 저는 Perplexity가 만든 Comet 브라우저를 뉴스 검색 모니터링 용도로 많이 활용합니다.

- 💬 **일반적인 질문**: "기본 소득 반대 자료를 찾아 줘."
- 💡 **맞춤형 질문**: "이 보고서는 기본 소득의 경제적 효과를 긍정적으로 평가해. 최근 3년간 이와 반대되는 입장을 제시한 경제학 논문이나 정책 연구소 보고서를 알려 줘. 출처와 핵심 반박 논리도 함께 부탁해."
- 🎯 **프롬프트 포인트**: ❶ 기존 입장 명시 ❷ 대립 관점 요청 ❸ 시간 범위 한정 ❹ 출처 신뢰성 확보 → 균형 잡힌 시각을 위해서는 반대 논리도 반드시 확인해야 합니다.

💬 **일반적인 질문**: "경제학 관련 영화 있어?"

🔅 **맞춤형 질문**: "이 책에서 다룬 '게임 이론'의 핵심 개념인 '죄수의 딜레마'나 '내시 균형'을 실생활 상황으로 보여 주는 영화나 드라마가 있을까? 복잡한 수식 없이 인간관계나 비즈니스 상황을 통해 이해할 수 있는 작품을 찾고 있어."

🎯 **프롬프트 포인트**: ❶ 구체적 이론 명시(게임 이론) ❷ 핵심 개념 지정(내시 균형) ❸ 실생활 맥락 요청 ❹ 학습 목적 명확화(수식 없이 ∼를 통해 이해)

　→ 보통 4∼5개 콘텐츠를 제시해 주는데, 요청 맥락에 모두 맞지는 않습니다. 이 중 2∼3개 정도를 건진다고 생각하고 접근하는 것이 바람직합니다.

자료 파일 참조 🔗

'경험 행복 vs. 기억 행복' 콘텐츠 확장

아까 **상황 5** 에서 딱딱한 내용을 재미있게 이해하고 싶을 때 콘텐츠 확장, 연결을 활용할 수 있다고 말씀드렸지요? 다음은 실제로 제가 체험했던 사례입니다. 얼마 전 신문 칼럼에서 심리학자 대니얼 카너먼의 '경험 행복'과 '기억 행복' 개념을 알게 되었습니다('노벨 경제학상을 탄 심리학자의 마지막 선택', 조선일보, 2025. 5. 23.).

ChatGPT를 이용해 두 개념을 좀 더 자세히 알아보다가 이와 관련된 음악과 영화 리스트까지 얻게 되어 주말을 풍요롭게 보냈습니다. 여기서 경험 행복은 순간순간 느끼는 행복감, 기억 행복은 인생을 되돌아보면서 느끼는 만족감을 말합니다. 다음은 이때 사용한 프롬프트입니다.

- **프롬프트 1** "경험 행복과 기억 행복이라는 개념이 있는가? 대니얼 카너먼이 말했다는 것 같은데…."
- **프롬프트 2** "경험 행복을 지나치게 극대화하려다 보면 기억 행복이 낮아지겠지? 예를 들어, 돈을 흥청망청 쓰면 그 순간은 행복하지만 나이 들어 노후 자금이 부족해 힘든 것처럼?"
- **프롬프트 3** "이런 주제와 연결되는 노래가 있을까? 예를 들어, Charlene의 'I've never been to me'와 같은 노래 말이지."
- **프롬프트 4** "한국어 곡 플레이리스트도 좋겠는데. 한번 부탁해."
- **프롬프트 5** "이런 주제의 영화도 있다면 몇 편 소개해 줘."

Charlene의 'I've never been to me'는 1982년 발매되어 빌보드 Top 3까지 오른 노래로, 화려한 외적 경험을 한 화자가 내면의 진정한 자아는 아직 만나지 못했다는 자각과 보통의 삶을 살아온 사람들에게 주는 위로의 메시지를 전하는 내용을 담고 있습니다. 목소리가 정말 아름다워 국내에서도 1980년대 은근히 인기를 끌었지요. ChatGPT와 채팅을 하다가 문득 저 노래가 생각나더군요. ChatGPT가 소개해 준 경험 행복과 기억 행복에 관한 영화들은 다음과 같습니다. 직접 찾으려면 엄청 힘들겠지만, ChatGPT의 힘을 빌리니 리스트를 금세 얻을 수 있었습니다.

영화	자아 중심	주제 키워드
〈이터널 선샤인〉	기억하는 나	기억과 감정의 삭제, 복원
〈비포 시리즈〉	경험↔기억	시간에 따른 사랑의 해석
〈라라랜드〉	기억하는 나	이루지 못한 삶의 반짝임
〈토이 스토리 3〉		추억과 작별, 성장
〈Call Me by Your Name〉		기억 속 감정의 농밀함
〈레버넌트〉	경험하는 나	생존, 복수, 기억
〈Her〉	중첩	AI 시대의 감정과 회상
⋮	⋮	⋮

● 콘텐츠 확장 연결의 테크닉

콘텐츠 확장의 황금 공식　**'종류＋목적＋조건＋연결점'**

효과적인 콘텐츠 확장 요청 요청에는 일정한 패턴이 있습니다. 이 패턴도 잘 기억해 두세요.

- **콘텐츠 확장의 황금 공식**
  "[콘텐츠 종류]에서 [목적, 용도]를 위해 [조건]을 만족하는 자료를 찾아 줘. [원본과의 연결점]도 설명해 줘."
  - **예시**　"심리적 안전감과 관련해 TED 강연에서 팀 교육용으로 활용할 만한 자료를 찾고 있어. 2020년 이후 발표된 자료를 찾아 줘. 심리적 안전감 개념과 어떻게 연결되는지도 설명해 줘."

자료 파일 참조 🔗

콘텐츠 확장에서 자주 나타나는 3가지 실패 패턴과 해결법

콘텐츠 확장 연결은 분명 유용한 기법이지만, 의외로 실망스러운 결과를 가져오는 경우도 많습니다. AI가 추천해 준 자료를 보고 '내가 원하는 게 아니네.', '너무 뻔한 자료만 나오네.', '이건 완전 다른 얘기잖아.'라고 생각하는 경우도 분명히 발생합니다. 하지만 이는 대부분 요청 방식의 문제입니다. AI는 마술사가 아니기 때문에 막연하거나 부정확한 요청에는 막연한 답변을 줄 수밖에 없거든요. 다음 3가지 대표적인 실패 패턴을 조심하면, 훨씬 만족스러운 결과를 얻을 수 있습니다.

- **문제 1** **너무 막연한 요청 → 요청을 구체적으로 제시**
  - **실패 사례**: "디지털 트랜스포메이션과 관련된 자료를 더 찾아 줘."→뻔한 컨설팅 보고서만 나열
  - **개선 방법**: "제조사 CEO 입장에서 DX 도입 시 조직 저항을 다룬 실제 사례 자료를 찾아 줘."
- **문제 2** **시간대 무시 → 시간대를 명확하게 지정**
  - **실패 사례**: "메타버스 관련 TED 강연 추천해 줘."→2018년 VR 초기 개념 강연을 추천받음.
  - **개선 방법**: "2023년 이후 메타버스 실패 사례를 다룬 최신 TED 강연이나 기술 컨퍼런스 발표가 있을까?"
- **문제 3** **수준 차이 무시 → 내게 맞는 적절한 수준을 지정**
  - **실패 사례**: "양자 컴퓨팅 관련 논문 추천해 줘."→물리학 석박사급 고급 논문들만 추천
  - **개선 방법**: "IT 기획자도 양자 컴퓨팅의 비즈니스 임팩트를 이해할 수 있을 만한 수준의 산업 분석 보고서가 있을까?"

환각 방지를 위한 안전장치

콘텐츠 확장 연결을 요청할 때 꼭 주의해야 할 사항이 있습니다. 콘텐츠 확장 연결을 요청하면 생성형 AI는 텍스트 내부를 벗어나 생성형 AI의 자체 지식이나 외부 인터넷 정보들을 끌어와 답변하게 됩니다. 자료가 없더라도 사람의 말에 어떻게든 대답해야 한다는 철저한 서비스 정신 때문에 생성형 AI는 종종 없는 자료를 있는 것처럼 추천하는 환각 사고를 저지릅니다. 따라서 환각 현상 방지를 위해 가급적 콘텐츠 확장에서는 다음과 같은 안전장치를 활용하세요. 특히, 추천받은 자료는 가급적 직접 검색해서 실제 존재 여부를 확

인하는 것이 중요합니다. 물론 Perplexity처럼 다른 AI를 활용해 손쉽게 검증하는 방법이 있긴 합니다. 이는 출간 예정인 2권의 '3부, AI 드리블링' 파트에서 다시 설명하겠습니다.

5.3 산업, 학문, 기술을 크로스오버하기

'이 철학 개념을 우리 회사 경영에 적용하면 어떨까?', '이 생물학 원리를 기술에 활용할 수 있을까?', '게임 이론을 교육에 접목하면 어떤 변화가 일어날까?' 책이나 보고서를 읽으면서 이런 생각을 해 본 적 있으시죠? 바로 이런 순간이 진정한 혁신과 창의적 사고의 출발점입니다.

● 왜 경계를 넘나드는 사고가 중요할까?

현대 사회의 가장 혁신적인 아이디어들은 대부분 분야 간 경계를 넘나들며 탄생했습니다. 생체 모방 공학(생물학+공학), 게이미피케이션(게임+비즈니스, 교육), 행동 경제학(심리학+경제학), 그리고 제가 박사 과정에서 공부했던 경제 물리학(물리학+경제학)까지… 이 모든 것들이 서로 다른 분야의 크로스오버에서 나온 결과물입니다. 한 분야에만 머물러 있으면 기존 사고 틀에 갇히기 쉽지만, 다른 분야와 연결해서 생각하면 완전히 새로운 관점이 열립니다.

특히, AI 시대에는 이런 크로스오버 사고가 더욱 중요해졌습니다. AI가 단순 반복 작업을 대체하면서 인간에게는 창의적 연결과 통합적 사고 능력이 더욱 요구되고 있거든요. 서로 다른 분야의 지식을 연결하여 새로운 솔루션을 만들어 내는 능력이야말로 미래 인재의 핵심 경쟁력 중 하나입니다.

말처럼 쉽지 않다고 손사래를 치는 분들도 있을 것입니다. 하지만 바로 그 때문에 제가 생성형 AI를 이용한 AI 증강 독해가 큰 축복이라고 말하는 것입니다. 혼자 하려면 며칠 동안을 머리를 싸매고 끙끙 앓아도 힘든 크로스오버가 AI를 활용하면 단 몇 분만에 가능해지거든요. 생성형 AI는 방대한 지식 베이스를 바탕으로 여러분이 생각하지 못한 연결을 가능하게 하고 때로는 완전히 다른 분야의 개념을 가져와 새로운 아이디어를 촉발시켜 주기도 합니다.

성공한 크로스오버 사례와 연결 포인트

하지만 생성형 AI를 활용해 크로스오버를 제대로 하려면, 기본 원리는 이해하고 있어야 겠지요. 그래서 실제로 분야 간 경계를 넘나들며 혁신을 만들어 낸 대표적인 사례들을 표 형태로 정리해 보았습니다.

▦ 성공적인 크로스오버 유형 및 사례

유형	사례	핵심 원리
생물학 → 기술	상어 피부 → 전신 수영복	마찰 저항 최소화 원리 적용
게임 → 비즈니스	RPG 레벨업 → 나이키 런 클럽	단계적 성취와 보상 시스템
심리학 → 경제학	인지 편향 → 행동 경제학	비합리적 의사결정 패턴 분석
음악 → 경영	재즈 즉흥 연주 → 애자일 방법론	즉석 협업과 유연한 적응

전신 수영복, 나이키 런 클럽, 행동 경제학, 애자일 방법론 등 성공 사례들을 분석해 보면 효과적인 크로스오버를 위한 핵심 요소들이 명확히 드러납니다.

첫째, 원리 수준에서의 추상화입니다. 겉으로 드러나는 현상이나 형태에 매몰되지 않고 원리 수준에서 본질을 파악해야 합니다.

둘째, 새로운 맥락에 맞는 구체화가 필요합니다. 이렇게 도출된 핵심 원리를 목표 분야의 고유한 특성과 요구사항에 맞게 새롭게 해석하고 구체화해야 합니다.

셋째, 현실적 제약 조건을 고려해야 합니다. 이론적으로 완벽해 보이는 아이디어라도 실제로 적용할 때는 다양한 현실적 제약 조건들을 고려하여 실용적으로 접근해야 합니다.

넷째, 단계적 실험과 검증입니다. 처음부터 완벽한 결과를 기대하기보다는 작은 실험을 통해 검증하고 피드백을 받아 점진적으로 개선해 나가는 단계적 접근법이 성공의 열쇠가 됩니다.

크로스오버를 어려워하는 3가지 함정과 해결법

이처럼 명확한 크로스오버 원리들이 있음에도 불구하고 현실 세계에서 많은 사람이 분야 간 연결에 실패합니다. 크로스 오버 연결에 실패하는 주요 함정과 해결책을 알아보는 것은 AI에게 관련 질문을 던질 때 특히 유용할 것입니다.

- **함정 1** **전문 지식의 함정**
  - **문제**: 자기 분야에 깊이 빠질수록 '할 만큼 다 해 봤어.', '검증된 것만 하자.'라는 생각
  - **해결법**: "다른 분야에서는 이 문제를 어떻게 해결할까?"라는 질문으로 시작
  - **AI 활용**: "우리 업계 외에서 이와 비슷한 문제를 해결한 창의적 사례가 있을까?"
- **함정 2** **구체적 디테일에 매몰**
  - **문제**: 원리보다 세부 방법론에 집착해 '넷플릭스 성공 → 우리도 구독 모델' 식의 겉모습민 모방
  - **해결법**: "이 성공 사례의 근본 원리는 무엇일까?"부터 시작
  - **AI 활용**: "애플의 '단순함' 디자인 철학을 은행 앱 UX에 적용할 때의 핵심 원리는?"
- **함정 3** **맥락 이해 부족**
  - **문제**: 성공 사례의 배경을 모른 채 결과만 따라하려는 시도
  - **해결법**: 성공 요인과 함께 실패 조건, 제약사항도 함께 분석
  - **AI 활용**: "스웨덴 복지 모델을 한국에 적용할 때 고려할 현실적인 제약과 가능한 부분을 구분해 줘."

AI와 함께하는 크로스오버 사고 실험법

이러한 크로스오버의 포인트와 3가지 함정을 함께 고려하면 생성형 AI를 크로스오버의 파트너로 활용하기 위한 좋은 전략이 도출됩니다.

- **추상화 레벨 조정**: 구체적 방법론이 아닌 원칙과 원리부터 탐색
- **단계적 연결**: 1단계 원리 파악 → 2단계 적용 가능성 탐색 → 3단계 구체적 구현 방안 도출
- **유사성과 차이점을 동시 분석**: '어떤 부분은 유사하고 어떤 부분은 달라야 할까?'라는 질문 활용
- **제약 조건 명시**: 현실적인 한계를 미리 인정하고 실행 가능한 범위 내에서 적용 방안 유도

● 상황별 크로스오버법

이제 본격적으로 AI와 함께 분야의 경계를 넘나들며 창의적 사고를 확장할 수 있는 구체적인 상황들을 살펴보겠습니다. 앞서 말씀드린 4가지 AI 활용 전략을 염두에 두고 내용을 살펴보면 응용 범위가 쉽게 늘어날 것입니다.

상황 1 산업 간 연결 – 다른 산업의 성공 사례를 우리 분야에 적용하고 싶을 때

💬 **일반적인 질문**: "넷플릭스 성공 비결을 우리 회사에 적용할 수 있을까?"

💡 **맞춤형 질문**: "이 책에 소개된 넷플릭스의 '자유와 책임' 조직 문화 개념을 제조업에 적용하려 할 때 주의사항은 무엇일까? 특히, 안전이 중요하고 팀워크가 필수적인 생산 라인 환경에서는 어떤 부분을 조정해야 할까?"

🎯 **프롬프트 포인트**: ❶ 구체적인 개념 지정 ❷ 목표 산업 명시 ❸ 산업별 특성 고려 ❹ 현실적 제약 조건 제시 → 단순 모방이 아닌 맥락에 맞는 적용 방안을 찾을 수 있음

자료 파일 참조 🔗

* **자료**: 리드 헤이스팅스, 『규칙 없음』(RHK, 2020)

상황 2 학문 간 연계 – 한 이론을 다른 관점과 연결해 해석하고 싶을 때

💬 **일반적인 질문**: "행동 경제학이 마케팅에 어떻게 쓰이지?"

💡 **맞춤형 질문**: "인간의 '손실 회피 편향'을 마케팅 관점에서는 어떻게 해석할 수 있을까? 소비자들의 소비 행태를 인지 편향 이론과 연결해서 보면 어떤 심리적 메커니즘이 작동하는 건지 설명해 줘."

◎ **프롬프트 포인트**: ❶ 핵심 개념 추출 ❷ 목표 학문 명시 ❸ 이론적 연결 요청 ❹ 메커니즘 분석

　→ 표면적 적용을 넘어 근본 원리를 이해할 수 있음

> 자료 파일 참조 🔗

상황 3　기술적 연결 – 최신 기술을 다른 분야에 응용하고 싶을 때

💬 **일반적인 질문**: "AI를 교육에 어떻게 활용할 수 있어?"

💡 **맞춤형 질문**: "이 논문에서 다룬 'GPT 모델의 개인화 학습' 기술을 초등학교 수학 교육에 적용할 때 어떤 방식으로 구현 가능할까? 아이들의 학습 속도와 이해 수준이 다르다는 점을 고려해서 실제 교실 환경에 맞는 방안을 제시해 줘."

◎ **프롬프트 포인트**: ❶ 구체적인 기술 명시 ❷ 적용 분야 구체화 ❸ 대상 특성 고려 ❹ 실행 환경 명시 → 기술의 본질을 이해하고 현실적 적용 방안을 도출할 수 있음

> 자료 파일 참조 🔗

상황 4　구현 사례 요청 – 이론적 개념의 실제 구현 사례를 찾고 싶을 때

💬 **일반적인 질문**: "블록체인 기술이 실제로 어디에 쓰이고 있어?"

💡 **맞춤형 질문**: "이 보고서에서 언급된 '탈중앙화 자율 조직(DAO)' 개념이 실제로 구현된 프로젝트 사례가 있을까?[27] 성공 사례와 실패 사례를 각각 1~2개씩 들어서 어떤 요인이 성패를 좌우했는지 분석해 줘."

◎ **프롬프트 포인트**: ❶ 구체적인 개념 지정 ❷ 성공, 실패 사례 요청 ❸ 성패 요인 분석 요구

　– 이론과 실제의 차이를 파악하고 실행 가능한 인사이트를 얻을 수 있음

> 자료 파일 참조 🔗

27　DAO(Decentralized Autonomous Organization): 블록체인 기반으로 규칙과 운영이 코드로 자동화된 탈중앙화 집단 의사결정 조직

'이 기술이 5년 후에는 어떻게 발전할까?', '이 정책이 과거에는 어떻게 적용됐지?' 책이나 보고서를 읽다가 이런 생각을 해 본 적 있으시죠? 바로 이런 순간이 단순한 정보 이해를 넘어 시계열적 통찰로 도약할 수 있는 소중한 기회입니다.

● 왜 시간축 연결이 독해의 깊이를 바꿀까?

대부분의 독자들은 책이나 보고서를 읽을 때 '현재 시점'에 갇혀 생각하는 경향을 보입니다. 내용 자체의 습득에 급급한 나머지, 서술되는 내용의 과거 흐름과 미래 영향에 대해서는 별로 생각하지 않습니다. 물론 이는 독자들의 잘못이 아닙니다. 더글러스 러쉬코프 (Douglas Rushkoff)가 『현재의 충격』(청림출판, 2014)에서 말한 것처럼 우리는 미래가 아닌 현재에 압도당하는 시대에 살고 있거든요. 개개인의 문제가 아니라 시대의 문제인 셈입니다. 문제는 '지금 이 개념이 무엇인가?', '현재 이 기술의 상태는 어떤가?'와 같은 현재 상태에만 집중하면 정보의 맥락과 의미를 제대로 읽어 낼 수 없다는 것입니다.

만약, 시간축이라는 렌즈를 적용해 본다면, 같은 정보가 완전히 다른 의미로 다가옵니다. 예를 들어, '원격근무'라는 개념을 생각해 보겠습니다. 2010년대 중반만 하더라도 '혁신적인 실험'에 그쳤지만, 2020년 코로나19가 발생하면서 '생존을 위한 필수'가 되었고, 2025년 현재는 '생산성 향상을 위한 선택적 업무 방식'으로 그 의미가 계속 변화했습니다. 이런 시간적 맥락을 이해하지 못하면 현재의 원격근무 관련 정책이나 기술을 제대로 평가하기 어렵죠.

좀 더 중요한 것은 시간축 연결을 통해 예측력과 전략적 사고를 기를 수 있다는 점입니다. 과거의 패턴을 이해하고 현재의 변화 신호를 포착하면 미래의 방향성을 어느 정도 가늠할 수 있거든요. 생성형 AI는 독자들의 시계열적 사고를 정말 잘 도와줄 수 있습니다. 방대한 역사 데이터를 기초로 변화의 흐름을 정리하고 다양한 시나리오를 제시해 주니까요.

시간축 연결의 3가지 어려움과 해결 방안

하지만 현실에서는 시간축 연결이 말처럼 쉽지 않습니다. 시간 범위의 모호함, 주요 사건들의 기저 흐름 포착, 미래 자체의 불확실성 등과 같은 어려움 때문입니다. 그렇다면 AI의 도움을 받아 이러한 어려움을 극복하고 어떻게 효과적인 시간축 연결을 할 수 있을까요? 사례를 통해 살펴보겠습니다.

- **문제 상황**: 블록체인 기술에 관한 보고서를 읽고 나서 '이 기술이 앞으로 어떻게 발전할까?'라고 생각했지만, 막상 구체적으로 어떻게 예측할지 막막하다.
- **일반적 반응**: "블록체인 미래 전망 좀 알려 줘."
- **시간축 연결 독해**: "블록체인 기술이 2008년 비트코인 등장부터 2024년까지 어떤 단계를 거쳐 발전했고 각 단계별 핵심 전환점과 그 원인은 무엇인지 정리해 줘. 그리고 이 패턴을 바탕으로 향후 5년간 예상되는 3가지 시나리오를 제시해 줘."

자료 파일 참조 🔗

- **첫 번째 어려움: 시간 범위의 모호함 → 명시적 시간 범위 지정**

'과거부터 지금까지'라고 막연하게 질문하면 AI도 막연한 답변을 줄 수밖에 없습니다. 구체적인 시작점과 끝점을 명시해야 의미 있는 분석이 가능해집니다. 여기서는 '2008년 비트코인 등장부터 2024년까지'와 '향후 5년간'이라는 명시적인 시간 범위를 지정해 주었습니다.

- **두 번째 어려움: 주요 사건들의 기저 흐름 포착 → 전환점, 변화 원인 요구**

시간순으로 사건들을 나열하는 것과 시간축 연결은 다릅니다. 변화의 원인, 전환점의 의미, 패턴의 반복 등을 파악해야 진짜 통찰이 생겨납니다. 여기서는 '어떤 단계를 거쳐 발전했고 각 단계별 핵심 전환점과 그 원인은 무엇인지'라는 말을 통해 이 문제를 해결했습니다.

- **세 번째 어려움: 미래 자체의 불확실성 → 시나리오 제시 요청**

AI에게 "10년 후 모습을 정확히 예측해 줘."라고 요청하면 그럴 듯하지만 신뢰하기 어려운 답변을 받게 됩니다. 미래는 불확실하니까요. 그래서 미래 예측을 생성형 AI에게 요청할 때는 시나리오 기반 접근이 훨씬 현실적이고 유용합니다.

● 상황별 시간축 연결법

이제 생성형 AI를 통해 시간축 연결을 어떻게 진행할지 약간 감이 오실 것입니다. 다음에는 실무에서 자주 만나는 상황들을 중심으로 시간축 연결 사례들을 일반적인 질문들과 맞춤형 질문을 대비시켜 소개해 보겠습니다.

상황 1 단계별 발전 추적 – 정책이나 제도의 변화 과정을 이해하고 싶을 때

> 💬 **일반적인 질문**: "ESG 정책이 어떻게 변했어?"
>
> 💡 **맞춤형 질문**: "ESG 경영 정책이 2008년 금융 위기 이후부터 2024년까지 어떤 3~4단계를 거쳐 발전했는지 정리해 줘. 각 단계별로 ❶ 핵심 특징 ❷ 주요 전환 요인 ❸ 대표적 사례를 포함해서 표로 만들어 줘."
>
> • **프롬프트 포인트**: ❶ 명확한 시간 구간 설정 ❷ 단계별 구조화 요청 ❸ 핵심 요소 3가지 지정 ❹ 표 형식 요청
>
>   → 정책의 진화 과정을 체계적으로 이해하면 현재 정책의 의미와 미래 방향을 더 정확히 예측할 수 있음
>
> **자료 파일 참조** 🔗

상황 2 혁신 곡선 분석 – 기술 발전 트렌드를 파악하고 싶을 때

> 💬 **일반적인 질문**: "생성형 AI 기술이 앞으로 어떻게 발전할까?"
>
> 💡 **맞춤형 질문**: 단계적 접근
>
> - **프롬프트 1** "생성형 AI 기술의 주요 발전 과정을 시기별로 정리해 줘."
> - **프롬프트 2** "좋아, 생성형 AI 기술의 주요 발전 과정을 4단계로 나누어 설명해 주었는데, 각 단계별로 ❶ 기술적 돌파구 ❷ 상용화 수준 ❸ 사회적 반응을 비교 분석해 줘."
> - **프롬프트 3** "좋아. 이 패턴을 바탕으로 향후 3년간의 전개 방향을 예측해 줘."
>
> 🎯 **프롬프트 포인트**: ❶ 단계적 질문으로 복잡도 관리 ❷ AI가 제시한 구분 활용 ❸ 3가지 핵심 지표로 체계화 ❹ 과거 패턴 → 미래 예측 순서
>
>   → 처음부터 완벽한 질문을 만들려 하지 말고 AI와 대화하며 점진적으로 깊이를 더해 나가는 것이 더 현실적이고 효과적임
>
> **자료 파일 참조** 🔗

특히, 기술 분야의 경우 위처럼 '일반적인 질문'을 해도 꽤 상세한 답변이 나옵니다. 하지만, 종종 답변 내용이 어려워서 이해하거나 해석하기 곤란하고 정말 타당한 예측인지 분간하기도 힘든 경우가 많습니다. 잘 모르는 기술 분야에 대한 시간축 연결은 위처럼 단계별 질문 형태로 차근차근 진행해 나가야 AI의 답변을 제대로 해석할 수 있고 환각 현상도 예방할 수 있습니다.

상황 3　**트렌드 전환점 포착 – 사회 현상의 변화 흐름을 분석하고 싶을 때**

💬 **일반적인 질문**: "원격근무 트렌드가 어떻게 바뀌었지?"

💡 **맞춤형 질문**:

- **프롬프트 1** "원격근무에 대한 인식과 실제 적용이 2,000년대부터 현재까지 어떻게 변화했는지 시간순으로 정리해 줘."
- **프롬프트 2** "좋아. 이 변화 과정에서 패러다임이 크게 바뀐 주요 전환점들을 찾아서 각각에 대해 ❶ 변화 이전 상황 ❷ 전환 계기 ❸ 변화 이후 결과를 분석해 줘."
- **프롬프트 3** "이런 전환점들의 패턴을 보면 현재 원격근무 트렌드의 지속 가능성을 어떻게 예측할 수 있을까?"

🎯 **프롬프트 포인트**: ❶ 전체 흐름 파악 후 전환점 도출 ❷ 변화의 3단계 분석 틀 적용 ❸ 과거 패턴으로 현재 트렌드 평가 ❹ 점진적 심화를 통한 통찰 도출

　→ 사회 현상은 복잡하므로 먼저 큰 흐름을 파악한 후 핵심 선환섬을 찾아 깊이 분석하는 것이 효과적임

자료 파일 참조 🔗

상황 4　**사상사적 계보 정리 – 개념이나 이론의 진화 과정을 추적하고 싶을 때**

💬 **일반적인 질문**: "마케팅 이론이 어떻게 발전했어?"

💡 **맞춤형 질문**: 단계적 접근

- **프롬프트 1** "마케팅 이론이 1950년대부터 현재까지 어떤 주요 변화를 거쳐왔는지 시대순으로 정리해 줘."
- **프롬프트 2** "좋아. 마케팅 이론의 발전 과정을 시대별로 나누어 설명해 주었는데, 각 시기별로 ❶ 핵심 철학 ❷ 대표 이론가 ❸ 실무 적용 사례를 비교 분석해 줘."
- **프롬프트 3** "이런 진화 패턴을 보면 다음 단계 마케팅 이론은 어떤 특징을 가질 것으로 예

측되는지 분석해 줘."

🎯 **프롬프트 포인트:** ❶ 이론의 역사적 흐름 먼저 파악 ❷ AI가 제시한 시대 구분 활용 ❸ 이론–인물–실무의 3차원 분석 ❹ 진화 논리로 미래 방향 예측

→ 이론의 발전은 사회적 맥락과 밀접한 관련이 있으므로 시대적 배경과 함께 이해하면 현재 이론의 한계와 발전 방향을 더 명확히 파악할 수 있음

자료 파일 참조 🔗

위에서 첫 번째 질문을 통해 시대순으로 전체 흐름을 파악했습니다. 여기서는 1950년대라고 지정해 주었지만, 그 이상으로 거슬러 올라갈 수도 있겠지요. 두 번째 질문에서는 AI의 시대 구분을 활용해 체계적인 심화 분석을 부탁했습니다. 경우에 따라서는 이러한 시대 구분을 적절히 조정하고 새로운 구분을 인식시킨 후에 정리를 시킬 수도 있습니다. 대부분 AI가 맞지만, 내 생각을 반영해야 차별적인 정리가 가능해지기 때문입니다.

마지막으로 세 번째 질문은 지금까지 환기(Recall)된 내용을 바탕으로 미래 예측을 시도한 내용입니다. 여기에 내가 중요하게 보는 포인트 또는 새로운 자료를 업로드해서 그 관점을 반영해 미래 예측을 조정할 수도 있습니다. 미래는 얼마든지 다양한 형태로 진행할 수 있고 미래 예측은 개연성(Plausibility)과 논리성이 중요하기 때문입니다.

특히, 학생들에게 프롬프트 1, 2의 사상사적 계보 정리 접근법은 매우 유용합니다. 기존의 암기식 학습에서 벗어나 이론의 발전 맥락을 이해하면 시험에서도 단순 정답 맞히기가 아닌 논리적 추론이 가능해집니다. 또한 여러 이론가의 견해 차이나 논쟁점을 파악할 수 있어 비판적 사고력도 함께 기를 수 있죠. 무엇보다 '왜 이 이론이 이 시기에 등장했을까?'라는 질문을 통해 사회적 맥락과 연결해 사고하는 습관을 만들 수 있습니다.

상황 5 복수 경로 분석 – 미래 시나리오를 구성하고 싶을 때

현실적인 미래 예측을 하려면 단일 시나리오보다는 복수의 가능성을 동시에 고려하는 것이 중요합니다. 이때 중요한 것은 과도한 확신을 피하고 불확실성을 인정하는 자세입니다.

💬 **일반적인 질문:** '메타버스가 10년 후에는 어떻게 될까?'

💡 **맞춤형 질문 단계적 접근:**

- **프롬프트 1** "메타버스 기술의 현재 상황과 발전 가능성에 영향을 미치는 주요 변수들을 정리해 줘."
- **프롬프트 2** "좋아. 메타버스 발전에 영향을 미치는 주요 변수들을 제시해 주었는데, 이 중 가장 핵심적인 2가지 변수를 기준으로 향후 5년간 3가지 시나리오(낙관적, 현실적, 보수적)를 구성해 줘."
- **프롬프트 3** "각 시나리오별로 핵심 전제 조건과 예상 결과, 그리고 실현 확률을 분석해 줘. 불확실한 부분은 명시해 줘."

🎯 **프롬프트 포인트**: ❶ 핵심 변수 먼저 도출 ❷ AI가 제시한 변수 중 핵심 2개 선택 ❸ 변수 조합으로 시나리오 구성 ❹ 확률과 불확실성 명시 요청

→ 미래는 본질적으로 불확실하므로 단일 예측보다는 다양한 가능성을 동시에 고려하여 리스크를 관리하고 기회를 포착하는 것이 현명함

자료 파일 참조 🔗

첫 번째 질문에서는 '현재 상황과 주요 변수'라는 관점으로 미래 예측의 기초 자료를 수집했습니다. 여기서는 메타버스라고 지정했지만, 다른 기술이나 산업 분야로 얼마든지 바꿀 수 있습니다.

두 번째 질문에서는 AI가 제시한 변수들 중 핵심적인 것들을 선별해 시나리오 구성을 부탁했습니다. 경우에 따라서는 AI가 놓친 중요한 변수를 추가하거나 내가 특히 중요하게 보는 변수로 조정할 수도 있습니다. AI의 분석이 대부분 합리적이지만, 내 관점이나 업계 경험을 반영해야 더 실용적인 시나리오가 만들어지니까요.

마지막으로 세 번째 질문에서는 각 시나리오의 구체적인 조건과 실현 가능성을 분석한 것입니다. 여기에 최신 동향 자료를 업로드하거나 특정 산업의 맥락을 추가로 제공해 시나리오를 좀 더 정교하게 다듬을 수 있습니다. 미래는 본질적으로 불확실하므로 다양한 가능성을 동시에 고려해야 합니다.

이런 시나리오 기반 접근법은 기업 기획자, 애널리스트, 컨설턴트들에게 매우 중요합니다. 단일한 미래 예측에 의존하면 예상치 못한 변화에 취약해지지만, 복수의 시나리오를 준비하면 어떤 상황이 와도 대응할 수 있는 유연성을 확보할 수 있습니다. 또한 각 시나리오별로 리스크와 기회를 미리 분석해 두면 실제 변화가 시작될 때 빠르게 의사결정을 내릴 수

있죠. 무엇보다 '만약 이런 상황이 온다면?'이라는 질문을 통해 전략적 사고와 위기 대응 능력을 동시에 기를 수 있는 실무적 가치가 큽니다.

● 시간축 연결의 테크닉

시간축 연결에서는 AI가 잘하는 부분과 못 하는 부분을 명확히 파악하는 것이 중요합니다. 이와 관련해 간단한 실전 사례를 살펴보겠습니다.

 **실전 사례: 원격근무 트렌드의 시간축 분석**

다음은 마케팅 기획자 김 씨가 '원격근무가 기업 문화에 미치는 영향'에 대한 자료를 읽고 AI와 함께 시간축 분석을 진행한 과정입니다. 주의할 점은 1단계 과거 조사, 2단계 현재 분석의 답변은 매우 훌륭했지만, 3단계 미래 예측에서 문제가 발생했다는 것입니다.

단계별 접근	사용 프롬프트와 AI 답변 요약
1단계 과거 조사 → 성공적인 결과	• 프롬프트 "원격근무의 개념이 2,000년부터 2020년까지 어떻게 발전해 왔는지 시간 순으로 정리해 줘. 주요 전환점과 그 이유도 포함해서." • **AI 답변**(요약): – 2000년대 초: 인터넷 보급으로 '텔레워킹' 개념 등장 – 2008년 금융 위기: 비용 절감 목적 재택근무 확산 – 2010년대 중반: 클라우드의 발달로 협업 도구 개선 – 2020년 코로나19: 강제적 전환으로 대규모 실험 시작
2단계 현재 분석 → 여전히 좋은 성과	• 프롬프트 "2020년 이후 원격근무 정착 과정에서 나타난 주요 변화 3가지를 분석해 줘." • **AI 답변**(요약) – 하이브리드 모델 정착: 완전 재택보다 주 2~3일 재택 선호 – 디지털 협업 발달: 비동기 소통 방식 확산 – 성과 측정 방식 변화: 시간 기반에서 결과 기반으로 전환
3단계 미래 예측 → 문제 발생	• 프롬프트 "원격근무가 10년 후 기업 문화를 어떻게 바꿀지 구체적으로 예측해 줘." • **AI 답변**(요약): – 2030년까지 80%의 기업이 완전 원격근무 전환 – 물리적 사무실은 거의 사라질 것 – VR, AR 기반 가상 오피스가 표준이 될 것 – 원격 인재 채용의 일반화로 지역 임금 격차 해소

시간축 연결에서 AI가 잘하는 것 vs. 주의해야 할 점

위 사례에서 알 수 있듯이 AI의 과거 조사나 현재 분석 결과는 매우 유용했습니다. AI는 학습된 데이터가 많고 패턴 인식을 통해 정리를 잘하며 다양한 정보를 종합해 다각도 검증까지 하기 때문입니다. 하지만 미래 예측에서 문제가 나타났습니다. 과도한 낙관주의나 최근 전문가 예측의 단순 답습 등으로 황당한 예측이 전개되어 버렸죠.

이외에도 과거 조사에서 지나치게 세부적인 통계나 수치, 특정 지역의 마이너한 역사, 비유명인의 구체적 과거사 등은 환각 현상을 일으킬 가능성이 큽니다. 이런 측면에서 시간축 연결과 관련해 AI가 잘하는 것과 주의해야 할 점을 다시 한번 정리해 보겠습니다.

■ 시간축 연결 관련 AI의 강·약점

강점	약점
• 과거의 큰 흐름과 패턴 정리	• 구체적인 수치나 세부 통계
• 주요 전환점과 원인 분석	• 미래의 정확한 예측
• 현재 상황의 종합적 분석	• 지역별, 개인별 세부사항
• 다양한 관점의 종합 정리	• 과도한 확신이나 단정

스마트한 시간축 질문법

그렇다면 시간축 연결과 관련해 AI의 장점은 살리고 한계는 보완하려면 어떻게 해야 할까요? 이와 관련된 실용적인 질문 기법들은 다음과 같습니다.

(가) 미래 예측 시에는 시나리오 접근법 활용

- **위험한 질문**: "원격근무가 10년 후 정확히 어떻게 될까?"
- **좋은 질문**: "원격근무의 미래를 3가지 시나리오(낙관적, 현실적, 보수적)로 나누어 각각의 실현 가능성과 제약 요인을 분석해 줘."

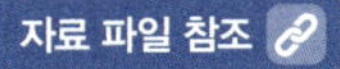

(나) 불확실성을 명시적으로 요청

- **추가 요청**: "예측에서 확실하지 않은 부분은 '(추정)'이라고 표시해 줘."

(다) 과거 조사 시에는 트렌드 중심으로 접근

- **위험한 질문**: "1990년대 한국 중소기업의 평균 IT 투자액이 얼마였지?"
- **좋은 질문**: "1990년대 한국 중소기업 IT 투자 증감 트렌드를 알려 줘. 정확한 수치보다는 변화 방향 중심으로."

자료 파일 참조 🔗

(라) 출처와 신뢰도 확인 요청

- **추가 요청**: "방금 제시한 정보의 출처를 명시해 줘. 추정이면 추정이라고 표시해 줘."

5.5 큰 그림 그리기

"이 책 내용이 정말 좋은데, 전체적으로 어떤 구조인지 한눈에 보고 싶어.", "여러 개념이 어떻게 연결되는지 도식으로 정리할 수 없을까?"

복잡한 책이나 보고서를 읽다가 이런 생각을 해 본 적 있으시죠? 바로 이런 순간이 단순한 정보 이해를 넘어 전체적 통찰로 도약할 수 있는 결정적인 기회입니다.

● 왜 큰 그림이 독해의 완성도를 바꿀까?

대다수의 사람들은 책을 읽을 때 개별 개념들을 하나씩 이해하는 데 집중합니다. 물론 이것도 중요합니다. 하지만 여기서 멈추면 아쉽습니다. 진짜 학습과 통찰은 개별 요소들 사이의 관계와 전체 구조를 파악할 때 일어나거든요. 예를 들어, 경영 전략서를 읽을 때 'SWOT 분석', '포터의 5Forces', '블루오션 전략'과 같은 개념들을 각각 이해하는 것과 이들이 전체 전략 체계 안에서 어떻게 연결되고 보완하는지를 파악하는 것은 완전히 다른 차원의 학습입니다. 후자야말로 실무에서 진짜 써먹을 수 있는 통합적 사고력입니다

좀 더 중요한 것은 큰 그림을 그리는 과정에서 새로운 통찰과 아이디어가 생긴다는 점입

니다. 개별적으로는 별로 특별해 보이지 않던 개념들이 전체 구조 안에서는 의외로 중요한 역할을 하고 있다는 걸 발견하게 되거든요. 생성형 AI는 이런 구조화와 시각화 작업에 특히 뛰어납니다. 복잡한 개념들 사이의 관계를 다양한 형태로 정리해 주고 때로는 여러분이 놓친 연결점까지 찾아 주니까요.

독자들이 자주 겪는 큰 그림 구성의 3가지 어려움

하지만 현실에서는 책이나 보고서를 읽고 큰 그림을 즉시 머릿속으로 그리는 것이 말처럼 쉽지 않습니다. 어떤 식으로 방대한 전체 내용을 정리해야 할지, 핵심 개념들을 어떻게 관계 지어야 할지, 머릿속에 있는 아이디어를 종이 위에 어떻게 시각화해서 펼쳐 내야 할지 막막하지요. 이러한 정리 방식의 모호함, 개념 간 관계의 복잡성, 시각화 도구의 부족은 많은 독자가 공통적으로 겪는 어려움입니다.

그렇다면 AI의 도움을 받아 이러한 어려움을 극복하고 어떻게 효과적으로 큰 그림을 그릴 수 있을까요? 사례를 통해 살펴보겠습니다.

- **문제 상황**: 마케팅 전략서를 읽고 나서 '전체적으로 어떤 구조인지 정리하고 싶어.'라고 생각했지만, 막상 어떤 방식으로 정리해야 할지 막막하다.
- **일반적 반응**: "이 책의 전체 구조 좀 정리해 줘."
- **큰 그림 독해**: "이 책의 핵심 개념 5가지를 상위–하위 개념의 계층 구조로 정리해 줘. 그리고 각 개념들 사이의 인과 관계를 화살표로 표시해 줘."

자료 파일 참조 🔗

- **첫 번째 어려움**: 정리 방식의 모호함 → 적합한 정리 방식을 탐색해 지정

"전체 구조를 보고 싶다."라고 막연하게 요청하면 어떤 방식으로 정리할지 방향이 없어 만족스럽지 못한 결과를 얻게 됩니다. 구체적인 정리 방식을 지정해야 의미 있는 구조화가 가능해집니다. 여기서는 상위–하위 개념의 계층 구조를 지정했습니다. 정리 방식을 빠르게 선택하려면 논리학 책이나 시중의 시각화 분석 도서들을 참고하면 많은 도움이 됩니다.

- **두 번째 어려움: 개념 간 관계의 복잡성 → 개념 간 관계를 탐색해 지정**

　책이나 보고서에 나오는 개념들은 단순한 나열이 아니라 복잡한 관계망을 이루고 있습니다. 이런 관계를 제대로 파악하지 못하면 평면적인 요약에 그치게 됩니다. 선후 관계, 대소 관계, 인과 관계, 조건 관계 등 개념 간의 다양한 관계 중 여기서는 인과 관계의 관점을 요청했습니다. 개념 간 관계의 유형은 앞의 5장 1절에서 다양하게 소개해 놓았습니다.

- **세 번째 어려움: 시각화 도구의 부족 → 생성형 AI의 시각화 능력 활용**

　머릿속으로는 전체 구조가 그려져도 이를 다른 사람이 알아볼 수 있는 형태로 표현하는 것은 또 다른 어려움입니다. 생성형 AI는 이런 시각화 작업에서 강력한 도구가 됩니다.

● 상황별 큰 그림 구성법

　이제 실무에서 자주 만나는 상황별로, 바로 활용할 수 있는 큰 그림 구성 전략들을 소개하겠습니다. 각 상황마다 단계적으로 접근하면 쉽게 따라 할 수 있을 것입니다.

상황 1 　개념 구조화 – 복잡한 이론서의 핵심 개념들을 체계화하고 싶을 때

> 💬 **일반적인 질문:** "이 보고서의 핵심 개념들을 정리해 줘."
>
> 💡 **맞춤형 질문:**
> - **프롬프트 1** "이 보고서에서 가장 중요하게 다루는 핵심 개념들을 5~7개 정도 추출해 줘."
> - **프롬프트 2** "좋아. 이제 이 개념들을 상위 개념과 하위 개념으로 계층화해서 트리 구조로 정리해 줘."
> - **프롬프트 3** "각 개념들 사이의 인과 관계나 상호작용을 화살표로 표시한 관계도도 만들어 줘."
>
> **자료 파일 참조** 🔗
>
> 🎯 **프롬프트 포인트:** ❶ 핵심 개념 추출 후 구조화 ❷ AI가 제시한 개념들로 계층 구성 ❸ 관계 시각화로 완성 ❹ 단계별 정교화
> → 개념의 위계와 연결 관계를 동시에 파악하면 이론의 전체 체계를 명확히 이해할 수 있음

💬 **일반적인 질문**: "이 보고서의 논리가 어떻게 전개되는지 알려 줘."

💡 **맞춤형 질문**:

- **프롬프트 1** "이 보고서의 중심 주장과 이를 뒷받침하는 보조 주장들을 구분해서 정리해 줘."
- **프롬프트 2** "중심 주장과 보조 주장들 사이의 논리적 관계를 도식으로 표현해 줘. 근거–결론 구조가 명확히 보이도록."
- **프롬프트 3** "이 논리 구조에서 가장 약한 연결고리나 추가 보강이 필요한 부분이 있다면 지적해 줘."

🎯 **프롬프트 포인트**: ❶ 주장의 계층 구조 파악 ❷ 논리적 연결 관계 시각화 ❸ 논증의 강·약점 분석 ❹ 비판적 사고 적용

- 논리 구조를 시각화하면 논증의 허점을 발견하고 더 설득력 있는 사고를 할 수 있음

자료 파일 참조 🔗

상황 3 **관계도 구성 – 소설이나 사례 연구의 인물, 요소 관계를 파악하고 싶을 때**

💬 **일반적인 질문**: "이 소설의 등장인물들 관계 좀 정리해 줘."

💡 **맞춤형 질문**:

- **프롬프트 1** "이 소설의 주요 등장인물들과 각자의 역할, 특징을 정리해 줘."
- **프롬프트 2** "등장인물들 사이의 관계(갈등, 협력, 가족 관계 등)를 네트워크 형태로 시각화해 줘."
- **프롬프트 3** "이 관계도에서 이야기의 핵심 갈등 구조와 해결 과정이 어떠한지 분석해 줘."

🎯 **프롬프트 포인트**: ❶ 인물 특성 파악 후 관계 시각화 ❷ 다양한 관계 유형 구분 ❸ 갈등–해결 구조 분석

→ 인물 관계를 시각화하면 복잡한 서사 구조도 명확하게 이해할 수 있음

자료 파일 참조 🔗

첫 번째 질문에서는 인물, 역할, 특징 등 키워드를 이용해 기본 재료를 수집했습니다. 인물 분석의 경우, 주인공뿐만 아니라 조연들의 역할도 함께 고려해야 할 것입니다. 두 번째 질문에서는 AI가 제시한 인물들을 바탕으로 관계 시각화를 부탁했습니다. 필요하다면 특

정 관계 유형(ⓔ 권력 관계, 친목, 적대 관계 등)에 초점을 맞춰 분석할 수도 있습니다. 대부분 AI의 관계 분석이 합리적이지만, 내가 관심 있는 중요한 관계나 작품 해석을 반영하면 더 의미 있는 관계도가 만들어지니까요. 마지막으로 세 번째 질문에서는 관계도를 바탕으로 작품의 핵심 주제나 갈등 구조를 분석했습니다. 여기에 문학 비평이나 작가의 다른 작품과의 비교 관점을 추가해 좀 더 깊이 있는 해석을 할 수도 있습니다.

특히, 문학이나 역사서 분석에서 이런 관계도 기반 접근법은 매우 유용합니다. 복잡한 인물 관계나 다중 플롯을 한눈에 파악할 수 있고 작품의 주제 의식이나 갈등 구조를 체계적으로 이해할 수 있습니다. 또한 등장인물들의 행동 동기나 관계 변화를 추적하면서 스토리텔링의 기법도 학습할 수 있죠. 무엇보다 "왜 이 인물이 이런 선택을 했을까?"라는 질문을 통해 인간 심리와 사회 구조에 대한 통찰력을 기를 수 있는 실용적 가치가 큽니다.

상황 4 **맥락 지도화 – 여러 데이터나 시나리오를 비교 분석하고 싶을 때**

💬 **일반적인 질문:** "이 보고서의 시나리오들을 비교해 줘."

💡 **맞춤형 질문:**
- **프롬프트 1** "이 보고서에 제시된 3가지 시나리오의 핵심 특징과 차이점을 정리해 줘."
- **프롬프트 2** "이 시나리오들을 2x2 매트릭스로 표현할 수 있을까? 가로축과 세로축을 적절히 설정해서."
- **프롬프트 3** "각 시나리오가 매트릭스의 어느 위치에 있는지 설명하고 이를 통해 드러나는 전략적 시사점을 분석해 줘."

🎯 **프롬프트 포인트:** ❶ 시나리오 특성 분석 ❷ AI가 제안한 축으로 매트릭스 구성 ❸ 위치 분석으로 통찰 도출 ❹ 전략적 함의 도출

→ 복잡한 데이터나 시나리오를 매트릭스로 정리하면 의사결정에 필요한 핵심 포인트를 명확히 파악할 수 있음

자료 파일 참조 🔗

실제로 컨설팅이나 기획 실무에서 2×2 매트릭스 분석을 많이 사용합니다. 이때 가장 어려운 부분이 가로축과 세로축을 설정하는 문제입니다. 얼마나 어려운 문제인지 2×2 매트릭스 가이드북도 나와 있을 정도입니다(알렉스 로워, 『핵심을 꿰뚫는 단순화의 힘, 2×2 매트

릭스』(지식노마드, 2005). 그런데 이런 고민을 생성형 AI는 한방에 해결해 줍니다. 가로축, 세로축을 물어보고 티키타카를 통해 개선해 나가면 정말 손쉽게 2×2 매트릭스를 그릴 수 있습니다. 이 부분은 나중에 출간될 『AI 증강 분석』을 참고하시기 바랍니다.

복합적인 전략서나 실무 가이드를 읽을 때는 단순한 개념 정리를 넘어 실행 가능한 체계로 구성하는 것이 중요합니다. 이때 중요한 것은 이론적 완성도와 실무적 적용 가능성을 동시에 고려하는 자세입니다.

● 실전 사례: 컨설턴트의 전략 서적 시각화 작업

앞서 소개한 기법들이 실제로 어떻게 적용되는지 구체적인 사례를 통해 살펴보겠습니다. 다음은 전략 컨설턴트 박담대 씨가 김위찬 교수의 『블루오션 전략』(교보문고, 2005)을 읽고 클라이언트 제안서에 활용할 핵심 개념들의 시각화를 AI와 함께 진행한 내용입니다. 간단히 설명하면 박씨가 책의 개념들을 마인드맵과 이슈 트리 형태로 정리해 2×2 매트릭스를 만들다가 환각 현상에 부딪힌 상황입니다.

 마인드맵 요청 – 첫 번째 시도

- 프롬프트1 "Blue ocean Strategy의 핵심 개념들을 Mind Map 형태로 정리해 줘."
- AI 응답: Blue Ocean Strategy
├── 핵심 개념
│   ├── Red Ocean vs. Blue Ocean
│   ├── Value Innovation
│   └── Strategy Canvas
├── 분석 도구
│   ├── Four Actions Framework
│   ├── ERRC Grid
│   └── Pioneer–Migrator–Settler Map
└── 실행 방법
     ├── 시장 경계 재정의
     ├── 전략 그룹 초월
     └── 구매자 그룹 재정의
- **박 컨설턴트의 반응:** "너무 단순해. 개념들 간의 논리적 연결이 안 보여…."

처음 분석 요청 때는 이처럼 텍스트를 이용해 시각화를 보여 줍니다. 다소 투박해 보이지만 빠르게 내용을 확인할 수 있는 장점이 있어 저도 선호합니다. 좀 더 예쁘게 시각화하는 과정은 ChatGPT나 Claude에서 모두 가능하지만 약간 복잡합니다. 이 부분 역시 나중에 출간될 『AI 증강 분석』에서 좀 더 상세하게 설명드리겠습니다.

2단계 **Issue Tree 요청 – 구조적 접근**

- 프롬프트2 "Blue Ocean Strategy를 실제 기업이 활용할 때의 Issue Tree를 만들어 줘. '어떻게 새로운 시장을 창출할 것인가?'를 최상위 질문으로 해서."
- AI 응답: 어떻게 새로운 시장을 창출할 것인가?
├── 1. 현재 시장 분석
│   ├── 1-1. 경쟁 요소 식별(Strategy Canvas)
│   ├── 1-2. 고객 가치 곡선 분석
│   └── 1-3. Red Ocean 한계점 파악

├── 2. 새로운 가치 창출
│   ├── 2-1. 제거할 요소(Eliminate)
│   ├── 2-2. 감소할 요소(Reduce)
│   ├── 2-3. 증가할 요소(Raise)
│   └── 2-4. 창조할 요소(Create)
└── 3. 실행 전략
     ├── 3-1. 타깃 고객 재정의
     ├── 3-2. 가격 전략 수립
     └── 3-3. 실행 로드맵 구성

- **박씨의 반응**: "훨씬 나아졌어! 실무에서 바로 쓸 수 있겠네."

3단계 **2×2 매트릭스 요청 – 함정에 빠지다**

- **프롬프트 3** "계속해서 Blue Ocean Strategy의 핵심을 2x2 매트릭스로 표현해 줘."
- **AI 응답**:

             높은 차별화
Blue Ocean | Red Ocean
(이상적) | (경쟁 심화)
─────────────┼─────────────
White Ocean | Dead Ocean
(미개척) | (쇠퇴 시장)
             낮은 차별화
신시장 창출 ←─────→ 기존 시장

- **박씨의 당황**: "잠깐…. White Ocean? Dead Ocean? 이건 책에 없는 개념인데?"

자료 파일 참조 🔗

4단계 **인간 – AI 협업을 통한 창의적 해결**

3단계 에서 나타난 문제는 AI의 환각 현상입니다. 김위찬 교수의 『블루오션』 전략에는 블루오션과 레드오션의 개념은 있지만, '화이트 오션'이나 '데드 오션'과 같은 말은 나오지 않습니다. AI는 인간의 요청을 어떻게든 들어 주려는 욕구가 강합니다. 여기서는 4개의 셀이 존재하는 2×2 매트릭스를 그려 달라고 했는데, 개념은 블루오션, 레드오션 2개밖에 없으니 어떻게든 나머지 2개를 채우려고 존재하지 않는 개념을 만들어 낸 것입니다.

하지만 이런 문제는 인간-AI 협업을 통해 해결할 수 있습니다. AI가 완벽하게 일을 다 해버린다면 인간이 무슨 필요가 있겠습니까? 박씨는 AI의 한계를 인식하고 다음과 같은 해결 전략을 구사했습니다.

- **해결 전략 1단계: 추가 스터디**
  박 씨는 관련 이론들을 더 조사했습니다. 김위찬 교수의 최신작 『비욘드 디스럽션』(한국 경제 신문, 2023)에서 '비파괴적 창조' 개념을 발견했고 마크 W. 존슨의 『혁신은 왜 경계 밖에서 이루어지는가』(토네이도 2011)에서 'White Space 혁신' 개념을 찾았습니다.
- **해결 전략 2단계: 프롬프트 추가**
  프롬프트 4 '김위찬 교수의 『Blue ocean Strategy, Red ocean Strategy』, 그리고 2023년 출간된 『Beyond Disruption』에서 제안된 비파괴적 창조 전략, 마지막으로 마크 W. 존슨의 White Space 전략의 개념과 특징을 비교해 줘.'
  프롬프트 5 '위에서 살펴본 4가지 전략을 2×2 매트릭스로 나타내 볼 수 있을 것 같아. 축은 '기존 시장 기반 ↔ 신시장 창출'과 '파괴적 혁신 ↔ 비파괴적 혁신'으로 설정해 줘.'
- **AI 응답:**

자료 파일 참조

최종 결과

박 씨는 위 결과에 만족하고 최종적으로 Claude에 시각화를 부탁했습니다.

— **프롬프트 6** "방금 답변해 준 2x2 매트릭스가 매우 마음에 들어. 그렇다면 위 매트릭스를 파워포인트 보고서에 넣을 수 있도록 가독성 높게 시각화해 줘. 이때 색상 팔레트는 The Economist 스타일로 이용해 그려 줘."

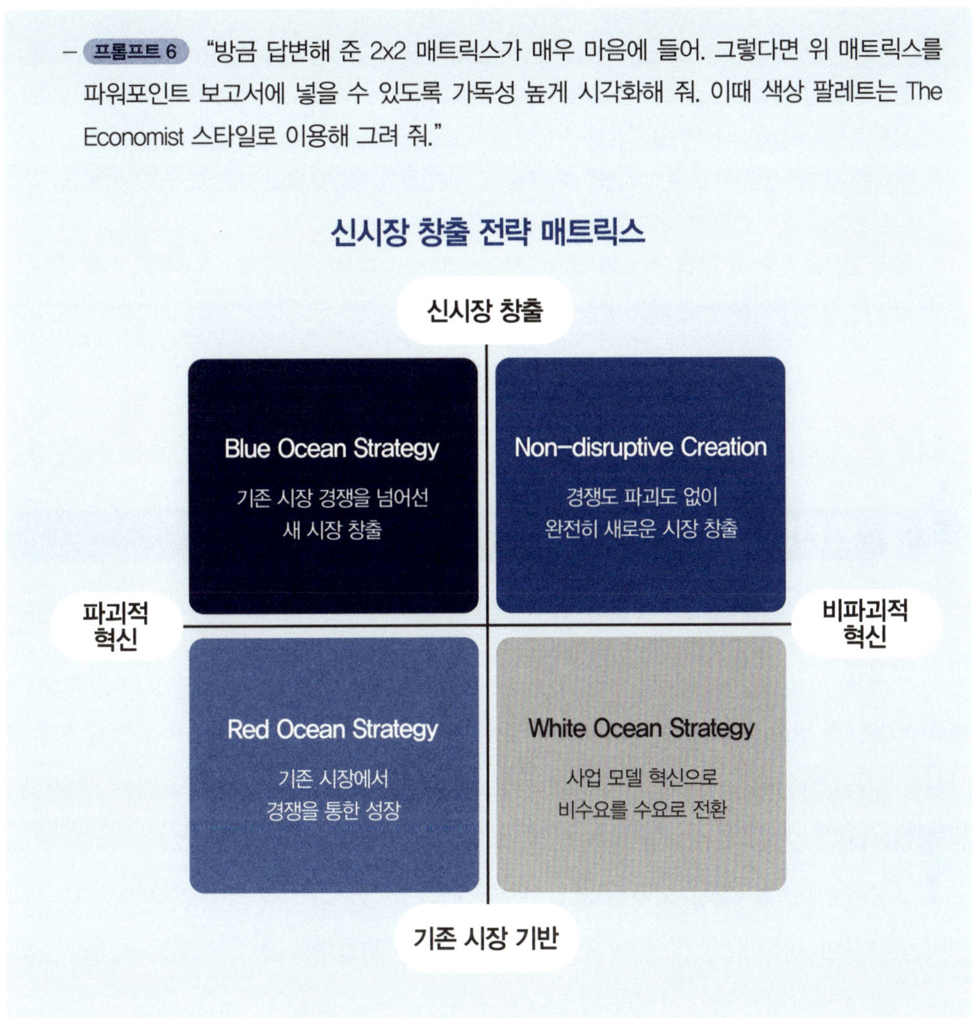

위 결과는 Claude에게 프롬프트를 입력하면 바이브 코딩 방식으로 만들어 줍니다. 물론 1차 결과물 출력 후에 색상 조정, 레이아웃 변경의 추가적인 세부 조정이 필요합니다. 아직 일반인들은 잘 모르지만, Claude가 의외로 시각화에 강합니다. 최근 Gemini는 더욱 우수한 시각화 기능을 탑재했습니다. ChatGPT도 이런 시각화 기능은 있긴 하지만, 한글 폰트가 깨지거나 복잡한 시각화 결과물은 코드만 제시해 주어 일반 사용자들에게는 조금 불편한 측면이 있습니다. 위 사례에서 얻을 수 있는 핵심 교훈들을 정리하면 다음과 같습니다.

5.6 안전한 연결 확장 독해를 위한 환각 방지법

지금까지 우리는 5가지 연결·확장 기법을 통해 텍스트 독해의 폭과 깊이를 확장하는 방법을 배웠습니다. 유사 개념 비교부터 큰 그림 그리기까지 각 기법들이 어떻게 자료의 독해를 풍성하게 만드는지 체험하셨을 것입니다. 하지만 여기서 한 가지 짚고 넘어갈 중요한 사실이 있습니다. 연결·확장 독해는 AI의 환각 현상이 가장 빈번하게 발생하는 영역이라는 점입니다.

왜 그럴까요? 연결·확장 과정은 본질적으로 텍스트 내부와 외부의 지식을 연결하는 과정이기 때문입니다. AI가 읽고 있는 원본 텍스트를 벗어나 자신의 방대한 지식 베이스나 인터넷 검색 결과에서 관련된 정보를 끌어와야 합니다. 이 과정에서 AI는 종종 '사람이 원하면 지체 없이 답변해야 한다.'라는 서비스 정신 때문에 확실하지 않은 정보도 그럴 듯하게 포장해서 제시합니다. 바로 여기서 환각이 발생합니다.

특히, 실무에서 연결·확장 독해를 활용할 때는 더욱 주의해야 합니다. 보고서 작성, 기획서 준비, 프레젠테이션 자료 제작 등에서 잘못된 정보를 인용하면 신뢰도에 치명적인 타격을 입을 수 있거든요. 그래서 이번 섹션에서는 각 연결·확장 기법별로 자주 발생하는 환각 패턴과 이를 방지하는 구체적인 방법들을 알아보겠습니다. 지금부터 소개할 방법들을 익혀 두면 AI의 장점은 최대한 활용하면서도 함정에는 빠지지 않는 안전한 연결·확장 독해가 가능할 것입니다.

● 연결 유형별 환각 현상과 방지 포인트

각 연결·확장 기법마다 자주 발생하는 고유한 환각 유형이 있습니다. 패턴을 미리 알아두면 더욱 효과적으로 대비할 수 있죠. 다음 표는 5가지 기법별로 특징적인 환각 현상과 이를 방지하는 핵심 포인트들을 정리한 것입니다.

유사 개념, 자료 비교에서의 환각 방지

- **흔한 환각 현상**: 비교 기준이 모호할 때 AI가 자의적으로 비교 항목을 만들어 내거나 실제로는 다른 개념을 억지로 유사하다고 결론 짓는 경우
- **핵심 방지 포인트**: 비교 기준(정의, 맥락, 속성 등)을 구체적으로 명시하고 비교 결과의 형식(표, 리스트 등)도 함께 지정하세요.

위험한 프롬프트	"A랑 B 비교해 줘."
안전한 프롬프트	"A와 B를 [정의, 관점, 효과] 기준으로 공통점 3가지, 차이점 3가지를 표로 정리해 줘."

콘텐츠 확장 연결에서의 환각 방지

- **흔한 환각 현상**: 존재하지 않는 책, 논문, TED 강연, 영화 등을 추천하는 경우, 특히 구체적인 제목과 저자명까지 그럴 듯하게 만들어 내는 경우
- **핵심 방지 포인트**: 콘텐츠 형식(논문, 강연 등)을 구체적으로 지정하고 '실제로 존재하는 자료만', '출처와 함께'와 같은 제한 조건을 반드시 추가하세요.

위험한 프롬프트	"이 책과 비슷한 자료 추천해 줘."
안전한 프롬프트	"TED 강연 중 ○○ 개념을 설명한 사례가 있다면 소개해 줘. 없으면 없다고 말해 줘."

분야 간 교차 연결에서의 환각 방지

- **흔한 환각 현상**: 현실성이 낮거나 지나치게 비약적인 적용 방안을 제시하는 경우, 논리적 연결점 없이 억지로 연결하여 말이 안 되는 결론을 도출하는 경우
- **핵심 방지 포인트**: 적용 분야와 조건, 전제를 명확히 지정하고 장점뿐만 아니라 제약 조건이나 한계도 함께 분석해 달라고 요청하세요.

위험한 프롬프트	"이걸 다른 분야와 연결해 줘."
안전한 프롬프트	"A 기술을 B 산업의 [특정 맥락]에 적용할 때 예상 효과와 제약 조건을 함께 분석해 줘."

시간축 연결에서의 환각 방지

- **흔한 환각 현상**: 과거 정보를 왜곡하거나 미래 예측에 대한 근거가 부족한 상태에서 단정적인 전망을 제시하는 경우
- **핵심 방지 포인트**: 비교 시점(연도, 시대 등)을 구체적으로 명시하고 변화 과정의 근거나 배경을 함께 요청하세요.

위험한 프롬프트	"과거부터 지금까지 어떻게 변했어?"
안전한 프롬프트	"2010년에서 2024년까지 이 개념의 변화 과정을 시기별로 표로 정리하고 각 변화의 근거나 배경도 함께 제시해 줘."

큰 그림 구성상 환각 방지

- **흔한 환각 현상**: 전체 구조는 그럴 듯해 보이지만, 핵심 관계나 연결점이 비어 있거나 잘못된 경우, 형식적인 구조만 있고 실질적 내용이 부족한 경우
- **핵심 방지 포인트**: 도식 구조와 함께 관계 유형(인과, 계층, 병렬 등)을 명시하고 연결점의 근거나 논리를 함께 설명해 달라고 요청하세요.

위험한 프롬프트	"이 책 전체 구조 좀 알려 줘."
안전한 프롬프트	"핵심 개념 3가지를 [인과 관계, 계층 구조]의 흐름으로 도식화하고 각 연결점의 논리적 근거도 설명해 줘."

● 환각 방지를 위한 5가지 황금 원칙

위의 개별 대응법 외에도 모든 연결·확장 독해에서 공통으로 적용할 수 있는 환각 방지 원칙들이 있습니다. 앞의 이야기를 반복한다고 생각할 수도 있지만, 그만큼 중요하기 때문에 다시 한번 강조합니다. 이 5가지 원칙만 지켜도 환각 현상을 상당히 줄일 수 있습니다.

- **원칙 1** **구체성의 힘 활용하기**

모호한 요청일수록 AI가 추측에 의존하게 됩니다. "비교해 줘.", "연결해 줘."와 같은 막연한 표현 대신 "3가지 기준으로", "표 형태로", "2010~2024년 기간 동안"과 같이 구체적인 조건을 제시하세요.

- **원칙 2** **환각 방지 문구 포함**

"실제 존재하는 자료만 추천해 줘.", "확실하지 않은 부분은 '확인 필요'라고 표시해 줘.", "추측은 제외하고 팩트 중심으로", "출처나 근거를 함께 제시해 줘." 등 다양한 환각 방지 문구들을 기억해 두었다가 적절히 사용하세요.

- **원칙 3** **제약 조건도 함께 분석 요청**

장점이나 가능성만 묻지 말고 한계나 제약 조건도 함께 분석해 달라고 요청하세요. AI가 균형 잡힌 시각으로 접근하게 됩니다.

- **원칙 4** **단계별 검증 과정 포함**

복잡한 연결·확장일수록 한 번에 모든 걸 요청하지 말고 단계별로 나누어 검증하면서 진행하세요.

- **원칙 5** **의심스러운 내용은 재확인**

AI가 제시한 구체적인 사례, 수치, 인용 등은 별도로 팩트 체크하는 습관을 기르세요.

5.7 연결·확장의 핵심 포인트

여기서는 3장에서 배운 내용들을 정리하면서 꼭 기억해야 할 내용들을 정리해 보았습니다.

비교의 핵심 포인트

유사 개념, 관점, 사례를 찾아 비교하는 습관은 단순히 지식을 늘리는 것을 넘어 비판적 사고력을 기르는 핵심 방법입니다. AI와 함께 체계적으로 비교하는 연습을 통해 복잡한 개념들 사이의 미묘한 차이를 포착하고 상황에 맞는 최적의 선택을 할 수 있는 안목을 기르기 바랍니다. 비교 요청의 핵심 포인트는 다음과 같습니다.

- **유사 개념, 관점, 사례 탐색, 비교 질문이 유용한 5가지 상황**: 기존 지식과 연결점 찾기, 성공 요인 분석, 관점 차이 이해, 철학적 배경 비교, 사상적 배경 이해
- **비교 대상 명확화**: '무엇과 무엇을' 구체적으로 지정
- **비교 기준 설정**: 정의, 방법, 효과, 한계 등 3~4가지 관점 제시
- **표 형식 요청**: 복잡한 비교는 반드시 표로 정리해 달라고 요청
- **차이의 의미 해석**: 단순 차이점 나열이 아닌 '왜 다른지' 근거 요청
- **어렵다면 AI에게 도움 요청**: 비교할 대상, 비교할 기준, 비교 결과 해석 방법도 잘 모르겠다면 AI에게 질문

확장 연결의 핵심 포인트

콘텐츠 확장 연결은 여러분에게 새로운 관점을 열어 주고 지식을 더욱 풍성하게 만드는 훌륭한 독해법입니다. 확장 연결 요청의 핵심 포인트는 다음과 같습니다.

- **관련 콘텐츠 확장이 유용한 5가지 상황**: 실무 사례 확장, 쉬운 설명 자료 탐색, 최신 동향 파악, 반대 관점 확인, 재미있게 이해하기
- **콘텐츠 종류 구체화**: 책, 논문, TED 강연, 뉴스, 영화 등 명확한 매체 지정
- **목적과 조건 명시**: 교육용, 심화 학습용 등 용도와 시간 범위, 수준 조건 제시
- **연결점 설명 요청**: 추천 자료가 원본과 어떻게 연결되는지 설명 요구
- **환각 방지 안전장치**: "실제 존재하는 자료만", "출처 함께", "없으면 없다고 말해 줘."라는 문구 추가

크로스오버의 핵심 포인트

크로스오버는 독해 과정에서 창의성을 발현하는 진정한 방법입니다. 산업, 학문, 기술의 장벽을 넘어 다른 분야와 연결해 보세요. AI와 함께하는 이런 사고 실험들이 여러분을 예상치 못한 혁신의 아이디어로 이끌어 줄 것입니다. 경계를 넘나드는 용기 있는 사고가 미래를 만들어 나가는 핵심 역량입니다.

- **크로스오버가 유용한 4가지 상황**: 산업 간 연결, 학문 간 연계, 기술적 연결, 구현 사례 탐색
- **연결 분야 명확화**: 구체적인 학문, 산업, 기술 분야를 명시하여 정확한 연결점 탐색
- **3단계 연결 공식**: 원리 추상화 → 적용 가능성 탐색 → 구체적 구현 방안 도출
- **원리 중심 접근**: 겉모습 모방이 아닌 본질적 원리 파악을 통한 진정한 혁신 추구
- **유사성과 차이점을 동시 분석**: "어떤 부분은 유사하고 어떤 부분은 완전히 달라야 할까?"
- **현실적 제약 고려**: 이상적 이론과 실제 적용의 차이를 인정하고 실행 가능한 범위 설정

시간축 연결의 핵심 포인트

시간축에서의 변화, 확장 연결은 단순한 시계열 정리를 넘어 예측력과 전략적 사고력을 기르는 핵심 방법입니다. AI와 함께 체계적으로 시간축을 분석하는 연습을 통해 변화의 패턴을 포착하고 미래에 대한 현실적 시나리오를 구성하는 능력을 기르시기 바랍니다.

- **시간축 연결을 잘 써먹을 수 있는 5가지 상황**: 정책 변화 추적, 기술 발전 트렌드 파악, 사회 현상 분석, 이론 진화 추적, 미래 시나리오 구성
- **시간 범위 구체화**: '언제부터 언제까지' 명확한 구간 설정이 핵심
- **단계별 구조화**: 변화를 3~4단계로 나누어 체계적 분석 요청
- **전환점 중심 분석**: 패러다임이 바뀐 시점과 그 원인에 집중
- **시나리오 기반 미래 예측**: 단일 예측보다는 복수 가능성 동시 고려
- **과거 패턴 → 미래 통찰**: 역사적 경험을 바탕으로 한 현실적 미래 준비

큰 그림 그리기의 핵심 포인트

큰 그림 그리기는 단순한 정보 정리를 넘어 통찰력과 통합적 사고력을 기르는 핵심 방법입니다. AI와 함께 체계적으로 구조화 작업을 하는 연습을 통해 복잡한 정보를 체계적으로 정리하고 새로운 통찰을 도출하는 능력을 기를 수 있습니다.

- **큰 그림 구성을 잘 써먹을 수 있는 5가지 상황**: 이론서 개념 체계화, 보고서 논리 구조 파악, 인물, 요소 관계 분석, 데이터, 시나리오 비교, 실행 전략 체계 구성
- **시각화 방식 구체화**: "도식화해 줘."보다 "계층 구조로", "관계도로" 등 명확한 형태 지정

- **관계 유형 명시**: 인과 관계, 계층 관계, 흐름 관계 등 연결의 성격을 구체적으로 요청
- **단계적 정교화**: 핵심 요소 추출 → 구조화 → 관계 시각화 순서로 점진적

환각 방지의 핵심 포인트

연결·확장 독해에서 환각 방지는 정확성과 창의성의 균형을 맞추는 과정입니다. 보수적으로 접근하면 AI의 강력한 연결 능력을 충분히 활용하지 못하고 방만하게 접근하면 잘못된 정보에 휘둘릴 수 있죠. 지금까지 배운 방법들로 균형점을 찾아 나가기 바랍니다.

- **각 연결 유형별 특화된 환각 패턴 이해**: 유사 개념 비교의 자의적 기준, 콘텐츠 확장의 가짜 추천, 교차 연결의 비약적 적용 등
- **5가지 황금 원칙 준수**: 구체성 확보, 안전장치 문구, 제약 조건 분석, 단계별 검증, 의심 시 재확인
- **위험도 진단 후 맞춤 대응**: 낮음, 중간, 높음 수준에 따른 차별화된 접근법
- **검증과 확장의 균형**: 안전성을 확보하면서도 AI의 창의적 연결 능력 최대 활용
- **실무 적용 시 더욱 신중**: 보고서 기획서 등 공식 문서에 활용할 때는 반드시 추가 검증 과정 거치기

위 상황과 방지 원칙들을 잘 살펴보셨죠? 그렇다면 앞으로 연결·확장 독해를 시작하기 전에 환각 위험도를 빠르게 진단해 보세요. 위험도가 높은 경우에는 신중한 접근이 필요합니다.

환각 위험도별 체크 항목 및 대응 전략

환각 위험도	체크 항목	대응 전략
낮음(안전)	• 원본 텍스트 내 개념만 다루는 경우 • 일반적이고 검증된 이론과의 비교 • 추상적 수준의 원리 탐구	일반적인 프롬프트 사용
중간(주의)	• 최신 트렌드나 기술과의 연결 • 구체적인 수치나 데이터 요청 • 특정 기업이나 인물 사례 탐구	안전장치 문구 추가("실제 사례만", "출처와 함께")
높음(위험)	• 미공개 정보나 기업 기밀 관련 • 구체적인 책, 논문, 콘텐츠 추천 요청 • 미래 예측이나 투자 조언 요구	단계별 접근＋별도 팩트 체크 필수

콘텐츠 연결 확장은 단순한 자료 수집이 아닙니다. 지적 호기심을 체계적으로 확장시키는 고급 독해 기법입니다. AI와 함께 한 권의 책을 시작점으로 해서 지식의 거대한 네트워크를 탐험해 보세요. 이 과정에서 예상치 못한 통찰과 즐거운 발견이 여러분을 기다리고 있을 것입니다.

기초 편

6 확인 · 검증하기

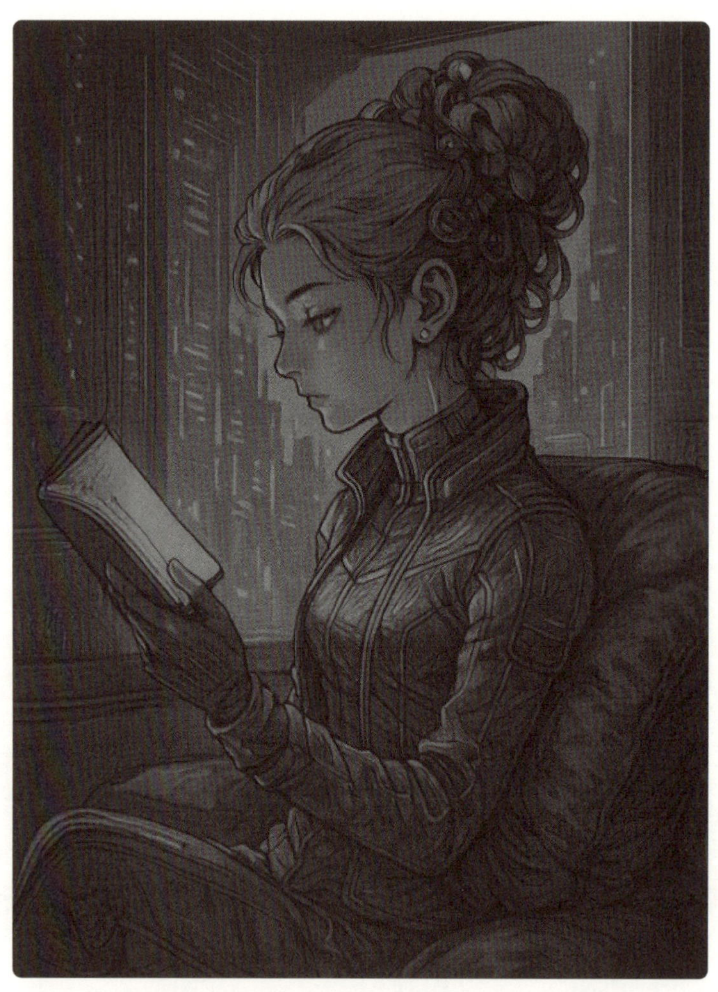

✦ 장 오노레 프라고나르의 「책 읽는 소녀」를 모티브로 해서 ChatGPT를 이용해 사이버펑크 스타일로 만든 그림

6장에서는 읽는 내용의 신뢰성을 검증하고 오류를 걸러 내는 방법을 다룹니다. 아무리 유명한 책이나 보고서라도 틀린 정보, 과장된 수치, 논리적 비약이 포함될 수 있습니다. 특히, AI 시대에는 AI 답변 자체도 검증이 필요합니다. 여기서는 AI를 활용해 팩트를 효율적으로 체크하고 의심스러운 내용을 비판적으로 검토하는 실전 방법을 배웁니다. 확인, 검증은 미디어 리터러시(Media Literacy), AI 리터러시(AI Literacy)의 중요한 기본 역량입니다. 책과 보고서 내용, AI 답변 내용을 비판적으로 확인, 검토하고 활용할 수 있는 방법들을 익혀 보세요.

6장의 전체 구조

6.1 AI 도구별 검증 특성과 활용법

→ 검증 목적에 따라 어떤 AI 도구를 선택해야 하는지 각 AI의 특성을 이해합니다.

6.2 내용 확인·검증이 필요한 4가지 의심 상황

→ 독서 중 의심 신호를 포착하고 상황별로 어떻게 검증 질문을 던져야 하는지 배웁니다.

6.3 확인·검증 과정에서 자주 만나는 실패 패턴과 해결책

→ 검증 과정에서 흔히 하는 5가지 실수를 파악하고 올바른 접근법을 익힙니다.

6.4 AI 확인·검증의 한계를 알고 현명하게 활용하기

→ AI 검증의 내재적 한계를 이해하고 인간–AI 협업 검증 프로세스를 만드는 방법을 배웁니다.

6.5 AI 확인·검증의 핵심 포인트

→ 검증 작업의 핵심 원칙과 실전 팁을 정리하여 효과적으로 활용하는 방법을 익힙니다.

내 상황에 맞는 읽기 가이드

독자별 니즈	독해 가이드
"어떤 AI가 검증에 적합한지 궁금해요."	6.1로 이동(AI 도구별 특성 비교하기)
"언제 검증이 필요한지 감을 잡고 싶어요."	6.2로 이동(의심 신호 포착하고 상황별 대응법 익히기)
"AI 검증했는데 자꾸 실패해요."	6.3으로 이동(5가지 실패 패턴과 해결책 학습)
"AI 검증을 어디까지 믿어야 할지 모르겠어요."	6.4로 이동(AI 한계 이해하고 보완 방법 파악)
"검증 작업을 독해 흐름을 깨지 않고 효율적으로 하고 싶어요."	6.5로 이동(핵심 포인트와 실전 팁 먼저 파악)
"AI 환각 현상이 걱정돼서 AI 사용을 망설여요."	6.3+6.4 순서로(실패 패턴 이해한 후 한계와 대응법 숙지, 필독)

‘AI를 활용한 확인·검증이라…. 그냥 ChatGPT만 돌리면 되는 것 아냐?’라고 생각할 수 있습니다. 하지만 앞에서 살펴본 것처럼 ChatGPT는 창의성이 뛰어난 만큼 환각도 의외로 잘 일으킵니다. 즉, 든든한 확인·검증 파트너가 되기는 힘들다는 것입니다. 또한 약간 게으른 측면이 있어서 팩트 체크할 분량이 조금만 많아져도 중반 이후부터 대충 넘어가는 경우가 많습니다.[28] 그렇다면 확인·검증 작업에는 어떤 AI 도구를 사용해야 할까요?

　여기서는 확인·검증 작업에 유용한 5가지 AI 도구의 특성을 비교해 보겠습니다. 검증 작업에서는 어떤 AI가 어떤 상황에서 가장 신뢰할 만한 답을 주는지 아는 것이 의외로 중요합니다. 1장에서도 AI 도구의 특성을 살펴봤지만, 여기서는 특히 확인·검증 관점에서 각 도구의 장단점을 다시 한번 짚어 보겠습니다. 각 도구마다 뚜렷한 장단점이 있으므로 상황에 맞게 선택해서 사용하세요.

● 검증 목적별 AI 도구 특성 비교

구글 검색의 ‘AI 개요’　**빠른 1차 확인용**

　웹 브라우저에서 구글 검색을 하면 다음 그림처럼 검색 결과의 맨 상단에 AI 개요가 나옵니다. 이 기능을 이용하면 간단한 팩트 체크가 가능합니다. 예를 들어, ‘스마트폰 보급률 98%’처럼 간단한 수치나 ‘커피 건강 효과’와 같은 일반 정보는 쉽게 확인할 수 있습니다. 그림처럼 대화형으로, 즉 “한국 스마트폰 보급률이 정말 98%야?”라고 질문해도 답변해 줍니다. 이처럼 구글 검색 AI 개요는 간단한 팩트 체크, 최신 뉴스 확인, 기초 정보 탐색 등에 좋습니다. 다만, 복잡한 분석이나 논리 검증에는 한계가 있습니다.

---

[28]　물론 이는 개별 사용자의 요청 해결에 컴퓨팅 부하가 지나치게 걸리는 문제를 방지하려는 내부 제어 때문인 것으로 추측되긴 합니다.

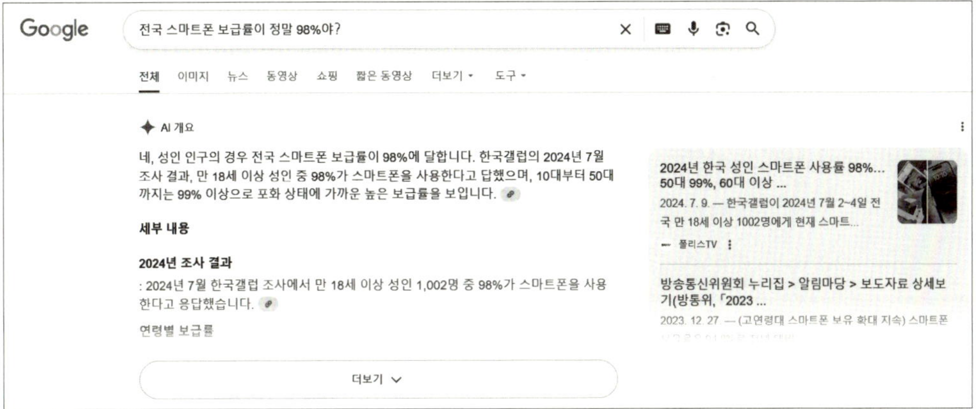

✦ 구글 검색의 AI 개요 기능

Perplexity 팩트 체크 최강자

Perplexity는 팩트 체크에 특화된 AI 검색 엔진으로, 자체 지식보다는 인터넷 검색을 우선 진행한 후 답변하므로 "펠로톤은 지금도 성공 기업인가?"처럼 최신 현황이 중요한 질문이나 'Z 세대 소비 트렌드 2025년 데이터'와 같은 시의성 있는 정보의 확인에 가장 유용합니다. 특히, 답변과 함께 구체적인 출처를 상세히 제시해 주므로 신뢰성 확인이 쉽고, 기업 현황 조사나 최신 통계 데이터 검증에 최적화되어 있습니다. 다만, 분석의 깊이는 ChatGPT나 Claude에 비해 아쉬운 편으로, 복잡한 논리 분석이나 맥락 이해가 필요한 검증에는 한계가 있습니다.

ChatGPT 논리 분석의 강자

ChatGPT는 논리적 사고와 맥락 이해력이 뛰어난 AI로, 복잡한 검증 과정에 적절합니다. 즉, 단순 팩트 체크보다 '스마트폰 사용과 학력 저하의 인과 관계 분석'처럼 논리적 타당성을 검토하거나 복잡한 논증 구조를 파악할 때 유용합니다. 특히, 상관관계와 인과 관계를 구분하고 숨어 있는 제3의 변수를 찾아내는 능력이 뛰어나 논리 분석과 인용문 검증에 강점을 보입니다.

하지만 환각 현상이 다른 AI보다 자주 발생하는 점은 확인·검증상 큰 약점입니다. 또한 외부 검색이 후순위이므로 최신 데이터가 필요한 경우, 가급적 "외부 검색을 통해 검증해 줘."라는 문구를 추가해야 합니다. 최신 정보보다는 논리 구조 파악과 추론 능력에 집중해서 활용하는 것이 효과적입니다.

균형 잡힌 분석가

Claude는 깊은 분석력과 균형 잡힌 시각을 제공하는 AI로, 신중한 판단이 필요한 복잡한 검증에 최적화되어 있습니다. '대부분의 스타트업이 3년 내 실패한다는 주장의 타당성'처럼 다각도 검토가 필요한 이슈를 다룰 때 가장 유용합니다. 특히, 논증 검토와 윤리적 판단에 뛰어나며 특정 이슈의 장점뿐만 아니라 한계와 제약 조건까지 균형 있게 분석해 주는 능력이 매우 돋보입니다.

Claude 활용 시 고려해야 할 점은 '사용량 제한'과 '상대적으로 느린 응답 속도'입니다. 또한 외부 검색 기능이 제한적이므로 최신 데이터보다는 논리적 분석과 비판적 사고가 필요한 검증에 집중해서 사용하세요. 하지만 분석 정확도와 신중한 판단력에서는 다른 AI보다 월등하므로 중요한 의사결정을 위한 검증에는 Claude를 우선 고려하는 것이 좋습니다.

문서 분석 전문가

NotebookLM은 구글에서 개발한 문서 분석 전용 AI로, 업로드된 문서에 기반한 검증에 특화되어 있습니다. '이 보고서에서 정확히 어디에 이 수치가 나오는지'를 찾거나 여러 문서 간 내용을 교차 확인할 때 최고의 성능을 발휘합니다. 특히, 가장 큰 장점은 환각 현상이 거의 발생하지 않는다는 점입니다. 원문에 없는 내용을 만들어 내지 않고 정확한 문서 위치까지 추적해 줍니다.

다만, 이 장점이 동시에 약점이 되기도 합니다. 외부 검색을 지원하지 않고 업로드한 문서에만 의존하므로 최신 정보 확인이나 외부 자료와의 비교는 불가능합니다. 그럼에도 불구하고 긴 문서의 정밀한 분석이나 여러 보고서 간 교차 검증에는 다른 어떤 AI보다 신뢰할 수 있습니다. 특히, 사내 보고서나 학술 논문처럼 정확성이 중요한 문서 검증에 활용하면 탁월한 효과를 얻을 수 있습니다.

● 확인·검증 관련 최적 AI 도구 선택 가이드

앞서 살펴본 5가지 생성형 AI를 텍스트 내용의 확인·검증 작업에 이용할 때의 장단점을 정리해 보면 다음과 같습니다. 그렇다면 실제 검증 상황에서 언제, 어떤 도구를 우선 선택하는 것이 좋을까요? 개인적인 경험을 바탕으로 검증 상황별 우선순위를 정리하면 다음과 같습니다. 간단한 체크에는 구글 검색, 최신 데이터를 검증할 때는 Perplexity를, 논증 구조 등 복잡한 검증에는 Claude를, 문서 내용에 한정해서 정밀 분석해야 할 때는 NotebookLM을 사용하는 것이 좋습니다. 저의 경우 ChatGPT는 확인·검증 목적으로는 많이 사용하지 않습니다.

⊞ 확인·검증 단계의 최적 AI 선택

생성형 AI	장점	단점	활용 포인트
구글 검색 'AI 개요'	• 포괄적 정보 제공 • 신뢰성 높은 출처 링크 • 접근성 좋음	• 분석 기능 제한적 • 단순 정보 나열 위주 • 사용자 판단 필요	간단한 사실 체크(기본 팩트 체크)
Perplexity	• 실시간 웹 검색 기본 • 상세한 출처 제시 • 팩트 체크에 특화	• 분석 깊이 부족 • 논리적 추론 한계 • 맥락 이해 아쉬움	• 최신 데이터 검증(시의성 중요) • 문단 단위의 대량 검증
ChatGPT	• 뛰어난 맥락 이해력 • 논리적 사고 능력 • 복합적 분석 가능	• 환각 현상 발생 • 외부 검색 후순위 • 최신 정보 한계	비선호
Claude	• 깊은 분석력 • 균형 잡힌 관점 • 높은 정확도	• 사용량 제한 • 외부 검색 제한적 • 속도 상대적 느림	논리 분석, 논증 구조 등 복잡한 검증
NotebookLM	• 환각 현상 최소화 • 문서 기반 정확성 • 원문 위치 추적 우수	• 외부 검색 불가 • 업로드 문서 의존 • 범용성 제한	확보된 자료 내 검증(원문 교차 확인)

6.2 내용 확인·검증이 필요한 4가지 의심 상황

책이나 보고서를 읽다 보면 '뭔가 이상한데?' 하는 순간들을 자주 만나게 됩니다. 예전에는 그냥 넘어가거나 나중에 확인하겠다며 미뤘지만, 이제는 생성형 AI로 30초면 팩트 체크가 가능합니다. 중요한 사안의 기초 자료로 쓸 보고서일수록 더욱 꼼꼼한 검증이 필요하겠지요.

특히, 기업 마케팅 자료나 홍보성 보고서에서는 팩트나 수치 검증이 자주 필요해집니다. 자기계발서나 경영, 비즈니스 서적, 언론 기사 등에서도 종종 근거 출처나 전문가 발언이 의심되는 경우를 만나죠. 다음은 검증이 필요한 대표적인 신호들을 정리한 것입니다. 결과의 자세한 내용은 링크나 QR코드를 참조하세요.

이상 신호 감지 스킬이 회사 생활에 중요한 이유

회사마다 매의 눈을 가진 부장님, 상무님들이 있습니다. 여러분이 작성한 보고서를 한 번 쓱 보고도 문제되는 부분, 실수한 부분들을 기가 막히게 잡아 냅니다. 이것이 어떻게 가능할까요? 네, 이 분들은 수십 년 간의 조직 생활에서 이런 상황들을 수없이 겪으면서 여기서 제시된 이상 신호들과 감지 스킬들을 나름대로 체득하고 있기 때문입니다.

사실 이런 상황 감각과 의심 신호를 갖고 있지 않다면 조직에서 관리 감독 업무를 제대로 할 수 없습니다. 이런 감각이 보고서 작업이나 기타 업무의 품질 관리를 하는 기본 역량이니까요. 이런 스킬 없이 윗자리로 올라가면 후배들은 등골을 빼먹는 선배가 되기 쉽습니다. 젊을 때부터 확인·검증 관련된 이러한 이상 신호 체득과 스킬들을 미리 익혀 놓으세요.

이상 신호 감지 스킬이 중요한 또다른 이유는 보고서 작성에 필수적이기 때문입니다. 이런 이상 신호들을 스스로 감지하고 확인·검증한 후 미리 고쳐 놓아야 매의 눈을 가진 시니어들에게 혼이 나지 않겠지요. 보고서 잘 쓰는 사람들은 대개 이런 이상 신호 감지 스킬을 자기 검열 메커니즘으로 잘 만들어 놓은 사람들입니다.

상황1 극적이거나 너무 좋은 수치 – '수치가 너무 좋은데?'

(가) 의심 신호들

자료를 읽다가 이런 상황을 만나면 한번 의심해 볼 만합니다.

- 너무 극적인 수치 변화('3년 만에 1,000% 증가?')
- 과도한 절대적 표현('모든', '전부', '100%', '20% 수익률 보장')

- 너무 높은 수치('만족도 98.7%', '효과 500% 향상')

- 깔끔한 배수 표현('정확히 3배 증가?')

- 조사 방법론 누락, 비교 기준 모호, 측정 기준 불명

(나) 사례 및 내적 반응

사례	내적 반응
'2020년 전 세계 출산율이 모두 하락했다.'	'설마, 모든 나라 출산율이 하락했을리가?'
'한국의 합계 출산율이 0.48명으로 세계 최저이다.'	'정확한 수치와 비교 기준이 맞나?'

- **간단 검증 사례**: "2020년 세계 출산율이 모두 하락했다는 주장에 대해 신뢰할 만한 출처를 찾아서 검증해 줘."
- **검증 결과 요약**: 2020년 전 세계 출산율은 대체로 하락세였지만, 모든 나라에서 하락했다고는 말할 수 없습니다. 한국의 2024년 합계 출산율은 0.72명으로, OECD 국가 중에서 최저 수준이지만, 세계 전체에서는 홍콩, 마카오 등 도시 국가들의 출산율이 더 낮습니다.

자료 파일 참조 🔗

사례	내적 반응
'에너지 드링크를 마시면 면역력이 3배 증가한다.'	'면역력을 어떻게 측정하지? 정확히 3배라구?'
'우리 회사 고객 만족도 98.7%'	'설마, 만족하는 사람이 98%나 된다고?'

- **간단 검증 사례**: "에너지 드링크를 마시면 면역력이 3배 증가한다는 통계 조사가 정말 존재하는지 살펴봐 줘. 만일 있다면 원본 출처와 조사 방식이 타당한지(표본 수, 신뢰도 등) 검토해 줘."
- **검증 결과 요약**: 당연히 에너지 드링크와 면역력 사이에는 직접적 상관관계가 없습니다. 또한 고객 만족도는 조사 방법, 조사 대상, 조사 문항에 따라 크게 달라지므로 해당 내용에 대한 점검이 필요합니다.

상황 2 **인용 내용이 의심될 때 – '이 전문가가 그런 발언을 했다고?'**

(가) 의심 신호들

- '연구에 따르면', '전문가들은 말한다.' 등과 같은 막연한 표현

- '하버드 연구', 'MIT 보고서' 등 기관명만 언급하고 구체적 출처 누락
- 해당 인물의 평소 견해와 정반대
- 발언 시기나 상황 맥락 전혀 없음

(나) 사례 및 내적 반응

사례	내적 반응
"하버드 대학 연구에 따르면 원격근무가 생산성을 20% 향상시킨다."	'하버드에서 이런 연구도 하나?'
"스탠퍼드 대학교 연구진이 "AI가 창의성을 억제한다"라고 발표했다."	'구체적으로 언제, 누가 한, 어떤 연구인지 궁금한데?'

- **간단 검증 사례**: "한 보고서에서 '하버드 대학 연구에 따르면 원격근무가 생산성을 20% 향상시킨다.'라는 내용을 읽었어. 하버드 대학에서 원격근무와 생산성에 관한 연구를 실제로 진행했는지, 있다면 정확한 논문 제목, 연구진, 발표 연도를 찾아서 검증해 줘."
- **검증 결과 요약**: 검색한 하버드 연구들 중 '원격근무가 생산성을 20% 향상시킨다.'라는 구체적인 수치를 제시한 연구는 발견되지 않습니다. 다른 대학의 연구에서도 원격근무와 생산성 간의 관계는 일관되게 나타나지 않습니다.

자료 파일 참조 🔗

사례	내적 반응
"워렌 버핏이 "암호화폐는 21세기 최고의 기회"라고 말했다."	'가치 투자의 대가 워렌 버핏이 이런 말을 했다고?'
"스티브 잡스가 "실패는 성공의 어머니다."라고 했다."	'이건 에디슨이 한 말 아닌가?'

- **간단 검증 사례**: "워렌 버핏이 암호화폐를 21세기 최고의 기회라고 말했다는 주장이 있어. 실제로 그런 발언을 했는지 원문 출처와 맥락을 포함해서 검증해 줘."
- **검증 결과 요약**: 워렌 버핏은 가치 투자의 대부로서, 암호화폐와 비트코인에 대해 일관되게 부정적인 견해를 밝혀왔습니다. "실패는 성공의 어머니다."는 발명가 토마스 에디슨이 한 말로 대개 알려져 있습니다.

자료 파일 참조 🔗

(가) 확인·검증이 필요한 경우

- 출간된 지 5년 이상 된 책에서 본 성공 사례
- 최근 '해당 기업의 실적이 좋지 않다'라는 이야기를 들은 경우
- '과거와 현재의 상황이 크게 다르다는 생각이 드는 경우(**예** 코로나19 전후)
- AI처럼 변화가 빠른 산업의 경우

(나) 사례 및 관련 내적 반응

사례	내적 반응
"스타벅스는 고객 감동 경영의 대표 성공 사례이다."	'과거에는 그랬지만 지금도 그러한가?'
"펠로톤은 디지털 전환 시대의 완벽한 성공 모델이다."	'최근에 어려움을 겪고 있다는 소식을 들었는데?'

- **간단 검증 사례**: "펠로톤은 디지털 전환 시대의 완벽한 성공 모델이라는 주장이 현재에도 유효한지 검증해 줘."
- **검증 결과 요약**: 과거 성공 사례는 시간이 지나면서 환경 변화로 인해 적용 가능성이 달라집니다. 특히 디지털 전환, 소비자 행동 변화, 경쟁 환경 변화 등을 고려해야 합니다. 펠로톤은 시장 포화, 구독자 성장 정체, 수익성 압박 등으로 인해 현재는 쇠락한 상태입니다.

  자료 파일 참조 🔗

사례	내적 반응
"Z 세대는 브랜드 충성도가 낮고 가격에 민감하다."	'경제 상황이 바뀌었는데 여전할까?'
"MZ 세대에서 욜로(YOLO, You Only Live Once) 열풍이 확산되고 있다."	'요즘 같은 불황기, 취업 가뭄에 웬 욜로?'

- **간단 검증 사례**: "'Z 세대 브랜드 충성도가 낮고 가격에 민감하다'라는 말이 맞는지 최근 2년간 Z 세대의 소비 패턴 변화와 경제 상황 영향을 포함해서 분석해 줘."
- **검증 결과 요약**: 트렌드는 시간이 흐르며 변하지 않은 부분과 변한 부분을 적절히 구분해 파악하는 것이 중요합니다. Z 세대는 브랜드 충성도가 낮고 가격에 민감하다는 말은 대체로 사실이지만, 가치와 경험에 대한 충성도나 '선택과 집중' 소비 등 Z 세대만의 독특한 소비 패턴이 함께 나타나고 있습니다.

  자료 파일 참조 🔗

 논리적 비약이나 과도한 일반화가 의심될 때 – '케이스마다 다르지 않을까?'

(가) 의심 신호들: 자료를 읽다가 이런 상황을 만나면 한번 의심해 볼 만합니다.

- 상관관계를 인과 관계로 혼동하는 경우: 'A 그룹에서 B 현상이 관찰' → 'A가 B의 원인'
- 중간 단계나 다른 변수들을 고려하지 않고 성급하게 결론이 도출되었을 때
- 연구 대상이 특정 기업이나 특정 지역인데, 보편적 원리라고 말할 때
- 결과 발표에 조사 대상의 특성이나 한계가 제대로 언급되지 않았을 때

(나) 사례 및 내적 반응

사례	내적 반응
"스마트폰 사용으로 청소년 학력이 떨어지고 있다."	'학력 저하에는 다른 요인도 있지 않을까?'
"지중해식 식단이 장수의 비결이다."	'다른 생활 습관이나 환경 요인은 고려했을까?'

- **간단 검증 사례:** "'스마트폰 사용으로 청소년의 학력이 떨어지고 있다.'의 인과 관계에 논리적 비약이나 오류가 있는지 분석해 줘. 다른 변수들(사교육, 경제 상황)도 함께 고려해서."
- **검증 결과 요약:** 상관관계와 인과 관계는 다릅니다. 두 현상이 동시에 나타난다고 해서 반드시 하나가 다른 하나의 원인은 아닙니다. 청소년 학력 저하의 원인은 스마트폰 과다 사용 외에도 다양할 수 있습니다. 제3의 변수나 역인과 관계 가능성에 대해서도 항상 검토해야 합니다.

자료 파일 참조 🔗

사례	내적 반응
"대부분의 스타트업은 3년 내에 실패한다."	'스타트업마다 다르지 않을까?'
"90%의 직장인이 재택근무를 선호한다."	'업종이나 직급에 따라 다르지 않을까?'

- **간단 검증 사례:** "'대부분의 스타트업이 3년 내 실패한다.'라는 주장의 조사 기준과 지역, 산업 범위를 명확히 해 줘. 일반화할 수 없는 주장이라면 그 이유도 설명해 줘."
- **검증 결과 요약:** 통계나 연구 결과는 조사 방법, 표본 크기, 대상 집단, 지역적 특성에 따라 달라질 수 있습니다. 특정 조건에서의 결과를 무조건 일반화하는 것은 위험합니다. 조사 설계의 한계와 적용 범위를 항상 확인해야 합니다.

자료 파일 참조 🔗

4가지 상황과 의심 신호들, 그리고 각 상황별 질문 사례들을 잘 살펴보셨나요? 그렇다면 검증의 효율성을 좀 더 올릴 수 있는 팁들을 추가로 소개하겠습니다. 저도 실제 확인·검증 상황에서 많이 활용하는 팁들입니다.

팁 1 언어별 검색 전략 활용

생성형 AI에 한글로 질문하면 한글 자료부터 검색해 답하는 경향이 있습니다. 영어나 일본어, 중국어 자료를 우선 참조하고 싶다면 DeepL 번역기에서 질문을 영어나 일본어, 중국어로 바꾼 후 생성형 AI에게 입력하세요.[29] 아니면 해당 언어 인터넷 자료부터 검색하라고 지정하세요.

팁 2 복수의 AI 교차 검증

근거 출처를 찾는 경우, 여러 생성형 AI에게 동일한 질문을 해 보는 것이 좋습니다. 생성형 AI도 모든 인터넷 문서를 검토하고 답변하지는 않기 때문입니다.

팁 3 종종 원문 출처의 내용 검증도 필요

팩트 체크가 중요한 내부 보고용 자료는 가급적 원문 링크를 타고 들어가 봐야 합니다. 의외로 존재하지 않는 원문을 링크로 제공하는 경우도 많습니다. 원문이 존재하더라도 제시된 부분이 정말 맞게 언급되어 있는지를 확인해 봐야 합니다. 특히, 원문의 다른 부분에 나온 수치를 맥락에 맞지 않게 엉뚱하게 제시하는 경우도 종종 있어 주의해야 합니다.

팁 4 논리적 검증 시 추가 고려사항 요청

인과 관계나 논리적 비약을 검증할 때 '다른 변수', '제3의 요인', '역인과 관계의 가능성'도 한 번 물어보세요. 또한 무리한 일반화 여부를 검증할 때 필요하다면 '표본 크기', '조사 방법', '적용 범위의 한계'도 함께 요청하세요.

POINT 숫자는 일단 의심

생성형 AI는 사람만큼 숫자에 민감하지 않습니다. 원문에서는 기준 금리 0.2% 인상인데, AI는 금리 0.3% 인상이라고 요약할 수도 있습니다. 인간에게는 큰 차이지요. 숫자가 나오면 항상 비판적 시각을 가지고 원문 내용을 확인해 보세요.

---

29 DeepL은 생성형 AI 기술을 활용한 번역기로, ChatGPT나 Claude보다 번역 성능이 떨어지지만, 나름의 장점이 있어 지금도 많이 사용됩니다.

의심 상황에서 AI에게 확인·검증을 요청하고 나서 불만을 터트리는 경우도 의외로 많습니다. 실제로 많은 분이 "AI에게 물어봤는데 뭔가 이상한 답변이 나왔어." 또는 "검증했다고 생각했는데 나중에 알고 보니 틀렸더라, AI도 못 믿겠더라."라는 말을 하곤 합니다. 이런 일이 생기는 이유는 대부분 검증 과정에서의 몇 가지 전형적인 실수 때문입니다. 아무리 좋은 도구라도 잘못 사용하면 오히려 더 큰 혼란을 가져오지요. 특히, 간단한 검증 과정에서 흔히 하는 실수들은 독해의 흐름을 깨뜨리고 시간만 낭비하게 만듭니다. 그렇다면 자주 실패하는 패턴이 어떤 것들인지 살펴보겠습니다.

● 자주 만나는 5가지 실패 패턴과 올바른 접근법

실패 패턴 1　막연한 질문으로 시작하기

많은 분이 의심스러운 내용을 발견하면 바로 '이게 맞나?'하고 대충 질문하고 끝내는 경우가 많습니다. 하지만 이런 막연한 질문에는 AI도 막연한 답변밖에 줄 수 없어요. AI가 후삼국 시대의 궁예도 아닌데, 관심법을 쓸 수는 없으니까요.

확인·검증 실패 사례와 올바른 접근법

실패 사례	올바른 접근법
• **질문** "고객 만족도 98% 맞나?" • **결과** "일반적으로 높은 편이지만, 조사 방법에 따라 다를 수 있습니다."(두리뭉술)	• **질문** "고객 만족도 98%라는 수치가 나오려면 어떤 조사 설계가 필요한지, 그리고 이런 높은 수치에서 흔히 발생하는 편향이나 조작 가능성은 무엇인지 분석해 줘." • **결과** 구체적인 조사 방법론 분석과 의심 포인트 제시

☑ 프롬프트 포인트: ❶ 구체적 상황 설명 ❷ 분석 범위 명시 ❸ 의심하는 이유 포함 ❹ 원하는 답변 형태 지정 등이 필요합니다. 질문이 구체적일수록 답변도 실용적으로 나옵니다.

실패 패턴 2　한 번 물어보고 바로 믿기

AI 답변을 받자마자 '아, 그렇구나' 하고 바로 믿어버리는 경우입니다. 특히, 그럴 듯한 설명이나 신문 기사가 근거로 제시되면 더 검증 없이 수용하게 되죠. 그런데 신문 기사도 틀릴 때가 많습니다.

실패 사례	올바른 접근법
• **과정** AI에게 한 번 물어보고 답변 받으면 바로 수용 • **문제점** 환각이나 부정확한 정보를 걸러 내지 못함	• **과정** 중요한 내용은 2~3개 AI로 교차 검증+핵심 수치는 원본 출처 확인 • **효과** 신뢰도 크게 향상, 환각 현상 방지

☑ 프롬프트 포인트: ❶ 1차 검증 후 다른 AI로 재확인 ❷ 출처 요청 추가 ❸ "확실하지 않은 부분은 표시해 줘."라는 문구를 포함하는 것이 좋습니다. 중요할수록 복수 검증이 필수입니다.

AI가 대답했다고, 신문에 보도되었다고 다 믿을 수 있는 것은 아니다

방금 신문 기사도 틀릴 수 있다고 했지요? 예, 정말 그런 경우가 많습니다. 요즘은 신속 보도의 시대입니다. 기자들은 하루에 3~5개의 기사를 쏟아내야 합니다. 그러다 보니 본인들도 팩트 체크하지 않고 복붙하는 경우가 많습니다. 특히, 언론사의 인터넷 기사 팀은 클릭 수 경쟁에서 살아남기 위해 가급적 자극적으로 내용을 구성하고요. 예를 들어, 다음 기사를 한번 살펴보세요.

> 도심 속 러닝이 단순한 운동을 넘어 하나의 라이프스타일 문화로 자리잡은 가운데, 기존 러닝 전문 브랜드의 영역이었던 시장에 아웃도어, 애슬레저, SPA 브랜드까지 대거 진출하며 치열한 경쟁이 펼쳐지고 있다.
> 특히, 최근 국내 러닝 인구가 1,000만 명을 돌파하면서 러너들의 니즈가 갈수록 다양해졌다. 이에 패션 업계는 과거 단순히 기능성에만 집중했던 러닝웨어와 달리, 퍼포먼스 향상과 스타일링을 동시에 충족하는 '러닝코어(Running+Core)' 제품 개발에 주력하고 있다.
> 아웃도어 브랜드 네파는 액티브 아웃도어 활동에 최적화된 …. (후략)

여기에는 국내 러닝 인구가 1,000만 명을 넘었다는 말이 기정 사실화되어 있습니다. 그런데 1,000만 명을 넘었다는 것이 사실일까요? 우리가 생각하는 러닝 인구라면 적어도 1주일에 1~2번은 한강 고수부지나 근처 공원에서 달리기를 즐기는 사람들일 것입니다.

여기서 간단한 어림셈을 해 보지요. 일단 국내 인구 5,200만 명 중 생산 가능 인구(15~65세)는 3,500만 명 정도에 불과합니다. 15세 이하, 65세 이상 인구는 학업상, 건강상 달리기 취미를 갖기가 힘들 것입니다. 그렇다면 잠재 수요 3,500만 명에서 1,000만 명이라면 3~4명 중 1명의 취미는 러닝이라는 말입니다. 그런데 주변에서 정말 3~4명 중 1명이 달리기를 하나요?

자, 그럼 AI로 검증해 볼 시간입니다. 구글 검색을 해 보니 구글 AI도 1,000만 명을 넘어섰다고 이야기하고 옆에 제시된 신문들도 1,000만 명을 넘어섰다는 이야기를 합니다. 이쯤 되면 믿어야 할 것 같습니다. '나만 달리기 취미가 없나 보구나…. 나도 주말에 좀 달려 볼까?'라고 생각하면서요.

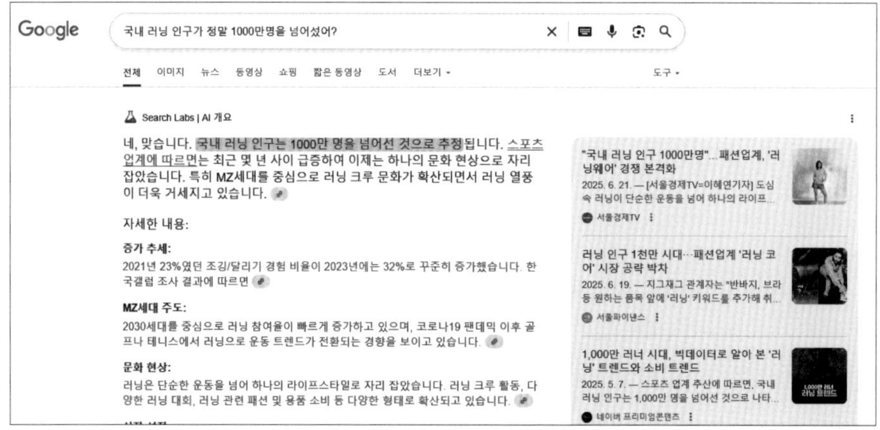

그런데 이 러닝 인구 1,000만 명 이야기는 사실 스포츠웨어 업계에서 시장 확대를 위해 만들어 낸 '마케팅 신화'에 가깝습니다. 이 수치가 어떻게 만들어졌는지 파헤쳐 보면 그 실체가 드러납니다.

먼저 조사 방법을 생각해 보지요. 대다수 스포츠 마케팅 리서치에서는 '지난 1년간 달리기를 한 적이 있습니까?'라고 묻습니다. 여기서 함정이 시작됩니다. 회사 체력 측정에서 한 번 뛰어 본 것, 친구 따라 한강에서 30분 걸어 본 것, 심지어 헬스장의 러닝머신에서 5분 뛴 것까지 모두 '러닝 경험'으로 카운트됩니다. 정기적으로 달리기를 취미로 즐기는 사람과 일회성 경험자를 구분하지 않는 것입니다.

좀 더 심각한 것은 조사 의뢰 주체가 스포츠웨어 브랜드나 관련 협회라는 점입니다. 시장 규모를 크게 보이고 싶은 이해 관계자들이 조사를 의뢰하니 자연스럽게 수치를 부풀리는 방향으로 설문이 설계됩니다. '월 1회 이상이면 러너', 심지어 위 설문처럼 '1년에 1번이라도 뛰었으면 러너' 등 기준을 느슨하게 잡는다면 1,000만 명은 충분히 나올 수 있습니다.

그럼 실제 러닝 인구는 얼마나 될까요? 좀 더 현실적인 기준으로 접근해 보면 정기적으로 주 2회 이상 30분 이상 달리기를 하는 인구는 대략 200~300만 명 정도로 추정됩니다. 이는 마라톤 대회 참가자 수, 러닝 크루 회원 수, 러닝 앱 활성 사용자 수 등을 종합적으로 분석한 결과입니다.

한편 이런 부풀려진 통계가 계속 재생산되는 이유는 무엇일까요?

'언론은 자극적인 제목과 수치가 클릭을 유도하니까….', '스포츠웨어 업계는 시장 규모가 클수록 투자 유치와 매출 목표 설정에 유리하니까….' '정부, 지자체는 스포츠 정책 성과를 과시하기 좋으니까….', '일반인은 '1,000만 명이나 하는 데 나도 해 봐야지.' 하는 밴드웨건 효과 때문에…. 결국 모든 이해관계자가 이 숫자를 부정할 이유가 없어서 계속 반복 재생산되는 겁니다. 심지어 정부 통계나 학술 연구에서도 이런 업계 자료를 그대로 인용하면 공신력까지 얻게 되죠.

이것이 바로 '한 번 물어보고 바로 믿는' 실패 패턴의 전형적인 사례입니다. AI도 인터넷상에 널리 퍼진 이런 정보들을 학습했기 때문에 '러닝 인구 1,000만 명'을 사실이라고 답변할 수밖에 없어요. 하지만 조금만 비판적으로 접근해서 '이 수치가 어떻게 조사되었는지', '누가 이런 통계를 만들었는지', '다른 간접 지표들과 일치하는지' 물어봤다면 다른 답을 얻을 수 있었을 것입니다.

실제로 한국 갤럽에서 2023년 실시한 아웃도어 활동, 실외 운동 경험 조사 결과는 다음과 같습니다. 2023년 2~7월 기준으로 5,202명에게 물었고 이중 조깅, 달리기를 한 달 내 경험했다고 응답한 사람이 15%, 1년 내 경험했다고 응답한 사람이 32%입니다. 여기에는 진짜 취미로 러닝하는 분들도 있지만, 한 번이라도 뛰어 보았다고 응답한 사람도 포함됩니다. 생산 가능 인구 3,500만 명에 32%를 곱하니 1,120만 명으로 얼추 1,000만 명을 넘네요. 혹시 이 조사 자료를 근거로 러닝 인구 1,000만 명의 신화가 만들어진 것은 아닐까요?

● 아웃도어 활용·실외 운동 경험												
전국(제주 제외) 만 13세 이상 면접조사	사례수 (명)	등산		캠핑(차박 포함)		낚시		자전거		조깅/달리기	
		한 달 내	1년 내	한 달 내	1년 내	한 달 내	1년 내	한 달 내	1년 내	한 달 내	1년 내
2018년 5월~2019년 3월	9,600	17%	50%	2%	14%	2%	10%	10%	23%		
2020년 9월~2021년 3월	5,100	10%	44%	1%	9%	1%	6%	10%	24%	11%	23%
2022년 2-7월	5,155	12%	38%	1%	10%	2%	7%	14%	25%	15%	27%
2023년 2-7월	5,202	12%	34%	2%	13%	2%	10%	12%	28%	15%	32%
성별 남성	2,591	15%	50%	3%	16%	4%	17%	19%	41%	17%	36%
여성	2,611	9%	38%	1%	11%	0%	12%	5%	16%	13%	27%

출처: https://www.gallup.co.kr/gallupdb/ReportContent.asp?seqNo=1434

하지만 흥미롭게도 러닝 인구는 요즘 점점 늘고 있습니다. '러닝 인구 1,000만 명' 이야기가 일종의 자기 실현적 예언으로 작용하는 셈입니다. 하지만 과거 등산 붐, 골프 붐, 테니스 붐처럼 취미는 유행하며 돌고 돕니다. 러닝 인구 1,000만 명 시대를 믿고 신규 사업을 덜컥 진행하는 것은 위험하다는 말입니다.

 잘못된 AI 도구 선택

검증 목적에 맞지 않는 AI를 사용해서 엉뚱한 결과를 얻는 경우입니다. 마치 망치로 나사를 조이려는 것과 같죠.

실패 사례	올바른 접근법
• **상황** 최신 기업 현황 확인이 필요한데 ChatGPT 내장 지식만 활용 • **결과** 2~3년 전 정보로 잘못된 판단	• **상황** 최신 데이터는 Perplexity, 논리 분석은 Claude, 문서 내 언급 여부나 위치 찾기는 NotebookLM • **결과** 목적에 맞는 정확한 정보 획득

☑ 프롬프트 포인트: ❶ 검증 목적 파악 ❷ 적합한 도구 선택 ❸ 필요시 "외부 검색을 통해."라는 문구 추가 → 도구의 특성을 이해하고 상황에 맞게 선택해야 합니다.

실패 패턴 4 　검증 결과를 제대로 해석하지 못하기

AI가 준 답변을 어떻게 활용해야 할지 몰라서 혼란만 가중되는 경우입니다. 특히, '부분적으로 맞다.'와 같은 애매한 답변을 받았을 때 그렇죠.

■■ 확인 · 검증 실패 사례와 올바른 접근법

실패 사례	올바른 접근법
• **상황** "부분적으로 사실이지만 과장된 면이 있다."라는 답변을 받음 • **반응** "그럼 믿어야 하나 말아야 하나?" 혼란	• **상황** 동일한 답변＋추가 질문 • **추가 질문** "구체적으로 어떤 부분이 사실이고 어떤 부분이 과장인지, 그리고 이 정보를 어떻게 활용해야 할지 가이드라인을 제시해 줘." • **결과** 명확한 활용 방향 확보

☑ 프롬프트 포인트: ❶ 애매한 답변 시 구체화 요청 ❷ 활용 가이드라인 요청 ❸ 판단 기준 명시 요청 → 검증 후 '그래서 어떻게 해야 하는가?'까지 물어봐야 합니다.

실패 패턴 5 　검증 강박으로 독해 흐름 깨뜨리기

모든 내용을 검증하려다가 맥이 끊겨 독해 시간이 길어지고 정작 책의 전체적인 흐름과 핵심 메시지를 놓치는 경우도 있습니다. 이런 분들 주변에 있지 않나요? 뉴스 기사 하나 보고 댓글에서 30분간 팩트 체킹하는 사람, 카카오톡 단체방에서 누가 '○○카페 맛있다더라.'라고 하면 즉시 검색해서 평점을 확인하는 사람, 넷플릭스 다큐를 보면서 중간중간 구글링으로 사실을 확인하느라 정작 스토리는 놓치는 사람…. 이런 분들이 AI 확인·검증에 맛들이면 검증 강박 실패 패턴에 빠지기 쉽습니다.

그래서 저는 정말 이상한 부분은 즉시 확인하지만 웬만하면 메모하고 넘어가는 형태로 자료 독해를 진행합니다. 의심스러운 부분에 포스트잇을 붙이거나 스마트폰 메모장에 '나중에 확인할 것들' 리스트를 만드는 식입니다. 의아했던 부분들 중 상당수는 본문 뒷부분에서 좀 더 자세히 설명되어 의문이 해소되는 경우도 많거든요. 따라서 필요한 부분이나 핵심 부분의 검증은 한 챕터를 읽거나 아니면 완전히 다 읽은 후에 모아서 진행하곤 합니다.

▪▪ 확인 · 검증 실패 패턴 5

실패 사례	올바른 접근법
• **행동** 의심스러운 부분이 나올 때마다 즉시 검증 • **결과** 독해 흐름 끊김, 시간 낭비, 큰 그림 놓침	• **행동** 의심되는 부분은 메모해 두고 다 읽은 후 일괄 검증 • **도구** 포스트잇 또는 스마트폰 메모장에 '나중에 확인할 것들' 리스트 작성 • **결과** 독해 흐름 유지+효율적 검증

● 검증 성공률을 높이는 실전 전략

이러한 5가지 실패 패턴을 고려할 때 확인·검증의 성공률을 높이려면 다음처럼 접근해 보세요.

단계적 검증 프로세스 활용

간단한 내용도 단계적으로 접근하면 정확도가 크게 높아집니다.

- **1단계** 기본 팩트 확인("이 정보가 일반적으로 맞는지 확인해 줘.")
- **2단계** 맥락과 조건 검토("어떤 조건에서 이게 가능한지 분석해 줘.")
- **3단계** 활용 가능성 판단("이 정보를 어떻게 해석하고 활용해야 할지 조언해 줘.")

안전장치 문구 필수 포함

검증 질문에는 항상 다음 중 하나를 포함하세요.

- "확실하지 않은 부분은 '확인 필요'라고 표시해 줘."
- "추측은 제외하고 팩트 중심으로 답변해 줘."

- '실제 존재하는 자료만 인용해 줘.'
- '출처나 근거를 함께 제시해 줘.'

검증 강도 조절

모든 내용을 같은 강도로 검증할 필요는 없습니다. 책의 성격과 내용의 중요도에 따라 조절하세요.

▪▪ 확인 · 검증 강도 조절 방법

검증 강도	대상	소요 시간	방법
가볍게(Mode 1)	소설, 에세이, 가벼운 교양서	10~30초	상식선에서 이상한 것만 스마트폰 검색
선택적(Mode 2)	경영서 트렌드 분석서	1~2분	핵심 주장이나 중요 수치만 AI 검증
꼼꼼히(Mode 3)	투자, 건강, 법률, 정책 정보	3~5분	여러 AI 교차 검증+공식 기관 확인

이런 상황에서는 특히 주의하세요

- **주의 상황 1**: 수치나 통계가 너무 좋거나 완벽할 때 → 조사 방법론까지 꼼꼼히 확인 필요
- **주의 상황 2**: 유명인 인용문이나 연구 결과 언급 시 → 반드시 복수 AI로 교차 검증
- **주의 상황 3**: 빠르게 변화하는 분야(AI, 경제, 정치)의 정보 → 발표 시점과 현재 상황 반드시 대조

6.4 AI 확인·검증의 한계를 알고 현명하게 활용하기

● AI 검증의 핵심 한계점

지금까지 4가지 의심 상황을 파악하고 5가지 검증 실패 패턴을 피하는 방법을 익혔습니다. 하지만 여기서 한 가지 중요한 사실은 AI를 활용한 내용 확인·검증에도 분명히 한계가 있다는 점입니다. AI를 만능 도구가 아닌 '1차 필터'로 활용하고, 중요한 내용에 대해서는 인간이 반드시 추가로 확인·검증해야 합니다.

많은 분이 AI를 만능 팩트 체커로 생각하곤 합니다. 'AI가 확인해 줬으니까 맞겠지.'라고 안심하는 경우가 많죠. 하지만 AI도 결국 도구일 뿐이고, 특히 검증 영역에서는 명확한 한계가 존재합니다. 이를 인정하고 적절한 보완책을 마련해 두는 것이 현명한 AI 활용법입니다. 이러한 측면에서 AI 검증의 주요 한계점들을 살펴보고 대응 방안을 모색해 보겠습니다.

비공개 정보에 접근할 수 없음

생성형 AI는 비공개 문서나 로그인이 필요한 데이터베이스에 접근하지 못합니다. 이 때문에 생성형 AI가 제시하는 대부분의 근거 출처들은 웹 페이지의 신문 기사나 블로그 내용들이 많습니다. 1차 자료원이 아니라 2차 자료원을 중심으로 탐색 결과를 제시한다는 것입니다. 하지만 정말 중요한 원본 자료는 로그인이 필요한 전문 데이터베이스에 있을 가능성이 큽니다. 이 때문에 정말 중요한 내용이나 수치는 보고서 원문을 인간이 직접 찾아 확인해 봐야 합니다.

- **가능 상황**
  - '#A 사의 내부 매출 데이터에 따르면…' → AI가 확인 불가
  - '특허 정보 데이터베이스를 기초로 한 연구에서…' → AI가 접근 불가
  - '증권사 모건 스탠리의 보고서에 따르면…' → AI가 검증 불가
- **대응 방안** 기업 내부 상황이나 제한적 공개 자료와 관련된 내용은 반드시 인간이 직접 원본을 찾아 확인하세요.

실시간 정보 반영의 지연

생성형 AI가 RAG 방식으로 외부 자료를 검색해 답변하더라도 주가, 금리, 환율 등 실시간으로 변화하는 데이터나 최신 뉴스를 즉시 반영하기는 힘듭니다. 따라서 이런 실시간 데이터는 직접 확인해야 합니다.

- **가능 상황**
  - '오늘 코스피가 3% 상승했다.' → 시간차로 확인 불가
  - '방금 발표된 정부 정책에 따르면….' → 즉시 반영 어려움
  - '어제 발생한 사건의 영향으로….' → 최신 분석 한계
- **대응 방안** 실시간 데이터 확인이 필요하면 인간이 직접 최신 SNS나 뉴스, 공식 발표를 찾아보시기 바랍니다.

가짜 뉴스와 편향 정보의 위험

생성형 AI는 인터넷상의 가짜 뉴스나 편향된 정보를 학습했거나 검색 과정에서 가져올 수 있습니다. 앞으로 이 문제는 기존 검색 마케팅 기법이 AI 대응 마케팅 기법으로 바뀌면서 점점 중요한 문제로 부각될 것입니다. 생성형 AI 시대에는 AI 리터러시와 관련해 이 부분은 특히 주의해야 합니다. 2장에서 비판적 독해를 중요하게 강조한 이유가 바로 이 때문입니다. 단순히 '인터넷에 내용이 있더라.'라고 끝나는 것이 아니라 그 사실 관계나 배경, 의도까지도 의심해 봐야 하는 상황을 분명히 만나게 됩니다. 조심해야 하는 대표적인 상황은 다음과 같습니다.

- **가능 상황**
  - 조작된 통계나 왜곡된 연구 결과
  - 특정 집단의 이익을 위해 퍼뜨린 편향 정보
  - 소셜 미디어에서 확산된 미확인 정보
- **대응 방안** 복수 출처의 교차 검증과 공신력 있는 팩트 체크 사이트를 함께 활용하세요. 또한 정보의 최초 출처와 이해관계를 파악해 보는 것이 좋습니다. 반대 의견이나 비판적 관점도 함께 검색해 보세요. 이와 아울러 2장 심화 독해에서 소개된 다양한 비판적 독해 테크닉들을 활용해 보세요.

환각 현상의 완전 배제 불가

꾸준히 개선되고 있지만, AI의 환각 현상을 완전히 배제할 수는 없습니다. 이 때문에 우리 회사에서도 생성형 AI를 기초 조사 단계에서 많이 활용하지만, 항상 연구원들이 해당 내용들을 비판적으로 검토하고 외부 전문가들의 자문을 거치며 이중삼중으로 팩트 체크를 하고 있습니다. 그래야만 비로소 신뢰성 있는 보고서가 만들어지니까요.

- **가능 상황**
  - 존재하지 않는 논문이나 연구 결과 제시
  - 가상의 전문가 발언이나 통계 데이터 창조
  - 그럴 듯하지만 사실과 다른 분석 결과
- **대응 방안** 인간의 비판적 검토와 전문가 자문을 통해 보완하세요.

● 확인·검증에 특별한 주의가 요구되는 고위험 영역

특히, 다음 분야에서는 AI 검증만으로는 절대 부족합니다. 반드시 추가적인 전문가 검토가 필요합니다. 이런 고위험 영역에서는 AI 확인을 1차 스크리닝 용도로만 활용하고 최종 판단은 반드시 해당 분야 전문가나 공식 기관에 의뢰하세요.

확인 · 검증상 특별히 주의가 필요한 것들

생명과 재산에 직결되는 영역	전문가 경험과 판단이 필수인 영역
• **의료 정보**: 질병 진단, 치료법, 약물 정보	• **역사적 해석**: 사건의 의미와 맥락 분석
• **법률 정보**: 법령 해석, 법적 권리, 소송 관련 조언	• **과학적 가설**: 연구 방법론과 결과 해석
• **금융 정보**: 투자 상품, 세법 변경, 재정 계획	• **정책 효과 분석**: 복합적 사회 현상의 인과 관계
• **안전 정보**: 화학 물질 취급, 안전 수칙, 응급 처치	• **윤리적 판단**: 가치 충돌 상황에서의 의사결정

● 인간 - AI 하이브리드 확인·검증 프로세스

앞 내용에서 자연스럽게 유추했듯이 중요한 내용의 확인·검증은 다음 표처럼 AI를 1차적으로 활용하고 인간과 전문가가 추가로 결합되는 하이브리드 프로세스를 거치는 것이 현명합니다. 가능한 하이브리드 검증 프로세스는 다음과 같습니다.

▦ 인간-AI 하이브리드 확인·검증 프로세스

단계	담당	소요 시간	주요 활동
1단계 AI 1차 확인·검증	AI	30초~2분	• 기본 팩트 확인 • 의심 포인트 식별 • 초기 논리성 검토
2단계 인간 비판적 검토	본인	2~5분	• 상식선에서 재검토 • 맥락과 논리성 확인 • AI 답변의 타당성 평가
3단계 전문가 자문, 인터뷰	전문가	상당한 시간 소요	• 고난도 판단 영역 • 최신 동향 파악 • 비공개 내부 상황 확인
4단계 공식 기관 최종 확인	공식 기관		• 정책, 법령 등 공식 확증 • 최종 데이터 검증 • 공신력 있는 판단

다만, 모든 정보에 4단계 확인·검증 프로세스를 거칠 필요는 없습니다. 정말 중요한 정보는 4단계까지 모두 거쳐야 하겠지만 일반적인 확인사항이라면 1, 2단계만 적용해도 충분합니다. 3, 4단계는 상당한 시간과 비용이 드니까요.

▦ 상황별 확인·검증 프로세스

일반적인 확인 → 1~2단계만 활용	중요한 확인 → 1~3단계 활용	매우 중요한 확인 → 1~4단계 모두 활용
• 역사적 사실, 일반 상식 확인 • 기본적인 통계 데이터 검증 • 공개된 기업 정보 확인	• 투자 관련 의사결정 자료, 업무용 보고서나 기획서 내용 • 건강이나 안전 관련 정보	• 법적 분쟁 관련 자료, 의료 진단이나 치료 관련 정보 • 정책 수립이나 제도 변경 관련 자료

지금까지 AI 확인·검증에 대해 여러분들이 알아야 할 거의 모든 것, 즉 언제 어떤 AI를 확인·검증에 활용해야 하는지, 확인·검증을 시도해야 하는 상황은 언제인지, 확인·검증에서 주의해야 할 점은 무엇인지, 더 나아가 AI만으로는 확인·검증이 되지 않는 경우는 어떤 것들인지를 살펴봤습니다.

이 모든 내용을 종합해 보면 분명한 결론에 도달하게 됩니다. AI 확인·검증은 단순한 '도구 사용법'이 아니라 현대 생성형 AI 시대의 고도 지식 사회에서 반드시 갖춰야 할 '핵심 리터러시'라는 점입니다. 마치 과거에 글을 읽고 쓰는 능력이 필수였던 것처럼 이제는 정보를 제대로 검증하고 판단하는 능력이 개인의 경쟁력을 좌우하는 시대가 된 것입니다.

특히, 업무 현장에서는 이런 검증 능력의 차이가 극명하게 드러납니다. 보고서 한 줄 한 줄에 신뢰할 수 있는 근거가 뒷받침되어야 하고 프레젠테이션에서 제시하는 모든 수치와 사례를 검증할 수 있어야 합니다. "인터넷에서 봤는데요." 또는 "AI가 그렇게 답했어요."라는 말로 얼렁뚱땅 넘어가려 해서는 안 됩니다. 실제로 10년 전 어떤 회사에서는 한 상무가 CEO 앞에서 모호한 이야기를 했다가 CEO가 바로 관련 전문가에게 전화를 걸어 팩트체크를 한 후 결국 잘못된 보고의 책임을 지고 퇴사한 경우도 있었습니다.

하지만 동시에 모든 것을 의심하고 검증하느라 정작 중요한 큰 그림을 놓치거나 완벽한 확신이 서기 전까지 아무 결정도 내리지 못하는 것도 문제입니다. 결국 언제, 어떻게, 어느 정도까지 검증할 것인지에 대한 균형 감각이 핵심입니다. 그리고 이것이 초입부에서 말했던 '매의 눈' 상사들의 핵심 역량이고요. 이러한 측면에서 6장을 정리하면서 여러분이 꼭 기억해야 할 현명한 AI 검증 활용법 3가지를 제시해 보려 합니다.

- **원칙 1** **의심하되 활용하라.**
    - → AI의 능력을 신뢰하되, 항상 건전한 의심을 갖고 복수 검증을 시행하세요.
- **원칙 2** **AI는 출발점, 인간이 종착점**
    - → AI 검증 결과를 시작으로 삼되, 중요한 판단은 반드시 최종 검토하세요.

참고로 AI 확인·검증을 위한 30초 자가 점검 체크리스트는 다음과 같습니다. AI 답변을 보면서 이런 관점에서 체크해 보는 습관을 들이는 것이 좋습니다.

▣ 확인 · 검증 관련 체크리스트

확인 항목	체크 포인트
정보의 출처	• 구체적 출처가 제시되었는가? • 출처의 신뢰성을 확인했는가?
논리의 일관성	• 결론과 근거가 논리적으로 연결되는가? • 상식선에서 이상한 부분은 없는가?
맥락의 적절성	• 현재 상황에 적용 가능한 정보인가? • 조건이나 전제가 명확한가?
추가 확인 필요성	• 다른 AI로도 확인해 볼 필요가 있는가? • 전문가 자문이 필요한 영역인가?

기초 편

7 요약 · 정리하기

✦ 장 오노레 프라고나르의 「책 읽는 소녀」를 모티브로 해서 ChatGPT를 이용해
1940년대 전쟁 포스터 스타일로 만든 그림

바쁜 현대인에게 모든 문서를 처음부터 끝까지 정독하기란 쉽지 않은 일입니다. 7장에서는 독해의 각 단계(사전 스캐닝, 본격 독해, 이해 점검)별로 최적화된 요약 전략을 배우고 AI 요약의 환각 현상을 방지하며 동영상까지 요약하는 실전 기법을 익힙니다. AI를 활용하면 단순히 내용을 줄이는 것이 아니라 핵심을 파악하고 가치까지 판단할 수 있게 됩니다.

7.1 독해 단계별 요약 전략

→ 읽기 전, 읽는 중, 읽은 후 각 단계에 맞는 요약 접근법의 전체 프레임워크를 이해합니다.

7.2 사전 스캐닝 단계(읽을 가치 판단하기)

→ 문서를 읽기 전에 기본 정보, 목차, 핵심 내용을 빠르게 파악하고 독해 전략을 수립하는 방법을 배웁니다.

7.3 본격 독해 단계(장별 내용과 핵심 사례 파악하기)

→ 문서를 읽으며 장별로 요약하고 핵심 사례를 추출하는 실전 프롬프트와 방법을 익힙니다.

7.4 이해 점검 단계(독해 결과 확인하기)

→ 읽은 내용을 제대로 이해했는지 비판적으로 점검하고 다양하게 활용하는 방법을 배웁니다.

7.5 요약 품질 관리

→ AI 요약의 환각 현상을 방지하고 요약 품질을 높이는 구체적 기법을 익힙니다.

7.6 동영상 요약하기

→ 유튜브 등 동영상 콘텐츠를 효율적으로 요약하는 도구와 방법을 배웁니다.

7.7 AI 요약·정리의 핵심 포인트

→ AI 요약 전략의 핵심 원칙과 실전 팁을 정리하여 익힙니다.

독자별 니즈	독해 가이드
"이 문서 읽을 가치가 있는지 빠르게 판단하고 싶어요."	7.2로 이동(10분 내 스캐닝 방법 익히기)
"본격적으로 읽으면서 효율적으로 요약하고 싶어요."	7.3으로 이동(장별 요약 프롬프트 활용하기)
"내가 제대로 이해했는지 확인하고 싶어요."	7.4로 이동(이해 점검 방법 배우기)
"AI 요약에서 환각이 자주 발생해요."	7.5로 이동(환각 방지 핵심 기법)
"유튜브 영상을 빠르게 요약하고 싶어요."	7.6으로 이동(동영상 요약 도구와 방법)
"독해 단계별로 언제 어떤 요약을 해야 할지 모르겠어요."	7.1로 이동(전체 요약 전략 프레임워크 파악)

● AI 요약도 전략이 필요하다

많은 분이 AI에게 "이 문서 요약해 줘."라고 간단히 요청하고 끝내는 경우가 많습니다. 하지만 이런 접근법은 마치 최고급 주방 도구를 사 놓고 라면만 끓여먹는 것과 같습니다. 생성형 AI의 진정한 가치를 제대로 활용하려면 AI 요약에도 체계적인 접근이 필요합니다.

AI가 없던 시절에도 전문가들은 수많은 책과 보고서를 효율적으로 소화해냈습니다. 비결은 오랜 시간, 많은 읽기 경험에서 체득한 체계적인 독해 프로세스에 있습니다. 그들은 우선 사전 스캐닝으로 읽을 가치가 있는 자료인지 빠르게 판단하고, 본격 독해 단계에서는 어디에 집중할지 계획을 세우며, 마지막에는 이해 점검을 통해 핵심을 제대로 파악했는지 확인합니다.

이제는 이런 체계적 독해 과정을 AI 도구를 통해 더욱 빠르고 정밀하게, 그리고 누구나 활용할 수 있게 되었습니다. 그럼에도 불구하고 여전히 많은 독자는 이런 체계적 접근법 없이 막연히 "요약해 줘."만 반복합니다. 결과적으로 생성형 AI의 강력한 기능을 절반도 활용하시 못하게 됩니다. 징밀 맛있는 아이스크림을 힌 번민 핥은 후 비리는 셈입니다.

🤖 언제 AI 요약하고 언제 직접 읽어야 하는가?

모든 자료를 AI로 요약할 필요는 없습니다. 현실적인 기준을 세워 두면 편리합니다.

- **직접 읽는 것이 나은 경우**
  - 20분 내에 읽고 파악할 수 있는 짧은 자료
  - 법률, 의료, 금융 등 정확성이 생명인 문서
  - 창작물이나 에세이처럼 저자의 문체와 뉘앙스가 중요한 글

- **AI 요약이 효과적인 경우**
  - 해외 보고서나 외국어 문서(번역과 요약을 동시에)
  - 긴 연구 자료들을 정리해서 모아 둘 때
  - 여러 자료 중 우선순위를 정해야 하는 상황

제 경우에는 20페이지 이하의 한글 보고서나 10페이지 이하의 영문 보고서는 직접 읽고 그 이상의 분량은 AI 요약을 활용합니다. 유튜브 강연 동영상도 20분 이상 분량이면 AI 요약을 사용합니다. 본인의 독해 속도에 맞춰 기준을 정해 두면 됩니다.

● 3단계 독해 과정과 AI 활용법

그렇다면 AI 요약을 어떻게 활용해야 할까요? 저도 실무에서 AI 요약을 자주 활용하는데, 독해 단계마다 AI 요약의 목적과 활용 방식을 다르게 가져가는 것이 효과적이었습니다. 일반적으로 문서를 읽을 때 사전 스캐닝을 통해 읽을 가치를 판단한 후 좋은 자료만 본격 독해 단계로 진행합니다. 보통 본격 독해까지 거치는 자료는 100개 중 10~20개에 불과합니다. 그리고 자료를 다 읽은 후 이해 점검 단계를 거칩니다. 다음 표를 보면 이 3단계 독해 단계별로 AI 요약을 어떻게 활용할지를 한눈에 파악할 수 있습니다.

3단계 독해 과정과 AI 활용법

단계	목적	판단 기준	AI 요약 활용 방식
1단계 사전 스캐닝	읽을 가치 판단하기	• 새로운 정보인가? • 업무 관련성이 있는가? • 투입 시간 대비 가치가 있는가?	• 문서 기본 정보 파악 • 문서 유형별 핵심 내용 미리 보기 • 읽기 가치 최종 판단
2단계 본격 독해	장별 내용과 핵심 사례 파악하기	• 집중 읽기 vs. 빠르게 읽기 • 핵심 사례가 많은 부분을 식별 • 새로운 개념 등장 부분 확인	• 장별 내용 미리 파악 • 핵심 사례와 데이터 식별 • 읽기 계획 수립
3단계 이해 점검	독해 결과 확인하기	• 이해도 확인 • 완성도 점검 • 활용성 평가	• 핵심 내용 점검 • 내용의 비판적 고찰 • 활용 가능성 평가 • 부수적인 내용 정리

각 독해 단계별 AI 활용의 핵심 포인트는 다음과 같습니다.

1단계 사전 스캐닝

사전 스캐닝 프로세스는 ❶ 문서 기본 정보를 파악하고 ❷ 문서 유형별로 핵심 내용을 파악해 보고 ❸ 읽을 가치를 최종 판단합니다. 이 과정에서 AI는 요청에 따라 문서의 기본 정보 파악, 문서 유형별로 핵심 내용을 미리 보기, 아울러 읽어야 할 이유 등을 제시하며 이 자료를 꼭 읽어야 할지 판단할 수 있게 도와줍니다.

 본격 독해

본격 독해 과정에 들어가기 전 AI는 ❶ 장별 내용을 미리 살펴보고 ❷ 핵심 사례와 데이터를 식별한 후 ❸ 효율적인 읽기 계획을 수립할 수 있도록 도와줍니다. 여행 전 지도를 보면 효과적인 여정이 가능한 것처럼 AI로 전체 세부 조감도를 만들어 놓으면 더욱 효과적인 독해를 진행할 것입니다.

 이해 점검

이해 점검 프로세스는 ❶ 핵심 내용 점검을 통해 내 이해도를 확인하고 ❷ 비판적 관점에서 자료의 한계와 주의점을 파악하고 ❸ 실제 활용 가능성을 평가한 후 ❹ 부수적으로 챙길 내용들을 정리합니다. AI는 이 과정에서 객관적인 검토 기준을 제공하고 추가로 확인할 부분을 알려 줍니다.

● AI 요약의 한계 인식

다만, AI 요약에도 한계가 있음을 AI 요약·정리 과정에 본격적으로 들어가기 전 분명히 인식할 필요가 있습니다. 실무에서도 회사 주니어들이 이 점을 잘 이해하지 못해 함량 미달의 요약 자료들을 가져와 질책을 받는 경우가 많습니다. AI 요약의 한계는 다음과 같습니다.

첫째, 중요한 디테일이 누락될 수 있습니다. 계약서의 예외 조항이나 연구 논문의 한계점 같은 것들 말입니다. '악마는 디테일에 숨어 있다.'라는 말이 있습니다. 문서 요약을 한다고 이런 부분들을 빠뜨리면 큰일이 나지요.

둘째, 맥락과 뉘앙스가 사라집니다. 저자의 의도나 행간의 의미는 요약 과정에서 손실되기 쉽습니다. 이는 특히 문학이나 에세이류에서 문제되는 내용이나 정책 보고서 등에서도 의외로 문제가 될 수 있습니다.

셋째, 도표나 그래프의 핵심 정보를 간과합니다. 많은 보고서에서 가장 중요한 데이터는 차트나 표에 담겨 있는데, 생성형 AI는 이런 시각적 정보를 잘 해석하지 못하는 경우가 많습니다. 생성형 AI는 기본적으로 언어 모델(LLM)이기 때문입니다. 증권 투자 보고서나 컨설팅 보고서의 경우, 대개 한 페이지당 차트가 하나 정도씩 들어가는데, 이런 내용은 쏙 빼고 1~2페이지 요약만 가져오면 참 답답해지죠.

넷째, 환각 현상입니다. AI가 원문에 없는 내용을 그럴 듯하게 추가하거나 여러 문서를 요약할 때 출처를 헷갈릴 수 있습니다. '이 내용이 이 보고서 어디에 있어? 읽어 보기는 한 거야?'라고 매의 눈 상무님이 지적하면 새파랗게 얼어버리는 신참들의 경우를 종종 봅니다.

이런 측면에서 AI 요약에는 정말 제대로 된 기술들이 필요합니다. 이런 문제들을 극복하면서 제대로 요약하는 구체적인 방법들을 3단계 독해 단계별로 살펴보겠습니다.

7.2 사전 스캐닝 단계: 읽을 가치 판단하기

● 빠른 가치 판단이 핵심이다

바쁜 현대인에게 가장 중요한 독해 스킬은 '읽을 가치가 있는 자료를 빠르게 골라 내는 것'입니다. 매일 쏟아지는 수많은 보고서 기사, 논문 중에서 시간을 투자할 만한 자료를 구분하지 못하면 정작 중요한 내용을 놓치게 됩니다. 과거에는 목차나 서론을 직접 훑어보면서 판단했지만, 이제는 AI를 활용해 빠르고 체계적인 사전 검토가 가능합니다. 특히, 50페이지 이상의 두꺼운 보고서나 생소한 전문 분야 자료 앞에서 '이걸 다 읽어야 하나?'라며 고민될 때가 바로 체계적 사전 스캐닝이 빛을 발하는 순간입니다.

물론 모든 자료에 이런 체계적 접근을 할 필요는 없습니다. 관심 있는 소설이나 가벼운 교양서라면 그냥 읽기 시작해도 됩니다. 하지만 업무나 학습에 쓰기 위해 여러 자료 중 우선순위를 정해야 할 때, 시간 제약이 큰 상황에서 핵심만 파악해야 할 때, 팀 회의나 보고에 활용할 자료를 검토할 때는 체계적인 사전 스캐닝이 필수입니다.

Step 1 **문서 기본 정보 파악**

가장 먼저 할 일은 문서의 기본적인 신상 정보를 파악하는 것입니다. 마치 사람을 처음 만날 때 이름과 직업을 묻는 것과 같은 이치죠. 이 단계는 다음에 제시한 기본 프롬프트만으로도 충분합니다. AI의 답변을 통해 문서의 기본 성격과 접근 방식을 빠르게 파악할 수 있거든요.

문서 기본 정보 파악 프롬프트

- "이 책(보고서)의 기본 정보(저자, 발행 기관, 주제)와 서지 정보, 목차의 구조, 기본 내용을 간단히 알려 줘."
- "이 책(보고서)의 작성 배경과 목적을 간단히 요약해 줘."

자료 파일 참조 🔗

Step 2 **문서 유형별 핵심 내용 미리 보기**

하지만 핵심 내용을 파악할 때는 문서 유형을 고려해야 합니다. 문서 유형별로 전개 구조나 구성 콘텐츠가 달라 맞춤형 접근이 필요하거든요. 단순히 '이 책이 무엇을 다루는지'를 아는 것과 '어떤 관점에서 어떻게 접근하는지'를 파악하는 것은 큰 차이가 있습니다. 같은 리더십 책이라도 이론 중심인지, 사례 중심인지, 개인의 내적 성장에 초점을 맞췄는지, 조직 관리에 집중했는지에 따라 읽는 가치가 달라지죠.

다음은 주요 문서 유형별 핵심 내용 파악 프롬프트입니다. 좀 더 세부적인 이야기는 '3부. 활용 편'에서 다루기로 하고, 여기서는 문서 유형별로 파악해야 하는 핵심 내용과 프롬프트가 달라질 수 있다 정도만 이해하면 됩니다.

시장 보고서 핵심 내용 파악 프롬프트

- "이 시장 보고서의 핵심 내용을 시장 분석 관점에서 요약해 줘."
1) 현재 시장 규모와 성장률, 향후 전망

2) 시장을 이끄는 핵심 트렌드 3~5가지

3) 주요 시장 참여자와 경쟁 구도 분석

4) 시장 성장 요인과 저해 요인

기술 보고서 핵심 내용 파악 프롬프트

– "이 기술 보고서의 핵심 내용을 기술적 관점에서 요약해 줘."

1) 다루는 기술의 개념과 배경, 기존 기술 대비 혁신점

2) 핵심 기술 사양과 주요 성능 지표

3) 기술 구현을 위한 핵심 방법

4) 기술의 장점과 한계점

5) 실제 적용 사례와 성과

6) 향후 기술 발전 방향과 적용 확대 가능성

경제 · 경영 자료 핵심 내용 파악 프롬프트

– "이 경영서의 핵심 인사이트와 전략을 다음과 같은 관점에서 요약해 줘."

1) 저자가 진단하는 현재 시장, 경영 환경의 특징

2) 제시하는 핵심 개념이나 이론적 프레임워크

3) 추천하는 전략적 접근 방식과 그 근거

4) 성공 사례와 실패 사례에서 도출한 교훈

자기계발서 핵심 내용 파악 프롬프트

– "이 자기계발서의 핵심 방법론과 실행 방안을 정리해 줘."

1) 저자가 해결하고자 하는 핵심 문제나 목표

2) 제안하는 해결 방법론의 핵심 아이디어

3) 단계별 실행 방법(3~5단계로 요약)

4) 즉시 시작할 수 있는 실천 방안 3가지

Step 3　읽기 가치 최종 판단

이처럼 AI에게 요청한 문서 기본 정보와 문서 유형별 핵심 정보의 결과를 종합하면 읽기 가치를 최종 판단할 수 있습니다. 여기서는 신규 정보의 충분성, 업무 관련성, 신뢰성, 시간 투입 대비 가치 등을 종합적으로 평가해야 하겠지요. 이 부분은 극히 주관적인 내용이

므로 본인이 판단해야 할 것입니다. 다만, 이때 AI에게 추가적으로 참고 의견을 요청할 수도 있습니다.

- "이 책(보고서)가 세상에서 각광받은 이유가 있다면 무엇이지?"
- "이 책(보고서)를 내가 꼭 읽어야 하는 이유가 있다면 알려 줘."

자료 파일 참조 🔗

● 자료 상황별 사전 스캐닝 활용법

'사전 스캐닝 단계의 기본 프로세스는 잘 알겠는데, 그럼 어떻게 생성형 AI에게 책이나 보고서를 제공하지?'라는 의문을 떠올릴 분이 당연히 계실 것입니다. 본격 독해 단계에서는 책, 보고서의 디지털 파일을 반드시 가지고 있어야 합니다. 하지만 사전 스캐닝 단계에서는 디지털 파일을 가지고 있지 않아도 무방한 경우가 많습니다.

유명 서적의 사전 스캐닝

특히, 출간된 지 1~2년 정도 된 유명 인기 도서들이라면 자료가 없어도 사전 스캐닝이 가능합니다. 쉽게 말해, 뉴욕 타임즈 베스트 셀러나 교보문고 인기 도서 Top 20에 든 책이라면 저자와 책 제목만으로도 쉽게 사전 스캐닝이 가능합니다. 인터넷에 서평과 후기가 많고 생성형 AI가 이 책들을 학습했을 가능성이 커서 책의 서지 정보나 기본 내용 정보를 빠르게 알아볼 수 있거든요. 유명한 책들은 아마존이나 교보문고 등 온라인 서점 서평을 살펴봐도 되지만, 생성형 AI로 사전 스캐닝 요약을 하면 더 잘 구조화된 내용을 빠르게 살펴볼 수 있습니다.

- "Jonathan Haidt의 『The Anxious Generation』라는 책에 대해 알고 싶어. 기본 서지 정보와 저자 이력, 책의 기본 구조와 핵심 내용, 조명받은 이유에 대해 알려 줘."

자료 파일 참조 🔗

인터넷 문서의 사전 스캐닝

웹 페이지 형태의 공개 인터넷 보고서나 장문의 언론 분석 기사들도 당연히 디지털 파일 없이 사전 스캐닝됩니다. 다음처럼 해당 URL을 생성형 AI 채팅 창에 붙인 후 요약을 요청하면 됩니다.

- "다음 보고서의 핵심 내용을 요약해 줘."
  https://a16z.com/100-gen-AI-apps-5

  자료 파일 참조 🔗

파일 업로드를 통한 사전 스캐닝

많은 논문이나 공개 보고서는 인터넷에서 원문 파일을 다운로드할 수 있습니다. 디지털 파일을 구할 수 있는 가장 쉬운 경우입니다. 이런 보고서들은 파일을 다운로드한 후 생성형 AI 채팅 창에 업로드하면 됩니다. 특히, 일어, 독어, 중국어 등 해외 보고서들은 업로드 후 한글로 요약 정리되므로 내용을 빠르게 살펴볼 수 있습니다. 저의 경우, 생성형 AI가 도입되고 나서 러시아어, 이란어로 된 문서까지도 쉽게 살펴볼 수 있게 되었습니다. 단, 이때도 용량 제한 등의 문제가 있으므로 주의하기 바랍니다.

> **POINT** 국내 보고서 중 HWP 파일은 생성형 AI가 인식하지 못합니다. 알PDF나 한PDF를 이용해 PDF로 변환해야 합니다. 또한 파일 크기가 지나치게 크면 업로드에 실패할 수 있습니다. ChatGPT는 100MB, Claude는 20MB의 업로드 용량 제한이 있다고 하지만, 글밥이 많은 경우 파일 크기가 작아도 안 올라가는 경우가 빈번합니다. 안 올라갈 때는 PDF 편집기로 최적화하거나 파일을 분할해 올리세요.

종이 책, 종이 보고서의 경우

제일 골치 아픈 경우입니다. 종이 책, 종이 보고서는 생성형 AI에게 인식시킬 수 없지요. 이 경우, 대응할 수 있는 방법은 4가지 정도인데, 한 가지 방법만 합법이고 다른 3가지 방법은 불법적입니다.

합법적인 방법은 파쇄 스캔 후 문자 인식(OCR)을 시켜 만든 파일을 올리는 것입니다. 개인적인 목적으로 스캔해 OCR한 자료를 연구 목적으로 활용하는 것

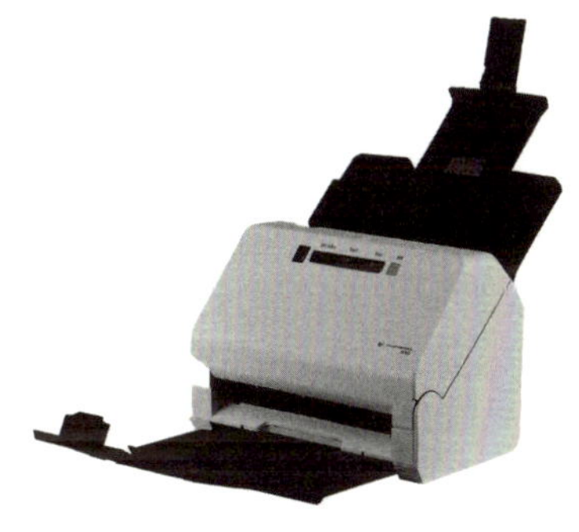

◆ 파쇄형 스캐너

은 합법입니다. 물론 스캔한 파일을 유통시킨다면 문제가 되지만요. 저의 경우, 사진과 같은 파쇄 스캔 전용 스캐너를 구매해 종이책이나 컨퍼런스 자료들을 스캔본으로 만들고 있습니다. 다만, 이 방식은 일반인에게는 좀 번거로울 수 있습니다.

다른 3가지 방법은 이북을 이미지 캡처한 후 모아서 PDF로 만들기, 이북(e-book)의 DRM을 해제하여 사용하기, DRM이 해제된 이북을 어둠의 바다에서 구하기 등이지만 모두 불법입니다. 따라서 자세히 설명해 드릴 수는 없다는 점을 양해해 주시기 바랍니다.

유형	AI 접근 방식	주의사항
유명 서적	저자+원제 입력 → 요약	가급적 원어 저자명, 제목 이용
웹 문서(블로그, 기사)	URL 복사 → 요약 요청	로그인 필요 시 직접 복사해 제공
다운로드 보고서(PDF)	업로드 후 요약 요청	용량 제한, 포맷 변환 필요
종이 책, 보고서	파쇄 스캔 후 OCR 진행해 업로드	OCR의 품질에 따라 내용 인식률이 제각각

● 사전 스캐닝 실전 활용 사례

다음은 실제 보고서를 활용한 사전 스캐닝 사례입니다. **사례 1** 은 유럽 우주 항공국 (ESA)에서 발간한 우주 시장 보고서를 ChatGPT로 기본 정보와 유형별 핵심 내용을 요약 시킨 결과입니다. 단 2개의 프롬프트 만으로도 보고서의 가치와 핵심 내용들을 빠르게 파 악할 수 있습니다. 사전 스캐닝 요약 내용들은 따로 갈무리하면 그 자체로 좋은 자료집이 됩니다.

사례 1 유럽 우주 항공국(ESA)의 「우주 경제 보고서」

이 보고서는 최근 급성장하고 있는 우주 경제의 글로벌 시장 현황을 조망할 수 있는 좋 은 자료입니다. 먼저 기본 정보 요약 프롬프트를 사용해 볼까요? 결과는 다음과 같습니다. 물론 실제 결과는 더욱 상세한데 이는 링크를 통해 볼 수 있습니다.

문서 기본 정보 요약 프롬프트

– "이 책(보고서)의 기본 정보(저자, 발행 기관, 주제)와 서지 정보, 목차의 구조, 기본 내용을 간단히 알려 줘. 이와 아울 러 이 책(보고서)의 작성 배경과 목적을 간단히 요약해 줘 (파일 업로드)."

AI 답변 (ChatGPT 활용)

– 기본 정보

제목: Report on the Space Economy 2024

저자 및 발행 기관: European Space Agency(ESA)

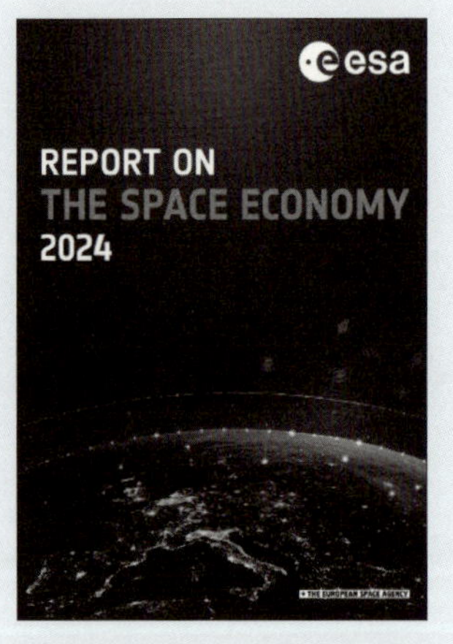

발행일: 2024년 12월

연락처: https://space—economy.esa.int/contact—us

형태: 연례 보고서(Annual Report)

주제: 전 세계 및 유럽의 우주 경제 동향, 투자 현황, 산업 구조, 인력 구성 등 종합적 분석 제공

– 목차의 구조

Introduction

The Space Economy in 2023

공공 및 민간 투자

우주 활동 및 시장 가치

우주 인력

The Space Economy in 2024: First Insights

거시 경제 맥락

2024년 초기 동향 분석

– 작성 배경 및 목적

이 보고서는 OECD와 협력하여 정의한 '우주 경제(Space Economy)' 개념에 기반해 우주 관련 활동이 경제·환경·사회에 미치는 가치를 정량적으로 분석합니다. 특히 다음과 같은 목적을 가집니다.

(이하 생략)

- 이 자료를 다운로드할 수 있는 URL은 다음과 같습니다.

  https://space—economy.esa.int/documents—area

자료 파일 참조 🔗

다음은 문서 유형별 핵심 내용 요약 프롬프트입니다. 앞서 소개한 우주 경제 보고서는 시장 보고서에 해당합니다. 그래서 시장 보고서에서 일반적으로 다루는 중요 내용들을 위주로 요약하면 핵심 내용들을 빠르게 정리할 수 있습니다.

시장 보고서 핵심 내용 요약 프롬프트

"이 시장 보고서의 핵심 내용을 시장 분석 관점에서 요약해 줘."

1) 현재 시장 규모와 성장률, 향후 전망

2) 시장을 이끄는 핵심 트렌드 3~5가지

3) 주요 시장 참여자와 경쟁 구도 분석

4) 시장 성장 요인과 저해 요인

자료 파일 참조 🔗

AI 답변 (ChatGPT 활용)

1) 현재 시장 규모와 성장률, 향후 전망

2023년 전체 우주 경제 규모:

다운스트림 시장(위성 통신, GNSS, 지구 관측 등): €358B(4% 증가)

업스트림 시장(위성 제조 및 발사): €53B(19% 감소)

민간 투자: 글로벌 €6B(전년 대비 −32%), 유럽 €977M(−14%)

향후 전망(2024년 추정):

공공투자: €121B 예상(전년 대비 +7%)

민간 투자: 대형 부채 조달 사례가 증가하며 회복 조짐

위성 발사 수: 연간 3,119기 예상(+6%), 증가세는 둔화

우주 산업 고용: 유럽 업스트림 분야는 꾸준히 성장 중(+9%)

2) 시장을 이끄는 핵심 트렌드 3~5가지

국방 중심의 공공 투자 증가

2023년부터 세계 공공 우주 예산의 절반 이상이 국방용으로 전환

美 Space Development Agency(SDA)의 LEO(저궤도) 위성군 조기 확대 주도

민간 투자 위축과 구조 변화

VC·SPAC 중심 투자 급감 → 부채 조달 비중 확대, 대형 투자는 fewer but bigger

(이하 생략)

사례 2 **일본 노무라연구소 「AI와 깊이의 경제」 보고서**

다음은 일본 노무라 연구소에서 2025년 5월에 발간한 「AI와 깊이의 경제」라는 보고서를 ChatGPT로 요약한 내용입니다. AI 요약은 외국어 보고서에서 빛을 발합니다. 내가 약한 언어라도 한국어로 내용을 빠르게 살펴볼 수 있기 때문입니다. 단, 본격적으로 요약을 할 때는 환각 현상을 방지하기 위해 "보고서에 내용이 없다면 없다고 말해 줘."라는 한정어를 추가하는 것이 좋습니다. 문서 서술 구조가 제각각이라 원하는 내용이 없는 경우도 많거든요.

 문서 기본 정보 요약 프롬프트

"이 책(보고서)의 기본 정보(저자, 발행 기관, 주제)와 서지 정보, 목차의 구조, 기본 내용을 간단히 알려 줘. 이와 아울러 이 책(보고서)의 작성 배경과 목적을 간단히 요약해 줘."

AI 답변

- **기본 정보 및 서지 정보**

  제목: AI와 깊이의 경제(Depth Economy)

  저자: 森 健(모리 켄)

  발행기관: 野村総合研究所(Nomura Research Institute)

  소속 부서: 미래 창발 센터 연구 리포트 Vol. 20

  발행일: 2025년 5월

  형태: 디지털 보고서

- **목차의 구조**

  AI의 예측력, 식별력, 개별화 능력

  AI와 데프스 이코노미의 등장

  데프스 이코노미의 부활

  SaaS와 데프스 이코노미

  디프 커스터마이제이션의 가능성

  데프스 이코노미와 소비자 잉여

  AI는 인간의 제한된 합리성을 완화할 수 있는가?

  AI 추천 시스템의 효과

  데프스 이코노미의 미래 시나리오

- **작성 배경과 목적 요약**

  이 보고서는 산업 자본 주의 시대를 지배했던 '규모의 경제(Scale Economy)'에 대응하는 새로운 경제 패러다임인, AI 기술을 활용한 '깊이의 경제(Depth Economy)'의 부상을 조망합니다.

(이하 생략)

다운로드할 수 있는 URL은 다음과 같습니다.

https://www.nri.com/jp/knowledge/report/20250512_1.html

 전략 보고서 핵심 내용 요약 프롬프트

"이 전략 보고서의 핵심 내용을 비즈니스 관점에서 요약해 줘. 단, 보고서에 내용이 없다면 없다고 말해 줘."

1) 현재 비즈니스 환경 분석과 주요 도전 과제

2) 해결해야 할 전략적 이슈와 그 우선순위

3) 제안하는 전략적 방향과 핵심 솔루션

AI 답변 (ChatGPT 활용)

1) 현재 비즈니스 환경 분석과 주요 도전 과제

환경 변화

- 기존의 스케일 경제(대량 생산, 효율 중심)의 한계 노출
- AI의 등장으로 예측력·식별력·개별화 능력이 급격히 향상되면서 고객과의 깊은 상호 작용 기반의 '데프스 이코노미'가 현실화
- 디지털 전환(DX)과 AI 기반 고객 데이터 수집·활용이 보편화

주요 도전 과제

- 고객의 개별 니즈를 포착하고 맞춤화된 경험 제공 필요
- AI 기반 비즈니스 모델에 대한 신뢰·윤리적 문제(AI가 누구의 이익을 대변하느냐?)
- 확장성 있는 하이 터치(High-touch) 서비스 구현의 어려움
- 고객 피로감이나 데이터 과잉 수집에 대한 부정적 인식

2) 해결해야 할 전략적 이슈와 그 우선순위

전략적 이슈	우선순위
AI를 활용한 딥 커스터마이제이션 모델 구축	★★★★★
고객 데이터를 바탕으로 한 인식–예측–제안 루프 정립	★★★★☆
고객 신뢰 확보(AI는 누구의 편인가?)	★★★★☆
SaaS·서브스크립션 비즈니스에서 LTV 향상 전략 수립	★★★☆☆
플랫폼 기반 실험·AB 테스트 정교화	★★☆☆☆

(이하 생략)

이처럼 해외 보고서의 경우, 번역과 요약이 동시에 이루어져 매우 효율적입니다. 저의 경우, 사전 스캐닝 요약 내용들은 MS 원노트에 따로 갈무리해 놓습니다. 모아 놓으면 그 자체로 훌륭한 자료집이 되거든요. 취향에 따라 에버노트, 노션, 옵시디언, 워드 등에 갈무리해 놓아도 됩니다.

7.3 본격 독해 단계: 장별 내용과 핵심 사례 파악하기

● 독해의 맥을 잡는 것이 성공의 열쇠이다

사전 스캐닝을 통해 '이 자료는 읽을 가치가 있다.'라고 판단했다면 이제 본격적으로 독해에 들어갑니다. 저의 경우, 사전 스캐닝한 자료 중 정말 괜찮다고 생각하는 10~20% 정도만 본격 독해를 진행합니다. 정보 폭주 시대에 모든 자료를 꼼꼼히 다 읽을 필요는 없기 때문입니다.

본격 독해 단계에서도 많은 사람은 무작정 첫 페이지부터 끝 페이지까지 순서대로 읽으려 합니다. 하지만 이런 식으로 읽으면 중간에 길을 잃고 중요한 부분을 놓치거나 시간을 낭비하게 되죠. 효율적인 독해의 핵심은 '어디에 집중할지를 미리 파악하는 것'입니다.

마치 여행 전에 지도를 보고 경로를 계획하듯이 독해 작업 전에 문서의 구조와 핵심 내용의 위치를 대강 파악해야 합니다. 과거에는 이런 작업을 위해 목차를 보거나 각 장의 도입부를 훑어보는 정도가 고작이었죠. 하지만 이제는 AI를 활용해 이런 독해의 맥 잡기 과정을 더욱 정밀하고 빠르게 할 수 있습니다.

이렇게 체계적으로 준비된 AI 요약 자료는 2가지의 중요한 역할을 합니다. 첫째, 독해 지도의 역할입니다. 책 전체의 구조와 핵심 포인트를 한눈에 파악할 수 있게 해 주죠. 둘째, 1차 정리 자료의 역할입니다. 나중에 참조할 수 있는 체계적인 요약 자료가 되는 것입니다. 저는 보고서를 읽은 후 AI 요약 정리 자료에 적절히 가필하면서 요약 노트로 만들어 보관하고 있습니다.

● 본격 독해의 3단계 프로세스

본격 독해 단계에서는 무작정 읽는 것보다 다음처럼 3단계 프로세스를 거치며 AI를 활용해 전략적으로 접근하는 것이 좋습니다. 이렇게 하면 같은 시간을 투자해도 중요한 정보는 놓치지 않으면서 불필요한 부분에 시간을 낭비하지 않는 전략적 독해가 가능해집니다. 일단 생성형 AI에 본격 독해하고 싶은 책이나 보고서의 디지털 파일을 업로드해 보세요.

가장 먼저 할 일은 텍스트의 목차 구조를 파악한 후 장별로 세부적인 내용들을 파악하는 것입니다. 여기서 중요한 것은 환각 방지 문구를 반드시 추가하는 것입니다. 다음 프롬프트에서 "이 파일의 내용에 충실하게"라는 문구는 AI가 원문에 없는 내용을 제멋대로 추가하는 것을 방지하는 핵심 안전장치입니다.

> **장별 내용 요약의 기본 프롬프트**
>
> – "1장의 핵심 내용을 1,000자 정도로 요약해 줘."
> – "1장에서 다루는 주요 개념이나 키워드를 정리해 줘."
> – "답변은 이 파일의 내용에 충실하게 진행해 줘."(환각 방지 문구)

2단계 핵심 사례와 데이터 식별

많은 경영서, 보고서, 학술서에서는 논리보다 인상적인 사례나 데이터로 주장을 뒷받침하곤 합니다. 또한 제시된 사례들은 다른 작업에 활용할 수 있어 자료로서의 가치도 큽니다. 따라서 장별 요약을 시킬 때 핵심 사례들도 함께 추출해 달라고 하는 것이 좋습니다. 중요한 데이터도 마찬가지이고요.

> **사례 · 데이터 추출의 기본 프롬프트**
>
> – "1장에서 제시한 주요 사례들이 있다면 이것도 500자 정도로 요약해 줘."
> – "1장에서 꼭 체크할 중요한 표나 그래프가 있다면 그 내용과 위치를 간단히 알려 줘."

3단계 읽기 계획 수립

모든 장에 대해 위의 작업들을 완료한 후 이 정보를 바탕으로 장별 읽기 강도를 조정하는 계획을 세웁니다. 저의 경우는 개별 장들을 집중 읽기 대상, 빠르게 읽기 대상, 가볍게 훑어보기 대상으로 구분합니다. 집중 읽기는 1장에서 말한 '정독', 빠르게 읽기는 '속독', 가볍게 훑어보기는 '스키핑(Skipping)'이나 '스키밍(Skimming)'에 해당한다고 보면 되겠습니다.[30] '써먹을 만한 도표나 그림이 없나?' 정도의 목적을 가지고 가볍게 책장을 넘기는 식입니다.

- **집중 읽기**: 핵심 사례가 많은 장, 새로운 개념이 나오는 장
- **빠르게 읽기**: 배경 설명 위주 장, 이미 아는 내용 위주의 장
- **가볍게 훑어보기**: 관심사와 무관한 장, 부록이나 참고 자료

실전 사례 **'AI 슈퍼파워' 장별 요약 프로세스**

AI 요약을 본격 독해 단계에 활용하는 실제 사례를 살펴보겠습니다. 여기서는 Lee Kai-fu의 『AI Superpowers』(Houghton Mifflin, 2018)를 요약한 과정을 보여드립니다. 이 책은 리 카이푸(Kai-Fu Lee)의, 『AI 슈퍼파워』(에이콘, 2019)로 번역되어 있습니다. 5년 전 '중국이 AI에서도 미국을 상당히 따라왔다.'라는 주장과 중국 기술 생태계에 대한 내밀한 고찰로 세계적인 화제가 되었던 책으로, 중국 산업 경쟁력의 한국 추월이 현실화된 요즘 다시 찾아보는 사람들이 많아졌습니다.

앞서 말씀드린 것처럼 장별로 내용을 제대로 요약하는 것은 원문 파일을 업로드한 경우에만 가능합니다. 더욱이 환각 현상이나 용량 문제 등에 대한 대응이 추가로 필요하고요. 사용한 프롬프트는 다음과 같습니다.

본격 독해 시 장별 내용 요약 프롬프트

프롬프트 1 **기본 정보 파악**
"이 책의 기본 서지 정보와 저자 이력, 책의 기본 목차와 핵심 내용에 대해 알려 줘. 앞으로의 답변은 별다른 말이 없다면 가급적 이 파일의 내용에 충실하게 진행해 줘."

---

30 스키핑(Skipping)은 불필요한 부분을 건너뛰고 핵심만 읽는 방식을, 스키밍(Skimming)은 빠르게 훑어 전체 흐름과 대강의 내용을 파악하는 방식을 말한다.

프롬프트 2 장별 순차 요약

"좋아. 1장의 내용을 1,000자 정도로 요약하되, 중요 사례가 있는 경우 핵심 내용도 덧붙여 정리 부탁해."

"좋아. 2장의 내용도 1,000자 정도로 요약하되, 중요 사례가 있는 경우 핵심 내용도 덧붙여 정리 부탁해."

프롬프트 3 관심 부분 확장 요약

"2장의 내용은 중요한 내용을 담고 있어. 2,000자 정도로 좀 더 세부적인 내용을 담아 정리해 줘."

"2장에서 콜로세움이라 불릴 만큼 극도로 치열한 중국의 경쟁 환경의 실상이 궁금해. 이 부분만 뽑아서 2,000자 정도로 정리해 줘."

프롬프트 4 장별 순차 요약

"좋아. 3장의 내용도 1,000자 정도로 요약하되, 중요 사례가 있는 경우 핵심 내용도 덧붙여 정리를 부탁해."

자료 파일 참조 🔗

여기서 프롬프트를 위처럼 사용한 이유에 대해 좀 더 상세하게 설명드리겠습니다.

먼저 **프롬프트 1**을 보시죠. 파일 업로드형 요약에서는 '기본 구조' 대신 '기본 목차'라는 말을 사용하는 것이 좋습니다. 정확한 목차를 봐야 어떤 형태로 요약·정리해 나갈지 방향을 잡을 수 있기 때문입니다. 이와 아울러 환각 현상을 방지하기 위해 "가급적 이 파일의 내용에 충실하게"라는 제한 어구를 사용할 필요가 있습니다.

프롬프트 2에서는 사례 요약을 추가로 요청했습니다. 많은 경영·사회 과학 대중 서적은 논리보다 인상적인 사례로 자신의 주장을 백업하며, 제시된 사례들은 자료로서의 가치도 큽니다. 따라서 장별 요약을 시킬 때 핵심 사례들도 제시해 달라고 하는 것이 좋습니다.

이와 아울러 보통 책은 10개 정도의 장으로 구성됩니다. 초반 1~3장 요약에서는 내가 원하는 내용이 잘 나오는지, 분량은 충분한지, 이상한 내용이 있는 것은 아닌지 세심히 관찰해야 합니다. 초반에 답변 결과의 품질이 확보되는 프롬프트를 만들면 반복 사용할 수 있어 매우 유용합니다. 요즘 말로 '꿀 빠는 상황'을 경험하게 됩니다.

이와 반대로 초반에 답변 결과의 품질을 확보하지 못한 상태에서 동일 프롬프트를 반복 사용하면 늦게서야 문제를 발견하고 작업을 처음부터 다시 해야 하는 골치 아픈 상황을 만납니다. 그래서 초반에 답변 품질을 잘 관찰하고 내가 원하는 결과가 나오도록 프롬프트를 다듬고 이후 품질이 보장된다는 확신을 가진 다음, 프롬프트를 재사용해야 합니다.

프롬프트 3 에서는 확장 요약을 시도했습니다. 이 책은 중국 ICT 기술 생태계 내부의 치열한 경쟁 상황을 생생히 묘사하는 점이 좋다고 지인에게 소개받았습니다. 1,000자 요약으로 이 내용의 위치가 2장에 있다는 것을 알았기 때문에 3장의 내용을 2,000자 정도로 좀 더 길게 요약했습니다. 일반적으로는 사전 스캐닝 단계에서 핵심 내용을 요약하고 관심이 있는 부분을 파악한 후 본격 독해 단계에서 그 부분을 좀 더 길게 요약하는 방식을 많이 씁니다.

● 보고서별 맞춤형 요약 프롬프트 개발

일반 책들은 대개 포맷이 비슷하므로 앞서 제시한 프롬프트들로 충분합니다. 하지만 보고서들은 서술 구조도 다르고 포맷도 제각각인 경우가 많습니다.

보고서별 특징 및 접근 방법

유형	특징	맞춤 접근법
투자 보고서	데이터 기반 분석, 예측, 차트 중심, 설득 구조	차트 해설 포함, 데이터 중심 요약
전략 보고서, 정책 보고서	문제 → 원인 → 제언, 계량, 정성 혼합	단계별 논리 구조 파악
기술 보고서	정의 중심, 단계적 설명, 용어 설명 강조	핵심 용어 추출 과정 포함

따라서 보고서의 유형, 포맷, 요약 목적을 감안해 맞춤형 프롬프트를 만들어야 제대로 요약할 수 있습니다. 예를 들면 다음과 같습니다.

- **차트 해설 포함**: 그래프 및 해석 중심이라면 차트 해설을 포함해야 합니다.
- **항목별 요약 추가**: 나열식 전략 제안 중심이라면 항목별 요약이 추가되어야 합니다.
- **핵심 용어 추출**: 기술 개요 설명과 핵심 용어의 추출 과정이 포함되어야 합니다.

보고서별로 이런 맞춤형 프롬프트를 만들고 요약을 진행하면 훨씬 정확하고 유용한 결과를 얻을 수 있습니다. 좀 더 자세한 내용은 '3부. 활용 편'에서 설명드리고, 여기서는 일반적인 개발 프로세스만 살펴보겠습니다. 다음은 실제 보고서에서 맞춤형 내용 요약 프롬프트를 개발하는 과정입니다.

- **1단계 기본 요약 요청**: 서지 정보, 목차, 핵심 내용을 먼저 파악합니다.
- **2단계 보고서 특성 반영한 요약 요청**: 그래프 중심인지, 나열식 전략 제안 중심인지, 기술 개요 설명 중심인지 파악한 후 이에 맞는 프롬프트를 설계합니다.
- **3단계 수정 과정을 거쳐 맞춤 프롬프트 및 검증 프롬프트 개발**: 첫 결과를 보고 부족한 부분을 수정 보완합니다. 필요하다면 검증 프롬프트도 만듭니다.
- **4단계 전체 내용 요약 정리**: 완성된 맞춤 프롬프트와 검증 프롬프트를 반복 사용해 전체 요약을 완성합니다.

실전 사례   가로형 보고서 요약

실제 사례를 통해 맞춤형으로 세부 내용을 요약하는 과정을 살펴볼까요? 2010년대 이후 PPT 형태의 가로형 보고서들이 증권사나 컨설팅사를 중심으로 많이 나오고 있습니다. 매킨지 컨설팅의 양자 컴퓨팅 기술에 대한 연례 보고서인 「Quantum Technology Monitor 2025」, 캐시우드(애칭 돈나무 언니)가 이끄는 신기술 전문 투자 자문사인 ARK Investment 사의 첨단 기술 중장기 전망 및 투자 의견 보고서인 「Big Idea 2025」 등이 대표적입니다.

이러한 가로형(Landscape) 보고서들은 모든 페이지가 핵심 메시지+간단한 설명+표나 그림으로 구성되고, 특히 표, 그림의 비중이 상당합니다. 글이 우선이고 표, 그림은 보조하는 형태의 세로형(Portrait) 보고서와는 내용 구성이 매우 다릅니다. 따라서 이런 포맷에서는 내용을 요약할 때 표, 그림의 핵심 내용도 함께 추출되어야 합니다.

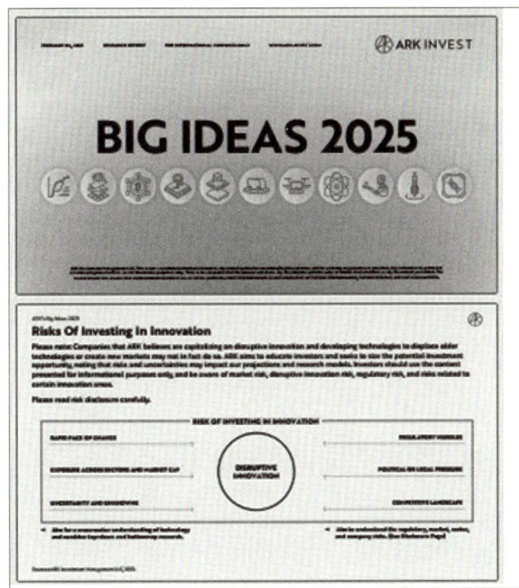
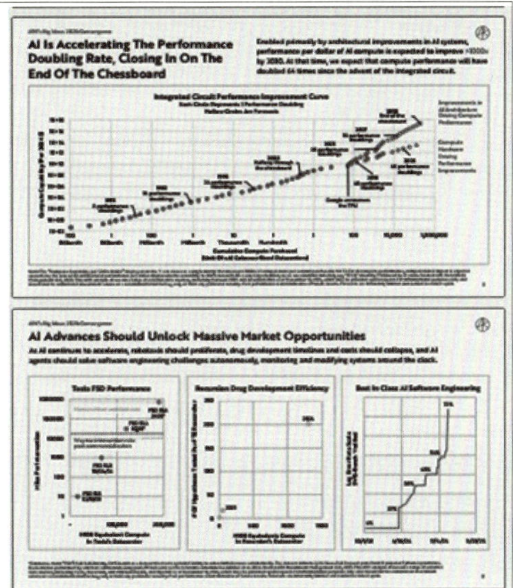

✦ ARK Investment 사의 「Big Ideas 2025」 구성 형태

여기서는 ARK Investment 사의 「Big Ideas 2025」를 통해 실제로 좌충우돌하며 맞춤형 프롬프트를 개발하는 과정을 보여드리겠습니다. 중요한 점은 완벽한 프롬프트를 처음부터 만드는 것이 아니라 시행착오를 거쳐 점진적으로 개선해 나가야 한다는 것입니다. 사용한 생성형 AI는 Claude입니다. ChatGPT는 여러 번 오류가 나고 결과 품질이 만족스럽지 않았습니다. 상세한 결과는 링크를 참조하세요.

(가) `1단계` **기본 요약 요청 → 실망스러운 결과**

시도한 프롬프트
"이 보고서의 구조와 개요, 중요성, 발행 기관인 ARK investment에 대해 설명해 줘."
"Robotaxis 파트를 요약해 줘."

결과 평가
- 보고서 전체를 단순 요약만 제공
- 페이지별 구조나 도표 해석이 완전히 누락
- 내부 공유나 회의용 요약에는 전혀 부적합한 수준

이때의 심정 "그냥 일반 텍스트 요약이랑 다를 바가 없네… 차트 내용은 왜 빠진 거지?"

자료 파일 참조 🔗

(나) [2단계] 특성 반영한 요약 요청 → 조금 나아진 결과

수정된 프롬프트 (1차 개선):

"Robotaxis 파트(68~83쪽, 68쪽은 소제목 표지)의 내용을 페이지별로 요약하고 도표의 핵심 내용도 함께 요약해 줘. 아울러 파트의 전체 내용을 전반적으로 다시 정리해 줘."

결과 평가

- 페이지별로 요약되기 시작함
- 도표 해석도 포함되었음
- 하지만 표 형태면 더 좋겠는데 여전히 문단형
- 전체 흐름 요약도 개선되었지만, 조금 두루뭉술한 느낌

이때의 심정 "음, 방향은 맞는 것 같은데…. 좀 더 구체적으로 구조화해 달라고 해야겠어."

자료 파일 참조 🔗

(다) [3단계] 여러 번 시행착오를 거쳐 맞춤형 프롬프트 완성

최종 맞춤형 프롬프트

"「ARK Invest Big Ideas 2025」의 Robotaxis 파트(68~83페이지, 68페이지는 제목 슬라이드로 요약 생략)를 다음과 같이 정리해 줘."
(1) "주요 텍스트 인사이트와 도표 내용을 각 페이지별로 간결하게 요약하고 이를 표로 제시해 줘."
(2) "전체 내용을 다음 기준으로 정리해 줘."
❶ 핵심 메시지
❷ 주요 수치·지표 및 트렌드
❸ 전략적 시사점

검증 프롬프트 (추가 개발)

"페이지별 주요 내용 요약이 실제 페이지 내용과 부합하게 잘 요약되었는지 확인해 보고 부합하지 않은 경우 적절히 수정해 줘."

자료 파일 참조 🔗

위 프롬프트로 얻어진 최종 결과들 중 일부를 정리한 내용은 다음 표와 같습니다. 일단, 페이지별 핵심 요점+도표 해설이 표 형태로 일목요연하게 정리되어 슬라이드용 또는 팀

브리핑용으로 바로 활용 가능해졌습니다. 이 보고서의 전체 포맷은 동일하므로 이 최종 맞춤형 프롬프트를 활용해 다른 장의 내용들도 쉽게 요약할 수 있게 되었습니다.

「Big Idea 2025」 보고서의 요약(발췌)

	주요 인사이트	도표, 그림 내용	실제 페이지
69쪽	• 전기차의 내연 기관 차 시장 점유율 잠식이 지속 확대 • 2024년 전기차 판매 12% 성장. 반면, 내연 기관 자동차 −1% 감소 • 전기차 성장 둔화에도 내연 기관 차량의 퇴출은 명확한 추세	• 2016~2024년 글로벌 차량 판매량(내연 기관 차량 vs. 전기차) • 2016~2024년 전년 대비 성장률 비교 • 전기차는 지속 플러스 성장, 내연 기관은 2020년 이후 마이너스 전환	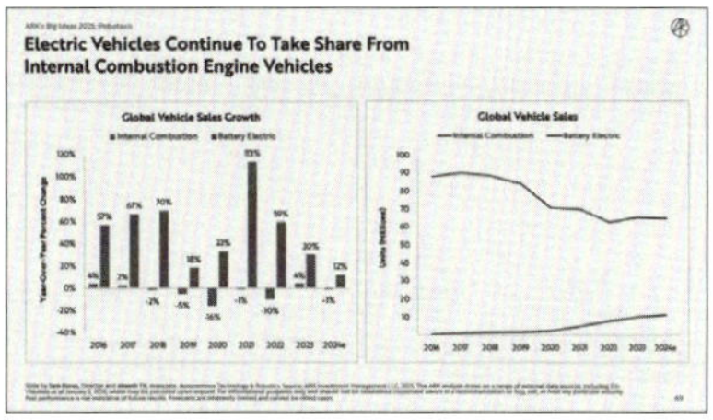
76쪽	• 2030년까지 로봇 택시 수가 세계적으로 약 5,000만 대로 확장 예상 • 테슬라가 50% 이상의 시장 점유 예상 • 중국의 치열한 가격 경쟁 전개와 기술 제공 업체, 전통 자동차 제조사 간 협력 부족으로 경쟁사들은 확장 장벽에 직면	• 2024~2030년 글로벌 자율차 채택 예측 • Tesla 로봇 택시 vs. 기타 (Waymo, BAIdu Apollo Go 등) • 2030년 총 50M대 예상 • Tesla가 절반 이상 시장 점유 예상	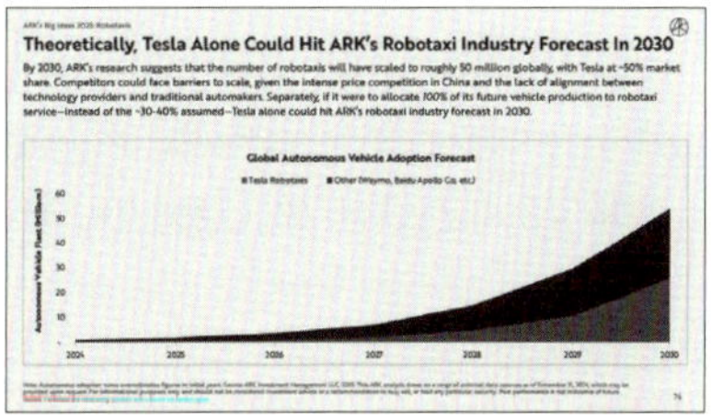
80쪽	• 자율주행 전기차는 높은 이용률, 안전성 및 효율성 증가의 이점과 연료, 보험료, 공차 운행 비용 등의 비용 절감 • 공차 운행 거리는 승객 없이 운전하는 거리로, 현재 차량 호출 거리의 45% 차지 • 자율주행차는 인간 개입 제거와 AI 도구를 활용한 수요 및 교통 패턴 예측으로 공차 운행 거리 감소 가능	• 인간 차량 호출 vs. 로봇 택시의 주행 거리당 비용 분해 • 인간 차량 호출 비용 구조: Uber 수수료, 예약 수수료(보험 제외), 운전자 몫, 공차 운행 비용, 유지 보수 & 타이어, 감가상각, 연료, 보험, 금융, 주차 • 로봇 택시 예상 비용 구조: 수수료, 로봇 택시 플랫폼 수수료, 감가상각, 주차, 에너지, 유지 보수 & 타이어, 공차 운행 비용, 보험	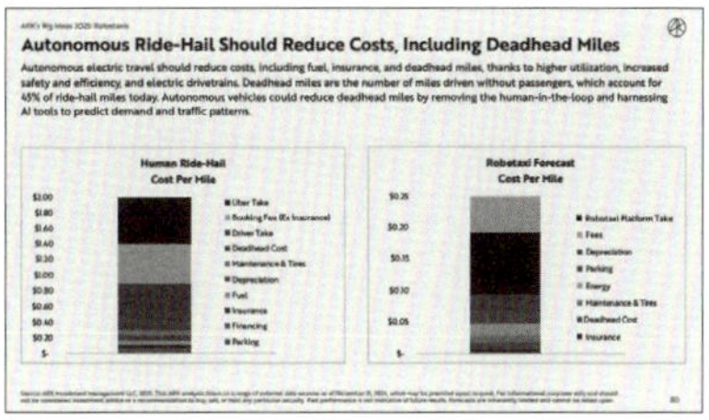

(라) `4단계` **완성된 프롬프트로 다른 섹션에도 반복 활용**

이렇게 개발된 맞춤형 프롬프트와 검증 프롬프트는 이 보고서의 다른 11개 장에도 그대로 활용할 수 있습니다. 초반에 좀 더 신경 쓰면 여러 번 반복해 쓸 수 있어 매우 효과적입니다.

(마) 실전 개발 과정의 핵심 교훈

제가 이 실전 사례를 자세히 설명한 이유는 다음의 교훈을 알려드리고 싶기 때문입니다.

• `교훈 1` **완벽한 프롬프트는 한 번에 나오지 않는다.**

기본 프롬프트는 쉽게 구할 수 있지만, 맞춤형 프롬프트는 한 번에 만들어지지 않습니다. 두세 번의 시행착오를 거치면서 프롬프트를 조정해야 나옵니다. 결과가 잘 안 나온다고 성급하게 화내지 마세요.

첫 번째 시도에서 원하는 결과가 나오지 않더라도 구체적으로 어떤 부분이 부족한지 파악하고 프롬프트에 반영하면 점점 좋아집니다. 또한 한 번 만들면 그 보고서뿐만 아니라 비슷한 보고서에서 반복해서 쓸 수 있으므로 오히려 이득입니다. 이러한 맞춤형 프롬프트를 많이 가지고 있는 것이 앞으로 중요한 개인 경쟁력이 될 것입니다.

• `교훈 2` **요약 작업에 AI별 특성을 고려해야 한다.**

복잡한 도표, 차트, 그림이 많은 보고서 파일의 분석·요약에는 ChatGPT가 적절하지 않습니다. 아직까지는 OCR의 인식력이 충분히 개선되지 않아 헛소리를 너무 많이 합니다. 개인적인 경험상, 아직까지는 Claude가 이런 가로형 보고서 정리에 가장 안정적인 결과를 제공해 주었습니다.

• `교훈 3` **귀찮아도 검증 프롬프트를 사용하면 결과가 개선된다.**

Claude의 경우, 검증 프롬프트를 추가로 돌리면 요약 내용의 질이 소폭 올라갑니다. 특히, 페이지별 내용이 실제와 부합하는지 재확인하는 과정에서 미세한 오류들이 잡히더라고요. 내용이 괜찮다 싶더라도 다시 한번 AI에게 자체 검증을 요청해 보세요.

● 진짜 독해는 책을 덮은 후에 시작된다

책을 다 읽었다고 독해가 완성되는 것은 아닙니다. 진짜 중요한 것은 읽은 내용을 제대로 이해했는지, 그리고 실제로 활용할 수 있는 형태로 정리했는지의 여부입니다.

이해 점검 단계는 독해의 마무리이자 활용의 시작점 역할을 합니다. 많은 사람이 책을 읽는 것 자체에만 집중하다가 정작 중요한 이 단계를 건너뛰곤 해요. 하지만 이 과정을 거쳐야 비로소 읽은 내용이 단순한 지식이 아닌 활용 가능한 정보로 전환됩니다.

AI는 이 과정에서 객관적인 검증자이자 체계적인 정리 도우미 역할을 합니다. 내가 놓친 부분은 없는지, 전체 메시지는 잘 이해했는지 점검할 수 있고 비판적인 관점에서 논리적 허점이나 편향성을 분석해 더 균형 잡힌 이해를 도와줍니다. 무엇보다 구체적인 활용 방안과 적용 가능성을 정리하여 읽은 내용을 실천 가능한 정보로 만들어 주지요.

● 이해 점검의 3단계 프로세스

보통 책이나 보고서를 읽고 제대로 이해 점검 단계를 거치려면 다음과 같은 4가지 단계를 밟는 것이 좋습니다.

1단계　**핵심 내용 정리**

텍스트의 전체 내용을 염두에 두고 핵심 내용과 결론 등을 체계적으로 정리합니다. 여기에 활용할 수 있는 프롬프트는 다음과 같습니다. 내가 생각한 핵심 내용과 AI가 정리해 준 핵심 내용을 비교해 보면 더 좋은 공부가 될 것입니다.

> **핵심 내용 정리 프롬프트**
> - "이 보고서의 가장 중요한 결론과 핵심 근거를 간단히 요약해 줘."
> - "이 문서를 읽고 꼭 기억할 핵심 내용(Key Takeaways) 5가지를 정리해 줘."
>
> **자료 파일 참조** 🔗

 비판적인 점검

비판적인 관점에서 텍스트의 한계점, 주의점 등을 가볍게 검토합니다. 단순히 저자의 주장을 수용하는 것이 아니라 다각도로 검토할 수 있는 시각을 확보하는 것입니다. 물론, 이 부분은 선택적으로 진행해도 됩니다. 모든 텍스트에 대해 비판적 분석이 필요한 것은 아니거든요.

비판적 분석 프롬프트

- "이 문서의 한계점이나 주의점에 대해 설명해 줘."
- "이 문서에 대한 비판적 분석을 다음 5가지 관점에서 해 줘."
- 논리적 허점, 편향성, 신뢰성, 실현 가능성, 누락된 관점

자료 파일 참조 🔗

 활용 가능성 검토

핵심 내용이 활용 가능한 상황과 전달 포인트 등을 정리합니다.

활용성 검토 프롬프트

- "정리된 핵심 내용이 어떤 상황에서 활용될 수 있을지 3가지 정도 예시를 들어 줘."
- "이 문서의 핵심 내용을 다른 사람에게 설명할 때 가장 중요한 포인트는?"

자료 파일 참조 🔗

 부수적 내용 정리

용어집, 명언 및 인상적 표현, 데이터, 사례, 시너지가 날 수 있는 책 등을 추천해 줄 것을 요청합니다. 다만, 이 부분은 환각 가능성이 큰 부분이므로 가볍게 참고로만 활용하세요. 예를 들어, 원문 그대로가 아니라 취지를 살려 적절히 압축한 내용을 제시하는 경우도 종종 발생합니다.

- "이 문서에서 간직할 만한 명언이나 인상적인 표현이 있다면 정리해 줘."
- "중요한 수치, 날짜, 통계 데이터 중 기억해 둘 만한 것들을 알려 줘."
- "꼭 기억할 만한 새로운 개념이나 전문 용어가 있다면 간단히 설명해 줘."
- "참고할 만한 사례나 사람 이름, 기업명 등이 있다면 정리해 줘."
- "이 책의 주요 내용과 관련해 함께 읽으면 시너지가 날 만한 책을 소개해 줘."

● 목적별 맞춤형 정리 가이드

이해 점검 단계에서는 읽은 내용을 어떻게 활용할 것인지에 따라 달라집니다. 단순히 '잘 읽었다.'로 끝나는 것이 아니라 구체적인 목적에 맞게 가공하는 것이 중요해요. 자주 만나는 상황별로 써 볼 만한 프롬프트를 제시하겠습니다.

상황 1 토론 발표용 정리

토론 발표용 정리 프롬프트

"조너선 하이트(Jonathan Haidt)의 『The Anxious Generation』를 다음 주 독서 토론에서 소개하려고 해. 다음을 포함한 10분 발표용 요약을 준비해 줄 수 있어?"
- 가장 중요한 3가지 주장과 그 근거
- 토론할 만한 2~3가지 논쟁점
- 저자의 관점이 특별한 이유
- 이 책이 [특정 분야, 주제]에 기여한 점

POINT 이 책은 국내에 『불안 세대』(웅진지식하우스, 2024)라는 이름으로 번역 출간었습니다. 하지만 국내보다 영어권 인터넷에 관련 소개 자료들이 많으므로 굳이 영문 저자명과 영문 도서명을 이용해 정리를 시켰습니다.

비교 분석용 정리 프롬프트

프롬프트 1 "조너선 하이트의 『The Anxious Generation』과 애나 렘키(Anna Lembke)의 『Dopamine Nation』을 비교해 줘. 특히, 다음 측면을 중심으로 분석해 주면 좋겠어."[31]
 – 주요 주장의 유사점과 차이점
 – 사용된 연구 방법론 비교
 – 각 저자의 접근 방식의 강점과 약점
 – 현대 사회 청년 세대의 심리 불안, 멘탈 약화 문제 해법 모색에 두 책이 어떻게 활용될 수 있 는지와 그 이유
프롬프트 2 "좋아. 내용을 재미있게 잘 읽었어. 그렇다면 위 분석 내용을 표로 정리해 줘."

POINT 특히, 비교, 대조와 관련된 AI 응답 결과는 표로 제시해 달라고 하면 내용을 한눈에 살펴볼 수 있습니다. 이렇게 표로 정리된 결과물은 팀 회의나 내부 공유, 발표 자료 작성에 바로 활용할 수 있어 매우 유용합니다.

다음은 두 책의 내용을 AI가 비교한 답변 내용 중 제가 발췌해 추가로 정리한 내용입니다.

『불안 세대』와 『도파미네이션』의 비교 정리(발췌)

구분	조너선 하이트의 『The Anxious Generation』 (2024년 3월 출간)	애나 렘키의 『Dopamine Nation』 (2021년 8월 출간)
핵심 주제	스마트폰과 소셜 미디어가 청소년 정신 건강에 미치는 부정적 영향	도파민 과잉이 모든 연령대의 중독과 정신 건강에 미치는 영향
대상 집단	주로 Z 세대 청소년과 어린이	모든 연령대(특히, 성인 중독 환자)
주요 이론적 틀	놀이 중심 아동기에서 휴대폰 중심 아동기로의 전환	쾌락–고통 균형과 도파민 항상성

---

31 애나 렘키의 『Dopamine Nation』은 『도파미네이션』(흐름출판, 2022)이라는 제목으로 국내에도 번역, 출간되었습니다. 『The Anxious Generation』과 『Dopamine Nation』을 비교 분석 사례로 선택한 이유는 두 책이 현대 사회의 디지털 중독과 정신 건 강 문제를 다루면서도 서로 다른 접근 방식을 보여 주기 때문입니다.
조너선 하이트의 『불안 세대』에서는 주로 Z 세대 청소년을 중심으로 스마트폰과 소셜 미디어의 영향을 사회적·발달 심리학적 관점에서 분석하는 반면, 애나 렘키의 『도파미네이션』은 모든 연령대를 대상으로 도파민 시스템과 중독 메커니즘을 신경 과학 적 · 임상적 관점에서 접근합니다. 두 책 모두 현대인의 디지털 과의존 문제를 다루지만 세대별 접근 vs. 전 연령 접근, 사회적 해결책 vs. 개인적 해결책, 예방 중심 vs. 치료 중심이라는 상호 보완적 관점을 제시하기 때문에 비교 분석을 통해 이 문제에 대한 더 입체적이고 균형 잡힌 이해를 얻을 수 있습니다.

구분	조너선 하이트의 『The Anxious Generation』 (2024년 3월 출간)	애나 렘키의 『Dopamine Nation』 (2021년 8월 출간)
연구 방법론	• 다학제적 접근, 국제적 통계 데이터 분석, 역사적 맥락 분석 • 발달 심리학적 관점	• 임상 사례 연구, 신경 과학 연구 통합, 환자 내러티브, 도파민 치료 프레임워크
주요 주장	• 2010년대 초반부터 청소년 정신 건강이 세계적으로 급격히 악화됨 • 스마트폰과 소셜 미디어는 '아동기의 대형 재배선'을 초래함 • 이 문제는 사회적 해결 필요한 '집단 행동 문제'	• 현대 사회는 SNS 등 고도파민 자극물에 쉽게 접근할 수 있어 중독에 취약함 • 쾌락 추구는 역설적으로 쾌락 감수성 감소와 고통 증가로 이어짐 • 균형 회복 위해 금욕과 통제된 고통 경험 필요
성별 차이 접근	소셜 미디어가 여아에게, 비디오 게임이 남아에게 더 해롭다고 분석	여성은 벤조디아제핀에, 남성은 비디오 게임과 포르노그래피에 더 취약하다고 분석
강점	• 사회적, 역사적 분석과 다양한 국가 데이터 활용 • 발달 심리학적 통찰 • 구체적인 정책 제안	• 풍부한 임상 경험 • 신경 생물학적 메커니즘 설명 • 다양한 중독 유형 대응하는 개인 적용 전략 제안
약점	• 기술 결정론적 경향과 서구 중심적 관점 • 인과 관계 입증의 어려움 • 세대 간 차이 문제 고려 미흡	• 심각한 중독 사례 중심으로 사회적 맥락 부족 • 일부 물질의 의학적 가치 과소 평가 • 일부 해결책의 실행 어려움

상황 3　실용적인 요약

"[저자명]의 [책 제목]에서 제시하는 실용적인 조언과 해결책에 초점을 맞춘 요약을 부탁해. 특히 다음 내용을 고려해 줘."
- 책에서 제안하는 구체적인 실행 방안 5가지
- 각 방안을 적용할 수 있는 상황과 조건
- 방안을 실행할 때의 잠재적 장애물과 해결책
- 책의 접근법이 [특정 상황, 문제]에 어떻게 적용될 수 있는지

상황 4　학술적 접근

"[저자명]의 [책 제목]에 대한 학술적 분석을 하려고 해. 접근법을 고민하기 위해 기초적인 요약이 필요해. 다음을 포함해 주면 좋겠어."
- 저자의 이론적 프레임워크와 방법론적 접근

7.5 요약 품질 관리

● AI 요약도 결국 '쓰레기를 넣으면 쓰레기가 나온다.'

AI 요약을 여러 번 활용해 보신 분들이라면 이런 경험이 있을 겁니다. '어? 이번 요약은 왜 이렇게 엉성하지?' 하는 당황스러운 순간 말입니다. 분명 같은 AI인데도 어떤 때는 놀라울 정도로 깔끔하고 정확하게 요약해 주지만, 어떤 때는 엉뚱하거나 부정확한 내용을 섞어 주는 경우가 있거든요.

이런 일이 생기는 이유는 AI 요약의 품질이 입력 방식과 검증 과정에 크게 좌우되기 때문입니다. 컴퓨터 과학에서 말하는 'Garbage In, Garbage Out'이 AI 요약에도 그대로 적용되는 것입니다. 아무리 뛰어난 AI라도 모호한 지시나 부적절한 프롬프트를 받으면 품질 낮은 결과물을 만들어 낼 수밖에 없습니다.

하지만 이런 문제들은 체계적인 품질 관리 방법을 통해 상당 부분 해결될 수 있습니다. 좋은 요약과 나쁜 요약을 구분하는 기준을 알고 환각 현상을 방지하는 안전 장치를 마련하며 요약 결과를 효과적으로 활용하는 방법을 익힌다면, AI 요약의 진정한 가치를 누릴 수 있습니다.

● 좋은 요약 vs. 나쁜 요약의 판단 기준

AI 요약의 품질을 객관적으로 평가하려면 명확한 기준이 있어야 합니다. 다음 표는 실무에서 활용할 수 있는 5가지 핵심 판단 기준입니다.

기준	좋은 요약	나쁜 요약	체크 포인트
정확성 (Accuracy)	원문의 내용을 정확히 반영하고 사실 관계가 틀리지 않음	원문에 없는 내용을 추가하거나 수치나 날짜 등이 부정확함	• 핵심 수치나 통계가 원문과 일치하는가? • 인용문이나 전문 용어가 정확한가? • 저자의 주장이 왜곡되지 않았는가?
완성도 (Completeness)	중요한 내용을 빠뜨리지 않고 전체 맥락을 포괄함	핵심 내용이 누락되거나 부분적인 정보만 제시함	• 저자의 주요 주장이 모두 포함되었는가? • 중요한 데이터, 사례의 누락은 없는가? • 결론 부분이 적절히 요약되었는가?
명확성 (Clarity)	이해하기 쉽고 논리적 흐름이 자연스러움	애매모호하거나 논리적 연결이 어색함	• 전문 용어나 개념이 잘 설명되었는가? • 문장들 간의 연결이 자연스러운가? • 독자가 쉽게 이해할 수 있는 수준인가?
간결성 (Conciseness)	불필요한 내용 없이 핵심만 간단명료하게 정리	중복되는 내용이 많거나 지나치게 장황함	• 같은 내용이 반복되지 않는가? • 부가적인 설명이 과도하지 않은가? • 요약 길이가 목적에 적합한가?
활용성 (Usability)	실제 업무나 학습에 바로 활용할 수 있는 형태	추상적이거나 실용적 가치가 부족함	• 액션 아이템이나 시사점이 포함되었는가? • 다른 사람에게 설명하기 좋은가? • 나중에 참조하기 편한 형태인가?

● AI 요약 시 환각 상황과 실패 패턴

AI 요약에서는 의외로 환각 현상이 많이 일어납니다. 그 이유는 채팅 내용이 길어지거나 유사 작업이 반복되면 종종 환각에 빠지는 생성형 AI의 특성 때문입니다. 텍스트를 장별로 요약할 때 최적 프롬프트를 반복 사용하다 보니 당연히 환각 문제가 발생할 확률이 높아지죠. AI 요약에서 나타나는 대표적인 환각 상황은 크게 3가지입니다. ChatGPT에게 두꺼운 책이나 보고서의 요약을 시킬 때는 다음 환각 징후가 나타나는지 주의 깊게 모니터링해야 합니다.

- 앞 장의 내용을 반복해서 포함
- 맥락에 맞지 않는 내용을 답변
- 맥락에는 맞지만, 책에 없는 일반적인 내용을 제시

아울러 AI 요약을 제대로 활용하려면 다음과 같은 실패 패턴을 피해야 합니다. 특히, 환각 현상은 매우 교묘하게 나타나기 때문에 주의가 필요합니다.

실패 패턴 1 **초반에 맥락 설정을 과도하게 제공하기**

일반적인 프롬프팅 원칙에 따르면, AI에게 처음부터 명확한 방향을 제시해 달라고 합니다. 예를 들어, 요약 초반에 "나는 ○○○ 경영자들을 위해 ○○○ 보고서의 요약 자료를 만들고 있어."라는 형태의 맥락이나 목적 정보를 제시하라는 것입니다.

하지만 제 경험상 이런 맥락 정보를 초반에 제공하면 AI가 요약 과정마다 무리하게 시사점을 이끌어 내려 하면서 편향이나 환각이 오히려 더 많이 발생했습니다. '경영자를 위한 요약'이라는 프레임이 주어지면 AI는 원문에 없는 전략적 시사점이나 비즈니스 인사이트를 덧붙이려 하거든요. 예를 들어, 유발 하라리의『사피엔스』(김영사, 2025)와 같은 역사책의 요약에서도 '그래서 경영자는 이러한 전략을 고려해야 합니다.'라는 결론을 각 장의 요약마다 임의로 추가하는 경우가 나타났습니다.

따라서 맥락 정보는 일반적인 내용 요약이 끝난 후 재정리 과정에서 제공하는 것이 훨씬 안전하고 정확합니다. 먼저 원문에 충실한 중립적 요약을 받은 후 "위 요약 내용을 경영진 보고용으로 재정리해 줘."와 같은 식으로 진행하는 것입니다. 이렇게 하면 원문 내용의 정확성을 해치지 않으면서도 목적에 맞는 요약을 얻을 수 있습니다.

실패 패턴 2 **환각 방지 문구 없이 한 번에 여러 장을 요약**

다음은 제가 경험한 실제 사례입니다. 벤 존스(Ben Jones)의『Avoiding Data Pitfall』(Wiley, 2020)이라는 책의 6장 내용을 요약할 때 발생한 환각 현상입니다. 이 책은 데이터 분석 시 나타나는 다양한 함정 상황을 실무자의 입장에서 상세하게 설명한 책입니다. 왜 아직 번역되지 않았나 싶을 정도로 데이터 리터러시의 문제를 잘 다루고 있는 책입니다.

저는 앞의 기본 프롬프트를 약간 변형해 ChatGPT로 장별 내용을 정리했습니다. 4장까지는 정리 결과에 만족했습니다. 그래서 동일한 프롬프트로 5~9장을 한꺼번에 정리해 달라고 부탁했습니다. 그랬더니 다음과 같은 결과가 나왔습니다(물론 실제 답변은 더 자세하고 긴 내용입니다.).

보다시피 환각이 발생한 결과도 그럴 듯해 보입니다. 하지만 본문 목차와 대조해 보면, 원문과 전혀 다른 내용입니다. 그래서 그 다음에는 아예 채팅 세션을 바꾼 후 Case 2처럼 요약 범위를 6장으로 제한하고 "책 내용에 한정해서"라는 환각 방지 문구를 넣었습니다. 그랬더니 그제서야 원문과 일치하는 결과가 나왔습니다.

- **사례 1** **잘못된 접근(환각 발생)**
  "5~9장의 내용을 각각 2,000자 정도로 정리해 줘. 이때 각 오류 유형에 담긴 예시도 자세히 설명해 줘."
- **전체 내용 중 6장의 결과(환각이 발생한 내용)**
  - 5A. 과잉 외삽(Overextended Extrapolation)
  - 5B. 무책임한 보간(Irresponsible Interpolation)
  - 5C. 상관 ≠ 인과(Correlation ≠ Causation)
  - 5D. 잘못된 지표 사용(The Misguided Metric)

- **사례 2** **올바른 접근(정확한 결과)**
  "6장의 내용을 2,000자 정도로 정리해 줘. 이때 각 오류 유형에 담긴 예시도 자세히 설명해 줘. 내용 요약은 이 책의 내용에 한정해서 진행해 줘."
- **결과** **(원문과 일치)**
  - 5A. 직관 vs. 분석의 허위 이분법(The Intuition vs, Analysis False Dichotomy)
  - 5B. 무리한 외삽(Exuberant Extrapolations)
  - 5C. 무수의한 보간(Ill-Advised Interpolations)
  - 5D. 신뢰곤란한 예측(Funky Forecasts)
  - 5E. 무의미한 지표 사용(Moronic Measures)

대응 원칙 **사전 목차의 구조 분석+환각 방지 문구 삽입+한 번에 1장씩 요약**

다시 한 번 강조하지만, 환각 방지 문구 없이 분량이 많은 여러 장을 한 번에 요약시키면 생성형 AI는 제멋대로 내용을 지어 낼 가능성이 큽니다. 다음 원칙을 생활화하세요.

- **사전 목차의 구조 분석**: 요약 전에 반드시 목차를 파악하고 시작
- **환각 방지 문구 삽입**: "이 파일, 책의 내용에 한정해서" 등의 제한 문구 포함
- **초반에 과도한 맥락 제공 회피**: 작업 목적은 가급적 장별 요약 끝나고 시사점 도출 시 제시
- **한 번에 1장씩 요약**: 욕심내서 여러 장을 한 번에 요약하지 말 것

● 환각 발생 시 대처 방법

골치 아픈 경우는 위 원칙을 잘 지켰는데도 여전히 환각이 발생할 때입니다. 이때는 세션을 다시 열고 파일을 다시 업로드한 후 목차를 소환하는 프롬프트를 사용하고 문제가 발견된 장의 앞 장부터 다시 요약을 진행하는 것이 바람직합니다.

한 번 환각이 발생한 창에서는 계속 환각이 발생하는 경향이 있습니다. 이른바 '환각 눈덩이(hallucination snowballing)' 현상입니다. 환각이 발생한 창에서 AI랑 씨름을 하느니 아예 새 창을 열고 다시 시작하는 것이 정신 건강상 유리합니다. 앞 장부터 요약을 진행하는 이유는 새로운 요약 내용을 앞 장의 환각 없는 요약 내용과 비교해보면 환각 발생 여부를 빠르게 가늠해 볼 수 있기 때문입니다.

개인적으로는 가끔씩 중반 이후부터 요약시키는 방법도 사용합니다. 즉, 총 10장의 내용이라면 아예 6~10장을 먼저 요약을 시키고 이후 1~5장을 요약하는 식입니다. 경험적으로 ChatGPT에서는 이런 방식이 환각 현상을 덜 경험했습니다. 다만, 왜 그런지는 설명이 할 수 없고 사용 횟수도 많지 않아 아직 확실한 대안으로 제시하기는 힘듭니다.

환각 통제 프롬프트

생성형 AI에서 환각은 완전히 제거하기 어렵습니다. 하지만 세션 창 다시 열기 방법과 여기 소개하는 환각 통제 프롬프트를 조합해서 활용하면 장별 요약 과정에서 환각을 크게 줄일 수 있습니다. 개인적으로는 프롬프트 1과 프롬프트 2를 선호합니다. 프롬프트 1은 장별 요약에 들어가기 전에, 프롬프트 2는 장별 요약 후에 사용해 보세요. 프롬프트 3과 4는 짧은 자료에는 잘 먹히지만, 긴 자료에는 잘 먹히지 않는 경향이 있습니다. 프롬프트 5는 정밀한 요약 품질 검증이 필요할 때 사용하되, 가급적 NotebookLM에서 활용해 보세요.

- **환각 통제 프롬프트 1** 　**명확한 제약 설정**
  "이 텍스트를 요약하되, 원본 텍스트에 명시적으로 언급되지 않은 내용은 절대 포함하면 안 돼. 불확실한 부분이 있다면 '원문에 명확히 언급되지 않음'이라고 표시해 줘.'
- **환각 통제 프롬프트 2** 　**자체 검증 요청**

"요약을 완료한 후 원본 텍스트와 비교하여 각 문장이 원본에 근거하는지 검증하고 근거가 없는 내용은 제거해 줘."

- **환각 통제 프롬프트 3** **출처 인용 요청**

"다음 텍스트를 요약할 때 각 주요 포인트가 원본의 어느 부분에서 나왔는지 페이지 번호나 문단 번호를 함께 표시해 줘."

- **환각 통제 프롬프트 4** **불확실성 명시 요청**

"확실한 내용은 그대로 요약하고 추론이 들어간 부분은 '원문은 ○○을 시사하지만 명시적으로 언급하지는 않음'처럼 표현해 줘."

- **환각 통제 프롬프트 5** **후속 검증**

정말 중요한 문서의 경우, 다음과 같은 검증 프롬프트를 추가로 활용합니다. 단, 검증 작업은 AI의 컴퓨팅 리소스를 많이 활용하므로 종종 오류가 발생할 수 있습니다. 검증이 꼭 필요한 경우, 원문과 상세 내용 요약 정리문을 NotebookLM에 올려 대조 진행하는 것을 추천합니다. NotebookLM은 문서 기반 분석에 특화되어 있어 환각 현상이 거의 발생하지 않거든요.

"이 요약에서 [의심되는 문장]이 원본 텍스트의 어느 부분에 근거하는지 정확히 인용해 주세요."(원본 대조 확인)

"방금 작성한 요약에서 가장 중요한 3가지 주장을 찾아 각 주장이 원본 텍스트의 어디에서 도출되었는지 명확히 설명해 주세요."(역질문 테스트)

"같은 문서에 대해 다른 방식으로 한 번 더 요약해 주세요. 그리고 두 요약 간의 불일치점이 있다면 원본을 재확인해 수세요."(내안 요약 비교)

생성형 AI 바꾸기

대개 ChatGPT를 많이 사용하시죠? ChatGPT는 10~20페이지 자료의 요약에는 탁월합니다. 하지만 100페이지 보고서의 장별 요약처럼 분량도 많고 동시에 정확성까지 요구하는 작업에는 적합하지 않습니다. 상당히 높은 확률로 환각이 발생하거든요. 이런 작업을 하려면 아예 처음부터 Claude나 NoteBookLM을 쓰시는 것이 좋습니다. 두 AI는 환각 현상이 확실히 덜하고 정확성을 요구하는 작업도 비교적 능숙하게 해냅니다.

다만, Claude는 업로드 용량과 채팅 한도의 제한이 좀 심한 편입니다. 파일 용량이 크거나 글밥이 많은 경우, 채팅 창 내에 업로드가 잘 안 될 때가 많습니다. 채팅도 1~2시간 작업하다 보면 한도에 도달해 채팅을 더 이상 이어갈 수 없는 경우가 많습니다. ChatGPT가 다재다능하고 발랄한데 의외로 실수 많은 석사 과정 1학년생 정도라면 Claude는 정말 머리도 좋고 성실하기까지 한데 좀 병약한 박사 과정 2년 차 같다고나 할까요?

그렇다면 Claude를 사용해 대용량 책이나 보고서의 요약을 할 때는 어떻게 해야 할까요? 프로젝트 기능을 이용해 보세요. 채팅 창 내에는 여전히 20MB 정도까지 밖에 파일을 못 올리지만, 프로젝트 지식에는 대략 100MB 정도는 올라갑니다. 대용량 보고서 요약을 할 때는 채팅 대신 프로젝트창을 열고(다음 그림의 ❶), 오른쪽에 위치한 프로젝트 지식에 파일을 올린 후(다음 그림의 ❷), 프로젝트 내에서 채팅 창을 열어(다음 그림의 ❸) 장별 요약을 진행하세요. 단, 이때도 가급적 파일 최적화를 해서 용량을 최소화한 후 올리는 것이 좋습니다.

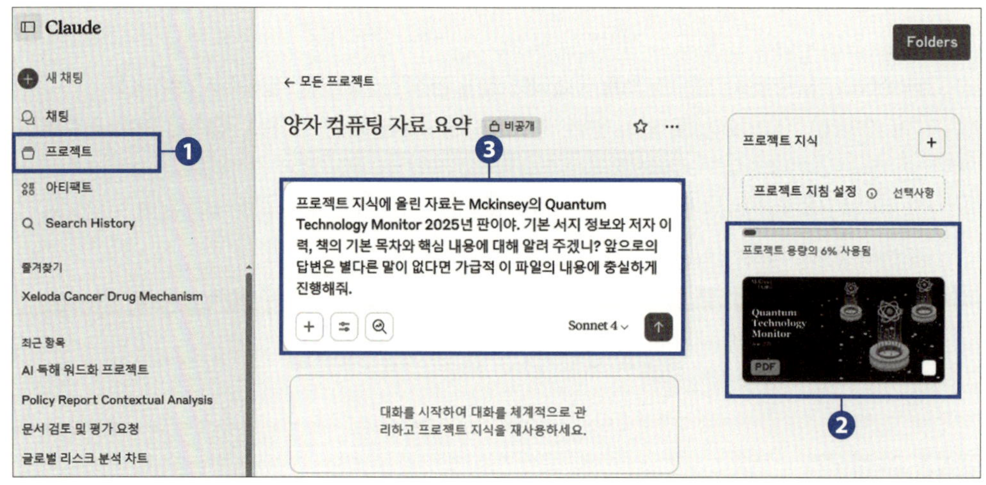

✦ Claude의 프로젝트 기능 이용법

● 동영상 요약, 체계적으로 해야 제대로 된다

현대는 유튜브 시대라서 우리가 챙겨 봐야 할 텍스트는 책, 보고서에서 동영상 자료까지 크게 확장되었습니다. 요즘은 유튜브, 온라인 강의, 웨비나 등 동영상 형태의 학습 자료가 폭증하고 있지만, 정작 체계적으로 정리, 활용하는 사람은 많지 않습니다. 특히, 업무와 관련된 전문 강의나 컨퍼런스 영상의 경우, 내용이 유용해도 시간 관계상 대충 듣고 넘어가거나 나중에 다시 찾아보려 해도 '그 내용이 몇 분대쯤 나왔지?' 하며 헤매는 일이 다반사입니다. 하지만 이제는 생성형 AI를 활용해 동영상 내용을 체계적으로 요약하고 정리할 수 있습니다.

AI를 활용한 동영상 요약의 가치는 단순히 '긴 영상을 짧게 만들어 주는 것'을 넘어섭니다. AI는 여러분이 놓친 핵심 발언들을 찾아 주고 화자별로 내용을 구분 정리해 주며 심지어 '이 강의에서 가장 중요한 인사이트는 무엇인지'까지 분석해 줍니다. 마치 전문 속기사가 옆에서 깔끔한 녹취록을 만들어 주고 유능한 연구원이 그 내용을 바탕으로 핵심 요약본까지 작성해 주는 것과 같습니다.

그럼에도 불구하고 아직까지는 많은 분이 AI에게 "이 영상 요약해 줘."라고 간단한 요청 정도만 합니다. 하지만 이 경우 AI는 내용의 전체 얼개 정도만 맛보기 형태로 답변해 주는 경우가 많습니다. 그리고 조금 상세히 요약해 달라고 하면 환각 현상이나 내용 왜곡이 발생할 여지가 커집니다. 실제로 AI가 실제 영상에 없는 일반적인 내용을 그럴 듯하게 추가하는 문제가 종종 발생합니다.

그래서 체계적인 동영상 요약 프로세스가 필요합니다. 자막 추출 → 녹취록 작성 → 내용 요약의 3단계 과정을 통해 각 단계에서 검증하며 진행하면 훨씬 신뢰할 수 있는 결과를 얻을 수 있습니다. 물론 나중에 살펴보겠지만, 더 간단한 방법도 있긴 합니다. 하지만 이런 표준 프로세스를 보여드리는 이유는 스크립트 원본을 확보할 수 있어 신뢰성이 높고 추후 내용 검증을 할 수 있으며 목적에 따라 다양한 형태로 맞춤형 요약까지 할 수 있기 때문입니다. 사내 보고 및 공유 목적으로 동영상 요약을 하는 경우는 이 3단계 프로세스를 따르는 것이 안전합니다.

- **일반적인 방법**: 영상 URL만 주고 "요약해 줘."
- **체계적인 방법**
  1단계 자막 스크립트 추출 → 2단계 구조화된 녹취록 작성 → 3단계 목적별 내용 요약

● 유튜브 동영상의 요약

우리는 강의, 대담, 뉴스 등 다양한 자료 동영상들을 대개 유튜브를 통해 가장 쉽게 접합

니다. 유튜브는 자막 스크립트를 기본 제공하므로 요약하기가 상대적으로 쉽습니다. 이 상황을 기본으로 3단계 프로세스에 대해 설명해드리겠습니다.

1단계 자막 스크립트 추출

유튜브에서 자막을 추출하는 과정은 생각보다 간단합니다. 먼저 동영상 화면 오른쪽 하단의 [설정] 버튼(톱니바퀴 모양, ❶)을 클릭하면 나타나는 메뉴에서 자막을 선택합니다. 기본적으로 '사용 안 함'으로 되어 있는데, 이를 한국어(또는 영어) 선택(❷)으로 변경해 주세요. 자막이 활성화되면 동영상 하단에 자막이 표시되기 시작합니다.

다음 단계는 스크립트 전체를 추출하는 것입니다. 동영상 설명란 하단에 있는 [더 보기] 버튼(❸)을 클릭하면 확장된 설명창이 나타나는데, 여기서 다음 페이지에 있는 [스크립트 표시] 버튼(❹)을 찾아 클릭하세요. 그러면 화면 오른쪽에 스크립트창(❺)이 열리면서 전체 대화 내용이 타임스탬프와 함께 표시됩니다. 이제 스크립트창에서 처음부터 끝까지 전체 내용을 드래그해서 선택한 후 Ctrl+C로 복사하고 메모장이나 워드에 Ctrl+V로 붙여 넣기 하면 됩니다. 타임스탬프는 나중에 긴 영상을 구간별로 나누어 작업할 때 매우 유용하므로 제거하지 말고 그대로 두는 것이 좋습니다.

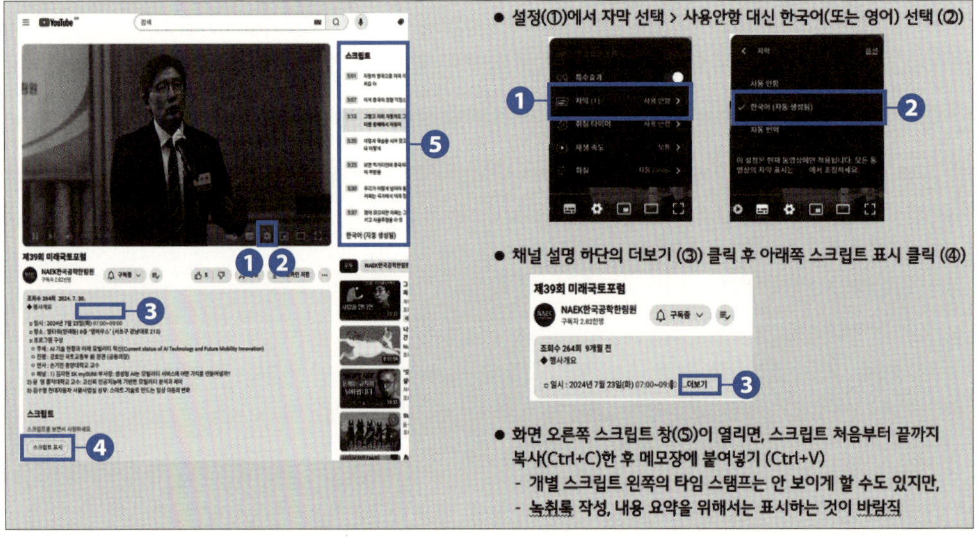

✦ 유튜브에서 스크립트를 복사하는 방법

이번 요약에 사용된 동영상은 한국공학한림원에서 정기적으로 주최하는 미래국토포럼의 39회차 내용으로, 주제는 'AI 기술 현황과 모빌리티 혁신'입니다.[32]

한국공학한림원은 국내 공학 기술계의 최고 석학 및 현업 전문가 약 700여 명으로 구성된 학술 기관으로, 저도 이곳의 일반 회원입니다. 한국공학한림원에서는 사회 기여 차원에서 현실 공학, 기술 이슈에 대한 국내 이공계 최고 석학들의 강연, 대담을 정기적으로 개최하고 이 내용들을 유튜브에 공개하고 있습니다. 첨단 과학 기술 분야에서는 정말 유용한 내용들이 많으므로 꼭 채널을 구독하고 자주 방문해 보세요.

2단계 **구조화된 녹취록 작성**

자막 스크립트는 발언된 말들을 그냥 글로 옮긴 것이라 읽기가 매우 불편합니다. 녹취록으로 정서해야 쉽게 읽을 수 있습니다. 자막 스크립트로부터 구조화된 녹취록, 즉 전체 발언의 흐름을 누락 없이 따르되, 발언은 문어체 형태로 가독성 있게 재정리된 녹취록을 만드는 방법은 다음과 같습니다.

- **프롬프트 1** **자막 추출 후 기본 내용 파악**
"다음은 [영상 제목]이라는 주제로 열린 [행사명, 채널명]의 유튜브 스크립트야. 일단 내용을 숙지해 줘."
[추출한 스크립트 전체 붙여 넣기]

- **프롬프트 2** **구조화된 녹취록 작성 테스트**
"좋아. 먼저, [특정 부분 또는 전체] 부분을 깔끔한 녹취록 형태로 정리해 줘. 정리할 때는 다음 사항을 지켜 줘."
1. 발언 순서는 원본 그대로 유지해 줘.
2. '어~', '음~', '아~' 같은 간투사와 불필요한 말 습관은 모두 제거해 줘.
3. 반복되는 표현이나 문장은 자연스럽게 통합해 줘.
4. 구어체 표현은 읽기 좋은 문어체로 변환해 줘.
5. 화자가 여러 명이라면 각 화자별로 구분해서 '[화자명]: 내용' 형식으로 표시해 줘.
6. 중요한 내용이나 핵심 포인트는 그대로 유지해 줘.

---

32 https://www.youtube.com/watch?v=JELWeF498FU&t=1507s

7. 최종 결과물은 전문적인 녹취록처럼 읽히도록 해 줘.

추가 요청: "녹취록 끝에는 주요 논의 주제나 핵심 개념을 3~5개 정도로 요약해 줘."

- **프롬프트 3** **구조화된 녹취록 작성 계속**

"좋아. [그다음 부분(시간 입력 00:00~00:00)] 부분의 내용도 마찬가지로 정리 부탁해."

프롬프트 1 을 입력하면 다음 결과처럼 생성형 AI가 내용을 분석한 후 자동으로 전체 개요 및 핵심 메시지를 답변해 줄 것입니다.

- **개괄서 및 포럼 취지 소개**(0:00~10:00)
  - 포럼의 연혁 및 2025년 포럼 계획 설명
  - '초거대 AI 시대의 감성·도시·모빌리티 혁신'이라는 슬로건 강조
  - 모빌리티 분야의 급변 현황, 중국의 도전, 자율주행 데이터 활용 문제 언급
- **기조 발표 – 송기민 교수**(10:00~42:30)
  - **AI 기술 동향**: 딥러닝, 자연어 처리, 이미지·비디오 생성, 생성형 AI 등
  - **AI와 모빌리티의 융합**: 자율주행, 전기차, 멀티모달 교통, 공유 교통의 한계와 가능성

여기서 중요한 팁은 30분 이상의 긴 동영상 내용은 꼭 나누어 녹취록으로 만들라는 것입니다. 1시간짜리 동영상을 한 번에 녹취록으로 만들라고 시키면 후반부에 환각 현상이 발생할 수 있습니다. 전체 구성을 보면서 20~30분 정도로 분량을 적절히 끊어 녹취록을 만드는 것이 좋습니다. 앞서 타임스탬프 표시를 유지하는 것이 낫다고 한 이유는 끊을 부분들을 쉽게 파악할 수 있기 때문입니다.

프롬프트 2 는 제가 만든 것인데, 써 보면 정말 깔끔하게 녹취록이 만들어질 것입니다. 스크립트 원본을 보면 아시겠지만, 매우 이해하기 어렵습니다. '어~', '음~', '아~' 같은 간투사와 사람마다 불필요한 말 습관이 다양하게 들어가 있고 아무리 말 잘하는 명사라도 무의미하게 반복하는 표현들이 많습니다. 구어체 표현들은 귀로 들으면 쏙쏙 이해가 되지만, 눈으로 보면 이해가 잘 안 되는 경우도 많고요. **프롬프트 2** 는 이러한 문제들을 고려해서 깔끔한 문어체 표현으로 내용들을 정리해 줍니다. 이 녹취록 프롬프트는 프로젝트에서 인터뷰 후 녹음 파일에서 만들어진 초안 스크립트를 정제, 정리할 때도 활용될 수 있습니다.

`프롬프트 3` 은 첫 부분의 녹취록 작성 결과의 품질이 충분하다고 판단될 때 쓰면 됩니다. 3절 본격 독해 단계에서 언급한 것처럼 "마찬가지로~ 해 줘."프롬프트는 결과 품질이 보장될 때만 사용해야 합니다. 이때 타임스탬프를 살펴보고 시작점과 종결점을 함께 입력해 주세요. 이런 방식으로 서너 번 반복하면 됩니다.

`3단계` 목적별 내용 요약

이렇게 구조화된 녹취록이 확보되었다면 이를 기반으로 요약을 진행하면 됩니다. 일단 나누어 진행한 녹취 내용들을 워드나 텍스트 파일로 통합한 후 다시 업로드시키세요. 다음은 1~2페이지의 간단한 사내 보고용 강연 요약서를 만드는 상황을 상정한 프롬프트입니다. 분량이나 형식은 상황에 따라 얼마든지 수정할 수 있습니다.

> • `프롬프트` **최종 내용 요약**
> "좋아. 다음 녹취록을 기반으로 전체 [영상, 포럼] 내용 요약본(A4 1~2장)을 만들고 발표자별 핵심 메시지도 표 형태로 정리해 줘."
> [통합 녹취록 파일 업로드]
> **자료 파일 참조** 🔗

링크에서 제시된 녹취록 기반의 체계적인 요약 결과와 녹취록 작성 없이 단순 요약을 요청했을 때와 한번 비교해 보세요. 내용의 구체성에서 큰 차이를 보입니다. 어렵게 3단계 방법을 따라온 이유는 바로 이 때문입니다.

외국어 동영상 처리 방법

외국어 동영상도 ❶ 외국어 스크립트 → ❷ 영어 녹취록 작성 → ❸ 한글로 내용 요약의 순서로 하면 됩니다. 필요하다면 중간에 한글 녹취록으로 번역하는 단계를 넣어도 무방하겠지요. 물론 대충 진행하려면 한글 자막을 복사해서 요약시키면 됩니다. 하지만 굳이 이렇게 단계를 나눠 진행하는 것은 요약 결과의 품질이 훨씬 좋기 때문입니다.

특히, 저는 기술, 경제 등 전문 유튜브의 경우, 원어를 봐야 의미가 제대로 이해되는 경우가 많기 때문에 유용하게 이용하고 있습니다. 예를 들어, AI 동향 및 전망 관련해서 미국 테크 유튜버가 AI 전문가를 초빙해 만든 4시간짜리 대담 동영상을 봐야 했을 때 이 방식으로 부담을 크게 줄였습니다.[33]

대담을 나눈 전문가는 Open AI 출신인 레오폴드 애쉔브레너(Leopold Aschenbrenner)로, 2024년에 「현상 인식(Situational Awareness)」이라는 160페이지 보고서를 발표해 큰 파장을 일으킨 인물입니다. 이 보고서는 주로 AI 발전 전망 및 미중 AI 경쟁을 다루고 향후 AI 경쟁에 관해 쇼킹한 이야기들, 특히 샌프란시스코 AI 이너서클 사람들 사이에서 회자되는 이야기들을 접할 수 있습니다. 다음 처리 순서를 따라 한글로 내용 요약을 해 보시죠.

> · 처리 순서:
> – 외국어 스크립트 추출(사전에 자막을 한국어 자막 말고 해당 국가 언어로 변경)
> – 외국어 녹취록 작성(프롬프트에 "한글로 번역하지 말고 원어 그대로 녹취록 작성해 줘." 요청 추가)
> – 한글로 내용 요약
> – 필요시 영어 녹취록을 한글로 추가 번역(주요 발언 내용을 인용해야 할 경우)

● 유튜브 외부의 동영상 요약

다른 플랫폼 동영상 **외부 도구 활용**

자료를 찾다 보면 테드(TED), 페이스북(Facebook), 비메오(Vimeo) 등 유튜브 외부 플랫폼의 동영상도 살펴봐야 할 때가 있습니다. 우리나라 동영상이야 유튜브로 대동단결했지만, 해외에서는 의외로 중요한 자료들이 다른 플랫폼에 올라오는 경우가 많습니다. 예를 들어, 테드는 세계 최고 수준의 아이디어와 통찰을 담은 강연들을 제공하며 페이스북은 기업이나 개인이 업로드하는 다양한 교육 및 마케팅 영상들이 풍부합니다. 비메오는 고화질

---

33 Leopold Aschenbrenner — 2027 AGI, China/US super-intelligence race, & the return of history(https://www.youtube.com/watch?v=zdbVtZln9lM)

영상과 크리에이티브 콘텐츠로 유명한 플랫폼으로, 가끔 유럽 기업들이 발표하는 자료가 올라오곤 합니다.

다만, 이들 동영상 플랫폼은 유튜브처럼 친절하게 플랫폼 내에서 직접 자막 스크립트를 제공하지는 않습니다. 이때는 외부의 DownSub, GetSubs, SaveSubs와 같은 자막 추출 서비스를 활용해야 합니다.

기타 동영상 플랫폼의 자막 스크립트 추출 프로세스

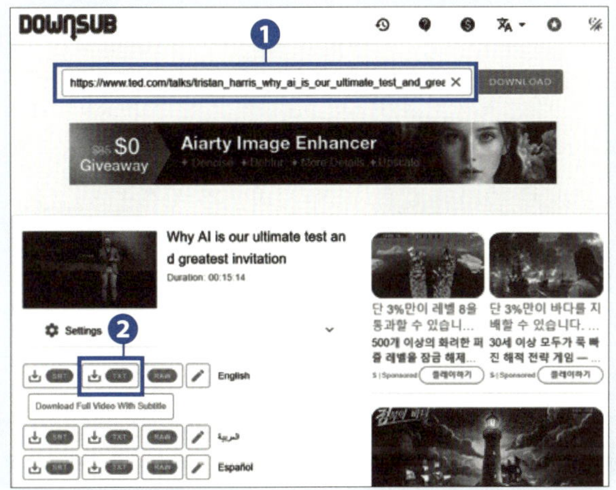

◆ DownSub 이용 방법

1. 동영상 URL을 복사
2. DownSub(https://downsub.com), GetSubs(https://getsubs.cc), SaveSubs(https://savesubs.com) 등 서비스 접속
3. URL 붙여 넣기(❶) 후 TXT 파일로 다운로드(❷)
4. 앞의 유튜브 상황에서 제시한 프롬프트 적용해서 내용 요약 진행

자막이 없는 동영상 <u>STT 기능 활용</u>

일을 하다 보면 종종 자막이 없는 동영상들을 요약해야 하는 경우도 생깁니다. 예를 들어, 외부 강사를 초빙해 강연을 들었는데, 이 동영상의 자막 스크립트 추출, 녹취록 구성 및 내용 요약을 해야 하는 상황 말입니다. 물론 유튜브에 비공개 채널을 만들고 여기에 올린 후

자막 스크립트를 추출한 후 동영상을 삭제하는 꼼수도 생각해 볼 수 있습니다. 하지만 구글 측에서 금방 해 주지 않습니다. 심지어 하루나 이틀 이상이 걸릴 수도 있습니다. 결국 동영상에서 빠르게 자막을 추출하려면 음성 인식(STT: Speech to Text) 기능을 활용해야 합니다.

동영상에서 음성 파일을 추출하고 텍스트로 전환하는 STT 기능의 최강자는 OpenAI의 'Whisper' 엔진입니다. 한국어도 잘 인식됩니다. 다만, 개인 PC나 Google Colab에 설치해야 해서 어쩌다가 한두 번 이용하는 사용자들에게는 좀 버겁습니다. 이런 사용자들을 위해 TurboScribe, Zapcap 등 다양한 Whisper API 서비스들이 존재합니다. Whisper 엔진을 이용하되, 사용하기 편하도록 입출력 인터페이스를 달아 놓은 웹 서비스입니다. 저의 경우, TurboScribe를 주로 활용합니다. 간단한 가입 절차를 거친 후 하루 3개까지 무료 STT 변환이 가능하거든요. 물론 공짜가 막히면 다른 대체 서비스를 찾으면 되고요. 사용법도 다음처럼 간편합니다.

자체 동영상에서 자막 스크립트 추출(TurboScribe 활용)

◆ TurboScribe 이용 방법

- 동영상 파일을 업로드하고 자막 추출 진행, 30분 동영상의 자막 추출에는 5분 정도 소요
- Status에 진행 상황이 나타나며(❸), 완료되면 (···)을 눌러 자막 파일(Export Transcript)이나 음성 파일(Download Audio)을 다운로드(❹)
- 자막 스크립트는 TXT나 SRT 파일로 다운로드 가능(❺)

그런데 불평하는 소리가 들리는군요. 회사 보안 정책상 100MB 이상 동영상 파일은 업로드가 불가능해서 쓸 수가 없다고요? 이 경우에도 우회하는 방법이 있습니다. 개인 PC에서 동영상의 음성 파일을 추출한 후 자막 스크립트를 만들면 됩니다. 유튜브 크리에이터들이 많이 사용하는 툴 중에서 'Shana Encoder'라는 공개 소프트웨어가 있습니다. 원래 동영상 편집, 변환에 이용되는데, 기특하게도 음성 파일 추출 기능도 제공됩니다. PC에 'Shana Encoder'를 설치한 후 동영상에서 음성 파일을 추출합니다. 그런 다음 네이버 클로바 노트에 해당 음성 파일(mp3)을 업로드하고 텍스트로 변환하면 됩니다.

깊이 있는 요약을 빠르게 보고 싶은 경우

이렇게 복잡한 방법이 귀찮으시다면 NotebookLM을 사용하면 됩니다. ChatGPT나 Gemini의 간단한 내용 요약보다 약간 더 깊이 있는 요약을 빠르게 볼 수 있습니다. 다만, 유튜브만 가능합니다. 또한 전체 스크립트도 제공해 주긴 하지만, 타임스탬프가 없어서 녹취록 작성은 어렵습니다.

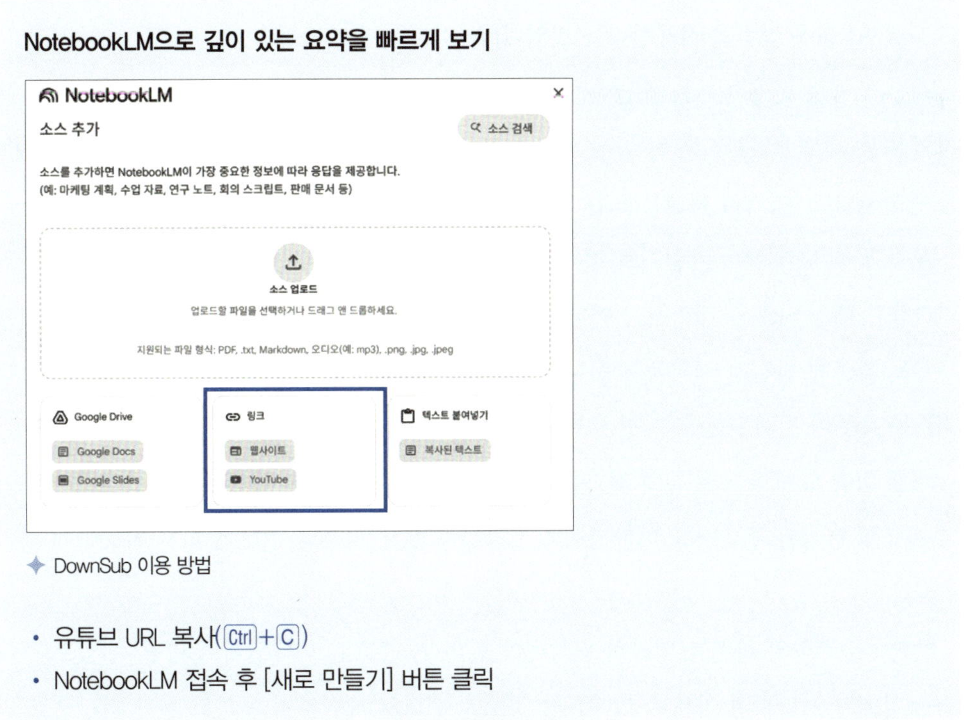

NotebookLM으로 깊이 있는 요약을 빠르게 보기

◆ DownSub 이용 방법

- 유튜브 URL 복사(Ctrl+C)
- NotebookLM 접속 후 [새로 만들기] 버튼 클릭

동영상 요약도 사람과의 대화처럼 단계적으로 진행해야 합니다. 처음부터 완벽한 요약을 요구하기보다는 AI와 협업하며 점진적으로 완성도를 높여 나가는 것이 현실적이고 효과적인 방법입니다. 이 과정에서 여러분의 정보 정리 능력도 함께 향상될 거예요.

7.7 AI 요약·정리의 핵심 포인트

7장에서는 AI를 활용한 요약과 정리가 단순히 '긴 글을 짧게 만드는 것'을 넘어 '전략적 독해 과정'이라는 것을 배웠습니다. 가장 중요한 개념은 독해를 3단계로 나누고 각 단계마다 다른 AI 활용 전략을 사용한다는 것입니다.

'사전 스캐닝 단계'에서는 수많은 자료 중 읽을 가치가 있는 10~20%만 선별합니다. 문서의 기본 정보, 목차의 구조, 작성 배경을 빠르게 파악하고 '이 자료를 꼭 읽어야 하는가?'를 판단합니다. 여기서 핵심은 모든 자료를 다 읽으려 하지 않는 것입니다.

'본격 독해 단계'에서는 읽기로 결정한 자료의 '독해 지도'를 만듭니다. 장별 내용을 미리 파악하고 핵심 사례와 데이터가 어디에 있는지 식별하며 어느 부분을 집중해서 읽고 어느 부분을 빠르게 넘길지 계획을 세웁니다. 무작정 첫 페이지부터 읽는 것이 아니라 여행 전 지도를 보듯이 전체 조감도를 먼저 만드는 것입니다.

'이해 점검 단계'에서는 독해 결과를 확인합니다. 핵심 내용을 제대로 이해했는지 점검하고 자료의 한계와 주의점을 비판적으로 고찰하며 실제 업무나 연구에 활용 가능한지 평가합니다.

한편, AI 요약의 한계를 명확히 인식해야 합니다. 중요한 디테일이 누락될 수 있고 맥락과 뉘앙스가 사라지며 차트나 그래프의 정보를 제대로 해석하지 못하고 환각 현상으로 원문에 없는 내용을 추가할 수 있습니다. 이런 한계를 알고 대응해야 AI 요약을 제대로 활용할 수 있습니다. 다음 체크리스트로 AI 요약을 제대로 활용하고 있는지 점검하세요.

AI 요약 정리의 핵심 점검 포인트

점검 포인트	세부 질문
사전 스캐닝을 활용하는가?	• 모든 자료를 다 읽으려 하지 않고 10~20%만 선별하는가? • 문서 기본 정보, 목차, 작성 배경을 먼저 파악하는가? • 읽을 가치를 판단하는 명확한 기준이 있는가?
본격 독해 전 독해 지도를 만드는가?	• 장별 내용을 미리 파악하는가? • 핵심 사례와 데이터 위치를 식별하는가? • 집중 읽기와 빠른 읽기를 구분하는가?
환각 방지 조치를 취하는가?	• "이 파일의 내용에 충실하게"라는 문구를 프롬프트에 포함하는가? • AI 요약 내용을 원문과 대조 확인하는가? • 의심스러운 부분은 반드시 원문을 직접 확인하는가?
AI의 약점을 보완하는가?	• 차트와 그래프는 직접 확인하는가? • 중요한 디테일(예외 조항, 한계점 등)을 별도로 체크하는가? • 저자의 의도나 행간의 의미를 놓치지 않도록 주의하는가?
요약 자료를 체계적으로 관리하는가?	• 요약 내용을 원노트, 에버노트, 노션 등에 갈무리하는가? • 나중에 찾아보기 쉽게 분류하고 태그를 다는가? • 1차 요약에 자신의 해석과 통찰을 추가하는가?
이해 점검을 수행하는가?	• 독해 후 핵심 내용을 제대로 이해했는지 확인하는가? • 자료의 한계와 주의점을 비판적으로 검토하는가? • 실제 활용 가능성을 구체적으로 평가하는가?

　여기서 배운 '사전 스캐닝 → 본격 독해 → 이해 점검'의 3단계 독해 프로세스는 심화 독해(2장), 2권 3부의 문서 유형별 독해와 AI 드리블링에서도 계속 활용됩니다. 특히 3부에서 10장 이후 실전 활용 사례들을 보면 사전 스캐닝 → 본격 독해 → 이해 점검의 흐름이 반복적으로 나타나는 것을 보실 수 있습니다. 7장의 내용을 완전히 체득하셨다면 이제 어떤 보고서나 논문을 만나도 막막하지 않을 것입니다. AI와 함께 전략적으로 독해하는 법을 알게 되었으니까요.

8 번역하기

✦ 장 오노레 프라고나르의 「책 읽는 소녀」를 모티브 삼아 ChatGPT를 이용해 20세기 중반 미국의 서정적 일러스트 스타일로 만든 그림

8장은 AI를 활용해 외국어 문서를 효율적으로 번역하여 읽는 방법을 다룹니다. 업무 현장의 중요 자료는 대부분 해외에서 나오지만, 언어 장벽 때문에 그동안 접근하지 못하는 경우가 많았습니다. 그러나 생성형 AI 시대에는 AI의 번역 기능을 활용해 쉽게 외국 자료에 접근할 수 있게 되었습니다. 이때 단순히 언어를 바꾸는 것을 넘어 문맥을 이해하고 목적에 맞는 문체로 조절하며 전문 용어를 정확히 처리하는 AI 번역 스킬을 제대로 익힐 필요가 있습니다. 번역은 글로벌 시대의 독해에 매우 중요하며 실무에서도 꼭 필요한 핵심 스킬입니다.

8장의 전체 구조

8.1 어떤 AI 번역 도구가 좋은가?

→ 기계 학습 기반 번역(구글, 파파고)과 생성형 AI 기반 번역(ChatGPT, Claude, DeepL)의 차이를 이해하고 상황에 맞는 도구를 선택하는 방법을 배웁니다.

8.2 상황별 생성형 AI 번역 활용법

→ 직역, 의역, 문서 전체 번역, 톤 앤 매너 조정 등 다양한 번역 상황에 맞춘 프롬프트 기법을 익힙니다.

8.3 번역 후 검토와 후편집(번역 품질 향상)

→ 3단계 검토 프로세스(경량 검수→정밀 오역 탐지→마무리 후 편집)로 번역 품질을 완성도 높게 관리하는 방법을 배웁니다.

8.4 번역하기의 핵심 포인트

→ AI 번역 전략의 핵심 원칙과 실전 팁을 정리하여 익힙니다.

내 상황에 맞는 읽기 가이드

독자별 니즈	독해 가이드
"어떤 번역 도구를 써야 할지 모르겠어요."	8.1로 이동(AI 번역 도구 비교 및 선택 기준 파악)
"상황에 맞는 번역 프롬프트를 알고 싶어요."	8.2로 이동(직역, 의역, 톤 앤 매너 등 상황별 활용법)
"AI 번역 결과를 어떻게 검토해야 할지 모르겠어요."	8.3으로 이동(3단계 품질 검토 프로세스)
"긴 문서 번역 시 환각 현상이 자주 발생해요."	8.2+8.3 조합(분할 번역 전략과 품질 관리)
"DeepL과 ChatGPT 중 뭐가 더 좋은가요?"	8.1로 이동(각 도구의 장단점 비교)
"계약서나 기술 문서처럼 정확성이 중요한 번역을 해야 해요."	8.3으로 이동(고위험 문서 검토 방법)

기존의 구글 번역이나 네이버 파파고와 같은 도구들은 간단한 단문 번역에는 충분하지만 업무에서 요구되는 수준의 번역에는 아쉬운 점이 많습니다. 특히, 기술 문서나 학술 논문 같은 전문 자료의 경우, 단어 하나하나는 잘 번역되지만 전체적인 의미나 뉘앙스가 엉뚱하게 해석되는 경우가 빈번합니다. 또한 긴 문서를 번역할 때는 앞뒤 맥락을 고려하지 못해 같은 용어가 문단마다 다르게 번역되거나 문서의 전체 톤이 일관성 없이 뒤섞이는 문제도 발생합니다.

또한 현실에서 번역이 필요한 상황은 매우 다양합니다. 팀 회의에서 간단히 언급할 해외 동향 자료와 고객사에 제출할 정식 보고서 번역은 완전히 다른 수준의 품질이 요구되죠. 같은 기술 용어라도 전문 용어를 그대로 유지할지, 쉬운 우리말로 풀어쓸지를 번역 목적에 따라 선택해야 합니다. 생성형 AI 기반 번역의 진정한 가치는 AI가 이런 맥락을 잘 이해하고 목적에 맞는 번역을 제공하는 점에 있습니다. '이 문서는 사내 공유용이니까 좀 더 읽기 쉽게', '이건 고객사 제출용이니까 격식을 갖춰서'처럼 필요한 요구를 하면, 그에 맞는 번역 결과를 적절히 만들어 주거든요.

● 번역 도구의 2가지 카테고리 이해하기

AI 번역 도구를 잘 활용하려면 먼저 번역 기술의 차이를 이해해야 합니다. 현재 시장에는 크게 기계 학습 기반 번역 방식과 생성형 AI 기반 번역 방식이 있습니다. 각각의 특성을 알고 상황에 맞게 선택하는 것이 중요하지요. 기계 학습 기반 번역은 무료이고 빠르지만 번역 품질이 떨어집니다. 반면, 생성형 AI 번역은 유료이고 다소 느릴 뿐, 번역 품질이 뛰어납니다.

	기계 학습 기반 번역	생성형 AI 기반 번역
특징	2010년대에 도입된 방식으로 두 언어의 말뭉치를 쌍으로 대조하며 번역하는 방식	2020년대에 도입. 문맥 기반으로 다음에 나올 단어를 확률적으로 예측하며 번역을 생성
대표적인 AI 번역 도구	웹 브라우저 내장 번역(크롬, 엣지, 네이버), 기존 구글 번역, 네이버 파파고	DeepL, ChatGPT, Claude, 신규 구글 번역
장점	빠른 처리 속도. 기존 번역 문서가 많을수록 높은 정확도(예 한·영, 한·일 번역)	인간 수준의 자연스러운 번역, 문맥 이해, 출력 스타일 조절 가능
단점	어색한 번역, 문맥 고려 미흡, 출력 스타일이 고정적	상대적으로 느린 속도, 환각, 누락 현상 주의 필요
적합한 용도	웹 페이지의 빠른 스캔, 단문 번역, 실시간 의사소통	긴 문서 번역, 전문 자료, 번역 스타일이 중요한 콘텐츠

● AI 번역 도구 선택 – 상황별 최적 도구 찾기

그럼 대표적인 AI 번역 도구들의 특성을 좀 더 자세히 살펴볼까요? AI 툴마다 적합한 경우와 그렇지 않은 경우를 잘 파악해야 합니다.

웹 브라우저 내장 번역(크롬, 엣지, 네이버)

웹 브라우저 내장 번역은 웹 페이지 전체를 원클릭으로 번역해 주는 편리함이 가장 큰 장점입니다. 해외 기술 블로그나 뉴스 사이트를 빠르게 스캔할 때는 이보다 편한 도구가 없죠. 다만, 번역의 품질은 여전히 실망스러운 수준이므로 중요한 내용을 정확히 이해하려면 별도로 정밀 번역을 해야 합니다.

→ **최적의 활용 상황: 해외 웹 페이지를 빠르게 훑어보고 싶을 때**

Google Translate

구글 번역은 접근성과 속도 면에서 강력한 도구입니다. 이메일 내용 확인, 짧은 기사 번역, 간단한 업무 문서 파악 등에는 활용 가치가 충분히 있습니다. 특히, 일상적인 표현이나 일반적인 비즈니스 문서에서는 나쁘지 않은 결과를 보여 줍니다. 또한 이미지 번역도 가능합니다. 해외 여행 갔을 때 구글 렌즈(Google Lens)를 이용해 식당 메뉴판을 번역해 주문하신 경험이 있으시지요?

→ **최적의 활용 상황:** 5,000자 이하의 단문을 빠르게 번역할 때

 업로드한 문서의 전체 번역도 가능하지만, 대개 포맷이 깨지고 번역 품질도 심각하게 저하되므로 긴 문서보다는 단문 위주로 활용하는 것이 좋습니다.

네이버 파파고

파파고는 구글 번역기와 비슷하지만, 한국어와 영어, 일본어 간 번역에서 특히 강점을 보입니다. 한국적 맥락을 잘 이해하고 한-일 번역에서는 다른 도구보다 매끄러운 결과를 제공하는 경우가 많습니다. 워드 파일 번역 기능도 지원하지만, 복잡한 포맷에서는 역시 구글처럼 한계를 보입니다.

→ **최적의 활용 상황:** 5,000자 이하의 한-영, 한-일 단문 번역이 필요할 때

DeepL - 유럽어 번역의 강자

DeepL은 번역 품질도 중상급 수준으로 안정적이고, 독일어와 일본어 번역에서 품질이 좋습니다. 또한 표나 복잡한 레이아웃이 포함된 문서도 포맷을 유지하며 번역할 수 있으므로 기술 문서나 보고서의 초벌 번역에 유용합니다.

작년에 오픈 AI 출신 연구원이 쓴 「현상 인식(Situational Awareness)」이라는 보고서를 요약해 사내 보고해야 했던 적이 있습니다. 문제는 페이지 수가 A4 기준으로 165페이지에 달하더군요. DeepL이 5분 만에 포맷 유지한 채로 번역해 주지 않았다면 4일 만에 30페이지 분량의 심층 분석 자료를 만들기는 쉽지 않았을 것입니다. 제대로 쓰려면 유료 버전을 사용해야 하지만, 회사 차원에서 한두 계정은 구독할 가치가 충분히 있습니다.

→ **최적의 활용 상황:** 독일어, 프랑스어 등 유럽 언어 번역이나 복잡한 포맷 문서 번역할 때

 첨단 기술 문서나 기업 내 해외 지사에서 보내온 외국어 문서를 번역해야 할 때 용어집(Glossary)을 만들어 사용하면 번역 품질이 좀 더 좋아집니다.

ChatGPT - 맥락 이해의 달인

ChatGPT는 문맥 이해력이 뛰어나 앞뒤 내용을 고려해 자연스러운 번역을 제공합니다. 특히, 문학적 표현, 은유나 비유가 포함된 텍스트나 브랜딩 관련 콘텐츠 번역에서 탁월한 성능을 보입니다. 가장 큰 강점은 번역 스타일을 세밀하게 조절할 수 있다는 것입니다. 즉, 다양한 목적의 번역에 추가 수정 작업 없이 즉시 결과물을 활용할 수 있지요.

→ **최적의 활용 상황: 문맥이 중요한 긴 문서나 창의적 콘텐츠를 번역할 때**

> **POINT** 번역 요청 내용이 많으면 중간 이후부터 환각이나 누락이 발생하는 경우가 많습니다. 자기 마음대로 요약해서 번역해 버리죠. 이 문제를 방지하려면, 긴 문서는 1~2페이지 단위로 나누어 번역하고 검토하는 것이 좋습니다.

Claude - 균형 잡힌 번역가

Claude는 문맥 이해력과 자연스러운 표현력에서 균형 잡힌 성능을 보여 줍니다. 학술 논문, 법률 문서 기술 매뉴얼처럼 정확성이 중요한 전문 자료 번역에 특히 적합합니다. 번역 품질도 일관성 있게 높은 수준을 유지합니다. 이 때문에 저는 의외로 Claude를 번역에 많이 활용합니다.

→ **최적의 활용 상황: 정확성이 중요한 전문 문서를 번역할 때**

상황별 AI 번역 도구 선택 가이드

이러한 특성을 감안할 때 실제 업무에서 번역 목적에 따라 다음처럼 AI 번역 도구들을 선택, 활용하면 효과적입니다.

상황별 AI 번역 도구 선택

번역 목적	1순위 도구	2순위 도구	선택 이유
웹 페이지 빠른 스캔	웹 브라우저 내장 번역	Google Translate	속도와 편의성 우선
단문 빠른 번역	Google Translate	네이버 파파고	접근성과 즉시성
긴 문서 정밀 번역	Claude	ChatGPT	문맥 이해와 품질
복잡한 포맷 유지	DeepL	–	포맷 보존 능력
창의적 콘텐츠	ChatGPT	Claude	표현력과 뉘앙스

아울러 번역 업무를 많이 한다면 다음처럼 여러 도구를 조합해서 단계별로 접근하는 것도 좋은 방법입니다. 특히, DeepL의 경우, 유료 버전이라도 번역 개수 제한이 심하므로 회사 차원에서 구독 사용하더라도 아껴 써야 합니다. 30달러짜리의 문서 번역 한도는 월 20개, 60달러짜리는 월 60개입니다.

- **1단계** 구글 번역으로 전체 내용을 대충 파악
- **2단계** 전문 용어나 포맷 유지가 중요한 문서는 DeepL로 번역
- **3단계** DeepL이 제대로 번역하지 못하거나 중요한 부분은 ChatGPT나 Claude로 정밀 번역
- **4단계** 사람이 빠르게 읽으면서 이상한 번역 내용을 최종 수정

● 실제 번역 품질 비교 - 구체적 사례로 확인하기

이론적인 설명만으로는 각 도구의 성능 차이를 체감하기 어렵죠. 실제 뉴스 기사를 여러 번역 도구로 번역한 결과를 비교해 보면 그 차이가 명확히 드러납니다. 다음은 외국 언론에서 우크라이나-미국-러시아 관계와 관련해 복합적인 외교 상황을 다룬 기사의 한 문단을 각 도구로 번역한 결과입니다.

원문(복잡한 외교 상황 기사)

"Ukrainian President Zelensky and five other European leaders joined a conference call with President Trump immediately after his call with Vladimir Putin on Monday hoping to hear that Putin had agreed to a ceasefire — or the U.S. would impose penalties on him for refusing to do so. Instead, Trump said Putin had agreed to negotiate, stressed the U.S. wouldn't be involved in those negotiations, and pushed back against the idea of imposing sanctions on Putin at the current time, two sources who were on the call and a third source briefed on the call told Axios.(https://www.axios.com/2025/05/20/trump-putin-call-european-leaders-zelensky)"

Google Translate 번역 결과

"월요일에 블라디미르 푸틴 대통령과 전화 통화를 한 직후 우크라이나의 젤렌스키 대통령과 다른 유럽 국가 정상 5명이 트럼프 대통령과의 전화 회의에 참석했습니다. 이들은 푸틴 대통령이 휴전에 동의했는지 확인하기를 바랐습니다. 그렇지 않으면 미국이 푸틴 대통령이 휴전을 거부할 경우 처벌을 내릴 것이라고 했습니다.(이하 생략)"

→ 문장 구조가 복잡하고 '처벌을 내릴 것'등 어색한 표현이 나타납니다. 전체적으로 초벌 번역 느낌이 강하지요.

네이버 파파고 번역 결과

"젤렌스키 우크라이나 대통령과 다른 5명의 유럽 지도자는 월요일 블라디미르 푸틴 대통령과의 통화 직후 푸틴이 휴전에 동의했다는 소식을 듣거나 미국이 이를 거부한 트럼프 대통령에게 벌금을 부과할 것이라는 희망으로 트럼프 대통령과 전화 회의에 참석했습니다."

→ 두 문장을 멋대로 하나로 합쳐 버리고 '이를 거부한 트럼프 대통령에게 벌금을 부과'라는 완전한 오역을 자행하고 있습니다.

ChatGPT 번역 결과

"우크라이나 대통령 젤렌스키와 5명의 유럽 지도자는 트럼프 대통령이 블라디미르 푸틴과 통화한 직후 그와의 회의 통화에 참여했으며 푸틴이 휴전에 동의했다는 말을 듣거나 그렇지 않을 경우 미국이 푸틴에게 제재를 가하겠다는 입장을 듣기를 기대했습니다."

→ 두 문장을 하나로 합치긴 했지만, 문장 구조가 자연스럽고 의미 전달이 정확합니다. 전체적인 흐름도 매끄럽습니다.

Claude 번역 결과

"우크라이나 대통령 젤렌스키와 다른 5명의 유럽 지도자는 월요일 트럼프 대통령이 푸틴과의 통화 직후 개최한 전화 회의에 참여했고 푸틴이 휴전에 동의했다는 소식 또는 거부한다면 미국이 제재를 가할 것이라는 내용을 듣기를 기대했습니다."

→ 가장 자연스럽고 정확한 번역입니다. '또는 거부할 경우 미국이 제재를 가할 것이라

는 내용'과 같은 표현이 원문의 뉘앙스를 잘 살리고 있습니다.

번역 품질 차이의 핵심 포인트

이러한 AI 번역 결과들의 비교를 통해 어떤 AI가 번역을 잘하고, 못하는지 쉽게 판단할 수 있을 것입니다. 전체적으로 보면 생성형 AI 번역이 적절한 프롬프트 입력이 필요해서 약간 불편한 측면이 있지만, 번역 품질은 훨씬 우수합니다.

- 기계 학습 기반 번역의 한계가 드러나는 부분
  - 복잡한 문장 구조: 여러 절이 연결된 긴 문장에서 의미 연결 실패
  - 맥락 이해 부족: 외교적 상황의 미묘한 뉘앙스는 처리 곤란
  - 오역 위험: '트럼프에게 벌금 부과'와 같은 심각한 오역
- 생성형 AI 번역의 우수성이 드러나는 부분
  - 자연스러운 문체: 한국어로 읽었을 때 자연스러운 흐름 유지
  - 정확한 의미 전달: 복잡한 외교적 상황의 미묘한 차이를 정확히 번역
  - 일관된 용어 사용: '제재', '휴전' 등 적절한 외교 용어 선택

8.2 상황별 생성형 AI 번역 활용법

생성형 AI는 번역 품질도 좋지만, 상황별로 출력 스타일을 바꿀 수 있는 장점이 있습니다. 딱딱한 계약서나 기술 문서 말투부터 역사 소설의 고풍스러운 말투까지, 때로는 의역으로, 때로는 직역으로, 다양한 상황에 맞게 얼마든지 조정이 가능합니다.

이런 유연성을 제대로 활용하려면 상황별로 적절한 프롬프트를 사용해야 합니다. "번역해 줘."라는 단순 요청과 체계적인 번역 프롬프트의 사용은 결과물의 품질에서 큰 차이를 만들어 내거든요. 먼저 기본적인 번역용 프롬프트의 구조는 다음과 같습니다.

- **기본 번역 프롬프트**
  - "[번역 대상 설명]을 [목적, 스타일]로 [출력 방식] 번역해 줘."
- **예시**

  "이 기사를 보고서 스타일로 자연스럽게 번역해 줘. 불필요한 반복은 줄이고 각 문장은 줄 바 꿈해서 정리해 줘."

  자료 파일 참조 🔗

이제 실무에서 자주 마주하는 구체적인 번역 상황들과 각각에 최적화된 프롬프트들을 살펴보겠습니다. 상황이 다양하다 보니 내용이 다소 길지만, 실제 업무에서 바로바로 활용할 수 있다는 측면에서 매우 실용적인 기법들입니다. 가볍게 살펴보고 나중에 필요한 상황에 적절하게 활용하시면 좋겠습니다.

● 누락 없는 Line-by-Line 번역이 필요할 때

간혹, 원문과 번역문을 일대일로 매칭하여 비교하고 싶을 때가 있습니다. 이럴 때는 어 떤 프롬프트를 만들어 사용해야 할까요? 이때는 표 형식으로 정렬하는 방식과 교대로 제 시하는 방식이 가능합니다.

표 형식 정렬을 원하는 경우

주로 계약서나 법률 문서처럼 조항별로 정확한 대응 관계 확인이 필요할 때 이용 가능합 니다. 이 프롬프트의 핵심은 '누락 없이 순서대로'와 '표 형식으로 나란히'입니다.

- **표 형식 번역 대조 요청 프롬프트**
  "다음 영어 문장을 한글로 문장 누락 없이 순서대로 번역해 줘. 이때 각 문장을 줄(또는 문단) 단위로 분리해 원문과 번역문을 표 형식으로 나란히 정렬해 줘."
- **AI 답변 결과**

원문	번역문
Article 1. Definitions	제1조 정의
For the purposes of this Agreement, the following terms shall have the meanings set forth below.	본 계약의 목적상, 다음 용어들은 다음에 명시된 의미를 가진다.
'Company' means ABC Corporation, a Delaware corporation.	'회사'란, 델라웨어 주 법인인 ABC 코퍼레이션을 의미한다.
'Effective Date' means the date this Agreement is signed by both parties.	'발효일'이란, 양 당사자가 본 계약에 서명한 날을 의미한다.
'Confidential Information' includes all proprietary data disclosed by either party.	'기밀 정보'는 어느 일방이 공개한 모든 독점 데이터를 포함한다.

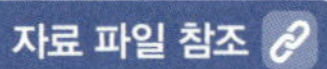

교대 제시 방식을 원하는 경우

긴 기술 문서나 매뉴얼에서 섹션별로 정확한 번역 확인이 필요할 때는 교대 제시 방식이 나을 수도 있습니다. 다음 프롬프트에서는 '원문 단락 – 번역문 단락 – 원문 단락 – 번역문 단락 순서' 형태로 형식의 사례를 구체적으로 제시한 것이 특징입니다.

- **교대 제시 출력 요청 번역 프롬프트**

  "다음 텍스트를 번역하되, 원문과 번역본을 단락별로 차례대로 제시해 줘. 즉 원문 단락 – 번역문 단락 – 원문 단락 – 번역문 단락 순서로 제시하면 돼."

- **AI 답변 결과**

  Introduction

  Artificial Intelligence(AI) has revolutionized the way we process information and make decisions. From healthcare to finance, AI technologies are transforming industries by automating complex tasks and providing insights that were previously impossible to obtain.

  서론

  인공지능(AI)은 우리가 정보를 처리하고 의사결정을 내리는 방식을 혁신적으로 변화시켰습니다. 의료부터 금융까지, AI 기술은 복잡한 업무를 자동화하고 이전에는 얻을 수 없었던 통찰력을 제공함으로써 산업을 변화시키고 있습니다.

Machine Learning Applications

Machine learning, a subset of AI, enables computers to learn and improve from experience without being explicitly programmed. This technology has found applications in recommendation systems, fraud detection, and predictive analytics across various sectors.

머신러닝 응용 분야

AI의 하위 분야인 머신 러닝은 컴퓨터가 명시적으로 프로그래밍되지 않아도 경험을 통해 학습하고 개선할 수 있게 합니다. 이 기술은 다양한 분야에서 추천 시스템, 사기 탐지, 예측 분석에 응용되고 있습니다.

● 대용량 문서 번역이 필요할 때

수십, 수백 페이지의 보고서 논문, 매뉴얼을 번역해야 할 때도 있습니다. 이 경우에는 DeepL을 이용하는 방법과 ChatGPT나 Claude와 같은 생성형 AI를 이용하는 2가지 대안이 가능합니다. 이때 분량이 30페이지 이상으로 많다면 DeepL을 추천합니다.

ChatGPT, Claude에서 대용량 보고서를 번역할 때

생성형 AI를 이용해 보고서 전체를 번역하는 경우는 가급적 10페이지 이내의 짧은 보고서일 경우에만 권장합니다. 이때도 목차의 구조를 먼저 파악해야 합니다. 프롬프트는 다음과 같습니다.

- 프롬프트 1 (파일을 업로드한 후) "다음 문서의 목차 구조를 제시해 줘."
- 프롬프트 2 "다음 문서를 한국어로 번역해 줘. 문서가 길어서 여러 부분으로 나누어 진행할 것이야. 누락이 없도록 주의해 줘. 번역 시 원본의 섹션 제목, 단락 구조, 글머리 기호를 유지해 줘. 먼저 1장 1절부터 진행해 줘."
- 프롬프트 3 "좋아, 이제 1장 2절도 같은 방식으로 번역해 줘."

어떤가요? 훨씬 간단해 보이죠? 'DeepL보다 생성형 AI가 훨씬 간단하게 작업을 할 수 있으므로 생성형 AI를 쓰는 것이 훨씬 낫겠네.'라고 생각할 수도 있습니다. 생성형 AI를 이용한 구조 보존 번역에서 가장 주의해야 할 점은 한 번에 요청하는 분량입니다. 실제로 사용해 보면 "1장 전체를 번역해 줘."처럼 너무 긴 분량을 한번에 요청할 경우, 중반 이후부터 환각 현상이 급증하거든요. 특히, ChatGPT는 8,000자(A4 4~5페이지)를 넘어가면 후반부에서 내용을 임의로 추가하거나 앞 내용을 반복하는 환각 현상이 많아집니다. Claude도 12,000자(A4 6~7페이지)가 한계선입니다.

따라서 안전한 번역을 위해서는 3,000~5,000자(A4 2~3페이지) 단위로 분할하는 것이 좋습니다. 학술 논문이라면 Abstract, Introduction, Method 등 섹션별로, 기술 문서라면 '1.1 개요', '1.2 기술 사양' 식으로 소단위로 나누어 진행하세요. 조금 번거롭더라도 이렇게 하면 번역 품질을 일정하게 유지하면서 환각 현상을 최소화할 수 있습니다.

만약, 번역 중간에 '어? 이 내용 앞에서 나왔는데?'라거나 '이 부분이 좀 이상하네?'라고 생각되는 부분이 보이면 바로 환각 신호라고 생각하면 됩니다. 이때는 해당 세션을 중단하고 새로운 채팅 창에서 문제가 된 부분부터 다시 번역을 진행하는 것이 효과적입니다. 한 번 환각이 시작된 세션에서는 계속 이상한 결과가 나올 가능성이 높거든요.

즉, 위 프롬프트에서 1장 1절, 1장 2절이라는 구조적 순서가 중요한 것이 아니라 분량이 중요합니다. 각 절이 3,000~5,000자 이내라면 장, 절 순서를 따르고 만약 넘어간다면 그 안에서 적절히 잘라 번역을 요청하세요.

DeepL로 초벌 번역, ChatGPT, Claude로 중요 부분 재번역

DeepL에 해당 파일과 용어집(Glossary)을 함께 업로드하고 번역하면 됩니다. 용어집 없이 그냥 파일만 올리면 어색한 번역이 나올 수 있습니다. 그럼 용어집은 어디서 구해야 할까요? ChatGPT나 Claude에 해당 파일을 올리고 용어집을 챕터별로 만들어 달라고 하면 됩니다.

'어? 이상하다. 왜 동일 파일을 ChatGPT나 DeepL로 한번에 번역하면 될 텐데, ChatGPT로 용어집 만들고 DeepL로 번역하는 이중 작업을 하지?'라고 의아해하는 분도 분명 있을 것입니다. 그 이유는 번역 품질과 번역 속도를 모두 올리고 싶기 때문입니다. DeepL은 번역 속도는 빠르지만, 특수 분야 단어들의 경우 맥락을 살리지 못하고 일반적인 의미로 번역하는 경우가 많습니다. 나중에 일일이 찾아 수정하려면 무척 피곤합니다. 즉, 후편집 부담이 매우 크지요.

한편, ChatGPT나 Claude는 단어들을 맥락에 맞게 잘 번역하지만, 번역 속도가 느리고 누락이 발생할 수 있습니다. 그래서 ChatGPT나 Claude에서 특수한 의미를 갖는 단어들의 용어집을 먼저 만들고 이를 약간 손을 본 후 DeepL을 이용하면 DeepL의 단점이 상당 부분 해소됩니다. 괜히 돌아가는 것 같지만, 오히려 이 방법이 더 빠르고 품질도 좋지요. 실제로 이러한 용어집 구축, 전문 CAT 번역 도구(예 Trados) 이용 번역의 2단계 방식은 전문 번역 가들이 사용하는 프로세스입니다.[34] 번역 방법을 단계별로 한번 살펴보겠습니다.

`1단계` 용어집 생성(ChatGPT, Claude 활용)

먼저 생성형 AI에 해당 문서를 올린 후 다음 프롬프트로 용어집을 만듭니다. 만약 30페 이지 이상 긴 문서라면 챕터별로 작업하는 것이 더 좋습니다.

> **용어집 생성 프롬프트** "다음 문서를 분석해서 번역 시 일관성이 중요한 핵심 용어들을 추출해 줘.
> 이후 다음 형식으로 용어집을 만들어 줘."
> [영어 용어] → [한국어 번역]
> - 조건
> - 전문 용어, 고유 명사, 브랜드명 우선 추출
> - 문서 전체에서 반복 사용되는 중요 개념들 포함
> - 일반적인 단어들은 제외, 분야별로 특수하게 번역되는 용어들 우선
> - 의미가 애매하거나 여러 번역이 가능한 용어들 포함
> - 챕터별로 구분해서 정리
> - 총 30~50개 용어 정도로 구성
> - 예시
>   - Machine Learning → 머신러닝
>   - Artificial Intelligence → 인공지능
>   - Algorithm → 알고리즘
>
> **자료 파일 참조** 🔗

---

[34] Computer-Assisted Translator

01 DeepL Pro(https://www.deepl.com)에 접속해 파일을 업로드합니다. pdf, docx, pptx, html 등 웬만한 문서 포맷들은 다 업로드할 수 있습니다. 다만, hwp 파일은 인식하지 못합니다. 이때 용량 제한(보통 5~10MB)도 있으므로 파일이 크다면 분할해서 올립니다.

02 [용어집]을 클릭해 1단계에서 생성한 용어집을 복붙하거나 .csv 파일로 업로드합니다. DeepL에서 용어집 활용 방법은 다음 그림과 같습니다.[35]

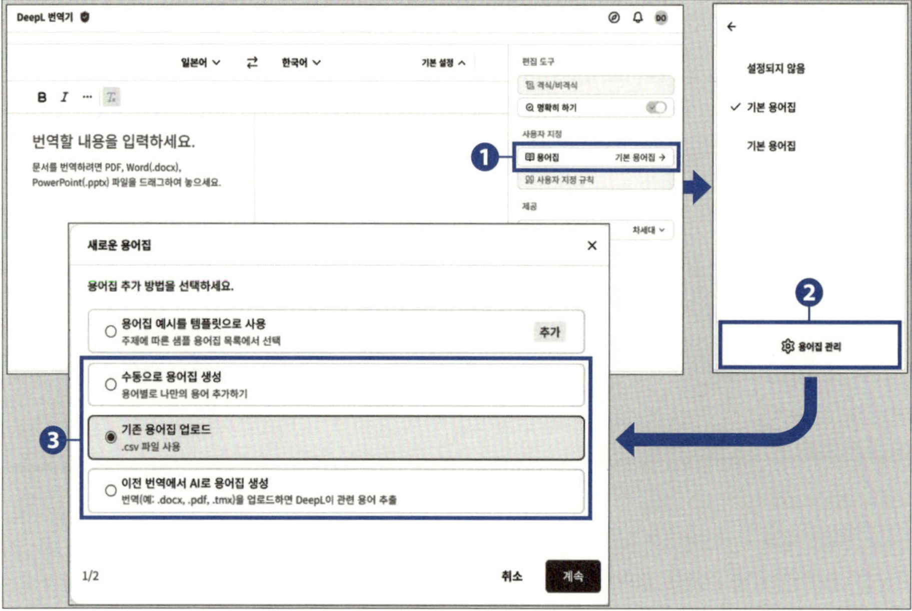

◆ DeepL 사용 방법

03 번역 완료 후 번역된 파일을 다운로드합니다.

---

[35] PI(Process Innovation, 프로세스 혁신), CAC(Customer Acquisition Cost: 신규 고객 획득 비용), TBD(To-be-decided, 미정) 등 사내 전문 약어 용어집은 기존 원어문과 번역문을 함께 업로드해서 DeepL이 용어집을 만들도록 시킬 수도 있습니다 (그림의 ❸).

번역한 후 생성형 AI를 통해 간단하게 품질 검증을 시키는 것이 정신 건강상 유리합니다. 검증은 ChatGPT보다 Claude가 더 잘합니다.

> **(검증 프롬프트(ChatGPT, Claude))**
> "다음은 DeepL로 번역한 문서야. 다음 사항들을 점검해 줘."
> [원문과 번역문을 함께 올린 후]
> - **용어 일관성**: 같은 개념이 다르게 번역된 부분이 있는지 확인
> - **문맥 적합성**: 어색하거나 부자연스러운 표현 찾기
> - **포맷 유지**: 제목, 번호, 구조가 제대로 유지되었는지 확인
> - **누락 확인**: 원문과 비교해서 빠진 내용이 있는지 점검
> "문제가 있는 부분만 구체적으로 지적하고 개선안을 제시해 줘."
>
> **자료 파일 참조** 🔗

* 한번에 너무 많은 내용을 올리면 제대로 점검하기 힘들어합니다. 4~5페이지 단위로 올리는 것이 바람직합니다. 문서 전체를 올린 후 검토 범위로 장, 절을 분명히 지시해 주는 것도 좋습니다.

● 전체 문서의 자연스러운 번역이나 의역이 필요할 때

간혹 정확한 번역보다는 맥락을 고려해 매끄럽게 번역을 해야 할 때도 있습니다. 예를 들어, 고객 대상 안내문이나 마케팅 홍보물, 웹 사이트 콘텐츠 같은 것들 말입니다.

> **기본 의역 프롬프트** "다음 전체 문서를 자연스럽고 매끄럽게 한국어로 번역해 줘. 직역보다 의미를 잘 전달하는 의역 중심으로."
>
> **맞춤형 의역 프롬프트** "다음 마케팅 브로셔를 한국 고객들이 자연스럽게 읽을 수 있도록 번역해 줘. 브랜드 이미지를 고려해 친근하면서도 전문적인 톤을 유지하고 직역보다는 한국 문화에 맞는 표현으로 의역해 줘."

다음 내용을 그냥 "번역해 줘."라고 했을 때와 위 프롬프트를 써서 번역시켰을 때를 한번 비교해 보세요.

⊞ 일반 번역 요청과 의역 번역 요청의 결과 차이

그냥 '위 내용을 번역해 줘.' 요청한 경우	의역 요청 문구를 쓴 경우
당신의 작업 흐름을 혁신하세요. 우리의 최첨단 플랫폼은 당신의 일상적인 운영을 간소화하여 팀이 전례 없는 생산성을 달성할 수 있도록 합니다. 비효율적인 프로세스와 작별하고 매끄러운 협업에 인사하세요. **왜 우리를 선택해야 할까요?** – 당신의 속도를 따라가는 번개처럼 빠른 성능 – 현대적 전문가를 위해 디자인된 직관적 인터페이스 – 당신의 성공을 진정으로 신경 쓰는 24시간 지원 – 신뢰할 수 있는 기업 수준의 보안 **비즈니스를 변화시킬 준비가 되셨나요?** 이미 전환한 수천 명의 만족한 고객들에 합류하세요.	업무 방식의 혁신을 경험하세요. 혁신적인 플랫폼으로 일상 업무를 최적화하고 팀의 생산성을 한 단계 끌어올리세요. 복잡했던 업무 프로세스는 이제 그만, 매끄러운 협업의 시대를 열어 보세요. **왜 저희를 선택해야 할까요?** – 빠른 업무 처리 속도에 맞춘 초고속 성능 – 현대적 감각의 직관적인 사용자 환경 – 고객 성공을 최우선으로 하는 24시간 고객 지원 – 믿고 사용할 수 있는 대기업급 보안 시스템 비즈니스 혁신을 시작할 준비가 되셨나요? 이미 변화를 경험한 수많은 고객과 함께하세요.

● 분야별 기술, 전문 용어 중심 번역이 필요할 때

동일한 단어라도 전문 분야에 따라 의미가 크게 달라지는 경우가 많습니다. 예를 들어, 'Protocol'이라는 단어는 IT 분야에서 '네트워크 프로토콜(통신 규약)'로, 의료 분야에서는

'치료 절차, 지침'으로, 연구 분야에서는 '실험 절차'로 완전히 다르게 번역되어야 합니다. 이와 마찬가지로 'Architecture'도 건축 분야에서는 '건축 설계'이지만, IT에서는 '시스템 아키텍처', 경영학에서는 '조직 구조', '체계'로 번역하는 것이 적절합니다.

같은 영어 단어라도 전문 분야의 맥락에 따라 의미가 달라지므로 전문 용어 번역에서는 해당 문서가 어떤 분야에서 사용되는지를 명확히 알려 주는 것이 핵심입니다. 기술, 전문 문서의 번역을 시킨다면 어떤 분야에서 쓰이는 문서인지를 명확히 밝혀 주세요. 이와 아울러 사내에서 활용하는 용어집이 있다면 그 용어집도 업로드해서 전문 번역을 요청해 보세요. AI에게 문서에서 분야별로 여러 의미를 갖는 전문 용어들을 뽑아 달라고 한 후 용어의 번역어를 확정시킨 후 전문 번역을 진행하는 방식도 가능합니다.

전문 용어 번역 프롬프트 사례 1

"다음 AI 기술 보고서를 번역해 줘. 머신러닝, 딥러닝 관련 전문 용어는 한국 IT 업계에서 통용되는 표준 용어를 사용하고 새로운 기술 용어는 괄호 안에 영어 원문을 병기해 줘."

전문 용어 번역 프롬프트 사례 2

"다음 임상 시험 결과 논문을 번역해 줘. 의학 용어는 대한의학회 표준 용어를 사용하고 통계 수치나 p-value 등은 원문 그대로 유지하며 연구 방법론 부분은 정확성을 위해 직역 위주로 번역해 줘."

용어집 활용 프롬프트

"다음 용어집을 참조해서 다음 기술 문서를 일관되게 번역해 줘."

자료 파일 참조 🔗

● 고유 명사 보존이나 한글, 영어 병기가 필요할 때

해외 비즈니스 문서나 기술 자료를 번역할 때 모든 것을 한국어로 바꾸는 것이 항상 좋은 것은 아닙니다. 예를 들어, Apple, Microsoft, ChatGPT 같은 글로벌 브랜드명이나 제품명은 번역하지 않고 그대로 유지하는 것이 일반적입니다. 또한 API, SDK, JSON 같은 기술 용어나 'Terms of Service', 'Privacy Policy' 같은 법적 용어들도 업계에서 통용되는 영문 그대로 사용하는 경우가 많습니다.

특히, 계약서나 법률 문서에서는 조항 번호(Article 3.1, Section 2.5 등)나 참조 번호를 원문 그대로 유지해야 정확한 의미 전달이 가능하고 학술 논문에서는 고유한 연구 방법론이나 척도명(Likert Scale, ANOVA 등)을 영문으로 병기하는 것이 관례입니다. 이처럼 번역의 일관성과 정확성을 위해 특정 표현은 의도적으로 번역하지 않고 원문을 보존하는 전략이 필요한 경우가 많습니다.

고유 명사, 제품명, 고정 표현의 보존이 필요한 경우

고유 명사 등의 보존 요청 프롬프트

"고유 명사와 브랜드명은 번역하지 말고 그대로 유지해 줘."

- **구체적 예시:**

"다음 글로벌 기업 보고서를 번역해 줘. Apple, Google, Microsoft와 같은 기업명과 iPhone, Gmail, Windows와 같은 제품명은 번역하지 말고 원문 그대로 유지해 줘. 단, 일반적인 기술 용어는 한국어로 번역해 줘."

자료 파일 참조

영어-한글 병기가 필요할 때

- 영어-한글 병기 요청 프롬프트

  "전문 용어나 브랜드명은 한글 번역 후 괄호 안에 원어를 함께 표기해 줘. 예를 들어, 머신러닝(Machine Learning) 형태로 작성해 줘."

- **활용 사례**
  "다음 AI 기술 백서를 번역해 줘. 처음 등장하는 전문 용어들은 한글 번역 후 괄호 안에 영어 원문을 병기하고 이후에는 한글 용어만 사용해 줘. 브랜드명이나 제품명도 동일하게 처리해 줘."

- **번역 결과 예시**
  - **원문**: "OpenAI's ChatGPT utilizes advanced machine learning algorithms and natural language processing to deliver human-like responses."
  - **번역**: "오픈에이아이(OpenAI)의 ChatGPT는 고급 머신러닝(Machine Learning) 알고리즘과 자연어 처리(Natural Language Processing) 기술을 활용하여 인간과 비슷한 응답을 제공합니다."

자료 파일 참조

포맷 보존 번역이 필요할 때

    개발자나 기술 문서 담당자들이 자주 겪는 고민 중 하나가 바로 'AI로 번역하면 코드나 마크업이 깨진다.'라는 문제입니다. GitHub의 README 파일, API 문서 기술 매뉴얼 등은 단순한 텍스트가 아니라 특정한 구조와 포맷을 가지고 있거든요. HTML 태그(⟨h1⟩, ⟨p⟩, ⟨div⟩ 등)나 마크다운 문법(#, [ ], ( ) 등)이 섞여 있는 문서를 일반적인 방법으로 번역하면 이런 구조적 요소들이 사라지거나 잘못 변환되어 버립니다. 특히, 웹 사이트 다국어 지원이나 소프트웨어 현지화 작업에서는 원본의 HTML 구조나 CSS 클래스, 자바스크립트(JavaScript) 함수명 등을 정확히 유지하면서도 사용자에게 보이는 텍스트만 번역해야 합니다. 이런 상황에서는 "태그는 건드리지 말고 내용만 번역해 줘."라는 명확한 지시가 필요합니다.

HTML 포맷 유지 프롬프트

"HTML 태그 구조를 유지하면서 자연스럽게 번역해 줘. 예를 들어, ⟨p⟩Hello⟨/p⟩는 ⟨p⟩안녕하세요⟨/p⟩로 번역하면 돼."

- **실제 적용 예시**
  - **원문**: ⟨h1⟩Welcomc to our Service⟨/h1⟩
  - **번역**: ⟨h1⟩저희 서비스에 오신 것을 환영합니다⟨/h1⟩

마크다운 보존 번역 요청 프롬프트

"마크다운 문서를 구조 유지한 채 번역해 줘."

- **활용 사례**: GitHub README 파일, 기술 문서 API 문서 번역

특정 부분 번역 제외 프롬프트

"다음 API 문서를 번역해 줘. 코드 예시와 함수명은 번역하지 말고 그대로 유지해 줘. 예를 들어, (getUserData())(response.status === 200)(const apiKey="xxx") 같은 부분은 건드리지 말고 설명 텍스트만 한국어로 번역해 줘."

자료 파일 참조 🔗

● 법률, 계약서 조항별 번역이 필요할 때

문과 쪽 번역 작업에서도 골치 아픈 경우가 많습니다. 예를 들어, 법률 문서나 국제 계약서 번역은 단순한 언어 변환을 넘어선 정밀 작업입니다. 'Article 3.2.1'이나 'Section 4(a)(ii)'와 같은 조항 번호는 법적 참조의 기준이 되므로 절대 번역하거나 변경해서는 안 되고 'force majeure(불가항력)', 'liability(책임)', 'indemnification(면책)'과 같은 법률 용어들은 한국 법률 체계에서 통용되는 정확한 번역어를 사용해야 합니다. 또한 계약서의 조건문('shall', 'may', 'must' 등)은 의무의 강도가 다르므로 이를 '해야 한다.', '할 수 있다.', '하여야 한다.' 등으로 정확히 구분해서 번역해야 합니다. 특히, 국제 거래나 합작 투자 계약서에서는 번역 오류 하나가 수억 원의 손실로 이어질 수 있기 때문에 법무 팀에서 검토할 수 있도록 애매한 부분은 원문을 병기하거나 각주로 설명하는 것이 안전합니다.

> **법률 문서 번역 프롬프트**
>
> "조항 번호를 유지하면서 문장별로 번역해 줘. 법률 용어는 정확하게 번역하고 의미가 모호한 경우 각주를 달아 줘."
>
> - **구체적 사례**
>
>   "다음 국제 계약서를 번역해 줘. Article 1, Section 2.1 같은 조항 번호는 그대로 유지하고 force majeure, liability 같은 법률 용어는 한국 법률에서 통용되는 정확한 번역어를 사용해 줘. 애매한 부분은(원문: xxx) 형태로 원문을 병기해 줘."

● 특정 어투, 스타일 유지 번역이 필요할 때

역사 소설 번역

번역에서 가장 까다로운 부분 중 하나가 바로 '말투'와 '분위기'를 살리는 것입니다. 단순히 의미만 전달하는 것이 아니라 원문의 톤 앤 매너(Tone & Manner)까지 한국어로 옮겨야 하는 경우가 생각보다 많거든요. 예를 들어, 19세기 배경의 소설에서 귀족이 하는 말을 번역할 때는 '안녕하세요.'가 아니라 '안녕하십니까?' 또는 '문안 인사드리옵니다.'와 같은 고풍스러운 존댓말을 사용해야 할 것입니다.

한편, 젊은 층을 겨냥한 스타트업의 마케팅 자료라면 딱딱한 '귀하께서는' 대신 '여러분은' 또는 '당신은' 같은 친근한 표현이 적합합니다. 또한 브랜드별로도 고유한 커뮤니케이션 스타일이 있어서 애플은 간결하고 세련된 톤을, 구글은 친근하고 혁신적인 톤을 유지해야 합니다. 이런 미묘한 뉘앙스까지 살려 내려면 단순히 "번역해 줘."가 아니라 "이 브랜드의 특성을 고려해서 이런 톤으로 번역해 줘."라는 구체적인 스타일 가이드가 필요합니다.

예를 들어, 줄리아 퀸(Julia Quinn)의 브리저튼(Bridgerton) 소설 시리즈를 번역하는 상황을 생각해 봅시다. 브리저튼 시리즈는 19세기 초 영국 런던 상류 사회를 배경으로 한 역사 로맨스 소설로, 넷플릭스 드라마로도 제작되어 큰 인기를 얻었습니다. 귀족 가문의 8남매가 각각 사랑을 찾아가는 이야기로, 당시 상류 사회의 격식 있는 언어와 우아한 매너가 작품의 매력 포인트입니다.

- **문학적 스타일 번역 프롬프트 예시** **(브리저튼 소설 번역)**

"다음에 올린 줄리아 퀸(Julia Quinn)의 브리저튼(Bridgerton) 소설 중 일부를 번역해 줘. 19세기 초 영국 상류 사회가 배경이므로 등장인물들의 격식 있고 우아한 말투를 한국어로도 자연스럽게 표현해 줘. 특히, 남녀 간의 정중한 대화나 사교계 예의를 지키는 표현들은 현대 한국어의 높임법을 활용해 품격 있게 번역해 줘."

- **원문 예시**

"I beg your pardon, Miss Bridgerton," Anthony said with a slight bow. "I did not mean to startle you."

"Think nothing of it, my Lord," Daphne replied graciously. "I was merely admiring the roses in your garden. They are quite spectacular this season."

"You are too kind. My mother takes great pride in her botanical endeavors."

- **번역 결과**

"실례를 범했다면 용서를 구하옵니다. 브리저튼 양." 앤서니가 살짝 고개를 숙이며 말했다. "놀라게 해 드릴 의도는 아니었습니다."

"괘념치 마세요, 앤서니 경." 다프네가 품위 있게 답했다. "저는 그저 댁의 정원에 핀 장미에 경탄하고 있었을 뿐입니다. 올해는 정말 아름답게 피었군요."

"과찬이십니다. 어머니께서 정원 가꾸기에 특별한 정성을 쏟고 계시거든요."

어떤가요? 이런 식으로 하면 19세기 영국 귀족 사회의 우아하고 정중한 분위기가 한국어로도 잘 전달될 것 같지 않나요? 기특하게도 생성형 AI는 '실례를 범했다면 용서를 구하옵니다.', '과찬이십니다.' 같은 표현들로 시대적 분위기를 잘 살려 주고 있네요.

브랜드 톤 앤 매너 고려

브랜드마다 고유한 '목소리'가 있다는 것을 알고 계시나요? 애플은 간결하고 세련된 톤을, 구글은 친근하고 혁신적인 느낌을, 나이키는 역동적이고 도전적인 분위기를 일관되게 유지합니다. 이런 브랜드 정체성이 번역에서도 그대로 살아나야 고객들이 '아, 이게 바로 그 브랜드구나.' 하고 느낄 수 있지요. 예를 들어, 다음 마케팅 자료 번역 사례를 생각해 봅시다.

어떤가요? 이런 식으로 같은 내용이라도 브랜드 성격에 맞는 어조로 번역하면 브랜드 고유의 느낌을 잘 살릴 수 있지요. 다만, ChatGPT는 브랜드 톤 앤 매너를 고려한 번역을 요청하면 너무 많이 나가는 특징이 있습니다. 작은 힘에도 핸들이 확 꺾이면서 과도하게 반응하는 파워 핸들이라고나 할까요? '친근하게'라고 하면 지나치게 구어체로, '젊게'라고

하면 거의 10대 말투까지 사용하는 경우가 많습니다.

이때는 추가적인 제약 조건을 함께 제시하는 것이 효과적입니다. "친근하지만 비즈니스 문서 수준은 유지해 줘.", "젊은 톤이지만 너무 가벼워지지는 말아 줘."와 같은 가이드라인을 추가로 주거나 원하는 톤의 구체적인 예시 문장을 미리 보여 주세요. 그러면 ChatGPT가 적절한 선에서 조절할 것입니다. 광고업계에 계시는 분들이라면 광고주들의 모호한 요청 때문에 힘들었던 경험 있으시죠? "엘리건트하지만 프랙티컬하게~", "브랜드 아이덴터티는 유지하며 MZ 감성에 맞게~" 등과 같이 말입니다. 의외로 사람에게는 애매한 요청이 생성형 AI에게는 잘 통한답니다.

● 번역 프롬프트 활용 미립자 팁

지금까지 상황별 번역 프롬프트에 대해 살펴보셨습니다. 의외로 번역하기 쉽지만, 또 어려운 작업이라는 점, 상황별로 적절한 프롬프트를 이용하면 번역 품질이 훨씬 좋아지면서 수고가 크게 줄어든다는 점을 잘 이해하셨을 것입니다. 다음은 어떤 번역 상황에서든 활용할 수 있는 프롬프트 작성 팁들입니다. 적절히 활용해 보세요.

- **구체적일수록 좋다**: '자연스럽게'보다 '한국 독자가 읽기 편하게'
- **목적을 명시하라**: '사내 공유용', '고객 제출용' 등 용도 표시
- **제약 사항을 명확히**: '~는 번역하지 마', '~형식으로' 등
- **예시를 활용하라**: 원하는 스타일의 번역 예시 제공
- **검증을 요청하라**: 번역 후 자체 검토 요청

8.3 번역 후 검토와 후편집: 번역 품질 향상

'생성형 AI 번역이 그렇게 좋다면서 검토를 또 해야 하나?' 하고 생각할 수 있습니다. 실제로 팀 회의용 해외 동향 자료나 개인 학습을 위한 기술 블로그 번역 정도라면 굳이 세세

한 번역 후 검토 과정을 거칠 필요가 없죠. 하지만 전문 분야 문서나 공식적인 용도의 번역에서는 상황이 완전히 달라집니다. 여기에 AI 번역의 가장 위험한 함정이 숨어 있거든요. 생성형 AI의 번역 결과에는 '그럴 듯하지만 부정확한 표현'이 섞여 있을 수 있습니다. 문장 구조는 완벽하고 문법도 맞는데, 실제로는 원문의 의미를 미묘하게 왜곡하거나 한국어 맥락에서 어색한 표현을 사용하는 경우가 의외로 종종 발견됩니다.

특히, 계약서 법률 문서, 의료 자료, 고객 제출용 보고서, 공식 발표 자료 등에서는 이런 작은 오류가 큰 문제를 일으킬 수 있습니다. '거의 맞는' 번역과 '정확한' 번역 사이의 차이가 때로는 계약서의 해석을 바꾸거나, 기술 문서의 정확성을 해치거나, 브랜드 이미지에 영향을 미칠 수도 있거든요. 1조 원짜리 계약서를 번역한다고 한번 생각해 보세요. 따라서 번역 목적과 중요도에 따라 검토 수준을 조절하는 것이 현명한 접근법입니다.

● 기본 검수 및 편집

여기서는 전문 문서나 공식 용도 번역을 진행하고 번역 품질 향상을 위해 번역문 검수를 진행하는 경우를 생각해 보겠습니다.

기본적인 검수 프롬프트는 다음과 같습니다. 이때 주의해야 할 점은 문서 전체를 한꺼번에 다 검토 요청하지 말고 3,000자 정도씩 끊어서 진행하라는 것입니다. 한꺼번에 다 시키면 중간 이후로는 AI도 퍼져서 검수를 대충 하는 경향이 나타납니다. 이와 아울러 반복해서 말씀드리지만, 검수 작업은 ChatGPT보다 Claude가 더 신뢰할 만합니다.

> **기본 검수 프롬프트**
>
> "이 번역문을 검수해 줘. 다음 항목들을 중점적으로 점검하고 개선해 줘."
> - 어색한 직역체 표현 → 자연스러운 한국어로 수정
> - 같은 개념이 다르게 번역된 부분 → 일관된 용어로 통일
> - 과도하게 격식적이거나 어색한 존댓말 → 적절한 수준으로 조정
> - 번역투 문장 구조 → 한국어다운 문장으로 재구성
> "아울러 각 수정 사항에 대해 '원문 → 수정문' 형태로 변경 이유와 함께 제시해 줘."
>
> **자료 파일 참조** 🔗

종종 필요에 따라 직역체를 개선하거나, 용어 일관성을 중점 검토하거나, 문체를 조정해야 하는 경우가 생깁니다. 먼저 직역체 문제를 좀 더 집중적으로 손보고 싶다면 다음 프롬프트를 한번 활용해 보세요.

"다음 번역문에서 직역체나 어색한 표현을 찾아서 자연스러운 한국어로 바꿔 줘."
- '사용자 경험을 최적화하다.' → '사용자 경험을 개선하다.'
- '솔루션을 제공하다.' → '해결책을 제시하다.'
- '당사는 고객님께' → '저희는 고객에게'
"이런 식으로 한국어 사용자가 일상적으로 쓰는 자연스러운 표현으로 수정해 줘."

긴 문서를 번역하다 보면 같은 개념이 문서 전체에서 제각각 다르게 번역되는 경우가 의외로 많습니다. 앞부분에서는 '혁신'이라고 번역했던 'innovation'이 뒷부분에서는 '창신(創新)'으로 나오거나 '솔루션'과 '설루션'이 한 문서 안에서 뒤섞여 나타나는 식입니다.[36] 또한 '빅데이터'를 어떨 때는 붙여 쓰고, 어떨 때는 '빅 데이터'로 띄어 쓰거나 영문 병기 방식이 'ML'과 'Machine Learning' 식으로 중구난방인 경우도 흔합니다.

대개 여러 번에 나누어 번역하거나 다른 번역 도구를 섞어 쓸 때 이런 문제가 심해집니다. 이런 표기 불일치는 문서의 전문성을 크게 떨어뜨리고 나중에 용어집을 만들거나 검색할 때도 혼란을 가져옵니다. 그래서 번역 완료 후에는 반드시 전체 문서를 대상으로 용어, 표기법, 문체의 일관성을 점검하는 단계가 필요합니다.

---

36 '창신(創新)'은 주로 대만 자료에서 많이 나타나는 말입니다. 저도 TSMC 자료를 보다가 무척 흥미롭게 생각한 적이 있습니다. Solution은 과거에는 '솔루션'이라고 번역했는데, 2022년부터인가 '설루션'이 외래어 표기법상 맞는 표현이라고 정해졌다고 합니다. 이런 외래어 표기법 변경은 과거 세대와 MZ 세대를 가르는 기준이 되기도 합니다. 과학 용어는 2005년부터 독일식, 일본식 표기법에서 영어식 표기법으로 바뀌었습니다. 그래서 중·고등학교 화학, 생명 과학 책을 보면 저처럼 올드한 세대들에게는 낯선 용어들이 많이 등장합니다. 아이오딘(구 요오드), 메테인(구 메탄), 저마늄(구 게르마늄) 같은 용어들 말입니다.

"이 번역문 전체에서 용어와 표기가 일관되지 않은 부분들을 찾아서 통일해 줘."

- **A. 핵심 용어 일관성 점검:**
  - 같은 개념의 다른 번역(**예** innovation → '혁신' vs. '창신')
  - 브랜드, 제품명 표기 방식 차이
  - 전문 용어의 한글, 영문 혼용
- **B. 표기법 통일 점검:**
  - 외래어 표기(**예** '플랫폼' vs. '플래폼', '솔루션' vs. '솔류션')
  - 영어 단어 띄어쓰기(**예** '빅데이터' vs. '빅 데이터')
  - 영문 병기 방식(**예** '머신러닝(ML)' vs. '머신 러닝(Machine Learning)')
  - 숫자, 기호 표기(**예** '5%' vs. '5퍼센트', 'API' vs. '에이피아이')
- **C. 문체 일관성 점검:**
  - 존댓말 수준(하다체 vs. 합니다체 vs. 해요체)
  - 문장 통일 방식 결과를 다음 표 형식으로 정리해 줘.

구분	발견된 불일치	권장 통일안	이유
용어	innovation → 혁신, 창신	혁신	한국어 표준
표기	플랫폼, 플래폼	플랫폼	국립국어원 표준

위에서 문체 일관성 점검도 간단하게 했지만, 문체 스타일은 최종 결과물의 목적에 따라 다시 한번 조정할 필요도 있습니다. 사내 보고서와 외부 마케팅 자료의 문체가 같을 수는 없잖아요? 필요한 경우, 다음 프롬프트를 적절히 수정해서 사용해 보세요.

"이 번역문의 문체를 [목적: 사내 보고서 고객 제출용, 마케팅 자료]에 맞게 조정해 줘."

- **조정 기준**
  - **격식 수준**: 너무 딱딱하지도 너무 가볍지도 않게
  - **문장 길이**: 읽기 편한 길이로 적절히 분할
  - **전문 용어**: 대상 독자 수준에 맞게 쉽게 풀어쓰기

　　– 어조: [친근함, 전문성, 신뢰감] 중 [선택] 강조

"수정 전후를 비교해서 보여 줘."

자료 파일 참조 🔗

● 오역 탐지와 교정 요청

　　일반적인 마케팅 자료나 기술 문서에서는 AI 번역 품질이 워낙 좋아져서 심각한 오역은 거의 발생하지 않습니다. 일반 문서라면 다음과 같은 간단한 프롬프트 정도로도 점검에 큰 문제가 없습니다.

오역 탐지 프롬프트

"다음은 번역문이야. 원문과 비교해서 오역 가능성이 있는 부분을 지적하고 그 이유와 함께 올바른 표현을 제시해 줘."
[원문]
[번역문]

자료 파일 참조 🔗

　　하지만 계약서 법률 문서 의료 자료, 기술 사양서처럼 법적 구속력이 있거나 정확성이 생명인 전문 문서라면 반드시 원문과 대조하여 의미 왜곡이 없는지 꼼꼼히 확인하는 것이 안전합니다. 예를 들어, 계약서에서 'shall'과 'may'는 의무의 강도가 완전히 다른데, 이를 구분하지 못하거나 의료 문서에서 'prevent(예방)'와 'treat(치료)'를 혼동하면 생명과 직결된 문제가 될 수 있거든요. 또한 'bank'(은행, 강둑), 'interest'(이자, 관심) 같은 다의어나 복잡한 조건문('unless', 'provided that' 등)에서도 맥락을 잘못 파악한 번역이 나올 가능성이 있습니다.

　　특히, 부정문이나 이중 부정('not unlikely' → '가능성이 낮지 않다.' Vs. '가능성이 있다.'), 그리고 'red tape(관료적 형식주의, 불필요한 절차)'나 'elephant in the room(뻔히 보이지

만 모두가 언급하길 꺼려 하는 핵심 문제)'와 같은 관용구를 '빨간 테이프', '방 안의 코끼리'로 직역해버리는 경우도 주의해야 합니다.

이러한 측면에서 고위험 문서에는 다음의 오역 탐지 프롬프트를 한번 활용해 보세요. 다만, 이런 고급 프롬프트의 경우 답변 분량이 많아서 Claude는 금방 채팅 세션 한도에 도달합니다. 그래서 개인적으로는 Claude에서 프로젝트를 구성하고 여기에 원문(A)과 번역문(B), 그리고 검토 프롬프트(C)를 올린 후 채팅 창에서 맥락을 설명하고 'A와 B를 C 기준으로 검토해 달라.'라고 요청합니다. 그러면 채팅 창이 한도 도달로 터진 후에도, 곧바로 다른 채팅 창을 열고 작업을 연결해 진행할 수 있습니다.

번역문 오역 탐지 프롬프트

"다음은 [계약서 의료 문서 기술 사양서] 번역문이야. 원문과 비교해서 다음 고위험 영역들을 중점적으로 오역 여부를 점검해 줘."

- **A. 법적, 기술적 의무 표현**
  - shall, must(의무) vs. may, can(허용) 구분이 정확한가?
  - require(필수) vs. recommend(권장) 번역이 올바른가?
  - unless, provided that 등 조건문이 정확히 번역되었는가?
- **B. 다의어 맥락 판단**
  - bank, interest, application, protocol 등이 문맥에 맞게 번역되었는가?
  - 전문 분야별 특수 의미가 제대로 반영되었는가?
- **C. 부정문, 조건문 정확성**
  - 이중 부정이나 복잡한 부정문이 의미 왜곡 없이 번역되었는가?
  - 조건부 문장의 전제와 결과가 뒤바뀌지 않았는가?
- **D. 수치, 날짜, 고유 명사**
  - 숫자, 날짜, 조항 번호가 누락되거나 변경되지 않았는가?
  - 인명, 지명, 기관명이 정확한가?

"발견된 오역을 다음 형식으로 보고해 줘."
- **위치**: [해당 문단, 조항]
- **원문**: [문제된 영어 표현]
- **번역문**: [현재 번역]

- **문제점**: [왜 오역인지]
- **수정안**: [올바른 번역]
- **위험도**: [높음, 보통, 낮음]

[원문]
[번역문]

자료 파일 참조 🔗

● 복잡한 문장, 문화적 맥락 처리

AI 번역이 아무리 발전해도 여전히 까다로운 영역이 바로 문화적 표현과 복잡한 문장 구조입니다. 'It's raining cats and dogs(비가 억수로 퍼붓는다).'를 '고양이와 개가 비처럼 내린다.'라고 직역하거나 'in the red, black(적자, 흑자 상태)'을 '빨강, 검정 안에'로 번역하면 완전히 엉뚱한 의미가 되어버리죠. 특히, 비즈니스 문서에서 자주 나오는 'low-hanging fruit'(쉽게 얻을 수 있는 성과), 'silver bullet'(만능 해결책) 같은 관용적 표현들은 '낮게 열린 과일', '은 총단'으로 직역하면 의미가 완전히 사라지거나 왜곡되므로 한국 독자가 이해할 수 있는 자연스러운 표현으로 의역하는 작업이 반드시 필요합니다.

문화적 적응 프롬프트

"다음 문장에서 문화적 요소나 은유 표현이 있는 경우, 한국어 독자에게 이해되기 쉽게 적절히 의역해 줘. 아니면 직역(의역) 형태로 제시해 줘."

- **실제 적용 예시**
  - **원문**: "Don't put all your eggs in one basket."
  - **직역**: "모든 달걀을 하나의 바구니에 넣지 마라."
  - **의역**: "모든 것을 한 곳에 걸지 마라." 또는 "위험을 분산하라."

자료 파일 참조 🔗

● 번역 품질 향상의 프로세스

앞서 번역 품질 향상이 필요한 경우, 번역 후 검토와 후편집을 진행해야 한다고 말씀드렸습니다. 그리고 검수 및 후편집, 오역 탐지와 교정 요청, 복잡한 문장, 문화적 맥락 처리에서 꼭 살펴봐야 할 포인트도 프롬프트와 함께 제시했고요. 문제는 번역 품질 개선 작업이 의외로 노력, 시간, 시력 집약적인 작업이라서 쉽게 지치기 일쑤라는 점입니다. 특히, 처음부터 완벽을 추구하려 하면 금세 피로감이 몰려오죠. 그래서 가급적 '가볍게 시작해서 깊이 들어가기' 형태의 단계적 프로세스로 진행하는 것이 무난합니다.

실무적 접근 **가볍게 시작해서 깊이 들어가기**

전문 번역사들은 보통 '오역 찾기'부터 시작합니다. 두 번 일하지 않기 위해서죠. 하지만 일반 직장인이 번역 검토를 할 때 처음부터 '오역 찾기'로 시작하면 심리적 부담이 커집니다. 마치 건강 검진을 받기 전, 괜히 긴장되는 것처럼 말입니다. 실제 번역 실무에서는 가볍게 흐름을 확인하면서 시작해 점점 세밀하게 들여다보는 방식이 더 효과적입니다. 이렇게 하면 자연스럽게 문제점을 발견하게 되고 심리적 피로감 없이 체계적인 검토가 가능합니다.

(가) **1단계** **가볍게 검수 – 편안한 진입**

첫 번째 단계는 번역문을 처음부터 끝까지 가볍게 읽어 보면서 전체 흐름을 파악하는 것입니다. 이때는 세세한 오류를 찾으려 하지 말고 '뭔가 어색하네.', '여기 표현이 이상한데?' 하는 직관적인 느낌을 중심으로 의심스러운 부분에 표시만 해 두세요. 동시에 명백히 어색한 직역체나 용어 불일치와 같은 눈에 띄는 문제들은 바로 수정합니다. 이 단계의 목표는 완벽한 검토가 아니라 전체적인 품질 수준을 파악하고 2단계에서 집중적으로 살펴볼 포인트들을 미리 찾아내는 것입니다.

(나) **2단계** **정밀 오역 탐지 – 핵심 품질 확보**

1단계 에서 표시해 둔 의심 부분들을 중심으로 원문과 대조하며 정밀 검토를 진행합니다. 특히, 수치, 날짜, 고유 명사, 부정문, 조건문과 같은 고위험 영역은 반드시 꼼꼼히 확인하세요. 'shall'과 'may'의 차이 'prevent'와 'treat'의 구분, 'unless'나 'provided that'과 같은 조건문의 정확한 번역 등이 핵심입니다. 이 단계에서는 '자연스러움'보다 '정확성'이 우선입니다. 어색해 보여도 의미가 정확하다면 일단 두고 3단계에서 문체를 다듬는 것이 안전합니다.

(다) **3단계** 마무리 후편집＋문화적 맥락－완성도 높이기

마지막 단계에서는 문체 통일성과 한국적 표현에 집중합니다. **2단계** 에서 오역을 수정하면서 생긴 문체 불일치를 정리하고 전체 문서가 일관된 톤을 유지하는지 점검하세요. 동시에 'low-hanging fruit'(쉽게 달성할 수 있는 성과)과 같은 관용구나 'silver bullet'(만능 해결책)과 같은 문화적 표현들을 한국 독자가 이해하기 쉬운 형태로 의역합니다. 이때는 직역의 정확성보다 의미 전달의 효과를 우선시하여 한국어 맥락에서 자연스럽고 완성도 높은 번역문을 만드는 것이 목표입니다.

중요한 것은 3,000자 정도씩 끊어서 진행하는 것입니다. 긴 문서를 한꺼번에 검토하면 집중력이 떨어져 품질이 저하되기 쉽습니다. 또한 각 단계별로 적절한 AI 프롬프트를 활용하면 효율성을 크게 높일 수 있습니다. 예를 들어, 1단계에서는 '어색한 표현 수정', 2단계에서는 '원문 대조 오역 확인', 3단계에서는 '문체 통일 및 문화적 의역' 프롬프트를 각각 사용하는 식으로 말입니다.

8.4 번역하기의 핵심 포인트

지금까지 AI 번역 도구 선택부터 상황별 프롬프트 활용, 그리고 번역 후 검토까지 번역 업무의 전 과정을 살펴보았습니다. 핵심은 '적절한 도구 선택 → 목적별 맞춤 번역 → 체계적 품질 관리'의 3단계 접근법입니다. 6장에서 꼭 기억할 만한 핵심 포인트는 다음과 같습니다.

먼저, 번역 도구 선택에서는 기계 학습 기반 번역(구글 번역, 파파고)과 생성형 AI 기반 번역(ChatGPT, Claude, DeepL)의 특성을 이해하고 상황에 맞게 선택하는 것이 중요합니다. 웹 페이지의 빠른 스캔이나 단문 번역에는 기존 도구로도 충분하지만, 긴 문서나 전문 자료, 맥락이 중요한 번역에는 생성형 AI가 압도적으로 우수합니다. 상황별 최적 도구 선택이 번역 효율을 좌우합니다.

다음으로 상황별 프롬프트 활용에서는 번역 목적과 대상 독자를 명확히 하고 누락 방지와 포맷 보존에 신경 써야 합니다. "[번역 대상 설명]을 [목적, 스타일]로 [출력 방식] 번역해 줘."라는 기본 구조에서 시작하여 직역, 의역, 병기, 요약 등의 방식을 상황에 맞게 선택하고 3,000~5,000자 단위로 분할하여 환각 현상을 방지하는 것이 핵심입니다.

생성형 AI 번역 시 가급적 3,000~5,000자 단위로 분할하여 진행하세요. ChatGPT는 8,000자, Claude는 12,000자를 넘으면 환각 현상이 급증합니다. '어? 이 내용은 앞에서 나온 건데?' 싶으면 바로 새로운 세션을 열고 다시 시작하세요.

마지막으로 번역 후 검토에서는 '가볍게 시작해서 점점 깊이 들어가는' 접근법으로 **1단계** 경량 검수 → **2단계** 정밀 오역 탐지 → **3단계** 마무리 후편집의 순서로 진행합니다. 처음부터 완벽을 추구하지 말고 '가볍게 시작해서 점점 깊이 들어가는' 접근법이 심리적 부담을 덜면서도 높은 품질을 보장합니다.

번역은 단순한 언어 변환이 아니라 '맥락을 이해하고 목적에 맞게 전달하는 커뮤니케이션 작업'입니다. AI를 똑똑한 번역 파트너로 활용하여 관용구와 문화적 표현을 현지화하고 독자가 자연스럽게 이해할 수 있는 완성도 높은 번역문을 만들어 보세요.

9 AI 글쓰기

◆ 장 오노레 프라고나르의 「책 읽는 소녀」를 모티브로 해서 ChatGPT를 이용해 현대 그래피티 벽화 스타일로 만든 그림

4~8장에서 AI와 함께 글을 읽는 기본 테크닉을 다루었다면, 9장에서는 AI와 함께 글을 쓰는 기본 테크닉을 다룹니다. 독해를 통해 얻은 정보와 인사이트를 실제 문서로 만들어 내는 단계입니다. 잘 활용한다면 AI는 단순한 자동 완성 도구가 아니라 여러분의 창작 파트너가 될 수 있습니다. 여기서는 구조화, 확장, 축소, 논리 보강, 문체 조정의 4가지 핵심 영역에서 활용할 수 있는 20가지 실전 테크닉과 함께 퇴고 방법, 함정 회피법, 실전 사례까지 AI 글쓰기의 기본 과정을 체계적으로 배웁니다.

9.1 AI 글쓰기의 세계로

→ 전통적 글쓰기와 AI 글쓰기(인간은 기획자, 감독, AI는 조연출, 작가)의 차이를 파악합니다.

9.2 AI 글쓰기의 4가지 핵심 영역

→ 구조화, 확장·축소, 논리·주장 보완, 문체·톤 조정에서 AI의 장점을 파악합니다.

9.3 즉시 활용 가능한 AI 글쓰기 테크닉

→ 4개 영역별로 20가지 핵심, 심화 테크닉을 실전 프롬프트와 함께 배웁니다.

9.4 AI 글쓰기 수정·보완·퇴고 테크닉

→ 초안 완성 후 문단 조정, 문장 연결, 전체 톤·문체 조정, 비판적 검토 방법들을 익힙니다.

9.5 AI 글쓰기 함정과 해결책

→ AI 글쓰기에서 자주 만나는 5가지 문제점과 이를 극복하는 구체적 방법을 배웁니다.

9.6 실전 적용: 성공 사례 분석

→ 간단한 실전 사례를 통해 여러 테크닉을 효과적으로 조합하는 방법을 배웁니다.

독자별 니즈	독해 가이드
"AI 글쓰기가 뭔지 개념부터 알고 싶어요."	9.1~9.2로 이동(AI 글쓰기의 본질과 4가지 영역 이해)
"당장 써먹을 프롬프트가 필요해요."	9.3으로 이동(20가지 테크닉과 실전 프롬프트)
"구조 잡기가 어려워요."	9.3의 구조화 테크닉(1~5번)으로 이동
"내용을 늘리거나 줄이고 싶어요."	9.3의 확장, 축소 테크닉(6~10번)으로 이동
"논리가 약해서 설득력이 떨어져요."	9.3의 논리 보강 테크닉(11~16번)으로 이동
"독자에 맞는 톤으로 바꾸고 싶어요."	9.3의 문체, 톤 조정(17~20번)으로 이동
"초안은 있는데 어떻게 다듬어야 할지 모르겠어요."	9.4로 이동(4가지 퇴고 테크닉으로 품질 높이기)
"AI 글쓰기에서 자주 실패하거나 실망해요."	9.5로 이동(5가지 함정과 해결책 먼저 파악)

● **독해에서 글쓰기로: 정보 습득에서 가치 창출로**

독해가 정보를 흡수하는 과정이라면 글쓰기는 그 정보를 바탕으로 새로운 가치를 만들어 내는 과정입니다. 그런데 여기서 흥미로운 시너지가 발생합니다. AI 증강 독해로 얻은 통찰들을 AI 글쓰기로 발전시키면 단순히 1+1=2가 아니라 1+1=10이 되는 마법 같은 일이 벌어지거든요.

예를 들어 볼까요? 어제 AI 증강 독해로 시장 분석 보고서 3개를 한 시간만에 분석했다고 가정해 보겠습니다. 이 과정에서 '우리가 놓치고 있는 5가지 핵심 시장 트렌드'를 발견했습니다. 이제 AI 글쓰기를 활용하면 이 인사이트를 바탕으로 팀원 공유용 요약 보고서, 임원진 설득용 전략 제안서, 고객 대상 마케팅 콘텐츠까지 각각 30분 내에 완성할 수 있습니다. 하나의 독해 결과가 여러 개의 가치 있는 글로 확장될 수 있는 것입니다.

또 하나의 예를 생각해 보지요. 월요일 오전 9시, 커피를 한 모금 마시며 이메일을 확인하는 데 상사로부터 다음과 같은 메시지가 도착합니다.

"심 과장, 지난주에 논의했던 디지털 전환 관련해 우리 부서이 현황과 개선 방안을 정리해서 내일 임원 회의용으로 2페이지 보고서를 만들어 주세요. 오늘 오후 6시까지 초안 부탁드립니다."

평소 같으면 머리가 하얘졌을 상황입니다. '디지털 전환이라면…. 뭐부터 써야 하지? 현황 분석은 어떻게 구성하고 개선 방안은 어떤 식으로 제시해야 할까?' 하지만 AI 글쓰기를 알고 있다면 상황이 완전히 달라집니다. 30분 후 여러분은 이미 완성도 높은 초안을 갖게 됩니다. 구조는 탄탄하고 내용은 논리적이며 문체는 임원진에게 적합하게 조정되어 있습니다. 어떻게 이런 일이 가능할까요? 바로 AI 글쓰기의 힘입니다.

● **AI 글쓰기의 본질: 인간과 창작 파트너 AI와의 협업 과정**

많은 사람이 AI 글쓰기를 '고급 자동 완성 도구' 정도로 생각합니다. '일단 AI에게 써 달라고 하면 뭐가 나오겠지.'라는 식으로 접근합니다. 하지만 진짜 AI 글쓰기는 이보다 훨씬 깊고 정교한 '인간과 AI의 협업' 과정입니다.

전통적인 글쓰기에서는 모든 것을 혼자 해결해야 했습니다. 주제 선정부터 구조 설계, 내용 확장, 논리 점검, 문체 조정까지 온전히 개인의 몫이었죠. 하지만 AI 글쓰기에서 여러분은 창작의 기획자이자 감독이 됩니다. AI는 실력 있는 조연출이자 작가가 되어 함께 작품을 만들어 나갑니다. 이 과정에서 여러분과 AI의 세부 역할은 다음 표와 같습니다.

AI 글쓰기에서 인간과 AI의 역할

인간의 역할: 기획자이자 감독	AI의 역할: 조연출이자 작가
• 방향 설정: '누구를 위한, 어떤 목적의 글인가?' • 품질 관리: '이 논리가 탄탄한가? 이 톤이 적절한가?' • 최종 판단: '이 내용이 우리 상황에 맞는가?'	• 아이디어 확장: 키워드, 개요를 풍성한 문장으로 발전 • 구조 제안: 논리적이고 설득력 있는 글의 뼈대 구성 • 표현 다양화: 같은 의미를 다양한 방식으로 표현

중요한 것은 인간과 AI가 원팀이 되어 긴밀하게 협업하고 연속적으로 상호 작용해야 한다는 것입니다. AI 글쓰기 초보자들의 흔한 실수가 바로 '한 번에 모든 걸 해 달라.'고 요청하는 것입니다. 물론 AI는 뭔가 만들어 줄 것입니다. 다만, 일반적이고 뻔한 내용을 생성합니다. 무엇을 원하는지 어떤 맥락인지도 파악하지 못하니 두루뭉술한 답만 제시하게 되죠.

반면, 대화를 연속적으로 나누면서 글을 발전시켜 나간다면 어떨까요? 현재 글을 작성하는 목적과 상황, 맥락을 알려 주고 원하는 구성의 목차를 받은 후 마음에 들지 않거나 부족하다고 판단되는 부분을 점진적으로 수정해 나가는 것입니다. 이런 식으로 AI와 대화하며 글을 발전시켜 나가는 것이 진짜 AI 글쓰기입니다. 마치 글도 잘 쓰고 말도 잘 듣는 후배를 옆에 두고 여러분이 숙련된 편집자가 되어 원고를 다듬어 나가는 과정과 비슷합니다. 차이가 있다면 전체 과정이 정말 빠르게 이루어진다는 것입니다.

연속적 대화 기반의 글쓰기 사례

단발성 접근법	연속적 상호 작용
"우리 회사 디지털 전환 현황과 개선 방안에 대한 2페이지 보고서를 써 줘."	• "우리 회사는 ○○한 회사야. 우리 회사의 디지털 전환에 관한 보고서를 작성하고 있어. 임원진 대상 보고서의 목차를 구성해 줘." • "현황 분석 부분에 ○○ 산업 특성을 반영해 세분화해 줘." • "개선 방안을 단계별로 구체적으로 제시해 줘." • "전체 톤을 임원진에게 적합하게 좀 더 조정해 줘."

● 글쓰기 프로세스의 근본적인 변화

전통적인 글쓰기 프로세스는 각 단계마다 상당한 시간이 필요했습니다. 특히, '빈 페이지 앞에서 생각하다 멍해지는 시간'이 가장 큰 장애물이었습니다. 아무것도 없는 상태에서 방향을 정하고 무엇인가 채워 나가는 것, 얼마나 막막하고 답답한 순간이었던가요? 하지만 AI 글쓰기는 이 프로세스를 완전히 바꿉니다.

⊞ 전통적 글쓰기와 AI 글쓰기의 프로세스 차이

전통적 글쓰기 프로세스	AI 글쓰기 프로세스
계획 수립	목적 설정
→ 자료 수집	→ AI 협업 시작
→ 구조 설계	→ 반복적 개선
→ 초안 작성	→ 인간 최종 검토
→ 수정	→ 완성
→ 완성	

첫 번째 변화는 '빈 페이지의 공포'가 사라진다는 점입니다. 기본 목차와 초안은 AI가 제공해 줍니다. 따라서 여러분은 '무에서 유를 창조하는' 부담에서 벗어나 '좋은 것을 더 좋게 만드는' 역할에 집중하면 됩니다.

두 번째 변화는 자료 수집과 구조 설계 과정이 놀랄 만큼 편해진다는 것입니다. 일단 AI는 바벨의 도서관이라 할 만큼 엄청난 지식을 갖고 있고, 필요하면 인터넷을 검색해 관련 자료를 바로 끌어오기에 자료 수집이 너무 쉬워졌습니다.[37] 또한 보고서나 글의 다양한 구조 패턴들도 이미 알고 있어 기본 뼈대를 매우 효율적으로 구성할 수 있습니다.

마지막으로 세 번째 변화는 실시간 피드백과 개선이 가능해진 점입니다. 예전에는 초안을 완성한 후에야 전체적인 문제점을 파악할 수 있었지요. 이제는 쓰면서 "이 부분을 좀 더 구체적으로 해 줘.", "이 논리 순서를 바꿔 줘."와 같은 즉석 수정이 가능합니다. 첫 단계에서 목적을 잘 설정하고 중간중간에 AI의 글 전개 방향성을 잘 잡아 주고 본인이 의도

---

37 아르헨티나 작가 호르헤 루이스 보르헤스(Jorge Luis Borges)의 1941년 단편 소설에 등장하는 『상상 속의 도서관』을 말합니다. 가능한 모든 문자 조합으로 이루어진 책들이 육각형 방에 무한히 쌓여 있어 과거·현재·미래의 모든 지식과 정보를 담고 있다는 설정입니다. 현대에는 방대한 정보의 집합체나 무한한 지식의 보고를 비유적으로 표현할 때 사용됩니다.

를 잘 주입시키면 매우 빠르고 효과적으로 글을 만들어 나갈 수 있지요.

회사 업무 중 절반은 보고서 작성, 즉 글쓰기와 관련 있습니다. AI 글쓰기를 잘 활용하면 여러분의 업무 일상이 어떻게 달라질까요? 아마도 다음 표처럼 변하지 않을까요? 이제 여러분은 글쓰기 작업에서 창작의 고통은 줄이고 즐거움은 늘릴 수 있습니다. AI가 기계적인 부분을 담당해 주고, 여러분은 창의적이고 전략적인 부분에 집중할 수 있게 되는 것입니다.

⊞ AI 글쓰기 활용 시 변화 모습

AI 글쓰기 활용 전	AI 글쓰기 활용 후
보고서 작성 요청을 받으면 일단 한숨부터 나옴. '또 야근 각이네….'	'좋아, AI랑 함께 1시간이면 충분히 괜찮은 초안 나올 것 같은데?'
이메일 한 통 쓰는데도 '이 표현이 적절한가?'를 고민하며 20분씩 소모	"AI야, 이 내용을 고객에게 정중하면서도 친근하게 써 줘." → 2분 완성
프레젠테이션 자료 만들 때 '어떤 순서로 구성해야 하지?' 생각하며 머리가 아픔	"AI야, 이 내용을 15분 발표용으로 구조화해 줘." → 즉시 아웃라인 완성

다음 절에서는 AI 글쓰기의 4가지 핵심 영역을 구체적으로 살펴보겠습니다. 구조화, 확장, 축소, 논리, 주장 보완, 문체, 톤 조정이라는 4가지 영역에서 생성형 AI가 어떻게 여러분의 글쓰기를 혁신적으로 도와줄 수 있는지 확인해 보세요.

회사에서 통하는 글쓰기: 비즈니스 글쓰기와 기술적 글쓰기

글쓰기에도 종류는 많습니다. 제가 알고 있는 글쓰기 방식만 하더라도 문예 창작 글쓰기, 학술 글쓰기, 비즈니스 글쓰기, 기술 글쓰기, 저널리즘 글쓰기의 5가지나 됩니다. 다음 표에서 볼 수 있듯이 5가지 글쓰기 유형은 결과물, 독자층, 글쓰는 목적, 글의 특징이 모두 조금씩 다릅니다.

5가지 글쓰기 유형 중 직장인이라면 주로 비즈니스 글쓰기(Business Writing)와 기술 글쓰기(Technical Writing) 스타일을 마스터해야 합니다. 기획이나 마케팅 쪽이면 비즈니스 글쓰기, R&D나 제조 쪽이면 기술적 글쓰기를 많이 쓰게 될 것입니다.

비즈니스 글쓰기의 목적은 '빠른 이해와 의사결정'입니다. 임원진이나 동료들이 바쁜 시간에 핵심만 파악할 수 있도록 간결하고 명확해야 해요. 또한 기술 글쓰기의 목적은 '정확한 정보 전달과 실행'입니다. 사용자가 실수 없이 절차를 따라 할 수 있도록 빠짐없는 세부 사항 제시와 서술의 정확성이 중요합니다.

하지만 회사에서 많은 주니어 분이 학창 시절에 배운 학술 글쓰기나 사회 생활에서 습득한 온라인 블로그, 커뮤니티의 문체를 그대로 사용해서 어색한 결과를 만들어 내곤 해요. 하지만 상황에 맞는 문체 선택이 곧 업무 역량의 차이입니다. 학술 논문 쓰듯이 보고서를 작성하거나 커뮤니티 글처럼 극적인 표현, 창작 글쓰기처럼 시적인 표현을 남발하면 업무 전문성이 떨어져 보입니다.

5가지 글쓰기 유형 비교

유형	결과물	주 독자층	목적	특징
문예 창작 글쓰기 (Creative Writing)	소설, 시, 에세이 작품	일반 대중, 문학 애호가	독자 상상력 자극 및 감정적 공감과 즐거움	• 상상력과 감정 표현 중심 • 문체, 어휘의 자유로운 표현 • 인물, 세계관 설정 중요
학술 글쓰기 (Academic Writing)	논문, 연구 보고서 에세이	교수, 학자, 연구자, 학생	지식 전달 및 연구 결과 보고 학문적 토론 기여	• 엄밀성과 객관성 중시 • 정밀, 논리적 논증 구조 • 형식과 규칙이 매우 엄격 • 인용, 출처 제시가 중요
비즈니스 글쓰기 (Business Writing)	이메일, 보고서 메모, 제안서 등	경영자, 관리자, 직장 동료, 비즈니스 파트너	직장 내 의사소통 및 업무 수행	• 표현이 간결, 명확 • 중요 업계 전문 용어 사용 • 실용적이고 목표 지향적 • 독자의 이해, 의사결정 유도
기술 글쓰기 (Technical Writing)	매뉴얼, 사용자 가이드, 기술 보고서	기술 사용자, 엔지니어, 기술 전문가	복잡한 기술적 정보나 절차 설명	• 명확성과 정확성 중시 • 특정 용어와 기술적 세부사항 포함 • 독자의 수준에 맞춘 설명
저널리즘 글쓰기 (Journalism Writing)	뉴스 기사, 특집 기사, 인터뷰 등	일반 대중, 뉴스 소비자	사실 보도 및 정보 전달, 공공의 관심사 논의, 독자의 관심을 끌고 유지	• 사실과 정확성 중시 • 명확한 구조, 시사성 중시 • 간결한 표현과 핵심 강조 • 주관적 의견은 상대적 배제

9.2 AI 글쓰기의 4가지 핵심 영역

AI 글쓰기의 핵심은 'AI에게 무엇을 시킬 것인가?'를 체계적으로 아는 것입니다. 마치 오케스트라 지휘자가 각 악기의 특성을 알고 적재적소에 활용하듯이 AI 글쓰기도 4가지 핵심 영역을 이해하고 상황에 맞게 조합해서 사용하면 놀라운 결과를 얻을 수 있습니다.

● AI 글쓰기의 4가지 핵심 영역

AI 글쓰기의 핵심 영역은 구조화, 확장·축소, 논리·주장 보완, 문체·톤 조정이라고 말할 수 있습니다. 확보한 콘텐츠를 바탕으로 글의 뼈대와 흐름을 만들고, 내용의 양과 깊이를 필요에 따라 늘리거나 줄이고, 글의 설득력과 논증을 강화하며, 독자에 따라 적절히 문체와 톤을 조정하는 것입니다. 이 4가지 영역은 서로 독립적이면서도 유기적으로 연결되어 있으므로 필요에 따라 단독으로 사용하거나 조합해서 활용할 수 있습니다.

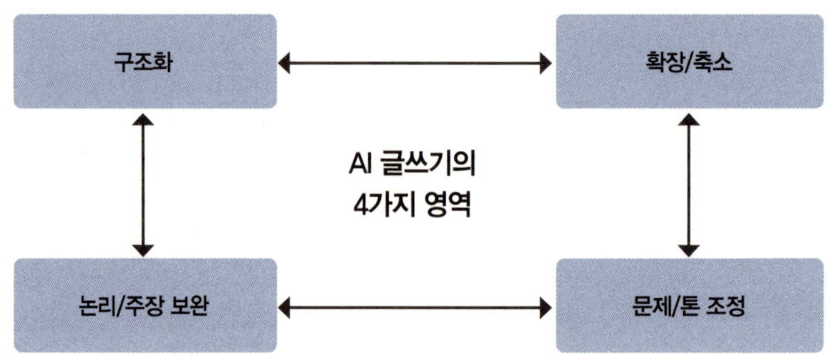

✦ AI 글쓰기의 4가지 핵심 영역

구조화 글의 뼈대와 흐름 설계

구조화는 AI 글쓰기에서 뼈대를 잡는 영역입니다. 여러분의 머릿속에 있는 아이디어들을 논리적이고 설득력 있는 순서로 배열하는 작업입니다. '이 다양한 내용들을 어떤 순서로 배열해야 할까?'에 대한 답을 찾는 과정이라고 생각하면 됩니다.

예를 들어, 다음과 같은 상황을 생각해 보세요. 프로젝트 완료 보고서를 작성해야 하는데 머릿속에는 여러 내용이 뒤섞여 있습니다. '예산 10% 절약 달성', '고객 만족도 향상', '일정 지연 발생', '팀원 역량 강화', '향후 개선 방안' 등과 같은 정보를 어떤 순서로 배열해야 효과적일까요? AI에게 구조화를 요청하면 다음과 같은 논리적 흐름을 제안해 줍니다.

1. 프로젝트 개요(목표와 범위)
2. 주요 성과(예산 절약, 고객 만족도 향상)
3. 도전과 대응(일정 지연과 해결 과정)
4. 부수적 효과(팀원 역량 강화)
5. 향후 방향(개선 방안과 다음 단계)

구조화 영역에서 AI가 특히 강력한 이유는 다양한 관점과 형식을 빠르게 제안해 주기 때문입니다. 같은 내용이라도 '시간 순서', '중요도 순서', '문제−해결책 순서' 등 여러 구조로 재배열된 형태를 요청만 하면 즉시 볼 수 있습니다. 여러분은 가장 효과적이라 생각되는 구조를 선택하고 약간 더 다듬어 주기만 하면 됩니다.

확장, 축소 내용의 양적 조절과 깊이 조정

두 번째 영역인 확장, 축소는 글의 분량을 목적에 맞게 조절하는 영역입니다. 내용이 너무 짧으면 중요한 논점들을 모두 담을 수 없고, 너무 길면 핵심이 잘 드러나지 않습니다. 또한 같은 내용이라도 독자와 상황에 따라 필요한 분량이 달라집니다. 글 분량 조절이 필요한 대표적인 경우는 다음과 같습니다.

확장, 축소가 필요한 경우의 비교

확장이 필요한 상황	축소가 필요한 상황
• 키워드 수준 메모를 완전한 문서로 발전시켜야 할 때 • 논리나 주장에 구체적인 사례와 근거가 필요할 때 • 독자의 이해를 돕기 위해 설명을 풍부하게 해야 할 때	• 긴 보고서를 임원진용 요약본으로 만들어야 할 때 • 상세한 기술 문서를 고객용 안내서로 변환할 때 • 정해진 분량 내에서 핵심만 전달해야 할 때

흥미로운 점은 AI가 단순히 내용을 늘리거나 줄이는 것이 아니라 맥락을 고려한 지능적 조절을 한다는 것입니다. 신통하게도 AI는 확장할 때는 독자에게 필요한 정보를 추가하고 축소할 때는 핵심 메시지를 유지하면서 부차적 내용을 잘 정리해냅니다.

논리, 주장 보완 설득력과 논증 강화

세 번째 영역은 글의 논리적 완성도를 높이는 영역입니다. 아무리 좋은 아이디어라도 논리적 뒷받침이 약하면 독자를 설득하기 어렵습니다. 이때 AI에게 적절한 요청을 하면 논리를 훌륭하게 보완해 줍니다. 특히, 비즈니스 문서에서는 이 영역이 매우 중요합니다. 투자 제안서 정책 보고서 전략 기획서 같은 문서에서는 논리적 완성도가 곧 신뢰도와 직결되거든요.

⊞ 논리, 주장 보완의 주요 포인트와 프롬프트 예시

구분	요청 프롬프트	결과
근거 보강	"이 주장을 뒷받침하는 데이터나 사례를 추가해 줘."	일반적 주장 → 구체적인 수치와 사례가 포함된 설득력 있는 주장
반박 지점 발견	"이 논리에서 반박받을 수 있는 부분을 찾아 줘."	취약한 주장 → 예상 반박과 대응 논리가 포함된 견고한 주장
논증 구조 강화	"이 주장들 사이의 연결고리를 더 명확하게 해 줘."	산발적 의견 → 체계적이고 논리적인 논증 구조

문체, 톤 조정   독자와 상황에 맞는 표현

마지막 영역은 같은 내용을 독자와 상황을 고려해 다양한 문체와 톤으로 표현하는 영역입니다. 여기서 문체란, 평서체나 격식체처럼 전문 용어 사용 수준, 문장 길이를 말하며, 톤은 글의 따뜻함이나 차가움, 열정성이나 객관성 등 독자에게 설명하는 태도를 뜻합니다.

전달 효과를 높이려면 똑같은 정보라도 누구에게, 어떤 목적으로 전달하느냐에 따라 표현 방식이 완전히 달라져야 합니다. 같은 내용이라도 글의 문체나 톤은 전달 대상에 따라 맞춤형으로 최적화해야 하는 것입니다. AI는 이런 미묘한 상황의 차이를 잘 이해하고 적절한 표현으로 변환해 줍니다. 이러한 과정을 통해 같은 내용이라도 독자에 따라 전달되는 느낌이 완전히 달라지게 만들어 줍니다.

⊞ 문체, 톤 조절의 세부 상황 사례

상황	엄격한 문체, 톤	편안한 문체, 톤
기술적 내용을 설명할 때	전문가용 "API 호출 시 Auth 2.0 인증 프로토콜을 준수해야 합니다."	일반인용 "우리 서비스와 연결할 때 보안 절차를 거쳐야 합니다."
고객 문의 응답	딱딱한 버전 "귀하의 요청사항을 검토한 결과…."	친근한 버전 "말씀하신 내용을 확인해 보니…."
회사 내부 커뮤니케이션	상황 보고 "상기 프로젝트의 진행 현황을 보고드립니다."	동료 공유 "지난 주 프로젝트가 어떻게 진행됐는지 알려드릴게요."

● 4개 영역의 시너지 효과

이 4개 영역의 진짜 힘은 단독 사용이 아니라 조합 사용에서 나타납니다. 실제 상황에서는 여러 영역을 연속적으로 또는 동시에 활용하게 되거든요. 예를 들어, 고객 제안서를 작성하는 상황이라면 일반적으로 다음의 순서로 네 영역을 조합해 사용하겠지요.

- **구조화**: "고객 제안서 목차를 만들어 줘."
- **확장**: "각 항목을 구체적인 내용으로 확장해 줘."
- **논리 보강**: "제안의 근거를 더 탄탄하게 보완해 줘."
- **톤 조정**: "고객사 임원진에게 적합한 격식 있는 문체로 조정해 줘."

이렇게 4단계를 거치면서 간단한 아이디어는 완성도 높은 고객 제안서로 발전합니다. 각 단계에서 AI가 제공하는 결과를 바탕으로 다음 단계를 진행하면 혼자서도 마치 숙련된 팀과 함께 작업하는 효과를 얻을 수 있습니다.

● 어떤 영역부터 시작해야 할까?

초보자들이 자주 묻는 질문입니다. 정답은 '상황에 따라 다르다.'이지만 일반적인 가이드라인은 있습니다.

- 아이디어가 많지만 정리가 안 됐을 때: 구조화부터 시작
- 핵심 내용은 있지만 분량이 부족할 때: 확장부터 시작
- 내용은 충분하지만 설득력이 약할 때: 논리 보강부터 시작
- 모든 내용은 완성됐지만 독자에게 맞지 않을 때: 문체 조정부터 시작

중요한 것은 처음부터 완벽함을 기대하지 말고 단계적으로 개선해 나가는 것입니다. 첫 번째 결과가 마음에 들지 않아도 괜찮습니다. AI와의 대화를 통해 계속 발전시키면 됩니다.

　AI 글쓰기에 대한 기본적인 사항들을 이해했으므로 이번에는 4개 영역별로 유용하게 사용할 수 있는 20가지 테크닉을 소개하겠습니다. 20가지 테크닉은 핵심 테크닉과 심화 테크닉으로 구분되는데, 처음 시작하는 분들은 핵심 테크닉부터 마스터하길 권합니다. 특히, 구조화에서 1~2번, 확장, 축소에서 6~7번, 논리 보완에서 11~12번, 문체 조정에서 16~17번을 먼저 익히면 대부분의 글쓰기 상황에서 충분히 활용할 수 있습니다. 이 기본 초식들만 제대로 사용해도 기존 글쓰기 방식보다 훨씬 빠르고 효과적인 결과를 얻을 수 있습니다.

　심화 테크닉은 경험이 쌓이면서 차근차근 활용해도 됩니다. 이때 업무의 특성에 따라 집중할 영역이 달라질 수 있습니다. 보고서나 제안서를 자주 쓴다면 구조화 영역을, 블로그나 콘텐츠를 만든다면 확장, 축소 영역을, 전략 문서를 다룬다면 논리 보완 영역을, 고객 대면이나 마케팅 업무를 한다면 문체 조정 영역을 중점 연습해 보세요. 중요한 것은 한 번에 모든 테크닉을 사용하려 하지 말고 상황에 맞는 2~3가지를 선택해서 조합하는 것입니다.

⊞ AI 글쓰기 기본 테크닉 매트릭스

구분	구조화	확장, 축소	논리, 주장 보완	문체, 톤 조정
핵심 테크닉	1. 목차, 아웃라인 생성 2. 논리 흐름 재구성 3. 형식 변환	6. 채워 넣기 7. 늘이기, 줄이기 8. 맥락적 스토리텔링	11. 사례, 근거 보강 12. 논증 강화 13. 반박 지점 보완	16. 독자 맞춤 변환 17. 톤 변환 18. 패러프레이징
심화 테크닉	4. 표, 도식화 5. 계층적 확장	9. 섹션별 균형 조정 10. 맥락적 비유, 은유 생성	14. 다각도 검증 15. 인과 관계 명확화	19. 감정 조절 20. 문체 스타일 분석 및 응용
주 활용 문서	보고서 제안서	블로그, 콘텐츠	전략 문서	고객 마케팅 자료

● 구조화 영역: 글의 뼈대 만들기

　☑ **이런 상황에서 활용하세요**
- 보고서 구조를 어떻게 잡아야 할지 막막할 때

테크닉 1 __목차 및 아웃라인 생성__

• 언제 사용하는가?: 빈 문서 앞에서 어디서부터 시작해야 할지 막막할 때

• **기본 프롬프트**
"[주제명]에 대한 보고서 목차를 3단계 구조로 만들어 줘. 각 항목별로 2~3줄의 설명도 포함해서."

• **응용 프롬프트 1**
"디지털 마케팅 전략 보고서를 임원진 대상 20분 발표용으로 목차를 구성해 줘. 각 섹션별 예상 소요 시간도 표시해서."

• **응용 프롬프트 2**
"고객 불만 처리 개선 방안 보고서를 작성해야 해. "문제 현황 → 원인 분석 → 해결 방안 → 기대 효과" 순서로 설득력 있는 목차를 만들어 줘."

• **응용 프롬프트 3**
"이 키워드들을 바탕으로 논리적인 목차를 구성해 줘."
[키워드 1, 키워드 2, 키워드 3, ….]
"독자가 자연스럽게 따라갈 수 있는 순서로."

• **응용 프롬프트 4**
"첨부한 회의록과 자료들을 바탕으로 '2025년 마케팅 전략 보고서'의 목차를 구성해 줘. 흩어져 있는 내용들을 논리적으로 분류하고 체계화해서 완성도 높은 구조로 만들어 줘."

• **응용 프롬프트 5**
"업로드한 시장 조사 데이터와 경쟁사 분석 자료를 검토해서 임원진 대상 전략 제안서 목차를 만들어 줘. 데이터에서 발견한 인사이트 중심으로 설득력 있게 구성해서."

자료 파일 참조 🔗

POINT AI가 제시한 목차는 대개 표준적인 내용이므로 이를 나의 상황에 맞춰 최대한 수정해 사용해야 합니다. 주제에 대해 생성형 AI와 충분한 토의를 거친 후 목차 요청을 하면 더욱 효과적입니다. 또한 제안된 목차가 마음에 들지 않으면 '좀 더 구체적으로' 또는 '다른 관점에서'라고 추가로 요청하세요. 또한 그냥 '보고서' 대신 '임원진 의사결정용 보고서', '일반 설명'보다는

'신입 사원 교육용 가이드'처럼 요청 목적을 구체적으로 명시하면 더욱 좋습니다.
특히, 여러 자료를 업로드한 후 목차를 요청할 때는 "이 자료들에서 가장 중요한 인사이트 3가지를 찾은 후 그것을 중심으로 목차를 구성해 줘."라고 하면 더 전략적인 구조를 받을 수 있습니다.
단순히 자료 순서대로 나열하는 게 아니라 핵심 메시지 중심으로 재구성하는 것이 포인트입니다.

테크닉 2 논리 흐름 재구성

- 언제 사용하는가?: 내용은 있지만 순서가 엉성하거나 논리적 연결이 약할 때

- **기본 프롬프트**
  "다음 내용들을 논리적 순서로 재배열하고 각 항목 사이의 연결 관계를 설명해 줘."
  [기존 내용 나열]
- **응용 프롬프트 1**
  "다음 프로젝트 성과들을 적절히 클러스터링한 후 임팩트 순서로 재배열하고 왜 이 순서가 효과적인지 설명해 줘."
  [성과 목록]
- **응용 프롬프트 2**
  "이 제안서의 논증 순서를 점검해 줘. '문제 인식 → 해결책 제시 → 근거 → 기대 효과' 흐름이 자연스러운지, 더 설득력 있는 순서가 있다면 대안을 제시해 줘."
- **응용 프롬프트 3**
  "산발적으로 정리된 이 회의 내용을 시간순, 중요도순, 실행 순서 중 가장 적절한 기준으로 재구성해 줘."
  [회의 내용들]

자료 파일 참조 🔗

POINT 논리 흐름 재구성의 핵심은 '나의 사고 과정'이 아니라 '독자의 사고 과정'을 따라가는 것입니다. 독자가 '왜?→어떻게?→그래서?'라고 자연스럽게 궁금해하는 순서로 배열하는 것입니다. 특히, 설득이 목적인 문서에서는 강한 근거부터 제시할 것인지, 약한 근거부터 점진적으로 강화할 것인지를 전략적으로 고민해야 합니다. AI에게 '이 순서로 하면 어떤 효과가 있을까?'라고 추가 질문하면 더 전략적인 배치를 할 수 있습니다.

• **언제 사용하는가?**: 같은 내용을 다른 형식으로 표현해야 할 때

- 　**기본 프롬프트**
  "다음 내용을 [개조식, Q&A, 단계별 가이드] 형식으로 변환하고 주제별로 묶어서 클러스터링 해 줘."
  [기존 내용]
- 　**응용 프롬프트 1**
  "이 정책 안내문을 직원들이 쉽게 이해할 수 있는 Q&A 형식으로 바꿔 줘. 5개 핵심 질문 중심으로."
- 　**응용 프롬프트 2**
  "이 긴 설명문을 개조식 업무 매뉴얼로 변환해 줘. 각 항목별로 핵심만 간단명료하게, 번호나 기호를 활용해서 한눈에 파악할 수 있도록 만들어 줘."
- 　**응용 프롬프트 3**
  "이 회의 안건을 발표용 슬라이드 형태로 바꿔 줘. 각 슬라이드당 3~4개 불릿 포인트로 요약해서."

> **POINT**　형식 변환에서 가장 중요한 것은 사용 목적을 고려하는 것입니다. 예를 들어, 공무원 업무에서 개조식은 '빠른 참조'가 목적이므로 문학적 표현보다는 명확하고 간결한 전달이 핵심입니다. 개조식으로 변환할 때는 각 항목이 동일한 수준의 정보를 담고 있는지, 논리적 순서로 배열되어 있는지 확인하세요. 또한 하위 항목이 너무 많으면(3단계 이상) 오히려 복잡해 보이므로 적절히 조절해야 합니다.

테크닉 4　　**표, 도식화**

• **언제 사용하는가?**: 복잡한 정보를 한눈에 보기 쉽게 정리해야 할 때

- 　**기본 프롬프트**
  "다음 내용을 비교하기 쉬운 표 형식으로 정리해 줘. 핵심 기준들을 열로 만들고 각 항목별 특징을 명확히 구분해서."
  [정보 내용]
- 　**응용 프롬프트**

"이 경쟁사 분석 정보를 의사결정에 활용할 수 있도록 '회사명–강점–약점–시장 점유율–우리 대응 전략' 형태의 표로 정리해 줘. 임원진이 한눈에 파악할 수 있게."

POINT 표를 만들기 전에 '어떤 기준으로 제시할 것인지'를 먼저 명시하면 더 유용한 결과가 나옵니다. 가로 방향(열)과 세로 방향(행)에 들어갈 내용들을 먼저 구체적으로 제시해 주면 맞춤형 표를 얻을 수 있습니다.

테크닉 5 계층적 확장

- 언제 사용하는가?: 큰 주제는 정했지만, 세부 구조를 체계적으로 발전시켜야 할 때

- **기본 프롬프트**

  "다음 주제를 논리적 계층 구조로 발전시켜 줘. 대주제 → 중주제 3–4개 → 각 중주제별 핵심 포인트 3개 순서로 체계적으로 확장해서."
  [주제명]

- **응용 프롬프트**

  "'가정용 아이스크림 제조기 시장 진입 전략'이라는 대주제를 보고서 목차로 발전시켜 줘. 먼저 3~4개 대분류를 만들고 각 대분류 다음에 2~3개씩 소분류를 체계적으로 배치해서 전체 구조를 잡아 줘."

POINT 처음부터 완벽한 구조를 요구하지 마세요. "1단계: 큰 틀만 잡아 줘."→"2단계: 두 번째 영역을 더 자세히" 식으로 단계적으로 확장하면 더 정교한 결과를 얻을 수 있습니다. 특히, 복잡한 주제일수록 AI와 대화하면서 점진적으로 구조를 발전시켜 나가는 것이 효과적입니다.

● 확장, 축소 영역: 내용의 양적 조절

☑ **이런 상황에서 활용하세요**
- 키워드만 있고 내용이 부족할 때
- 긴 문서를 요약본으로 만들어야 할 때
- 독자 수준에 맞게 설명의 깊이를 조절해야 할 때

테크닉 6 **채워 넣기**

- **언제 사용하는가?:** 메모나 키워드를 자세하게 확장하거나 부족한 내용을 보완해야 할 때

  – 문단에서 중간 부분이 어색해서 자연스러운 연결이 필요한 경우

  – 결론 부분을 어떻게 마무리할지 고민되는 경우

  – 도입부는 썼는데 본론으로 어떻게 넘어가야 할지, 자연스러운 연결 고리가 필요한 경우

  – 특정 논리에서 다음 단계로 자연스럽게 연결해 주는 문장이 필요한 경우

- **기본 프롬프트**

  "이 문단에서 [앞 문장]과 [뒷 문장] 사이를 자연스럽게 연결하는 중간 부분을 만들어 줘. 논리가 매끄럽게 이어지도록."

  [문단 내용]

- **응용 프롬프트 1**

  "이 글의 결론 부분이 너무 갑작스러워. 본론에서 결론으로 자연스럽게 마무리되는 문장 2~3개를 추가해 줘."

  [기존 글 내용]

- **응용 프롬프트 2**

  "다음 키워드들을 확장해서 세부 개요를 작성해 줘."

  – [키워드 1]

  – [키워드 2]

  – [키워드 3]

- **응용 프롬프트 3**

  "회의 메모를 바탕으로 팀원 공유용으로 완전한 회의록을 작성해 줘."

  – **주요 결정 사항:** [관련 메모 내용 요약]

  – **액션 아이템:** [관련 메모 내용 요약]

  – **다음 회의:** [관련 메모 내용 요약]

자료 파일 참조 🔗

POINT 완전히 새로 쓰는 것보다 기존 내용의 '빈 공간'을 채우는 것이 더 자연스러운 결과를 만들어 줘요. 특히, 문단 간 연결, 도입–본론 연결, 본론–결론 연결을 할 때 매우 유용합니다. 채워 넣기 기법만 잘 활용해도 글이 아주 매끄러워집니다. 저도 AI 글쓰기할 때 많이 쓰는 테크닉입니다.

- 언제 사용하는가?: 정해진 분량에 맞춰 내용을 조절해야 할 때

- **기본 프롬프트** (늘이기)
  "다음 내용을 [목표 분량]으로 확장해 줘. 핵심 메시지는 유지하면서 설명과 예시를 추가해서."
  [기존 내용]
- **기본 프롬프트** (줄이기)
  "다음 내용을 [목표 분량]으로 압축해 줘. 가장 중요한 메시지만 남기고."
  [기존 내용]

자료 파일 참조 🔗

POINT 목표 분량을 구체적으로 명시하세요. "간단히"라는 모호한 말 대신 "3문장으로 요약해 줘."처럼 구체적으로 요청하면 훨씬 정확한 결과를 얻을 수 있습니다.
- 글자 수: "200자 내외로", "1,000자 정도로"
- 문단 수: "2~3문단으로", "한 문단으로"
- 문장 수: "5문장 이내로", "10문장 정도로"
- 페이지 수: "A4 1페이지로", "2페이지 분량으로"
- 시간 기준: "3분 발표용으로", "1분 소개용으로"

테크닉 8   맥락적 스토리텔링

- 언제 사용하는가?: 딱딱한 데이터나 추상적 내용을 생생하고 이해하기 쉬운 이야기로 풀어 내야 할 때

- **기본 프롬프트**
  "다음 내용에 구체적인 상황 맥락과 스토리를 추가해서 독자가 상황을 생생하게 이해할 수 있게 해 줘. 실제 경험담이나 구체적 시나리오 형태로."
  [기존 내용]
- **응용 프롬프트 1**
  "이 시장 분석 데이터를 실제 고객 사례나 시장 상황 스토리와 함께 제시해서 임원진이 현실감 있게 받아들일 수 있게 해 줘."

- **응용 프롬프트 2**

  "이 신제품 기획서에 '금요일 오후 대학생 이지은 씨는…'과 같은 구체적 상황 설정을 추가해서 독자가 몰입할 수 있는 스토리로 만들어 줘."

- **응용 프롬프트 3**

  "추상적인 전략 내용을 '실제 우리 회사에서 이런 일이 벌어진다면?'을 시나리오로 구체화해서 독자가 현실감 있게 이해할 수 있게 해 줘."

자료 파일 참조 🔗

> **POINT** 맥락적 스토리텔링은 고객 대상 문서에서는 강력한 효과를 발휘합니다. 마케팅 자료나 제안서 프레젠테이션의 발표용 스크립트에서는 데이터보다 스토리가 훨씬 고객의 기억에 남거든요. 다만, 내부 문서(회의록, 업무 보고서 등)에는 가급적 사용하지 마세요. 상사가 '무슨 말을 하고 싶은 거야?', '그래서 결론이 뭔데?'라고 지적할 수 있습니다. 굳이 쓰려면 보고서 뒤에 참조 형태로 붙이는 것도 방법입니다. '누구에게, 어떤 목적으로'를 먼저 고려한 후 스토리텔링 정도를 조절하는 것이 핵심입니다.

테크닉 9 섹션별 균형 조정

- 언제 사용하는가?: 문서 전체의 분량 배분이 고르지 않거나 중요도와 분량이 맞지 않을 때

  - **기본 프롬프트**

    "이 문서에서 각 섹션의 분량과 중요도를 분석해서 핵심 내용은 충분히 설명하고 부차적 내용은 간결하게 조정해 줘. 전체적으로 읽기 좋은 균형감을 만들어 줘."
    [문서 내용]

  - **응용 프롬프트**

    "이 제안서에서 '문제 정의' 부분은 너무 길고 '해결 방안' 부분은 너무 짧은 것 같아. 고객이 가장 궁금해할 해결 방안을 좀 더 구체적으로 확장하고 문제 정의는 핵심만 남겨서 전체 균형을 맞춰 줘."

> **POINT** 방향성을 명확히 제시하지 않으면 AI가 자의적으로 판단해서 중요한 내용을 삭제하거나 불필요한 부분을 확장할 위험이 있습니다. 반드시 '어떤 부분을 늘리고 어떤 부분을 줄일지' 구체적으로 지시하거나 '독자의 관점에서 가장 중요한 것은 ○○'라고 우선순위를 명시하세요.

테크닉 10 맥락적 비유, 은유 생성

- 언제 사용하는가?: 복잡한 개념을 독자가 쉽게 이해할 수 있도록 설명해야 할 때

- **기본 프롬프트**

  "다음 전문 개념을 [대상 독자]가 이해할 수 있는 적절한 비유나 은유로 설명해 줘."
  [전문 개념]

- **응용 프롬프트 1**

  "블록체인 기술을 중학생도 이해할 수 있는 일상생활 비유로 설명해 줘."

- **응용 프롬프트 2**

  "이 문단에서 '데이터 파이프라인'이라는 개념을 제시했는데, IT 비전공자들이 바로 이해할 수 있도록 1~2문장 정도의 간단한 비유를 추가해 줘."
  [기존 문단 내용]

자료 파일 참조 🔗

● 주장 보완 영역: 설득력 강화

☑ **이런 상황에서 활용하세요**
- 주장은 있는데 근거가 약할 때
- 반박당할 만한 지점이 걱정될 때
- 논리적 연결이 부족해 보일 때

 사례 및 근거 보강

- 언제 사용하는가?: 주장에 탄탄한 뒷받침이 필요하거나 구체적인 사례가 필요할 때

- **기본 프롬프트**

  "다음 주장을 뒷받침하는 근거를 3가지 유형으로 제시해 줘. 각 근거마다 신뢰할 만한 출처도 함께 명시해서"
  - 데이터, 통계 근거(출처 포함)
  - 사례 근거(출처 포함)
  - 이론적 근거(출처 포함)
  - 주장: [내용 붙이기]

- **응용 프롬프트 1**

  "우리 회사가 AI 도구를 도입해야 한다.'라는 제안을 임원진에게 설득할 수 있는 강력한 근거 5가지를 비용 절감, 생산성, 경쟁력 관점에서 제시해 줘. 각 근거마다 McKinsey, BCG, Gartner처럼 신뢰할 만한 컨설팅 리포트나 통계 출처를 함께 명시해서."

- **응용 프롬프트 2**

  "원격근무가 생산성을 높인다.'라는 주제로 활용 가능한 기업 사례를 5개 정도 추천해 줘. 각각 간단한 설명과 함께.'

- **응용 프롬프트 3**

  "위에서 제시한 '월마트의 AI 업무 자동화 사례'를 이 문단에 자연스럽게 넣고 싶어. 1~2문장으로 요약해서 여기에 맞게 연결해 줘."
  [사례 추가가 필요한 기존 문단]

자료 파일 참조 🔗

POINT AI가 제시하는 근거는 반드시 팩트 체크가 필요해요. 특히, 출처가 애매하거나 '최근 연구에 따르면'과 같은 모호한 표현이 나오면 의심하세요. Perplexity나 웹 검색 기능을 활용해서 실제 데이터를 확인한 후 사용하는 것이 안전합니다. 또한 처음부터 완벽한 사례를 요구하지 말고 먼저 여러 옵션을 받아본 후 가장 적합한 것을 선택해서 다시 요청하는 2단계 방식이 효과적입니다.

- **언제 사용하는가?**: 논리의 연결고리가 약하거나 주장 간 비약이 있을 때

- **기본 프롬프트**

"이 글에서 논리적 연결이 약한 부분을 찾아서 왜 그런지 분석하고 어떻게 개선할지 구체적인 수정안을 제시해 줘. 내가 듣고 싶은 말이 아니라 내가 들어야 할 말을 부탁해."
[글 내용]

- **응용 프롬프트 1**

"이 제안서에서 '문제 → 해결책 → 기대 효과' 연결이 논리적으로 탄탄한지 검토해 줘. 빠진 단계나 비약이 있다면 중간 논리를 보강해 줘."

- **응용 프롬프트 2**

"'A이므로 B이다.'라는 논증에서 A와 B 사이에 숨어 있는 전제나 빠진 논리 단계가 있는지 찾아서 자연스럽게 연결되도록 중간 과정을 추가해 줘."
[해당 논증]

자료 파일 참조 🔗

POINT　자신이 쓴 글의 논리적 허점은 본인이 찾기 가장 어려워요. 머릿속에서는 모든 논리가 연결되어 있으므로 당연하게 느껴지거든요. 특히, 전문가일수록 '당연히 알겠지.' 하고 중간 과정을 생략하거나 전문 지식을 일반 상식으로 착각하기 쉬워요. 생성형 AI는 작성자의 사전 지식이나 편견 없이 처음 읽는 독자의 관점에서 순수하게 글만 보고 판단하므로 진짜 허점을 찾아내는 데 매우 유용합니다.

POINT　"내가 듣고 싶은 말이 아니라 내가 들어야 할 말을 부탁해."라는 프롬프트는 저도 자주 애용합니다. 생성형 AI에게 비판적 검토를 요청할 때 쓰면 효과적입니다. 이 프롬프트를 넣으면 AI가 훨씬 더 솔직하고 날카롭게 지적해 줄 것입니다. 평소에는 '좋은 글이네요.'와 같은 격려 위주였다면 이 프롬프트를 추가할 경우, '이 부분에서 논리가 비약됩니다.', '이 근거로는 결론을 뒷받침하기 부족합니다.'처럼 구체적이고 건설적인 비판을 받을 수 있습니다. 중요한 문서일수록 이런 냉정한 검토가 필요합니다.

- 언제 사용하는가?: 예상되는 반박에 미리 대응하고 싶을 때

  - 기본 프롬프트

  "다음 주장에 대해 제기될 수 있는 반박 3가지와 각각에 대한 대응 논리를 제시해 줘."
  [주장 내용]

  - 응용 프롬프트 1

  "원격근무 확대 제안에 대해 경영진이 제기할 만한 우려사항들과 각각에 대한 설득력 있는
  대응 방안을 준비해 줘."

  - 응용 프롬프트 2

  "위에서 제시한 우려사항과 대응 방안을 '예상 우려사항 | 대응 방안 | 추가 근거' 형태의 표
  로 정리해서 문서에 삽입할 수 있게 만들어 줘."

  자료 파일 참조 🔗

> **POINT** 반박 지점을 미리 준비하면 실제 회의나 발표에서 자신감 있게 대응할 수 있습니다.
> 특히, 표 형태로 정리하면 한눈에 보기 쉽고 독자들에게 '이 사람이 꼼꼼하게 준비했구나.'라는
> 느낌을 줄 수 있습니다.

테크닉 14   **다각도 검증**

- 언제 사용하는가?: 주장의 완성도를 높이기 위해 여러 관점에서 점검하고 싶을 때

  - 기본 프롬프트

  "다음 제안, 주장을 다음 5가지 관점에서 검증해 줘."
  – 논리적 타당성(논증이 탄탄한가?)
  – 실현 가능성(실제로 실행 가능한가?)
  – 비용 효과성(투입 대비 효과가 있는가?)
  – 리스크 요소(예상되는 위험은?)
  – 대안적 접근법(다른 방법은 없는가?)
  "각각에 대해 구체적으로 분석해 줘."
  [제안, 주장 내용]

POINT 다각도 검증은 '악마의 변호인(Devil's Advocate, Advocatus Diaboli)' 역할을 AI에게 맡기는 것입니다.[38] 내가 놓칠 수 있는 맹점을 미리 발견해서 보완할 수 있습니다. 특히, 중요한 의사결정이나 큰 투자가 필요한 제안일수록 필수적입니다. 각 관점별로 나온 지적사항을 '위험 요소 및 대응 방안' 섹션으로 만들어서 문서에 포함하면 신뢰도가 크게 올라갑니다.

테크닉 15   인과 관계 명확화

• 언제 사용하는가?: 'A이므로 B이다.'에서 A와 B 사이의 연결이 모호하거나 중간 과정이 생략되었을 때

---

38 원래는 가톨릭교의 성인 추대 과정에서 후보자의 결점을 찾아 반대 의견을 제시하는 역할을 말합니다. 현대에는 의도적으로 반대 입장을 취하거나 비판적 질문을 던져 논리의 허점을 찾아내는 사람이나 그러한 역할을 의미하지요. 조직의 의사결정이나 전략 수립 과정에서 집단 사고(Group Thinking)를 방지하고 더 견고한 결론을 도출하기 위해 활용됩니다.

– 반례나 예외 상황은 없는가?

[인과 관계 주장]

자료 파일 참조 🔗

POINT 인과 관계 설명에서 가장 위험한 것은 '당연히 그렇겠지.'라고 넘어가는 것입니다. 특히, 핵심 원인으로 제시한 내용이 표면적인 것이거나 설명력이 약하다면, 전체 논리가 와르르 무너집니다. 예를 들어, '매출 증가 원인'을 설명할 때 진짜 핵심은 '신제품 출시'인데 'AS 서비스 강화'나 '틱톡 숏폼 마케팅 성공'을 언급하면 설득력이 떨어지겠지요. AI에게 '이 원인 말고 더 중요한 원인은 없나?'라고 반드시 재검토를 요청하세요.

● 문체, 톤 조정 영역: 독자 맞춤 표현

☑ 이런 상황에서 활용하세요
- 독자 수준에 맞지 않는 문체일 때
- 상황에 적합하지 않은 톤일 때
- 같은 표현의 반복이 지루할 때

테크닉 16 **독자 맞춤 변환**

- 언제 사용하는가?: 독자 수준이나 상황에 맞지 않는 문체를 조정해야 할 때

- **기본 프롬프트**
  "다음 내용을 [대상 독자, 상황]에 맞는 적절한 수준과 문체로 조정해 줘. 이때 용어 선택과 설명 깊이도 해당 독자에게 최적화해 줘."
  [기존 내용]

- **응용 프롬프트 1**
  "이 기술 문서를 영업 팀이 고객에게 설명할 때 사용할 수 있는 영업용 브로슈어 형태로 쉽게 바꿔 줘. 전문 용어는 일상 언어로 대체하고 장점 중심으로 재구성해서."
  [기술 문서 업로드]

- **응용 프롬프트 2**

  "이 팀 회의 내용을 임원진 보고용으로 격식 있게 변환해 줘. 캐주얼한 표현은 전략적 관점으로, 구어체는 문어체로 조정해서 경영진에게 적합하게."

  [팀 회의 내용 업로드]

- **응용 프롬프트 3**

  "이 일반 보고서를 학술 논문 스타일로 바꿔 줘. 객관적이고 정확한 학술적 문체로, 인용과 근거를 명확히 제시하는 형태로 변환해서."

  [보고서 업로드]

  자료 파일 참조 🔗

> **POINT** 독자 맞춤 변환은 '격상'과 '격하' 양방향이 모두 중요해요. 쉽게 만드는 것만큼이나 격식 있게 만드는 것도 자주 필요하거든요. 특히, 같은 내용이라도 팀 내부용→임원용→대외용으로 갈수록 문체가 점점 격식이 있어져야 합니다. 대상 독자를 구체적으로 명시할수록(⑩ '제조업 대기업 50대 임원진') 좀 더 정확한 조정을 받을 수 있습니다.

테크닉 17 톤 변환

- **언제 사용하는가?: 독자층이나 글 목적에 맞도록 톤을 조절해야 할 때[39]**

- **기본 프롬프트**

  "다음 내용의 톤을 [원하는 톤]으로 바꿔 줘. 내용은 그대로 유지하면서 표현 방식과 어조만 조정해서."

  [기존 내용]

- **응용 프롬프트 1**

  "이 정책 공지를 직원들에게 부담스럽지 않으면서도 중요성이 전달되는 친근한 톤으로 바꿔 줘."

  [정책 내용]

- **응용 프롬프트 2**

  "이 제품 소개를 MZ 세대가 공감할 수 있는 톤으로 변환해 줘. '찐', '대박', '레전드' 같은 자연

---

[39] 문체는 어휘 수준(전문 용어, 일상어), 문장 길이(짧게, 길게), 서술 방식(학술체, 수필체) 등 글의 형식과 표현 방식을 말합니다. 한편 톤은 감정 색채(낙관적, 비판적, 중립적), 독자와의 거리감(격식적, 친근한, 권위적), 전달 의도에 따른 분위기(설득적, 분석적)를 말합니다.

스러운 MZ 표현을 활용해서."

[제품 소개]

- **응용 프롬프트 3**
"이 마케팅 문구를 긴급감과 행동 유도력이 느껴지도록 바꿔 줘. '지금 당장', '놓치면 후회' 같은 표현으로 즉시 행동하고 싶게 만들어서."

[마케팅 문구]

자료 파일 참조 🔗

POINT 톤 변환은 세대별, 상황별, 감정별로 세분화해서 요청하세요. '친근하게'보다 '20대 직장인이 공감할 수 있게', '격식 있게'보다 '50대 임원진에게 신뢰감을 주도록'과 같이 구체적으로 명시하면 훨씬 정확한 결과를 얻을 수 있습니다. 특히, 브랜드나 마케팅 글에서는 타깃 고객층의 언어 습관을 정확히 반영하는 것이 핵심입니다.

테크닉 18 **패러프레이징(Paraphrasing, 의미를 바꾸지 않고 다른 말로 바꿔 쓰기)**

- 언제 사용하는가?: 같은 의미를 다른 방식으로 표현하거나 어색한 문장을 자연스럽게 바꾸고 싶을 때

- **기본 프롬프트**
"다음 내용을 의미는 동일하게 유지하면서 3가지 다른 방식으로 표현해 줘."
[기존 내용]

- **응용 프롬프트 1**
"이 문단에서 반복되는 단어들('프로젝트', '중요한', '검토' 등)을 찾아서 다양한 표현으로 바꿔 줘. 같은 의미지만 지루하지 않게 다양하게 표현해서 말이야."
[문단 내용]

- **응용 프롬프트 2**
"이 문장들이 너무 길고 복잡해. 한 문장당 하나의 핵심만 담도록 짧고 명확하게 나눠 줘."
[긴 문장들]

- **응용 프롬프트 3**
"이 문단의 문장 구조가 너무 단조로워. 짧은 문장, 긴 문장을 적절히 섞어서 리듬감 있고 생동감 있게 다시 써 줘."
[단조로운 문단]

- **응용 프롬프트 4**

"이 문장들이 번역체나 일본어식 표현 같아서 어색해. 자연스러운 한국어로 다시 써 줘."
[어색한 문장들]

자료 파일 참조 🔗

POINT 한국에서는 의외로 패러프레이징이 글쓰기 교육에서 많이 강조되지 않는데, 해외에서는 표절 방지나 글의 전체 논리 구조 유지 차원에서 매우 중요하게 생각됩니다. 패러프레이징은 '글의 품격을 한 단계 업그레이드'하는 마법과 같은 기능입니다. 특히, 한 문단에서 같은 단어가 3번 이상 나오면 반드시 바꿔 주세요. 긴 문장(3줄 이상)은 대부분 나눌 수 있습니다. 이때 모든 문장이 비슷한 길이면 읽기 지루해지므로, '짧게-길게-짧게'와 같은 리듬을 만들어 주면 훨씬 읽기 좋은 글이 됩니다.

테크닉 19 감정 조절

- **언제 사용하는가?**: 독자의 감정에 특별히 어필하거나 상황에 맞는 감정 온도를 조절해야 할 때

- **기본 프롬프트**

"다음 내용을 [원하는 감정 톤]으로 조정해 줘. 같은 메시지이지만 독자가 느끼는 감정적 임팩트를 조절해서."
[기존 내용]

- **응용 프롬프트 1**

"이 고객 사과문을 진정성 있고 공감적인 톤으로 바꿔 줘. 형식적이지 않고 정말 미안해하는 마음이 전달되도록."

- **응용 프롬프트 2**

"이 위기 상황 공지를 직원들이 안정감을 느낄 수 있도록 조정해 줘. 불안하지 않으면서도 상황의 심각성은 전달되도록 균형 있게."

- **응용 프롬프트 3**

"이 성과 발표를 자신감 있지만 오만하지 않게, 성취감은 드러내되 겸손함도 유지하는 톤으로 바꿔 줘."

자료 파일 참조 🔗

 감정 조절은 '온도계'와 같아요. 너무 뜨거우면 부담스럽고 너무 차가우면 와 닿지 않습니다. 특히, 위기 상황이나 중요한 발표에서는 '안정감 vs. 긴급감', '자신감 vs. 겸손함'의 절묘한 균형이 핵심입니다. 요즘 연예인이나 인플루언서들이 사과문 하나 때문에 더 큰 논란에 휩싸이는 경우를 자주 보죠? "진심으로 사과드립니다."라고 했는데 톤이 형식적이거나 변명 섞인 느낌이면 오히려 역효과가 나는 것처럼 감정 조절 실수는 생각보다 큰 파장을 만들 수 있습니다. 마케팅이나 대외 홍보 업무를 하는 분들에게 매우 중요합니다.

테크닉 20   문체 스타일 분석 및 응용(Style Copying)

- 언제 사용하는가?: 일관된 개인 문체를 만들거나 훌륭한 글의 스타일을 학습하고 싶을 때

- **기본 프롬프트** (2단계)

  1단계 "다음 글의 문체적 특징을 분석해 줘. 문장 길이 어조, 표현 방식, 연결어 사용, 리듬감 등을 구체적으로 정리해서."

  [분석할 글]

  2단계 "위에서 분석한 스타일 특징을 적용해서 다음 글을 같은 문체로 다시 써 줘."

  [새로 쓸 글]

- **응용 프롬프트 1**

  "내가 이전에 쓴 보고서 문체를 분석해서 공식 보고서도 같은 톤으로 일관성 있게 써 줘."

  [이전 보고서 2~3페이지 내용 업로드]

- **응용 프롬프트 2**

  "유명 CEo의 연설문 스타일(확신에 찬 어조, 구체적인 수치, 미래 비전 제시)을 분석해서 우리 회사 비전 발표문에 적용해 줘."

- **응용 프롬프트 3**

  "애플 제품 소개 문구의 특징(간결함, 임팩트, 감성적 어필)을 분석해서 우리 제품 소개에 적용해 줘."

  자료 파일 참조 🔗

 스타일 카핑(Style Copying), 즉 특정 작가, 브랜드, 사람의 문체 스타일을 분석해 모방, 응용하는 것은 의외로 '글쓰기 실력 향상'의 지름길입니다. 문학 작가들은 보통 초년기에 좋아하는 작가의 글을 필사하며 그 문체 스타일을 익힙니다. 좋은 글의 패턴을 의식적으로 학습

하면 자신만의 문체도 발전시킬 수 있거든요. AI를 활용하면 이러한 스타일 카핑이 정말 순식간에 이루어져요. 다만 무턱대고 베끼는 게 아니라 '핵심 특징을 내 상황에 맞게 응용'하는 것이 중요해요. 그러면서 나만의 글쓰기 스타일을 만들어 가야겠지요.

● AI 글쓰기 테크닉 활용의 황금 원칙

20개 테크닉들을 잘 살펴보셨나요? 그렇다면 이들 테크닉을 제대로 활용하기 위한 기본 원칙을 알려 드리겠습니다.

- 처음부터 완벽을 추구하지 마세요. 첫 번째 결과가 80% 만족스럽다면 성공입니다. 나머지 20%는 추가 질문으로 개선하면 됩니다.
- 단계별로 접근하세요. 한 번에 모든 것을 요구하지 말고 구조화 → 확장 → 논리 보강 → 톤 조정 순으로 단계적으로 진행하세요.
- 상황에 맞게 조합하세요. 20가지 테크닉을 모두 사용할 필요는 없습니다. 상황에 따라 필요한 2~3가지만 선택해서 조합하세요.
- 프롬프트를 자신의 언어로 바꾸세요. 제시된 프롬프트는 템플릿입니다. 여러분의 상황과 언어 스타일에 맞게 수정해서 사용하세요.

이제 여러분들은 자유자재로 AI 글쓰기를 할 수 있는 기본 방법들을 익혔습니다. 하지만 여기서 끝나면 안 됩니다. 앞에서 AI 글쓰기를 할 때 AI는 조연출이자 작가라면 인간은 기획자이자 감독이라고 비유했습니다. AI가 제출한 초고를 무조건 수용하는 것이 아니라 비판적으로 다듬는 과정이 필요합니다. 작가인 AI가 감독인 여러분의 의도를 잘 이해하지 못했거나 실수한 경우가 종종 있습니다. 이런 측면에서 다음 절에서는 AI의 초고를 여러분이 수정, 보완, 퇴고할 때 활용할 기법들을 추가로 살펴보겠습니다.

목요일 오후 5시, 기획팀 박 과장이 모니터를 바라보며 긴 한숨을 내쉬었습니다. 마케팅 전략 보고서 초안이 드디어 완성됐거든요. 지난 2시간 동안 AI와 함께 열심히 작업한 결과물이었죠. 하지만 막상 처음부터 다시 읽어 보니 뭔가 어색했습니다. '이 문단에서 갑자기 왜 이 이야기가 나오지?', '이 문장이 좀 어색한데….', '앞에서 한 말을 또 반복하고 있네?'와 같은 생각들이 계속 듭니다.

'이대로 제출하면 안 될 것 같은데…. 어떻게 체계적으로 개선하지?'

바로 이때 필요한 것이 AI 글쓰기의 마지막 단계, 수정·보완·퇴고 과정입니다.

⊞ AI 글쓰기 수정 · 보완 · 퇴고 테크닉 매트릭스

점검 영역	세부 테크닉
논리 흐름 점검 및 개선으로 글의 뼈대 단단하게 하기	21. 논리적 연결고리 강화하기 22. 논리 구조 재배치 및 시각화
문단 주제 일치성 검토로 각 문단의 목적 명확하게 하기	23. 문단별 통일성 확보하기 24. 정보 밀도 최적화하기
문장 간 연결고리 점검으로 읽기 편한 글로 만들기	25. 자연스러운 문장 연결하기 26. 중복 표현, 불필요 수식어 정리하기
전체 톤, 문체 일관성을 점검해 하나의 목소리로 통일하기	27. 문체 통일성 확보하기 28. 독자 맞춤 톤 최적화하기
비판적 검토 및 반론 유도로 약점 미리 찾아 보완하기	29. 약점 사전 발굴하기 30. 반론 대응 전략 수립하기

AI 드리블링(Dribbling), 즉 수십 개의 프롬프트를 연속적으로 엮어 고품질의 보고서를 만들어 내는 과정에는 '4R'이라는 체계적인 프로세스가 있습니다. Ready(준비), Recall & Research(자료 수집), Report(초안 작성), Refine(정교화)이 바로 그것입니다. 앞에서 우리가 배운 테크닉들은 주로 Report(초안 작성) 단계에 해당하는 것들이었습니다. 프로 직업인들과 아마추어를 구분하는 진짜 차이점은 바로 이 Refine(정교화) 단계에서 만들어집니다. 같은 내용이라도 얼마나 세심하게 다듬느냐에 따라 품질이 완전히 달라지거든요. 이 절에

서 다루는 테크닉은 주로 이 Refine 단계에서 쓰입니다.

과거에 이 과정을 혼자서 하려면 상당한 업력과 경험, 숙련도가 필요했습니다. 주니어가 초안을 만들면 시니어가 수정하는 형태로 작업이 이루어진 이유는 바로 이 때문이었습니다. 하지만 이제 그 문턱은 크게 낮아졌습니다. AI의 도움을 받으면 출판사 편집자나 프로젝트 팀장(PM) 수준의 검토를 누구나 할 수 있게 됩니다.

● 논리 흐름 점검 및 개선으로 글의 뼈대 단단히 하기

가장 먼저 할 일은 글 전체의 논리적 흐름을 점검하는 것입니다. 각 문단이 자연스럽게 연결되는지, 주장과 근거가 탄탄하게 연결되어 있는지 확인해야 해요. 글쓰기는 레고 블록 쌓기와 같아요. 아무리 좋은 블록들이라도 연결 부위가 헐거우면 금세 무너져 버립니다.

이런 연결고리가 제대로 마련되어 있지 않으면 독자들은 쉽게 의아함을 느끼게 됩니다. 특히, 내부 보고서를 읽은 임원들이 글 내용에서 의문을 계속 제기하면 작성자는 매우 위험한 상황으로 내몰릴 수 있습니다. 질문 공세에 계속 답변하다 보면 논리가 꼬이고 정작 중요한 이야기는 하지 못하게 되어 버리죠.

논리적 연결고리 강화하기

문단 간 연결이 어색하거나 '어? 갑자기 왜 이 이야기가 나오지?'라는 생각이 드는 이유는 논리적 연결고리가 약하기 때문입니다. 이때 다음과 같은 프롬프트로 체크해 보세요.

> **기본 프롬프트**
>
> "다음 문서에서 논리적 연결이 약한 부분을 찾아서 개선 방안을 제시해 줘. 특히, 다음과 같은 관점에서 점검해 줘. 문제가 있는 부분은 구체적인 수정안과 함께 알려 주고 맨 마지막에 이를 반영한 전체 수정안을 제시해 줘."
> - 문단 간 연결의 자연스러움
> - 주장과 근거의 연결 강도
> - 전체적인 논증 흐름의 일관성
> [문서 내용]

- **응용 프롬프트**

  "이 보고서를 임원진이 읽을 때 '어? 이 부분이 갑자기 왜 나오지?'라고 의문을 가질 만한 부분이 있는지 찾아서 자연스럽게 연결하는 문장이나 문단을 추가해 줘."

  자료 파일 참조 🔗

> **POINT** 전체 문서를 한 번에 검토하기보다는 3~4개 문단씩 나누어서 점검하는 것이 더 정확한 결과를 얻을 수 있습니다.

논리 구조 재배치 및 시각화

때때로 내용은 좋은데 순서가 잘못되어 설득력이 떨어지는 경우가 있습니다. 이때는 전체 구조를 한눈에 볼 수 있도록 시각화해서 최적의 순서를 찾아야 합니다.

- **기본 프롬프트**

  "이 문서의 논리 구조를 분석해서 다음처럼 현재 구조와 개선된 구조를 플로 차트(flowchart)로 나란히 비교해서 시각화하고 분석 결과도 정리해 줘."
  - 수정 전: [현재 순서]
  - 수정 후: [개선된 순서]
  - 수정 전 문제점: 어떤 논리적 문제가 있는지
  - 수정 후 개선 효과: 왜 이 순서가 더 효과적인지
  - 핵심 변화: 가장 중요한 개선 포인트
  [문서 내용]

- **응용 프롬프트**

  "이 제안서가 임원진을 설득하기에 최적화된 순서인지 분석해 줘. '문제 인식 → 해결책 → 근거 → 효과'의 흐름이 자연스러운지 플로 차트로 시각화하고 더 강력한 설득 순서가 있다면 대안을 제시해 줘."

실제로 이 프롬프트를 사용해 보면 놀라운 결과를 얻을 수 있습니다. AI가 '첫 번째 문단과 세 번째 문단의 순서를 바꾸면 논리가 더 자연스러워집니다.'는 식으로 구체적인 개선안을 시각적으로 잘 보여 주고 동시에 왜 그런지까지 명확하게 설명해 주거든요.

● 문단 주제 일치성 검토로 각 문단의 목적 명확히하기

문단별 통일성 확보하기

좋은 글은 대개 각 문단마다 하나의 명확한 주제를 가집니다. 하지만 글을 쓰다 보면 하나의 문단에 여러 주제가 섞이거나 제목과 내용이 따로 노는 경우가 종종 생겨요. 후배들의 글을 지도하다 보면 종종 이런 경우를 만납니다. 파트 제목은 '시장 분석'인데, 내용을 보면 경쟁사 이야기, 고객 트렌드, 기술 동향이 다 섞여 있는 경우들 말입니다. 이렇게 되면 읽는 사람들이 정말 헷갈릴 수밖에 없지요.

- 기본 프롬프트

"각 문단을 분석해서 다음을 확인해 줘."
– 문단의 주제문이 명확한가?
– 문단 내 모든 문장이 하나의 주제로 통일되는가?
– 소제목과 실제 내용이 일치하는가?
"개선이 필요한 부분은 어떻게 수정할지 구체적인 방안과 함께 제시해 줘."

- 응용 프롬프트

"이 문서에서 '주제가 명확하지 않은 문단'이나 '여러 주제가 뒤섞인 문단'을 찾아서 각각을 독립된 문단으로 분리하거나 하나의 주제로 통일하는 방법을 제시해 줘."

정보 밀도 최적화하기

문단별로 정보의 양이 들쭉날쭉한 것도 문제예요. 어떤 문단은 두세 문장으로 끝나는데 어떤 문단은 10줄이 넘어가면 독자 입장에서는 균형감이 떨어져 보이거든요.

- **밀도 분석 프롬프트**
  "이 문서의 정보 밀도를 섹션별로 분석해서 다음과 같이 제안해 줘. 직접 수정은 하지 말고 분석과 제안만 해 줘."
  – 정보가 부족해 보이는 섹션과 그 이유
  – 정보가 과도해 보이는 섹션과 그 이유
  – 문서의 목적(예 임원진 의사결정용)에 맞는 최적 분량 배분 제안
  – 우선순위별 조정 방안(1순위부터 3순위까지)
  [문서 내용]
- **응용 프롬프트**
  "이 제안서가 '문제 정의 1페이지, 해결 방안 3페이지, 기대 효과 1페이지' 구성인데 독자(투자자)가 가장 궁금해할 '수익성과 시장성' 부분의 정보 밀도가 적절한지 분석해 줘. 어떤 부분을 보강하고 어떤 부분을 압축해야 할지 우선순위와 함께 제안 부탁해."

자료 파일 참조 🔗

POINT 긴 문서의 경우, 전체를 한 번에 조절하지 말고 섹션별로 나누어 분석을 요청하세요. AI의 제안을 받은 후 직접 판단해서 조정하는 것이 실수를 방지하는 가장 안전한 방법입니다.

● 문장 간 연결고리 점검으로 읽기 편한 글 만들기

자연스러운 문장 연결하기

문단 차원의 논리 흐름을 점검했다면 이번에는 문장 차원에서 자연스러운 연결을 확인해야 해요. 문장이 뚝뚝 끊어지거나 연결어가 부자연스러우면 읽는 재미가 떨어지거든요. 특히, AI로 글을 쓸 때 흔히 나타나는 문제 중 하나가 바로 이런 문장 간 연결의 어색함입니다. AI는 개별 문장은 훌륭하게 만들어 내지만, 문장과 문장 사이의 미묘한 호흡 연결은 아직 인간만큼 자연스럽지 못할 때가 있거든요.

- **연결성 개선 프롬프트**
  "다음 문단들에서 문장 간 연결이 어색한 부분을 찾아서 자연스럽게 흐르도록 개선해 줘. 이와 아울러 수정된 부분들은 굵은 글씨로 표시해 줘. 특히 다음 사항을 고려해 주길 바라."
  - 연결어의 적절성(그런데, 또한, 따라서 등의 자연스러운 사용)
  - 문장 길이의 리듬감(짧고 긴 문장의 적절한 배치)
  - 주어와 서술어의 호응
  - 반복되는 표현의 자연스러운 변화

  [해당 문단들]
- **응용 프롬프트**
  "이 비즈니스 문서를 빠르게 훑어볼 때 핵심 내용이 바로 눈에 들어오는지 점검해 줘."
  - 한눈에 파악하기 어려운 복잡한 문장
  - 의미 단위가 너무 길어서 끊어 읽어야 하는 부분
  - 중요한 정보가 문장 중간에 묻혀 있는 경우

  등이 있는 경우 임원진이 2~3분 내에 스캔하면서 핵심을 파악할 수 있도록 수정해 줘. 수정된 부분은 굵은 글씨로 표시해 줘.

자료 파일 참조 🔗

비즈니스 문서는 문학 작품과 다릅니다. 시나 소설 작법 강의에서는 수정, 퇴고할 때 소리 내어 읽어 보면서 잘 읽혀지는지 체크하라고 합니다. 하지만 비즈니스 문서는 눈으로 보는 문서입니다. 소리 내어 읽기 편한 작품이 아니라 '끊기지 않고 빠르게 파악할 수 있는 문서'가 되어야 합니다.

따라서 비즈니스 문서의 문장 연결성을 확인할 때는 '3초 룰'을 적용해 보세요. 각 문장을 3초 내에 의미를 파악할 수 있는지 확인하는 거예요. 특히, 임원진이나 바쁜 독자들은 문서를 빠르게 스캔하면서 읽기 때문에 복잡하게 얽힌 문장보다는 명확하고 직관적인 연결이 중요해요. 또한 AI에게 수정을 요청할 때 '수정된 부분은 굵은 글씨 표시'라는 단서를 주는 것이 좋습니다. 내가 흔히 반복하는 문제 패턴을 찾아낼 수 있어 본인의 문장력 개선에도 좋은 학습 자료가 됩니다.

중복 표현 및 불필요한 수식어 정리하기

글을 쓰다 보면 표현은 다르지만, 의미는 동일한 내용이 불필요하게 여러 번 반복되거나 수식어가 지나치게 많이 사용하는 경우가 있습니다. 이런 부분들을 깔끔하게 정리하면 글의 임팩트가 훨씬 강해집니다.

- **기본 프롬프트**
  "이 문서에서 중복되는 표현이나 불필요한 수식어를 찾아서 더 간결하고 임팩트 있게 다듬어 줘. 단, 다음 사항을 주의해 줘."
  – 핵심 의미는 절대 손상시키지 말 것
  – 중요한 강조 표현은 유지할 것
  – 글의 품격이나 격식을 해치지 말 것
- **응용 프롬프트**
  "이 문서를 읽는 사람이 '아, 또 같은 얘기네.'라고 느낄 만한 반복 부분이 있다면 찾아서 각각을 다른 방식으로 표현하거나 하나로 통합하는 방법을 제시해 줘."

자료 파일 참조

주니어들이 자주 하는 실수는 '매우 중요한', '굉장히 훌륭한', '정말로 핵심적인'과 같은 과도한 수식어 남발입니다. 또한 '결론적으로 말하면 결론은', '가장 중요한 핵심 포인트'와 같은 중복 표현도 많이 보입니다 이런 표현들은 임팩트를 강화하려는 의도지만 오히려 '말이 불필요하게 많은 사람'이라는 느낌을 줍니다. 간결함이 곧 전문성이라는 점을 기억하세요.

● 전체 톤, 문체의 일관성을 점검해 하나의 목소리로 통일하기

문체 통일성 확보하기

여러 번에 나누어 작성하거나 여러 사람이 함께 작성한 문서에서는 문체의 불일치가 종종 문제됩니다. 앞부분은 격식체인데 뒷부분은 평어체가 나오거나 전문 용어 사용 수준이 들쭉날쭉하면 독자 입장에서는 혼란스럽죠. 지난달에 검토했던 보고서가 이런 경우였습니다. 3명의 팀원이 각자 작성한 부분을 합쳐 놓으니 마치 3개의 다른 문서를 억지로 붙인 것 같더라고요. 이런 경우, 보통 프로젝트 팀장이 막판에 문서 통일성 확보 작업을 해야 합니다.

POINT 팀 프로젝트나 여러 번에 나누어 긴 문서를 쓸 때는 사전에 미리 '문체 및 포맷 가이드'를 정해 두는 것이 좋아요. 예를 들어, '격식체 사용', '전문 용어는 첫 등장 시 설명', '문장당 30자 내외'와 같은 기준을 정하고 최종 단계에서 AI로 통일성을 점검하세요. 보통 컨설팅 회사에서 여러 명이 팀 작업을 할 때는 팀장이 사전에 이런 '문체 및 포맷 가이드'를 배포합니다.

독자 맞춤 톤 최적화하기

문체를 일관되게 통일했다고 끝이 아니에요. 그 통일된 문체가 정말 독자에게 적합한지도 확인해야 합니다. 너무 딱딱하면 지루하고 너무 가벼우면 신뢰도가 떨어지죠. 앞에서 16~20번에서도 문체, 톤 조정을 중요하게 다루었지만, 퇴고 상황에서도 다시 한번 체크해야 합니다. 파인 다이닝 레스토랑에서 셰프가 음식 나가기 직전에 최종 작업으로 가니쉬를 올리고 플레이팅을 다시 잡는 것과 비슷한 작업이라고 생각하면 됩니다.

- **기본 프롬프트**

"이 문서가 [구체적 독자층—예 40대 중간 관리자들]에게 가장 효과적으로 전달되도록 톤을 세밀하게 조정해 줘. 특히 다음을 고려해 줘."

– 너무 딱딱하지도 너무 가볍지도 않은 적절한 선

– 해당 독자층이 선호하는 표현 방식

– 신뢰감과 친근함의 적절한 균형

- **응용 프롬프트**

"이 신제품 제안서를 보수적인 임원진에게 제출해야 해. 전체적으로 혁신적이지만 위험해 보이지 않게, 자신감 있지만 오만하지 않게, 전문적이지만 이해하기 어렵지 않게 톤을 조정해 줘."

자료 파일 참조 🔗

> **POINT** 톤 최적화는 참 애매하고 힘든 부분이긴 합니다. 특히, 위 프롬프트를 한번 살펴보세요. '너무 딱딱하지도, 너무 가볍지도 않은', '신뢰감과 친근함의 균형'과 같은 지시는 인간 후배에게 시키면 짜증낼 것이 뻔한 애매한 지시입니다. 그런데 AI는 이처럼 광고주가 광고 제작자에게나 갑질하며 요구할 듯한 상충되고 애매한 지시(예 엘리건트하고 프랙티컬하게 수정)를 의외로 훌륭하게 소화해냅니다. 감정적 편견도 없고 수만 개 텍스트 학습에서 얻어진 패턴 매칭 능력, 다차원 최적화 능력을 갖고 있기 때문일 것입니다.

AI 글쓰기에서 지정 가능한 문체, 톤 유형

AI에게 어떤 문체를 지정할지는 다음 표를 참고하면 됩니다. 대개 사내 보고서는 개조식(~임, ~것)이나 평서체(~한다., ~이다.)로 전문, 간결한 톤을 사용하고 외부 보고서는 서술식 평서체(~한다. ~이다.)로 톤은 상황에 따라 다르게 적용하면 됩니다.

- **문체**

분류 기준	문체 유형	특징 및 예시	주요 사용처
종결 어미	평서체(합니다체)	'~합니다.', '~입니다.'	공식 문서 프레젠테이션
	평서체(해요체)	'~해요.', '~입니다.'	블로그, 일반 비즈니스
	평서체(하오체)	'~하오', '~이오'	고전 문서(거의 사용 안 함)
	평서체(하다체)	'~한다.', '~이다.'	논문, 보고서 칼럼
	평서체(반말체)	'~해.', '~야'	SNS, 친근한 콘텐츠

분류 기준	문체 유형	특징 및 예시	주요 사용처
격식 수준	격식체	객관적, 정제된 표현	공식 문서 보고서 논문
	준격식체	격식 있되 거리감 없음	비즈니스 이메일, 제안서
	구어체	자연스런 일상 대화체	블로그, SNS, 대화형 콘텐츠
	문어체	문학적, 정제된 글쓰기	책, 칼럼 에세이
서술 방식	개조식	번호, 불릿+명사형 종결(예 '~임', '~것', '~사항')	보고서 제안서 PPT
	서술식	완전한 문장으로 풀어쓰기	일반 문서 에세이
	혼합식	개조식과 서술식 혼용	복합 문서
분야별 문체	학술체	객관적, 엄밀, 수동태 선호	논문, 연구 보고서
	법률체	명확, 엄밀, 정의 중심	계약서 법률 문서
	의료체	전문 용어, 정확성 중시	의학 문서 처방전
	마케팅체	감각적, 행동 유도적	광고 홍보물
	기술 문서체	단계별, 명령형, 정확한	매뉴얼, 가이드
	저널리즘체	역피라미드 구조, 사실 중심	기사, 보도 자료

· **톤**(Tone)

분류 기준	문체 유형	특징 및 예시	주요 사용처
톤	전문적	객관적, 중립적, 신뢰감	비즈니스, 학술
	친근한	따뜻하고 거리 없는	고객 소통, 마케팅
	권위적	확신에 찬, 단호한	전문가 의견, 정책 문서
	설득적	독자 행동 유도	마케팅, 세일즈
	교육적	설명 중심, 이해 돕기	가이드, 매뉴얼, 강의
	유머러스	재치 있고 가벼운	엔터테인먼트, 칼럼
	공감적	감정 이입, 위로	상담, 고객 응대
	비판적	분석적, 날카로운	평론, 분석 보고서
	감성적	감정 호소	브랜딩, 캠페인
문장 구조	간결체	짧고 명료한 문장	SNS, 광고 요약문
	상세체	세밀한 설명, 길고 복잡한 문장	학술, 법률
	리듬감 있는 문체	짧은 문장과 긴 문장 교차	에세이, 스토리텔링
	스토리텔링체	이야기 전개 방식	브랜드 스토리, 사례 연구
	Q&A체	질문–답변 형식	FAQ, 인터뷰
	대화체	독자에게 말을 거는 듯한	블로그, 코칭

● 비판적 검토 및 반론 유도로 약점 미리 찾아 보완하기

약점 사전 발굴하기

마지막 단계는 자신의 글을 비판적인 시각으로 검토하는 것입니다. 이 과정이 중요한 이유는 문서를 받아보는 상대방이 항상 호의적이지만은 않기 때문입니다. 특히, 중요한 제안서나 보고서는 읽는 사람이 의도적으로 문제점을 찾으려고 할 수도 있습니다. 이런 상황에서 미리 약점을 발견하고 보완해 두면 훨씬 견고한 문서가 됩니다.

사실 이 부분은 9장 3절에서 살펴보았던 내용입니다. 그럼에도 불구하고 다시 한번 강조하는 이유는 비즈니스 문서의 막판 수정 작업에서 가장 시간을 많이 들여 진행하는 부분이기 때문입니다. 보고서 작성 도중에 문장, 문단의 논리, 주장 보완을 부분적으로 진행했다 하더라도 최종 수정, 퇴고 과정에서 문서 전체를 다시 한번 비판적으로 살펴봐야 합니다.

- **기본 프롬프트**
  "이 문서를 가장 비판적인 시각에서 검토한 후 다음을 분석해 줘."
  – 논리적 허점이나 비약이 있는 부분
  – 반박받을 수 있는 취약한 주장들
  – 추가 근거나 보완이 필요한 부분
  – 과장되거나 근거가 부족한 표현들
  "각각에 대한 구체적인 보강 방안도 함께 제시해 줘."

- **응용 프롬프트**
  "이 전략 제안서를 회의실에서 가장 까다로운 임원이 검토한다면 어떤 지점에서 '이 부분이 약하다.', '근거가 부족하다.'라고 지적할까? 전체 문서 관점에서 일관성과 완성도를 냉정하게 평가해 줘."

  자료 파일 참조 🔗

반론 대응 전략 수립하기

약점을 찾았다면 이제 그에 대한 대응 전략을 준비해야 해요. 세상에 완전무결한 글은 있을 수 없습니다. 하지만 예상되는 반박에 대해 미리 준비된 대응 논리가 있다면 훨씬 자신 있게 문서를 제출할 수 있습니다. 앞서 [테크닉 13]에서도 반박 지점 보완을 다루었습니다. 이때는 글 자체를 어떤 형태로 보완할 것인지에 초점을 두었습니다. 하지만 수정, 보완, 퇴고 단계에서는 보고할 때 말로 어떻게 대응할 것인지를 추가로 고민해야 합니다. 실무에서는 상당히 골치가 아픈 부분인데, AI를 활용하니 정말 쉽게 준비할 수 있게 되었습니다. 특히, AI가 예상 포인트들을 먼저 지적해서 면역력을 키워 주니까 실제 보고 때도 감정적으로 대응하지 않고 논의 방향을 건설적으로 유도해 나갈 수 있습니다.

● 기본 프롬프트

"만약 이 제안서를 받은 상대방이 비판적으로 검토한다면 어떤 지점에서 반대 의견을 제기할까? 그런 예상 반론들을 3가지 정도 제시하고 각각에 대한 설득력 있는 대응 논리를 준비해 줘. 가능하면 추가 데이터나 사례로 뒷받침할 방법도 함께 알려 줘."

● 응용 프롬프트

"이 신사업 제안서를 경영진이 검토할 때 제기할 만한 우려사항들('예산이 너무 크다', '시장 검증이 부족하다' 등)과 각각에 대한 구체적 반박 자료를 미리 준비해 줘. 회의에서 바로 답변할 수 있도록."

POINT 반론 대응은 '공격적 방어'가 아니라 '건설적 소통'이 목표예요. '그건 틀렸다.'보다는 '그런 우려도 이해하지만 이런 관점도 고려해 보면'이라는 식으로 접근하세요. 특히, 중요한 회의나 발표 전에는 예상 질문과 답변을 미리 준비해 두면 자신감이 크게 달라집니다. 잘 준비한 자가 이깁니다.

최종 퇴고 체크리스트(완성 후 필수 점검)

AI 글쓰기 테크닉으로 내용을 완성한 후 최종 제출 전에 반드시 확인해야 할 기본적인 품질 요소들입니다. 내용과 구조가 모두 확정된 다음 마지막 단계에서 점검하세요. 이 부분은 개인별 상황, 문장력에 따라 강약이 달라질 수 있습니다.

점검 항목	프롬프트 예시	주의사항
맞춤법·띄어쓰기	"이 글의 맞춤법과 띄어쓰기를 점검해 줘."	전문 용어는 별도 확인 필요
비문·어색한 표현	"어색하거나 문법적으로 잘못된 문장을 찾아 줘."	의미 변화 주의
번역체 문장	"번역체나 일본어식 표현을 자연스러운 한국어로 바꿔 줘."	원문 의도 유지
오탈자	"숫자, 고유명사, 전문 용어의 오탈자를 확인해 줘."	업계 표준 용어 확인
외국어 표기 통일	"외국어 표기를 통일해 줘(예 Microsoft → 마이크로소프트)."	회사 스타일 가이드 준수
숫자·단위 표기	"숫자와 단위 표기를 일관되게 통일해 줘."	문서 성격에 맞는 표기법

이런 세부사항들은 진행 과정에서 계속 수정하는 것보다 내용과 구조를 모두 완성한 후 최종 단계에서 점검해야 효율적입니다. 하지만 요즘은 이런 기본사항들의 검토도 안 하고 문서를 가져오는 후배들을 많이 봅니다. '팀장이나 선배가 알아서 고쳐 주겠지.'라는 생각일까요? 하지만 이런 경우가 여러 번 반복되는 경우, 본인의 사내 평판에 심각한 악영향을 미칠 수 있습니다. 팀장이나 선배가 단어 하나 수정할 때마다 '얘는 이런 기본사항도 체크하지 못하나? 문제가 있네.'라는 평가가 반복된다고 생각해 보세요. 수정사항이 30개이면 부정적인 인식도 30번 쌓이게 됩니다.

심지어 요즘에는 "내용만 좋으면 됐지, 왜 맞춤법이나 오탈자까지 신경 써야 하느냐?"라고 반문하는 주니어도 있습니다. 하지만 이는 마치 고급 레스토랑에서 접시에 손자국, 음식에 머리카락이 나와 항의했더니 셰프가 "맛과 비주얼만 좋으면 되지 않은가?"라고 반문하는 것과 같습니다. 위생 관리가 식당의 기본인 것처럼 맞춤법과 오탈자, 비문 관리는 좋은 보고서의 기본입니다. 진짜 전문성은 철저한 기본 관리에서 시작됩니다.

● 품질 판단 기준: 내 글이 정말 좋아졌을까?

마지막으로, 이 모든 과정을 거친 후에 정말 품질이 개선되었는지 확인할 기준을 제시해 보겠습니다.

- 처음 읽는 사람도 논리를 쉽게 따라갈 수 있는가?

이 5가지 기준을 모두 만족한다면 여러분의 글은 이미 전문가 수준의 완성도에 도달한 것입니다. 처음에는 시간이 좀 걸릴 수 있지만, 익숙해지면 이 모든 과정이 자연스러운 습관이 될 거예요.

이제 AI와 함께하는 글쓰기의 전 과정을 마스터했습니다. 창작부터 완성까지, 더 이상 막막하지 않을 거예요. 다음 섹션에서는 이런 테크닉들을 사용할 때 주의해야 할 함정들과 해결책을 알아보겠습니다.

9.5 AI 글쓰기 함정과 해결책

'아, 이렇게 하면 안 되는데….'

지난 몇 달간 AI 활용 교육을 하면서 많은 분을 만났습니다. 가장 안타까웠던 순간은 "AI가 별로예요."라고 말하는 분들을 볼 때였습니다. 자세히 들여다보면 AI가 문제가 아니라 그 분들의 사용법에 몇 가지 치명적인 문제가 있더군요. "AI야, 우리 회사 소개서 써 줘."라는 간단한 질문을 던지고는 나온 결과가 뻔하다고 실망하거나 AI가 만든 내용을 검증 없이 그대로 쓰다가 큰 실수를 하는 등 정말 답답한 일들이 너무 많았습니다.

사실 AI 글쓰기에서 실패하는 패턴은 놀라울 정도로 비슷해요. 마치 같은 함정에 다들 빠지는 것처럼요. 그래서 이번 섹션에서는 제가 직접 듣고 본 '아, 이렇게 하면 안 되는

데….' 하는 순간들을 생생하게 공유하려고 합니다. 미리 알고 피하면 여러분은 훨씬 더 똑똑하게 AI를 활용할 수 있을 거예요.

● 흔한 실수 5가지: 이것만은 정말 피하세요!

실수 1 환각 정보를 의심 없이 수용하기

작년 말, 한 스타트업 대표님이 투자 제안서에 이런 문장을 넣었다가 큰 코 다칠 뻔했다고 하더군요. 「하버드 비즈니스 리뷰」(2023년 12월호)에 따르면, '우리와 같은 구독 경제 비즈니스 모델이 연평균 250% 성장률을 보인다고 발표되었습니다.'라는 문장이었죠. 문제는 HBR에는 그런 기사가 존재하지 않았다는 것이었습니다. AI가 그럴듯하게 지어낸 정보였거든요. 다행히 투자자 미팅 전에 발견해서 큰 문제는 없었지만, 신뢰도에 치명적 타격을 입을 뻔했습니다.

이런 일은 생각보다 자주 발생합니다. AI는 패턴 학습을 기반으로 하기 때문에 실제 데이터와 학습된 패턴을 구분하지 못할 때가 있습니다. 특히, 구체적인 수치, 인용문, 출처가 포함된 내용에서 이런 '환각'이 자주 발생해요. AI가 그럴 듯하게 인용문과 링크까지 제시했는데, 막상 원문을 확인해 보면 그러한 내용이 없는 경우도 종종 발생합니다. 해결책은 3단계 검증 시스템을 습관화하는 것입니다.

- **의심하기**: 구체적인 수치나 인용문이 나오면 일단 의심
- **교차 확인**: 다른 AI나 검색 엔진으로 팩트 체크
- **원본 확인**: 가능하면 원래 출처까지 직접 확인

(가) 예방 프롬프트

"방금 제시한 정보 중에서 구체적인 통계나 인용문이 있다면 출처를 확인해 줘. 만약, 확실하지 않은 정보가 있다면 '출처 불분명'이라고 표시해 줘."

  AI 결과를 그대로 복사하는 '복붙의 유혹'

핀테크 스타트업에서 근무하는 김 CFO가 투자 제안서를 작성하면서 AI에게 "국내 핀테크 업계 동향을 설명해 줘."라고 요청했습니다. AI가 "핀테크 업계에서는 일반적으로 고객 획득 비용이 매출의 15~20%를 차지하며, 규제 샌드 박스를 통한 신규 서비스 출시가 주요 트렌드입니다."라고 답변한 문장을 그대로 사용했습니다. 문제는 이 내용이 주로 미국이나 유럽 시장 기준이었다는 점입니다.

실제 투자 검토 미팅에서 벤처 캐피털 심사역이 "한국에서 규제 샌드 박스 활용도는 생각보다 낮은데, 이 전략이 현실적인가요?"라고 질문했을 때 제대로 답변하지 못해 큰 곤란을 겪었습니다. AI는 글로벌 정보와 국내 정보를 구분하지 않고 '업계 일반론'으로 제시하는 경우가 많아서 반드시 현지 상황에 맞는지 검증이 필요합니다.

해결책은 30% 규칙을 생활화하는 것입니다. AI 결과물의 70%는 참고하되, 30%는 반드시 여러분의 고유한 관점과 맥락, 상황을 감안해 바꾸세요.

- **구체적인 방법**
  - **고유 정보 추가**: 회사만의 데이터, 경험, 철학 반영
  - **표현 다양화**: '혁신적인' → '지금까지 없었던', '최초의' → '업계에서 처음으로'
  - **브랜드 톤 반영**: 회사의 커뮤니케이션 스타일에 맞게 조정

  맥락을 잃어버리는 '연속 대화의 함정'

AI와 대화가 길어질수록 처음 목적을 잃어버리는 경우가 많습니다. 마케팅 전략 보고서를 쓰려 했는데, 어느새 경쟁사 분석, 시장 동향, 예산 계획, 팀 구성까지 이야기가 확산되어 정작 원래 쓰려던 보고서는 어떻게 써야 할지 모르게 되는 상황입니다.

예를 들어, 기획팀 박 차장이 '신제품 개발 기획서'를 작성하려고 AI와 대화를 시작했습니다. 처음에는 제품 특징을 정리했는데, AI가 "시장 조사도 필요하겠네요."라고 하자 시장 분석을 요청했고 이어서 경쟁 제품 비교, 가격 전략, 마케팅 채널, 출시 일정까지 논의가 확산되었습니다. 아직 개발도 안 된 제품에 대해 시장 전략까지 50개가 넘는 메시지를 주

고발은 후 정작 '그래서 개발 기획서는 어떻게 쓰지?'라는 원점으로 돌아가게 되었습니다.

이처럼 AI 도움으로 생각을 널리 펼쳤다가 수습을 못하는 상황에 대한 해결책은 3단계 맥락 정리법입니다. 수십~수백 페이지에 달하는 내용을 요약해 빠르게 뼈대를 잡은 후 필요한 부분만 선별해서 다시 정리하는 것입니다. 경계 없이 펼쳐 나간 브레인스토밍 회의 결과에서 필요한 부분만 뽑아서 활용하는 것과 유사한 방식입니다.

- **1단계** 맥락 요약 요청
  "지금까지 우리가 논의한 신제품 론칭 관련 대화 내용을 핵심 포인트 중심으로 요약해 줘."
- **2단계** 필요한 부분만 선별
  AI 요약 결과에서 → '제품 특징', '시장 분석', '경쟁사 현황', '가격 전략', '마케팅 계획' 중 → 현재 필요한 '제품 특징'과 '마케팅 계획'만 선택
- **3단계** 선별된 내용으로 새 요청
  "지금까지 논의 중 제품 특징과 마케팅 계획 부분을 바탕으로 임원진 보고용 론칭 계획서의 개요를 만들어 줘."

> **POINT** '정리→선별→재시작' 과정을 통해 혼선을 방지하고 집중도를 높일 수 있습니다. 특히, 대화가 30개 메시지를 넘어가면 반드시 한 번씩 맥락을 정리하는 습관을 들이세요. 길어진 대화에서는 AI도 초기 목적을 놓치기 쉽거든요.

실수 4 'AI 냄새'가 나는 획일적 문체

한 마케팅 팀에서 3명의 팀원이 각자 AI로 블로그 포스팅을 작성했는데, 놀랍게도 모든 글이 비슷한 패턴을 보였습니다. '오늘날 빠르게 변화하는 디지털 시대에….'로 시작하고 '결론적으로, 이는 우리에게 중요한 시사점을 제공합니다.'로 끝나는 식이었죠. 또한 중간에 '또한', '더불어', '이와 같이' 같은 연결어들도 과다하게 사용되었습니다.

이런 일이 생기는 이유는 비슷한 프롬프트를 복붙해서 사용했거나 AI가 '안전한' 표현을 선호하는 경향이 있기 때문입니다. 많은 사람이 같은 방식으로 AI를 사용하면 당연히 비슷한 결과물이 나오죠. 요즘 취준생들은 자기 소개서를 작성할 때 AI를 많이 씁니다. 그러다 보니 천편일률적인 자기 소개서가 의외로 눈에 많이 뜨입니다. AI로 쓴 비슷비슷한 자기

소개서의 결과는 어떻게 될까요? 요즘 대기업들의 HR 부서에는 AI로 쓴 성의 없는 자기 소개서를 걸러내는 AI 시스템이 도입되어 있습니다. 쉽게 걸러지는 문제를 회피하는 해결책은 바로 개성 주입입니다.

- **시작과 끝 바꾸기**: 뻔한 도입부와 결론부 피하기
- **연결어 다양화**: '또한' 대신 '더욱이', '더 흥미로운 점은'
- **개인적 터치 추가**: 경험담, 독특한 관점, 회사만의 용어

(가) 개성 주입 프롬프트

"이 내용을 [우리 회사, 내 개인] 만의 독특한 스타일로 다시 써 줘. 다음 요소를 반영해서."
– 우리의 독특한 관점: [구체적 명시]
– 피하고 싶은 뻔한 표현: [리스트]
– 추가하고 싶은 개성: [구체적 설명]

POINT 개성을 반영해 AI의 답변 결과를 다시 쓰는 과정이 핵심입니다. 이때 앞에서 배운 20번 테크닉. 문제 스타일 분석 및 응용, 즉 스타일 카핑(Style Copying) 기법을 활용할 수도 있습니다. 자신이 평소 쓰던 글 또는 좋아하는 문제의 글을 AI에게 분석시킨 후 그 스타일로 다시 써 달라고 요청하면 훨씬 자연스러운 결과를 얻을 수 있습니다. 또한 '~겠습니다.', '~할 것입니다.'와 같은 AI 특유의 딱딱한 표현들을 '~해 보려고 해요.', '~할 생각입니다.' 같은 개인적 어투로 바꾸기만 해도 글이 훨씬 살아납니다. 중요한 것은 AI가 만든 틀을 그대로 쓰는 게 아니라 내 목소리로 다시 말하는 것입니다.

실수 5 논리적 비약을 눈치채지 못하기

한 컨설팅 회사 이사님이 클라이언트 보고서에서 이런 논리를 제시했습니다.

'A 경쟁사는 ○○○라는 혁신적 전략을 사용해 매출이 20% 증가했습니다. 우리도 같은 전략을 사용하면 동일한 결과를 얻을 수 있습니다.'

언뜻 합리적으로 보이지만, 시장 상황, 회사 규모, 브랜드 인지도 등 중요한 변수들이 완전히 무시된 위험한 논리였습니다. 클라이언트가 이를 지적하며 신뢰도에 문제를 제기했습니다.

AI는 표면적인 패턴에는 뛰어나지만, 복잡한 인과 관계나 숨어 있는 변수를 고려하는 데는 한계가 있습니다. 'A이므로 B다.'는 단순한 연결을 과도하게 사용할 수 있죠. 이 부분을 사람이 먼저 체크하고 수정, 보완해 나가야 합니다.

이에 대한 해결책은 논리 체크 질문법입니다. 모든 중요한 주장에 대해 다음 질문들을 던져 보세요. 인간 프로젝트 팀원들이라면 '내 분석을 의심하느냐?'라고 짜증을 내고 자기 생각이 맞는 이유 97가지를 들이대며 안 고칠려고 저항할 것입니다. 하지만 AI는 대부분의 경우, 인간의 의문을 순순히 인정하고 새로운 방향성을 찾기 위해 노력할 것입니다.

- '정말 그럴까?'–다른 가능성은 없는가?
- '무엇이 다를까?'–우리 상황 만의 특수성은?
- '만약 아니라면?'–이 가정이 틀리면 어떻게 될까?

논리 검증 프롬프트

"방금 제시한 논리에서 놓칠 수 있는 중요한 변수나 다른 해석 가능성을 3가지 제시해 줘. 각각에 대한 대응 방안도 함께."

● 추가적인 AI 글쓰기 함정들

위에서 소개한 5가지 흔한 실수 외에도 실제 현장에서 자주 발생하는 함정들이 더 있습니다. 간단히 정리해 보면 다음 표와 같습니다.

AI 글쓰기에서 자주 만나는 함정

함정 유형	문제 상황	해결 방법	실무 팁
완벽주의 함정	한 번에 모든 것을 완벽하게 만들려고 함	80% 만족하면 다음 단계로	'일단 틀 잡고 점진적 개선'
단계 건너뛰기	구조를 잡기 전에 문체부터 다듬으려 함	구조 → 확장 → 논리 → 표현 순서 준수	'기초 공사 없이 인테리어하지 말기'
테크닉 과다 사용	30개 테크닉을 모두 쓰려고 함	상황별 2~3개 조합으로 충분	'필요한 것만 선택적 활용'

함정 유형	문제 상황	해결 방법	실무 팁
맥락 정보 부족	'보고서 써 줘.'처럼 독자, 목적, 상황 생략	5W1H 명확히 제시	'누구에게, 왜, 언제까지' 명시
결과물 검증 소홀	논리적 일관성이나 사실 관계 확인 생략	완성 후 반드시 전체 검토	'AI는 도구, 책임은 내가?'

이런 함정들을 피하는 가장 좋은 방법은 'AI는 똑똑하고 말 잘 듣는 후배'라고 생각하는 것입니다. 명확한 지시를 주고, 답변 결과를 검토하되 100% 믿지는 말고, 필요하면 바로바로 수정 요청을 하는 주도적 협업 자세가 핵심입니다. 특히, 중요한 문서일수록 '이 정도면 충분하겠지.'라는 안일함보다는 '정말 이 수준으로 제출해도 될까?'라는 비판적 검토가 필요합니다. 이런 측면에서 다음 표를 참고해서 보고서를 다시 한번 살펴보기 바랍니다. 여기서 3단계가 의외로 중요합니다. AI를 통해 쓴 글은 내가 주관을 갖고 수정한 후 남에게 꼭 한 번 보여 봐야 합니다. 그래야만 객관적인 시각에서 문제점이 잡힙니다.

▒▒ AI 글쓰기의 기본 품질 확보를 위한 체크 포인트

단계	체크 포인트
1단계 자동 의심(AI 결과 나온 직후)	• 구체적인 수치나 인용문이 있는가? • 지나치게 일반적인 표현은 없는가? • 내 상황이 반영되었는가?
2단계 맥락 확인(30분 후 재검토)	• 전체 글의 일관성이 유지되는가? • 논리적 흐름이 자연스러운가? • 독자 관점에서 이해하기 쉬운가?
3단계 동료에게 검토 부탁(제출 전)	• 다른 사람이 읽어도 자연스러운가? • 중요한 정보의 출처가 명확한가? • 회사, 개인의 개성이 드러나는가?

마지막으로 가장 중요한 이야기를 하고 싶습니다. AI 글쓰기에서 실패하는 진짜 이유는 기술적 문제가 아니라 마음가짐에 있는 경우가 많아요. AI를 단순한 글쓰기 도구가 아닌 창작 파트너로 생각하고 시간 단축보다는 품질 제고에 초점을 맞출 때 좋은 결과물이 나올 것입니다. 또한 스스로 품질 기준을 지속적으로 높여 나가기 위해 노력해야 합니다. '이 정도면 되겠지'라는 안이한 마음을 품는 순간, 발전은 정체됩니다.

위험한 마음가짐	성공하는 마음가짐
• 'AI가 알아서 다 해 줄 거야.' • '빨리 끝내고 퇴근하자.' • '이 정도면 충분하지 않을까?'	• 'AI는 훌륭한 파트너야. 내가 방향을 잡아 주자.' • '시간을 좀 더 투자해서 품질을 높이자.' • '이게 정말 내가 내 이름을 걸고 내보낼 수준일까?'

AI는 분명 강력한 도구지만, 마법의 지팡이는 아닙니다. 여러분의 판단력과 창의성 그리고 책임감이 함께할 때 비로소 진정한 가치를 발휘합니다. 실수를 두려워하지 마세요. 하지만 같은 실수를 반복하지는 마세요. 이번 섹션에서 소개한 함정들을 미리 알고 피한다면 여러분은 AI 글쓰기에서 훨씬 더 좋은 결과를 얻을 수 있을 거예요.

9.6 실전 적용: 성공 사례 분석

이론을 아는 것과 실제로 적용하는 것은 완전히 다른 차원입니다. 지금까지 배운 모든 내용이 실제 상황에서 어떻게 시너지를 만들어 내는지, 구체적인 사례를 통해 보여드리려고 합니다. 특히, 이번에 주목해야 할 점은 '테크닉의 조합'입니다. 하나의 테크닉만으로는 한계가 있지만, 2~3가지를 적절히 조합하면 마치 마법 같은 일이 벌어지거든요. 실제 업무에서 벌어진 극적인 변화들을 함께 경험해 보세요.

● 사례 1 업무 보고서 – '메모에서 임원 설득용 완성작으로'

상황 급작스러운 성과 보고 요청

목요일 오후 1시, 마케팅 팀 김 과장이 팀장으로부터 연락을 받았습니다.

"김 과장, 화요일 임원 회의에서 우리 팀 4분기 디지털 마케팅 성과를 보고해야 해요. 2페이지 분량으로 정리해서 월요일 아침에 같이 논의해 봅시다."

부랴부랴 자료들을 모아 정리해 본 핵심 메시지는 다음과 같았습니다.

4분기 디지털 마케팅 성과 보고

1. 성과 요약
   - 인스타그램 팔로워가 전 분기 대비 30% 증가
   - 광고비를 15% 절약
   - 콘텐츠 조회수 증가
   - 새로운 타깃층 탐색 성공
2. 문제점
   - 일부 캠페인의 효과는 미흡
3. 향후 계획
   - 내년에는 더 좋은 결과를 위해 노력

어떤가요? 이것만으로 임원진을 설득하기에는 너무 단순하고 구체성이 부족합니다. 그냥 개요일 뿐입니다.

수정 후   **AI 글쓰기 4단계 적용**

(가) 1단계 **구조화**(테크닉 1번 적용)

프롬프트 "아래 개요를 읽고 '4분기 디지털 마케팅 성과를 임원진에게 보고하는 2페이지 문서의 목차'를 만들어 줘. 성과 중심으로 설득력 있게 구성하려면 어떻게 해야 할까?"
[개요]

AI가 제안한 구조는 다음과 같았습니다. 결과를 보니 자신의 개요에는 핵심 성과 요약만 들어 있고 전략적 성과 분석이나 도전 과제 및 대응, 2025년 전략 방향에 대한 고민은 전혀 들어 있지 않았다는 점을 깨달았습니다.

1. 핵심 성과 요약(수치 중심)
2. 전략적 성과 분석(비즈니스 임팩트)
3. 성과 저조 사항 및 대응(솔직하되 건설적으로)
4. 내년 전략 방향(구체적인 액션)

(나) `2단계` **확장 및 근거 보강**(테크닉 6, 11번 적용)

핵심 성과에 대한 자료는 있으므로 이를 기반으로 비즈니스 임팩트 중심의 전략적 성과들을 정리해야 하겠지요. 김 과장은 다음과 같은 프롬프트를 통해 전략적 성과를 정리할 기초 아이디어를 얻었습니다.

> `프롬프트` "성과에 비즈니스 임팩트와 구체적 근거를 추가해 줘."
> - 팔로워 30% 증가 → 브랜드 인지도 잠재 고객 확대 관점에서
> - 광고비 15% 절약 → RoI 개선, 예산 효율성의 관점에서

(다) `3단계` **논리 보완**(테크닉 12, 13번 적용)

도전 과제 및 대응과 관련해서는 다음과 같은 프롬프트로 아이디어를 얻었습니다.

> **프롬프트**: "미흡했던 캠페인에 대해서도 학습된 인사이트와 개선 방안을 포함해서 건설적으로 수정안을 제시해 줘."

(라) `4단계` **임원진 맞춤 톤 조정**(테크닉 16번 적용)

김 과장은 AI 답변은 그대로 쓰면 안 되고 이를 아이디어 삼아 추가로 수정해서 우리의 세부 상황과 자료들을 덧붙여야 한다는 점을 잘 알고 있었습니다. 이렇게 만든 수정안을 기반으로 다음처럼 톤 조절을 시도했습니다.

> `프롬프트` "이 내용을 임원진이 의사결정에 활용할 수 있도록 전략적 관점과 격식 있는 개조식 문체로 조정해 줘."

최종 결과물(핵심 부분 발췌)

이렇게 해서 만들어진 최종 결과물 중 핵심 부분만을 발췌한 결과는 다음과 같습니다. 물론 이러한 내용들을 월요일 팀 회의에서 논의해 좀 더 다듬어야 하지만, 꽤 괜찮은 초안이 빠르게 마련되었습니다. 이전에는 이틀 꼬박 작업해야 할 내용인데, 불과 두 시간 만에 상당 부분 완성되었지요.

4분기 디지털 마케팅 전략 성과 및 2025년의 방향성

1. 핵심 성과 요약

- 브랜드 인지도 및 팬덤 확산
  - 인스타그램 팔로워 30% 증가(85,000 → 110,500명)
  - 신규 유입 팔로워 중 약 70%가 브랜드 콘텐츠에 반복 노출 → 충성 고객군(Engaged Follower Pool)으로 전환 가능성 확대
  - 잠재 고객 접점 25,500명 증가, 향후 매출 전환 Funnel 확대 기반 확보
- 마케팅 효율성 개선
  - 광고비 15% 절감(월 800만 원 → 680만 원), 동일 성과 수준 유지
  - 예산 재배분을 통해 ROI 기준 1.4배 향상 → 효율 중심의 데이터 기반 집행 프로세스 정착
  - 연간 절감액 1,440만 원 → 신규 콘텐츠 제작 재투자 여력 확보

2. 전략적 성과 및 의미

- 신규 타깃층 확대
  - 25~35세 여성 신규 유입 40% 증가 → 기존 주 타깃(30~40대) 대비 구매 반응률 1.2배로 확인
  - SNS 트렌드·뷰티·라이프스타일 관련 콘텐츠 반응이 높았음
  - '젊은 감성' 기반의 브랜드 이미지 리뉴얼 효과 발생
- 콘텐츠 전략 성과
  - 동영상 콘텐츠 조회수 평균 300% 증가(리그램·공유 포함)
  - 숏폼 콘텐츠의 평균 체류 시간+2.4초 → 메시지 전달 효율 및 알고리즘 노출율 동반 상승
  - 실험적 포맷('비하인드 영상', '사용자 리뷰형')이 타 브랜드 대비 참여율 1.6배 우수로 검증
  - 결과적으로, 영상 중심 브랜디드 콘텐츠의 효과성 입증
- 내부 역량 강화
  - 캠페인 기획부터 성과 분석까지 사내 데이터 기반 체계 완성
  - KPI 모니터링 주기를 월 1회로 단축하여 운영 민첩성 향상

3. 성과 미흡 및 개선 조치

- 해시태그 캠페인 저조(목표 대비 60% 달성)
  - 원인
    1. 주요 키워드의 검색량·연관도 분석 미흡
    2. 사용자 참여 유도형 구조(리그램 이벤트 등) 부족

- 조치
  ❶ 데이터 기반 키워드 선정 프로세스(Google Trends+내부 CRM 연동) 구축 완료
  ❷ 해시태그 캠페인을 '참여형+추천형' 2단계 구조로 재설계
  ❸ 효과 검증용 A, B 테스트 체계 2025년 1분기부터 적용 예정
- 콘텐츠 업로드 일정 불균형
  - 주중 집중(화∼목)으로 노출 편차 발생 → 2025년부터 AI 분석 기반의 요일·시간별 최적
    업로드 자동화 시스템 도입

4. 2025년 전략 방향

- 동영상 콘텐츠 중심 전환
  - 콘텐츠 구성 내 동영상 비중 30% → 60% 확대
  - 숏폼+미드폼(1∼3분 중심)으로 관심도·체류 시간 극대화
  - 인플루언서 협업형 콘텐츠 도입으로 자연 유입 트래픽 확보
- 신규 타깃 맞춤 캠페인
  - 2030 여성층 중심으로 세분화된 관심사(뷰티·라이프스타일·셀프케어)별 콘텐츠 전개
  - '이탈 방지 – 재방문 – 구매'로 이어지는 콘텐츠 여정 설계(Funnel optimization) 추진
  - 신규 고객 유입 대비 전환율 15% 향상 목표
- 예산 효율성과 성과 관리 고도화
  - 기존 효율 유지하며 도달률 20% 추가 확대 목표
  - RoI, CPM, CTR 등 핵심 지표 실시간 모니터링 시스템 구축
  - 절감 예산을 '실험형 콘텐츠·신규 플랫폼 테스트'에 재투자
- 브랜드 경험 강화
  - 캠페인 중심에서 상시 브랜딩 체계로 전환
  - 고객 참여형 콘텐츠(UGC, 커뮤니티 이벤트) 강화로 브랜드 충성도 제고

사용된 테크닉 조합의 시너지 효과

사례 1 에서 좋은 결과가 나온 이유는 단순히 4가지 테크닉을 사용했기 때문이 아니라
각 테크닉이 '누적 증폭' 효과를 만들어 냈기 때문입니다. 마치 건물을 지을 때 기초 → 골조
→ 마감 → 인테리어 순서로 각 단계가 이전 단계를 기반으로 차근차근 결과물을 만들어가
는 것과 같은 원리입니다.

단계	핵심 목표	수정 전	수정 후
1단계 구조화	설득력 있는 흐름 창조	성과만 나열하는 단순 보고 ('팔로워 증가했습니다.', '광고비 절약했습니다.')	성과 → 분석 → 학습 → 미래 방향의 완결된 스토리텔링
	시너지 효과 임원진이 '그래서 결론이 뭔데?'라고 묻지 않고 자연스럽게 다음 단계를 기대하게 됨. 구조 자체가 이미 설득의 논리를 담고 있어 내용을 채우기 전부터 설득력의 기반이 마련됨		
2단계 확장	비즈니스 임팩트 강화	'팔로워 30% 증가?' (단순 수치 나열)	'잠재 고객 접점 25,500명 증가로 향후 매출 기반 확대'(전략적 의미 부여)
	시너지 효과 1단계에서 만든 탄탄한 구조 위에 구체적 내용과 가치들을 쌓아 올려 설득력이 크게 증가. 같은 수치라도 전략적 맥락에서 해석되어 완전히 다른 무게감을 갖게 됨		
3단계 논리 보강	신뢰도 증대	문제점 숨기기 또는 변명하기	'목표 대비 60% 달성 → 원인 분석 → 대응책 완료'의 건설적 접근
	시너지 효과 앞에서 제시한 성과들이 과장되지 않았음을 증명하고 동시에 문제 해결 능력까지 보여줌. 1~2단계에서 쌓인 신뢰감이 있어서 문제점 인정이 오히려 솔직함과 전문성의 징표로 받아들여짐		
4단계 톤 조정	의사결정 지원 완성	담당자 관점의 일반적 보고	임원진이 예산 결정에 필요한 구체적 정보와 근거 제공
	시너지 효과 앞의 3단계가 만든 완벽한 논리 구조를 임원급 의사결정 언어로 마무리 내용뿐만 아니라 표현 방식까지 독자에게 맞춤화되어 '이 정도면 예산 늘려도 되겠다.'라는 결론에 자연스럽게 도달하게 유도		

각 단계가 독립적으로 작동하는 게 아니라 서로를 강화시키는 상호 증폭 효과가 핵심입니다. 구조가 탄탄하니 효과적으로 확장되고 확장이 제대로 되니 논리 보강이 설득력 있게 느껴지고 논리가 탄탄하니 톤 조정이 자연스럽게 받아들여지는 것입니다. '같은 내용'이었지만 '완전히 다른 문서'로 변화하는 이유는 바로 이런 테크닉 간의 시너지 때문입니다.

● **사례 2** 블로그 글 - '전문 지식을 대중 친화적 콘텐츠로'

상황 개인 브랜딩을 위한 전문 지식 공유

UX 디자이너 이지원 님이 개인 브랜딩을 위해 전문 지식을 블로그에 공유하려고 합니다. 주제는 '사용자 경험 디자인에서 마이크로 인터랙션의 중요성'인데, '너무 전문적이어서 일반인들이 이해하기 어려울 것 같다.'라는 고민이 있었습니다.

수정 전 <u>**전문가 관점의 초안**</u>

마이크로 인터랙션과 UX 디자인
- 마이크로 인터랙션은 사용자 인터페이스에서 발생하는 작은 상호 작용으로, 사용성과 사용자 만족도에 중대한 영향을 미친다.
  - 피드백 메커니즘과 애니메이션을 통해 사용자의 인지 부하를 줄이고 태스크 완료율을 높일 수 있다.
  - 버튼의 호버 효과나 로딩 인디케이터 같은 요소들이 사용자 경험의 품질을 결정하는 중요한 요소라고 할 수 있다.

수정 후 **AI 글쓰기 다단계 적용**

위 초안의 문제점은 일단 전문 용어가 너무 많고 추상적인 설명에 그친다는 점입니다. 블로그에 오는 일반인들이 쉽게 이해할 수 있도록 용어 변경, 비유 추가, 사례 보강, 톤 조정 등 다양한 조치를 취해야 하겠지요. 다음의 순서를 한번 따라가 볼까요?

- **1단계** **독자 맞춤 변환 프롬프트**(테크닉 16번)
  "위의 UX 디자인 전문 내용을 일반 직장인들도 쉽게 이해할 수 있도록 일상 언어로 바꿔 줘. 전문 용어는 쉬운 표현으로 대체하고."
- **2단계** **비유 생성 프롬프트**(테크닉 10번)
  "마이크로 인터랙션을 일상생활 경험에 비유해서 설명해 줘. 독자들이 '아, 그게!'라고 공감할 수 있는 예시로."
- **3단계** **사례 보강 프롬프트**(테크닉 11번)
  "실제 우리가 매일 사용하는 앱에서 마이크로 인터랙션 사례를 구체적으로 3가지 들어 줘."
- **4단계** **톤 조정 프롬프트**(테크닉 17번)
  "전체적으로 친근하고 대화하는 듯한 톤으로 바꿔 줘. 독자와 소통하는 느낌으로."

<u>최종 결과물</u>(<u>**핵심 부분 발췌**</u>)

당신이 몰랐던 '작은 배려'의 힘—앱에 숨어 있는 미세한 친절들
여러분은 카카오톡에서 메시지를 보낼 때 전송 버튼이 살짝 눌리는 애니메이션을 본 적 있나요? 아니면 인스타그램에서 '좋아요' 하트를 누를 때 통통 튀는 모션을 기억하시나요? 이런 작은 움직임들을 전문 용어로는 '마이크로 인터랙션'이라고 부르는데, 쉽게 말하면 '앱이 우리에게 건네는 작은 인사'와 같은 거예요.

커피숍에서 배우는 디자인 철학

좋은 카페를 생각해 보세요. 주문할 때 직원이 고개를 끄덕여 주고 커피가 나올 때 '뜨거우니 조심하세요.'라고 말해 주잖아요. 이런 작은 배려가 전체 경험을 특별하게 만들죠.

앱도 마찬가지예요. 버튼을 누르면 살짝 색이 바뀌어서 '네, 잘 눌렸어요!'라고 답해 주고 파일이 업로드될 때는 진행 바가 천천히 채워지면서 '좀 더 기다려주세요.'라고 소통하는 것입니다.

우리가 매일 만나는 '작은 친절들'

1. 페이스북의 [좋아요] 버튼

    누르는 순간 엄지손가락이 살짝 커지면서 '당신의 감정을 받았어요!'라고 말하는 것 같지 않나요?

2. 구글 검색의 자동 완성

    타이핑할 때마다 '이거 찾는 거 맞죠?' 하며 제안을 해 주는 친절한 도우미 같아요.

3. 아이폰의 Face ID

    얼굴 인식이 될 때 자물쇠가 딸깍 열리는 애니메이션으로 '문이 열렸어요!'라고 확신을 주죠.

왜 이런 '작은 것'이 중요할까?

결국 사람은 감정의 동물이거든요. 같은 기능이라도 차갑게 작동하는 것보다는 따뜻한 반응을 보여 주는 페이지를 선호합니다. 마치 로봇이 아닌 친구와 대화하는 느낌을 주는 거예요.

실제로 이런 미세한 배려들, 즉 마이크로 인터랙션이 모여 '이 앱 쓰기 편해.', '이 서비스는 뭔가 고급스러워.'라는 느낌을 만들어 냅니다.

'전문 지식 → 대중 친화적 콘텐츠' 변신의 비밀

사례 2에서 UX 전문 용어가 가득했던 딱딱한 메모는 읽기 편하고 블로그 방문객들에게 좋은 인사이트를 주는 콘텐츠로 변신했습니다. '번역 → 공감 → 구체화 → 친밀감'의 4단계 변환 과정이 완벽하게 연결되었기 때문입니다.

(가) **1단계** **독자 맞춤 변환 → 언어 장벽 제거**

- **수정 전:** '마이크로 인터랙션', '사용자 인터페이스', '인지 부하'(전문 용어 남발)
- **수정 후:** '작은 인사', '앱의 친절', '이해하기 쉬운'(일상 언어로 번역)
- **시너지 기반 마련:** 전문 용어라는 첫 번째 진입 장벽을 없애면서 독자들이 '어? 이거 어려운 내용 아니네?'라고 느끼게 만듭니다. 이는 다음 단계의 효과를 극대화하는 기반이 됩니다.

(나) **2단계** **비유 생성 → 공감대 형성**

- **수정 전:** 추상적 개념 설명
- **수정 후:** '커피숍 직원의 배려'라는 누구나 경험한 상황으로 비유
- **시너지 증폭:** 1단계에서 언어적 접근성을 확보했으므로 이제 경험적 공감까지 더해집니다. '아, 내가 아는 그 느낌이구나!'라고 생각하는 순간 독자와 글 사이의 거리가 줄어들죠.

(다) **3단계** **사례 보강 → 구체적 이해**

- **수정 전:** 일반적인 설명
- **수정 후:** 카카오톡, 인스타그램, 아이폰 Face ID 등 실제 사용하는 앱 사례
- **시너지 완성:** 앞의 공감대 위에 '바로 이것!'이라는 구체적 확신을 더합니다. 독자들이 '매일 쓰던 건데 이린 의미가 있었구나.'라머 새로운 발견의 즐거움을 느끼게 됩니다.

(라) **4단계** **톤 조정 → 친밀감 극대화**

- **수정 전:** 학술적, 객관적 어조
- **수정 후:** '여러분', '〜죠', '〜해요.' 등 대화하는 듯한 친근한 톤
- **최종 시너지:** 앞의 3단계로 이미 내용적 접근성을 확보했으므로 마지막에 감정적 친밀감까지 더해 이 사람이 나를 위해 쉽게 설명해 주는구나.'라는 고마움까지 느끼게 만듭니다.

　　결과는 어떻게 될까요? 아마도 조회수 5배 증가, 댓글에서 '어려운 내용을 이렇게 쉽게 설명해 주셔서 감사해요.'라는 여러 반응을 보며 흐뭇해하지 않을까요?

상황 **발표 시간 제한에 맞춰 자료 재구성**

컨설팅 회사 박 차장은 클라이언트에게 20페이지 전략 보고서를 그제 제출했습니다. 한 숨 돌리고 있었는데, 갑자기 고객사에서 보고 시간을 단축하자는 요청이 들어왔습니다. 주어진 시간은 원래 30분 발표에서 10분 발표, 10분 질의 응답의 20분으로 대폭 축소되었습니다. 결국 자료를 핵심만 뽑아 10분 발표용으로 요약해야 하는 상황이 되었습니다. 고객의 반응이 좋은 것이라 기뻐할 일이긴 한데, 하루 만에 줄이자니 자칫 밤을 새워야 한다는 불안감이 엄습해 왔습니다.

수정 전 **기존 보고서**(20페이지 → 무작정 줄이기)

이럴 때 많은 사람이 급한 마음에 내용을 압축해 줄이려고 합니다. 다음처럼 말입니다. 그러나 이것은 자칫 힘들게 얻은 임원 대상 발표 자리를 망칠 수도 있는 위험한 방식입니다. 이렇게 기계적으로 줄이면 각 슬라이드에 너무 많은 정보가 압축되어 10분 내에 설명하기 힘들어집니다.

- **슬라이드 1** 프로젝트 개요(3페이지 분량을 1페이지로)
- **슬라이드 2** 현황 분석(5페이지 분량을 1페이지로)
- **슬라이드 3** 문제점 도출(4페이지 분량을 1페이지로)
- **슬라이드 4** 해결 방안(6페이지 분량을 1페이지로)
- **슬라이드 5** 기대 효과(2페이지 분량을 1페이지로)

수정 후 **AI 글쓰기 압축 + 형식 변환**

이럴 때 경험 많은 컨설턴트는 약간 시간이 더 들더라도 임팩트 있게 보고서 내용을 재구성합니다. 주어진 시간에 맞춰 꼭 전달해야 하는 메시지와 그 사례, 근거 중심으로 다시 내용을 만드는 것입니다. 컨설팅 사에서 야근이 많은 이유가 이런 경우에 ❶ 팀원들과 회의 통해 재구성 방향 정리 → ❷ 팀원들과 장표를 나누어 작성 → ❸ 장표를 취합해 재정리 →

❹ 발표 연습 등의 과정을 거쳐야 했기 때문입니다. AI를 활용하면 이러한 과정 진행에 드는 시간을 크게 압축할 수 있습니다.

- **1단계** **핵심 메시지 추출 → 우선순위 확립**
  - **수정 전**: 20페이지 모든 내용을 5페이지로 압축(무작정 줄이기)
  - **수정 후**: 임원진 의사결정에 필요한 핵심 메시지 3가지만 선별
  - **시너지 기반 마련**: '모든 걸 줄여서 말하기'가 아니라 '정말 중요한 것만 말하기'로 접근 방향을 바꿉니다. 이는 다음 단계에서 각 내용이 더 임팩트 있게 전달되는 기반이 됩니다.

- **2단계** **10분 발표 구조 설계 → 시간 효율성 확보**
  - **수정 전**: 기존 보고서 순서 그대로 압축
  - **수정 후**: 결론 우선 → 현황 → 솔루션 → 로드맵 → ROI 순의 전략적 구조
  - **시너지 증폭**: 1단계에서 선별된 핵심 메시지들이 최적의 순서로 배치되어 '1분마다 임원진이 고개를 끄덕이게' 만드는 흐름을 창조합니다.

- **3단계** **시각적 변환 → 직관적인 이해**
  - **수정 전**: 텍스트 위주의 복잡한 설명
  - **수정 후**: 차트, 타임라인, 간단한 도식으로 한눈에 파악 가능
  - **시너지 가속**: 앞의 구조적 명확성 위에 시각적 직관성까지 더해져서 '보는 순간 이해되는' 강력한 전달력을 확보합니다.

- **4단계** **시간 최적화 → 완벽한 피니시**
  - **수정 전**: 대략적인 시간 배분
  - **수정 후**: 각 파트별 정확한 시간 배분(30초, 1분, 2분 등)
  - **최종 시너지**: 모든 내용과 구조가 완벽하게 준비된 상태에서 시간까지 정밀하게 계산되어 '시간도 딱 맞고 내용도 완벽한' 프레젠테이션이 완성됩니다.

최종 발표 구조 구성(10분+10분 Q&A)

슬라이드 구성	핵심 메시지 및 백업 내용
슬라이드 1 한 줄 결론(3분)	'9개월 디지털 전환으로 연간 15억 비용 절감 가능' – 관련 비용 절감 시나리오 및 분석 자료 간략 제시
슬라이드 2 현재 상황(2분)	'이미 경쟁사들은 디지털 전환 추진을 상당 부분 진행 중' – [간단한 차트] 현재 vs. 경쟁사 디지털화 수준
슬라이드 3 핵심 솔루션(3분)	'범용 솔루션들을 최적 결합해 다양한 전략적 효과 창출 가능' • 업무 프로세스 자동화 → 인력비 30% 절감 • 클라우드 전환 → 인프라비 50% 절감 • 데이터 분석 체계 → 의사결정 속도 3배 향상
슬라이드 4 실행 로드맵(1분)	'쉽고 효과 큰 부문부터 Small Bet, 성과 확인 후 Mosaic 방식으로 다발적인 Small Bet 전개, 최종적으로 전사 DX 추진' [타임라인 차트] 3개월 단위 3단계 추진 계획
슬라이드 5 투자 대비 수익(1분)	투자: 8억 원 → 연간 절감: 15억 원 → RoI 187% – 세부 실행 제언 간략 추가

● 성공적인 테크닉 조합의 공통 원리

앞에서 설명한 3가지 사례를 분석해 보면 성공적인 AI 글쓰기에는 공통된 패턴이 있습니다. 이를 표로 정리하면 다음과 같습니다.

성공적인 AI 글쓰기의 공통 패턴

패턴	주요 내용
순서의 중요성	• 구조화 → 내용 → 논리 → 표현 순서를 지키는 것이 핵심 • 먼저 뼈대를 잡고 살을 붙이고 논리를 다듬고 마지막에 포장하기
독자 중심 사고	• 모든 변환 과정에서 '독자가 이해하기 쉬운가?'를 최우선으로 고려 • 임원진 → 의사결정 관점, 일반 독자 → 공감과 이해 관점
적절한 분량 조절	• 목적에 맞는 최적 분량 찾기 • 너무 짧으면 → 근거 부족, 너무 길면 → 핵심 흐림, 딱 적당하면 → 설득력 극대화
검증과 개선의 반복	• 한 번에 완성하려 하지 않고 단계별 개선을 통한 품질 향상 • 첫 결과 → 부족한 부분 파악 → 보완 요청 → 재검토

사실 이러한 4가지 패턴은 일반적인 비즈니스 글쓰기에서도 중요하게 지켜져야 할 원칙입니다. 다만, 전통적인 수동 글쓰기에서는 글을 만드는 것 자체가 너무 힘들어서 이러한 원칙을 제대로 지켜 낼 수 없었습니다. 문장 하나하나 고민하고 단어 선택에 시간을 쓰다 보면 정작 '전체적인 완성도'에 신경 쓸 여력이 부족하기 때문입니다. 그러나 AI가 이러한 수고를 상당 부분 덜어 주기 때문에 인간은 '4가지 핵심 원칙'과 전체 완성도 개선이라는 본질적인 부분에 더 집중할 수 있게 된 것입니다.

● 다음 단계로: 더 깊고 체계적인 AI 드리블링

지금까지 9장을 통해 AI 글쓰기의 기초를 탄탄히 다져왔습니다. 핵심 20가지, 퇴고 10가지 등 총 30가지 테크닉을 익히고 함정을 피하는 방법을 배우고 실전 사례를 통해 효과를 확인했습니다. 하지만 이것은 시작에 불과합니다. 진짜 AI 글쓰기의 세계는 훨씬 더 깊고 넓습니다. 복잡한 보고서를 체계적으로 작성하는 고급 기법, 여러 AI 도구를 연계해 활용하는 방법, 그리고 AI와의 더욱 정교한 협업 과정 등 배울 것이 아직 많이 남아 있습니다.

제2권에서는 바로 이런 고급 기법을 다룰 예정입니다. 지금까지 배운 기초 테크닉들이 재료라면 제2권 14장에서는 이 재료들을 어떻게 조합해서 완성도 높은 요리를 만들어 내는지 레시피를 보여 드리겠습니다. 단순히 AI에게 질문하는 수준을 넘어 AI와 함께 체계적으로 사고하고 창작하는 진정한 'AI 증강 독해와 AI 드리블링'의 세계로 여러분을 안내하겠습니다.

9장에서 익힌 기초가 탄탄할수록 14장의 고급 AI 드리블링 기법들을 더 효과적으로 활용할 수 있습니다. 따라서 지금까지 배운 내용들을 충분히 연습하고 체화한 후 다음 단계로 넘어가기 바랍니다. 여러분이 AI 글쓰기의 진정한 마스터가 되는 그날까지 함께 나아갑시다.

AI 증강 독해와 AI 드리블링 바이블

2026. 2. 4. 1판 1쇄 인쇄
2026. 2. 11. 1판 1쇄 발행

지은이 | 나준호, 성낙환, 이하영
펴낸이 | 이종춘
펴낸곳 | **BM** ㈜도서출판 **성안당**
주소 | 04032 서울시 마포구 양화로 127 첨단빌딩 3층(출판기획 R&D 센터)
　　　 10881 경기도 파주시 문발로 112 파주 출판 문화도시(제작 및 물류)
전화 | 02) 3142-0036
　　　 031) 950-6300
팩스 | 031) 955-0510
등록 | 1973. 2. 1. 제406-2005-000046호
출판사 홈페이지 | www.cyber.co.kr
ISBN | 978-89-315-0522-1 (93000)
정가 | 25,000원

이 책을 만든 사람들
책임 | 최옥현
진행 | 조혜란, 정지현
교정 · 교열 | 안종군
본문 · 표지 디자인 | 앤미디어
홍보 | 김계향, 임진성, 김주승, 최정민
국제부 | 이선민, 조혜란
마케팅 | 구본철, 차정욱, 오영일, 나진호, 강호묵
마케팅 지원 | 장상범
제작 | 김유석

■ **도서 A/S 안내**

성안당에서 발행하는 모든 도서는 저자와 출판사, 그리고 독자가 함께 만들어 나갑니다.
좋은 책을 펴내기 위해 많은 노력을 기울이고 있습니다. 혹시라도 내용상의 오류나 오탈자 등이
발견되면 **"좋은 책은 나라의 보배"**로서 우리 모두가 함께 만들어 간다는 마음으로 연락주시기
바랍니다. 수정 보완하여 더 나은 책이 되도록 최선을 다하겠습니다.
성안당은 늘 독자 여러분들의 소중한 의견을 기다리고 있습니다. 좋은 의견을 보내주시는 분께는
성안당 쇼핑몰의 포인트(3,000포인트)를 적립해 드립니다.

잘못 만들어진 책이나 부록 등이 파손된 경우에는 교환해 드립니다.